2021

金坛年鉴

（总第19卷）

常州市金坛区人民政府　主办
金坛年鉴编纂委员会　编

方志出版社
Publishing House of Local Records

图书在版编目（CIP）数据

金坛年鉴．2021 / 金坛年鉴编纂委员会编．--北京：方志出版社，2021.9

ISBN 978-7-5144-4868-9

Ⅰ.①金… Ⅱ.①金… Ⅲ.①金坛–2021–年鉴 Ⅳ.①Z525.33

中国版本图书馆CIP数据核字（2021）第254675号

金坛年鉴（2021）

编　　者：金坛年鉴编纂委员会

责任编辑：陈　菁

出 版 者：方志出版社

地址　北京市朝阳区潘家园东里9号（国家方志馆4层）

邮编　100021

网址　http://www.zgfzcb.cn

发　　行：方志出版社图书经销中心

电话（010）67110500

经　　销：各地新华书店

印　　刷：常州市武进第三印刷有限公司

开　　本：889×1194　1/16

印　　张：20.5

字　　数：653千字

版　　次：2021年9月第1版　2021年9月第1次印刷

印　　数：0001～1200册

ISBN 978-7-5144-4868-9　**定价**：280.00元

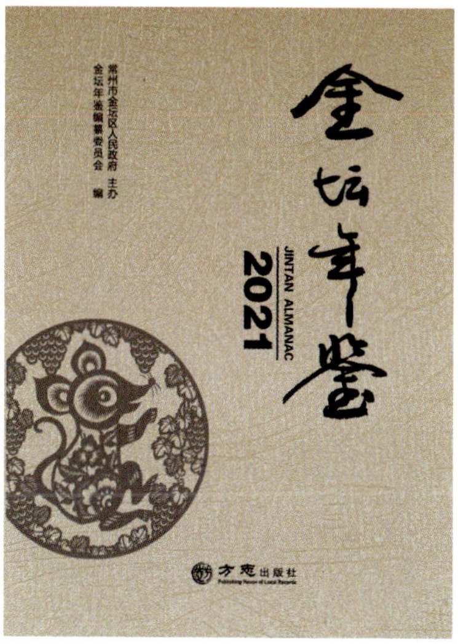
金坛年鉴
JINTAN ALMANAC
2021
常州市金坛区人民政府 主办
金坛年鉴编纂委员会 编
方志出版社

编辑说明

一、本年鉴坚持以马克思列宁主义、毛泽东思想、邓小平理论、“三个代表”重要思想、科学发展观、习近平新时代中国特色社会主义思想为指导，坚持辩证唯物主义和历史唯物主义的立场、观点和方法，全面、客观、系统地记载2020年全区政治、经济、社会等各方面的基本情况、发展情况和重大事件，为各级领导决策提供参考，为社会各界了解金坛提供资讯，为编史修志和研究金坛提供资料。

二、《金坛年鉴》是由常州市金坛区人民政府主办、金坛年鉴编纂委员会编纂的年度资料性文献，1994年出版首卷，本卷为第19卷，国内外公开发行。

三、本年鉴采用分类法编辑，设有类目、分目、条目3个层次，部分分目下设副分目。分目、副分目一般设综合性概述（概况）、常规性专题类和特色性典型条目，分别记述行业（事业、单位）的总体情况、单项工作和大事、要事、新事、特事。类目、分目的标题分别使用不同字体加以区别；副分目标题用楷体，前后加“·”；条目标题用黑体，并加【】。

四、本鉴卷首设图照、特载、大事记，卷末设附录、索引，主体内容设区情概览、中共常州市金坛区委、人大·政府·政协、纪检监察、民主党派·群众团体、法治·军事、外向型经济、科学技术、工业、农业和农村、商贸服务业、金融、城乡建设与管理、自然资源和生态环境、综合管理、区属国有公司、教育、文化·旅游·体育、卫生健康、社会生活、镇·街道、人物、荣誉栏、统计资料23个类目。

五、本年鉴人物收录2020年1月至2021年1月新任职的区委、人大、政府、政协领导人和区法院院长、检察院检察长，2020年度省部级以上表彰的先进模范人物，2020年逝世的知名人物；荣誉栏收录2020年度获得市（厅）以上荣誉的单位和个人。

六、本年鉴所采用的稿件资料，由全区各镇、街道、园区、各部门、各单位负责撰写或提供，并经所在镇、街道、园区、部门、单位领导审核。全区综合统计数据由区统计局提供，文中所列数据以区统计局的统计数据为准。内文照片由各单位提供，不再另行署名。

各单位审稿人名单

（以姓氏笔画为序）

丁　强　于　方　于建林　马徐丽　王一鸣　王一新　王东方

王立兴　王永亮　王志东　王和平　王建国　王建涛　王慰东

毛益东　孔海军　孔德馨　石连华　史芸娟　邢卫东　朱国栋

刘　剑　刘国平　刘国荣　江　霞　汤云峰　汤洪俊　汤鹏飞

许国清　许忠平　孙　坚　孙　遐　孙国民　黄昕霞　李　玮

李卫平　李佳真　李俊平　李晶阳　杨　俊　杨年庆　吴卫东

吴泓宾　闵郁沣　沈宏伟　张小兰　张志荣　张国乾　张国强

张朝胜　陆湘毅　陆震宇　陈　波　陈　嵘　陈　新　陈丹锋

陈海辉　林　燊　林小俊　林厚从　罗　祎　周　玲　赵小伟

赵济红　胡　奕　柏国平　俞　洋　俞　慎　俞云翔　姜　玮

姜秋生　姚江隽　姚锁生　聂文辉　夏建文　徐　俊　徐　烨

徐荣华　高　军　高国庆　高雷斌　郭　翔　郭和平　谈　阳

陶云斌　梅继翔　盛南萍　崔旺洪　章成荣　蒋云清　蒋利军

蒋坤林　韩双庆　虞青平　蔡连胜　谭益民　樊　莹　黎中海

潘　铭　薛继明　戴　露　瞿卫国

城市新貌

（潘一平　摄）

2月6日，江苏省省长吴政隆（右一）到金坛检查疫情防控重点物资保供工作

（区融媒体中心 供）

6月18日，江苏省委副书记任振鹤（右二）在黄金村调研 （区融媒体中心 供）

3月5日，常州市委书记齐家滨（右二）调研金坛数字化渔场项目（指前镇 供）

5月25日，常州市市长陈金虎（前排中）到金坛调研 （区融媒体中心 供）

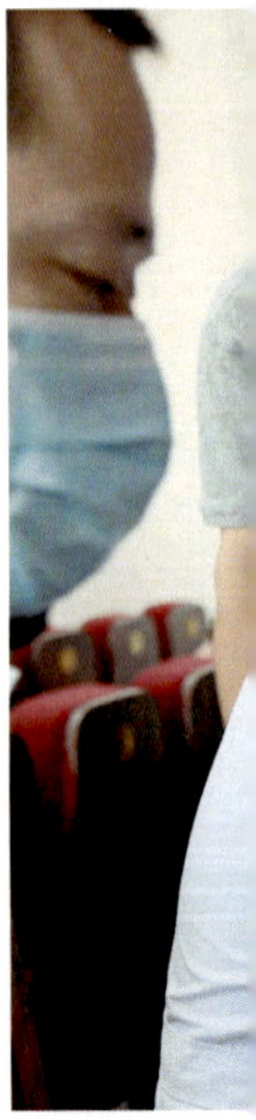

1. 2 月 17 日，国务院应对新冠肺炎疫情联防联控机制综合组到金坛检查疫情防控工作 （区融媒体中心 供）
2. 有序开展新冠疫苗接种工作，共筑免疫长城 （朱建 摄）
3. 1 月 30 日，区人民医院在党旗下举行新冠疫情防控阻击战宣誓仪式 （档案馆 供）
4. 6 月 30 日，为抗击疫情，区医务人员无偿献血 （档案馆 供）
5. 开展鼻咽拭子采集工作 （王玉华 摄）

3

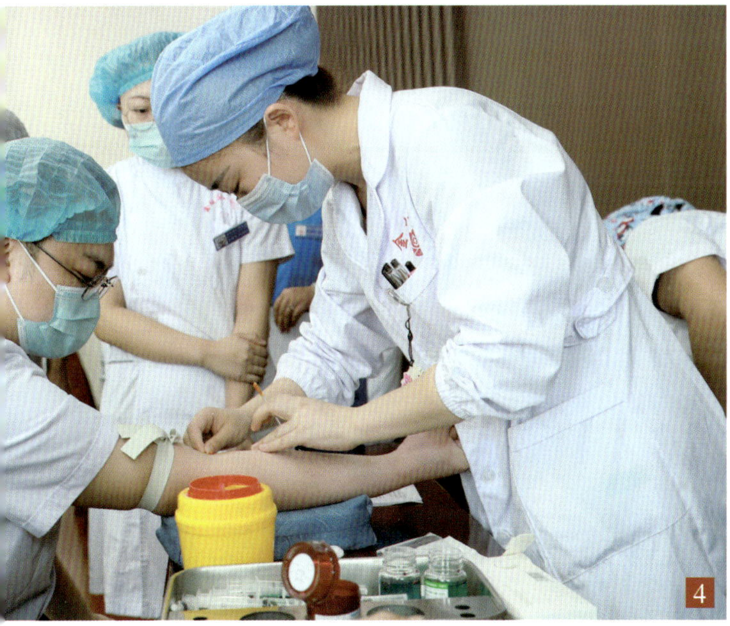
4

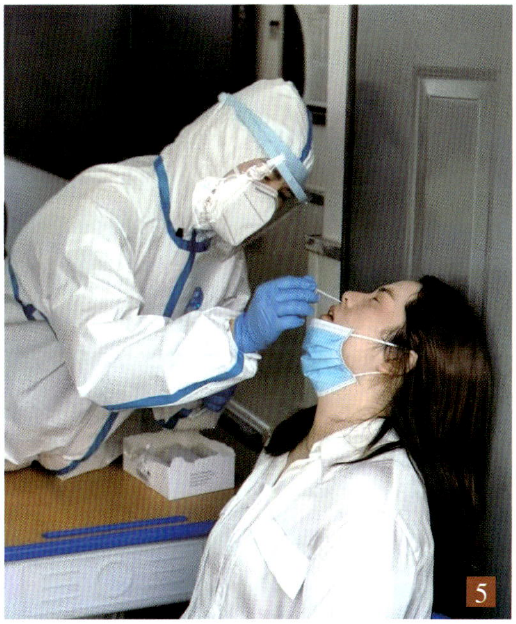
5

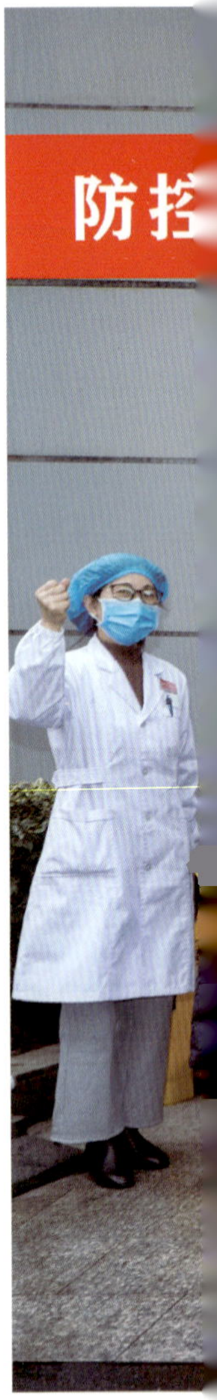

1. 7月7日，区长陆秋明（前右二）带队到医院调研疫情防控工作
（吴晟华　摄）
2. 区交警大队民警在高速公路出入口对人员进行登记排查
（王明玉　摄）
3. 金坛区中医医院引进全省首台客车型进口移动CT车用于新冠肺炎筛查工作（卫健局　供）
4. 志愿者协助社区进行疫情防控
（王玉华　摄）
5. 1月26日，防控新型冠状病毒感染的肺炎首批进驻隔离区医护人员合影
（吴晟华　摄）
6. 2月9日，人民医院欢送6名医护人员驰援武汉
（王玉华　摄）

冠状病毒感染的肺炎首批进驻隔离病区人员合影
2020.1.26

5

热烈欢送金坛区人民医院驰援湖北医疗队
发热门诊

6

1. 半边山下民宿村
（王玉华　摄）
2. 交相辉映
（王玉华　摄）
3. 儒林柚山村宕口
（长管会　供）
4. 新天地风彩
（潘一平　摄）
5. 春游花谷奇缘
（王玉华　摄）

4

5

10月25日，飞荣达智能电源及新材料项目签约仪式　　（区融媒体中心　供）

9月26日，2020年金坛区重点项目集中开工暨江苏国芯智能装备项目开工仪式
（区融媒体中心　供）

中德产业园展厅　　（王玉华　摄）

江苏省华罗庚高新技术产业开发区　　（徐开仑　摄）

立华食品　　　　（王玉华　摄）

数字化渔场一期　　　　（王玉华　摄）

丰收 （王玉华　摄）

黄金村有机稻秧苗栽插 （王玉华　摄）

6月1日，省委常委、宣传部部长王燕文（右），市委书记齐家滨（左）共同为江苏省儿童艺术剧院揭牌　　（区融媒体中心　供）

6月1日，大型儿童剧《戏娃》在常州大剧院首演　　（文广旅局　供）

纪念华罗庚110周年诞辰主题晚会　　（王玉华　摄

2021 茅山半程马拉松国际邀请赛　（王玉华　摄）

提升改造后的华罗庚纪念馆　（王玉华　摄）

10 月 27 日，第十七届中国常州国际动漫艺术周在金坛开幕（区融媒体中心　供）

10 月 21 日，2020 中国未来景区大会暨长三角旅游高质量发展金坛茅山论坛举行
（区融媒体中心　供）

9月17日，2020新一代移动通信产业发展金坛茅山峰会举行（区融媒体中心　供）

12月19日，金坛区获常州市首个“江苏省移动支付便民工程引领县”称号（人行金坛支行　供）

6 月 28 日，河海大学常州新校区（效果图）开工建设　　（教育局　供）

建设中的南沿江城际高铁　　（区融媒体中心　供）

新人民医院外景（2020 年 12 月）（王玉华　摄）

钱资湖大桥夜景（2020 年 12 月）（金坛建设发展有限公司　供）

年味　　（王玉华　摄）

老兵送新兵　　（王玉华　摄）

乡村大舞台　　（王玉华　摄）

亭阁锡剧天天唱　　（王玉华　摄）

舞动　　（谭荣俊　摄）

和谐生活　　（王玉华　摄）

目　录

特　载

大事记

区情概览

中共常州市金坛区委

人大·政府·政协

纪检监察

民主党派·群众团体

法治·军事

外向型经济

科学技术

工　业

农业和农村

商贸服务业

金 融

城乡建设与管理

自然资源和生态环境

综合管理

区属国有公司

教　育

文化·旅游·体育

卫生健康

社会生活

镇·街道

人　物

荣誉栏

统计资料

附　录

索　引

Content

Democratic Parties · Mass groups

Rule of law and military

Export-oriented economy

Science and Technology

Industry

Agriculture and rural areas

Business Service Industry

Society

An Overview of Towns (Streets)

Figure

Honor Roll

Statistical Data

Appendix

Indexes

创新再出发 奋斗勇向前 高质量开启快速崛起新征程

——在区委十三届十次全会上的报告

（2020 年 12 月 28 日）

中共常州市金坛区委书记 狄志强

这次会议是在我区接力“十三五”、奋进“十四五”，构建跨越发展新格局、开启快速崛起新征程的关键时期召开的一次重要会议。会议的主要任务是：高举中国特色社会主义伟大旗帜，认真贯彻党的十九大和十九届二中、三中、四中、五中全会精神，深刻领会习近平总书记视察江苏重要讲话指示精神，全面落实省委十三届九次全会、常州市委十二届十一次全会精神，科学总结今年工作，回顾五年奋斗历程，展望未来发展愿景，研究部署明年任务，审议区委关于制定国民经济和社会发展第十四个五年规划和二〇三五年远景目标的《建议》，动员全区各级党组织和广大党员、干部群众，坚守初心使命，坚守奋斗方向，大战略布局、大力度创新、大气魄推进，付出超常努力，夺取超常业绩，高质量开启快速崛起新征程。

下面，我代表区委常委会向全会作报告。

一、团结拼搏，经济社会发展难中有进、进中提质

今年是极不寻常、极不平凡的一年。面对严峻复杂的宏观形势，特别是新冠肺炎疫情的严重冲击，全区上下统筹推进疫情防控和经济社会发展，团结拼搏，克难求进，聚焦“‘两个加快’全面决战年”工作主题主线，准确判断形势，精心谋划部署，果断采取措施，付出艰苦努力，高质量发展取得新成绩。

（一）*危中寻机，“两个加快”难中有进。*坚持“两个加快”工作首位度不动摇，切实抬高项目引进门槛要求，成功举办“一大会四峰会”，综合运用面对面招商、屏对屏招商和委托招商等方式，有力推进“项目招引百日攻坚行动”，顺应产业投资方向加快调整趋势，抢抓 5G、光伏、动力电池等产业风口，做到产业重大项目、创新项目、生态项目一并抓，内资项目、外资项目一起抓，项目引进取得有力突破。预计全年新签约引进项目 119 个、协议投资总额 516 亿元，其中工业项目 113 个、协议投资总额 506 亿元。工业项目中，“三新一特”产业占比达 92%；协议投资超 5 亿元或 5000 万美元项目 15 个、超 10 亿元或 1 亿美元项目 8 个、超 30 亿元或 3 亿美元项目 4 个，超 50 亿元、100 亿元重大项目均实现突破。中德（金坛）创新产业园被认定为第一批“江苏省国际合作园区”，并提升发展为中德（常州）创新产业园，快速建成中国（常州）德国中心，我区成为常州对德合作新门户、产业发展新中心。预计全年新签约引进外资项目 12 个、协议投资总额 6.5 亿美元，其中德语区项目 5 个、协议投资总额 0.91 亿欧元。累计引进德语区项目 35 个、协议投资总额超 6 亿欧元。

努力克服疫情造成项目建设阶段性停摆，加大力度精准服务，切实推进项目加快建设，预计全年完成工业实际投入220亿元，达到去年同期水平。晨创5G通信基站、中盐盐穴压气储能电站、常宝普莱森特种管材等重点项目加快推进，SK隔膜、微宙电子、当升科技、鹏辉能源、胜伟策等重点项目顺利投产。

（二）化危为机，经济运行进中提质。切实加大疫情防控力度，科学调度资源保障，推动企业加快复工复产。坚决落实减税降费、增值税留抵退税、抗疫特别国债直达企业等惠企政策，帮助企业化危为机。实行区、镇两级挂钩联系企业制度，直赴现场推动企业解难题、渡难关、快发展，支持重点企业把握市场机遇，加大投入，抢得先机。出台专门政策，召开专题会议，推动企业加快股改、加快上市。预计全年实现地区生产总值可比价增长5.5%；在增值税留抵退税比去年大幅增长、总量达15.26亿元的情况下，实现一般公共预算收入55.8亿元，同口径比去年增长7.2%。预计注册外资实际到账3.35亿美元，同比增长10.6%；完成进出口总值218亿元，同比增长22%，其中出口总值160亿元，同比增长15%。工业经济企稳向好，预计实现工业应税销售收入1625亿元，同比增长2.4%；工业用电量达44.4亿千瓦时，同比增长16.4%。海目星、飞荣达、鹏辉能源等利用资本市场募集资金，扩大在我区投资。新增高新技术企业75家，总量达227家，蜂巢能源、中航锂电获评独角兽企业。建筑业持续快速增长，预计全年实现建筑业总产值超500亿元；实现税收12亿元，同比增长20%。现代农业稳步推进，国家农业科技园区获批建设。克服疫情影响，旅游、商贸等服务业平稳运行。

（三）攻坚破局，重点改革有力突围。围绕推进治理体系和治理能力现代化，切实加大改革力度，破解难题，打通堵点，激发动能，推动发展。全面实施镇、街道机构改革，推进相关审批服务执法力量向镇、街道集中，初步形成“集中高效审批、强化监管服务、综合行政执法”的基层治理结构。聚焦“更好的教育”，加快优化基础教育资源布局、完善管理体制机制，推动教育高质量发展。深化国有企业改革，推动政企分开和建立完善现代企业制度，促进金坛控股、金坛建设做强做优做大。推进政府隐性债务管控改革，坚决守好五条底线，坚决防范债务风险。召开全区自然资源和规划工作研讨会、建设用地管理工作专题会议，进一步优化国土空间布局、节约集约利用土地。推进国家城乡融合发展试验区、部级全域土地综合整治试点。加大“放管服”改革力度，营商环境进一步优化。正式加入南京都市圈，构建长三角一体化、苏锡常都市圈和南京都市圈叠加发展态势。

（四）精准发力，民生福祉不断提升。持续排查解决突出民生问题，聚焦“八个更”要求，围绕“短板不短、优势更优”，集中人力、财力，重点实施一批百姓关注度高、感受度深的民生实事项目，广大市民的获得感、幸福感及自豪感持续增强。重大基础设施建设加快推进，南沿江城际铁路按计划顺利实施，金坛高铁站规划确定、即将进场施工，河海大学常州校区桩基工程全面开工。滨湖新城建设不断加快，钱资湖大桥建成通车，第一人民医院投入使用，华罗庚中学顺利竣工，金沙科技金融中心加快建设，华罗庚实验小学、幼儿园全面开工，爱琴海购物公园规划确定、即将开工建设。全国文明城市建设不断深化，华罗庚艺术团挂牌省儿童艺术剧院。乡村建设由点及面、逐步推开，上阮美丽乡村示范片区、柚山美丽乡村示范点加快建设，农村人居环境持续提升，脱贫攻坚成果持续巩固。生态环境有效改善，长荡湖综合整治工程成效明显，山水林田湖草修复工程扎实推进，中央、省环保督察反馈问题完成整改，同时违法违规“小化工”百日专项整治、安全生产专项整治扎实开展。创成省级食品安全示范区。扫黑除恶专项斗争纵深推进，社会大局保持稳定。

（五）全面从严，党的建设持续加强。推动全区上下深入学习贯彻习近平新时代中国特色社会主义思想，增强“四个意识”、坚定“四个自信”、做到“两个维护”，确保党中央决策部署有效落实。落实全面从严治党主体责任、监督责任，提高党的建设质量，不断提高贯彻新发展理念、构建新发展格局的能力和水平，为实现高质量发展提供根本保证。认真贯彻党的十九届五中全会、习近平总书记视察江苏重要讲话指示精神，举办华罗庚110周年诞辰系列活动，区融媒体中心挂牌成立，落细落实意识形态工作责任制，党的思想建设得到进一步加强。选优配强镇、街道、园区领导班子，面向省外商调公务员32人，合理用好各年龄段干部；将高质量发展要求融入年度综合考核，充分发挥“红蓝黄旗”考核评价作用，各级干部干事创业热情进一步激发。精心筹备村、社区“两委”换届，深化村干部专职化和社区工作者职业化管理，基层战斗堡垒作用进一步发挥。坚定不移正风肃纪反腐，层层压实两个责任，持续整治形式主义、官僚主义，保持惩治腐败高压态势，实现区委巡察全覆盖，风清气正的政治生态进一步巩固提升。

2020年的辛勤工作，为“十三五”画上了圆满句号。“十三五”时期，面对中美贸易摩擦、新冠肺炎疫情等深刻影响，以及发展转向高质量、大力度减税降费等重大调整，区委团结带领全区上下，以习近平新时代中国特色社会主义思想为指引，全面贯彻落实中央、省委和常州市委决策部署，围绕“跨越发展、快速崛起”奋斗目标，坚定不移、铆足干劲，敢干敢拼、打破常规，创造了非常宝贵的发展“黄金期”。*一是发展方向进一步坚定。*坚持问题导向、高点定位，加快接轨常州主城区、融入南京都市圈，做强做大工业经济、提升区域综合竞争力，做优做美生态环境、打造绿色宜居金坛，我区发展上下一心、步履坚实。*二是发展格局进一步放大。*把打造立体交通网、提升园区能级、完善城市功能等放到前所未有的高度，强势推进，快速见效，常州西部新城区初具雏形、深度融入苏南发展。*三是发展基础进一步夯实。*坚持“实体为本、产业强区”，持续推进“两个加快”，成功实践“引进龙头项目、形成特色产业、推动高端发展”模式，重大产业项目串珠成链、垒积未来爆发之势。*四是发展士气进一步提升。*大力弘扬“苦干实干、正气大气”的时代精神，“一天干两天活、一年做两年事、五年成十年业”成为广大干部的鲜明特质，干事创业氛围显著增强、奉献金坛成为风尚。*五是发展成效进一步凸显。*围绕“增幅始终领跑、总量不断进位”，担当作为，奋力拼搏，经济总量增幅连续多年位居苏南前三，成功迈入苏南发展第二方阵，金坛发展渐成热土、社会各界普遍赞誉。

二、放大格局，奋进苏南发展第一方阵

经过“十三五”的快速发展，金坛彻底甩掉了苏南发展“锅底塘”的帽子，迈入第二方阵。面向“十四五”、展望二〇三五年，金坛应矗立苏南发展第一方阵。这既是贯彻落实习近平总书记视察江苏重要讲话指示精神、践行“争当表率、争做示范、走在前列”新使命的必然要求，也是顺应民意、凝聚民心的必然之举，更是全区各级领导干部应有的时代担当。

奋进苏南发展第一方阵，机遇和挑战并存。机遇在苦干实干中产生，经过“十三五”的奋力拼搏，我区短时期内快速完成“补课式”发展，与苏南先发地区同步进入高质量发展新阶段，为“十四五”在更高起点上跨越发展创造了难得机遇。机遇在凝聚共识中形成，撤市设区5年多来，我区在常州全局发展中“建设常州西部新城区、打造发展重要增长极”的定位日益明晰，常金一体发展步伐明显加快，我区城市发展能级迅速提升，为加快吸引资源、推动高端发展创造了有利条件。机遇在干部锤炼中提升，5年的奋斗历程，推动了广大干部不断成长、成熟，眼界、格局、能力和作风均得到了大幅提升，为践行新发展理念、实现高质量发展造就了一支敢干敢拼、堪当重任的干部队伍。“成也萧何，败也萧何。”最大的机遇来自人，最大的挑战也在人。全区上下要坚决摒弃自降标准、“歇一歇”思想，坚持接续奋斗、永不止步;坚决摒弃畏难不前、“走捷径”行为，坚持恪守定力、永不退缩；坚决摒弃无事生非、“嚼舌头”现象，坚持躬身入局、永不旁观。

（一）*强化战略布局。*“十四五”时期，推进常金高速、340省道快速化等重点交通工程，规划中德（常州）生态绿色城，实现与常州主城区同城发展。推进连镇铁路南延、苏锡常都市快线西延、阜溧高速、金杭高速、宁常高速、丹金溧快速路等重点交通工程，建成区域交通枢纽，加快融入上海大都市圈、苏锡常都市圈和南京都市圈，进一步放大我区地处长三角几何中心的区位优势。加快开发建设滨湖新城，有序改造更新金沙老城，经开区努力创建国家级经济技术开发区，高新区实现千亿园区、重点支撑，茅山旅游度假区努力创成国家级旅游度假区，长荡湖旅游度假区开启南部科教新城区建设新征程，构建“两城四区”高质量发展新格局。全面实施乡村振兴战略，以国家农业科技园区、金坛都市田园·黄金软米大农场建设为引领和示范，推进国家城乡融合发展试验区建设，努力创成省级农业高新技术产业示范区，加快农业农村现代化，构建新型城乡关系，实现区域一体发展。

（二）*做强做大产业。*“十四五”时期，深入实施新一轮“两个加快”，做强做大“三新一特”产业，新能源汽车产业重点引进锂电池、氢燃料电池、整车制造及核心零部件项目，新一代信息技术产业重点引进集成电路、传输及网络设备、移动终端及核心零部件项目，生物技术和新医药产业重点引进制药、医疗器械及医学生物工程材料、医疗诊断试剂项目，光伏产业重点引进电池片及组件、光伏和储能一体化项目。大力实施工业经济高质量发展“十百千计划”，全力培育科技型、效益型、规模型、龙头型企业集群。到2025年，在我区实现年应税销售收入超10亿元企业100家，其中超100亿元企业集团10家；上市公司20家；年应税销售收入超1000亿元产业2个，从而确保全区企业年应税销售收入总额突破3500亿元。支持企业兼并重组、转型升级，加快淘汰落后产能，有序出清僵尸企业，有效盘活存量资源。大力推动农业、建筑业、房地产业和现代服务业高质量发展。

（三）*推动创新发展。*“十四五”时期，深入实施创新驱动发展战略，大幅提高产业发展的上升力和周期风险抵御力。支持河海大学常州校区加快发展，策划组建金坛产业联合大学，建设科技创新策源地、产业科技融合区。加快推进河海大学长荡湖大学科技园、中国（常州）德国中心、华罗庚产业科技创新中心、金科化学药产业科技创新中心和中国数学发展大会永久会址建设，新增一批科技企业加速器。超前布局氢能、钙钛矿太阳能和生物医药等新兴产业，抢占产业发展先机。深化人才发展体制机制改革，实行更有温度、更有力度的人才政策，集聚一批战略科技人才、科技领军人才和创新团队，造就一批高水平工程师、高技能人才和高层次跨专业实干型人才。推进科技与金融深度融合，组建政府引导基金，引进社会投资资金，打造创业投资集聚区。弘扬科学精神、工匠精神以及华罗庚精神，营造崇尚创新的社会氛围。

（四）*防范化解风险*。“十四五”时期，高度警惕一些领域可能出现的“黑天鹅”和“灰犀牛”事件，坚决杜绝出现“幺蛾子”，为我区经济社会发展营造良好环境。狠抓安全生产整治，牢固树立安全发展理念，从细从严落实安全生产党政领导责任、部门监管责任、企业主体责任，坚决防范遏制重特大安全生产事故，为高质量发展提供安全保障。狠抓生态环境保护，进一步提高生态环境风险意识，严格落实党政领导干部生态环境损害责任终身追究制，以打好污染防治攻坚战为抓手，切实保护生态环境，牢牢守住生态绿色底线。狠抓政府债务化解，坚守合规融资、合规担保、合规投资，确保不发生债务管理风险，同时坚持以收定支，牢固树立过紧日子思想，把有限的资金用在最要紧处，进一步降低隐性债务规模。狠抓法治金坛建设，以推进区域社会治理现代化为抓手，进一步健全基层治理体系，提升社会化、法治化、智能化、专业化水平，打造共建共治共享的社会治理格局。开展重点领域突出信访问题专项治理行动，最大限度把矛盾纠纷防范在源头、化解在基层。

三、奋力拼搏，确保“十四五”开局之年取得超常业绩

2021年是中国共产党成立100周年，是“十四五”开局之年，也是我区“两个加快”创新推进之年。明年工作的总体要求是：以习近平新时代中国特色社会主义思想为指导，全面贯彻党的十九大和十九届二中、三中、四中、五中全会精神，准确把握“立足新发展阶段、贯彻新发展理念、构建新发展格局、实现高质量发展”总体要求，认真落实常州市委“用好山水资源，做强现代产业，提升城市功能，打造美丽常州新样板”的具体要求，以“五年目标、四年完成”的雄心壮志和坚实步伐，聚焦“四大行动”，强化创新推进，团结一心，奋力拼搏，确保“十四五”开局之年取得超常业绩，为新一轮跨越发展、快速崛起定好调、起好步，以优异成绩庆祝建党100周年。

明年全区经济发展的主要目标为：在进一步提升发展质量的基础上，地区生产总值确保突破1000亿元，力争同比增长10%；工业实际投入确保完成300亿元、力争400亿元；工业应税销售收入确保完成1800亿元、力争2000亿元；一般公共预算收入确保突破60亿元、力争65亿元；其他各项主要经济指标实现相应增长，均完成常州市下达任务。

（一）*发展格局攻坚行动*。格局决定未来。要围绕长三角一体化、与常州主城区同城发展、城乡融合发展，以及高质量发展等时代要求，加快排兵布阵，构建新发展格局。根据“区域快速通勤地、产业创新共同体、生态绿色宜居城”的区域发展定位，编制确定综合立体交通网规划和国土空间总体规划、详细规划，以及相关专项规划，同时强化规划执行的刚性约束，坚持一张蓝图绘到底。攻坚重点交通工程建设，全面开工建设金坛高铁站，确保2022年南沿江城际铁路投入运营；争取开工建设阜溧高速、常金高速，加快与常州主城区同城发展步伐；开工建设233国道南延、盐港路全面提升等重点项目，构建东部、北部物流大通道。攻坚功能板块优化调整，形成“两城四区六镇三街道”携手并进、比学赶超发展格局，重点理顺园区与镇街道职责划分、区与板块财政结算等体制机制。攻坚城乡融合一体发展，启动金坛都市田园·黄金软米大农场建设，为全区乡村建设提供示范；根据全区镇村布局规划，加快编制147个集聚提升类和特色保护类村庄详细规划，为全面推开乡村建设提供依据。与此同时，实施园区运行机制改革，深化国有企业改革，推进城乡融合发展试验区建设，以改革激发新活力、增添新动能。

（二）*“两个加快”创新行动*。项目决定发展。要在传承“两个加快”五年成绩、经验的基础上，启动实施新一轮“两个加快”，以新理念、新目标、新方式和新力度，赢得“两个加快”的新成效。创新载体建设，由传统标准厂房建设转变为科技企业加速器建设，由低容积率标准转变为高容积率要求，由供地为主转变为供房为主，提高土地空间承载力。重点建设总量超100万平方米的中国（常州）德国中心、华罗庚产业科技创新中心、金科化学药产业科技创新中心等科技企业加速器。创新招商方式，由全员招商拓展为专业招商，由线下招商拓展为线上招商，由自主招商拓展为委托招商，改变单一招商模式，有效提高招商成效。重点推进专业招商，建立市场化团队、市场化奖惩、市场化服务的运营机制。创新政策支持，重点与投入、产出、人才等挂钩，综合运用研发补贴、基金投资、贡献奖励、人才政策及向上争取等手段，支持项目落地发

展，降低投资风险，提高项目效益。重点深化供地项目由区委区政府集体研判决定机制，避免不顾产业方向、项目质量，盲目引进项目、释放资源。力争全年引进单体投资超30亿元或3亿美元项目8个，其中超50亿元或5亿美元项目、超100亿元或10亿美元项目各1个，确保引进供地项目协议投资总额超500亿元。力争全年引进德语区项目15个以上，累计达50个。

（三）*工业经济跃升行动*。县域经济就是工业经济。要以工业经济高质量发展“十百千计划”为抓手，深化落实“四到”服务，进一步放大“两个加快”工作成效，有力提升我区工业经济质量、规模。推动质量层次跃升，鼓励新能源汽车、新一代信息技术、生物技术和新医药、光伏“三新一特”产业企业加快做强做大，支持传统企业转向“三新一特”产业，获得新的发展机会和成长空间，促进我区产业进一步提质增效，重点推动优势企业发展成为行业头部企业、众多企业转型成为行业头部企业配套企业。推动为企服务跃升，实行区、镇园区两级挂钩联系制度，及时帮助解决发展中遇到的困难和问题，重大事项按照“一企一策、一事一议”的原则，由区委区政府集体研究予以重点支持，确保重要会议活动首先参加、各类政策支持首先享受、相关荣誉表彰首先推荐。推动规模效益跃升，支持企业加大投入、加强创新、加快发展，提高产出规模和效益，力争全年应税销售收入超10亿元企业30家以上、超50亿元企业5家以上、超100亿元企业2家以上。各级干部要把复工复产中关心支持企业的好经验、好做法延续下去，更加关爱企业，光明磊落地同企业交往，用心用情为企业解难，多听企业家意见建议，进一步激发干事创业热情。

（四）*百姓幸福提升行动*。发展为了人民。要围绕解决突出民生问题、提升百姓生活品质，实施一批百姓得实惠、政府受赞誉的重点民生实事项目，不断提升百姓幸福指数。提升公共服务水平，全面建设华罗庚实验小学、实验幼儿园，开工建设汇贤初级中学，改造建设华罗庚实验初级中学，深化教育改革成果；加强第一人民医院运营管理，建成投用妇幼保健院，改造提升中医医院，提高百姓对教育、医疗的满意度。提升生态绿色优势，持续巩固中央、省环保督察交办问题整改成果，加大茅山、长荡湖生态修复力度，实施金沙老城雨污分流三年行动计划，不断改善城乡环境，增强百姓生活绿色供给。提升安全法治环境，牢固树立安全发展理念，紧盯重点领域，保持专项整治常态长效，推动“一年小灶”和“三年大灶”有机衔接，提高本质安全水平；强化全社会法治意识，做到规范执法、严格执法、公平执法，提升食品安全水平，纵深推进扫黑除恶专项斗争，增强百姓安全感。

做好疫情防控，事关人民群众生命安全和身体健康，也是完成全年目标任务的基础和前提。当前疫情仍然在全球蔓延，国内时有散发病例，疫情防控形势依然严峻复杂。要毫不放松抓好“外防输入、内防反弹”各项工作，进一步绷紧思想之弦，筑牢责任之堤，慎终如始抓好常态化防控举措。要坚持“人物同防”，扎实做好进口冷链包装的消毒、处理，加强高风险人群疫苗接种等防护工作，完善应急处置等措施。党政机关要带头严格控制非必要集聚，必要的会议活动要减少人数、做好防护，引导群众加强自我保护，确保疫情不出现规模性输入和反弹。

四、从严治党，汇聚高质量开启快速崛起新征程的强大合力

高质量开启快速崛起新征程，必须坚持和加强党的全面领导。要贯彻落实新时代党的建设总要求，持之以恒推进全面从严治党，着力增强各级党组织的政治领导力、思想引领力、群众组织力和社会号召力，为金坛跨越发展、快速崛起提供坚强政治保证。

（一）*把思想建设抓得更牢*。坚持以政治建设为统领，围绕党中央关心的重大问题、作出的重大决策、展开的重大部署，切实把增强“四个意识”、坚定“四个自信”、做到“两个维护”落到行动上。坚持把学习习近平新时代中国特色社会主义思想和习近平总书记重要讲话指示精神作为理论学习中心组学习、干部培训轮训的“必修课”，用好“金沙大学堂”、“三会一课”、理论学习中心组学习等制度和平台，推动党员干部在解放思想中统一思想，不断提高危中识机、化危为机、变中求进的能力。推进新时代文明实践中心建设，深化融媒体中心建设，加强学校、宗教、网络等重点领域意识形态工作，坚定主心骨、守好主阵地、唱响主旋律。精心做好庆祝建党100周年纪念活动，大力弘扬“苦干实干、正气大气”的时代精神，讲好党的故事、金坛故事，画好推动金坛跨越发展、快速崛起的“最大同心圆”。

（二）*把干部队伍建得更强*。坚持党管干部原则，突出好干部标准，让干部更加敢担当、善作为。深入贯彻落实新时代党的组织路线，坚持“给肯干者机会、让有为者有位、为担当者担当”，把敢扛事、愿做事、能干事的优秀干部源源不断地选出来、用起来。有序推进区镇两级党委换届工作，继续面向区外实施紧缺专业人才综合选拔和公务员商调，统筹做好优秀年轻干部、党外干部、女干部配备，不断拓展干部来源渠道。创新高质量发展考核，坚持定性与定量相结合，考人与考事相结合，以年度考核、任期考核为重点，用好平时考核、专项考核等方式，做到考准考实，强化考核结果运用，推动形成能者上、优者奖、庸者下、劣者汰的正确导向。深化落实“三项机制”，依法依规严肃查处诬告陷害行为，精准有效实施容错纠错，正确区分过错和违纪，对工作中的“探索性失误”能容则容，旗帜鲜明支持干部干事创业。

（三）把基层基础夯得更实。不断增强基层党组织的政治功能和组织能力，推动全区各级党组织全面进步、全面过硬。持续推进“五聚焦五落实”基层党建三年行动计划，探索以功能型党组织为主的行政村党组织设置，拓展基层党建工作站点功能，整顿提升软弱涣散基层党组织，让每一个党组织都成为红色引擎，让每一名党员都成为攻坚先锋。高质量完成村、社区“两委”换届，着力选优配强以村、社区党组织书记为重点的基层组织班子，深化推进村干部专职化和社区工作者职业化管理，激发村、社区干部干事创业激情，不断提升抓发展、强服务、促和谐的本领。持续深化基层党建品牌建设，集聚起农村、社区、机关、“两新”组织、国有企业等各领域红色动能，培育一批叫得响、立得住、推得开的新时代典型。

（四）把政治生态治得更优。全面从严治党是攻坚战，更是持久战，必须把“严”的要求贯穿始终。从严加强政治巡察，统筹安排常规巡察、专项巡察、对村巡察，强化巡察成果运用，提升整改质效。从严加强监督执纪，推动管党治党主体责任和监督责任贯通联动、一体落实。巩固深化监督体系，推进纪律监督、监察监督、派驻监督、巡察监督统筹衔接，精准运用“四种形态”，对苗头性倾向性问题早发现、早提醒、早处理，把监督执纪问责工作做深做细做实。从严加强正风反腐，完善纠治“四风”常态长效机制，深化群众身边腐败和作风问题专项整治，坚决查处“中梗阻”“微腐败”等突出问题，让一体推进不敢腐、不能腐、不想腐的体制机制更加健全、更加完善，以优良党风凝聚党心民心、带动政风民风。

充分发挥区委总揽全局、协调各方的领导核心作用，支持区人大常委会、区政府、区政协依法履职，支持区法院、区检察院依法独立行使职权。要不断巩固和壮大最广泛的爱国统一战线，切实增强工青妇等群团组织的政治性、先进性、群众性，进一步加强党管武装、老干部等各项工作，深化双拥共建，凝聚起高质量发展的强大合力。

同志们，行至半山路更陡，一览风光在险峰。让我们更加紧密地团结在以习近平同志为核心的党中央周围，在省委、常州市委的坚强领导下，坚持以习近平新时代中国特色社会主义思想为指导，砥砺奋进，苦干实干，力争“十四五”开局首胜，共同谱写金坛跨越发展、快速崛起的崭新篇章，以优异成绩迎接党的百年华诞！

政府工作报告

——在金坛区第十七届人民代表大会第五次会议上

（2021 年 1 月 4 日）

常州市金坛区代区长　陆秋明

“十三五”时期和 2020 年工作回顾

“十三五”以来，区政府在区委的正确领导下，在区人大、区政协的监督支持下，团结依靠全区人民，紧紧抓住“撤市设区”新机遇，按照“接轨常州主城区、推动发展新跨越”总体战略，紧扣高质量发展要求，突出“两个加快”主题主线，抓机遇、促发展、迎挑战、破难题，全区经济社会呈现快速发展的良好态势。

综合实力显著增强，成功迈入苏南发展第二方阵。2020 年，实现地区生产总值 973.2 亿元，可比价增长 5.5%，是“十二五”末的 1.8 倍；一般公共预算收入 55.8 亿元，是“十二五”末的 1.5 倍，年均增长 9.4%；工业应税销售收入 1625 亿元，是“十二五”末的 2.3 倍，年均增长 18%。经济总量增幅连续多年位居苏南前三。“十三五”期间，实施省重大项目 21 个。签约引进项目 844 个，中航锂电、北电爱思特、蜂巢能源、东方日升等一批重大项目落户我区，工业实际投入 983.5 亿元。实际使用外资 14.1 亿美元，德国工业 4.0 金坛制造基地挂牌成立，中国（常州）德国中心建成投用，中德（常州）创新产业园成为全省德资企业集聚区之一。新增高新技术企业157家，保有量达227家。拥有中盐金坛卢强院士工作站、中航锂电技术研究院等“两站三中心”53家，比“十二五”末增加19家。2020年全国百强新城区排名第31位。

*产业结构明显优化，产业升级大步迈进。*2020年，实现规模以上工业增加值346亿元，是“十二五”末的1.4倍。规上工业企业467家，比“十二五”末净增61家。“三新一特”产业集聚发展，规上企业数占比28%、应税销售收入占比46%。新能源汽车产业拥有整车、电机、电控、动力电池等完整产业链；新一代信息技术产业初步形成射频器件、5G芯片、光模块等产业集聚；生物技术和新医药产业布局原料药、生物疫苗、中药等细分领域；光伏产业拥有电池片、组件、EVA胶膜等较为完整的产业链。高端装备制造、纺织服装等传统支柱产业提质增效。农业基本现代化水平稳居全省第一方阵，“十三五”期间，农业增加值年均增长5.1%，建成高标准农田5.7万亩，有省级农业龙头企业14家，粮食生产全程机械化率稳定在90%以上，获批建设省级现代农业产业示范园、国家农业科技园区，薛埠镇、指前镇入选全国农业产业强镇，智能化渔场、茅山茶海等一批重点农业项目建成投用。茅山道天下、花谷奇缘创成国家AAAA级旅游景区，获评全国休闲农业与乡村旅游示范区，茅山旅游度假区综合考评连续三年位居全省第三。吾悦广场、新天地、红星美凯龙等综合体建成运营。社会消费品零售总额1498亿元，年均增长8.2%。金融机构存、贷款余额年均分别增长14.2%和14.4%，贷款余额突破千亿元，获评2017—2019年度江苏省金融生态优秀县。

交通环境显著改善，区域枢纽地位日益凸显。“十三五”期间，交通建设总投资98亿元，是“十二五”的1.3倍。新增一级公路109公里、二级公路63公里。编制完成综合交通运输体系等一批重大交通规划，金杭高速、阜溧高速、连镇铁路南延等项目成功纳入上位规划。江苏南沿江城际铁路率先在金坛开工建设。G233（金坛段）、S265（金坛段）、S240改造提升、茅山旅游大道、长荡湖旅游大道、直荣公路、金茅公路东段等项目建成通车，30分钟交通圈基本形成，实现了“城到镇全部通一级公路”目标。新改建农村公路114公里、农桥26座、安全生命防护工程268公里，打造“乐道金坛”农路品牌，获评省级“四好农村路”示范区，“绿野仙踪”获全国“最有诗意的路”评选第一名。金坛港—太仓港内河集装箱支线航线正式开通。

*重点改革攻坚破局，发展动能强势集聚。*被列入首批国家城乡融合发展试验区，正式加入南京都市圈。直溪光采小镇入选省级特色小镇创建名单。“放管服”改革不断深化，不动产登记全流程网上办理率先在全国开展，获评全省营商环境评价先进地区。高质量推进国土空间总体规划编制、第三次国土调查、全域土地整治等试点工作。新增规划空间流量指标3.1万亩，新增建设用地指标5.4万亩。国有企业高质量发展深入推进，加快市场化转型、实体化运作。农村土地承包经营权确权、国有林场改革全面完成。扎实推进教育、医疗领域绩效改革。高质量完成机关事业单位和镇（街道）机构改革。

生态建设全面推进，城乡面貌日新月异。“十三五”期间，全区共拆迁230万平方米，新建保障性住房3万余套、370万平方米。滨湖新城框架进一步拉开，新建环湖路、江东大道等16条道路，图书馆、城市形象馆、民防教育体验馆相继开馆。金沙老城改造更新有序推进，金沙花园等15个老小区完成雨污分流改造，南园二村、华城二村等7个小区创成省级宜居示范居住区。农村人居环境不断改善，建成美丽宜居村庄163个，仙姑村入选中国十大美丽乡村。水利工程累计投资106亿元，是“十二五”的12.2倍。新孟河延伸拓浚主体工程完工，龙山、钱资湖水利枢纽建成投运。完成中央、省环保督查反馈问题整改，取消培丰化工集中区定位，关闭化工生产企业35家、“散乱污”企业299家，完成24条河道清淤和76条黑臭河道治理，规划保留村污水处理设施全覆盖。投资65亿元实施长荡湖网围整治、生态清淤、入湖河道综合整治等六大工程，增加水域10平方公里。长荡湖水厂建成投用，实现城乡供水一体化。完成石家山、营盘山等宕口生态修复治理。长荡湖创成国家湿地公园，茅山入选“中国森林氧吧”名录。获评国家生态园林城市、国家森林城市，入选省级山水林田湖草生态保护修复试点。

民生短板拉长补齐，百姓获得感持续提升。“十三五”期间，新（改、扩）建学校23所、医院5所、村卫生室78个、基层综合性文化服务中心123个。新增养老机构11家、养老床位1261张，建成“夕阳红”居家养老服务中心66个。河海大学常州校区落户我区。人民医院获评三级综合医院。城乡居民人均可支配收入分别达5.7万元和3万元，年均分别增长7.4%和8.3%。基础养老金、基本医疗保险等社会保障标准逐步与常州接轨，城镇登记失业率1.82%。5702户建档立卡低收入农户全部脱贫，获评“全省脱贫攻坚组织创新奖”。华罗庚艺术团挂牌江苏省儿童艺术剧院，《田梦儿》《青铜葵花》获省“五个一工程”奖。获评全国“七五”普法中期先进区、省食品安全示范区，实现

省双拥模范城“五连冠”，连续16年被评为江苏省平安区。

*作风建设不断优化，政府效能切实增强。*扎实开展“两学一做”“三大一实干”“不忘初心、牢记使命”等主题教育。自觉接受区人大及其常委会工作监督、法律监督和区政协民主监督。“十三五”期间，共办理人大代表建议896件、政协提案603件。自觉接受审计、司法、舆论和社会监督，开展党政领导干部经济责任和自然资源资产审计。受理“12345”服务热线诉求30万余件。严格落实中央八项规定及其实施细则精神，持之以恒纠正“四风”，“三公”经费支出同比压减35%。推进政府隐性债务化解，优化债务结构，努力降低债务成本。完善区与镇、街道、园区财政结算体制，落实镇村基层保障资金62.8亿元。

各位代表，刚刚过去的2020年是“十三五”规划的收官之年，也是发展形势极为复杂、困难挑战极为严峻的一年。一年来，区政府认真贯彻区委十三届八次全会精神，组织带领全区广大干部群众，在毫不放松抓好疫情防控的同时，团结拼搏，克难求进，扎实做好“六稳”工作，全面落实“六保”任务，统筹推进经济社会发展，主要做了以下几方面工作：

*一是全力打好疫情防控阻击战。*按照“外防输入、内防扩散、严格管控”总要求，第一时间成立疫情防控应急指挥部，强化联防联控、群防群控、闭环管控等机制。全区医务工作者、公安干警和党员干部日夜奋战、忘我工作，广大企业、经营户服从大局、迎难而上，全区市民自觉配合、守望相助，共同构筑疫情防控“铜墙铁壁”。采取果断措施，迅速处置人民医院聚集性疫情，把影响降到最低。有效指导企业和学校复工复产、复学复课。先后从韩国包机5架次组织400余名外籍员工返岗。发放稳岗返还、以工代训等各项企业补贴5700万元。发放临时生活物资补贴、价格临时补贴近1000万元，惠及群众5万余人次。

*二是全面决战狠抓“两个加快”。*严格规范产业项目引进和建设，从投资、税收、安全和环保等方面，把好项目质量关。扎实开展项目招引百日攻坚行动，全年新签约引进项目121个、协议投资总额480亿元，其中，超30亿元或3亿美元项目3个，超50亿元、100亿元重大项目均实现突破。完善项目推进快速协调机制，胜伟策、当升科技一期、SK隔膜一期、蜂巢能源二期等项目竣工投产，晨创5G通信基站、中盐盐穴压气储能电站等重点项目加快推进。全年完成工业实际投入218.5亿元，其中机械设备投入占比61%。争取建设用地指标8905亩，完成占补平衡项目1775亩。工业用电量达44.4亿千瓦时，同比增长16.4%，增幅位列苏南各县市区第一。

*三是千方百计稳定经济增长。*182家工业企业应税销售收入超亿元，其中亿晶光电、信维通信等28家企业超10亿元，东方日升超百亿元。奥托立夫、晨风服装等8家企业纳税超亿元。蜂巢能源、中航锂电获评独角兽企业。斯威克、常友环保、索拉特、久诺建材、健尔康5家企业报省证监局辅导备案。进出口总额220亿元，同比增长18%，增幅位列常州各辖市区第一。中德（常州）创新产业园被认定为全省首批国际合作园区，新材料科技产业园被省政府认定为化工集中区，华科园完成省级高新区申报工作。召开全球招商网络大会、“三新一特”产业峰会，进一步扩大产业影响力。出台股改上市、企业年金、高层次人才服务体系等相关政策，以政策红利助推产业高质量发展。全年减税降费32.2亿元，其中，增值税留抵退税15.3亿元。发改、工信、财政、生态环境等部门全年向上争取资金17亿元。抓好农产品生产保供工作，粮食播种面积稳定在38万亩，生猪出栏9.7万头。旅游业加快恢复发展，成功举办中国未来景区大会等活动，游客总人次、旅游总收入基本恢复到疫情前水平。建筑业入库税收12亿元，同比增长20%。

*四是加快提升城乡品质内涵。*钱资湖大桥、直别公路、大社线建成通车，南沿江城际铁路加快推进，高铁枢纽、河海大学常州校区启动建设。推进省级生态文明建设示范区创建，开展长荡湖出入湖河道排口及周边生活污水处理整治，尧塘河列入省生态治理河道。完成沿河东路等道路改造，新增停车泊位2129个。全面开展“全域大排查、百日大整治”攻坚行动，深入推进基础设施、公共环境等23个文明城市建设专项行动，完成虹翠路、丰田路等市容环境综合整治，顺利通过全国文明城市国检、省测。推进16个被撤并乡镇集镇区专项整治，柚山村、上阮村加快美丽乡村建设，创成金牛村、徐家庄等4个省级特色田园乡村。

*五是统筹推进各项社会事业。*华罗庚实验小学、华罗庚实验幼儿园开工建设，东城实验幼儿园、直溪幼儿园投入使用。第一人民医院完成整体搬迁。适龄儿童免费接种水痘疫苗全面实施。城乡居民基础养老金标准提高到280元/月，被征地农民养老补助金标准提高到680元/月。举办华罗庚110周年诞辰系列活动，华罗庚纪念馆完成改造提升。高质量完成第七次全国人口普查。开展违法违规“小化工”百日专项整治，推进落实省委危化品专项巡视反馈意见整改，全年未发生较大以上事故。

此外，海关、气象、供销、工会、烟草、消防救援、人民银行、融媒体中心、住房公积金等部门认真履职，取得了新的成绩；史志侨台、人民武装、邮电通信、妇女儿童、民族宗教、慈善红十字等单位扎实工作，作出了新的贡献。

各位代表，“十三五”以来，在国内外形势严峻复杂、困难挑战不断增多、新冠疫情全球蔓延的考验下，我们铆足干劲，敢干敢拼，创造了非常宝贵的发展“黄金期”。

——五年来，我们始终坚持产业强区不动摇。产业是金坛的根基，产业强则金坛强。我们把发展壮大先进制造业作为重中之重，全力发展实体经济，加快形成特色产业链，全面优化营商环境，大力弘扬新时代企业家精神，让企业家在金坛有地位、受尊重、有奔头，不断夯实金坛经济发展基础。

——五年来，我们始终坚持“两个加快”不动摇。项目是实现金坛经济发展的“生命线”。我们始终坚持“项目为王”，一手抓项目引进，一手抓项目推进，一切围绕项目转，一切围绕项目干，大力营造全员抓招商、人人抓项目的浓厚氛围，推动项目快落地、快开工、快建设、快投产，跑出金坛经济发展“加速度”。

——五年来，我们始终坚持改革创新不动摇。唯有改革创新，才能破难前行。我们将改革作为引领发展的“牛鼻子”，将创新作为第一动力，稳妥推进各类重点改革，用创新的办法解决金坛问题、推动金坛工作，有效破解产业发展、要素保障等领域瓶颈问题，更多地出实招、硬招，让发展更加行稳致远。

——五年来，我们始终坚持以人为本不动摇。投入超230亿元，扎实推进民生项目，全力攻坚公共服务短板，持续深化社会治理，深入基层访民情、汇民智、解民忧，认真抓好关键小事，努力办好民生大事，推动发展成果全民共享。

——五年来，我们始终坚持“苦干实干、正气大气”时代精神不动摇。我们打基础、谋长远，重实干、抓落实，妥善应对各类风险挑战，在“两个加快”、向上争取、抗洪救灾、疫情防控中，锤炼了一支敢干事、能干事的干部队伍。生态环境建设、水利建设、交通建设、农村人居环境整治、棚户区改造、质量及改革创新等工作获得省政府真抓实干督查激励。

各位代表，这些成绩的取得，是区委正确领导的结果，是区人大、区政协有效监督和全力支持的结果，更是全区人民共克时艰、努力拼搏的结果。在此，我谨代表区人民政府，向辛勤工作在各个领域的全区人民，向区人大代表、政协委员，向区各民主党派、工商联、无党派人士、人民团体、各界人士和离退休老同志，向驻金坛部队、武警官兵、公安政法干警，向所有关心、支持、参与金坛建设和发展的海内外朋友，致以崇高的敬意和衷心的感谢！

各位代表，面对新形势、新要求，我们也清醒地看到存在的问题和不足：一是区域经济总量偏小，新兴产业尚未实现爆发式增长，传统产业转型升级有待加速，创新能力不强、要素配置低效、债务防控风险等问题有待破解。二是城市能级偏低，精细化管理水平还不高，城市功能仍有不少短板，优质教育、优质医疗、文化休闲、高端酒店等方面还需加强供给。三是城乡环境与市民期望仍有差距，蓝天、碧水、净土等生态治理任重道远，安全生产和社会矛盾化解仍有压力。四是政府自身建设仍需加强，少数干部担当精神、创新意识和执行能力仍需提高。对此，我们将高度重视、认真研究，采取有效措施，切实加以解决。

“十四五”时期目标任务和2021年主要工作

各位代表，根据《中共常州市金坛区委关于制定常州市金坛区国民经济和社会发展第十四个五年规划和二〇三五年远景目标的建议》，区政府编制了“十四五”规划纲要（草案），一并提请本次大会审议。

“十四五”时期，是金坛全面融入常州主城区，打造常州最美新城区的关键时期；是金坛加快发展，塑造新一轮区域竞争优势的重要时期；同时也是金坛奋力赶超，实现在苏南板块快速崛起的攻坚时期。当前，国际疫情持续蔓延，外部环境不稳定、不确定因素显著增多，我们要增强“不进则退”的忧患意识，昂扬“勇争一流”的拼搏斗志，提振“舍我其谁”的担当勇气，以高质量发展为主题，以改革创新为根本动力，以满足人民群众日益增长的美好生活需要为根本目的，坚持“两个加快”不动摇，加速常金同城化，加快实现现代化，奋力推进产业强区、城乡融合、民生共享、区域协同、绿色生态，将金坛建设成为常州最美新城区、发展最强增长极。

“十四五”时期全区经济社会发展的预期目标是：经济规模全面翻番。到2025年，地区生产总值确保完成1500亿元、争取1600亿元；工业应税销售收入确保完成3500亿元、争取4000亿元；一般公共预算收入确保完成100亿元、争取120亿元；累计工业实际投入确保完成1000亿元，争取1200亿元；经济总量进入苏南县市区前20位。工业经济做大做强。到2025年，实现工业应税销售收入超10亿元企业100家，其中超100亿元企业集团10家；年应税销售收入超1000亿元产业2个；上市公司20家。美丽金坛初具成效。城乡融合发展试验区试点取得更大突破，城市规划、建设和管理水平显著提升，资源利用更加节约高效，生态环境质量不断改善。到2025年，$PM_{2.5}$浓度低于35微克/立方米，空气质量优良天数比例超80%，美丽宜居乡村建成率达100%。民生福祉更加殷实。教育、医疗、文化、养老等公共服务体系更加优质均衡，社会就业更加充分，居民人均可支配收入增长率与经济增长率相匹配。

各位代表，2021年是“十四五”规划的开局之年，做好今年工作至关重要。今年政府工作的总体要求是：深入贯彻党的十九届五中全会和习近平总书记视察江苏重要指示精神，全面落实省、市、区委全会决策部署，紧扣“用好山水资源，做强现代产业，提升城市功能，打造美丽常州新样板”的目标定位，立足新发展阶段，贯彻新发展理念，构建新发展格局，坚持高质量发展、高品质生活和高效能治理，推动产业发展再提速、改革创新再深化、城乡环境再提升、民生福祉再改善，全面开启金坛加快发展新征程，实现“十四五”良好开局。

今年全区经济社会发展的预期目标是：地区生产总值确保完成1000亿元；一般公共预算收入确保完成60亿元；工业实际投入确保完成300亿元；工业应税销售收入确保完成1800亿元；实际使用外资、主要污染物减排等指标完成上级下达任务。

根据上述总体要求和预期目标，重点做好以下六方面工作：

一、高质量推动产业发展强根基

用好项目招引“主抓手”。紧扣常州市“重大项目攻坚突破年”工作部署，围绕“三新一特”产业，努力招引高端龙头项目和建链补链强链项目。开发区、华科园、金科园要充分发挥招商主阵地作用，大力引进旗舰型、引领型、创新型大项目、好项目；各镇、街道要围绕各自产业特色，大力引进处于创新链、价值链上的优质项目。加大总部企业、税源企业、科技型企业等招引力度，着力引进数字经济、楼宇经济等新兴产业，以及科技金融、现代物流、检验检测等生产性服务业。深度挖掘乡贤、客商等资源，发挥专业团队、产业基金、行业协会作用，推进委托招商、基金招商、以商引商等多渠道招商。茅山、长荡湖两个旅游度假区要积极招引龙头项目，推进文旅、体旅、农旅、产旅、城旅相结合。确保引进供地项目协议投资总额不少于500亿元，力争超30亿元或3亿美元项目8个，其中超50亿元或5亿美元、超100亿元或10亿美元项目各1个。

抓好项目建设“主引擎”。进一步简化项目审批手续，全面落实代办审批、重大项目推进等机制，统筹调度各类资源，及时协调解决问题，营造项目建设温暖“小气候”。加快推进总投资150亿元亿晶光电25GW高效光伏电池及组件、50亿元飞荣达二期产业园、3.5亿美元贝爱亿等重点项目建设，确保SK隔膜二期、晨创5G通信基站一期、常宝普莱森特种管材等项目竣工投产。紧盯已供地未开工、已开工未竣工、已竣工未投产项目，定期开展“回头看”，加大项目投产考核，确保项目引得进、落得下、推得动，切实提高项目贡献度。按照急需必需原则，科学排定政府投资项目。增强财政资金投入精准性，集中有限的财政资源投向重点项目。抢抓政策窗口期，加大专项债券项目申报、储备力度。探索改革投融资方式，充分发挥国有企业作用。强化用地保障，全年争取建设用地指标6000亩。

当好项目服务“主力军”。大力实施工业经济高质量发展“十百千计划”。聚焦重点产业、重点企业、重大项目，实行区领导以及镇、园区、部门负责同志挂钩联系制度，按照“一企一策、一事一议”原则，集中资源推动优势企业快速成长为城市名片企业、行业头部企业、标杆企业，推动工业经济做大做强。力争全年应税销售收入10亿元以上企业超30家、50亿元以上企业超5家、100亿元以上企业超2家。成立上市服务专班，加强上市辅导和跟踪服务，力争年内3家企业登陆资本市场。精准落实稳外资、稳外贸措施，鼓励晨风、金昇、健尔康等企业开拓多元海外市场。不折不扣落实好各项惠企政策，全年争取各类资金不少于18亿元。创新金融工具，建立“三新一特”等产业扶持资金、投资基金，加大金融机构对重要产业、重点项目支持力度。建立和引进市场化融资担保公司，设立产业纾困基金，缓解企业融资难、融资贵等问题。创新完善劳务开发合作、劳务派遣等招聘机制，大力招引产业工人，满足企业用工需求。

二、高站位深化改革创新增动能

提升创新驱动能力。加大科技财政投入，设立科创基金，撬动社会资本投向创新创业。推进华科园创建省级高新区，开发区创建国家级经开区。重点建设总量超100万平方米的科技企业加速器，加快推进河海大学长荡湖大学科技园、华罗庚产业科技创新中心等项目，中国（常州）德国中心孵化中心建成投用，新增市级以上科创平台不少于3家，其中省级以上1家。精心筹备中国数学发展大会。实施新一轮高新技术企业倍增计划，全年新增高新技术企业75家。深入开展产学研合作，引导企业对接高职院校和科研院所，新增市级以上企业研发机构不少于10家，其中省级以上2家。落实“金礼遇·才无忧”高层次人才20条服务政策，加大人才育留力度，全年新增高层

次人才200人以上、高技能人才1000人以上，入选省“双创计划”3人。推进质量强区和品牌建设，万人有效发明专利拥有量达20.9件。

纵深推进各项改革。深化国家城乡融合发展试验区建设，推动农村集体经营性建设用地入市、科技成果入乡转化等体制机制创新，加快城乡要素自由流动。积极探索“以房换地”“以地换地”等宅基地自愿退出机制。深入开展全域土地综合整治试点，加快金坛都市田园·黄金软米大农场规划建设，并形成一批可复制、可推广的实践成果。全面推进乡村振兴，加快国家农业科技园区建设，大力发展精品农业、都市农业，持续恢复生猪产能，新建高标准农田1.3万亩。创新园区外工矿建设用地退出机制，积极推进税法合作，对无产出“僵尸”企业依法有序退出。严格按照园区定位和土地用途，有序开展产业用地更新。巩固区属国有股权委托管理成果，深化国有企业混合所有制改革。建立国有企业参与政府投资项目盈利模式，加大对留白地块、公交场站、路灯等城市资源的开发利用。支持国有企业成立产业发展基金，规范有序科学参与市场化项目竞争。通过债务置换等方式，切实降低国有企业综合融资成本。

着力优化营商环境。纵深推进政务服务“一网通办、一门全办”，全力打造审批事项最少、办事效率最快、服务水平最优的“金钥匙”服务品牌。深化建设项目审批制度、“证照分离”改革。推进“互联网+监管”“双随机一公开”，强化“阳光执法”，探索包容审慎监管。强化水电气便利化举措，持续压减接入时间。有序推进镇（街道）行政审批赋权和综合执法改革，稳步推进审批服务、执法事项下沉，实现“区镇通办”“就近能办”，打通服务群众和企业最后“一米”。深化“四到”服务，召开企业家座谈会、政银企对接会、乡贤大会等活动，解决企业发展中存在问题，依法平等保护民营企业产权和企业家权益，时刻让企业感受贴身、贴心服务，让企业家发展更有信心、创业更有力量。

三、高品质打造城乡环境创标杆

加强规划引领作用。编制完成国土空间总体规划，科学划定生态保护红线、永久基本农田和城镇开发边界，加快推进“多规合一”。完成高铁新城总体规划、滨湖新城和金沙老城规划修编，深化生物医药产业园和中德（常州）生态绿色城规划研究。完成茅山区域旅游总体策划、茅山旅游度假区北部片区城市设计，启动钱资湖南岸及河海大学周边地块策划，打造长荡湖旅游大道、茅山旅游大道、大社线等特色生态廊道。推进综合立体交通网规划研究，完成供水、绿地、绿线、人防和现代物流等专项规划。高标准开展各板块产业园区规划修编，进一步深化镇村布局、美丽乡村规划，加快编制147个集聚提升类和特色保护类村庄详细规划。积极探索综合能源管理项目规划研究，打造苏南地区首个集中供冷供热城市。

加快提升城市功能。进一步完善综合交通路网体系，全面推进南沿江城际铁路、高铁枢纽建设，争取启动常金高速、阜溧高速，开工建设G233南延、盐港路全面提升等项目，构建东部、北部物流大通道，深化S340改线快速化、连镇铁路南延、苏锡常都市快线西延等前期研究。统筹推进新城开发和老城改造。开工建设彭公桥、万士、杨贺巷等邻里中心，钱家路人行道、汇金路南延、凌云路等滨湖新城道路建成投用。改造提升文化一村、河滨北戴小区，启动老小区二次供水设施改造。实施金沙老城雨污分流三年行动计划，推进汇贤路（北段）、河滨东路、南门大街等污水管网工程，同步实施道路提升改造。打通吾悦广场等片区堵点，新增停车泊位2000个，增设新能源汽车充电桩和共享自行车点位。积极培育时尚购物、文化娱乐、康体养生等生活性服务业，金沙科技金融中心、万豪国际酒店建成投运，金陵国际酒店、滨湖花园酒店、爱琴海购物公园、滨湖商务中心等项目加快建设。加大国际学校、国际医院引进力度。河海大学常州校区主体结构封顶。进一步完善基础设施配套，快速推进生活垃圾焚烧发电及飞灰库项目建设。加快良常水利枢纽建设和通济南河综合整治。启动汇贤、南汤等5个输变电项目。

加速打造宜居环境。深入开展省级生态文明建设示范区创建，持续改善区域空气质量，全年实现$PM_{2.5}$平均浓度达国家二级标准。强化水资源管理，力争实现湖头桥等11个国省考断面稳定达标。强化农用地和建设用地土壤环境风险防控，开展土壤污染治理修复。启动建设工业污水处理厂，提升改造第二污水处理厂，儒林、薛埠和第一污水处理厂年内建成投用。基本完成山水林田湖草生态保护修复试点任务，深入推进长荡湖水环境综合治理，全面完成退圩还湖工程，合理实施水草和挺水植物种植，探索科学治水之路。加大道、茶、盐文化资源整合力度，加快青青源境、紫云湖、童瑶岭、茅山国际会议中心等项目建设，茅山旅游度假区争创国家级旅游度假区。打造城市“微景观”，优化金沙公园、青年广场等街头游园绿化，实施城市色彩、楼宇亮化、城中村照明和慢行系统局部改造。以“绣花功夫”抓好城、镇精细化管理，全面深化小区物业、农贸市场、违法建设、犬只管理和城中村环境等专项治理，完成南环一路、金桂路等精品街道创建。实施乡村建设行

动，开展新一轮农村人居环境整治提升，规划发展村生活污水治理覆盖率和设施运行率 95% 以上，完成 30% 以上农村小微水体整治任务。深入推进美丽宜居村庄建设，力争建成省级特色田园乡村 3 个、常州市级美丽乡村 3 个。

四、高标准抓好民生改善补短板

进一步强化民生保障。做好社会保险精准化扩面，推动基本养老保险、基本医疗保险参保全覆盖，新增参保 1.2 万人以上。城乡居民基础养老金标准提高到 315 元 / 月，被征地农民养老补助金标准提高到 740 元 / 月。加强退役军人和优抚对象服务保障，不断提升双拥工作水平。落实就业创业补贴等扶持政策，新增城镇就业 1 万人以上，城镇登记失业率稳定在 2% 以内。持续推进“夕阳红”居家养老服务中心建设，村（居）覆盖率达 80%。探索镇级敬老院社会化运营试点，打造“驿站式”居家社区养老新模式。元巷小区三期、连珠水苑一期等保障性住房交付使用。

进一步优化公共服务。坚持教育优先发展战略，优化基础教育资源布局，完善管理体制机制，设置教育贡献奖，提升教师队伍素质，争创省义务教育优质均衡发展区。开工建设汇贤初级中学，改造提升华罗庚初级中学，加快建设华罗庚实验小学、华罗庚实验幼儿园、汇贤幼儿园，华罗庚中学滨湖校区、岸头佳园幼儿园春学期投入使用。推动第一人民医院与长三角地区优质医疗资源合作办院，妇幼保健院建成投用，完成中医医院移址改扩建，启动实施疾控中心改扩建。完成直溪中心卫生院、儒林卫生院等 5 家规范化发热门诊建设。加快发展文体事业，深入实施戏曲进农村、非遗进基层等文化惠民活动，新建 20 个全民健身场地。开展各类文体活动，策划引进体育项目，打造“运动金坛、活力金坛”品牌。深化新时代文明实践中心建设。精心组织好庆祝建党 100 周年庆祝活动。

进一步办好民生实事。民生连着民心、民心凝聚民力。今年，我们聚焦教育资源供给、城乡环境提升、老小区改造等社会关注、群众关切的热点问题，在前期广泛征求意见、充分研究论证的基础上，梳理形成了 18 个民生实事候选项目，提请本次大会票决确定 16 个重点实施项目。我们将以高度负责的态度，扎实有力的举措，全力抓好项目落实，确保办一件、成一件。

五、高水平提升社会治理促稳定

切实防范重大风险。深入打好污染防治攻坚战，严格落实党政领导干部生态环境损害责任终身追究制，强化区镇两级网格化监管执法责任体系，加强重点领域、重点区域、重点企业生态环境风险防控。开展扶贫领域专项治理，健全返贫风险监测机制，确保建档立卡户脱贫不返贫。加强政府性债务动态监管，严禁新增政府隐性债务，确保债务风险安全可控，坚决守住不发生区域性金融风险底线。系统推进安全生产“三年大灶”专项整治，聚焦危化品、交通运输、建筑施工等重点领域，开展全覆盖、拉网式大排查大整治，做到隐患见底、整治彻底，实现安全生产事故起数和亡人数“双下降”，确保全区安全生产形势持续稳定。

切实维护公共安全。开展国省县道、城区道路、金武快速路交通隐患治理，拆除华城、东二环 2 个环岛，减少交通安全风险。巩固省级食品安全示范区创建成果，持续提升全区食品安全水平。高度关注经济、金融、民生等领域重大隐患，健全突发敏感事件应急处置预案。完善网格化社会治理工作机制，加强区镇村三级网格化服务管理中心建设。纵深推进扫黑除恶专项斗争，坚持深挖彻查与长效常治并重。建立健全立体化、信息化治安防控体系，织密智慧技防网。

切实守牢疫情防控。坚持“外防输入、内防反弹，可知可控、精准防控”，落实落细“十户联防、邻里守望”“大数据 + 网格化 + 铁脚板”等好经验、好做法。坚持“人物同防”，落实境外及境内中高风险地区到金坛人员第一时间核酸检测、集中隔离，扎实做好进口冷链食品及包装检测。发挥发热门诊等“哨点”作用，做好重点人群个人防护、定期核酸检测、疫苗接种等工作，确保疫情不出现反复，以“防得住”保障“放得开”。

六、高效能强化政府建设优作风

政治坚定讲法治。认真贯彻落实上级党委、政府和区委决策部署，确保政令畅通、令行禁止。严格按照法定权限和程序行使权力、履行职责，做到规范执法、严格执法、公平执法。深化法律顾问、公众参与、专家论证等制度，加强重大行政决策、规范性文件合法性审查，提升政府决策水平。主动接受人大法律监督和工作监督、政协民主监督，认真倾听民主党派、工商联和社会各界人士意见，高度重视群众监督和舆论监督。加强政策解读，及时回应社会关切，持续提升政务公开质效。

勇于担当重实干。秉持“说了就算、定了就干、干就干好”的工作作风，紧扣区委中心工作，勇挑重担、积极作为，争创更多第一、唯一，提高政府公信力。时刻秉持“本领恐慌”的危机意识，勤学新政策、新业务、新经验，注重借鉴、注重创新、注重实践，提高政府学习力。健全完善政府系统推进、协调、督查体系，强化跟踪问效、行政问责，以“钉钉子”精神推动工作，提高政府执行力。大力精简会议、压缩文件，减少事务性活动，把更多精力集中到促发展、解难题、办实事上。

*廉洁从政守底线。*高标准推进党风廉政建设，严格落实中央八项规定及其实施细则精神，严肃查处各类违法违纪行为。全力支持纪检监察机关履行职责。实现公共资金、国有资产、国有资源、领导干部经济责任履行等审计监督全覆盖。严格财政预算管理，加强绩效评估，压减一般性支出10%以上。积极构建“亲”“清”新型政商关系，牢牢守住廉政底线，努力营造风清气正的政治生态。

各位代表，“十四五”的宏伟蓝图已经绘就，今年的发展目标催人奋进，让我们更加紧密地团结在以习近平同志为核心的党中央周围，在中共常州市金坛区委的坚强领导下，创新再出发，奋斗勇向前，高质量谱写金坛跨越发展新篇章，以更加优异成绩向建党100周年献礼！

2020新冠疫情防控斗争

2020年，自新型冠状病毒感染的肺炎疫情发生以来，金坛区高度重视，坚决贯彻中央、省市决策要求，精心组织、缜密施策、科学安排、有效应对，全力以赴投入疫情防控阻击战，308天无新发病例。

1月24日，成立区新冠肺炎疫情防控工作应急指挥部，共设综合协调、交通管控、社会及社区防控等7个小组，实体运作，专人专班，24小时值守，发挥疫情防控工作的组织领导、统一指挥和统一调度作用。同时，各镇（区、街道）成立联防联控工作小组，实行网格化、地毯式管理，责任到人，联系到户。制订《金坛区新冠肺炎疫情秋冬季防控方案》《新冠肺炎局部小规模疫情应急处置工作预案》《金坛区应对新冠疫情的核酸检测方案》等，从散发性病例到聚集性疫情暴发，模拟可能发生的各种情况，制定针对性的转运、救治、隔离、流调、核酸采样、核酸检测等措施。

创新“十户联防、邻里守望”网格化管理模式，广泛发动群众，全区共设有十户长9993名。其中，党员3274名，群众6719名。严格按照以房找人、以房查人、以房管人，逐户上门、逐户见人、逐人登记，共走访家庭21.7万余户，确保疫区在金坛人员100%排查见底，新增涉疫对象100%处置到位。抓住重点环节，紧盯重点人群，全面深入摸排底数和重点人群，疫情初期，通过大数据推送、主动报备、社区摸排等多种形式摸底1.4万人。疫情常态化防控时及时掌握重点人群信息，追踪及管理密切接触者（包括外地病例的密切接触者协查）402人、严格管控境外及国内疫情中高风险地区来坛人员7005人（入境人员1668人、湖北返回人员4169人、北京返回人员828人，青岛到金坛235人，其他中高风险地区105人）。疫情防控一级响应时始终把交通卡口查控作为“外防输入”的重中之重，并根据疫情形势变化，及时调整扩大检查对象范围，从重点地区拓展到高发地区，从公铁运输拓展到水上运输。高速道口、国省干道排查车辆累计9.887万辆次，排查人数17.3万余人次，累计劝返车辆2.447万辆次。全力做好集中隔离场所的疫情防控工作，自疫情发生以来，共开设集中隔离点29个，集中隔离观察3986人。严格按照工作区、隔离区、生活区、物资储备区分区进行管理，医务人员每日2次对隔离观察人员进行健康监测，确保隔离场所人员疫情防控到位、安全保障到位。持续加强养老院、看守所、医疗机构、精神病院、学校等特殊场所的疫情防控工作。

按照疫情防控“集中患者、集中专家、集中资源、集中救治”的原则，制定金坛区医疗救治应急预案。在人民医院和中医医院设置定点发热门诊，所有的基层医疗机构均设有发热门诊医疗哨点，明确区人民医院为定点收治医院，全力做好疑似病例和确诊病例的诊疗工作。同时把区人民医院43间储备病房、73张床位用作疫情期间发热患者的接诊和留观病人的收住。2月10日，人民医院发生新冠肺炎聚集性疫情后，区新冠肺炎疫情防控工作应急指挥部第一时间进驻区人民医院开展现场指挥调度，全力推进各项应急处置工作，迅速对医院实行了分区管理，摸清人员底数，制定人员检查和分流方案，以最快速度将人员进行分流，减少医院内部人员聚集，有效防止疫情扩散。市、区两级医疗救治专家组通过远程会诊、定时巡诊、直通联系、参与查房等方式，全力指导和协助各集中医学观察点和人民医院新冠肺炎患者的筛查和医疗救治工作，疑难复杂病例得到了及时有效救治。全年，发热门诊累计接诊发热患者19061人次，人民医院留观病房共收治患者270余人次，18例确诊患者转常州三院诊治，全部治愈，未有重症和死亡病例。

全力做好企业复工服务工作。严格执行复工标准和企业复工复产审批流程，把好审核审批关、疫情预防关、安全关，按照有序、精准、可控的原则推进，做到两手抓、两手硬、两不误，做到政企同心、共渡难关。在新冠疫情常态化防控期间，落实中外快捷绿色通道相关要求，完成6批542名外籍到金坛工作人员全程闭环管理。建立应急物资保障预警和日报告机制，加强应急物资统筹和调拨，保障全区各类应急保障物资的发放供应工作。

3月11日，金坛区人民医院获批正式开展新冠病毒核酸检测。7月4日，区疾控中心核酸检测实验室开始检测，全区最大检测量2100人份每日，可完成区域内所有医疗机构的日常核酸检测任务及冷链食品、外环境检测。全区共检测核酸样本10.24万份，落实了应检尽检、愿检尽检的要求。同时完成培训储备核酸采样人员1126名，核酸检测人员44名，4台PCR核酸检测仪安装到位，全区检测能力最大达6480人份每日。同时，与金坛区第三方医学检验实验室签订协议，一旦出现疫情暴发，将全面提供核酸检测服务和检测场地，提升“早发现”能力。

对涉及进口冷链食品的仓储、市场、零售等所有相关一线从业人员开展定期核酸检测，实施应检尽检，采样点检测1100人次，结果均为阴性。针对所涉及协查批次的冷链食品做到全面核酸检测，并做好环境消毒及个人防护指导。同时，开展外环境检测24轮，加强对进口畜禽肉类、水产品等重点品种的抽查检测，共完成食品及包装检测650份，均为阴性。引导广大群众提高防控意识，正确处理食用进口冷链食品，对接触进口冷链食品的相关从业人员加强培训，严格落实冷链食品消毒措施，养成良好卫生习惯。

加强疫情防控知识宣传。针对老年人、学生、家长、返岗复工人员等重点人群，制作新冠肺炎宣传折页8种共23.2万份，海报5种共2700张，宣传手册2种共18万本，发放至全区各基层医疗卫生机构、商场超市、村镇街道、药店、车站、学校等重点企事业单位，以及人口流动密集点、医院发热分诊设检处等重点场所。发布“新型冠状病毒肺炎防治”相关科普知识44期，累计发布疫情防控知识243条，利用户外电子广告播放各类科学预防新冠肺炎知识25条，累计播放时长达3500小时。

（蔡　蓓）

金坛加入南京都市圈

【南京都市圈概况】　南京都市圈（以下简称“都市圈”）主要包括江苏省南京市，镇江市京口区、润州区、丹徒区和句容市，扬州市广陵区、邗江区、江都区和仪征市，淮安市盱眙县，安徽省芜湖市镜湖区、弋江区、鸠江区，马鞍山市花山区、雨山区、博望区、和县和当涂县，滁州市琅琊区、南谯区、来安县和天长市，宣城市宣州区，面积2.7万平方千米；规划范围拓展到南京、镇江、扬州、淮安、芜湖、马鞍山、滁州、宣城8市全域及常州市金坛区和溧阳市，总面积6.6万平方千米。2020年，南京都市圈成员城市紧扣同城化和高质量两个关键词，贯彻新发展理念，创新合作机制，各领域合作进一步深化拓展。

完善协调机制。编修《南京都市圈发展规划》，布局“一核两区四带多点组团”空间格局，建设“产业创新圈”“资源配置圈”“轨道城市圈”和“宜居生活圈”，成为全国首个跨省都市圈规划。2020年，召开南京都市圈党政联席会议，签署《共同打造高质量发展的区域增长极框架协议》等多项协议，推进重大工程项目和重大合作事项共建共促，成功实现成员扩容，常州市金坛区和溧阳市正式加入南京都市圈；完善都市圈“决策、执行、协同”三级运作机制，常态化开展都市圈城市党政代表团交流互访，规划、环保、水务、人社、农业等专委会协同开展一体化建设。

增强创新协同活力。构建区域创新共同体，组织召开长三角科创圈共建创新平台（南京）圆桌会议，发布《长三角科创圈共建创新平台倡议》；推进区域产学研合作，举办“2020年南京都市圈科技成果拍卖季”南京、马鞍山专场路演推介。中科院南京分院、南京大学、东南大学等高校院所与扬州、马鞍山等城市签订合作协议；共享科技资源信息，探索建设南京都市圈科技创新生态图谱，在线展示都市圈“8+2”城市群的科技创新资源。

加速基础设施建设。都市圈一小时通勤圈基本形成，以增强都市圈基础设施连接性贯通性为重点，有序推进轨道交通、过江通道等重大基础设施，连淮扬镇铁路、商合杭高铁建成，合新高铁、宣绩高铁、宁句城际、宁淮铁路、宁滁城际（滁州段）一期开工建设，宁宣黄铁路完成预可研，仪禄高速、五峰山、龙潭过江通道启动建设，加快打通省道446与省道126等路段；构建快速衔接的公路网络，规划建设南京都市圈环线高速公路，推进溧阳市至南京市高淳区高速公路、高宣高速公路江苏段，宁合、宁马高速公路改扩建工程；加快国道312等国省干线公路快速化改造，撤销宁合高速公路星甸省界收费站，开展市域收费站优化调整方案研究；共同提升枢纽能级，东部机场集团整合稳步推进，完成禄口机场T1航站楼改扩建工程一阶段项目，建成苏皖两地城市候机楼35个，规划建设南京北站枢纽，宁镇扬港口“穿梭巴士”航线航班开通并加密，南京区域性航运物流中心地位得到提升。

民生服务便利共享。共享优质教育医疗资源，宁滁、宁马分别签订教育一体化合作协议。马鞍山市每年派出骨干校长，在南京市进行培训。东南大学附属中大医院与马鞍山、滁州、淮安等市签署医联体合作协议。南京都市圈统一挂号平台向都市圈市民提供147个医院9844个专科的预约挂号服务，医学检验检查报告实现异地查询，建成远程医疗服务系统。都市圈市民入住南京市社会力量运营的养老机构，可享受同等运营补贴。协同推进智慧城市建设，深化宁镇扬信用城市联盟合作，拓展都市圈数据共享和信息化应用，南京市政务数据共享交换平台汇集数据155.83亿条。

生态环境联保共治。共抓长江大保护，共同划定生态红线区域，加强饮用水源地、重要湿地和重点水域的保护建设与综合治理；推动生态环境联防联治，完善定期协调沟通联络机制，全面开展区域大气污染联防联控，南京与镇江、常州等市签署流域横向生态保护合作及跨界水环境区域补偿协议，共同保护跨界水体环境质量。完善石臼湖共治联管、滁河流域共同治理工作机制；推进绿色高质量发展，严格落实长江经济带发展负面清单，加快推进沿江工业布局调整。

（南京市发改委）

【南京市】 2020年，南京市实现地区生产总值14817.95亿元，比上年增长4.6%。第一产业增加值296.80亿元，增长0.9%；第二产业增加值5214.35亿元，增长5.6%；第三产业增加值9306.80亿元，增长4.1%。三次产业结构调整为2.0 ∶ 35.2 ∶ 62.8。全年实现一般公共预算收入1637.70亿元，增长3.7%。其中，税收收入1395.56亿元、增长1.6%，税比85.2%。全年一般公共预算支出1754.62亿元，增长5.8%。其中，社会保障和就业支出增长8.8%，住房保障支出增长84.6%，教育支出增长6.0%，科学技术支出增长3.3%，卫生健康支出增长3.0%。城镇新增就业34.32万人，比上年多增1.8万人。年末城镇登记失业率为1.71%。深入实施“宁聚计划”，全年新增就业参保大学生40.15万人，增长2.6%。

（王 科）

【镇江市】 地处江苏省西南部，土地总面积3840平方千米。含丹阳市、句容市、扬中市和丹徒区、京口区、润州区以及镇江新区、镇江国家高新技术产业开发区。年末户籍总人口269.25万人。全市实现地区生产总值4220.09亿元。第一产业增加值149.50亿元，比上年增长2.8%，第二产业增加值1988.63亿元，第三产业增加值2081.96亿元，三次产业比例调整为3.5 ∶ 47.2 ∶ 49.3。全年实现一般公共预算收入311.74亿元，其中税收收入237.18亿元。全年一般公共预算支出498.91亿元。全年常住居民人均可支配收入46180元，常住居民人均消费支出25337元，城镇常住居民人均可支配收入54572元，城镇常住居民人均消费支出28374元。农村常住居民人均可支配收入28402元，农村常住居民人均消费支出18904元。全年实现社会消费品零售总额1141.93亿元，实现对外贸易进出口总额104.23亿美元。

（潘 珏）

【扬州市】 地处江苏省中部，面积6591.21平方千米，辖广陵区、邗江区、江都区、宝应县和仪征市、高邮市，年末全市户籍总人口454.71万人。2020年，全年实现地区生产总值6048.33亿元，其中，第一产业实现增加值307.1亿元，第二产业实现增加值2786.35亿元，第三产业实现增加值2954.88亿元。三次产业结构调整为5 ∶ 46.1 ∶ 48.9。全市一般公共预算收入337.27亿元，全市一般公共预算支出668.33亿元。全体居民人均可支配收入38843元。其中，城镇居民人均可支配收入47202元，农村居民人均可支配收入24813元。全体居民人均消费支出22060元。其中，城镇居民人均消费支出25342元，农村居民人均消费支出16550元。全市社会消费品零售总额1379.29亿元。全年接待境内外游客3840.95万人次，实现旅游业总收入610.33亿元。

（徐国磊）

【淮安市】 地处江苏省北部，面积10030平方千米，辖清江浦区、淮安区、淮阴区、洪泽区和涟水县、盱眙县、金湖县。户籍人口560.47万人。2020年，全市实现地区生产总值4025.37亿元，比上年增长3.2%。其中，第一、第二、第三产业增加值分别增长1.8%、3.5%、3.2%。人均地区生产总值1.15万美元，三次产业结构为10.2 ∶ 40.5 ∶ 49.3。实现一般公共预算收入264.21亿元，增长2.7%，其中税收收入206.69亿元，占一般公共预算收入的78.2%。12月末，全市金融机构本外币存款余额

4894.25 亿元，增长 18.3%。本外币贷款余额 4643.50 亿元，增长 20.2%，全市城镇居民人均收入 40318 元，增长 3.5%；农村居民人均收入 19730 元，增长 6.3%。

（周永达）

【芜湖市】 位于安徽省东南部，辖镜湖区、弋江区、鸠江区、湾沚区、繁昌区、南陵县，代管县级无为市。全市总面积 6026 平方千米，市区面积 2725 平方千米；截至 2020 年年末，户籍人口 388.47 万人。2020 年，全市实现地区生产总值 3753 亿元。实现农业增加值 161.56 亿元，工业增加值 1787.28 亿元，财政收入 641.9 亿元，社会消费品零售总额 1584.35 亿元，居民人均可支配收入 36829 元。2020 年 9 月被国务院印发的《中国（安徽）自由贸易试验区总体方案》批准为安徽自贸试验区三个片区之一。

（赵朝兵）

【马鞍山市】 位于安徽省东部，东邻南京市，总面积 4049 平方千米。辖花山区、雨山区、博望区、含山县、和县、当涂县。年末户籍人口 215.99 万人。2020 年，马鞍山市实现地区生产总值 2186.90 亿元。其中，第一产业增加值 99.19 亿元，第二产业增加值 1045.37 亿元，第三产业增加值 1042.34 亿元。城乡居民人均可支配收入 42392 元，其中，城镇居民人均可支配收入 51804 元，农村居民人均可支配收入 25421 元。实现财政收入 300.70 亿元，税收收入 252.04 亿元，财政支出 264.79 亿元。实现社会消费品零售总额 795.79 亿元，实现外贸进出口总额 58.2 亿美元。

（高　萍）

【滁州市】 位于安徽省东部，长江三角洲西端，习称皖东。市境东部与江苏省接壤，自南向北分别与南京市、扬州市、淮安市、宿迁市为邻，西部自北向南分别与省内蚌埠市、淮南市、合肥市、马鞍山市相依。市域面积 1.347 万平方千米，年末户籍人口 454.6 万人。辖南谯、琅琊 2 区和来安、全椒、定远、凤阳等 4 县，代管天长、明光 2 个省辖县级市。2020 年，实现地区生产总值 3032.1 亿元，比上年增长 4.4%；工业实现增加值 1189.3 亿元，增长 5.6%；规上工业增加值增长 7.5%；固定资产投资增长 10.1%；财政收入 371.8 亿元，增长 4.1%；社会消费品零售总额 1182.6 亿元，增长 3.9%；实际利用外商直接投资 16 亿美元，增长 7.2%；全市接待游客 1837 万人次、旅游业总收入 151.4 亿元；城镇、农村居民人均可支配收入 36051 元、15732 元，增长 5.8%、8.6%。

（杨忠虎）

【宣城市】 位于安徽省东南部，辖宣州区、郎溪县、泾县、绩溪县、旌德县，代管县级宁国市、广德市，有 19 个乡、61 个镇、15 个街道。市域面积 1.23 万平方千米，户籍人口 277.18 万人。2020 年，全市实现地区生产总值 1607.5 亿元，比上年增长 4%。人均地区生产总值突破 6 万元。全市财政收入 261.0 亿元，一般公共预算收入 168.4 亿元。全市工业总产值突破 2000 亿元、民营经济增加值突破 1000 亿元，第三产业实现增加值 687.3 亿元。全市农林牧渔总产值 284.81 亿元。全年接待国内游客 2002.7 万人次，国内旅游收入 198.9 亿元。全市社会消费品零售总额 626.6 亿元。固定资产投资增长 6.7%；进出口总额 134.4 亿元，增长 4.5%；城镇居民人均可支配收入 42134 元，增长 5.4%；农村居民人均可支配收入 18928 元，增长 7.9%。

（汪丽萍）

【常州市金坛区】 地处江苏省南部、常州市西部，为宁沪杭三角地带之中枢，面积 975.7 平方千米，户籍人口 54.52 万人。2020 年实现地区生产总值 973.15 亿元，比上年增长 5.5%。三次产业增加值比例为 4.0:50.8:45.2。完成一般公共预算收入 55.82 亿元，下降 3.3%，税收占比为 78.8%。农林牧渔业总产值 72.47 亿元，增长 5.1%。实现工业开票销售 1625.12 亿元，增长 4.33%。全年实现社会消费品零售总额 244.16 亿元，增长 0.5%。全区完成外贸进出口总额 220.26 亿元，增长 17.6%。全区居民人均可支配收入 46507 元，增长 5.1%，其中城镇居民人均可支配收入 57097 元，农村居民人均可支配收入 30518 元，分别增长 3.9% 和 6.3%。

（陈书明）

【溧阳市】 地处江苏省西南部，位于长江三角洲西南部的苏、浙、皖三省交界处，面积 1535.87 平方千米，户籍人口 78.85 万人。2020 年，全市实现地区生产总值 1086.36 亿元，比上年增长 4.6%。三次产业结构比为 5.0 ∶ 49.7 ∶ 45.3。实现一般公共预算收入 73.8 亿元，增长 5.0%，税收占比为 85.9%。农林牧渔业总产值 90.48 亿元，增长 4.8%。实现工业总产值 1732.57 亿元，比上年增长 8.8%；实现社会消费品零售总额 317.49 亿元，下降 1.2%。全市完成外贸进出口总额 85.77 亿元人民币，增长 5.1%。全市全体居民人均可支配收入 45140 元，增长 5.0%，其中城镇居民人均可支配收入55478元，增长3.7%；农村居民人均可支配收入30083元，增长6.3%。

（莫 俊）

【南京都市圈环保合作联席会议在芜湖召开】 1月13日，南京都市圈环保合作联席会议在芜湖召开。会议主题为全面加强圈内兄弟城市合作，共同建立更加公开和畅通的生态环境部门对话机制，搭建更加专业和有效的生态环境资源共享平台，构筑生态环境高质量一体化发展新模式。会上，南京、芜湖、镇江、马鞍山、扬州、滁州、淮安、宣城、金坛、溧阳10家成员单位共同审议了《南京都市圈环保专业委员会章程》，并围绕前期南京都市圈环境保护合作开展情况和2020年工作打算展开研讨。

（赵朝兵）

（编辑 储 劼）

城南湿地公园

大事记

1月

2—4日　政协常州市金坛区第十届委员会第四次会议召开，陈锁龙当选为十届区政协主席。

3—5日　常州市金坛区第十七届人民代表大会第四次会议召开。

6日　常州市代理市长陈金虎到金坛调研科技创新重点企业——江苏金昇实业股份有限公司、同方威视金坛基地。

6—7日　共青团常州市金坛区第二十四次代表大会召开。

9日　总投资20亿元的华拓智能车载终端项目在朱林现代产业园开工，狄志强、沈东等区四套班子领导出席开工仪式。

13日　常州市委书记齐家滨在金坛专题调研经济社会发展情况，强调坚持工业强区，提升城市能级，努力成为常州高质量发展重要增长极。

14日　金坛经济开发区的“中德（金坛）创新产业园”被省商务厅认定为全省第一批“江苏省国际合作园区”。

19日　金坛区召开“不忘初心、牢记使命”主题教育总结大会，区委书记、区委主题教育领导小组组长狄志强，常州市委第四巡回指导组组长周忠出席会议并讲话。

23日　区政府召开常务会议，传达省、市新型冠状病毒感染的肺炎疫情防控工作会议精神，迅速成立防控工作领导小组和应急指挥部，开展疫情防控工作。

26日　全区启动疫情防控应急一级响应，打响疫情防控阻击战。

28日　常州市代理市长陈金虎到金坛调研疫情防控物资生产企业，并慰问生产一线员工。

2月

2—6日　唐王建筑工程有限公司火速集合28名专业工人奔赴武汉援建雷神山医院，参与医院水电安装工程施工。4月，该公司被省总工会授予“江苏省工人先锋号”称号。

5日　常州市委书记、市委应对新型冠状病毒感染肺炎疫情工作领导小组组长齐家滨以不打招呼、随机走访的方式督查金坛区疫情防控工作。

6日　江苏省省长吴政隆到金坛检查疫情防控重点物资保供工作，市委书记齐家滨等陪同检查。

是日　金城镇卫生院副院长张俊东支援武汉市社区防疫工作。2月9日，由区卫健局组建的8人医疗队，随江苏省第五批支援湖北医疗队前往孝感地区，参加新冠病人救治工作。3月17日平安返回。

17日　国务院应对新冠肺炎疫情联防联控机制综合组一行，到金坛检查指导疫情防控工作，副省长陈星莺、常州市领导陈金虎等陪同检查。

26日　全区统筹推进新冠肺炎疫情防控和经济社会发展工作部署电视电话会议召开，区委书记、区委应对新冠肺炎疫情工作领导小组组长狄志强讲话，区长沈东对下一步推进新冠肺炎疫情防控工作进行部署，区委副书记刘国新就统筹抓好农村疫情防控和“三农”各项重点工作进行部署。

3月

5日　常州市委书记齐家滨在金坛专题调研农业农村工作。

11日　计划总投资20亿元的忠大新能源汽车、轨道交通车辆轻量化车身及部件项目在金科园举行开工仪式。

12日　区委、区政府召开全区企业家表彰会，表彰2019年度“两个加快”创新提升工作先进集体和先进个人，表彰2019年金坛区区长质量奖和金坛区质量管理先进单位。

23日　区政府公布第五批区级

非物质文化遗产名录，分别为：儒林陈氏中医骨伤疗法、金坛雕版线装印刷技艺、茅山甩石锁、茅山山芋粉丝制作技艺、朱林民歌。

27日　区委书记狄志强率金坛区党政代表团赴无锡市惠山区学习考察。

31日　2020年全省农业农村重大项目建设现场推进会常州分会场在金坛智能化渔场举行，市领导蔡骏、许峥，区领导刘国新、朱霞参加活动。全区18个重大项目总投资超26亿元。

4月

7日　金坛区召开深化国有企业改革部署会，区委书记狄志强到会讲话，副区长周文俊部署深化国有企业改革工作。

14日　区佛教协会召开第三届会员大会，区领导刘明江、陈伟刚参加会议。

18日　区委、区政府举行全区"'两个加快'全面决战年"第一次集中现场督查会，区委书记狄志强、区长沈东率队督查相关板块和部门重点项目建设情况。

28日　由省农业农村厅、省文化和旅游厅主办的2020"苏韵乡情"乡村休闲旅游农业系列推介活动在金坛区一号农场举行。副省长赵世勇、市领导陈金虎、区领导狄志强等参加活动。

29日　俞金红任中共金坛区委副书记（挂职）；王海波任中共金坛区委常委。

30日　中共常州市金坛区第十三届纪律检查委员会召开第三次全体会议，区委书记狄志强到会讲话，区委常委、区纪委书记、区监委主任纪海平作工作报告。

是日　江苏省政协副主席王荣平到金坛，就"优化营商环境，促进港澳台侨和外资企业健康发展"进行专题调研。

5月

14日　江苏省台办主任练月琴一行在金坛考察台资企业。

14—15日　国务院江苏安全生产专项整治督导组到金坛督导安全生产工作。

18日　区十七届人大常委会召开第二十三次会议，决定任命俞金红为金坛区人民政府副区长。

22日　江苏省政协原副主席、省政协理论研究会会长徐鸣一行在金坛调研文旅融合发展情况。

25日　常州市市长陈金虎到金坛调研上市后备企业，要求企业练好内功拓市场，勇闯资本求裂变。

31日至6月1日　陕西省宁陕县县长郑红丹一行到金坛考察，双方举行金坛—宁陕东西部对口协作联席会，区领导沈东等参加活动。

6月

1日　金坛华罗庚艺术团挂牌江苏省儿童艺术剧院揭牌仪式在常州举行，成为全省首家儿童剧专业剧团。省委常委、宣传部部长王燕文与市委书记齐家滨共同为剧院揭牌。剧院大型现代儿童剧《戏娃》首演成功。

是日　金坛区因在2019年交通建设、水利建设、推进质量工作、生态建设、农村人居环境整治五个方面落实重大政策措施成效明显，受到江苏省政府办公厅通报表扬。

4日　《金坛时报》报道：农业农村部、财政部发布2020年农业产业强镇建设名单，金坛区指前镇成功入选。

5日　江苏省副省长马秋林到金坛开展巡河活动，并召开河湖长制工作座谈会，研究部署新沟河、新孟河、滆湖、长荡湖河湖长制工作。常州市领导陈金虎、区领导狄志强等参加活动。

6日　以促销、促购、促游为主题的"金坛嗨购节"在吾悦广场启动，活动持续至10月16日。区领导沈东、周新生参加启动仪式。

8日　水利部副部长魏山忠到金坛调研生态河湖建设情况，省水利厅厅长陈杰、常州市领导齐家滨等参加活动。

15日　江苏省文化和旅游厅副厅长经圣贤率专家组到金坛，调研茅山旅游度假区创建国家级旅游度假区申报工作。常州市副市长陈正春等陪同调研。

18日　中共江苏省委副书记任振鹤到金坛视察农村基层党建和乡村振兴工作。

20—21日　陕西省石泉县委副书记、县长周耀宜率县党政代表团在金坛考察，双方召开对口协作联席会议，区领导陶伟、王艳红参加活动。

27日　陆秋明任中共金坛区委副书记；免去沈东中共金坛区委副书记职务。

28日　河海大学常州新校区开工启动仪式在金坛长荡湖畔举行，江苏省副省长马欣，南京大学党委书记胡金波，致公党中央原副主席、全国人大教科文卫委员会副主任委员严以新，河海大学党委书记唐洪武、校长徐辉，常州市领导齐家滨、陈金虎，区领导狄志强、沈东等参加活动。

29日　常州市金坛区融媒体中心揭牌，区委常委、宣传部部长刘明江参加活动。

30日　区十七届人大常委会召开第二十四次会议，决定任命陆秋明为金坛区人民政府副区长、代理区长职务；接受沈东辞去金坛区人民政府区长职务。

7 月

5 日　区委政协工作会议召开，区政协主席陈锁龙作区政协履职情况汇报，区委书记狄志强讲话，强调要提振干事创业精气神，激发担当作为新活力。

12 日　外交部原部长李肇星应邀到金坛作“家国情怀、大国外交——讲中国故事”专题讲座。

16 日　贵州省人大常委会副主任慕德贵一行在金坛调研茶产业发展情况。

19—20 日　区委副书记、代区长陆秋明率团赴陕西省宁陕县、石泉县，开展对口支援协作工作。

23 日　区召开“万企联万村　共走振兴路”行动暨第六轮结对帮扶工作部署推进会，区委副书记刘国新、副区长朱霞出席会议。

25 日　常州市钟楼区委书记沈东、代区长周庆率该区党政代表团到金坛考察。

26 日　总投资 52 亿元的江苏中晟智能制造项目在金科园开工，区领导狄志强、陆秋明等出席开工仪式。

29 日　国家国防科工局核能开发项目——国内首创方舱式电子辐照灭菌装备项目在金坛启动，区领导陆秋明等参加启动会。

8 月

2 日　中共金坛区委十三届九次全会举行，落实省委十三届八次全会、常州市委十二届十次全会精神，总结上半年工作，部署下半年任务。

4 日　金坛区首个旅游巡回法庭在东方盐湖城揭牌。

8 日　常州市天宁区委书记宋建伟率党政代表团到金坛区考察经济社会发展情况。

15 日　区召开 2020 年项目招引百日攻坚行动动员大会，区委副书记、代区长陆秋明就进一步做好全区招商引资工作发表讲话。

16 日　2020 中国金坛全球招商网络大会启动仪式在市民中心虚拟现实网络直播厅成功举办。区委书记狄志强和代区长陆秋明共同化身城市“招商推介专员”，在线向全球推介金坛优质投资环境。

17 日　区委书记狄志强、代区长陆秋明率金坛区党政代表团赴句容市考察经济社会发展情况。

是日　石江水任中共金坛区委常委；免去陶伟中共金坛区委常委职务。

18 日　金坛盐穴压缩空气储能国家试验示范项目主体工程在薛埠镇开工。中国科学院院士卢强，江苏省能源局局长季鸣，区领导狄志强、陆秋明等参加活动。

24 日　江苏太一 3 吉瓦高效光伏电池组件项目签约落户朱林现代产业园。区领导狄志强、陆秋明等参加签约仪式。

29 日　常州市金坛区青年联合会第四届委员会全体会议召开，汤鹏飞当选为区青联主席。

30 日　区委、区政府召开全区教育工作会议，研究部署新时代金坛教育改革发展工作。区四套班子领导出席会议，区委书记狄志强发表讲话。

9 月

4 日　常州市市长陈金虎在金坛区调研中德（常州）创新产业园、中国（常州）德国中心建设情况。

8 日　区十七届人大常委会召开第二十六次会议，决定任命石江水为金坛区人民政府副区长，接受陶伟辞去金坛区人民政府副区长职务。

9 日　第十五届中国传媒年会·金坛论坛举行，来自全国各地 40 多家传媒领域的领导、专家齐聚金坛茅山，就“长三角一体化的媒体担当”展开深入探讨。常州市委常委、宣传部部长陈涛，区领导狄志强、刘明江参加论坛。

10 日　中共江苏省委常委、统战部部长杨岳到金坛调研民营经济发展情况。

12 日　区委理论学习中心组召开会议，专题学习《习近平谈治国理政》第三卷。区委书记狄志强领学并讲话，常州市委巡学旁听组组长、市委宣传部常务副部长孙春伟到会指导。

16 日　江苏省人大常委会副主任魏国强在金坛调研。

17 日　以“新基建下的机会与创新”为主题的 2020 新一代移动通信产业发展金坛茅山峰会举行，常州市副市长杨芬，区领导陆秋明、王跃中等参加会议。

21 日　苏州市吴中区委书记陈嵘一行到金坛考察长荡湖增殖渔业发展情况。

22 日　2020 中国·金坛农民丰收节在朱林镇黄金村开幕。江苏民盟现代农业专家行的领导和专家，民盟省委副主委吴胜兴，常州市副市长许峥参加活动。

24 日　江苏省委宣传部副部长、省政府新闻办主任杨力群到金坛调研融媒体中心建设情况。

26 日　金坛区举行 2020 年重点项目集中开工暨江苏国芯智能装备项目开工仪式。16 个重点项目计划总投资 202 亿元。常州市委常委、常务副市长梁一波和区领导狄志强、陆秋明等参加开工仪式。

28 日　中德（常州）创新产业园举行开园仪式，副省长惠建林，常州市及金坛区四套班子领导等参加活动。

10月

2日　30余位南京地区金坛籍医疗卫生专家回乡开展义诊，区领导陆秋明、周文俊视察活动现场。

13日　江苏省人大常委会副主任许仲梓到金坛调研推进旅游强省建设情况。

是日　常州市重大项目现场观摩活动走进金坛，市委书记齐家滨、市长陈金虎等参加活动。

是日　投资2.6亿元的长荡湖清淤工程通过江苏省验收组核查和验收并销号，常州市副市长许峥、副区长朱霞参加活动。

14日　中共江苏省委原常委、省见义勇为基金会理事长弘强一行到直溪镇迪庄村，慰问见义勇为老人卜阿顺的家属。

14—15日　陕西省安康市委常委、石泉县委书记李启全率县党政代表团到金坛区考察交流。

16日　江苏省副省长马秋林到金坛区调研工业经济发展情况。

是日　无锡市惠山区委书记吴建元率区党政代表团在金坛考察。

18日　“数说常州乐享金坛”——“阎师高徒”阎维文民族声乐大师班走进华罗庚中学主题晚会在省华罗庚中学滨湖校区成功举办。区领导陆秋明、刘明江等与各界群众一起观看演出。

21日　2020中国未来景区大会暨长三角旅游高质量发展金坛茅山论坛在东方盐湖城举行，常州市副市长陈正春，区领导陆秋明、朱霞参加活动。

是日　2020中德经济合作论坛暨中德（常州）创新产业园——德国慕尼黑推介会，分别在两地采用视频专线连接的方式同时举行。常州市副市长杨芬、中国驻慕尼黑总领馆参赞裴永贵、区领导陆秋明等参加活动。

22日　以“开放创新合作，共赢绿色未来”为主题的2020光伏新能源产业发展金坛长荡湖峰会举行，常州市委常委、常务副市长梁一波和区领导陆秋明等参加会议。

24日　区委召开人大工作会议暨纪念地方人大设立常委会40周年大会，区委书记狄志强发表讲话。

25日　深圳市飞荣达科技股份有限公司与金坛区政府、华罗庚科技产业园管委会签署合作协议，将投资50亿元以上，在金坛华科园内投资建设“智能电源及新材料项目”。

27日　第十七届中国常州国际动漫艺术周暨首届中国·江苏游戏产业高质量发展论坛在东方盐湖城开幕。省委常委、宣传部部长张爱军宣布活动开幕，常州市委书记齐家滨，区领导狄志强等参加开幕式。

30日　以“聚焦生物新医药　共谋产业新发展”为主题的2020生物技术和新医药产业发展金坛茅山峰会举行。中科院院士刘新垣，区领导狄志强等参加活动。

是月　由江苏省儿童艺术剧院（华罗庚艺术团）创作的儿童剧《戏娃》荣获2020紫金文化艺术节入选剧目奖。

11月

1日　第七次全国人口普查登记正式启动。

2日　常州市天宁区三级人大代表团到金坛考察经济社会发展情况，区领导狄志强、陆秋明、王跃中参加活动。3日，金坛区三级人大代表团赴天宁区考察经济社会发展情况。

4日　由农业农村部农业机械化管理司主办的首届全国水产养殖机械化现场会在金坛举行，副区长朱霞参加活动。

6日　陕西省宁陕县委书记张益民率县党政代表团到金坛开展东西部协作活动，区领导王跃中、纪海平、陈伟刚参加活动。

11日　在金坛参加华罗庚110周年诞辰纪念活动的中科院院士和各界嘉宾考察区经济社会发展情况。11—12日，中科院院士武向平、袁亚湘、贺贤土、赵政国、叶朝辉以5场公开课的形式向学生和企业家传递知识、巡讲科学精神。

12日　“科学与中国”院士巡讲暨纪念华罗庚110周年诞辰学术研讨会在金坛区华罗庚纪念馆举行。区委书记狄志强致辞，民盟中央副主席徐辉等讲话。北京大学原校长王恩哥等12位院士，清华大学党委副书记向波涛，省政协副秘书长、民盟江苏省委副主委吴胜兴，华罗庚儿子华光、女儿华密，常州市委书记齐家滨等参加活动。

15日　以“把握产业变革趋势　推进汽车强国建设”为主题的2020新能源汽车产业发展金坛茅山峰会举行，区领导陆秋明、王跃中等参加会议。

18日　江苏省残联党组书记、理事长万力一行到金坛调研残疾人事业发展工作。

19日　区委常委会专题学习中共十九届五中全会精神，并对全区学习贯彻十九届五中全会精神作出部署。

是日至12月31日　区委常委会集体调研各镇、街道、园区，科学总结“十三五”规划工作经验，深入分析“十四五”规划发展定位，并提出具体的实施路径。

20日　在中央文明委召开的全国精神文明建设表彰大会上，薛埠镇仙姑村入选第六届全国文明村镇，金坛公安分局交警大队民警陆旭东被评为第五届全国未成年人思想道德建设工作先进工作者。

24日　江苏省委宣讲团成员、

省发改委党组书记、主任李侃桢到金坛宣讲中共十九届五中全会精神，区委书记狄志强主持报告会并讲话。

是日　全国劳动模范和先进工作者表彰大会在北京举行，常州亿晶光电科技有限公司车间主任姚伟忠获评全国劳动模范。

26日　江苏省委、省政府在南京召开全省抗击新冠肺炎疫情表彰大会，金坛区人民医院重症监护室主治医师丁东亮、区疾病预防控制中心主任吕云磊、开发区纪工委书记韩寅飞获“江苏省抗击新冠肺炎疫情先进个人”称号，健尔康医用敷料有限公司获“江苏省抗击新冠肺炎疫情先进集体”称号。

是日　全区首个以省、市级以上示范家庭农场为主体的专业合作社——金坛大卓农业专业合作社成立，拥有种养面积2.56万亩，主打高科技农产品。

28日　钱资湖大桥通车仪式暨群众健步行活动举行，区领导陆秋明、俞金红等参加活动。

29日　澳门江苏联谊会会长岑展平和全国人大代表、澳门日报社社长陆波率澳门江苏联谊会回乡访问团到金坛考察交流，常州市副市长杭勇等陪同。

12月

3日　区十七届人大常委会召开第二十八次会议，决定任命沈振华为金坛区人民政府副区长，接受王晓航辞去金坛区人民政府副区长职务。

5日　2020南京都市圈党政联席会议在镇江召开，会议审议通过《南京都市圈城市发展联盟章程（修订稿）》，宣布吸纳金坛、溧阳加入南京都市圈。

9日　科技部网站公示第九批国家农业科技园区名单，江苏常州国家农业科技园区名列其中，正式获批建设。该园区核心区位于金坛境内指前镇和薛埠镇，规划面积3267万平方米。

12日　金坛区第一人民医院整体搬迁启用，区委副书记、代区长陆秋明为医院揭牌。

17日　水利部副部长陆桂华一行到金坛，重点调研生态清洁小流域建设情况。

19日　金坛区召开领导干部警示教育大会，区委书记狄志强在领导干部纪律教育专题党课上发表讲话。

是日　当代青绿山水画大家华拓、万里君师徒山水画邀请展在金坛博物馆首展，区领导狄志强、刘明江参加活动。

21日　金坛区红十字会召开第七次会员代表大会，区委书记狄志强到会讲话。

是日　金坛公安分局交警大队三中队指导员陆旭东获评第四期全国“公安楷模”，并被授予“全国公安系统二级英雄模范”称号。

22日　“水韵江苏　美丽乡村”2020“文旅江苏帮扶致富路”大型融媒体采风行在金坛启动，20多家中央和省级媒体参与。

23日　金坛区召开村（社区）“两委”换届选举工作会议，全区村（居）委会换届正式选举日统一为2021年1月16日。

24日　区召开人才政策发布会，重磅发布《金坛区“金礼遇·才无忧”高层次人才服务体系建设实施办法》（金坛人才服务20条），新华网、中新社等近20家国内媒体参加发布会。

25日　民盟中央副主席、中科院院士田刚到金坛参观考察，重点了解经济社会发展以及弘扬华罗庚精神等方面工作。

28日　中共金坛区委十三届十次全会举行。区委书记狄志强代表区委常委会作《创新再出发，奋斗勇向前，高质量开启快速崛起新征程》的报告。会议通过《中共常州市金坛区委关于制定常州市金坛区国民经济和社会发展第十四个五年规划和二〇三五年远景目标的建议》。

29日　中国民主同盟常州市金坛区第六次代表大会召开，区委书记狄志强到会并讲话。

是日　区十七届人大常委会召开第二十九次会议，决定任命苗润、朱天明为金坛区人民政府副区长。

30日　金坛高铁枢纽开工建设，区领导狄志强、陆秋明等参加开工动员会。

（陈书明　夏　冰）

（编辑　吕洪力）

区情概览

基本情况

【地理位置】 常州市金坛区地处江苏省南部，位于北纬31°33′42″—31°53′22″，东经119°17′45″—119°44′59″，为宁（南京）、沪（上海）、杭（杭州）三角地带之中枢。东与常州市武进区相连，西与句容市接壤，南与溧阳市、宜兴市依水相望，北与丹阳市、镇江丹徒区毗邻。

（刘士科）

【人口】 2020年年末，全区户籍人口54.52万人。其中，男性26.86万人，女性27.66万人，男女性别比为97.1。户籍人口出生率6.17‰，人口死亡率9.07‰，人口自然增长率为-2.9‰。

（徐 飞）

【行政区划】 2020年年末，金坛区行政区域面积975.7平方千米，辖6个镇、3个街道，下设92个村委会、33个社区居委会。10月，撤销东城街道聚贤社区。11月，西城街道小圻村和城南村合并。

2020年金坛区行政区划统计表

表1

街道办事处／乡镇	村（居）民委员会（个）	
东城街道	5	村：柘荡、河头、中塘、五联、明星
	11	居：华苑、峨眉、东方、华胜、华兴、华城、电胜、金河、南苑、新城、汇贤
西城街道	5	村：城南、涑渎、方边、黄庄、岸头
	18	居：西门、文化、小南门、春风、丹阳门、花街、河滨、北园、东园、北门、虹桥、翠园、愚池、西城、朱庄、南洲、九洲里、金安
尧塘街道	11	村：西华、谢桥、尧塘、汤庄、红旗、水东、迎春、万新、下庄、水北、林丰
金城镇	11	村：元巷、冯庄、后阳、南瑶、白塔、庄城、长竹埂、沈渎、培丰、前庄、联丰
薛埠镇	21	村：上阮、花山、致和、仙姑、西旸、东进、上阳、薛埠、连山、方麓、山蓬、罗村、长山、茅庵、东窑、泉江、下杖、神亭、石马、茅东、倪巷
直溪镇	12	村：汀湘、王甲、建昌、新河、吕垭、坞家、西溪、巨村、溪滨、天湖、井庄、迪庄
	3	居：溪城、直溪、直里
朱林镇	9	村：朱林、龙溪、长兴、西岗、三星、唐王、红旗圩、沙湖、黄金
指前镇	12	村：社头、解放、建春、芦溪、清水渎、庄阳、指前、东浦、丰产、王母观、新河、岳阳
儒林镇	6	村：南社、儒林、后庄、五叶、柚山、湖头
	1	居：河下

（陈 干）

【土地、矿产资源】 根据2018年度土地变更调查成果显示，金坛区辖区总面积97567.62公顷，农用地面积65002.89公顷（其中耕地面积34201.57公顷），建设用地面积18919.88公顷，未利用地面积13644.85公顷，开发强度为19.39%。在采矿山5个，分别为盘固采石有限公司大石包山水泥用灰岩矿区，开采矿种为水泥用灰岩、建筑用白云岩；朝阳洞水泥用灰岩矿区，开采矿种为水泥用灰岩、水泥配料用砂岩；江苏亚邦矿业有限公司常州市金坛区花山建筑用玄武岩矿区，开采矿种为建筑用玄武岩；中盐金坛盐化有限责任公司茅兴盐矿；中盐金坛盐化有限责任公司陈家庄盐矿。

（陆思民）

【气候】 2020年，金坛区总的气候特点是气温偏高、降水偏多、日照时数正常。年平均气温17.4℃，比常年平均偏高1.4℃。各月平均气温和常年值比较：1、2、3、5、8、11月异常偏高，最大偏高值为3.4℃（2月），6、9月偏高，4、10、12月正常，7月异常偏低。年极端最高气温为37.7℃（8月15日），年极端最低气温为-7.6℃（12月31日），全年日最高气温出现≥35℃的高温日数计15天。月降水量和常年值比较：12月显著偏少，2、4、5、8月偏少，3、9月正常，10、11月偏多，1月显著偏多，6、7月异常偏多（月降水量比常年同期偏多1.5倍）。年总日照时数为1620.7小时，比常年偏少284.6小时，属正常年份。

1—3月气温持续异常偏高，暖冬特征明显。1月多雨寡照，月总雨日18天，降水量偏多七成。日照奇缺致排水不畅，农田有明显渍害，越冬作物植株瘦弱，草害隐患显现。气温高致越冬作物春发加快，生育期较往年提前半个月左右，良种茶开采提前。3月14日，茶区出现晚霜冻，导致茶芽受冻。下旬出现寒潮和降雪天气，处于孕穗期的冬小麦受冻，茶叶也有一定程度受冻。4月气温正常，光照足降水适宜，有利于春播和越冬作物后期生长。5月多晴少雨，有利于小麦灌浆结实和油菜籽粒成熟，夏收夏种开展顺利。2—5月降水持续偏少，给水稻育秧和特色稻栽插的水浆供应造成一定困难。6、7月出现超长梅期和梅雨量。强降水过程频发，范围广，雨量大，伴随大风等强对流天气，导致作物淹水、倒伏及设施大棚受损，水稻秧田出现漂种漂秧、烂种烂芽，设施大棚及果品损失严重。农作物受灾面积38.06公顷。其中，成灾面积19.36公顷，绝收面积18.70公顷。水稻等秋熟作物发棵旺，无效分蘖多，病虫害多发，其他蔬菜、瓜果生长和水产养殖也受不同程度影响。8月出现连续高温天气，月高温日14天，降水显著偏少，前期受影响的水稻作物恢复生长，利于分蘖搁田和提高群体质量与成穗率。25—26日受台风“巴威”影响，部分地区出现暴雨，最大雨量为直溪镇的58.6毫米，该次降水过程有效改善了土壤墒情。9—10月晴雨相间，气候适宜，对秋熟作物后期生长十分有利。11月上半月多晴好天气，给秋收带来极大便利，但对小麦播种、出苗和油菜移栽、成活稍有影响，19日开始的连续阴雨改善了土壤墒情。11月27日入冬。12月28—31日出现强寒潮天气，先后出现雨、雪、大风、积雪等天气现象，过程最大积雪深度2厘米，48小时最低气温下降9.7℃，31日早晨的最低气温-7.6℃，为当年极端最低纪录。

上年度终雪日为3月28日，结冰终日为2月18日，终霜出现在2月18日。2020年度初雪日为12月14日，结冰初日为12月30日。

2020年灾害性天气主要有低温、暴雨洪涝、高温连阴雨等。综合年景评估：主要农作物、旅游与交通行业等气候年景较好；农业气象条件总体利大于弊，粮食增产，品质好；特色农业种植、河蟹养殖及水环境等气候年景则较差。

2020年金坛区气象资料一览表（一）

表2

项目	1月	2月	3月	4月	5月	6月	7月	8月	9月	10月	11月	12月	全年
平均气温（℃）	5.6	8.4	12.3	15.7	22.9	25.9	25.8	30.4	24.4	18.0	13.7	5.1	17.4
极端最高气温（℃）	14.8	21.9	27.8	33.2	34.1	34.0	34.3	37.7	35.0	28.8	29.3	14.7	37.7
出现日期	6	24	21	30	3	12	22	15	8	2	18	28	8月15日
极端最低气温（℃）	-0.5	-0.7	0.8	7.0	14.9	20.3	20.5	23.7	16.9	8.6	3.6	-7.6	-7.6

续表 2

项目	1月	2月	3月	4月	5月	6月	7月	8月	9月	10月	11月	12月	全年
出现日期	13	16	28	5	6	21	15	27	18、19	24	30	31	12月31日
降水量（毫米）	95.7	43.8	75.2	64.6	49.5	469.8	480.2	63.7	77.7	80.9	70.9	11.6	1583.6
一日最大降水量（毫米）	24.0	10.0	17.6	46.3	17.1	101.9	112.5	21.1	22.9	29.6	22.9	5.8	112.5
出现日期	26	15	28	19	14	15	5	9	17	4	25	29	7月5日
降水日数（≥0.1毫米）	18	10	13	7	9	17	22	9	8	8	10	7	138
最长连续降水日数（天）	7	4	7	8	2	5	9	3	3	3	9	2	9
最长连续降水量（毫米）	52.5	21.7	58.4	65.5	24.7	211.5	218.1	27.3	5.6	57.2	70.2	1.2	218.1
起止日期	21—27	13—16	25—31	3月25日至4月1日	14—15	12—16	13—21	8—10	21—23	3—5	19—27	7—8	7月13—21
最长连续无降水日数	4	9	7	9	9	4	3	10	9	10	16	12	16
起止日期	28—31	1月28日至2月5日，2月17至25日	14—20	2—10	16—24	6—9	8—10	11—20	1—9	22—31	3—18	15—26	11月3—18
日照时数（小时）	37.6	126.0	148.5	200.5	158.4	97.0	44.9	214.0	169.7	150.9	133.5	139.7	1620.7
日照百分率(%)	12	40	40	52	37	23	10	52	46	43	42	45	37
相对湿度（%）	85	78	73	65	74	86	91	78	77	75	78	72	78
最小相对湿度（%）	28	22	19	19	19	41	51	44	26	29	23	20	19
出现日期	31	1	11、19	8	12	1、4	26	15	4、8	23	3	16	3月11日、19日，4月8日，5月12日
最多风向（十六方位）及其频率（%）	ENE	ESE	ESE	ESE	ESE	ESE	ESE	ESE	NE	NE	E	NNW	ESE
	14	20	19	18	23	23	15	18	12	21	18	19	14
平均风速（米/秒）	2.4	2.4	2.7	2.5	2.8	2.4	2.3	2.3	2.0	2.0	2.4	2.1	2.4
大风日数（≥17.0米/秒）												1	1

2020年金坛区气象资料一览表（二）

表3

时间		霜	雪	积雪	结冰	最低气温≤0℃	地面最低温度≤0℃	草面最低温度≤0℃
2019年度	初日	11月19日	1月9日	2月16日	12月8日	12月8日	12月3日	12月4日
	终日	2月18日	3月28日	2月16日	2月18日	2月18日	2月20日	2月9日
	初终间日数（天）	92	80	1	73	73	80	78
2020年度	初日	/	12月14日	12月29日	12月30日	12月14日	12月5日	12月4日

（黄玲玲）

【水文】 2020年，金坛区年总降雨量为1583.6毫米，比常年偏多475.2毫米，偏多42.9%，属偏多年份。金坛区于6月10日入梅，7月22日出梅，梅雨期42天，较常年（22天）偏长20天，梅雨量异常偏多，共出现8次区域性暴雨过程，总降雨量896.3毫米。全区平均累积梅雨量764.2毫米，金坛站梅雨量850.0毫米，达常年（257.8毫米）的3.3倍，最大梅雨量出现在指前镇897.8毫米。金坛站梅雨量位列历史第二（仅次于1991年的927.8毫米）、梅长列历史第三（仅次于1991年的52天和1996年的44天）。

受强降雨影响，河、湖、库水位上涨速度快、涨幅大。7月17日16时50分，丹金闸站下游水位最高达5.71米。7月17日18时05分，王母观站水位最高达5.67米，超警戒水位1.07米。因前期降水明显，山区小型水库及塘坝基本蓄满。全区未发生严重淹涝情况，未发生堤防溃决和较大以上险情、灾情，未发生人身伤亡事故、重大财产损失，城市运行安全平稳有序。受台风影响期间，人员转移和船只回港避风工作井然有序。

2020年金坛区金坛站、王母观站水位雨量一览表

表4

月份	金坛站		王母观站	
	月平均水位（米）	月降雨量（毫米）	月平均水位（米）	月降雨量（毫米）
1	3.41	93.2	3.12	95.7
2	3.53	44.3	3.24	46.6
3	3.54	84.1	3.23	91.0
4	3.61	54.5	3.29	50.5
5	3.36	45.5	3.04	52.0
6	3.96	443.0	3.64	475.0
7	4.76	431.5	4.61	476.0
8	4.03	58.5	3.74	27.0
9	3.88	77.0	3.56	91.0
10	3.86	77.0	3.55	84.0
11	3.59	71.5	3.29	72.5
12	3.40	11.8	3.09	13.1
年平均水位	3.75		3.45	
年降雨量		1491.9		1574.4

（吴　洁）

【历史文化】 金坛历史悠久，早在石器时代即有先民栖息、生存。春秋时期，金坛属吴地，战国时期为越、楚所割，秦汉归曲阿县，晋系延陵县金山乡。隋末农民起义时乡人自立金山县。唐武则天垂拱四年（688年）改为金坛县。县名一直未变，但境域和隶属关系多有变动。

1949年4月24日，金坛解放，属苏南行政公署武进行政分区，11月改属常州专区。1953年1月，撤常州专区，属镇江专区。1958年8月撤镇江专区，属常州专区。1959年9月，撤常州专区，属镇江专区。1983年3月，实行市管县体制，金坛县属常州市。1993年11月，撤销金坛县，设立金坛市（县级），以原县行政区域为市行政区域，金坛市由江苏省直辖。2015年4月，经国务院批准，撤销县级金坛市，设立常州市金坛区。

金坛人杰地灵，人才辈出。自三国至清末，金坛有影响力的诗人、学者、著述家、政治家有百人以上，其中佼佼者有唐代诗人储光羲、戴叔伦，明代医学家王肯堂，清代训诂学家、经学家段玉裁，近现代的《神曲》译者王维克，《民立报》主编徐血儿，数学家华罗庚、物理学家汤定元、地质学家孙枢、自动控制学家冯纯伯、生物学家王志新、物理学家周远、微电子专家胡正明等先后为中国科学院院士（学部委员），还有人造地球卫星功臣钱骥、法学家杨兆龙、教育家段力佩等。

（刘士科）

【风景名胜】 金坛生态环境优美，地理位置优越，物产资源丰富，旅游资源得天独厚，被国家旅游局确定为“国家全域旅游示范区”创建单位，被江苏省文化广电和旅游厅确定为“江苏省第三批省级全域旅游示范区”，先后获得“长三角全域自驾游试点单位”“十大长三角亲子旅游目的地”“长三角全域旅游品牌营销示范单位”等称号。

江苏省金坛茅山旅游度假区位于金坛区西部薛埠镇境内，东临新浮水库，南至沿江高速，西靠340省道，北达致和公路，规划管辖总面积128平方千米。度假区历史底蕴深厚。以道教上清派发源地、“第一福地·第八洞天”的茅山为基础，以“山水茶盐药泉”等资源要素为依托，随着外部南沿江城际高铁顺利开工、265省道及茅山旅游大道的通车，内部十余条道路管网、景观照明等基础设施工程相继竣工，度假区区位优势愈发凸显，功能形态日益完善。此外，度假区产业业态持续更新，项目品类不断丰富。茅山·道天下、花谷奇缘顺利获评国家AAAA级旅游景区；一号农场成为省五星级乡村旅游区；半边山下入选江苏省首家、全国首批国家森林特色小镇建设试点名单；仙姑村获批全国乡村旅游重点村；茅山颐园康养小镇获中国老年宜居住区试点工程；各类精品民宿应运而生。

江苏省金坛长荡湖旅游度假区是以湖鲜美食、禅修养生、湿地休闲为特色的长三角滨湖生态旅游度假胜地。度假区区域面积143.8平方千米，东至240省道、常溧高速，南至金坛区域边界，西至241省道、长荡湖西路，北至常合高速。具有优越的地理位置和便捷的交通条件。长荡湖生态环境优美，被称为金坛人的“母亲湖”，现有水域面积85平方千米，是太湖流域三大湖泊之一，湿地生态系统保持完好。具有代表性的景点有水街、水城、水八卦、水上丛林、普门禅寺等。湖鲜美食节、籽虾节、八鲜宴、全虾宴已成为长荡湖旅游的知名品牌。

金坛城南风景区面积11.02平方千米，其中水域面积7.75平方千米，以湿地景观、水系景观和历史文化景观为主题，形成了愚池公园人文历史景区、南洲湿地水生态景区、金沙湖水文化运动景区、顾龙山垂钓景区四大景观带。景区内楼台轩榭，仿明清建筑风格，园林景观设计错落有致，独具匠心，处处彰显江南水乡之韵味。景区内历史人文景观众多，文化底蕴深厚，建有段玉裁纪念馆、华罗庚纪念馆、戴叔伦纪念馆、博物馆、古民居等多处文化场馆，充分弘扬了廉政文化、名人文化、建筑文化和孝文化。

（李文韬）

8月，茅山旅游度假区美景

【地方特产】 茶叶，主产区：薛埠镇。金坛茶树分布于西部丘陵山区，茅山东麓低山丘陵缓坡地带，2020年茶园面积2746.7公顷，年产干茶860余吨。金坛雀舌茶以其形如雀舌的精巧造型、翠绿的色泽和鲜爽的嫩香屡获好评。金坛雀舌成品条索匀整，状如雀舌，干茶色泽绿润，扁平挺直；冲泡后香气清高，滋味鲜爽，汤色明亮，叶底嫩，匀齐成朵。所含成分丰富，茶多酚、氨基酸、咖啡碱含量较高。茅山青锋茶叶外形扁平，挺直如剑，色泽绿润，平整光滑，内质香气高爽，鲜嫩高长，汤色绿明，滋味鲜醇，叶底嫩绿，明亮完整。

长荡湖大闸蟹，主产区：长荡湖。作为典型的浅草型过水性湖泊，长荡湖湖水平均水深1.5米左右，湖底光照充足，水质清新、螺蚬繁盛，得天独厚的生长环境孕育出鲜甜细腻的高品质大闸蟹。2020年，形成以8000公顷长荡湖大水面增殖放流、人放天养和1万公顷长荡湖周边河蟹池塘生态精养的新格局，大闸蟹年产量1.5万吨，年产值超20亿元。长荡湖大闸蟹，又名玉爪蟹，采用生态养殖模式，以螺蛳、野杂鱼、水草、玉米、小麦为饵料，体型健壮硕大，青背、白肚、黄毛、金钩，色泽鲜亮。蟹体肥满，蟹黄厚实，蟹膏肥糯，白似玉而黄似金，色、香、味三者兼具。先后被评为“中国十大名蟹”“江苏省名优农产品”“江苏省优质大闸蟹香港推介会金奖”，连续多年获“王宝和杯”全国河蟹大赛金蟹奖、最佳口感奖和最佳种质奖等荣誉，出口韩国及东南亚国家。

无节水芹，主产地：朱林镇。水芹种植在金坛已有800多年历史，尤以朱林无节水芹闻名。朱林镇建有67公顷国家级无节水芹示范种植区，亩效益在2万元左右。金坛无节水芹于2013年被国家工商总局认定为国家地理标志证明商标。每100克无节水芹含蛋白质21克、脂肪0.3克、钙154毫克、磷9.8毫克、铁23.3毫克、维生素C 47毫克、胡萝卜素4.5毫克。水芹具有清血脂、降血压和抑癌的功效。

建昌红香芋，主产地：直溪镇建昌村。建昌红香芋产于金坛境内第一大圩——建昌圩，圩区内水质清澈、气候温湿、土壤肥沃，土壤质地为乌散土，pH值7.0，适于红香芋生长。红香芋皮红、透白，性糯、味香。经江苏省农科院化验分析，红香芋富含粗蛋白、淀粉、聚糖、粗纤维以及钙、磷、铁、钾、镁、钠、胡萝卜素、烟酸、维生素B1和B2等元素，营养丰富，是典型的低脂、高蛋白食品。建昌红香芋辐射种植面积为300公顷左右，种植区域为直溪镇蔡甲村、吕垅村、迪庄村、下蔡村、养殖场、建昌村、天湖村、井庄村、杨家舍村、新河村。

建昌红香芋

建昌白蒜，主产地：直溪镇。建昌圩有着栽培大蒜的悠久历史，蒜农经长期以来的生产实践，筛选出具有独特风味的大蒜地方品种，形成一套大蒜优质高产栽培技术。建昌白蒜，蒜薹色泽暗绿发亮，粗长嫩脆，含水分较多；蒜头皮色为白皮，略呈球形，辛辣带甜味。主要种植区域为直溪镇蔡甲村、迪庄村。

金坛大米，主产地：指前镇、金城镇。金坛指前标糯米曾获巴拿马国际博览会金质奖，1958年斯里兰卡科伦坡国际稻谷展览会再次名列诸米之首。米色晶莹剔透、柔软丰腴、清香四溢、颗粒饱满。形成无公害大米、绿色大米、有机大米的金字塔式梯度结构。“蘇”牌大米、“黄金村”牌有机软米系列产品等农产品畅销省内外。

封缸酒。金坛“丰登”牌封缸酒是江南地区的传统名酒，产品选用金坛标糯米为原料，引用钱资湖天然水源。酒清澈爽冽，浓郁香醇，鲜甜可口，富含人体所必需的18种氨基酸、维生素、矿物质，营养丰富。产品获江苏省著名商标、江苏省名牌产品、中国绿色食品、常州市老字号等称号。

金坛米猪。在外形上，金坛米猪额宽嘴尖，短肋方臀且突出，骨骼软弱，龙腰较普遍，四肢多卧系，肚腹显紫红色，耳和尾都稍大，毛较稀软，皮薄而松弛。该猪整体体型较小，两头尖，形如米粒状，因而得名“米猪”。米猪生长周期长，饲喂以青绿饲料为主，不加任何添加剂。肉质嫩而多汁，不饱和脂肪酸含量较高，对人体非常有益。

水磨糯米粉。水磨糯米粉以粉质细腻、色泽白净、香糯甜软、口感韧滑而著称，并含有丰富的蛋白质、脂肪、糖类、钙、磷、铁、维生素B1、维生素B2、烟酸等，为温补强壮食品。水磨糯米粉选用优质糯米为原料，采用国内先进水磨加工技术，确保粉质细腻，保留糯米原香及弹性。水磨糯米粉味甘，性温，入脾、胃、肺经，制作而成的食品具有补中益气、健脾养胃、止虚汗之功效。

儒林羊糕。将煮好的羊肉卷好，用稻草扎裹成圆柱形，再淋上熬制的汤汁而成。新鲜的羊糕色泽诱人，香味扑鼻，蘸上甜面酱，入口是绵软细腻的质感、浓郁咸香的延伸。儒林羊糕兼具营养、滋补、食疗与饮食文化价值，是佐酒、馈赠宾朋之佳品。2020年，儒林羊糕入选全省100道乡土地标菜。

（吴晨钰）

国民经济和社会发展

【概况】 2020年是“十三五”规划全面收官之年，也是构建“十四五”规划发展蓝图的关键之年。面对严峻复杂的宏观经济环境和新冠肺炎疫情的严重冲击，金坛区上下准确判断形势，精心谋划部署，果断采取措施，统筹推进疫情防控和经济发展工作，全年实现地区生产总值（GDP）973.15亿元，按可比价计算，同比增长5.5%，增幅居常州辖市区前列。全年完成一般公共预算收入55.82亿元，同比下降3.3%，其中，税收收入44.01亿元，同比下降10.3%。

【农业生产保持稳定】 2020年，金坛区实现农林牧渔业总产值72.47亿元，同比增长5.1%。实现农林牧渔业增加值44.22亿元，按可比价计算，同比增长2.4%。全年小麦平均亩产332千克，较上年增加22.2千克；水稻平均亩产629.2千克，较上年下降1.1千克。农田建设方面集中力量推进农村公共空间治理和高标准农田建设，完成高标准农田446.67公顷及高效节水灌溉64公顷的建设任务，累计建成高标准农田面积26553.33公顷，占全区耕地面积的77.6%。

【工业经济稳步发展】 2020年，金坛区实现规模以上工业总产值1364.14亿元，同比增长9.7%。其中，高新技术产业产值728.39亿元，同比增长7.2%，占规模以上工业的比重为53.4%。全年实现规模以上工业增加值346.09亿元，按可比价计算，同比增长8.0%。全年规模以上五大支柱产业实现产值1335.96亿元，同比增长9.9%。其中，汽车及零部件、光伏新能源、纺织服装产业分别实现产值287.37亿元、297.78亿元和110.46亿元，同比实现两位数增长；装备制造、化工及新材料产业分别实现产值361.69亿元、278.65亿元。

【全面决战“两个加快”】 2020年，金坛区共签约引进项目121个，协议总投资480.32亿元。工业项目中新能源汽车、新一代移动通信、生物技术和新医药、光伏新能源等“三新一特”产业占比92.0%。其中，超30亿元人民币或3亿美元的项目4个，超100亿元人民币、50亿元人民币的重大项目均实现突破。中德（金坛）创新产业园被认定为第一批“江苏省国际合作园区”，并提升发展为中德（常州）创新产业园。晨创5G通信基站、中盐盐穴压气储能电站、常宝普莱森特种管材等重点项目加快推进，SK隔膜、微宙电子、当升科技、鹏辉能源、胜伟策等重点项目顺利投产。

【服务业发展筑底回升】 2020年，新冠疫情得到控制后，消费市场逐渐复苏，金坛区实现社会消费品零售总额244.16亿元，同比增长0.5%。其中，城镇实现零售总额208.42亿元，同比增长1.8%；农村实现零售总额35.73亿元，同比下降6.2%。交通运能稳步提升，全区公路总里程1045千米，航道总里程300千米。全年完成公路客运量1376万人次，公路客运周转量1.69亿人千米。完成公路货运量2274万吨，完成水路货运量1874万吨。旅游产业难中求进，全年接待游客763.54万人次，实现旅游总收入92.91亿元，积极推进茅山旅游度假区创建国家级旅游度假区。金融市场稳步运行，年末全区金融机构人民币各项存款余额1279.87亿元，比年初增加71.74亿元，增长5.9%。人民币各项贷款余额1022.01亿元，比年初增加181.59亿元，增长21.6%。保险业务平稳发展，全年实现保费收入17.64亿元，同比增长9.2%。全年各类保险理赔和给付支出5.06亿元，同比增长1.0%。

【外经合作不断突破】 2020年，金坛区签约引进外资项目12个，协议总投资6.5亿美元，实际到账注册外资3.36亿美元。木桥（中国）控股有限公司被评定为省级跨国公司地区总部。中德（常州）创新产业园已引进德资（德语区）企业35家，总投资超6亿欧元，成为常州对外开放的重要窗口之一。蜂巢能源投资20亿欧元在德国萨尔州建立电芯模组工厂以及模组PACK工厂。对外贸易再上台阶，全年实现外贸进出口总额220.26亿元，同比增长17.6%，高于常州市平均13.9个百分点，创下历史新高。其中，出口161.7亿元，增长14.1%；进口58.56亿元，增长38.4%。

【科技创新成果涌现】 2020年，金坛区完成专利申请5151件，其中发明专利申请1125件。获得专利授权

3214件，其中发明专利授权144件，万人有效发明专利19.36件。全年共申报高新技术企业106家，有93家高新技术企业获得认定，新增认定75家，拥有有效高企227家，获批科技型中小企业认定127家。蜂巢能源、中航锂电获评苏南自创区独角兽企业。产学研合作加深，围绕构建政产学研合作体系，开展科技服务行动“双走进双联系”（走进企业联系、走进高校院所联系）。新增获批2名省双创计划创新人才。对接省科技资源统筹服务中心，建设科技资源统筹服务金坛分中心，建立省中心资源与金坛资源的互联互通，构建系统化科技资源服务新模式。

【城乡建设和环境保护】 2020年，金坛区基础设施加快建设，完成公共自行车（共享助力车）建设运营，308处点位共投放4000余辆自行车，日使用量3000余人次。全年共计完成维修水泥道路6000平方米、沥青道路2万平方米、人行道板1.2万平方米、各类井盖400余座，清淤约5400立方米。加快推进城镇污水处理一体化建设，一污厂移址新建工程完成主体，新建新城路南延等污水管网14千米。全面完成15个规划发展村生活污水处理设施建设。生态环境持续优化，坚决打赢蓝天保卫战，打好柴油货车污染治理攻坚战，全面开展清洁柴油车、清洁柴油机、清洁油品、清洁运输四大攻坚行动。全年$PM_{2.5}$浓度36.8微克每立方米，比上年同期下降10.9%，优良天数290天，比上年同期增加11天，优良率79.23%，比上年同期上升2.79个百分点。

【教育、文化、卫生、体育】 2020年金坛区共有各级各类学校108所，在校学生66805人，专任教师5289人。2020年，高考本一达线率同比增长4个百分点，中考优分600分以上者717人。金坛中专在省级以上技能大赛中获8金、8银、12铜，在省级教学大赛中获2金、2银、2铜。年末有区级电影院1座，影剧院7座，文化馆10座，综合性图书馆1座。图书馆藏书67.61万册，年接待读者33.5万人次。华罗庚艺术团成功挂牌江苏省儿童艺术剧院，第十部大型现代儿童剧《戏娃》在常州大剧院首演。年末共拥有各类医疗卫生机构212家。其中，区属医院3家，卫生院12家，城市社区服务中心2家，民营医院8家。拥有卫生技术人员3926人。其中，执业（助理）医师1627人，注册护士1850人。金坛区人民医院新院区于2020年12月12日正式启用。常州市金坛妇幼保健医院改扩建项目完成主体工程并进行室内装饰及设备安装。体育事业蓬勃发展，新建40个全民健身场地设施，钱资湖健身步道获评2020江苏省最美跑步线路。组队参加2020年江苏省县级组田径比赛，获全省县区总分排名第二；2020年江苏省县级组篮球比赛竞赛、体能均获第一；2020年江苏省青少年田径中长跑、竞走锦标赛，三人参赛，获1金、2银；2020年江苏省青少年自行车（小轮车、公路、场地）锦标赛获得3金；2020年中国BMX（小轮车）锦标赛获2金、2银、2铜。

【民生与社会保障】 2020年，金坛区城乡收入持续增长，全体居民人均可支配收入46507元，同比增长5.1%。城乡居民收入的差距不断缩小。大力推进民生工程，全年实现一般公共预算支出87.15亿元，同比增长7.4%，其中社会保障和就业、文化体育与传媒、卫生健康等民生支出分别为14.89亿元、2.33亿元和8.43亿元，同比增长15.4%、117.4%、4.1%。南沿江城际铁路按计划顺利实施，金坛高铁站规划确定。河海大学常州校区桩基工程全面开工。滨湖新城建设不断加快，钱资湖大桥建成通车，第一人民医院投入使用，华罗庚中学顺利竣工，金沙科技金融中心加快建设，华罗庚实验小学、幼儿园全面开工。社会保障不断完善，深入实施全民参保三年行动计划，企业职工基本养老保险新增参保13973人，净增参保4476人，城乡社会保险覆盖率98%以上。加快养老保险待遇与常州主城区接轨，城乡居民基础养老金标准从每月250元提高至280元，缴费满15年的从每月280元提高至310元，被征地农民养老补助金标准从每月630元提高至680元，城乡居民基本养老保险保障水平达每月290元，企业退休人员养老金十六连调，人均每月增资115元。

（徐　飞）

人民生活

【城镇居民生活】 据城乡一体化住户抽样调查资料显示，2020年金坛区城镇居民人均可支配收入57097元，同比增长3.9%；城镇居民人均生活消费支出26624元，同比下降0.8%。从收入结构看，2020年，金坛区城镇居民人均工资性收入35052元，同比增长2.7%，占人均可支配收入的61.4%；人均经营净收入7560元，同比增长0.9%；人均财产净收入6683元，同比增长8.5%；人均转移净收入7802元，同比增长9.1%。

2020年，金坛区城镇居民人均居住建筑面积为48平方米。

【农村居民生活】 2020年，金坛区农村居民人均可支配收入30518元，同比增长6.3%，其中，人均工资性收入19634元，同比增长6.7%；人均经营净收入6620元，同比增长3.3%；人均财产净收入995元，同比增长8.7%；人均转移净收入3269元，同比增长9.8%。全区农村居民人均生活消费支出16780元，同比下降3.7%。

2020年，金坛区农村居民人均居住建筑面积60平方米。

金坛区每百户城镇居民耐用品一览表

表 5

项目	单位	2019 年	2020 年	项目	单位	2019 年	2020 年
1. 摩托车	辆	6	5	10. 摄像机	台	—	—
2. 助力车	辆	130	128	11. 照相机	台	15	14
3. 家用汽车	辆	52	52	12. 微波炉	台	88	87
4. 洗衣机	台	95	95	13. 空调	台	215	215
5. 电冰箱	台	104	104	14. 热水器	台	109	109
6. 彩色电视机	台	181	182	15. 健身器材	套	7	10
7. 中高档乐器	件	5	5	16. 固定电话	部	34	40
8. 计算机	台	70	75	17. 移动电话	部	235	234
9. 组合音响	套	—	—				

金坛区每百户农村居民耐用品一览表

表 6

项　目	单位	2019 年	2020 年	项　目	单位	2019 年	2020 年
1. 洗衣机	台	96	96	8. 固定电话	部	63	71
2. 电冰箱	台	110	113	9. 移动电话	部	194	198
3. 空调	台	168	171	10. 彩色电视机	台	148	150
4. 抽油烟机	台	61	72	11. 摄像机	台	—	—
5. 微波炉	台	82	89	12. 照相机	架	2	2
6. 热水器	台	99	102	13. 计算机	台	33	37
7. 家用汽车	台	23	23				

（姚　莉）

精神文明建设

【概况】 2020年，全区精神文明建设以习近平新时代中国特色社会主义思想为指导，培育践行社会主义核心价值观，广泛开展群众性精神文明创建，着力提升城市文明程度和市民文明素质。仙姑村获评全国文明村。陆旭东获评全国未成年人思想道德建设工作先进工作者。

【文明城市建设】 2020年，金坛区深化文明城市建设，召开“奋战一百天 决胜总评年”文明城市建设暨城市长效综合管理迎测会，建立“日巡查、周督办、月通报、季点评、年总结制度”和“一图三清单”（迎检工作施工图，工作分解任务清单、薄弱环节问题清单和过程监管短板清单）制度，实行“挂图作战”，对照测评点位形成常态化督查。开展“全域大排查、百日大整治”攻坚行动和“片长工作责任制”。启动文明养犬专项整治工作。组建各级各类文明城市建设“找茬”团100余个，制定“指证、登记、拍照”找茬三步法，开展“我们益起来找茬”大型网络直播活动。重点整治集贸市场及周边小区环境卫生问题，治理违章搭建、偷倒乱倒垃圾、停车难等重难点问题1万余个。组织开展文明村、文明校园评选，仙姑村获评第六届全国文明村。截至2020年年底，全区共有全国文明村4个，省文明镇村19个，省文明单位（含文明社区）23个，市文明镇村30个，市文明单位标兵13个，市文明单位（含窗口）89个，区文明村65个。另有省文明校园7个，市文明校园标兵2个，市文明校园8个，区文明校园标兵14个，区文明校园25个。8月，开展好家风好家训征集评选活动，评选出优秀作品50个，树立家庭文明新风尚。

【公民道德建设】 2020年，全区定点定位布置核心价值观等主题公益广告500余处，悬挂道旗800多面，绘制文化墙2000多平方米。电视台、电台、《金坛时报》、金坛网和区内主流网站、新媒体等统一开设“金沙文明行”专题专栏，全面宣传精神文明建设工作。开展“文明来敲门”“文明来接力”“文明来打卡”等“文明三连”文明城市宣传活动30场，公益电影进镇村、社区600多场次，“大家小家是一家，文明建设连万家”文化惠民行动100多场次，发放市民文明手册6万份、文明城市宣传扇12万把，宣传普及文明城市建设应知应会和文明金坛十条。持续开展各类道德典型评选，陆旭东获评全国未成年人思想道德建设工作先进工作者，何云获评省疫情防控优秀志愿者，谢茗等4人入选江苏好人，王贤等8人入选常州好人，杨卿尧、储楚获评新时代常州好少年。组织开展“周末关爱”活动6次，关爱困难群众60户，发放慰问金、慰问品20万元。结合疫情防控工作，强化疫情防控宣传，发布“文明就餐 守护健康”倡议书和“推行公筷公勺 共建文明餐桌”倡议书，组织全区71家机关部门志愿服务队，百余支新时代文明实践志愿服务队，1万余名志愿者有序参与到疫情防控最前线。组织基层道德讲堂利用视频录播形式开展道德云讲堂，讲述疫情中的凡人善举，彰显榜样力量。

6月，金坛区开展市民文明手册宣传活动

【新时代文明实践】 2020年，着力推进新时代文明实践所站建设全覆盖。建成9个新时代文明实践所，125个新时代文明实践站，打造柚山村“水之悦”、谢桥村“绿之赞”、华兴社区“5+2七彩文明实践”等新时代文明实践品牌。成立“理论新播客”区级宣讲团，组织20位来自全区各行业的“百姓名嘴”讲述“我身边的小康故事”。打造“塘口大学堂”“金税课堂”“初心课堂”“小巷读书会”等特色宣讲阵地。举办“科学与中国”院士巡讲活动，邀请5位中科院院士走进校园和园区作报告，在线观看点击量突破300万人次。区文明办、民政局和融媒体中心联合举办“金沙杯”新时代文明实践公益创投大赛，激发新时代文明实践志愿服务发展活力。朱林镇、儒林镇柚山村、尧塘街道谢桥村、西城街道方边村获评常州市第二批新时代文明实践中心建设试点工作先进单位。

【未成年人思想道德建设】 2020年，全区持续推进江苏省常州未成年人社会实践基地建设，建成江苏省未成年人文明礼仪养成教育体验中心。打造黄金村中小学生劳动实践基地，初步建成农耕文化展示区、现代农机展示区等“四区一堂”，举办“体验农耕乐，悦享亲子情”劳动实践活动。7所学校获评常州市劳动教育示范学校，9所学校的劳动校本课程获评常州市劳动教育优秀校本课程，3个校外基地被命名为常州市第二批劳动实践教育挂牌基地。“青少年城市微治理行动”获评2020年度常州市未成年人思想道德建设工作标兵项目，“校园活态传承，非遗滋润童心”主题活动获评2020年度常州市未成年人思想道德建设工作优秀项目。依托“青果·常开心”心理健康网络数字平台，搭建包括在线留言、心理测评、教学培训、心理档案、科普宣传、量表管理、统计分析等内容的运营监管系统，开展抗疫人员与青少年面对面交流活动。持续开展“我们的节日”“缤纷的冬日”“七彩的夏日”“心理教育”主题活动，区资源规划局“中秋月圆 悦融自然”获常州创新案例奖。组织参加常州市第二届未成年人风采礼仪大赛，区第二中学和华城小学、华罗庚中学分别获决赛一、二等奖。大型儿童剧《戏娃》获2020江苏省紫金文化艺术节入选剧目奖。

（吉 瑶）

金坛区组织机构与负责人名单

·区领导·

中共金坛区委

书　记　狄志强
副书记　陆秋明（6月任）
　　　　沈　东（至6月）
　　　　刘国新
　　　　俞金红（4月任）
常　委　刘明江
　　　　纪海平*
　　　　石江水（8月任）
　　　　陶　伟（至8月）
　　　　朱建清
　　　　董龙庆
　　　　刘小平
　　　　孟敖祥
　　　　王海波（4月任）

金坛区人大常委会

党组书记、主任　王跃中
党组副书记　刘东升
　　　　李留清（至1月）
　　　　王生大（12月任）
副主任　刘东升
　　　　王艳红*
　　　　王新辉
　　　　冯锁强

金坛区人民政府

党组书记　陆秋明（6月任）
　　　　沈　东（至6月）
区　长　沈　东（至6月）
代理区长　陆秋明（6月任）
党组副书记　俞金红（5月任）
　　　　石江水（9月任）
　　　　陶　伟（至9月）
副区长　陆秋明（6月任）
　　　　俞金红（5月任）
　　　　石江水（9月任）
　　　　陶　伟（至9月）
　　　　周新生
　　　　王晓航（至12月）
　　　　周文俊
　　　　沈振华（12月任）
　　　　朱　霞*
　　　　苗　润（12月任）
　　　　朱天明（12月任）
　　　　陈伟刚
　　　　宋　雨（至1月）
党组成员　华　磊（12月任）

政协金坛区委员会

党组书记、主席　陈锁龙
党组副书记　黄克洪
副主席　葛惠明
　　　　吴欲晓
　　　　朱亚群*
　　　　卢建新
秘书长　施生华

·区级机关和区直单位·

中共金坛区纪律检查委员会

书　记　纪海平*（兼）
副书记　张小平
　　　　汤国忠（12月任）
　　　　樊　莹*（至12月）
常　委　汤国忠（至12月）
　　　　于　方
　　　　陈志亮（12月任）

金坛区监察委员会

主　任　纪海平*（兼）
副主任　张小平
　　　　汤国忠（12月任）
　　　　樊　莹*（至12月）
委　员　于　方
　　　　蒋志军（至12月）
　　　　王　伟

中共金坛区委巡察工作办公室

主　任　樊　莹*
副主任　徐程萍*（12月任）
　　　　汤云峰
巡察组组长　吕洪力（至12月）
　　　　王洪庆
　　　　陆　斌（至9月）
　　　　夏玉良（至8月）
　　　　王　涛（11月任）
　　　　王俊平（12月任）
　　　　蒋志军（12月任）
巡察组副组长　卞盛辉（至12月）
　　　　沈云川
　　　　陈　科（至12月）
　　　　蒋志军(兼)(至12月)
　　　　田永灿（兼）
　　　　任立新（兼）
　　　　汪开友（9月任）
　　　　贡柏芳（9月任）

中共金坛区委办公室

主　任　许海连（12月任）

周　俊（至 12 月）
副主任　许海连（至 12 月）
周忱成（12 月任）
奚屹峰
江　霞 *（12 月任）

中共金坛区委机要局（国家密码管理局）

局　长　许海连（12 月任）
周　俊（至 12 月）
副局长　徐　重（至 9 月）

金坛区档案局

副局长　王晁彬

中共金坛区委研究室

主　任　周忱成（12 月任）
许海连（至 12 月）
副主任　倪　翔

中共金坛区委全面深化改革委员会办公室

主　任　周忱成（12 月任）
许海连（至 12 月）
副主任　樊九畅（12 月任）
江　霞 *（至 12 月）

中共金坛区委组织部

部　长　王海波（兼）（4 月任）
刘国新（兼）（至 4 月）
常务副部长　樊　莹 *（12 月任）
韦国猛（至 12 月）
副部长　罗　祎（至 5 月）
于　水（12 月任）

中共金坛区委党建工作领导小组办公室

副主任　于　水（9 月任）

中共金坛区委区级机关工作委员会

副书记　白　杨 *（12 月任）

中共金坛区委机构编制委员会办公室

主　任　樊　莹 *（11 月任）
周　俊（至 11 月）
副主任　张伟波

中共金坛区委老干部局

局　长　樊　莹 *（11 月任）
韦国猛（至 11 月）
副局长　蒋云清

中共金坛区委离退休干部工作委员会

书　记　樊　莹 *（11 月任）
韦国猛（至 11 月）

中共金坛区委宣传部

部　长　刘明江（兼）
常务副部长　邢卫东
副部长　徐忠敏（兼）
匡小红 *

金坛区精神文明建设指导委员会办公室

副主任　王　彤

金坛区人民政府新闻办公室

副主任　王　珊 *

中共金坛区委网络安全和信息化委员会办公室

主　任　邢卫东
副主任　陈　新

金坛区融媒体中心

党委书记、主任　徐忠敏（6 月任）
副主任　孙忠民（6 月任）
薛忠明（6 月任）
纪委书记　林　燊（6 月任）

金坛区广播电视台

党委书记、台长　徐忠敏（至 6 月）
副台长　孙忠民（至 6 月）
薛忠明（至 6 月）
纪委书记　林　燊（至 6 月）

注：2020 年 5 月 11 日坛编字〔2020〕45 号文，决定成立金坛区融媒体中心，作为区委直属事业单位，委托区委宣传部管理，相当正科级建制，对外保留区广播电视台牌子。2020 年 6 月 12 日坛委〔2020〕23 号文，设立中共常州市金坛区融媒体中心委员会，撤销中共常州市金坛区广播电视台委员会。

中共金坛区委统一战线工作部

部　长　刘明江（兼）
常务副部长　张志荣
副部长　刘　斌

金坛区民族宗教事务局

局　长　张志荣
副局长　王国锋

中共金坛区委政法委员会

书　记　孟敖祥（兼）
常务副书记　陈　嵘 *（12 月任）
副书记　沈振华（兼）（11 月任）
王晓航（兼）（至 11 月）
陈　嵘 *（至 12 月）
马红星

金坛区网格化服务管理中心

主　任　陈　嵘 *（12 月任）
副主任　陈　嵘 *（至 12 月）
孙　斌（兼）

中共金坛区委党校　金坛区行政学校

常务副校长　秦文斌
副校长　盛南萍 *
蔡　俊
周召平（至 8 月）

中共金坛区委党史工作委员会　金坛区地方志编纂工作办公室

主　任　吕洪力（12 月任）
祝洪林（至 11 月）
副主任　储　劼
张继华（9 月任）

金坛区档案馆

馆　长　许月平
副馆长　陈　励 *（至 8 月）
王云平（9 月任）
刘　剑

金坛区人大常委会办公室

主　任　韩双庆
副主任　徐　忠

金坛区人大常委会研究室

主　任　杨龙军

金坛区人大常委会法制和内务司法工作委员会　金坛区人大常委会民族宗教侨务工作委员会

主　任　陈建平

金坛区人大常委会财政经济工作委员会

主　任　吴文琴 *

金坛区人大常委会农业和农村工作委员会

主　任　李久生

金坛区人大常委会环境资源城乡建设工作委员会

主　任　刘留生

金坛区人大常委会教科文卫工作委员会

主　任　李　平

金坛区人大常委会人事代表工作委员会

主　任　吕　庆*

副主任　高　赟（12月任）

政协金坛区委员会办公室

主　任　施生华

副主任　蒋利军

政协金坛区委员会研究室

主　任　许　靖*

副主任　陈　卫*（12月任）

　　　　陈　政（至12月）

政协金坛区委员会教文卫体和文史委员会

主　任　殷　俊（12月任）

　　　　钱争艳*（8月任，至12月）

政协金坛区委员会提案和委员工作委员会

主　任　王和平（12月任）

　　　　刘海明（8月任，至12月）

政协金坛区委员会经济科技和农业农村委员会

主　任　凌　涛（8月任）

政协金坛区委员会社法民宗和港澳台侨委员会

主　任　王和荣（11月任）

　　　　赵利群（8月任，至11月）

政协金坛区委员会环境资源和城乡建设委员会

主　任　唐志明（8月任）

政协金坛区委员会学习文史委员会

主　任　钱争艳*（至8月）

政协金坛区委员会提案委员会

主　任　刘海明（至8月）

政协金坛区委员会经济科技委员会

主　任　凌　涛（至8月）

政协金坛区委员会社会事业和法制委员会

主　任　赵利群（至8月）

政协金坛区委员会港澳台侨民族宗教委员会

主　任　唐志明（至8月）

注：2020年5月11日坛编字〔2020〕14号文，决定整合区政协专门委员会机构职责，设置5个专门委员会，分别为提案和委员工作委员会、经济科技和农业农村委员会、教文卫体和文史委员会、环境资源和城乡建设委员会、社法民宗和港澳台侨委员会。

金坛区人民法院

党组书记　于立峰

院　长　于立峰（1月任）

代理院长　于立峰（至1月）

党组副书记　庄克平（至9月）

副院长　于立峰（至1月）

　　　　庄克平（至9月）

　　　　庄　严

　　　　吴卫东

　　　　胡　哲

审委会专职委员　袁照华（9月任）

　　　　戴杜平（9月任）

政治部主任　吴　懿（9月任）

政治处主任　吴卫东（至9月）

金坛区人民检察院

党组书记　仲　军

检察长　仲　军（1月任）

代理检察长　仲　军（至1月）

副检察长　仲　军（至1月）

　　　　沈宏伟

　　　　田　娟*

　　　　蒋志书

政治部主任　冯　玉*（12月任）

金坛区人民政府办公室

党组书记、主任　岳惠剑

副主任　李佳真*（至12月）

　　　　朱国杰（兼）

　　　　冒丽萍*

　　　　周忱成（至12月）

　　　　潘建华（12月任）

　　　　陈丹锋（12月任）

　　　　邹文龙（12月任）

　　　　徐　俊

金坛区人民政府研究室

副主任　顾林骏（12月任）

金坛区人民政府外事办公室

副主任　石连华

金坛区机关事务管理中心

主　任　冒丽萍*（12月任）

金坛区发展和改革局

党委书记、局长　王　勇

党委副书记　崔旺洪（至9月）

副局长　曹志荣（至1月）

　　　　孟明刚

　　　　徐科峰

金坛区粮食和物资储备局

局　长　王　勇

副局长　徐荣华

　　　　练龙俊（12月任）

　　　　潘卫民（至12月）

金坛区教育局

区委教育工委书记　吴军华*（6月任）

　　　　廖伟文（至6月）

局　长　吴军华*（6月任）

　　　　廖伟文（至6月）

区委教育工委副书记　林厚从（6月任）

副局长　陈金娣*（至6月）

　　　　吴　芳*

　　　　潘建华（至12月）

　　　　张五芳*（6月任）

江苏省华罗庚中学

党委书记　吴军华*（8月任）

党总支部书记　谭瑞军（至8月）

校　长　谭瑞军

党委副书记　谭瑞军（8月任）

党总支部副书记　林　静*（至8月）

副校长　丁苏霞*（8月任）

　　　　王志刚（8月任）

　　　　杨　罡（至8月）

常州市金坛第一中学

党委书记、校长　周双平（8月任）

副校长　周国庆（8月任）

　　　　史新平（8月任）

　　　　庄荣珍（8月任）

金坛区第一中学

党总支部书记、校长　周双平（至8月）

常州市金坛第四中学

党委副书记、副校长　王　成（8月任）

副校长　杨　罡（8月任）

　　　　庞金华（8月任）

　　　　袁兆强（8月任）

注：2020年8月14日坛发〔2020〕19号文，金坛区第一中学更名为常州市金坛第一中学，金坛区第四中学更名为常州市金坛第四中学。2020年8月15日坛办发〔2020〕39号文，

江苏省华罗庚中学、常州市金坛第一中学、常州市金坛第四中学分别成立党委，均隶属区委教育工委，校党委书记、校长、党委副书记、副校长列入区委管理干部职务序列。

江苏省金坛中等专业学校

党总支部书记　林　静（8月任）
　　卞勇平（至8月）
校　长　卞勇平（8月任）

金坛区科学技术局

党组书记、局长　施小民
副局长　陈林凤 *
　　倪小平（至12月）
　　许国清
　　刘娅敏 *（12月任）
　　刘　超（5月任）

金坛区工业和信息化局

党委书记、局长　王新强
党委副书记　徐国祥
副局长　许小云 *
　　孔德馨
　　王　欢（12月任）

金坛区民政局

党组书记、局长　刘国荣
副局长　金朝霞 *
　　孙伟良
　　赵济红 *

金坛区司法局

党组书记、局长　何云华
副局长　纪俊明
　　孙　遐 *
　　郭小强

中共金坛区委全面依法治区委员会办公室

主　任　何云华（至5月）

金坛区财政局

党组书记、局长　于忠俊
副局长　张永明（至9月）
　　刘国平
　　王月珍 *（8月任）

金坛区政府国有资产监督管理办公室

主　任　于忠俊（5月任）
副主任　王益民

金坛区人力资源和社会保障局

党组书记、局长　王少云
副局长　王俊平（至12月）
　　王志东
　　王金华（至11月）
　　陈国强
　　刘建华

金坛区自然资源和规划局

党委书记　黄克洪（兼）
局　长　叶　琳 *（12月任）
　　黄克洪（兼）（至12月）
副局长　潘政权
　　潘洪军（至12月）
　　杨建忠
　　彭云俊
　　孙云清
　　高国庆
　　练晓华

金坛区住房和城乡建设局

党委书记、局长　史云峻（11月任）
　　陈建军（至11月）
党委副书记　尹志文
副局长　李洪年
　　王芝滨
　　杨擒龙

金坛区人民防空办公室

主　任　史云峻（11月任）
　　陈建军（至11月）
副主任　柏国平
　　杨树清

金坛区城市管理局

党组书记、局长　韩巧生
副局长　姜秋生
　　庄月芳
　　孙　斌

金坛区综合行政执法局

局　长　韩巧生

金坛区交通运输局

党委书记、局长　陈忠平
副局长　陈锁连（至12月）
　　俞云翔（至5月）
　　马国盛
　　吴文杰（8月任）
总工程师　戴小荣（8月任）
　　吴文杰（至8月）

金坛区水利局

党委书记、局长　周　涌（11月任）
　　陈　俊（至11月）
副局长　王卫国
　　孙俊华
　　胡　奕 *
总工程师　张建成

金坛区农业农村局

党委书记、局长　邓九胜
党委副书记　姚江隽
副局长　蒋林忠（至8月）
　　曹　波
　　贺建新
总农艺师　吴志华（至12月）

金坛区政府扶贫工作办公室

主　任　邓九胜

中共金坛区委农村工作领导小组办公室

主　任　邓九胜

金坛区商务局

党组书记、局长　汤文斌
副局长　杨颐华（至8月）
　　聂文辉
　　戴　露 *（12月任）

金坛区文体广电和旅游局

党组书记、局长　汤　芳 *
副局长　徐罗林
　　于国忠
　　李　玮
　　沃春华

金坛区卫生健康局

党委书记、局长　袁永炜
副局长　庞巧红 *（至11月）
　　董文兵
　　林小俊
　　徐　颖

金坛区老龄工作委员会办公室

主　任　袁永炜
副主任　唐彤煜（至8月）
　　潘卫民（12月任）

金坛区人民医院

党委书记、院长　苏建华
副院长　徐　群（至8月）
　　赵　凯
纪委书记　吴平涛 *

金坛区中医医院

院　长　吴　杰

金坛区退役军人事务局

党组书记、局长　聂卫斌
副局长　张国强

金坛区应急管理局

党组书记、局长　庄金中（11月任）
　　贺国洪（至11月）
副局长　庄新民
　　朱网富
　　张　华（5月任）

金坛区安全生产委员会办公室

副主任　刘国华（5月任）

金坛区地震局

局　长　王一新

金坛区审计局

党组书记、局长　王　初
副局长　张小华
　　谭益民
　　马云澜*（9月任）
总审计师　朱忠祥（9月任）

金坛区行政审批局

党组书记、局长　陆　斌（9月任）
　　巫政强（至9月）
副局长　王建国
　　王云平（至9月）

金坛区大数据管理局

局　长　陆　斌（9月任）
　　巫政强（至9月）

常州市公共资源交易中心金坛分中心

主　任　陆　斌（9月任）
　　巫政强（至9月）
副主任　顾照平
　　邵军琴*（12月任）

金坛区市场监督管理局

党委书记、局长　闫炳泉
副局长　王伟政
　　喜晶颖
　　张　俊
　　王东方
　　马迎俊

金坛区知识产权局

局　长　闫炳泉
副局长　李建军（8月任）

金坛区统计局

党组书记、局长　钱永锋*
副局长　李卫平
　　储玉峰*（9月任）

金坛区信访局
中共金坛区委信访局

党组书记、局长　朱国杰
副局长　高雷斌
　　陈　军

金坛区地方金融监督管理局

党组书记、局长　陈兴龙
副局长　郑美华*（5月任）
　　王俊伟（至5月）

金坛区政府金融工作办公室

主　任　陈兴龙

常州市公安局金坛分局

党委书记、局长　沈振华（兼）（11月任）
　　王晓航（兼）（至11月）
党委副书记、政委　马建春
副局长　王国元
　　王留林
　　韩云峰
　　吴文忠
　　庄金中（至11月）
政治处主任　孔海军

常州市医疗保障局金坛分局

党组书记、局长　史一飞
副局长　汤洪俊

金坛区供销合作总社

党委书记、主任　毛卫平
副主任　郭和平
　　高勇军
监事会主任　陈　政（12月任）

常州市不动产登记交易中心
金坛分中心

主　任　潘政权
副主任　徐月生

·园区、街道、镇·

江苏金坛经济开发区

党工委书记　刘小平（兼）
管委会主任　诸葛林
党工委副书记　诸葛林
　　罗　祎（5月任）
管委会副主任　卢建新（兼）
　　朱粉扣
　　唐友明
　　欧阳一帆*
纪工委书记　韩寅飞

江苏省金坛茅山旅游度假区

党工委书记　史荣生（10月任）
管委会主任　陈建军（10月任）
　　陆礼军（至10月）
党工委副书记　陈建军（11月任）
　　陆礼军（至11月）
　　宗　华
　　王立兴
副主任　杨国忠
　　佘义洪
　　陈锁连（12月任）
　　朱海俊（至12月）

江苏省金坛长荡湖旅游度假区

党工委书记　陈锁龙（兼）
管委会主任　徐　俊（10月任）
　　孙国林（至8月）
党工委副书记　徐　俊（11月任）
　　孙国林（至9月）
　　孙　坚
管委会副主任　薛金华
　　丁　皓（至8月）
　　张大勇
　　孙伟忠（12月任）

东城街道

党工委书记　孙　凯（11月任）
　　吴军华*(至11月)
办事处主任　潘明志
人大工委主任　周建立
党工委副书记　潘明志
　　周建立（至12月）
　　张阳（12月任）
办事处副主任　陈云翔
　　袁海涛
纪工委书记　田粉忠

金坛华罗庚科技产业园

党工委书记　杨健
管委会主任　黄建南
党工委副书记　黄建南
管委会副主任　于立俊（至11月）
　　李俊
　　陈云
　　李冬英*

邹文龙（至12月）
朱海俊（12月任）

尧塘街道

党工委书记　杨　健
办事处主任　韦国猛（11月任）
孙　凯（至11月）
人大工委主任　张罗明
党工委副书记　韦国猛（11月任）
孙　凯（至11月）
张罗明（至12月）
陈学谦（12月任）
办事处副主任　朱丹俊
岳　松
谢　培
纪工委书记　孙红琴*

金坛金城科技产业园

党工委书记　董龙庆（兼）
管委会主任　李　祁
党工委副书记　李　祁
吴军华*(兼)(至11月)
管委会副主任　束鸣东
谢　栋（至12月）
罗　斌
肖　巍
虞　晖（8月任）

金城镇

党委书记　董龙庆（兼）
镇　长　吴　英*
人大主席　张建俊
党委副书记　吴　英*
谢　栋（12月任）
陈丹锋（至12月）
副镇长　孙桂华
宋志龙
陈旭清
纪委书记　耿新民

薛埠镇

党委书记　宗　华
镇　长　任林勇
人大主席　潘洪军（12月任）
吕金平（至12月）
党委副书记　任林勇
章成荣
副镇长　胡国英*
杨小保
陆游如
蒋峥辉
纪委书记　许荣俊
人大副主席　崔鑫福

直溪镇

党委书记　吴志高
镇　长　徐　飞
人大主席　徐海平（12月任）
钱国祥（至11月）
党委副书记　徐　飞
李俊平（12月任）
王和平（至12月）
副镇长　尹冬姝*
刘海祥
谢晓贤
曹金霞*
纪委书记　周君华
人大副主席　陈锁平（至8月）

朱林镇

党委书记　刘金保
镇　长　范水庆（11月任）
周　涌（至11月）
人大主席　张　铧（12月任）
范水庆（至11月）
党委副书记　范水庆（11月任）
周　涌（至11月）
李亚东
副镇长　胡卫平
陈小芳*
沈　钢
纪委书记　陈　科（12月任）
徐程萍*(至12月)

指前镇

党委书记　施　顺（11月任）
徐　俊（至11月）
镇　长　施　顺
人大主席　丁　皓（8月任）
王月林（至1月）
党委副书记　施顺（至11月）
张金彪（12月任）
赵林华（至12月）
副镇长　张国忠
朱训杰
孔令辉
张金彪（至12月）
纪委书记　徐国强（12月任）
陈志亮（至12月）

儒林镇

党委书记　贺国洪（11月任）
孙国林（至9月）
镇　长　于立俊（11月任）
王和荣（至11月）
人大主席　杨震龙
党委副书记　于立俊（11月任）
王和荣（至11月）
于建林
副镇长　顾永华
冯　梁
朱云冰
刘　军
纪委书记　王　薇*

西城街道

党工委书记　周　俊（12月任）
姜金华（至12月）
办事处主任　尹　韧
人大工委主任　赵林华（12月任）
殷　俊（至12月）
党工委副书记　尹　韧
殷　俊（至12月）
办事处副主任　蒋玉新
季锁平
纪工委书记　许志明
党政办主任　周　玲*

·民主党派和群众团体·

民盟金坛区委员会

主　委　朱亚群*（兼）
副主委　姚锁生（至12月）
庄　严
郑美华*
姜　玮（12月任）
于　燕（12月任）

金坛区总工会

党组书记、主席　陆礼军（11月任）
副主席　石新华
荆　霞*

共青团金坛区委员会

书　记　汤鹏飞
副书记　张　阳（至12月）

王丹华 *

金坛区妇女联合会

党组书记、主席　林　燕 *
副主席　张　婕 *
　戴　露 *（至 12 月）

金坛区科学技术协会

党组书记、主席　于炳忠
副主席　王慰东
　范献忠
　董文兵
　陈　云
　邓九胜
　吴　芳 *
　盛荣生
　孙铁囤
　姜方俊

金坛区残疾人联合会

党组书记、理事长　刘　坚
副理事长　王建涛

金坛区工商业联合会

主　席　卢建新（兼）
党组书记　刘　斌
副主席　刘　斌
　许忠平
　张伟华
　陈国平
　荀建华
　潘雪平
　戚建国
　费建林
　周国平
　吴长全
　王向东
　朱琛琦

金坛区文学艺术界联合会

党组书记、主席　季明华
副主席　虞青平 *
　许　靖 *
　吴　芳 *
　程云仲
　史国生
　祝柏华

金坛区归侨侨眷联合会

主　席　李佳真 *
副主席　傅小平
　王　跃
　孙铁囤
　郑满香 *
　谈东华
　李　晴 *

金坛区红十字会

会　长　朱　霞 *（兼）（12 月任）
　王艳红 *（兼）（至 12 月）
党组书记　李晶阳
副会长　李晶阳
　徐　颖（12 月任）
　吴　芳 *（12 月任）
　朱网富（12 月任）
　苏建华（至 12 月）

· 区管国有公司 ·

江苏金坛投资控股有限公司

党委书记、董事长　姜金华（12 月任）
　史荣生（至 12 月）
总经理　谢晓骏
党委副书记　谢晓骏
　周　胜
　谢臣相
　张　铧（至 12 月）
副总经理　徐留军
　张国庆
　季　敏（至 11 月）
　潘忙青
　闵郁沣（12 月任）
监事会主席　张　铧（至 12 月）

江苏金坛华罗庚科技产业发展有限公司

董事长　周　胜
总经理　王俊伟（12 月任）
　李俊平（至 12 月）
副总经理　李　辉
　陈建国（聘）

江苏金坛金城科技产业发展有限公司

董事长　谢臣相
总经理　张叶华（11 月任）
　王　涛（至 11 月）
副总经理　刘　诚
　童　瑶 *

江苏金坛建设发展有限公司

党委书记、董事长　刘亦波
总经理　陈　俊（11 月任）
　史云峻（至 11 月）
党委副书记　陈　俊（11 月任）
　史云峻（至 11 月）
　杭爱民
　陶　俊
　徐海平（至 12 月）
副总经理　倪益民
　李文俊
　俞云翔（5 月任）
　王俊伟（5 月任，至 12 月）
　郑美华 *（至 5 月）
　滕荣国（聘）
　刘　超（至 5 月）
　钱玉琪（12 月任）
监事会主席　徐海平（至 12 月）

江苏茅山旅游控股有限公司

董事长　杭爱民
总经理　季　敏（11 月任）
　张叶华（至 11 月）
副总经理　谈　阳
　姜文阳（5 月任）

江苏长荡湖旅游控股有限公司

董事长　陶　俊
总经理　严　波
副总经理　陈　超
　欧　卉 *

注：1. 区委、区人大常委会、区政府、区政协及其他机构领导人均收录至 2020 年 12 月。
2. 姓名右上角有 * 者为女性。

（区委组织部、区志办）
（编辑　方　骊）

中共常州市金坛区委

重要会议

【中共常州市金坛区委十三届九次全体会议】 8月2日在市民中心召开。区委书记狄志强代表区委常委会作题为《认清形势抓机遇，奋力作为求突破，推动金坛在苏南板块持续快速崛起》工作报告。全会高举习近平新时代中国特色社会主义思想伟大旗帜，落实省委十三届八次全会、常州市委十二届十次全会精神，总结上半年工作，部署下半年任务，动员全区各级党组织和广大党员、干部群众，认清形势，抢抓机遇，奋力作为，务求突破，实现“十三五”规划圆满收官，推动金坛在苏南板块持续快速崛起。全会认为，全区上半年在抓好疫情防控的同时，统筹推进经济社会发展，“两个加快”有力推进，经济运行企稳向好，重点改革成效明显，各项事业协调并进，管党治党全面从严，各项重点工作取得新进展、新成效。全会要求，做好下半年工作，必须把握方向，突出重点，抓好决战“两个加快”、全力服务企业、建设美丽金坛、推进重点改革、补齐民生短板、强化党的建设六个方面工作，确保完成全年目标任务。

【中共常州市金坛区委十三届十次全体会议】 12月28日在市民中心召开。区委书记狄志强代表区委常委会作题为《创新再出发，奋斗勇向前，高质量开启快速崛起新征程》工作报告。全会贯彻中共十九大和十九届二中、三中、四中、五中全会精神，领会习近平总书记视察江苏重要讲话指示精神，落实省委十三届九次全会、常州市委十二届十一次全会精神，总结2020年工作，回顾五年奋斗历程，展望未来发展愿景，研究部署2021年任务，动员全区各级党组织和广大党员、干部群众坚守初心使命、坚守奋斗方向，大战略布局、大力度创新、大气魄推进，付出超常努力，夺取超常业绩，高质量开启快速崛起新征程。全会要求，要认真落实常州市委“用好山水资源，做强现代产业，提升城市功能，打造美丽常州新样板”的具体要求，聚焦发展格局攻坚行动、“两个加快”创新行动、工业经济跃升行动、百姓幸福提升行动，强化创新推进，确保“十四五”规划开局之年取得超常业绩，以优异成绩庆祝建党100周年。全会通过《中共常州市金坛区委关于制定常州市金坛区国民经济和社会发展第十四个五年规划和二〇三五年远景目标的建议》。

【全区农村工作会议】 3月20日在市民中心召开，各镇、街道、茅山旅游度假区和长荡湖旅游度假区设分会场。会议聚焦“三农”各项事业，回顾总结2019年工作，研究确定2020年全年任务，动员全区上下进一步统筹城乡发展、推进乡村振兴。2019年，全区“三农”工作在产业升级、脱贫攻坚、公共服务、综合改革、基层治理等方面实现新突破，国家农业科技园区创建取得实质性进展，“南京农业大学鱼米之乡研究院”签约落户金坛区，智能化渔场一期建成投产并入选省重大项目；区定20个经济薄弱村稳定性收入全部超90万元，建档立卡低收入农户人均可支配收入均超1万元，区扶贫办获“2019年全省脱贫攻坚组织创新奖”。会议要求，做好2020年“三农”工作，要主动适应市场变化和消费升级需要，以建设国家农业科技园区为抓手，加快创新生产组织，调优产业结构，提升发展质态，全面增强农业竞争力；要坚持规划指导建设、引导投入，因村施策、分步实施，有效推进城乡要素合理配置、基本公共服务普惠共享、城乡基础设施一体发展。

【全区机关党建工作会议】 9月7日在市民中心召开。会议指出，机关党建是机关建设的根本保证，也是党的建设的重要组成部分。机关党组织和广大党员要在践行“两个维护”中永葆政治机关鲜明本色；要在统筹党建工作和业务工作中发挥先锋引领作用；要在把握特点规律中推进机关党建高质量发展；要在强化基层导向、效果导向中提升机关服务水平；要在构建新格局中纵深推进全面从严治党。会议出台《金坛区机关党的建设高质量发展三年规划》。

重要活动

【省委副书记任振鹤到金坛区考察农村基层党建和乡村振兴工作】 6月18日，省委副书记任振鹤到金坛区考察农村基层党建和乡村振兴工作。任振鹤强调，要以实施乡村振兴战略为抓手，坚持规划引领，探索城乡融合、产业融合的有效途径，打造产业兴旺、农旅融合、共建共享的美丽乡村，为“三农”发展提供更多金坛经验和金坛做法。

【常州市委书记齐家滨到金坛区调研】 1月13日，常州市委书记齐家滨到金坛区调研经济社会发展情况，先后到长城蜂巢能源、埃马克、同方威视、信维通信，看展厅、进车间，与企业负责人亲切交谈，详细了解企业生产经营、科技研发和人才引进等情况，为企业发展出谋划策、加油鼓劲，对金坛区以项目为抓手，集聚跨越发展优势的做法给予充分肯定。齐家滨指出，金坛作为常州发展重要增长极，要进一步把握发展定位，主动融入长三角一体化发展，接轨常州主城区，坚持工业强区，围绕重点领域、重点产业，突破产业链的龙头引领性项目，完善抓大项目的工作机制，形成产业集群、集聚发展态势；发挥好生态优势，正确处理好绿水青山和金山银山的关系，坚决守住生态底线，进一步把资源优势转化为发展优势，提升城市能级和档次，为全市高质量发展作出更大贡献。

【金坛区党政代表团赴句容市考察】 8月17日，区委书记狄志强，区委副书记、代区长陆秋明率金坛区党政代表团赴句容市考察经济社会发展情况。代表团在句容市委书记潘群、市长周必松的陪同下，进田园、入村庄、跑企业、看项目，取他人之长，促自身发展。狄志强指出，金坛和句容地理相连、人文相亲、往来频繁、共享茅山，当前双方都站在重大战略风口、站在“十四五”规划发展起点，两地要携手合作、共同发展，加强政府、企业、民间的交流往来。要以政府多交流带动企业、民间多合作、多走动；要全面推动两地交通接轨，建立定期沟通机制，在构建大交通格局中实现互惠互利、合作共赢；要全面促进茅山旅游一体化发展，在规划、交通、项目、运营、品牌上实现一体化，共同把茅山生态资源保护好、开发好。

【“科学与中国”院士巡讲暨纪念华罗庚110周年诞辰活动】 11月12日，“科学与中国”院士巡讲暨纪念华罗庚110周年诞辰活动在金坛区举行。武向平、袁亚湘、贺贤土、赵政国、叶朝辉5位中科院院士分别走进省华罗庚中学、区第一中学等4所学校和中国（常州）德国中心，以5场公开课的形式向学生和企业家传递知识、巡讲科学精神。同时举行纪念华罗庚110周年诞辰学术研讨会。全国人大常委会委员、民盟中央副主席徐辉，中科院数学物理学部常委会主任、北京大学原校长王恩哥等12位院士，清华大学党委副书记向波涛，省政协副秘书长、民盟江苏省委副主委吴胜兴，华罗庚的儿子华光、女儿华密，常州市领导齐家滨、韩九云、方国强、许峥及金坛区领导狄志强、陆秋明、王跃中、陈锁龙、刘国新、俞金红等参加活动。

（陈　曦）

组织工作

【概况】 2020年，全区贯彻高质量发展理念，坚持把组织工作放在战“疫”大局中思考、谋划和推进，不断在抓基层打基础、选干部配班子、聚人才建队伍等工作上巩固基础、优化特色、补齐短板，切实地将党建引领、干部提质和人才吸纳转化为地区发展力、竞争力、创造力的坚强保障。

【基层党建】 2020年全区疫情防控期间，广大党员干部深入127个村（社区）基层网格，带头参加防疫管控，成立临时观察点、外来人员运输队等临时党支部16个，区管党费列支360万元支持防疫一线，5名表现优秀的社区干部提拔至书记岗位，30名优秀共产党员受到表彰，有效巩固经济社会发展的良好局面。高质量推进换届工作。全区组织工作坚持早启动、深谋划，区镇两级选派135个督导指导组，编制换届工作指南和工作流程图加强精准指导，确保组织提名人选百分百高票当选、书记主任百分百实现“一肩挑”（村、社区党组织书记，村、居民委员会主任一肩挑）。系统化建强基层队伍。12月，区委组织部出台村干部专职化管理、社区工作者职业化管理“2+10”文件体系，初步构建起覆盖村（社区）干部“进、出、上、下”四大节点和“选、育、管、用、督”五大环节的完整链条，完成全省村干部专职化管理试点工作。

【干部队伍】 2020年，区委组织部根据科级岗位空缺和功能需要，及时调整优化区管国有企业、教育系统、卫健系统的领导班子结构。科学制定2020年公务员（参公管理人员）职级晋升工作方案。开展面向省外个别商调公务员32人。出台《新录用公务员“雏鹰助飞”计划》，建立个人小档案，确保系统性、精细化、导师制培养。完善考核激励。区委组织部将高质量发展要求融入干部考核全过程，完成2019年全区综合考核及科级领导干部考核，制定出台2020年度综合考核系列文件及相关配套考核细则，优化指标结构，强化结果运用。深化监督检查。8月，区委组织部出台《常州市金坛区干部选拔任用全程纪实办法》《关于实行中层干部选拔任用事前报告和任后备案的通知》等系列文件，聚焦干部选任关键环节，分级分类梳理相关核心材料，确保每项流程、每个事项都记录在案、有迹可循、有据可查，切实防范违规选任行为发生。

【人才吸纳】 10月，区委组织部出台《2020年度区级机关相关部门人才工作专项考核实施意见》《关于2020年度“双招双引”工作考核的意见》，以量化考核实现部门、板块责任双落实。创优各项指标。全年共发放创业资助、专项奖励、购房补贴等各类人才资金超1.7亿元，入选第十三批“龙城英才计划”领军人才创业项目9个，入选省“双创人才”（创新创业人才）3人，推荐入选率达75%，入选省乡土人才“三带”（带领技艺传承、带强产业发展、带动群众致富）行动计划培养对象16人。完善工作机制。区委组织部会同区发改、科技、工信、财政、人社、商务、金融监管等部门，组建“惠企爱才”走访服务专班，全年共走访企业156家，收集办理诉求155件。

（黄　帅）

宣传思想工作

11月12日，“科学与中国”院士巡讲暨纪念华罗庚110周年诞辰学术研讨会在金坛举行

【概况】 2020年，全区宣传思想文化工作着力抓好理论武装，广泛宣传贯彻党的十九届五中全会精神，守好主流阵地，成立区融媒体中心，强化舆论宣传，举办第十五届中国传媒年会和“科学与中国”院士巡讲暨纪念华罗庚110周年诞辰学术研讨会系列活动。深化文明创建，通过国检，成功创建省第三批书香城市，推动宣传工作整体提质增效，发挥围绕中心服务大局的作用，为全区经济社会高质量发展提供坚强的思想保证和舆论支持。

【理论学习教育】 2020年，全区统筹推进思想理论武装工作，完善领导干部导学促学机制和巡学旁听机制。区委理论学习中心组集中学习12次，对24家基层党组织开展巡学旁听。先后邀请常州市委党校教授康永超，省发改委党组书记、主任李侃桢开展专题授课。在副科级以上领导干部中开展“对标对表新思想，推动金坛在苏南板块持续快速崛起”专题调研，共收到调研文章120篇，其中县处级领导干部调研文章15篇。开展基层党员冬训工作，2万多名党员完成“冬训+抗疫+复工复产”的特殊课程。1万多名党员下沉到网格一线，担任“十户联防、邻里守望”防控机制的“十户长”，走访22万户家庭，拉起疫情防控网，助力全区规上工业企业100%复工。冬训期间，31人被列为入党积极分子，22人在一线入党。推进“学习强国”学习平台推广使用，共有31073名党员成为注册学员，在职党员覆盖率达100%，日均学习活跃度、平台录用稿件数量均有较大提高。区委主要领导带头深入企业作安全生产专题宣讲，区委宣讲团成员到挂钩镇、街道、园区和分管部门、联系企业宣讲党的十九届五中全会精神60场次。举办3场“我身边的小康”百姓名嘴风采展示大赛暨“传播党的声音、讲述金坛故事”主题宣讲活动，28家单位42名选手精彩演绎“我身边的小康”故事。成立“理论新播客”区级理论宣讲队、“金沙听她说”巾帼宣讲团等行业宣讲队伍，依托新时代文明实践站点，开展“点赞中国之治”“我身边的小康”理论宣讲2000多场。直溪镇获全省基层党员冬训工作先进乡镇称号；创成常州市基层理论宣讲点1个（华兴社区“天天故事会”）；培育常州市基层理论宣讲带头人1名（韩献忠）；2人获常州市“我身边的小康”百姓名嘴风采展示优秀奖（端木云、尹凡）；1人获常州市“学习强国”学习平台优秀通讯员称号（王小俊）；2个“点赞中国之治”微视频获常州市基层理论宣讲优秀微视频奖励（税务局《坚定制度自信绽放税收风采》、薛埠镇《打通脱贫攻坚“最后一公里”》）。

【新闻宣传】 区融媒体中心6月挂牌，12月4日通过省级专家组验收。

重构采编传播流程，建设技术支撑平台，初步构建成广播、电视、报刊、网站、新闻客户端、微平台“六位一体”传播格局，形成全媒体报道矩阵。以“突出‘两个加快’，强化全面决战”为工作主题，开展“决战2020”大型新闻行动，推出“最强产业链是如何炼成的”“全面小康的金坛故事”等系列报道。突出重大主题宣传，全媒体策划近30个重点系列报道，通过专题专栏、典型报道等多种形式，诠释金坛全面建成小康社会成果。先后推出《决战2020——部门镇区话决战》《走基层·决战“十三五”建功在一线》《礼赞弄潮人·金坛优秀企业家风采录》《风生水起话新城》《决战2020势起金坛——省市重大项目巡礼》《聚力“六保”在行动》《复苏：金坛“加速度”》，以及《我奋斗我幸福》《畅游金坛》等大型主题系列报道。全平台做好“在习近平新时代中国特色社会主义思想指引下——新时代新作为新篇章”和“践行嘱托开新局”、深入学习贯彻党的十九届五中全会精神等系列报道，做好2020中国金坛全球招商网络大会及新一代移动通信产业发展茅山峰会等4场产业峰会专题报道。重点策划河海大学常州新校区开工、中德（常州）创新产业园开园仪式等重大活动报道。承办中国传媒年会·金坛分论坛，50多家都市媒体将镜头聚焦金坛，报道金坛融入长三角一体化、推动高质量发展的生动实践。新华网“快看”金坛山水尝湖鲜、漫谈常州文旅创新路全球直播，点击量突破300万人次。策划组织全国主流媒体记者走进金坛茅山采风行、全省“‘聚力强富美高决胜全面小康’主题采访——黄金村调研行”等活动，配合做好纪录片《新苏南》调研采访、央视纪录片《寻路乡村中国》拍摄、央视美食片《腌腊大作战》拍摄等工作，提升城市外宣水平。组织全媒体《政风热线》直播节目，《第一时间》推出“金沙文明行”“民生实事进行时”等20多个专题专栏，宣传群众幸福感、获得感。全年共在《常州日报》刊登稿件297条，其中，头版112条，头条9条，报眼6条；在常州电视台播出275条，江苏省电视台播出67条，中央电视台播出22条。举办纪念华罗庚110周年诞辰学术研讨会，中科院、清华大学等代表参会发言。承办中科院数学与物理学部常委会会议。举办“科学与中国”院士巡讲活动，5位院士走进校园、园区作报告，新华网全程直播，点击量突破600万人次。与新华社、新华网合作，开设“科学人生·百年”主题访谈，以“弘扬华罗庚精神　建设华罗庚家乡”为主题，在《半月谈》《新华每日电讯》等主流媒体进行专题报道。加强管理管控，完善新闻例会制度，优化舆论生态。定期召开新闻发布会，年内举办“金礼遇·才无忧”金坛人才服务二十条、“上汽大通MAXUS杯”2020中国茅山汽摩运动文化节暨房车露营嘉年华等新闻发布会13场次。

【文化产业扶持】 2020年，全区不断加强文化基础设施建设，实现全区高标准、高规格村（社区）综合性文化服务中心全覆盖。合理规划布局城乡公共文化设施，促进互联互通、共建共享，打造城市“15分钟文化圈”、农村“十里文化圈”。加强爱国主义教育基地建设，改造提升华罗庚纪念馆，华罗庚艺术团成功升格为江苏省儿童艺术剧院，成为全省唯一的省级专业儿童剧团。争取上级资金151.36万元，用于支持东方盐湖城道天下景区提升、长篇小说《渡江》、广播剧《警察爸爸》等作品出版，珂罗版印刷术传承保护柔性引才、农村电影放映补助等工作。重点推介金坛雀舌茶道会、长荡湖湖鲜美食节、“乡村过大年”等文旅品牌，挖掘金坛刻纸、封缸酒等“非遗”文化资源。引导骨干文化企业做大做强，提升文化产业增加值占地区生产总值的比重，增强全区文化软实力，做强做优古籍印刷厂、东方盐湖城等一批主业突出、核心竞争力强、市场占有率高的文化企业。实施以精神文明建设“五个一工程”为龙头的文艺精品创作，大型现代儿童剧《戏娃》成功试演并获2020年紫金文化艺术节入选剧目奖。短篇小说《风中的轮笛》获省“紫金山文学奖”，实现20年来常州地区该奖项零的突破。篆书《念奴娇·庚子战役》获省“五星工程奖”，百米刻纸长卷《源远流长江山秀》入围中国

10月19日，阎维文民族声乐文艺晚会现场

民间文艺山花奖，协调电影《茅山往事》拍摄。承办紫金文化艺术节常州·金坛分会场群众文艺会演，配合做好“炫动常州、云游未来”第十七届中国常州国际动漫艺术周暨首届中国·江苏游戏产业高质量发展论坛在东方盐湖城开幕的保障工作。开展社区天天乐100多场，举办“庆七一·金沙中国画”展、“阎师高徒”阎维文民族声乐文艺晚会，指导建昌圩文化研究会、爱心基金会十周年庆典活动，“非遗”和戏曲进基层等文化活动，受众累计35万人次。完成1116场农村电影放映。指导各电影院恢复营业，全年票房总额为1107.09万元，观影人次33.43万人次。成立全民阅读活动领导小组，建立工作经费保障机制，形成推动阅读活动常态化开展的长效机制，成功创建省第三批书香城市示范区，“第十一届金坛读书月”开展15大类60余项阅读活动，全省首家农村凤凰书架在儒林镇柚山村挂牌。开展农家书屋百场阅读推广和“我的书屋·我的梦”农村少年儿童阅读实践活动，全年通过线上线下开展近200场活动，涵盖机关、企业、学校、社区、家庭等各类书香组织。其中“小巷读书会，千余场活动传递爱与书香”“品味书香金沙悦读会”主题阅读活动等先后在学习强国、省新闻出版局网站刊发。推动数字农家书屋建设，完成7家农家书屋的智能平台安装，完成18家农家书屋图书编目，实现农家书屋和区图书馆通借通还全覆盖，推动农家书屋提质增效，东城街道中塘村农家书屋管理员范涛等2人被评为“江苏省优秀农家书屋管理员”，朱林镇黄金村、东城街道华兴社区被评定为“常州市四星级示范农家书屋”并获专项图书更新资金扶持，区少儿图书馆被命名为“首批江苏省家庭亲子阅读体验基地”。

8月15日，金坛区文明城市建设暨城市长效综合管理迎测会现场

【意识形态引领】 2020年，区委印发《意识形态工作任务清单》，明确基层各级党组织的工作职责和目标任务。印发《党（工）委、党组网络安全工作责任制实施细则》，明确各级党组织承担的网络安全责任。对21个部门，27个村、社区开展意识形态专项巡察，督促各级党委（党组）及班子成员抓好意识形态主体责任落实。开展“扫黄打非”专项督查，加强“护苗·绿书签”系列宣传，不断净化文化市场。开展宗教政策法规宣传月活动和“爱国爱教·同心同行”宗教人士爱国主义主题教育，严厉打击邪教组织的非法宣传和地下串联活动，维护宗教领域和谐稳定。关注山水网“青峰茶楼”、化龙巷“龙城茶座”等重点论坛板块，建立网络社情民意月报、直报制度，编发抗疫日报，分析问题、预判趋势、作出提醒，对敏感事件第一时间开展应对处置。强化网络阵地管理，对属地1900余家网站开展两轮检查，汇总上报69家违法违规网站。开展集中整治商业网站平台、自媒体违规发布、转载新闻信息专项行动。开展有害信息举报工作，共举报政治类有害信息8000余条，区委宣传部获“常州市举报工作先进集体”。引导“河滨小学学生坠楼”等重大突发事件宣传。持续关注“大乘汽车欠薪”“半边山下拖延押金退还”等存在群体性维权隐患的事件。规范化应对“长荡湖水体发红”等问题。引入第三方对全区网络安全现状及信息系统进行常态化技术监测。开展“网络安全宣传周”主题宣传，举办校园网络安全手抄报竞赛、社区反网络诈骗课堂等7场网络安全公众体验活动，发放宣传资料3万余册。妥善做好网络漏洞修复、不良信息删除、“僵尸”网站清理等工作，营造清朗的网络环境。开展网络安全应急演练和专业培训，提升全区网络安全综合保障能力。区委宣传部参加常州市网络安全知识竞赛，获第二名，位列各辖市区第一。借助新华网、《新华日报》、省广电总台等高层次、广覆盖的新闻平台优势，与省市主流媒体合作专版“全面小康在常州金坛篇”、拍摄《融汇长三角、共推一体化》专题片和《大美金坛》宣传片，在常州市级以上主流媒体推出新闻700多条，其中中央电视台22条。创作新媒体微视频60余条，累计点击量200万次，网络直播110多场，全网观看量超千万人次。金坛区融媒体中心获评“长三角区域媒体融合发展创新案例单位”。

（党建科）

统战工作

【概况】 2020年，全区学习贯彻习近平总书记关于加强和改进统一战线工作的重要思想，围绕中心工作，主动服务作为，注重品牌创建，"金坛区新创联盟"成功获评"常州市新的社会阶层人士统战工作实践创新示范基地"。

【经济领域统战工作】 2020年，全区围绕"关心、支持、服务企业家政策研究推进专班"工作，制定《关于支持企业家创新创业服务民营经济高质量发展的若干措施》，下发《区领导联系服务重点民营企业工作方案》，推进镇（街道）、园区开展联系服务活动。开展"送政策、送温暖、送服务"活动，在对全区民营企业进行摸排的基础上，根据企业发展情况，有针对性地选择150家企业与区领导结对，点对点联络，做到情况及时掌握，问题及时解决。动员镇、街道并拓展到园区领导与企业挂钩，形成互动机制，区经济开发区制定"网格+"管理机制，各镇、街道也制定企业帮扶措施，领导全部下沉一线，实现区镇联动，各镇、街道、园区平均联系165家企业。推进"万企帮万村"工作，通过走访联系，听取意见建议，发放《惠企政策汇编》1600余册，向获得市级以上荣誉的优秀企业家发放"常商服务卡"，为民营企业发展提供"硬支撑"。做好疫情发生以来国家和省、市出台的各类惠企政策宣传解读工作。继续发挥"企业家思想课堂"微信公众号作用，帮助企业家拓展企业视野、明确方向、提升能力，全年共发布200多期。

【宗教工作】 2020年，区委统战部做好宗教活动场所安全生产工作，邀请全市安全工作"春风行动"宣讲团专家组成员作专题宣讲，开展"百团进百万企业"专题宣讲进场所活动。8月，组织宗教界人士开展全区宗教活动场所安全生产宣讲。建立主要领导、分管领导和经办人员对宗教领域突出问题排查、化解、整治结果签字背书制度。建立区、镇、村三级管控机制，坚持条块结合、联动推进，对场所建筑、技防设施、用电、用水、用气等安全情况进行多轮联合检查和专项督查。印制"宗教活动场所应急管理和安全工作登记本"，统一日巡查、月排查、季度学习、会议、应急演练等登记要求，规范宗教活动场所安全工作登记管理，完善长效机制。加强对场所管理组织关于国家法律法规和宗教事务知识的学习培训，指导完善重大事项民主议事、民主表决、教务公开、财务收支公布等制度。成立全区宗教活动场所安全工作专项整治行动领导小组，多次召开全区宗教活动场所安全生产专项整治工作推进会。加强宗教工作规范化管理，依法管理民族宗教事务，深入开展佛道教场所商业化问题专项治理。指导宗教团体组织好专题学习培训班、组织教职人员参与网上《江苏省宗教事务条例》知识竞赛，开展宗教政策学习宣传，坚持民族宗教政策法规宣传进宗教活动场所、进便民服务中心、进村庄小区、进网络平台，开展形式多样、内容丰富的宗教政策法规宣传。指导区佛教协会按照国家社会团体管理的有关规定修改完善章程，完善内部各项制度，完成相关筹备换届手续，按时换届。结合"9·30"烈士纪念日和国庆节等重要节点开展升国旗、共唱国歌等纪念仪式，加强宗教界人士爱国爱教教育。

【民族工作】 2020年，全区开展少数民族人员情况调查，运用好"苏统云"网络统战数据库。广泛开展民族团结进步示范创建活动，指导朱林村、昌玉红香芋专业合作社、向阳党建果蔬园3家通过省级"红石榴家园"创建验收，获批全省首批挂牌。

【民主党派和党外代表人士工作】 2020年，区委统战部指导民盟区委及其11个支部止规、有序完成换届工作，选好配强各级民盟领导班子。加强无党派代表人士队伍建设，全年开展全区无党派人士审核认定55人，建立党外知识分子重点人士

9月24—26日，金坛区举办党外干部、统战干部暨新阶层人士培训班

数据库130人。发挥党外人士智力集中的优势，邀请民主党派对直溪镇“红香芋”、指前镇“数字化渔场”等产业后续发展进行技术指导。12月，支持民进无锡常州市委赴金坛区直溪镇科技助农，进一步带动少数民族群众致富。支持民主党派开展社会服务，9月，江苏民盟现代农业专家行活动在金坛区朱林镇黄金村举行，支持农工党金坛区支部开展“驻村入户精准帮扶——走进东浦村”大型义诊活动。

【新的社会阶层人士统战工作】 2020年，全区以“同心楼”为主阵地，拓展“众创空间”“新创联盟”“新E帮”等辅阵地功能，围绕打造“金沙同心荟”统战工作品牌，制定区新联会年度工作计划，完成区新联会logo、会旗设计等标准化工作，建立完善联谊交友、教育培训等各项工作制度，与溧阳新联会结对，为会员自我发展和共同成长创造良好环境。开展全区网络代表人士情况调查摸底，建立起全区网络代表人士信息库。开通区新联会微信公众号，在《常州统战》杂志、常州统一战线微信公众号等平台上做好金坛区“新阶层、新风采”宣传工作。9月，举办全区党外干部、统战干部暨新的社会阶层人士培训班，培训人次53人，增进政治共识，提升履职能力。

【港澳台工作及侨务工作】 2020年，全区加强爱国同乡社团建设，注重做好新一代海外代表人士的工作，建立金坛优秀新侨代表数据库，不断汇聚爱国力量。深化“两岸一家亲”载体平台，发挥台商联谊会、台属联谊会作用，持续开展送政策、送服务、送关爱活动，开展书画进台企活动。新冠肺炎疫情发生后，区委统战部协助台商回坛实行“2+12”闭环管理。协助安排台商子女入学、入园，为台商办理常州市台商就医绿卡，凝聚团结在坛台胞台商。2020年，先后邀请接待香港同乡会会长戴纪唐、澳门江苏返乡团、澳门新闻界人士参访团等到金坛进行经济、文化等领域交流。

【思想政治引领】 2020年，区委统战部开展党的先进理论宣讲，用党的先进理论武装统战干部、引领统战成员、指导统战工作。制作并下发《统一战线基础知识问答》，增强统战工作人员对统战工作知识的掌握了解。持续在民主党派、无党派人士中开展“不忘合作初心，继续携手前进”主题教育活动，在非公有制经济人士中开展理想信念教育实践活动，在新的社会阶层人士中深入开展“新时代、新阶层、新担当”主题教育，筑牢与区奋力同行的思想政治基础。

（薛　华）

保密工作

【概况】 2020年，全区保密工作以提升反窃密防泄密基本防控能力为目标，进一步健全党管保密、依法治密、科技强密管理体制机制，持续推进保密管理，规范保密监督检查，开展保密宣传教育，加强保密技术指导，构建运转有序、协同高效的保密服务保障体系，系统提升保密工作水平，为保障全区经济社会高质量发展营造良好的安全保密环境。

【保密管理】 2020年，全区持续加强定密管理、网络保密管理、涉密人员管理。认真落实党政机关领导干部保密工作责任制，切实做好保密宣传教育工作，年中集中组织领导干部和涉密人员观看保密教育专题片，并将保密教育纳入基层党（工）委、党组理论学习中心组学习内容，强化党政机关工作人员保密意识，确保国家秘密安全。

【保密监督检查】 2020年，全区推进网络检测监管，对互联网接口前端检测器进行更新，及时发现和处理疑似涉密信息，规范自动化设备管理，杜绝保密安全隐患。研究部署高考安全保密方案，针对重点部位开展检查，严格执行保密管理制度，确保高考保密安全。开展保密自查自评工作，对部分重点单位进行保密检查，针对检查中发现的问题要求及时整改，持续推进保密自查自评工作常态化、制度化、规范化。年底，完成政府信息公开保密审查工作的审核，推动政府工作的公开、透明和规范。

【保密服务指导】 2020年，全区着力提升指导管理质效，督促指导机关单位完成涉密载体销毁工作，销毁量较上年度增加一倍，共计销毁内部文件和资料20吨，涉密电子废物移交工作实现常态化。同时，为各类涉密会议、活动提供保密技术服务70余次，实现安全保密零差错。

（岳兴芝）

研究室工作

【概况】 2020年，区委研究室围绕区委中心工作，强化调查研究，协调推动各项改革，提升决策咨询水平，努力服务全区经济社会高质量发展，充分发挥区委决策的“参谋助手”作用。

【文稿起草】 2020年，开展综合性研究，组织起草区委十三届九次、十次全会报告，以及《中共常州市金坛区委关于制定常州市金坛区国民经济和社会发展第十四个五年规划和二〇三五年远景目标的建议》，研究全区经济社会发展的总体思路、目标任务和工作举措。做好文稿服务工作，全年起草区委主要领导讲话等各类会议文稿180余篇，牵头起草关于规范产业项目引进和建设工作的若干意见、工业经济高质量发展“十百千计划”实施方案等文件。

【调查研究】 2020年，围绕国有企业高质量发展，未列入规划建设用地的融资性土地实施增减挂钩推进，商住用地“实质性出让、储备型开发”等重点课题，加强工作调研，为区委决策提供有效参考。《整治农村人居环境绘就美丽乡村画卷》等多篇文章分别在《江苏通讯》《开创》《调查与研究》等省委、常州市委刊物上发表。

【推进改革】 2020年，围绕常州市委改革工作要点和区委重点改革工作部署，全面落实承接常州市5个方面19项重点改革任务，及时跟进区委、区政府主要领导挂钩改革事项等进展情况，高效完成常州市改革考核各项指标任务。紧盯区委中心工作谋划实施改革，参与做好金坛控股和金坛建设高质量发展总体方案、教育体制机制改革等文件起草。承担全区“打造一流营商环境”专班牵头单位职责，推进重点任务落到实处。注重改革经验总结和亮点宣传，部级全域土地综合整治试点等一批改革举措被国家、省媒体报道推广。

（胡方亮）

巡察工作

【概况】 2020年，区委巡察机构以习近平总书记关于巡视巡察工作的重要论述为指引，认真贯彻落实中央、省委和常州市委关于巡视巡察工作部署要求，统筹做好疫情防控工作和区委巡察工作，紧扣“三个聚焦”（聚焦党的理论路线方针政策和党中央决策部署在基层贯彻落实情况，进一步促进党员干部担当作为；聚焦群众身边腐败问题和不正之风，推动全面从严治党向基层延伸；聚焦基层党组织领导班子和干部队伍建设，推动解决软弱涣散问题，增强基层治理实效）开展政治监督，推动全区巡察工作持续向高质量迈进。

【政治巡察】 2020年，区委巡察机构紧紧围绕“三个聚焦”深化政治巡察。区委坚持压实主体责任，定期召开区委书记专题会和区委常委会，专题学习中央、省委和常州市委巡视巡察工作会议精神，听取巡察工作情况汇报，研究各阶段巡察工作任务计划，对深化区委巡察工作作出批示，为巡察工作明方向、把大局。区委书记认真履行巡察第一责任人责任，对巡察工作专门批示，及时听取每轮巡察情况汇报，对发现的重点人、重点事、重点问题提出明确整改要求和处置意见。区委巡察工作领导小组履行组织实施责任，年初专门召开巡察工作座谈会，每季度定期召开巡察工作研究部署会，推进巡察工作开展。区委巡察办按照上级新部署新要求，将推进巡察监督与其他监督贯通融合作为年度重点项目，主动对接纪检、组织、财政、审计等部门，会商年度工作计划和要点，明确各自重点任务，开展专题调研，分阶段、分环节有效推进，巩固、完善巡前信息互通、巡中共同参与、巡后成果共享的协作配合机制。

【监督质效】 2020年，坚持稳中求进总要求，克服年初疫情影响，科学设定进度，优化配置力量，紧跟全覆盖时序进度。十三届金坛区委已开展12轮巡察，常规巡察单位党组织71个，专项巡察村（社区）党组织127个，覆盖率均100%，全覆盖任务顺利收官。全年完成3轮常规巡察和1轮专项巡察，共发现问题737个，问题线索11件，形成10份专题报告提交区委、区政府。强化对重点问题的交办督办，向区纪委监委相关派驻纪检监察组发放监督工作交办单29份，根据书记专题会上点到的重点人、重点事，向12个被巡察党组织下发整改督办单16份。强化对巡察移交的问题线索会商研判和办理情况跟踪，对驻点巡察期间发现的重要问题线索及时移交纪委监委快速查处，实时了解掌握移交的所有问题线索查处情况并向巡察组作出反馈，促进信息互通，

3月27日，区委第二巡察组巡察区商务局党组工作动员会召开

进一步提高问题发现和处置能力。

【整改落实】 2020 年，区委巡察机构强化对整改监督责任的落实，构筑整改闭环，压紧责任链条，探索实行整改政治责任提醒函制度，对 7 家巡察整改单位主要负责人及时送达整改责任提醒函，压紧压实整改第一责任人责任。区委巡察办全程列席被巡察单位整改专题民主生活会，明确要求，提出意见。严把审核关口，会同区委各巡察组及区纪委监委相关部门对整改方案和整改报告审核会商，提出审核意见。强化整改督查督办，联合派驻纪检监察组对被巡察单位的巡察整改落实情况进行现场督查，开展不定期检查抽查，全方位压实整改监督责任。对巡察期间发现的突出问题、典型问题研究出台《规范巡察期间立行立改工作的意见》，从内容事项、程序办理、成果运用上作出规范。标本兼治抓成果运用，每轮巡察结束后，对普遍性、倾向性问题进行分析，持续做好满一年以上被巡察单位整改工作，开展整改“回头看”，认真总结区委第一轮巡察以来各整改单位的持续整改情况，全面对照再梳理、全面对照再总结，从中提炼经验做法，发掘典型案例。针对存在的制度缺陷、管理漏洞，督促被巡察单位和有关职能部门及时查漏补缺、建章立制。

（欧阳煜）

党校工作

【概况】 2020 年，区委党校在区委领导与上级党校指导下，坚持党校姓“党”，聚焦主业主课，积极主动作为，勇于创新争优，各项工作稳步推进。

【教学工作】 2020 年，区委党校高质量完成全区中层干部能力提升班、创新驱动发展及构建现代产业体系专题研修班、应急管理安全生产专题培训班等各类主体班次 9 个、482 人次；举办党员标准化培训、村干部培训、基层支部书记培训等各类专题班次 33 个、4278 人次。坚持宣讲方向的政治性、内容的通俗性和受众的广泛性，针对基层理论学习需求，推出党的十九届五中全会、“四史”（党史、新中国史、改革开放史、社会主义发展史）、《习近平谈治国理政（第三卷）》、《中华人民共和国民法典》等新专题 41 个，全年深入机关部门、园区板块和企事业单位、村（社区）开展理论宣讲 63 场，受众 6200 余人次，及时推动党的最新理论和各级决策部署在全区落地生根、开花结果。

4 月 24 日，常州市委党校到金坛区委党校调研

【调研工作】 2020 年，区委党校围绕全区“两个加快”全面决战重点工作和群众期盼解决的热点难点问题，与区委组织部、区政协研究室、区工商联等部门开展联合调研，向区领导报送调研报告 6 篇。围绕全省村干部专职化管理试点需要，配合区委组织部编写农村干部培训教材 6 本。围绕党校系统科研计划安排，组织教师向上申报，全年共立项课题、发表文章和形成调研报告 30 余篇，其中《常州日报》刊登理论文章 4 篇，常州党校立项 7 个、优秀结项 1 个，省委党校立项 2 个、优秀结项 1 个。

（周艳艳）

对台工作

【概况】 2020 年，区委台办围绕区委、区政府中心工作和服务对台工作两个大局，聚力复工复产，聚力服务创新，做好各项对台工作，奋力夺取疫情防控和经济社会发展双胜利，实现对台工作新突破，为全区经济高质量发展贡献新力量。

【助力疫情防控】 2020 年，疫情发生后，区委台办按照区委、区政府统一要求，协助社区在 3 个小区设置值班岗位，按照“基础数据全摸清、动态情况全掌握”和“不漏一户、不漏一人”的要求，开展全面、深入、彻底的拉网式排查，做好出入人员体温测量和登记，劝返走亲访友，宣传防疫知识，避免外来人员流动等防控工作。与此同时，区委台办号召广大台胞台属在做好自身防疫的前提下，广泛发动，支援全国防疫工作。

【协助台商复工复产】 2020 年，疫情防控期间，区委台办先后多次深入台资台属企业了解复工复产情况，帮助台资台属企业解决生产经营中的实际问题。针对疫情期间特殊情况，区委台办创新服务方式，通过网络平台、微信、QQ等将台胞、台商凝聚在一起，组建成一个“大家庭”群，及时传达疫情防控信息，做好台资企业关心的相关政策咨询及解答工作，为留在金坛、滞留在台湾的台胞、台商服务。协助台商到金坛实行“2+12”闭环管理，安排到金坛复工台商隔离，并帮助隔离人员免去隔离费用，有力地支撑台资台属企业复工复产。

【服务台企经济发展】 2020年，区委台办围绕“服务台商、依法办事、公平维权、化解矛盾、促进发展”的服务宗旨，对全区35家台资和台属企业进行走访，了解企业生产经营状况，尤其是复工复产后存在的困难，鼓励企业扩大投资生产规模，发挥自身人脉、信息优势，引荐外资及技术，为全区“两个加快”服务。优化营商环境，加强宣传引导。进一步推动全面落实各项惠台政策措施，持续优化投资环境，让台胞真切体会到金坛的情真意切。主动超前服务，变事后解决困难为事前主动服务，为更好地帮助新经济企业拓宽融资渠道，邀请区金融管理局专业人员赴常州明耀半导体科技有限公司就企业上市前期准备进行专业辅导，面对面答疑解惑。并主动协调台资企业在金坛的生产经营，加大支持力度，优化服务环境，帮助企业搭建产业发展平台，为台资企业发展、扎根金坛创造良好条件。引导产业集聚，协助企业改“单打独斗”为“众人拾柴火焰高”，从“龙城英才计划”等政府政策扶持上下功夫，鼓励企业招贤纳智，推动台资台属企业筑巢引凤汇聚行业领军人才，不断掌握核心技术，为企业提供“智力”保障。

【“两岸一家亲”载体平台】 2020年春节前夕，区委台办对21户困难台属和重点台商进行上门走访慰问，送去慰问品和慰问金，帮助解决生产生活具体问题。9月，组织安排庆中秋、迎国庆三胞及眷属茶话会，邀请部分台属代表、在金坛台商代表参加。深入开展“两岸一家亲”主题系列活动，2020年初组织金坛新生代书画家走进台企，挥毫泼墨，为台商送去新春祝福，并通过书画艺术这一文化瑰宝，共同营造弘扬传统文化传承的良好氛围。在疫情得到控制的情况下，每月召集在坛台商开展一次“庆生会”活动，进一步凝聚台商，加强彼此间合作交流。为满足台商子女入学需求，帮助台商解决后顾之忧，区委台办收集台商子女2020年秋学期入学情况，与区教育局和相关学校进行协调解决台商子女入学、择校问题。2020年，协助安排2名台商子女入学、入园，为3位台商办理常州市台商就医绿卡。

【宣传工作】 2020年全国两会召开后，区委台办采取多种形式组织台胞台属通过座谈、广播、电视、报纸、网络等渠道学习了解全会精神。9月，召开区台属联谊会理监事半年学习工作会议，对《中华人民共和国反分裂国家法》实施15周年座谈会上的讲话以及对政府工作报告涉台内容进行解读。认真做好涉台宣传，畅通海峡两岸资讯平台，为重点台胞台属订阅《台湾工作通讯》《两岸关系》等杂志，使台胞台属能及时了解掌握党和国家的对台方针政策、两岸关系发展。

【台商联谊会】 2020年，金坛台商联谊会向湖北红字会捐助10万元用于防疫工作，台企高树饰品向区蓝天救援定向捐助1万元用于防疫器材购置，江苏东禾电声配件有限公司筹集口罩等物资捐助湖北。

【台属联谊会】 2020年，区台属联谊会召开专题学习会，学习贯彻中共十九届五中全会精神，把学习效果转化为具体行动，开展广泛宣传，让广大台胞台属深入了解党的政策方针、把家乡发展变化传递给远在宝岛的亲人和朋友，鼓励他们常回家看看，激发他们回乡投资创业的热情。

（薛　华）

老干部工作

【概况】 2020年，全区学习贯彻习近平总书记关于老干部工作重要论述，贯彻落实全国、省离退休干部“双先”（全国离退休干部先进集体和先进个人）表彰大会精神，坚持以老干部为本、服务为先的理念，精准精细、用心用情，不断推进离退休干部党的建设，注重发挥老干部独特优势作用，突出加强离退休干部服务管理，推动全区老干部工作适应新时代、做出新成效，为全区“突出‘两个加快’，强化全面决战，奋力开创金坛跨越发展新局面”作出新贡献。

【离退休干部党建工作】 区委把离退休干部党建工作纳入全区党建工作考核总体目标任务，各级党委（党组）切实扛起主体责任，做到同步研究部署、同步推进落实、同步考核检查，强化指挥棒效应，对老干部工作推进起到引领作用。推进“六有一提升”（有党的组织、有领导班子、有组织活动、有作用发挥、有工作制度、有工作保障，提升组织力）达标创建工作。创新创优离退休干部党组织设置，要求机关、事业单位如“符合条件”，应做到应建尽建。在全区研究、指导、部署、推进离退休干部党支部“六有一提升”达标创建工作。2020年，第二批申报的45个离退休干部党支部通过省级复核验收，全区64个离退休干部党支部全部创建达标，实现全覆盖。搭建党建学习交流平台。开展每季度全区离退休干部党支部书记片（组）长交流、各片（组）党支部书记交流以及每月各支部学习交流活动。设立“金沙银发先锋”老干部党建品牌，以党支部书记片（组）长为依托，开展课题调研、党日示范学习等活动，不断提升离退休干部党组织的组织力。

【思想政治建设】 区委老干部局把政治建设摆在离退休干部党建工作的首位，引导广大离退休干部党员始终做到政治坚定、思想常新、理想永存。9—11月，全区各离退休干部党支部通过党支部统一组织、微信公众号等形式，采取线下线上两条渠道组织收听、收看中央组织部老干部局举办的四场全国离退休干部网上专题报告会。6月，组织全区各离退休干部党组织，开展“畅谈奔小康、助推双胜利”主题党日活动，在离退休干部党支部和党员中开展讲党课、话发展学习交流。坚持每月组织理论学习，通过微信群、QQ群、座谈讨论、报告会、培训班、红色教育基地现场教学等多种形式，认真学习贯彻习近平新时代中国特色社会主义思想，中共十九大，二中、三中、四中、五中全会和全国离退休干部“双先”表彰会精神。

【落实老干部各项待遇】 2020年，区委老干部局抓好老干部的各项待遇的落实。政治上充分尊重老干部，在老干部活动中心设阅文室，让离退休干部能够及时了解上级文件精神。订阅10多种报纸杂志，为老干部加强自我学习提供充足学习资料。组织部分四套班子老领导参加区委、区政府举行的河海大学常州新校区启动仪式和区人代会、政协会，十九届五中全会精神宣讲会，让老同志参政议政，发挥老干部的政治作用。5月，根据中央、省和市对离休干部生活待遇的有关规定，对乡镇离休干部的参观休养费、特需费和离休干部遗属补助等经费进行发放。协调解决老干部就医中遇到的困难，督促有关部门按照上级文件规定，对离休干部的生活补贴及政策性经费及时足额发放。抗日战争胜利75周年前夕、局领导带领工作人员走访慰问13名抗战离休干部，并代表区委、区政府为在抗日战争和民族独立中所作出的贡献表示崇高的敬意和真诚的感谢。10月，走访慰问17名志愿军老战士、老干部，为他们佩挂“中国人民志愿军抗美援朝出国作战70周年纪念章”，进一步弘扬伟大的抗美援朝精神。坚持日常走访、住院探望、去世吊唁等制度，全年共接待来电来访人员30多人次。

【老干部服务管理】 2020年，区委老干部局对老干部提供精准服务，持续开展“春送关心、夏送清凉、秋送健康、冬送温暖”活动，组织对全区和易地安置的离休干部及离休干部遗属进行全面走访慰问。春节前区领导分组走访慰问老领导、老干部，感谢他们为金坛经济发展、社会进步作出的贡献，并向他们致以诚挚的节日问候和新春祝福。全年走访慰问离休干部、四套班子老领导和离休干部遗属250多人次，发放慰问品和慰问金70多万元，对居住金坛外的8名人员以电话、慰问金形式进行关心慰问，保证走访慰问全覆盖。深化“三有一落实”（有一条就医绿色通道、有一名家庭签约医生、有一套自付医疗费补助办法，落实好离休干部提高享受医疗待遇的相关政策规定）工程，提升离休干部就医绿色通道。做实好离休干部家庭医生签约医疗服务，签约率达到100%。组织离休干部和四套班子老领导进行健康体检。

【发挥老干部优势和作用】 2020年，全区离退休干部响应组织号召，在做好自身防护的同时，以捐款捐物、志愿服务、创作文艺作品等多种形式，为抗击疫情尽自己的一份力，部分身体好的老干部还走上一线防疫岗位参与群防群控。全区老干部奉献爱心，累计捐款捐物80多万元。开展“银发生辉”工程，组建金沙银辉宣讲、文化艺术宣传、基层扶贫惠农、普法宣传、关爱青少年5支志愿队，离退休志愿者达150人。老干部宣讲团成员到社区、学校、企业进行党的政策理论宣讲达10场。宣传事迹典型，全市离退休干部先进个人区法院葛荣忠，在人民调解岗位上工作12年，调解案件3670件，调解案件涉及金

8月12日，区委老干部局到博爱医院慰问离休干部

12 月 11 日，省老干部局到金坛督查区老干部局工作

额共计 203 亿元人民币。直溪镇退休党员史焕荣成为《银潮》杂志第 11 期封面人物。

【关心教育下一代工作】 区委老干部局发挥老干部在关心教育下一代方面的作用。3 月，组织青少年开展绿色环保宣传，邀请交警大队为他们进行交通法规知识讲座；组织“五老”（老党员、老干部、老教师、老模范、老科技工作者）志愿者与小学生举办“战役里的红色传承”老三八红旗手关爱活动。4 月，开展诵读抗击疫情故事、创作祝福花卡、缝制抗疫香囊活动。6 月，在金城镇荆溪社区举办以“传承红色文化，争做时代新人”为主题的青少年教育活动。全年组织青少年开展丰富多彩、形式多样、寓教于乐的活动，共召开报告会 23 场，受众人数 2.6 万人次；开展扶贫助困、捐资助学服务，筹集救助慰问资金 12.1 万元，帮助 136 名困难学生。

【举办战“疫”情书画微展】 2020 年，区委老干部局开展“以诗抗疫 • 为爱加油”战“疫”情书画微展，微展共收集老干部们自撰书法、摄影作品 40 余幅，诗词楹联 20 余件，以自媒体形式编辑成电子相册、微信美篇推送给全区每一名老干部。6 月，区老干部活动中心书画协会举办庆祝建党 99 周年网络书画展，共收到 65 幅作品，热情讴歌建党 99 年来的辉煌历程和丰功伟绩。

（张　丹）

机构编制工作

【概况】 2020 年，区委编办紧扣工作重点，细化工作目标，推进基层“三整合”（推进基层整合审批服务执法力量）改革，完成事业单位改革和综合行政执法改革，取得较好成效，机构编制规范化水平得到明显提升。

【基层“三整合”改革】 2020 年，区委编办结合常州市“三整合”“一县一区、一区多园”等文件要求，印发《常州市金坛区推进基层整合审批服务执法力量工作手册》，部署推进改革。综合设置镇、街道党政机构和事业单位，将镇、街道所属事业单位职责与相关职能机构整合重组，各镇设置 8 个职能机构，街道设置 7 个职能机构，实现全区面上统一，各镇、街道原有事业单位整合为一个事业单位，名称统一为“XX 镇（街道）综合保障中心”，改革后减少事业单位 30 家。强化驻镇、街道机构与属地融合协同，明确水利站、畜牧兽医站等机构纳入属地管理，公安、税务、市场监管等继续实行派驻体制，纳入镇、街道统一指挥协调，明确区级机关部门下沉人员管理、福利待遇、人事任免等相关机制，出台《区级机关部门执法人员下沉方案》，与城管、市场监督管理、农业农村等部门对接，推动 8 个部门下沉在编执法人员 76 名，其中城管大队超 70% 人员实现下沉。进一步优化基层审批服务模式，各镇、街道统一设置行政审批局，挂为民服务中心牌子，同步完善村、社区便民服务中心建设，推进区—镇—村三级政务服务体系建设，逐步优化大厅的功能区域、基础设施、窗口设置等标准化配置。加大基层赋权力度，在省审批服务事项目录清单的基础上，结合全区实际，制定首批 40 项审批服务赋权事项清单，其中下放（委托）审批事项 26 项，服务事项 14 项。着力构建“一门办理”“一窗通办”的基层政务服务模式，针对东城街道进行精准赋权，制定《常州市金坛区各镇、尧塘街道及西城街道相对集中行政处罚权工作实施方案》《常州市金坛区东城街道相对集中行政处罚权工作实施方案》，分别赋予东城街道行使行政执法事项 192 项，其他镇、街道行使行政执法事项 299 项。

【事业单位改革】 2020 年，全区事业单位改革涉及 32 个区级机关部门的 203 家事业单位（不含学校、医疗机构），区级部门基本上全部覆盖。依据改革方案，撤并“小散弱”单位，清理“空壳”事业单位，回收部分空余编制资源，共减少事业单位 84 家，收回事业编制 303 名，撤销整合“空壳”事业单位 25 家，减少 5 名编制以下单位 31 家。将职能弱化、职能相近的事业单位进行整合，促进

10 月 30 日，金坛区召开推进基层整合审批服务执法力量工作部署会

事业单位设置科学合理。区住建局下属事业单位由 24 家精简为 7 家，精简 71%，区农业农村局由 29 家精简为 16 家，区水利局由 21 家精简为 14 家。同步解决历史遗留问题，将文旅局下属职能弱化的区旅游业服务中心整体划入区住建局下属区园林管理中心，将卫健局所属事业单位进行整合，解决由于前期改革未彻底而遗留的人员问题。根据事业单位改革的相关要求，与主管部门和事业单位研究职能及其他机构编制事项，完成 63 家事业单位的“三定”方案，进一步巩固事业单位改革成果。

【相关领域改革】 2020 年，全区深化综合行政执法体制改革。按照 5 支综合执法队伍和 5 支专业执法队伍建设相关要求，制定出台市场监督管理、安全生产、城市管理、自然资源等行政执法大队“三定”方案，对区城市管理综合行政执法大队、区自然资源行政执法大队、区安全生产监察执法大队机构规格进行升格。

党政机构改革。出台中共常州市金坛区纪律检查委员会、常州市公安局金坛分局“三定”方案。将原隶属于林业部门主管的区森林警察大队划归常州市公安局金坛分局管理，完成森林公安机关管理体制调整。明确基层司法所有关机构编制和人员管理事项，进一步规范基层司法所机构设置。

配合做好中心城区基础教育管理体制改革。为优化中心城区公办基础教育资源布局，根据区委、区政府《关于优化中心城区公办基础教育资源布局的若干意见》要求，配合做好全区教育系统集团化改革工作。进一步完善中小学和幼儿园的领导、中层及职能机构设置，完成涉改学校、幼儿园事业单位法人设立、变更登记工作，促进教育资源优化整合。

【机构编制管理】 2020 年，区全面梳理机构编制和职数情况，对开发园区职数进行重新核定。规范开发区、茅管会、东城街道、尧塘街道、西城街道领导职数设置，重新明确区委党校领导职数。整合设置政协专门委员会，在镇、街道统一设立政协工作委员会，作为政协设在镇、街道的联络协调机构。优化整合区自然资源和规划局下属中心国土所并进行机构升格，梳理制定《常州市金坛区区级部门及驻坛有关单位安全生产工作职责任务清单》。从严审核公务员和事业人员招录，按规定有序开展人员流动。全区财政供养人员只减不增。

及时更新人事编制信息系统中涉改事业单位单位名称、编制、领导职数，同时对中央编办信息系统进行维护更新，完成全年度月报工作。根据《事业单位登记管理暂行条例》的要求，1 月上旬对事业单位法人年度报告公示工作进行部署，截至 4 月 16 日，2019 年度事业单位年度报告公示工作全面完成。全年共完成事业单位设立登记 6 家，注销登记 44 家，变更登记 162 家。依托事业单位信用等级评价系统及时开展信用等级评价，完成最终信用等级评价工作，并分级分类将等级评价结果公布在政府门户网站等媒体，向社会公示。

（姜海波）

（编辑　刘士科）

常州市金坛区人民代表大会

·综　述·

2020年1月，金坛区第十七届人民代表大会召开第四次会议，听取和审议区人大常委会、区政府、区法院、区检察院工作报告，审查和批准区国民经济、社会发展年度计划和财政预算，并分别作出相应决议。全年共召开人大常委会会议9次，主任会议11次，听取政府、法院、检察院专项工作报告26项，专题询问1次，作出决议决定15项，依法任免国家机关工作人员47人次，组织宪法宣誓22人次。督办代表建议150件，处理群众来信来访17件次。

·重要会议·

【区第十七届人民代表大会第四次会议】 1月3—5日，会议在金坛市民中心举行。会议听取和审议《金坛区人民政府工作报告》《金坛区2019年国民经济和社会发展计划执行情况与2020年计划草案的报告》《金坛区2019年财政预算执行情况和2020年财政预算草案的报告》《金坛区人大常委会工作报告》《金坛区人民法院工作报告》《金坛区人民检察院工作报告》，审查和批准区2019年国民经济和社会发展计划执行情况与2020年计划，区2019年财政预算执行情况和2020年财政预算，票决区2020年度民生实事项目。会议就相关工作报告分别作出决议。

大会主席团通过《关于议案的审查报告》《关于财政预算草案的审查报告》。大会共收到人人代表提出的建议、批评和意见144件，其中包括经审查不具备立案条件，作为建议、批评和意见处理的7件议案。

大会通过《民生实事票决办法》《选举办法》《关于新增两个专门委员会的设立和组成人员人选的通过办法》，票决出推进河海大学常州新校区建设等10项区2020年度民生实事项目。选举于立峰为区法院院长，仲军为区检察院检察长，刘留生等10人为区人大常委会委员。表决通过王艳红为社会建设委员会主任委员，李平等6人为副主任委员和委员；表决通过刘东升为监察和司法委员会主任委员，陈建平等6人为副主任委员和委员。

【区第十七届人大常委会会议】 2020年共召开9次常委会会议，听取和审议区人大常委会、区政府关于上半年

1月3—5日，金坛区第十七届人民代表大会第四次会议

工作、上半年国民经济和社会发展计划执行、财政预算执行、财政决算、政府性投资重点项目及建设资金安排、2019年度环境状况和环境保护目标完成、生活垃圾分类、国有资产管理、未成年保护检察工作、“七五”普法、“十三五”规划执行和“十四五”规划编制、审计查出问题整改、民生实事项目票决、为民办实事工作、代表建议办理、代表资格审查、十七届人大五次会议筹备等工作情况汇报。听取部分常州市人大代表述职情况。评议区行政审批局、区文旅局、区审计局、区人社局、区信访局、区资源规划局、区农业农村局两年来工作情况。专题询问区政府关于贯彻实施《中华人民共和国安全生产法》情况。听取和审议《中华人民共和国突发事件应对法》《中华人民共和国传染病防治法》贯彻实施情况汇报。

常委会分别通过《金坛区人大常委会2020年工作要点》《关于审计查出问题整改工作监督办法》《关于许可对金坛区第十七届人大代表费海华采取刑事强制措施的决定》《关于陆秋明同志代理常州市金坛区人民政府区长职务的决定》《关于接受沈东同志辞职的决定》《关于接受费海华辞职的决定》《关于批准金坛区2019年决算的决定》《关于许可对金坛区第十七届人大代表张文生采取刑事强制措施的决定》《关于接受张文生辞职的决定》《关于接受陶伟同志辞职的决定》《关于批准调整金坛区2020年财政支出预算的决定》《关于接受孙国林辞去常州市第十六届人民代表大会代表职务的决定》《关于接受孙国林辞去常州市金坛区第十七届人民代表大会代表职务的决定》《关于批准2020年社会保险基金预算调整的决定》《关于接受王晓航同志辞职的决定》《关于接受周俊等9名同志辞职的决定》《关于召开常州市金坛区第十七届人民代表大会第五次会议的决定》。

根据区人大常委会主任，区政府区长、代区长，区监委主任，区法院院长，区检察院检察长提请，全年共任免国家机关工作人员47人次，其中包括任命陆秋明为代理区长，俞金红、石江水、沈振华、苗润、朱天明为副区长，组织宪法宣誓22人次。

【区第十七届人大常委会主任会议】 2020年，区人大常委会召开主任会议11次。分别听取区人大常委会各委室相关工作情况报告，以及政府、法院关于两个“一站式”工作、犬只规范化管理综合整治、高铁枢纽建设、高质量发展监测指标体系完成等情况报告，视察政府关于5G网络建设、气象工作、金沙老城改造更新以及贯彻实施《中华人民共和国职业教育法》《中华人民共和国土壤污染防治法》等情况。

·重要工作·

【纪念地方人大设立常委会40周年大会】 10月24日，区委召开人大工作会议暨纪念地方人大设立常委会40周年大会，区委书记狄志强，区人大常委会党组书记、主任王跃中分别讲话，会议由区委副书记、代区长陆秋明主持。区委常委，区人大、区政府全体领导，区政协主席，相关部分负责人及部分曾担任过区人大常委会领导职务的老同志参加会议。会上，区人民法院、区财政局、朱林镇人大、区人大常委会西城街道工委分别作交流发言。会议印发《中共常州市金坛区委关于加强新时代人大工作和建设的实施意见》。

【“人大履职拓展年”主题活动】 2020年，区人大常委会在内容、形式、手段、效果上履职拓展，实现人大工作全方位、全领域、全过程的创新创优、提质提效。推进重大事项决定权、人事任免权、监督权进一步正确、规范、有效行使，推进全区人大工作与区委中心工作更好地结合，着力彰显政治本色、制度优势、为民宗旨、监督实效、队伍形象，构建责任人大、规范人大、实效人大、有为人大。

【督办常委会审议意见、工作建议及代表建议、批评和意见】 2020年，共发送审议意见书9份、评议意见书7份、工作建议书3份、专题询问意见书1份，“一府两院”分别在规定期限内作出答复和反馈，取得较好成效。对区第十七届人大四次会议期间及闭会期间代表提出的150件建议，及时转交“一府两院”办理，并出台督办意见。对3件重点建议主任会议分别组织专题视察，进行重点督办。选取3件建议作为常委会主任、副主任领衔督办件，通过深入承办部门，听汇报、督进度、解难题，促进部门和代表的见面沟通以及问题的有效解决。所有建议均在规定时间内办理完毕，代表对建议办理工作的满意率达100%。开展优秀人大代表建议和先进承办单位评选活动，共评选出优秀人大代表建议10件、先进承办单位10家。

【上下联动执法检查】 2020年，区人大常委会积极配合全国和省、市人大联动开展的涉野生动物“一决定一法”（《全国人民代表大会常务委员会关于全面禁止非法野生动物交易、革除滥食野生动物陋习、切实保障人民群众生命健康安全的决定》《中华人民共和国野生动物保护法》）及省《江苏省野生动物保护条例》执法检查，理清是非界限，强化日常监管，依法严厉打击涉及野生动物保护的违法犯罪活动；根据全国和省、市人大常委会的部署安排，在全区开展《中华人民共和国土壤污染防治法》执法检查，督促区政府及其相关职能部门推进土壤污染综合防治，着力改善土壤环境质量，努力为全区经济社会发展和人民群众生产生活创造良好土壤环境。

【专题询问】 2020年，为进一步督促区政府及相关职能部门更好地贯彻实施《中华人民共和国安全生产法》，促进全区经济社会持续健康发展，区人大常委会就全区贯彻实施《中华人民共和国安全生产法》工作进行专题询问，在深入调研基础上，常委会组成人员和人大代表围绕危化品安全监管、平安校园打造、电梯安全监管、瓶装燃气安全隐患消除等12个方面问题，向区应急管理、教育、市场监管、住建局等单位主要负责人进行现场询问。通过会前联合调研、会上问答互动、会后整改反馈，切实做到问有依据、答有举措、督有成效。

【评议部门工作】 2020年，区人大常委会分别对区行政审批局、区文旅局、区审计局、区人社局、区信访局、区资源规划局、区农业农村局开展工作评议。通过听取专题工作汇报、走访服务对象、实地察看、问卷调查、个别谈话等多种方式，全面了解被评议部门工作情况，并进行满意度测评。

【代表为“十四五”规划献良策活动】 9—10月，围绕“十四五”规划纲要编制和2035年目标设定，广泛发动人大代表结合专题调研、联系群众等活动，为金坛区高起点、高标准、高质量编制“十四五”规划纲要积极建言献策，共收集意见建议237条，形成专题调研报告7篇。

【备案审查工作】 2020年，区人大常委会按照“有件必备、有备必审、有错必纠”的备案审查工作要求，常委会对区政府报送的《常州市金坛区污水处理费征收管理办法》《常州市金坛区规范养犬管理办法》等3个规范性文件进行全面审查，推动规范性文件备案全覆盖，维护法治统一。

【听百案、议百事、评百员活动】 2020年，区人大常委会继续组织开展“听百案、议百事、评百员”活动，先后组织219名人大代表旁听19起案件的庭审，对19名法官、3名检察官、13名律师“控辩审”三方进行现场评议，发挥人大代表对司法行为的监督、支持和促进作用。

【人大讲堂】 2020年，区人大常委会共举办“人大讲堂”3讲。讲堂邀请国内知名专家学者、业务骨干就《中华人民共和国传染病防治法》《中华人民共和国土壤污染防治法》《中华人民共和国土地管理法》等内容作专题辅导，帮助常委会组成人员、机关干部开阔视野、更新知识、提升能力。

【调研和视察工作】 4月3日，常州市人大常委会办公室副主任蒋建文到金坛调研履职App建设和应用情况；4月10日，常州市人大常委会副主任盛建良到金坛开展《江苏省气象灾害防御条例》执法检查；5月8日，常州市人大常委会副主任陈建国到金坛调研《关于深化常台经济社会文化交流合作的实施意见》贯彻落实情况；6月11日，常州市人大常委会副主任陈建国到金坛开展主任接待代表日暨重点建议督办活动；6月17日，江苏省人大常委会农委办公室主任邵学益到金坛调研乡村产业振兴和农村集体经济发展情况；6月22—23日，陕西省宁陕县人大党组书记、主任吴大芒率代表团到金坛考察文旅工作；6月24日，常州市人大常委会常务副主任张耀钢到金坛开展涉野生动物“一决定一法”及省《江苏省野生动物保护条例》现场执法检查；7月7—8日，江苏省人大常委会预算工委主任顾树生到金坛调研行政事业性国有资产管理情况；7月16日，贵州省人大常委会党组副书记、副主任慕德贵到金坛调研茶产业发展情况；7月22日，常州市人大常委会常务副主任、党组副书记张耀钢到金坛调研人大工作；7月31日，常州市人大常委会副主任蒋自平到金坛调研生活垃圾焚烧处理项目建设情况；8月4—5日，省人大监察司法委主任委员莫宗通到金坛调研公共法律服务体系建设情况；8月13日，常州市人大常委会党组成员张屹到金坛开展《常州市绿化条例（修改二稿）》立法调研；8月31日，宁波市奉化区人大常委会主任周涛到金坛调研撤市设区政策体制调整；9月2日，常州市人大常委会副主任蒋自平到金坛调研现代农业310工程提档升级工作；9月16日，江苏省人大常委会副主任、省总工会主席魏国强到金坛调研乡村产业振兴、《江苏省农民专业合作社条例（修订草案）》工作；9月24日，广东省中山市人大常委会副主任蔡宏到金坛调研产业发展情况；10月30日，杭州市余杭区人大常委会副主任白美玉到金坛考察乡村振兴、农文旅融合发展工作；11月2日，常州市天宁区三级人大代表到金坛开展对口视察活动；11月5日，浙江省平湖市人大常委会党组副书记、副主任方向明到金坛考察国资管理、文体旅产业发展等工作；11月12日，射阳县人大常委会环资城建委主任蒋时中到金坛考察最美乡村路建设养护工作；11月24日，常州市人大预算工委到金坛检查预算联网系统建设情况；11月26日，响水县人大常委会副主任王建成到金坛考察文旅融合工作；11月30日，江苏省人大常委会环资城建委副主任朱铁军、农委副主任姜葵到金坛调研省政府2020年民生实事项目落实情况；12月2日，常州市人大常委会副主任戴士福到金坛调研2020年经济运行和2021年目标任务安排情况；12月

18 日，常州市人大常委会副主任蒋自平到金坛参加全市人大调查研究工作座谈会；12 月 22 日，市人大常委会法工委主任周智夏到金坛开展《常州市住宅物业管理条例》《常州市电梯安全管理条例》《常州市天目湖保护条例》修订立法调研。

（吴　强）

常州市金坛区人民政府

· 重要会议与活动 ·

【政府全体（扩大）会议】 8 月 5 日，区政府召开全体（扩大）会议暨廉政工作会，部署推进政府下半年及下一阶段工作。区委副书记、代区长陆秋明传达了省委十三届八次全会、常州市委十二届十次全会及区委十三届九次全会精神，并指出下半年以及下一阶段重点工作。要落实举措抓好疫情防控，确保万无一失。要更大力度引进优质项目，提升产业层次，集中精力主攻高端重大项目，并加大外资项目引进。要更大力度加快培育优质企业，壮大发展动能，以“十百千计划”为行动指南，扶持龙头企业发展壮大，成为金坛发展强大引擎。要更大力度推进项目建设，特别是省市区重点项目建设要实现以周保月、以月保季、以季保年，加快投产达效。要更大力度落实要素保障，充分利用好疫情后的窗口期，追求资源释放的最大效益。要更大力度优化发展环境，把生态文明理念落实到每个细节，提升城市魅力，吸引人才聚集。要更大力度防范各类风险，确保安全稳定。要更高站位推进城乡融合发展试验区，积极争取政策红利。要更加科学编制“十四五”规划，深入谋划布局事关长远和全局的重大改革、重大项目、重大平台和重大政策，使规划成果真正凸显金坛特色、体现时代要求。

12 月 30 日，区政府召开全体（扩大）会议，学习贯彻中央经济工作会议、省委十三届九次全会、市委十二届十一次全会、区委十三届十次全会精神，部署“十四五”时期以及 2021 年重点工作。区委副书记、代区长陆秋明指出，全区上下要抓好重大项目引进、重点企业培育、科技创新驱动、城市能级提升、重点领域改革、生态文明建设、民生项目建设、风险底线防范八个方面的重点工作，以“一盘棋”思想、“一本账”要求、“一体化”理念，加强前瞻性思考、全局性谋划、战略性布局、整体性推进。会议就《2021 年政府工作报告》起草情况作了说明，并分组讨论了《2021 年政府工作报告》及 2021 年民生实事安排情况。

12 月 30 日，区政府全体（扩大）会议

【政府常务会议】 2020 年，区政府召开常务会议 14 次，发会议纪要 14 期，研究讨论年度经济和社会事业工作目标、意见、考核办法及考核情况，贯彻落实上级会议及各类文件精神。会议研究通过一批规范性文件，包括《生态环境保护工作责任规定（试行）》《污水处理费征收使用管理办法》《产业投资基金管理办法》等。会议出台一批政策性文件，包括《长荡湖水环境综合治理三年行动计划（2020—2022）》《农村建档立卡低收入一般农户防贫保险实施办法》《实施商住用地“实质性出让、储备型开发”项目的若干意见》《完善中心城区公办基础教育管理体制机制的若干意见》《金坛区人民政府出资人权利和责任事项、优秀教育人才引育实施办法》等。会议制定各类政策规划，包括 2020 年重点产业项目实施计划清单、2020 年重点规划编制及策划项目计划清单、2020 年土地收储出让计划、2020 年经济发展主要目标任务清单、国民经济和社会发展第十四个五年规划纲要等。会议研究讨论危化品安全生产、安全生产专项整治行动、疫情防控、消防和冬春火灾防控等重点工作。

（蔡　蓓）

【省长吴政隆到金坛区检查疫情防控重点物资保供工作】 2 月 6 日，省长吴政隆到金坛区检查疫情防控重点物资保供工作。吴政隆强调，要深入学习贯彻习近平总书记在中央政治局常务委员会会议上的重要讲话和关于疫情防控的重要指示批示精神，坚决服从党中央统一指挥、统一协调、统一调度，按照省委、省政府部署，把落实工作抓实抓细，促进重点物资生产企业开足马力、增加供给，全力保障疫情防控需要和群众生活必需品供应。

（陈　曦）

【领导视察】 3月30日，常州高新区党政代表团到金坛考察。3月31日，江苏省自然资源厅领导到金坛调研。6月8日，水利部领导到金坛考察太湖流域水利工作。6月22—23日，陕西省宁陕县党政代表团到金坛考察交流。7月8日，广西壮族自治区来宾市兴宾区领导到金坛考察。8月4—5日，上海社科院到金坛考察。8月20日，江苏省铁路办领导到金坛调研。9月24日，江苏省发改委领导到金坛调研。10月14—16日，陕西省石泉县党政代表团到金坛考察。10月15日，无锡市惠山区党政代表团到金坛考察。10月21日，江苏省商务厅领导到金坛调研。10月28日，国家卫健委领导到金坛调研。11月2日，常州市天宁区三级人大代表到金坛视察。11月9—10日，江苏省统计局到金坛调研第七次人口普查工作。11月10日，商务部外资司领导到金坛调研。12月15日，中德友好协会会长到金坛考察。

【接待工作】 2020年，区政府办秉持“勤俭办接待、从严控标准”的工作理念，圆满完成对口帮扶宁陕、石泉党政代表团，以及青海共和、无锡惠山等省内外党政代表团组12批次，计490余人次；配合完成中德（常州）创新产业园开园、纪念华罗庚110周年诞辰以及生物技术和新医药产业发展金坛茅山峰会、新一代移动通信产业峰会、光伏新能源产业峰会等15场大型活动的接待保障工作；先后组织和参加赴北京、南京、惠山、句容等地外出学习考察、招商引资的活动；科学安全、合理周到做好疫情防控特殊时期接待工作任务。全年累计完成390批次、4500余人次的接待任务，其中省部级3批次。

（蔡　蓓）

·人力资源开发·

【概况】 2020年，区人社局围绕政策供给、创新创业、技能培训、公共就业服务四个方面，牢牢稳住就业基本盘。搭建人才引进平台，强化人才育留举措，不断夯实人才发展之基。

【公共就业服务】 2020年，区人社局开展各类招聘会共90余场，提供就业岗位3.5万个，达成就业意向1.6万余人。落实各项就业政策，发放企业稳岗返还2400余万元、以工代训补助2200余万元、失业补助金600余万元、灵活就业社保补贴1700余万元。指导金博通众创园创建省级创业示范基地，指导洋泽农业科技创建省级农民创业孵化基地。开设创业培训班4期，征集大学生创业项目13个，支持成功自主创业1128人，创业带动就业4079人，引领大学生创业211人。加大高校毕业生、农民工等重点群体就业服务力度，认定金坛区21家高校毕业生及青年就业见习基地，开展“就业援助月”“高校毕业生就业服务月”“百企千岗·职等你来”等专项行动。出台9项惠企政策，建立5个服务企业用工专班，返回金坛就业直通车累计接送外地务工人员3000余名，全力保障疫情期间企业复工复产。全区城镇新增就业1.2万人，失业人员再就业5645人，城镇登记失业率1.82%，就业形势总体稳定。

【人才工作】 2020年，全区人才总量新增5500人，引进培养高层次人才456人，培育高技能人才1435人。入选省“双创计划”1人；入选“龙城英才计划”第十三、第十四批领军人才（项目）22个。全区新招收博士4人，在站博士后达24人。成立“惠企爱才”走访服务小组，全力配合区委组织部做好人才服务工作。落实《鼓励各类人才扎根金坛就业创业政策》，审核发放人才购房补贴1748人，为26家企业申请常州市级引才资助，为33家企业106名人才申请常州市级购房补贴。入选省级“乡土人才大师工作室”1家，省第二批乡土人才“三带”名人培养对象1人。入选常州市级“技能大师工作室”1家，常州市“高技能人才培养示范基地”2家，常州市“企业首席技师”2人。每万名劳动者高技能人才数达1135人。

（尹　欢）

·政务服务·

【概况】 2020年，区行政审批局加强服务大厅防疫，创新服务方式，强化作风建设，持续推进“放管服”改革，进一步优化营商环境，提升企业和群众的获得感与满意度。全年窗口在线办件量超235万件；政务服务网实现事项办理时限压缩度85.3%，行政权力事项入库率99.9%，公共服务事项入库率100%，办事指南完整度100%，各项指标均位于常州各辖市区前列。

【行政服务】 2020年，区行政审批局稳步推进相对集中行政许可权改革，梳理市场准入和投资建设领域的40项权力事项的职责边界、审批流程、具体环节等。开展以“减时间、减材料、减环节”为目标的流程再造工作，增加即办件比重，审批时限平均减少30%，审批提交材料平均减少30%，审批环节进一步压缩。深化“一件事套餐办”，编制完成“我要开书店”等60个“一件事”服务指南，并在江苏政务服务网金坛旗舰店上线。扎

10月22日，区行政审批局考察常州玺源汽车有限公司

实推进工程建设项目审批制度改革工作，对改革涉及的81个事项的名称、申报材料、申请表进行全面梳理和优化。深化竣工联合验收机制，全年共完成12个重点工业项目厂房竣工验收，推进重点建设项目联合预验收，开发联合竣工验收线上模块，进一步提高验收效率。对建设相关的8个行业110家中介机构进行信用等级评价，推动中介机构规范经营。

推进镇（街道）行政审批局赋权改革。以原有为民服务中心事项为基础，梳理金坛区第一批赋予镇（街道）政务服务事项清单，包含行政权力26项、公共服务14项。以直溪镇为试点，纵深推进镇（街道）行政审批局建设。走访调研各镇（街道）为民服务中心实体大厅建设情况，组织召开直溪镇行政审批局改革工作座谈会、审批工作人员业务培训会和推进镇（街道）行政审批局建设工作现场会，对全区镇（街道）行政审批局建设工作进行业务指导，推进政务服务就近能办、多点可办、少跑快办。

【窗口建设】 2020年，区行政审批局在服务大厅设置企业开办专区，专区实行一窗受理，提供企业登记、印章刻制、初次发票申领、银行开户等“一站式”服务，办理时限压缩至1个工作日内。

5月，启动政务服务一体化平台二期项目建设工作，建设完成无声叫号和服务评价系统，整合网上预约与线下排队叫号，实现排队提醒、办理叫号、服务评价等办事流程的闭环，提升办事大厅信息化、智能化、便民化服务水平。

加强窗口作风建设。健全作风建设考核办法、窗口工作考核办法、政务服务中心值班长制度。安排专人实时查看视频监控、每天不定时对大厅现场巡查，定期通报每周巡查情况。

【政府采购】 2020年，区行政审批局规范项目进场受理行为，完善公共资源交易进场受理的程序和规则，制定一线岗位工作轮值表与进场开标流程，针对重点工程及与疫情防控有关的交易项目，开设“绿色通道”服务机制。推进保证金制度改革，自3月起对受疫情影响的中小微企业依法依规免收投标保证金，6月底政府采购项目原则上全部免收投标保证金。政府采购在常州率先推行基本资格承诺制，供应商只需在响应文件中作出相应承诺即可参与金坛各类集采项目投标，减轻了供应商参与政府采购的负担。

（罗锦锦）

【不动产登记交易管理】 2020年，金坛不动产分中心紧扣“‘两个加快’全面决战”工作总基调，加强党建与业务融合，扎实推进不动产登记系统化、制度化、规范化、信息化。开展不动产登记窗口“党员先锋岗”创建活动，完善“四时新动队”党建品牌创建，将创建对象扩展到乡镇登记服务网点基层党组织。获江苏省“巾帼文明示范岗”称号。实现不动产登记与水、电、气等关联业务的联运办理，全年中心易家窗口为群众集成办理2963次。4月上旬，开展商品房预告登记和抵押预告登记。积极推广电子不动产登记证明，在常州房屋担保置换公司、建设银行、浦东发展银行、兴福村镇银行、农业银行、工商银行全面使用电子不动产登记证明。基本实现线上登记全覆盖。与区法院开展点对点查询登记业务线上办理，全年共办理1799起。完善微信公众号，可在线预申请、预约叫号、外网申请、办理进度查询和核验不动产证书真伪。与区住建局、区税务局等部门实现信息共享、并根据要求接入省级共享接口。完成电子证照建设。全面实现增量不动产登记电子证照的签发、下载和管理，全年共生成电子证明10996份、电子证书25064份。完成统一登记实施后颁发存量不动产权证书58824本、证明21558份。

开展“及时服务、延时服务、限时服务、随时服务”四时特色服务。全年共为群众延时服务93起。针对个别老弱病残不能到场登记的群众，成立专门的上门小组提供上门服务，共服务26次。疫情期间积极推出电话和网上“预约服务”，全年共办理预约服务623件。推进“96510”线上咨询服务，安排专人接听“96510”服务热线，人员配备严格按照省厅要求，设有独立接听场所。共接受线上咨询1769个。

有序推进拆迁安置房不动产登记发证工作。在2019年完成已交付拆迁安置房不动产登记发证40%以上的基础上，做好各乡镇拆迁安置房摸底排查工作，全年安置房发证2468本，发证面积153575平方米。

开展“交房（地）即发证”工作。起草《常州市金坛区“交房（地）即发证”不动产登记实施方案》，编制“交房（地）即发证”不动产登记模式业务操作指南和工作流程，制定全年“交房（地）即发证”工作计划，并在区金紫花园、金郡花园开展“交房（地）即发证”全流程现场发证，共登记发放1435本。开展区农村宅基地及集体建设用地确权登记工作，现场受理近7.1万份申请材料。

2020年，全区共发放不动产权证书和证明35502本。其中，不动产权证书24577本，不动产登记证明10925本。共生成电子证明22542份，电子证书10863份，发证准确率100%。房产测绘审核方面共完成测绘审核面积651.4万平方米，出具审核报告912份，进行权籍调查360起，出具土地查验表132份，准确率100%。档案管理方面，窗口查档81740份，自助查档机查档9500份，其中利用纸质档案121卷；整理、装订、入库的不动产权属档案24319份；协助政府核查5960份；人才购房补助审查1988份；协助法院查封登记6832份。

（丁　玲）

·信访工作·

【概况】 2020年，全区共受理来信来访总数3000件（次），下降12.5%。其中，来信370件，下降44%；网上信访1082件，上升44.9%；来访248批1548人次，批次下降32.5%，人次下降21.6%；集访58批1205人次，批次下降24.7%，人次下降23.1%；复查36件；发生到市集访6批51人次，批次与上年同期持平，人次下降35.4%；发生到省上访登记34批77人次，批次下降39.3%，人次下降46.5%；发生到国家信访局登记39批51人次，批次下降46.6%，人次下降48.5%。

【信访受理】 2020年，由于新冠疫情对全球经济带来冲击，加上中美贸易战等不确定因素，企业经营压力加大，特别是小微企业关停现象增多，餐饮、住宿、旅游服务等行业亏损情况严重。仅区阳光信访系统收到的投诉就多达240件，其中半边山下旅游管理有限公司拖欠游客押金数额已逾千万元，同年此类到区集访群体多达25个。较为突出的问题还有嘉投非法吸附公众存款案；征地拆迁、土地确权等涉土信访问题，初信初访件多达97件；因改制等历史遗留问题，如“民代幼”人员等要求解决待遇增长机制问题短期内还难以彻底解决。

【信访积案和重点信访矛盾化解】 2020年，通过全区上下的合力推动，在案件的化解推进、人员的疏导稳控上已取得一定成效。区信访局对全区重点板块和重点领域进行全面体检，围绕重点案件与工作对象进行全面梳理，并加大政策性、层面性、群体性信访突出问题的研判评估。下发各责任部门、板块的16个重点信访个案化解率达60%，并妥善处理东宝印染项目欠薪、中梁楼盘房屋交付等群体性信访突出问题。成功化解重点人员信访积案30件。其中，国家级8件，省级3件，市级12件，区级7件。对部分疑难复杂的案件，区信访工作联席办、区信访局主动牵头，召集案件所涉部门召开案件会商会议112多次，集体研判问题的背景、成因、可能的发展方向，共同探索和制定有效的化解方案，成功协调金玉华府延期交付、岸头佳园拖欠农民工工资等问题。

在城乡建设专项整治工作中，区信访局积极贯彻落实“减存量、控增量、防变量、提质量”的工作总体要求，2019年交办全区城乡建设领域省级以上信访纯案件共68件，已化解60件，化解率达88.2%。共发生到国家信访局登记城乡建设领域事项25批次。省级以上城乡建设领域信访事项纯案数50件。其中，办信42件，来访8件。所有城乡建设

12月，信访接待被拖欠工资问题农民工

领域信访事项纯案数共93件，下降11%。新发生省以上涉建信访事项已化解102项；全部涉建事项已化解233项。区信访局着重在防变量上下功夫，围绕影响社会稳定的热点、难点反涉建类问题，强化分析研判，将信访工作重心前移，把握工作主动权注重源头治理。如在沈渎垃圾填埋场信访事项的处置上，区信访局与城管部门会同金城镇政府提前介入开展工作，获得村民的理解和支持。

全区信访工作坚持从抓好基层、打牢基础、固本强基入手，全力守住源头预防治理的第一道防线。开展“网格＋信访”模式。主动利用网格化社会管理体系，把信访工作触角延伸到村（社区）的网格单元，创新实施“网格＋信访”模式，以“网格＋信访”打好源头预防主动仗，及时掌握面上各类矛盾纠纷500余起，推动45件信访事项简易办理。如翠园社区居民尹某因楼道公共区域被占上访，区信访局通过网格及时与社区取得联系，问题得到解决，该居民还特地到区信访局当面表示感谢。开展“互联网＋信访”模式。区信访局以群众需求为导向，深入推行信访工作与互联网的结合，创新信访工作数据化管理和服务，利用互联网等应用平台，大力推广手机APP、微信公众号，积极推动网上与网下融合、网上向“掌上”延伸，2020年网上信访数量逐年递增，占信访总量的74.08%，化解率达90%。开展“调解＋信访”模式。搭建复查与调解对接平台，协调全区相关镇（街道）人民调解员主动参与“初信初访”接待和信访积案的化解工作，通过联合调解化解信访矛盾40余起，通过复查阶段再次调解推动6件疑难信访事项实现“访停事了”。

（仲　霞）

· 电子政务 ·

【概况】 2020年，全区电子政务工作围绕“互联网＋政务服务”“放管服”改革以及信息化建设的新要求，持续推进信息化项目开发升级。在区政务服务一体化平台基础上，完成无声叫号与评价系统和可视化数据分析展示系统的开发建设，提升政务大厅信息化、智能化水平。创新疫情期间服务模式，开发和应用“码上办”网上预约系统，拓宽政务服务渠道。完成基层政务服务业务审批系统的开发建设，实现政务服务平台端口向基层延伸。打造公共资源交易分中心“不见面开标室”，通过互联网技术，实现远程在线实时开标，提高开标效率。开展区政务数据共享交换分平台的建设工作，持续推动数据赋能和数据便民。

【政府网站建设】 2020年，建立健全政府网站内容更新、审查和运营维护长效工作机制，完善信息发布、审核、通报等制度，人工监测和软件检测并举，落实网站实时监管，提高信息发布质量，持续强化网站内容常态化检测工作，切实提升政府门户网站建设与管理水平。全年累计发布各类政务信息15063条（市网录用560条，省网录用26条），开展在线访谈12期，制作热点回应14期，专题专栏15期，政策解读52期，问卷调查22期，意见征集10期，网上直播28期，新闻发布会6期，政风热线29期，2020年全区内容保障工作年度总分位居全市第二，充分发挥了网站信息公开、网上办事、互动交流、对外宣传等功能。

（蔡　蓓）

· 机关事务管理 ·

【概况】 2020年，区机关事务管理中心以“保证运转、促进工作”为目标，以标准化服务为导向，健全各项规章制度和工作流程，规范完善各项服务行为，为机关工作人员提供良好的后勤保障与后勤管理。

【后勤保障】 2020年，会务服务共完成会议接待2244场次，会议人数超7万人次，由于疫情原因，中大型会议数量有所下降，会务服务基本做到零差错。餐饮服务加大对机关食堂督促检查，科学编制菜谱，把好原材料进口关，抓好菜品质量，建设较高质量的就餐环境。深入开展“励行勤俭节约、反对餐饮浪费”专项行动，引领节约用餐良好风尚。进一步完善车辆管理平台建设，科学合理做好车辆安排调度，强化对驾乘人员安全驾驶、规范驾驶宣传教育。工程报修2200余次，巡检发现并解决问题100余件。

【后勤管理】 2020年，区机关事务管理中心加强市民中心物业管理，建立考核考评机制，进一步细化保洁服务范围，规范工作流程，杜绝漏洞和盲点，物业服务水平得到一定提升。强化安保工作，规范安保服务岗位工作流程、安保与信访对接流程，严控车辆管理、严格体温监测，全力做好疫情防控工作。推进办公用房“一张网”建设，全年统计94家党政机关单位，69座院落，159栋楼栋，录入面积约40万平方米。开展办公用房面积配置的全面清查工作，将办公用房纳入标准化、长效化管理轨道。强化公务用车标准，严格执行相关规定，抓好公务用车平台和使用管理。在五一、国庆、中秋假期对全区公务用车规范使用情况进行全面督查，严禁公车私用、私车公养，公车定位终端安装及标识喷涂到位，严格规范驾驶员行为。按照国管局统一部署，完成全区公务用车数据统计和上报工作。

（蔡　蓓）

·外事工作·

【概况】2020年，金坛区人民政府外事办公室（以下简称外事办），聚焦“‘两个加快’全面决战年”工作主线，服务中央总体外交和金坛经济社会发展，围绕友好城市建设开展外事工作，全力以赴投入疫情防控，为加快企业复工复产作出了积极贡献。

【因公出国（境）】2020年，全区由于疫情原因，严格执行暂停因公出国（境）审批。

【友好城市联络】2020年，自国内疫情暴发以来，金坛区陆续收到友好城市和友好交流城市发来慰问信。在国外疫情暴发后，金坛区积极推动公共外交，全年共为外资企业捐赠5万多只口罩。

【涉外管理】2020年，国外疫情暴发后，区外事办认真落实邀请外国人来华政策要求，积极联系商务，为企业外籍员工及家属申请办理到金坛的邀请函。

【外事接待】1月15日，接待《丝路新时代》的摄制筹备组——中央广播电视总台欧洲拉美地区语言节目中心采访拍摄组成员，具体了解金昇纺织有限公司在乌兹别克斯坦投资情况，沟通赴乌兹别克斯坦拍摄纪录片的设想。4月23日，接待韩国驻上海领事馆千周成领事和郑太宪助理。6月11日，省外办签证中心王杭平一行5人，到江苏常宝普莱森有限公司进行APEC商务卡宣传和邀请外国人来华情况解答。7月12日，邀请外交部原部长李肇星到金坛作“家国情怀，大国外交——讲中国故事”主题演讲。7月21—22日，协助省、市外事办在金坛召开“对拉”工作会议。

（龚　晶）

政协常州市金坛区委员会

·综　述·

2020年，政协常州市金坛区委员会（以下简称区政协）把握团结和民主两大主题，坚持建言资政和凝聚共识双向发力，积极履行政治协商、民主监督、参政议政职能，以加强、改进政协工作的实际成效，为推动金坛在苏南板块持续快速崛起贡献智慧与力量。区政协共举行1次全体委员会议、7次常委会议、5次主席会议、6次主席（扩大）会议。上报提案158件，立案149件，提案工作办复率100%，委员满意率和基本满意率100%。共收到各类社情民意信息106件，整理报送区委、区政府14件，报上级政协9件，转部门办理30件。社情民意信息被全国政协录用1件，省政协录用1件，常州政协录用3件，区政协被常州市政协评为“2020年社情民意信息工作先进单位”。编辑《金坛政协》4期，组织出版18万字的《名流尺牍——金坛历代文人往来书信集》，组织印刷《华罗庚的故事》一书，举办“纪念华罗庚110周年诞辰馆藏书画展”。

·重要会议·

【政协常州市金坛区第十届委员会第四次全体会议】1月2—4日，会议在金坛区市民中心举行。会议认真学习和讨论了中共常州市金坛区委书记狄志强在会议开幕时所作的《共担崛起使命，携手砥砺奋进，合力开创金坛跨越发展新局面》的讲话。会议同意区政协副主席葛惠明所作的区政协第十届委员会常务委员会工作报告和区政协副主席吴欲晓所作的提案工作报告。会议赞同区长沈东所作的政府工作报告及其他书面报告。委员围绕城市管理、老城改造和盘活存量用地、推进民营企业发展等方面协商讨论，积极建言献策。会议选举陈锁龙为政协常州市金坛区第十届委员会主席，增补丁国荣、帅建军、刘海明、许靖、张志荣、凌涛6人为政协常州市金坛区第十届委员会常务委员。

【政协常州市金坛区第十届委员会常委会议】2020年，区政协共举行

1月2—4日，政协常州市金坛区第十届委员会第四次会议

7次常委会议。会议围绕区委、区政府中心工作和政协重点工作，对经济社会发展中的热点、难点问题开展专题协商讨论，提交建议报告2件。1月3日下午，区政协召开十届十九次常委扩大会议，会议听取区委关于十届区政协主席、常委候选人提名并协商讨论；审议十届四次会议《选举办法（草案）》；审议十届四次会议选举总监票人和监票人建议名单；审议大会《决议（草案）》。1月4日，区政协召开十届二十次常委（扩大）会议，会议听取了十届四次会议秘书长关于讨论区委主要负责人讲话、审议区政协十届《常委会工作报告》和《提案工作报告》、讨论《区政府工作报告》及其他报告的情况汇报；会议还听取各小组协商讨论十届区政协主席、常委候选人、《选举办法（草案）》、选举总监票人和监票人建议名单及大会《决议（草案）》的情况汇报；协商确定十届区政协主席、常委候选人名单；协商通过《选举办法（草案）》；协商通过总监票人和监票人建议名单，通过大会《决议（草案）》。1月4日，区政协召开十届二十一次常委会议，会议协商通过区政协2020年工作要点，协商通过有关人事事项。7月28日，政协召开十届二十二次常委会，围绕“全面决战‘两个加快’，全力推动高质量发展和高速度增长，奋力开创金坛跨越发展新局面”开展专题协商。8月28日，区政协召开十届二十三次常委会议，专题听取区政府关于上半年经济社会发展情况的通报并协商讨论。10月30日，区政协召开十届二十四次常委会议，听取区政府关于区政协十届四次会议以来提案办理情况通报并协商讨论，听取区政协调研组关于“加强水资源保护、提升全域水环境品质”课题调研情况通报并协商讨论。12月30日，区政协召开十届二十五次常委会议，听取区政府2020年工作情况通报，协商讨论区政协第十届常委会工作报告和提案工作报告（讨论稿），协商通过《关于召开区政协十届五次会议的决定》。会议确定，中国人民政治协商会议常州市金坛区第十届委员会第五次会议将于2021年1月3—5日在市民中心举行。

【区政协主席会议】 2020年，区政协共召开5次主席会议、6次主席（扩大）会议。4月3日，区政协召开十届十九次主席会议，专题协商区技能人才队伍建设情况。会议提出政府、企业、学校、人力资源服务机构要明确职责，协同推进形成合力；要突出重点，多管齐下“引人才”，多措并举“育人才”；要完善技能人才收入激励机制，强化技能人才评价激励机制，优化社会环境，营造识才、重才氛围。6月17日，区政协召开十届二十次主席会议，专题调研区土地节约集约利用工作。会议提出要强化“新增”管控，大力推行新增用地计划管理；强化“存量”管控，盘活存量土地，努力提高低效土地使用效益；强化“长效”管控，加强土地节约集约利用常态化管理，不断创新执法监管方式，对涉及违法违规使用土地的行为不姑息、不迁就。7月16日，区政协召开十届二十一次主席会议，听取构建新时代应急管理体系，提高安全生产能力情况通报并协商讨论。会议提出要着眼把分散体系变成集中体系，把低效资源变成高效资源，进一步加大整合力度、提升预防水平、增强应急能力。10月23日，区政协召开十届二十二次主席会议暨“有事好商量、共谋‘十四五’”协商议事活动，区委书记狄志强、常务副区长石江水应邀参加活动。会议提出要把区委对政协工作的要求，落实到政协的具体履职实践中，通过广泛开展调查研究，积极进行建言资政，为金坛区“十四五”期间民生改善作出更大贡献。12月24日，区政协召开十届二十三次主席会议，协商讨论政协十届五次全体会议等事宜。

2020年，区政协召开6次主席（扩大）会议，邀请部分委员分别就东城街道经济社会发展情况，整合公共交通资源、优化基础设施配置情况，深化立体化信息化社会治安防控体系情况，农业品牌化建设情况，财税工作情况，薛埠镇经济社会发展情况等工作专题听取情况通报并提出建议和意见。

·主要工作·

【委员提案及提案办理】 2020年，区政协委员共提交提案158件，经审查，立案149件，立案率94.3%。其中，各民主党派、工商联、有关人民团体及政协专门委员会提案14件，界别小组及委员联名提案29件，委员个人提案106件。区委、区政府领导高度重视提案工作，对其中的16件提案作出批示，在各承办单位和提案人的共同努力下，截至2020年9月底，所有提案已全部办复。其中，所提问题已经解决或所提建议被采纳的101件，占67.8%；所提问题已制定解决措施或列入改进计划的32件，占21.5%；所提问题暂时难以解决或留作参考的16件，占10.7%。从反馈意见看，满意和基本满意率100%。“关于及早布局建设河海大学配套设施建设的建议”“关于及时启动华罗庚实验初中汇贤中学建设的建议”“关于加强无证养老机构整治的建议”等一批提案办理成果得到较好落实。

【社情民意信息】 2020年，区政协共收到各类社情民意信息106件，整理报送区委、区政府14件，报上级政协9件，其中，民盟金坛区委报送的《警惕新固废法施行初期，企业“难以掌控”的连带责任增加风险》

被全国政协和省政协录用，该信息被常州市政协评为“2020年优秀社情民意信息”。根据新阶段社情民意信息工作新特点，谋划创新工作思路，调整优化特邀信息员队伍，组织政协委员和信息员参加专题培训。“关于深化‘十户长’工作机制的建议”“关于疫情防控期间亟待改进的建议”“关于全区餐饮行业推行公筷公勺的建议”等信息得到较好办理，为党政科学决策、化解矛盾、维护稳定做出了积极贡献。区政协被常州市政协评为“2020年社情民意信息工作先进单位”。

10月23日，“有事好商量、共谋十四五”协商议事活动

【“有事好商量”协商议事平台建设】 2020年，区政协按照《关于推进全市政协系统“有事好商量”协商议事平台建设工作的实施意见》，推进区“有事好商量”协商议事平台建设，不断拓展政协民主协商渠道。政协建立了区级协商议事厅，各镇、街道、园区和界别小组实现协商议事室全覆盖，各行政村、社区覆盖率达70.8%，全区累计建成协商议事室（厅）120个，开展协商议事活动260余次。区协商议事厅先后围绕“十四五”规划编制、精准扶贫和为民办实事等议题，开展3次大型协商议事活动。区委书记狄志强和代区长陆秋明分别参加了“共谋‘十四五’”和“为民办实事”专题协商议事活动，现场与委员进行交流互动。《人民政协报》对“有事好商量、共谋‘十四五’”协商议事活动进行专题报道，《常州日报》围绕不同协商议题，组织3次系列报道。

【文史宣传】 2020年，区政协出版18万字《名流尺牍——金坛历代文人往来书信集》，回顾历史发展脉络，展示地方文化精粹。围绕纪念华罗庚110周年诞辰，组织出版《华罗庚的故事》一书，并举办“纪念华罗庚110周年诞辰馆藏书画展”。政协金沙书画院以“万众一心、抗击疫情”为主题，开展10期抗疫专题书画创作活动，以书画为媒，传递人间温情，提振抗疫信心。围绕“弘道养德、共奔小康”主题，举办7场大型公益学术讲座，广邀国内文学、书法、建筑、科技等领域的专家学者到金坛授课。

（俞 政）

（编辑 李华琴）

纪检监察

综　述

【概况】 2020年，全区各级纪检监察组织认真落实中央和省、市纪委全会各项部署，紧扣市纪委监委明确的重点工作和区委"'两个加快'全面决战"工作要求，勇于担当护航发展大局，精准有效构建监督体系，坚决有力正风肃纪反腐，用心用力整治民生问题，从严从实加强自身建设，坚定不移推动纪检监察工作高质量发展，全区党风廉政建设和反腐败斗争取得新进展和新成效。

全区各级纪检监察组织把学习贯彻习近平新时代中国特色社会主义思想作为首要任务，切实以新思想领航定向、指导实践、推动工作。聚焦关键少数、重点领域、突出问题，有的放矢、精准施策，不断提高依纪依法监督办案的针对性和实效性。紧盯民生领域的"微腐败"、妨碍惠民政策落实的"绊脚石"、放纵包庇黑恶势力的"保护伞"，从严查处群众身边腐败和作风问题。持之以恒督查落实中央八项规定及其实施细则精神，从大处着眼、从小事抓起，破立并举纠"四风"、树新风，以党风政风好转推动新风正气不断充盈。审慎稳妥推进党的纪律检查体制改革、国家监察体制改革、纪检监察机构改革，健全完善统筹衔接机制，强化四项监督深度协作，推动制度优势更好转化为治理效能。坚持惩防并举、固本培元，积极构建不敢腐、不能腐、不想腐的有效机制，不断巩固发展反腐败斗争压倒性胜利。认真落实"政治过硬、本领高强"要求，持续深化"打铁必须自身硬"专项行动，努力锻造忠诚干净担当、敢于善于斗争的队伍。

重要会议与活动

【区纪委十三届三次全会】 4月30日，中国共产党常州市金坛区第十三届纪律检查委员会召开第三次全体（扩大）会议，全会认真学习贯彻习近平总书记在十九届中央纪委四次全会上的重要讲话和中央、省、市纪委全会精神，审议通过纪海平同志代表区纪委常委会所作的《忠诚履职守初心、精准监督担使命，为开创金坛跨越发展新局面提供坚强保障》工作报告。区委书记狄志强强调，全区各级党组织和党员干部要把学习贯彻习近平总书记在中央纪委四次全会上的重要讲话精神作为当前重大政治任务，进一步坚定信心、提高站位、保持定力，增强推进全面从严治党的政治自觉、思想自觉和行动自觉，确保中央、

4月30日，金坛区纪委十三届三次全会召开

省委和常州市委的决策部署在金坛区落地见效。

【区领导干部警示教育大会】 12月19日，全区召开领导干部警示教育大会，集中观看警示教育专题片《针芒》，通过以案示警、以案说纪，促进全区领导干部进一步筑牢信仰之基、绷紧纪律之弦、履行应尽之责，以风清气正的政治生态为全区跨越发展、快速崛起提供纪律保障。区委书记狄志强强调，全区广大党员干部特别是各级领导干部，要倍加珍惜组织的培养和信任，倍加珍惜当前的幸福生活，警钟长鸣，防微杜渐，当好良好政治生态的践行者、维护者。

主要工作

【扛牢政治责任】 2020年，区纪委强化理论武装。把学习贯彻习近平新时代中国特色社会主义思想作为首要政治任务，区纪委书记专题会、区纪委常委会会议先后10次传达学习习近平总书记重要讲话，尤其是关于全面从严治党、党风廉政建设和反腐败斗争的重要论述，自觉用以武装头脑、指导实践、推动工作。优化政治生态。贯彻《党委（党组）落实全面从严治党主体责任规定》，协助区委对照责任清单开展检查考核，完成省委第八巡视组巡视反馈意见整改，常态化推进政治生态监测评估，规范党内问责实施流程，全年共问责15家党组织、73名领导干部，推动全面从严治党责任落地生根。坚持“从严管理”和“正向激励”协同发力，全年对11名党员干部容错纠错。保障发展大局。聚焦贯彻落实“一新两高”（新发展理念、高质量发展、高速度增长）发展理念，打好“三大攻坚战”（防范化解重大风险、精准脱贫、污染防治）、做好“六稳”（稳就业、稳金融、稳外贸、稳外资、稳投资、稳预期）工作、落实“六保”（保居民就业、保基本民生、保市场主体、保粮食能源安全、保产业链供应链稳定、保集成运转），对长江流域禁捕退捕等加强监督检查，对安全生产领域等情况进行再监督，确保重大决策部署落地落实。面对新冠肺炎疫情，区纪委监委成立7个监督检查组深入一线，组织督查检查170余批次，及时督促有关单位整改问题。聚焦区委“全面决战‘两个加快’”工作要求，对河海大学金坛校区、新建人民医院、直别路等重点项目推进情况开展监督检查，保障政令畅通。

【聚焦群众关切】 2020年，区纪委督查落实中央八项规定精神。强化中央八项规定及其实施细则精神贯彻落实情况督查，严格落实违反中央八项规定问题查处会商机制，严肃查处相关问题，通报曝光典型案例。开展违规吃喝和烟（卡）问题专项整治“回头看”，严防问题反弹回潮。推进“私车公养”、挂证取酬和违规借贷三项治理，及时查纠挂证取酬行为，并督促退还酬金。聚焦形式主义、官僚主义突出问题，加大监督执纪问责力度，精准发力，靶向治疗。专项治理群众急难愁盼问题。全年查处群众身边腐败和作风问题152个，处理195人，严肃给予党纪政务处分并通报曝光相关典型案件，持续形成震慑。以“小切口”推动解决“大问题”，聚焦民生帮扶救助领域资金实施专项监督，发现相关问题52个，党纪政务立案24件，采取留置措施4人，移送检察机关审查起诉4人。对区教育系统师德师风进行集中整顿，开展专项督查5次，查处违规有偿补课问题2起，督促完善相关制度2项。深挖细查违法违规小化工企业背后官商勾结问题，查处8起11人和1家党组织。巩固拓展“打伞破网”（黑恶势力“保护伞”，黑恶势力背后的关系网）工作成果。坚决落实“两个一律”（对涉黑涉恶犯罪案件一律深挖其背后腐败问题，对黑恶势力“关系网”“保护伞”一律一查到底、绝不姑息）要求，开展“线索清仓、伞网清除”行动，保持“打伞破网”凌厉攻势。围绕“行业清源”（集中整治重点行业领域涉黑涉恶问题），督促源头治理，推动建章立制，出台长效机制7项。

【推动高质量监督】 2020年，全区深化纪检监察“三项改革”（纪律检查体制改革、国家监察体制改革、纪

12月19日，全区领导干部集中观看警示教育专题片《针芒》

检监察机构改革）。深化落实各项改革任务，推动改革由“塑行”向“凝神”转化。优化镇（街道）纪（工）委班子配备，对新任纪（工）委副书记人选严格把关，基层纪委干部队伍建设不断加强。发挥派驻机构“探头”作用，全年立案数同比增长65.6%，“派”的权威、“驻”的优势得到充分发挥。严格落实专职监察员驻点集中办公制度，形成近距离、全天候、常态化的监督优势。完善金坛特色监督体系。构建金坛特色监督体系，推动制度优势加快向治理效能转化。强化纪委常委会的领导指导和统筹协调，坚持“全委一盘棋、分工不分家，室组协同、片区联动”原则，推动形成四项监督“职能作用互助互补、力量使用统筹统管、成果运用共通共享、工作衔接协调协同”工作格局。做深、做实、做细日常监督。坚持抓早抓小、防微杜渐，坚决把好选人用人关，全年党风廉政意见回复795人次，开展主动约谈962人次。在61家派驻机构驻在单位设立纪检监察联络员，为派驻监督注入新的活力、提供有形抓手，大力推行“派驻+”监督、立项式监督、巡回驻点监督等工作模式，促进管党治党主体责任和监督责任贯通联动、一体落实。

【反腐败工作】 2020年，全区高压惩治腐败坚决有力。坚持无禁区、全覆盖、零容忍，坚决向违纪违法行为亮剑。全年共收接信访举报265件次，处置问题线索719件，查办重点领域违纪违法案件62件，立案316件，给予党纪政务处分332人，留置10人，移送检察机关7人。源头治理置措有方。聚焦行业性、系统性腐败和作风问题，剖析案发原因、查找制度机制漏洞，找准责任主体，交办重点监督工作48项，向有关党组织、职能部门提出纪律检查建议、监察建议、纪检监察建议共79份。对标规范要求，建成知行园全面从严治党教育馆、市监委留置分点、审查调查谈话点、大数据研判分中心，形成“一园两点一中心”格局的党风廉政建设和反腐败斗争阵地。教育引导精准有效。推进党纪法规、警示教育常态化、制度化，协助区委召开全区领导干部警示教育大会，拍摄制作警示教育片《针芒》，全区38家单位、2400余名党员干部和公职人员接受教育。充分发挥区全面从严治党教育馆的辐射带动效应，全年接待50余批次2500余人次参观学习。开展廉洁文化月和廉洁文化“十进”（进党校，进机关，进企业，进学校，进医院，进村、社区，进交通站点，进景区，进网络，进传统展播平台）活动，2个选送节目入选2020“龙城清韵”文艺会演，反映金坛实践的《清风廉韵润金沙》视频在中央纪委国家监委网站展播。

（牛海鹏）

（编辑　刘士科）

10月13日，常州市监委留置分点（知行园）正式启用

民盟金坛区委员会

【概况】 2020年，民盟金坛区委员会（以下简称民盟区委）带领全体盟员，认真学习习近平新时代中国特色社会主义思想，认真贯彻中共十九大和十九届二中、三中、四中、五中全会精神，加强自身建设，履行参政党职能，民盟区委的各项盟务工作取得新进展。年内发展新盟员10名，截至2020年年底，全区共有盟员206名。

【参政议政】 常州市、金坛区两级金坛盟员人大代表和政协委员在2020年市、区两级人代会、政协会上共提交51件人大建议和政协提案。其中，民盟区委提交的《以优化营商环境助推金坛高质量发展》、施志霞提交的《关于推动金坛既有住宅加装电梯落地的建议》、沈利提交的《关于整治老年人"保健品"虚假宣传和欺诈销售的建议》获优秀提案称号表彰，盟员庄严、欧卉、陈淑玲、葛敏洪获优秀委员称号表彰。委员施志霞代表民盟区委作以《盘活闲置低效土地　助推高质量发展》为主题的大会发言。盟员戴文娟执笔的《警惕新固废法施行初期，企业"难以掌控"的连带责任增加风险》社情民意信息被全国政协单篇录用。

区政协民盟和民建组联合开展全区学前教育发展情况等调研活动，同时根据区政协"有事好商量"活动实施方案部署，在城南"盟员之家"建立民盟民建组协商议事室，就"冯煦故居抢救性修缮""推进医养结合深入发展"等主题开展协商议事活动。

【社会服务】 2020年，民盟区委和各支部开展多种形式的社会服务活动。人民医院、医卫综合支部多次开展送医下乡活动；文化支部送春联到乡村、企业、警营；教育综合支部为在校师生开展环保知识科普讲座；石东礼为清华大学学生、区老干部开设地方文史讲座，他的"金坛人文精神"讲座成为金坛道德讲堂的品牌；任建兵赴宁陕城关初级中学进行教育扶贫；程云仲、吴炜栋发挥特长，开办书画公益培训班；社会服务处汤晓梅为盟员宣传生态保护和科普教育；陈淑玲在疫情期间为广大市民进行心理健康辅导。

9月，区政协民盟承办"第五届农业发展论坛暨江苏民盟现代农业专家行"活动，民盟江苏省委专职副主委吴胜兴到会并作重要讲话。活动得到农户、涉农部门、农业龙头企业的欢迎，农业企业和专家牵手合作，许多农业项目走上发展快车道。"农业发展论坛"成为民盟江苏省委、民盟金坛区委社会服务工作的品牌活动，探索出地方盟组织、高校盟组织以及相关部门合作、联动服务地方经济发展的新路，搭建起政府、科研院所、农业龙头企业及农户沟通的一种全新模式。

【组织建设】 2020年，民盟区委坚持"以教育、文化、科技界为主，以中上层人士为主"的方针，继续做好组织发展工作。慎重发展新盟员，注重质量，重点做好"80后"、公务员和非公经济代表人士的发展工作。规范新盟员入盟程序，搭建新盟员的培训、学习和活动平台，使新盟员入盟后有一个全面培训提高的过程。把发展工作与后备干部队伍建设相结合，不断优化队伍结构，提高整体素质，增强组织的生机与活力。年内新发展盟员10人。

【盟员风采】 2020年，盟员成员中1人编排的舞蹈《谷粒飞舞》在"青艺杯"舞蹈大赛中荣获特等奖；1人获"全国青少年模拟政协活动"优秀社团指导老师称号；5人分别指导学生参加江苏省职业院校技能大赛并获奖；1人拍摄的专题片《运河秀纸花情》获江苏省广播电视彩虹奖二等奖；2人的"四尺横披"书法作品入选“致敬江苏援鄂白衣勇士”书画作品展；3人的国画和书法作品入选常州市廉洁文化主题书画摄影作品展；1人获常州市中小学研究性学习优秀成果评选活动特等奖；1人获“常州市骨干班主任”称号和常州市班主任基本功竞赛二等奖。

【民盟金坛区第六次代表大会】 12月29日在市民中心召开。会议学习中共十九届五中全会精神，听取和审议民盟金坛区第五届委员会工作报告。会议选举产生新一届委员会领导班子，朱亚群当选为民盟金坛区第六届委员会主任委员，庄严、郑美华、姜玮、于燕当选为副主任委员。

（马　莉）

民建金坛区基层委员会

【概况】 2020年，民建金坛区基层委员会（以下简称民建区委）发展会员6名，入会积极分子3人，至年底共有正式会员49人，支部3个。民建区委获评为“全国先进集体”“常州市年度优秀基层委员会”；一支部、二支部获评为“常州市年度优秀支部”；陈林凤获评为“省优秀会员”；曹建国、史月香、殷国庆、李润涛、唐劲松、朱雪松6人获评为“常州市年度优秀会员”。

【组织建设】 2020年，民建区委强化支部标准化、规范化建设，3个支部均独立开展1次以上活动，支部建设取得明显成效。发挥基层委的核心作用，先后组织会员开展新冠疫情防控捐款活动，共捐款2万余元；组织会员与招商银行金坛支行联合举行“最美母亲　幸福家庭”——感恩母亲节银企对接活动，邀请专业人士为与会人员作题为“如何进行资产配置”的金融业务讲座，联合举行花艺培训，增进双方的了解与认识；组织会员开展企业职业侵占案件旁听庭审活动，使会员进一步了解法庭审判流程，提高法律意识。

【参政议政】 2020年，民建区委组织会员召开参政议政研讨会，全年共向市区人大、政协提交人大建议及政协提案20余件。其中，党派提案《关于及早布局建设河海大学配套设施的建议》，被列为全区唯一一件政协主席重点督办件；2件社情民意被民建中央录用。组织会员开展长荡湖旅游开发专题调研，详细了解“十三五”时期以来长荡湖旅游开发的工作情况和“十四五”发展规划情况，为长荡湖旅游开发建设建言献策。

【社会服务】 主委王艳红、副主委陈林凤于2019年年底随常州市援安康工作组赴石泉县挂职，开展扶贫协作工作，取得显著成效。建立金坛与石泉扶贫协作联席会议制度，制定并推进落实金石两地《加强扶贫协作和经济合作战略协议》《文化和旅游“六个一”合作协议》，推进两地结对帮扶工作机制。推进苏陕扶贫协作项目落地，共争取到苏陕协作项目资金2840万元。组织社会力量扶贫。金坛企事业单位、社会组织和个人共向石泉县无偿捐款捐物累计96.9万元。金坛区向石泉县财政、金坛区相关镇区向结对镇区提供帮扶资金180万元。举办“安康农特产品常州行（石泉）专场”等活动，助推蚕丝被、魔芋、霜桑叶茶等石泉特产热销，累计实现消费扶贫134万元。

民建区委组织会员开展“精准扶贫石泉行”活动。先后赴石泉县两河镇童关村开展结对扶贫工作，向村卫生室里捐建一个价值3万元的“苏陕协作——金坛民建爱心药柜”，向该村35名残疾群众每人赠送价值500多元的爱心礼包，向6户贫困户发放9000元慰问金，向童关村爱心超市捐赠1万元爱心款及价值6000元的居家服，向童关村委会捐赠1万元工作经费和2台电脑；赴迎丰镇九年制义务学校，联合中煤集团公司向该校捐建1个信息化教室，包括75台电脑、1个大型音响设备和总价值1.8万多元的全新电脑桌椅与投影仪，改善学校的信息化教学条件。组织金坛民建会员参与各种形式的扶贫协作，累计消费扶贫50余万元。组织会员参观安康市扶贫空间、与当地相关部门和企业举行扶贫招商座谈会，通过交流提升认识，共同探寻拓展扶贫协作空间。

推动金坛民建社会服务的品牌化建设，着力打造“思源工程——少数民族贫困学生助学行动”。开展“看家乡变化，谈成长心得”主题助学活动，组织受助学生参观清华同方威视，现场感受清华大学强大科技力量的魅力；参观东方盐湖城，开展茅山道文化讲座，切身感受源远流长的茅山道教文化；组织“职业规划”座谈会，5名大学生结合各自的实际情况，畅谈自己的职业理想与追求。连续4年组织学生开展主题助学活动，“思源工程——少数民族贫困学生助学行动”的品牌影响力有明显提升。

民建区委实地考察会员企业普泽环境工程有限公司常州经济开发区污染土壤及地下水修复工程项目，组织会员召开“疫情常态化下民建会员企业发展座谈会”，聚焦疫情给会员企业带来的困难与挑战，机会和机遇，共同凝心聚智，为会员企业发展出谋划策。

【宣传工作】 2020年，民建区委多篇稿件被民建中央网站、民建江苏省委网站等中央、省级媒体录用，提升金坛民建对外影响力。苏陕扶贫协作的宣传报道先后在央媒、省媒刊播稿件14篇；在金坛电视台与石泉电视台互相开通电视宣传专栏——《金坛之窗》及《苏陕协作之窗》，金坛电视台播报石泉相关报道28条，《金坛时报》16条，金坛网22条，电台15条。

（李星明）

农工党金坛支部

【概况】 2020年，中国农工民主党常州市金坛区支部委员会（以下简称农工党金坛支部）履行参政议政职能，开展社会服务，推进各项工作，取得较好的成绩。年内发展新党员4名，截至2020年年底，全区共有党员18名。

【参政议政】 1月，农工党金坛支部主任谢惠琴在区政协会议上提出的《加快推进农村生活污水治理和农村人居环境改善的建议》提案被录用，并被评为“优秀政协委员”，是年获评“常州市劳模”；10月，参加区政协关于“提升水环境品质”调研课题会，并提交调研文章《城区黑臭水体整治的思考与建议》；围绕国家医疗和环保的热点问题开展课题调研，强化与有关调研机构和政府部门的联系沟通，形成具有实践意义的专题报告。

【服务社会】 2020年疫情期间，农工党金坛支部组织党员捐款捐物，到需帮扶的老人家中走访，并带去慰问礼品，为他们送去关怀和温暖。党员黄晓春由于贡献突出，被中国农工党江苏省委员会特授予其“抗击新冠肺炎疫情先进工作者”称号。开展扶贫义诊活动，8月走进指前镇芦溪村，举行“医务人员融合联动、驻村入户精准帮扶”义诊帮扶活动；10月，联合金坛区人民医院、医供体指前分院开展“医务人员融合联动驻村入户精准帮扶——走进东浦村”义诊扶贫活动。

（谢惠琴）

金坛区总工会

【概况】 2020年，金坛区总工会围绕中心、服务大局，团结动员全区广大职工服务全区经济社会高质量发展，以实际行动为金坛区实现在苏南板块快速崛起贡献工会力量。

【抗击疫情】 2020年疫情防控期间，区总工会第一时间慰问战“疫”一线人员，共下拨防疫资金309.76万元，累计购买45万元防疫和慰问物资。

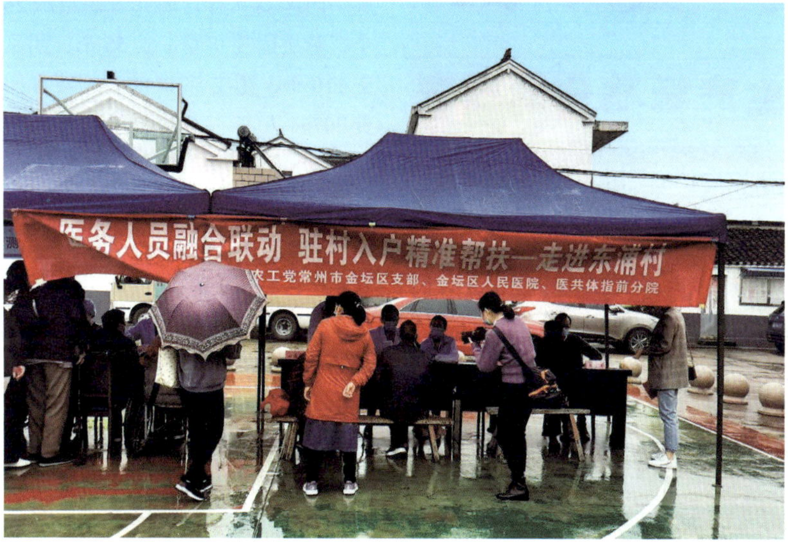

8月，农工党金坛支部到指前镇芦溪村开展义诊帮扶活动

开展“巾帼战疫、奋斗有我”三八节系列活动，弘扬女职工先进事迹，关注防疫期间女职工特殊权益维护。指导企业推进复工复产，举办农民工线上专项招聘会，进行线上法律援助解决劳动争议。开展小微企业工会经费全额返还工作，全年返还经费1095万元，受惠小微企业4713家。

【政治引领】 2020年，区总工会围绕“中国梦·劳动美·跟党走”，开展以“阅读红色书籍，感恩美好生活”为主题的第十一届“书香企业”读书月活动。召开庆“五一”先模人物“话初心、感党恩、传精神”专题交流会，金坛手机台现场直播，1.8万名职工在线观看。结合“万企联万村共走振兴路”主题举办“文艺轻骑兵”大型文体活动5场。推进非公企业党建带工建“三创争两提升”建设，开展劳模创新工作室党支部“双创双提升”。

【产改建设】 2020年，区总工会牵头建立区产改联席会议制度，推动区委、区政府制定下发《新时代金坛产业工人队伍建设改革实施方案》。确定东城街道园区为产业改革试点园区，培育沃尔核材有限公司、埃马克（中国）机械有限公司等多家企业作为产业改革试点单位。举办第十五届职工职业技能竞赛，开展24个重点工程项目创优立功竞赛活动。申报备案百万职工科技创新竞赛活动创新项目30个、创新成果17个、先进操作法8个、发明专利5个，组织开展“我为企业献一计”合理化建议和“绿色发展、节能先行”征文活动，提出合理化建议等成果1.3万条（件），其中1项获“江苏省职工十大科技创新成果”称号。

【普惠服务】 2020年，区总工会打造常州地区首家片区综合服务站，创建三星级以上职工帮扶服务站9个，新增环卫职工休息点24个，爱心母婴室5家。工会卡数据新录入4235条，开卡率同比增长1.2%，开展“激活有礼”活动，惠及职工1482人，签约8家特约商户，开展线上、线下特惠活动13场，工会卡累计消费补贴50万元。走访调查困难职工家庭，解困脱困196名职工。组织2批40名劳模疗休养，慰问劳模338名，发放慰问金80万元。增加贷款次数，提高首次贷款限额，共对289家创业企业发放贷款3250万元。组织职工参与第三届常州市职工“创新·创业·创意”大赛，做好2家市级职工创新创业示范基地的复评考核工作。

【先模选树】 2020年，姚伟忠当选为“全国劳动模范”，朱红青等13人被评为“常州市劳动模范”。另获省“五一劳动奖状（奖章）”2个、省“工人先锋号”3个、省级“巾帼标兵”1名、省级“文明职工”1名，市级“十佳文明职工”1人、“文明职工”3名，市级“五一巾帼标兵（岗）”各9个。公开评选区“五一巾帼标兵（岗）”各30个、区“十佳文明职工”10名和区“文明职工”50名，新建区级劳模创新工作室1家。依托《职工之窗》电视专栏，宣传劳模精神、劳动精神、工匠精神，开展“劳模工匠进校园、思政教师进企业”宣讲活动，传递时代正能量。发挥劳模职工实用技术转化平台作用和劳模先进带头作用，开展“劳模创新工作室”领衔人创新交流。

【组织建设】 2020年，全区新增基层工会63家，发展会员4000多人。推进“三创两争”（创建学习型、服务型、创新型工会组织，争创模范职工之家，争做职工信赖娘家人）建设，新创市级“信赖职工之家”12家，“信赖职工小家”10家，12人获评市级“最可信赖娘家人”称号。推荐获评省“书香企业”建设示范点1家、省“职工书屋”示范点2家、市“新时代职工书屋”示范点5家。开展基层工会主体班次培训，在盐湖城职工疗休养中心组织开展“干部能力提升”“非公有制企业工会干部”“区级机关工会干部”3期主题培训班，将基层工会开展主体班次培训纳入年底考核。举办工会各类培训班13场次，培训干部500多人次，推选6名优秀工会干部到全总劳动关系学院参加培训。

【权益维护】 2020年，区总工会开展第十三轮工资集体协商要约应约和签订集体合同工作，完成模范劳动关系和谐企业、园区、先进工作者推荐评选工作，创成常州市和谐劳动关系五星级企业3家、四星级企业5家。开展“聚合力促发展”优秀职工代表提案和民主管理创新成果征集活动，引导职工依法有序表达利益诉求。开展《中华人民共和国民法典》专题宣讲和宪法宣传周活动，指导基层工会开展线上线下法律宣传和培训21场次。巩固“安康杯”竞赛成果，开展第六届全区职工“安全隐患随手拍”等群众性监督检查和隐患排查活动。开展送安全生产教育进企业、工地17场，培训班组长和员工2300人。开展劳动保护监督检查员培训3期，培训检查员160人。

（沙一凡）

8月29日，金坛区举办第十五届职工职业技能竞赛农机修理工技能比赛

共青团常州市金坛区委

【概况】 2020年，共青团金坛区委（以下简称团区委）围绕区委、区政府中心工作，以“务实、扎实、踏实”的精神，服务大局、奋力作为，凝练“金青年”品牌，取得一定成绩。截至年底，团区委共有直属共青团组织26个、基层团委和团工委55个、团总支110个、团支部1148个，共青团员20754人。

【树立行业标杆】 7月1日，团区委举办首届“金坛好青年”评选，隆重表彰在青春战疫、创新创业等各领域中涌现出来的20名青年标杆，其中，金莉娜、杨晓蒙入选“2020江苏好青年”。低成本、高质量地制作招才引才原创微电影《菁彩金坛》并进行全网发布。打造省内首个青年大学习主题公园，成为入团宣誓、宣传教育的网红打卡点，并获评区“最美读书

2020年，金坛区打造省内首个青年大学习主题公园

点”。长荡湖水街儒益青年驿站建成投运助力旅游明星城市建设，周到的服务受到广大游客的广泛点赞。

【青少年素质建设】 2020年，团区委深化金青年QY志愿服务团运营，对东方日升等6家重点企业提供商务礼仪、素质提升等“点单”服务10余场。奖励50余名重点企业优秀员工子女免费选学区青少年宫素质课程。完成北戴巷文明创建改造提升工程，创新的“星级文明商户季度评选”受到区政府主要领导大会点名表扬。启动金坛籍优秀高三毕业生“菁苗计划”，推进名校优生到金坛实践实习，受到团中央表彰。组织安全宣讲“五进”活动10余场，创作青少年应急安全漫画4幅。

【创业与扶贫工作】 2020年，团区委开展创业培训12期、320余人次，开展技能培训7期、270人次。其中，150余人进行创业，200余人取得职业资格证书实现更好就业。扶持青年创业，年内审核发放江南银行青创贷435笔、22070.4万元。募集爱心资金15万元，资助区内17名优秀困境高三毕业生圆梦大学，为100余名困境儿童实现微心愿，对口援助石泉县20名困境高中生。

【组织活动】 1月6日，团区委召开区第二十四次团代会，会议要求全区各级团组织和广大团员青年要进一步开拓创新、拼搏奋进，全面落实“一新两高”要求，踊跃投身“两个加快”决战，努力创造无愧于时代的青春业绩。8月29日，团区委召开区四届青联一次全会，会议进一步明确区青联的工作方向，要进一步团结引领全区各族各界青年笃信笃行、善作善成，为推动金坛跨越发展、实现在苏南板块快速崛起贡献更大青春力量。其中，区青联改革高标准完成省级试点工作，受到省青联肯定。开展区直单位团组织“菁动力”组团联动、少先队城乡集团校片区联动，4个机关团组织团组、6个少先队集团校片区围绕“千岗走千企”“河小青”“垃圾分类”等项目，开展针对性活动近20场。

（李耀文）

金坛区妇女联合会

【概况】 2020年，金坛区妇女联合会（以下简称区妇联）围绕全区经济社会高质量发展工作中心，定目标、强行动，主动融入新时代文明实践，助力社会全域治理，团结带领全区妇女为推动金坛在苏南板块持续快速崛起作出应有贡献。

【加强思想引领】 2020年，区妇联将思想引领放在突出位置，分层分类开展“巾帼心向党”思想引领行动。举办“月说月精彩•金沙听她说”活动，成立巾帼宣讲团，进村入户宣讲10余场，宣讲对象2000多人次；举办“月千月美丽·小康路上她最美”活动，以端木云为代表开展小康生活主题宣讲，展示广大女性在逐梦小康路上的奋发作为；举办“月学月强大·学习强国进家庭”活动，发放“学习加油包”，征集“学习强国进家庭”作品。同时，线上推送“肆拾云端”女性成长课、“微党课”等近20节，引领广大妇女听党话、跟党走。

区妇联利用“金坛女性”微信公众号向全区妇女发出疫情防控倡议书，推送官方政策和防疫信息，发布30篇推文宣传女性抗疫事迹。组建巾帼志愿服务队，深入防控一线，参与卡口值勤、上门排查、慰问关爱等工作，在联防联控、群防群治中构筑起铿锵有力的“女性防线”。发起“爱心传递，助力战疫”捐助活动，女企业家协会筹集善款及防疫物资40余万元。慰问援鄂人员、一线巾帼志愿者，发放抗疫物资和慰问品，帮助他们解决实际困难。

区妇联建立巾帼典型选树机制，及时发现、宣传金坛区女能手、女创客、女大学生、巾帼新农民、女科技工作者等各行各业优秀女性典型。2020年，累计挖掘60名优秀女性典型，通过先进典型培育、宣传，进一步凝聚“她力量”、展示“她风采”。其中，王虎琴等14名女性、杜秀玲等12户家庭获市级以上荣誉，袁湘勤家庭获评“全国最美家庭”。

【服务发展大局】 2020年，区妇联与区人社局共同打造女性人才专场网络招聘会，为51家企业提供近2000

个工作岗位，326名女性达成就业意向。与区人社局、茅管会等联合开展“金工匠”保育员、茶艺师职业技能大赛，举办巾帼民宿品质提升培训班，评选12名“巾帼技能之星”和5个“最美巾帼民宿”、5名“最美女管家”，激励广大妇女爱岗敬业，为巾帼民宿赋能。

区妇联成立金坛区“双学双比”（学文化、学技术、比成绩、比贡献）女能手联盟，承接常州“双学双比”现场会，搭建女能手交流平台，展示区践行乡村振兴战略成果。促成5家企业与行政村、5家巾帼文明岗与巾帼示范基地结对签约，架起村企岗联创共建“连心桥”。举办城镇妇女“巾帼建功”推进会暨风采展，培树表彰65个全国及各级“巾帼文明岗”“巾帼建功标兵”。

区妇联为有效缓解疫情影响农产品销售的困境，在“金坛女性”微信公众号推出10期“巾帼助农直通车”专栏，开展线上直播2场，为19个巾帼示范基地“带货”，助销巾帼农产品10万元。培育省、市、区级巾帼示范基地30个，发放各级扶持资金39万元，发放农村妇女小额担保贷款1320万元，帮助85名妇女解决资金难题。

【维护妇儿权益】 2020年，区妇联设立婚姻家庭指导驿站，组建9个家庭纠纷调解基层平台，并向村（社区）辐射，形成“1+9+X”的三级联动家庭纠纷调解格局。编制《婚姻家庭纠纷调解日记》，规范村（社区）婚姻家庭调解工作。开通“e家学”以案释法项目，组建全要素网格员宣传小分队，及时排查、化解家庭纠纷和邻里矛盾。区妇联获评“常州市‘七五’普法中期先进单位”。

区妇联组织开展“把爱带回家、共祝新年好”“同心战疫、童心成长”庆“六一”等活动，做好农村贫困“两癌”妇女救助项目绩效评价和系统申报工作，关心关爱贫困妇女儿童。加强对女性社会组织的培育孵化和服务指导，成功申报省、市级妇儿公益项目2个，筹集资金20余万元，帮扶百名“两癌”贫困妇女和困境儿童。组织女干联、女企协会员做好陕西安康对口扶贫协作工作，开展消费扶贫，销售金额达20多万元。

【推动家庭文明】 2020年，区妇联推广亲子阅读。开展“送你一缕书香”村（社区）亲子阅读巡回活动第二季，覆盖指前、儒林、尧塘的31个村（社区）。指导区融媒体中心“小小朗读者”和区图书馆“大树下亲子故事会”项目获评“省全民阅读推广项目”，区少儿图书馆被命名为首批“省家庭亲子阅读体验基地”。配合省儿基会开展“肯德基小候鸟活动”，共有5个项目点建立小候鸟书屋，收到捐赠图书和音箱。

9月6日，区妇联组织开展“岗长直播　都是好货”直播助农活动

传承良好家风。区妇联邀请优秀典型走进村（社区）宣讲家庭故事，编排倡扬好家风的文艺节目在家风小剧场巡演5场，依托社区家长学校在全区开展“科学家教社区行”公益巡讲10场，组织参加常州亲子绘本剧大赛并获“最佳创作奖”。组织开展家风家训格言、漫画作品征集活动，获评常州市妇联系统“优秀组织奖”。

弘扬家庭美德。区妇联响应国家号召，区、镇（街道）、村（社区）三级联动，线上线下开展多种形式的节粮爱粮倡议活动，让餐饮节约“新食尚”成为更多家庭的共识。在社区组织开展“传承好家风、浓浓端午情”“爱在七夕、传承美德”“传承优良家风、弘扬敬老美德”等主题活动，在广大家庭中树立尊老爱幼、孝老爱亲等优良传统美德，更好传承中华优秀传统文化。

【激发组织活力】 2020年，区妇联在蜂巢能源、金西商务产业园、蒲公英妇女儿童关爱服务中心、金坛金科4个新兴领域组建妇联，并成功举办蜂巢员工风采大赛、拍摄巾帼文明岗风采短视频，激发新兴妇联活力。巩固妇女微家创建成果，印制《妇女微家工作手册》，促进基层规范建“家”。培育非遗微家、红色微家等一批新型特色微家，推动妇女微家建设由规范化向特色化、精品化发展。

区妇联在蜂巢能源、金西商务产业园等4家新兴领域建妇联举办村（社区）妇联干部培训班，不断提高基层妇联干部理论素养及开展妇女工作的能力。编印《women日记》，提升妇联工作专业化、规范化水平。完善执委工作机制，印发《金坛区妇联第十四届执委履职规则》《金坛区妇联执委赋能行动——头雁领航计划》，为35名区妇联执委定制履职工作包，推出执委领办项目。

（王胜玉）

金坛区科学技术协会

【概况】 2020年，金坛区科学技术协会（以下简称区科协）围绕区"'两个加快'全面决战年"工作部署，以提高全区公民科学素质为目标，以服务广大科技工作者为主线，以提升组织建设水平和服务能力为方法，重点突出"大联合、大融合、大协作"的工作格局，各项工作取得新进展。

【农民技术培训】 2020年，区科协联合农业农村局培育四类科技示范户700多人，共举办农民技术培训班92期，培训农民2万多人次；"中国·金坛农民丰收节"请6名省级专家教授为农民企业家和种植大户答疑解惑，为金坛糯稻产业把诊问脉；指前镇科协联合上海海洋大学教授团队为区智能化渔场、渔业科技示范基地进行科普培训与答疑解惑，为金坛渔业发展出谋划策。

【社区科普活动】 2020年，全区社区开展科普活动340余场，参加群众达30多万人次。东城街道华苑社区联合茅驴志愿者协会开展"七彩夏日周末有礼"暑期夏令营活动；东城街道新城社区联合户外运动协会开展"小手牵大手，科普路上走"参观科普基地活动；东城街道峨嵋社区联合心灵驿站举办"倾听花开的声音"儿童节心理沙龙；西城街道春风社区联合绿色家园志愿者协会开展"垃圾分类我先行美丽金坛我助力"活动；西城街道文化社区联合卫健局开展"我运动我快乐"科学健身知识讲座。

【青少年科学素养提升】 9—12月，区科协联合教育局举办第九届全区中小学科学节，34所学校近2万人次参加活动。金坛区第二届中小学生机器人大赛吸引17所学校200多名中小学生参赛。茅麓中学韩彭获得省中小学生金钥匙科技竞赛特等奖。省华罗庚中学有3人获第三十一届省科技创新大赛集体赛一等奖，西岗小学有2人获得省第三十一届江苏省中小学生金钥匙科技竞赛二等奖，省华罗庚中学学生邹思洛获第二届常州市青少年科技创新市长奖提名奖；邀请园艺技术指导站站长张洪海到后阳小学举行"神奇的食用菌"科普讲座。

【企业科普培训】 2020年，区科协到企业开展科普培训。区市场监督管理局西城分局举办"食品安全周·食品安全知识大讲堂"培训讲座，活动被评为2020年省"全国科普日"优秀活动；江苏旺达喷灌机有限公司联合江苏大学节水灌溉课题组开展节水灌溉技术结合智慧农业的应用推广活动；江苏京东农业股份有限公司为薛埠镇农户举办农产品质量安全科普讲座；常州市万叶饲料有限公司利用"科技超市"举办"长荡湖金蟹青少年科普知识展"；金坛区茅麓茶场有限公司编印《茶叶标准化生产》规范，并对公司员工进行培训。

【科普场馆联动】 2020年，区科协指导区科技普及推广服务中心举办"七彩的夏日——科技在金坛"感受科技夏令营，分两期带领百余名青少年参观一号农场、仙姑村、宝盛园、气象台等省级科普教育基地。东方盐湖城邀请科普小志愿者走进传统文化殿堂；区气象局联合区水利局围绕节约用水主题利用节水科普馆开展学生科普教育；区图书馆举办科普家庭亲子折纸、黏土制作、液压体验等家庭科普讲座；华罗庚纪念馆围绕华罗庚110周年诞辰举办华罗庚科学家故事展；金坛城市形象馆开展国家版图科普宣传和"非遗"文化科普体验活动；一号农场有机科普馆和江苏宝盛园根雕艺术科普馆举办网络VR科普展。

【科普惠农兴村】 2020年，区科协完成2019年市、区两级基层科普行动计划项目验收。新争取上级基层科普行动计划项目资金10万元，实施基层科普组织建设和科普阵地运行维护两个项目，指导农技协、绿色家园

8月7日，区科协举办科技夏令营

志愿者协会和茅驴志愿者协会开展公益科普活动及科技志愿服务，指导儒林镇柚山村运行维护科普园，指导东城街道华苑社区和新城社区发挥社区科普职能；指导常州市金坛万叶水产专业合作社、常州市金坛巨鹿茶叶专业合作社、常州市金坛盛达农机专业合作社 3 家合作社成功创建常州市科普惠农服务站；联合农业农村局，依托区农业广播电视学校和金坛农技专家服务团 150 多名专家，并邀请省市农业专家到各科普惠农服务站开展片区集中授课和现场分类答疑，内容覆盖水产、稻麦、园艺等各个方面，惠及农户 2000 多户，科普惠农融入农业服务站工作，科技示范户的带头示范作用得以发挥。金坛区食用菌协会和金坛区建昌红香芋协会被省农技协评为“省先进单位”。

【科普示范创建】 2020 年，区科协和茅山旅游度假区管委会合作，突出金坛科普旅游特色，展现金坛科普教育成果。指导区图书馆成功创建省科普教育基地。指导宝盛园旅游管理有限公司、东方盐湖城旅游发展有限公司、一号农场科技股份有限公司、区图书馆 4 家单位成功创建“常州市优秀科普教育基地”。指导金沙高级中学、江苏京东农业股份有限公司 2 家单位成功创建常州市科普教育基地。指导朱林中心小学、尧塘实验小学成功创建“常州市‘十三五’第五批科学教育综合示范学校”。

【科普结合文明实践】 2020 年，区科协根据现场实地走访调研和科普共建工作安排，实施“科普惠民践行文明”项目，对两个行政村进行资金技术双扶持，将科普阵地融入新时代文明实践站建设。在“中国美丽乡村建设示范村”西城街道方边村建成“科技与文明”科普园，将科普园地打造成丰富农村群众生活、展示产业新貌的场所，用科学进一步丰富村民的精神文化生活，构筑社会主义新农村的思想文化基础；在“全国文明村”儒林镇柚山村运行维护“长荡湖水文化”科普园，围绕该村水产做文章，依托长荡湖产业为后盾，通过科普园的建设带动村民科学素养的提升，通过村民科普知识的增长带动农户逐步实现科技脱贫、科学致富，助力乡村振兴。

【深化学术新品牌】 2020 年，区农技协注重会员单位之间相互协作，实行“以点带面，多点协作”的培训模式。1 月举办国家蜂产业体系蜂农培训会，6 月举办红香芋高产技术培训，9 月举办螃蟹养殖技术培训。协办茶叶、水稻等 10 多场系列培训，参与稻鸭共作、新品种水芹种植等项目培训。学术创作有提升。举办第七届学术活动月活动，开展各类学术活动 20 多场，完成 9 篇区级软课题调研，其中“常州市金坛区区镇村三级便民服务体系标准”被确立为 2020 年常州市科协软科学研究课题。指导红香芋协会编辑出版《红香芋种植技术（新版）》，为其他协会单位提供业务参考。

【推进服务新举措】 2020 年，区科协会同金城镇科技产业园，在江苏五香居食品有限公司成立全区首家企业“科技工作者之家”。延伸企业科协海外智力服务范畴。在科技型企业建立 10 家企业科协，江苏鹿山新材料有限公司科协被评为“省示范企业科协”。在省级海智基地建立 2 家企业海智站，搭建企业引智引才平台。扩大专利信息应用推广服务成果。组织 30 家企业科研人员进行专利信息应用推广培训，新增加 5 个企业注册应用，全年完成经中国科协审核通过的案例数达 25 件，名列常州市辖市区第一。

【激活组织新活力】 2020 年，区科协抓好党建示范引领。科技工作者日当天，全区科普电子屏同时播放红香芋协会《唱响我和我的祖国》MV，展现基层学会协会科技工作者的“党建强会”意识和基层科协人的风采。抓好科技志愿服务活动。科技志愿注册数不断增加，活动丰富多彩。协会“党员科普志愿队”被推荐申报“全国十佳志愿服务队”。科协组织全面建立。全区镇（街道）科协全面建立，6 个镇科协、3 个街道科协、2 个管委会科协均在中国科协组织信息管理系统注册并激活，新增 42 名“四长”（医院院长、学校校长、农技站长、科技型企业家）进入基层科协组织任职，全区基层科协组织“四长”达 72 人。

【提升人才新服务】 2020 年，区科协做好高层次人才联谊会和双创促进会工作。做好金沙英才驿站服务。推荐江苏鹿山新材料有限公司汪加胜、常州市金坛剪刻纸艺术中心杨兆群获评省企业“创新达人”。大力宣传科技工作者典型。重点树立张洪海、张俊东、陈耀方 3 位农业、卫生、教育领域的科技工作者典型，中盐金坛盐化有限责任公司徐俊辉被列为“常州市青年科技人才托举工程”资助人才。组建农业科技专家服务（讲师）团。区农技专家参加服务团人数达 155 人，从中遴选 14 名农业专家加入常州市农技协专家服务团，充实市级农业专家服务团队力量。

【金坛区第 32 届科普宣传周】 2020 年，区科协以“科技战疫，创新强国”为主题，联合区委宣传部将金坛区科普宣传周、全国科技工作者日和全区“决胜全面小康决战脱贫攻坚”新时代文明实践理论宣讲活动相结合，利用科普 e 站，发挥科普网络优势，28 个社区科普大屏全程同步直播，省公众科技网、金坛电视台等媒体进行报道。科普宣传周全区共举办活动 79 场，受益人数约 10 万人。

【2020年全国科普日活动】 9月19—25日，区科协以“决胜全面小康，践行科技为民”为主题，联合区委宣传部、区教育局等部门成功举办全国科普日活动暨“服务决战‘两个加快’提高全民科学素质”全区首届全民科学素质网络知识竞赛。共有5239人注册，百余家（个）单位和团体参赛，近3万人次参与答题，借助中吴网、金坛网、金坛手机台等网络媒介掀起“科普热”小高潮，《金坛时报》先后2次报道。全国科普日全区共举办119场活动，受益人数10万多人。

（尹跃忠）

金坛区归侨侨眷联合会

【概况】 2020年，金坛区归侨侨眷联合会（以下简称区侨联）按照全区“‘两个加快’全面决战年”的工作要求，围绕中心，健全机制，砥砺前行，服务地方经济社会高质量发展，在引智引资、对外联络、为侨服务、侨务宣传等方面取得新成绩。

【引智引资】 2020年，区侨联协调侨资企业在复工复产中的人才招聘、交通物流、防疫物资、金融信贷等实际困难与突出问题，为侨企招工、融资和产业发展出谋划策。走访侨资企业22家，协调解决企业复工难题15个。利用微信群宣传《常州市春节假期和延迟企业复工期间劳动关系有关问答》《疫情防控涉企政策摘编》《江苏省财政厅关于引导金融强化服务做好疫情防控工作统筹推进经济社会发展的通知》等政策文件。为三久制造引进外国专家进行协调，与市外专局、出入境管理部门协调专家工作许可和入境事项，协调加急完成6名外国专家的工作签证办理。回复各界工作和居留许可咨询11次。

助推侨企一号农场、鑫品茶业、晨风集团、波仕曼开展线上直播。探索侨企之间资源共享、互帮互助、抱团取暖的协作机制。开展海归人才调查工作，健全新侨和海归人才信息库，以教育、文化、科技等为突破口，加强与海内外侨商线上交流。全年提供金坛招商和人才政策解答12次，创业、就业服务6次，就学和法律咨询5次，开展在线创新讨论3次，帮助企业完成形象宣传2次，办理家属绿卡1次。

【联络工作】 2020年，区侨联通过线上慰问、线下走访并行的方式，让海内外的侨界人士都感受到侨联“娘家人”的温暖。春节、端午、中秋及常态化走访慰问华人、华侨、归侨、侨眷68人，发放《2019金坛发展宣传册》，发放慰问金、慰问品共计约3.6万元。对重点华人华侨开展电话、电邮、书信问候，介绍2019年金坛整体发展情况。共计电话问候23通、发送电邮31封、海内外寄送《2019大美金坛经济发展汇报书》89封。新冠疫情期间，电话联系归侨侨眷70余人，送去关心和关爱。与一中联合举办第24届胡氏奖助金颁奖，胡氏奖助金资助人、美工程科学院院士胡正明及敦泰科技董事长胡正大以视频连线的方式出席活动，共发放奖励金4.3万元，惠及21名学生、1名教师。组织侨界人士参加“侨连五洲•相约江苏——江苏侨界守望相助•战疫有我”摄影摄像大赛，金坛作品获得优秀奖。

衔接金坛和江苏籍侨领，拓展德国、法国、加拿大、西班牙、日本、英国、新加坡等资源。开展微信在线服务，海外华人微信群从7个增加到26个，持续推进2个工作日内结果回复制度，获得加拿大、东非、美国等国家和地区侨胞的好评。开展网络海外联谊，与东非商会、澳苏商会、德国江苏商会、日本江苏商会执行会长等一批海外侨领保持密切联系。新冠疫情期间向重点海外人士胡正明博士邮寄防疫物资2批次、向海外学子邮寄爱心防疫包4批次。

【为侨服务】 2020年，新冠疫情防控期间，区侨联动员海外侨领进行防疫物资筹集，利用东非商会平台为金坛人民医院和中医院筹集3M医用标准版N95口罩600只。通过微信、QQ群向侨界宣传募捐活动，开展物资捐赠4次，累计金额超百万元人民币。向省侨联争取专项资金，向人民医院涉侨医护人员送达慰问资金2万

8月28日，第二十四届胡氏奖助金颁奖典礼在金坛区第一中学举行

元。联合出入境管理大队制作《出入境服务小贴士》，在相关部门的窗口、社区等地发放。建立侨界防控志愿工作小组，开通每天“15小时”呼叫转移热线服务电话，通过微信群、微信公众号、朋友圈及时转发外交部、新华社、澎湃新闻等平台的国家重点防疫资讯、最新入境政策、航班变动等官方信息，指导海内外华人华侨做好个人防护。做好防控政策宣导，督促回乡侨胞按防控要求主动向社区报到备案并居家医学观察。全年答复侨界防疫咨询32人次，记录有效信息21条。微信群发布疫情防控信息230次，微信公众号发布疫情相关信息30次，最高点击量2321次，累计点击量23221次。

加强与法院系统的沟通协调，建立诉调来信来访登记，完善涉侨来信来访处理机制，加强与相关单位信息沟通与合作，切实保护归侨侨眷、侨资企业和海外侨胞的合法权益。诉调在金坛巴西华侨东崛购物中心房租纠纷事项和创业人员咨询复议未执行事项。在法院设立诉调对接固定接待场所的基础上，梳理出在金坛侨企100多家，开展信息共享机制，与法院建立预警服务体系，全年共接待侨界来信来电48人（次），办结率100%。

通过微信群、公众号等新媒体传播方式进行侨法宣传，把侨法宣传和保护的触角伸向最基层的侨界群众。针对宣传对象的特点，整理出权益保护、人才政策、税收优惠和出入境管理注意事项等不同的政策法规。与法院对接，制作《诉调对接手册》，在法院服务大厅、基层社区服务大厅发放，普及诉调对接相关法律条规。

【侨务宣传】 区侨企古籍印刷厂、盛利维尔有限公司两篇介绍公司的报道分别于1月6日晚、1月14日晚在江苏卫视播出。鑫品茶业、一号农场、晨风集团结合直播带货热，对接金坛融媒体中心进行多样化报道。《中石化常州公司直播首秀，牵手一号农场，为地方农产品销售发力》等新闻被交汇点新闻客户端录用3篇。结合华罗庚110周年诞辰主题宣传，推荐海归人才尹娟、黄慧参与“寻找华罗庚精神”系列报道专访。侨界创新创业信息被《常州日报》录用6篇，《金坛时报》刊登15篇，金坛电视台报道8次。

构建“金沙侨苑”公众号、金坛媒体、上级侨媒、省级媒体、海外媒体“五位一体”的宣传模式，宣传金坛发展12次。对接金坛全球招商网络大会，通过微信群、朋友圈、“金沙侨苑”微信公众号等盛情邀请海外侨胞、侨团到金坛交流文化、旅游观光、投资兴业。在《欧洲时报》发布“兴业福地大美金坛”专刊，以人文荟萃、自然地利、开拓进取、宜居宜业、韵水长流五个主题，系统展现新兴现代化金坛的崛起。

凝聚海归青年人才，筹备海归组织建设。做好“金侨微信群+”服务，向常州推举14名优秀的金坛侨界青年加入市侨青会，宣传金坛优秀侨青典型。打造“金沙侨青学习会”品牌，发挥“以侨为桥”作用，开展金坛、溧阳、新北侨商、侨青交流活动3次。组织召开全区侨界青年共议发展座谈会，邀请溧阳侨商会秘书长、商会代表参加活动，加深两地侨商、侨青互动。组织海归青年中共十九届五中全会精神宣讲专场会1次。

（盛士琦）

金坛区工商业联合会

【概况】 2020年，金坛区工商业联合会（以下简称区工商联）学习贯彻习近平总书记对新时代民营经济统战工作的重要指示，落实中央确定的“六稳”“六保”和省、市、区委部署，因时因势，主动调整工商联工作的着力点，推进复工复产，为全区疫情防控和经济社会发展作出贡献。

【政治引领】 2020年，区工商联贯彻落实习近平总书记关于工商联工作重要论述，特别是关于统筹疫情防控与经济社会发展的重要讲话精神，发挥党组理论学习中心组领学促学作用，通过专题辅导、学习宣讲、研讨交流等形式，统一工商联、商会组织、全区广大非公有制经济人士的思想。贯彻落实全国民营经济统战工作会议精神。组织工商联干部和民营经济人士学习全国民营经济统战工作会议精神和中共中央办公厅《关于加强新时代民营经济统战工作的意见》精神，并落实到具体工作中。10月，开展“重温红色历史，弘扬革命传统”主题教育活动，带领区工商联执委赴四川广安小平故里了解红色文化，在红色氛围中接受思想洗礼，坚定理想信念。11月，区工商联联合区税务局、江苏银行金坛支行开展“服务小微、助力普惠”税银企对接会，帮助企业解决融资难、融资贵问题，打通企业与金融部门的“最后一公里”，营造税银支持和服务民营经济发展的良好氛围。引导年轻一代民营经济人士健康发展。以青商会换届为契机，指导他们健全会务制度、强化班子建设、丰富商会活动、有效服务会员，不断增强活力和凝聚力。通过举办“青年企业家成长论坛”“红色七月”实战讲座、企业传承发展——走进晨风集团等活动引领全区青年企业家转变发展观念、提高发展质量，促进企业的传与承平稳对接，提高企业发展能力。

【应对疫情】 2020年，区工商联第一时间向各所属商（协）会组织贯彻习近平总书记关于疫情防控的系列重要指示精神，向全区商会组织和民营企业发出倡议，动员大家发挥自身优势，形成群防群控的工作格局。按照区防疫防控指挥部统一部署，重点落实区浙江商会做好浙商回金坛人群的摸排防控工作。助力复工复产。区工商联利用QQ和微信工作群推送国家、省、市出台的应对新冠疫情，扶持中小企业发展的一系列措施、政策，增强企业发展信心；发布《企业复工电子版防疫手册》，指导民企抗击疫情，有序复工复岗；总商会企业家学院“企业家思想课堂”微信公众号开设“助力抗疫”专栏，从观念、组织、管理等方面推出一系列课程，用知识为企业打造“免疫力”，共发布34期。支持疫情防控。区工商联通过发放调查问卷和实地走访，对部分企业提出的防控物资缺乏问题开展及时地帮助与协调，先后帮助会员企业解决口罩5万只、消毒液2吨、额温计13只。动员引领全区广大民营企业、商（协）会履行社会责任，支持疫情防控。据统计，全区工商联系统捐款捐物折合人民币1573.60万元，捐赠10万元以上的企业（商会）29家。服务民企发展。区工商联与区化工行业商会、区餐饮行业商会共同开展行业重点企业复工复产走访调研，实地了解掌握企业复工复产情况、生产经营现状、享受疫情期间扶持政策情况、存在的困难并努力帮助协调解决相关问题。牵头区商务局、区税务局、人行、常州海关（金坛）等部门，先后在开发区、金城镇、西片区（直溪、朱林、薛埠）召开30多家外贸企业参加的座谈会，走访20多家行业龙头企业、特色企业、中小微企业，宣讲疫情期间的经济、税务、融资、通关、用工等政策，了解疫情对企业生产经营的影响，点对点解决企业的堵点、痛点和难点，形成《后疫情时代常州市金坛区外贸企业调研报告》，上报区委、区政府领导作为决策参考。

【助推民营经济高质量发展】 2020年，区工商联发挥“企业家思想课堂”微信公众号作用，帮助企业家拓宽视野、明确方向、提升能力，全年发布200多期。推荐6名企业家参加民营企业家队伍建设“百千万”工程百人班、34名企业中高层经营管理者参加千人班学习。对全区规模以上民营企业代际传承情况开展调研，吸取优秀青年企业家进入商会队伍，增添新鲜力量。促进企业家素质提升。5月14日，区工商联举办劳动用工风险防控宣讲会，邀请区人力资源和社会保障局副局长陈国强为企业家授课，帮助企业了解与掌握劳动用工中的法律法规，增强用工风险防范意识，促进劳动关系和谐稳定。6月17日，与区工信局联合开展“推进数字化转型升级、提升智能制造水平”主题培训，全区汽车企业和部分装备制造企业负责人、高层次专业技术人员和管理人员100多人参加。8月19日，举办《中华人民共和国民法典》专题学习讲座，邀请江苏能英律师事务所主任律师杨贞进行主讲。11月8日，联合区浙江商会开展“企业经营商道”实战培训，华汇集团董事长、华汇商学院院长李金通过现场实战PK、情景模拟、角色演练等多种形式，与会人员分享未来5年企业成功的四大策略、企业选人机制等内容，为企业高质量发展增添强劲动力。11月26日，邀请天津大学管理学院博士后张根保到金坛作“关于经济双循环下民企发展的对策和建议”专题讲座。促进民营经济营商环境优化。区工商联开展向民营企业家“送政策、送温暖、送服务”活动，走访全区18家星级企业，发放常商服务卡，加强政企沟通，增强民营企业“扎根金坛、深耕金坛、健康成长”的信心和决心。与区人民检察院共同开展“服务‘六稳’‘六保’护航民企发展”检察开放日活动，邀请民营企业家代表走进检察机关，听取民企呼声，增进司法认同。

【商会建设】 4月16日，区工商联召开汽车流通商会换届大会，充实壮大会员队伍，选举新一届领导班子，规范商会运行。6月29日，成立区首个街道商会——西城街道商会。为加快实现传统产业的转型升级，对原区纺织服装行业商会进行重组，并更名为时尚产业联合会。12月18日，召开区时尚产业联合会成立大会。区工商联开展“四好”商会建设，建立指导商会工作的工作机制和加强商会之间学习交流的联席制度，加强对异地商会、乡镇（街道）商会、行业商会的经常性走访、座谈、调研。2020年，推荐直溪镇商会、浙江商

6月29日，金坛区成立首个街道商会——西城街道商会

会、建筑行业协会申报江苏省“四好”商会。

【精准扶贫】 区工商联实施“万企联万村、共走振兴路”行动。7 月 15 日，发出《积极投身“万企联万村共走振兴路”行动倡议》，向会员企业发放纸质倡议书 400 多份，号召全区广大民营企业主动参与“万企联万村、共走振兴路”行动，融入乡村振兴时代大潮。8 月 13 日，召开推进会，详细解读区“万企联万村、共走振兴路”行动实施方案，把参与该行动情况纳入工商联系统评先评优和“四好商会”评定。为把村企联建工作落到实处，先后走访久诺建材、易成电力、五香居食品、金土木工程、儒林建筑等 40 多家企业，做好政策宣讲和服务，取得初步成效。引导民营经济人士投身光彩事业。区工商联推进“百企帮百村”精准扶贫，2020 年春节期间帮助滨海木楼村销售山芋粉丝 21 吨，实现销售收入 42 万元。组织区浙江商会、工商联界别政协委员赴陕西安康结对帮扶，捐赠现金 10 万元和价值 15 万元的羽绒服、毛毯及口罩。在书香让金坛更文明”——图书捐赠活动中，区浙江商会和区化工新材料行业商会各捐款 5 万元，用实际行动助力书香城市建设。

（陈　薇）

金坛区文学艺术界联合会

【概况】 2020 年，金坛区文学艺术界联合会（以下简称区文联）围绕中心、服务大局、主动发声、创新发展，为繁荣发展金坛文艺事业担当作为，较好地完成年度工作目标任务。

文艺惠民工程。区文联开展展演、竞赛等文艺活动 20 余场（次），组织各协会通过开展送戏、送书画、送文化下基层、进社区、进企业，举办纳凉晚会，义写春联等形式举办为民服务文艺活动 50 余场（次），送书画作品、春联 5000 余幅等，形式多样的文化惠民活动丰富人民群众精神文化生活。

文艺作品创作。全区各艺术门类文艺家在省、国家级获奖、入选、入展、发表的文艺作品达 60 多件。葛安荣的短篇小说《风中的轮笛》在《洮湖》首发分别被《鍾山》杂志和《小说月报》转载，并获得江苏文学最高奖——第七届紫金山文学奖。实现常州作家紫金山文学奖小说奖“零”的突破。由葛安荣、邓云华合作的报告文学《风劲正是扬帆时》、韩献忠散文《生命里的路》首发在《洮湖》后，分别获得由江苏省作家协会主办的“庆祝新中国成立 70 年”主题征文大赛二、三等奖。郁小简的小说《挂在窗口的男人》分别被《湖南文学》《小说月报》转载；罗光成散文《若梦临长河》被《文学港》转载；张诗群散文《湖北啊，江南》被《安徽文学》转载；王京散文《成绩单上的血手印》被《鸭绿江》转载；李永兵小说《黑猫与少年》被《湖南文学》转载；江苏作家协会组织葛安荣、韩献忠采写的报告文学《一支特殊的“水电部队”》，组织葛安荣、李永兵采写的报告文学《“大喇叭”的战疫故事》首发《洮湖》后，入选江苏作家协会出版的《江苏抗疫》专辑。

【“百场故事进万家”宣讲活动】 2020 年，区文联与朱林镇联合开展韩献忠“百场故事进万家”主题宣讲活动。活动以区作协主席、唐王故事会会长韩献忠牵头创作和主讲，依托故事协会平台培训好故事创作和讲演人员，宣讲传统故事、法治故事、地名故事、红色故事、新时代文明典型故事等。通过双人多人故事、小品、小戏、朗诵等形式，打通基层宣传群众、教育群众、关心群众、服务群众的“最后一公里”。截至年底，“百场故事进万家”宣讲活动共展 61 场次，服务群众 42610 人次。

【“翰墨写初心、丹青颂党恩”庆“七一”金沙中国画大展】 为庆祝中国共产党成立 99 周年，6 月 30 日上午，由中共金坛区委宣传部、金坛区文体广电旅游局、金坛区文联共同主办的“翰墨写初心、丹青颂党恩”庆“七一”金沙中国画大展盛大开幕。99 位参展作者共创作 120 多幅中国画作品，展览作品内容有对抗疫天使的刻画，有对革命先烈的深切缅怀，风格多样，形式新颖，吸引金坛区书画爱好者前

4 月 27 日，金坛区组织开展“致敬金坛援鄂白衣勇士”书画义捐活动

来参观。

【"致敬 2020——丹青同心颂祖国"书画邀请展】 10月24日上午在园林大酒店开幕。展览得到全区书画艺术家及文艺工作者的响应和支持，共展出书法精品、绘画力作各27件，从不同角度向祖国致敬、为盛世点赞。2020年，全区书画作品多次入展国家级、省级大型展览，在金坛和金坛籍的中国美协、中国书协会员增加至20多人。

【"美丽金坛我是行动者"——"常宝股份杯"书画、征文系列活动】 6月5日上午在金沙广场举行。活动共参展书画文字作品69件。同时在《洮湖》杂志出版"'6·5'生态环境专刊"。参展作品展现了金坛区城市环境日新月异的变化，宣传了生态环保理念，引导公众进一步关注、支持生态环境事业。

【"致敬金坛援鄂白衣勇士"书画义捐活动】 4月27日在园林大酒店举行。全区组织20位知名书画艺术家，创作27幅艺术作品，代表3000名金坛艺术工作者和54万金坛人民捐赠给金坛籍9位援鄂医务工作者，向奋战在疫情防控一线的医务工作者表达敬意。

（朱 瑜）

金坛区残疾人联合会

【概况】 2020年，金坛区残疾人联合会（以下简称区残联）推进残疾人小康进程和开展疫情防控，较好地完成各项工作任务。残疾人之家按照ISO9001:2015质量管理体系进行管理，获评"全省残联系统2020年度创新创优示范项目"称号。

【组联维权】 2020年，区残联协会工作开展有声有色。盲人协会组织"书香四溢了解金坛"体验活动；聋人协会组织参观金坛城市形象馆民防教育体验馆、开展登山等有益健身活动；肢残人协会组织召开纪念华罗庚110周年诞辰励志歌曲《向往》发布会、与友邻肢残人协会创业分享等交流活动；精残亲友协会组织"有你不孤单""世界自闭症日"有奖问答；智残亲友协会疫情期间组织线上关怀与宣传疫情防控等活动。信访法援成效显著。区残联全年接待办理信访件21件。其中，"12345"热线交办9件，常州残联转办2件，残疾人来信来电咨询救助举报10件，接待来访残疾人或残疾人亲友12人次，办结率100%，满意率100%。区残疾人法律援助中心共接待残疾人来访咨询65人次，提供法律援助服务27人次，帮助残疾人挽回经济损失45万元，维护受援人的正当合法权益，获得受援人的好评。无障碍环境改造顺利推进。区残联全年完成低收入贫困残疾人家庭无障碍环境改造52户（含样板户10户、非样板户42户），提高受助残疾人的生活质量。

【扶贫和脱贫攻坚】 2020年，区残联完成1个结对帮扶村和机关党员干部3户结对困难户的扶贫任务。4月，召开专题会议，明确区、镇（街道）、村（社区）三级联动，全力开展该项工作，确保不落一户、不漏一人，切实解决困难残疾人实际问题。5月，区残联党组书记刘坚、党组成员王建涛分组带领机关党员干部，与各镇（街道）残联理事长、专职委员入户走访有代表性的46户建档立卡低收入残疾人家庭，统计各类需求，建立责任清单，明确整改措施、完成时限、责任到人。10月前，区残联投入9.3万元将所需整改问题全部落实到位。此外，针对走访中残疾人反映突出的"言语和听力一、二级残疾人未享受护理补贴"问题，协调当地民政、财政等部门，出台《关于完善重度残疾人护理补贴制度的补充通知》，规定自2020年1月起，符合条件的金坛籍一、二级言语、听力残疾人享受重度残疾人护理补贴政策。为贯彻落实常州市残联、财政局《关于配合做好"六保"工作组织实施五项惠残政策措施的通知》（常残〔2020〕30号）精神，6月，对全区从事盲人按摩职业人员等相关对象进行摸底统计，共排查出符合条件的盲人按摩机构12家，助残社会组织2家，发放疫情补贴3万元。

2020年，区消防大队不定期到区残疾人服务机构微型消防站开展消防知识普及和安全演练

【社会保障】 2020年，全区残疾人“两项补贴”（困难残疾人生活补贴和重度残疾人护理补贴）得到提标发放。7月，残疾人“两项补贴”中的生活补贴由850元/月提高至900元/月。全区发放残疾人“两项补贴”4574.6万元。其中，享受生活补贴5344人，享受护理补贴5012人。“残疾人幸福生活推进计划”提高受助残疾人家庭基本家电普及率和生活水平。为有需求的贫困残疾人家庭发放彩电、洗衣机等各类家电273件（台），为10户困难残疾人家庭免费安装太阳能。优化持证残疾人团体商业保险。6月30日起，全区持证残疾人含重大疾病补充保险、人身意外伤害保险的团体商业保险进入第五轮有效期，惠及全区所有持证残疾人。经优化，该轮保险合同签订由原来的一年一签调整为三年一签，生效期自2020年6月30日至2023年6月29日。优化后的重大疾病补充保险病种由上轮30种增加到40种，人身意外伤残赔付限额由2万元提至10万元，意外医疗费用报销由5000元提至8000元，赔付更加精准。全区86名残疾人获得赔付金额189.8万元。

【教育就业】 2020年，区残联助力残疾学生救助和残疾人就业。全区发放高中和高等教育阶段残疾学生省教育专项补贴16人，计2.15万元；残疾学生励志奖学金5人，计0.9万元。与厦门大学课题组在尧塘街道残疾人之家先行先试，着手残疾人之家ISO9001:2015服务质量管理体系认证。1月经专家组论证，该残疾人之家取得“ISO9001:2015质量管理体系认证”证书，并将ISO9001:2015质量管理体系规范在城区三星级残疾人之家推广运用。11月18日，省残联党组书记、理事长万力在视察金坛残疾人工作时，高度肯定金坛残联工作，指出引入“ISO9001:2015质量体系认证”管理残疾人之家的模式值得在全省推广。此外，将市政府主导的常州小菜园项目引入农疗基地，全面提升残疾人之家科学管理水平和档次。4人获残疾人自主创业补贴计1.2万元；3人获残疾人自主创业经营场地租金补贴共5万元。年审残疾人就业保障金征收企业306家，其中福利企业50家，安置残疾人1535人。新办残疾人证348本，按规定和程序注销残疾人证394本，为评残对象提供上门评残36人次。

【康复和托养服务】 2020年，全区0—14周岁残疾儿童康复救助工程得到有效实施。0—14岁残疾儿童康复训练共113名，其中，区内儿童89名，区外24名。对3名0—6岁听力残疾儿童自费植入人工耳蜗一次性救助拨付救助经费8万元。“三助一免”（助听、助行、助视，精神病人免费服药）康复救助工程扎实开展。实施白内障复明手术800例，向申请残疾人发放轮椅、助行器、坐便椅等适配轮椅等各类辅具275件，为720名贫困重度精神残疾人提供免费服用基本药物服务。托养服务得到升级优化。区残疾人庇护托养中心托养残疾人79人，入驻率80%以上，居全省前列。康复和托养机构功能升级。区残联投入200多万元，在金坛滨湖新城核心区建成面积180多平方米的区康复辅具服务中心，投入10万元配齐中心辅具，进一步完善区康复服务和辅具展示供应体系。11月18日，省残联党组书记、理事长万力与区政府副区长朱霞为中心揭牌。区残联投入10万元改造提升东园、西门社区康复服务点，为辖区197名持证残疾人建立康复服务档案。投入200多万元对区小天使康复培训中心北楼进行改造，添置和提档升级专业康复训练设施，大幅提升中心康复训练能力和档次。投入200多万元对区残疾人庇护托养中心居住环境、园林绿化进行改造升级，完善消防设备设施，进一步提高中心的舒适性、美观性和安全性。

【宣传文体】 5月15日，全国助残日前夕，《金坛时报》刊发“助残扶残、决胜小康——在第三十次全国助残日到来之际”专版，图文并茂宣传残疾人事业，倡导扶残助残风尚。各镇、街道残联结合全国助残日活动主题，在残疾人集中的机构、单位，开展各色各样的活动。全年《常州日报》、金坛电视台等主流媒体刊登30多篇残疾人事业发展报道。“残疾人之家”实现ISO9001:2015质量管理体系认证管理被“学习强国”、《常州日报》平台刊登。区涉残机构建立微

11月18日，金坛区康复辅具服务中心揭牌

型消防站全覆盖被学习强国江苏学习平台刊登。发挥“金坛残联”微信公众号等自媒体平台作用，广泛宣传残疾人工作和各项惠残政策，在全社会形成良好的扶残助残氛围。广泛宣传、认真组织开展常州市“圆残疾人洗澡梦”腾讯“99公益日”项目，全区参与2568人次，共筹资5.5万元，彰显全区扶残助残的合力。区残疾人专职委员袁志杰参加常州市残疾人就业服务机构工作职业指导交流活动获一等奖。推荐听力残疾人徐开伦参加常州市残疾人创业创新大赛荣获优胜奖，展现出金坛残疾人良好的精神风貌和高超的职业技能。

（陈卫东）

2020年春节期间，区红会组织开展“博爱送万家”慰问

金坛区红十字会

【概况】 2020年，金坛区红十字会（以下简称区红会）主动作为，以人为本、依法建会，大力弘扬“人道、博爱、奉献”的红十字精神，广泛开展各项活动，红十字事业取得一定成绩。

【疫情防控】 2020年，区新冠疫情防控工作开展以来，区红会共接受捐款共计4728492.51元，接受捐赠物资6批（估价245000元），款物合计价值4973492.51元。所有接收捐赠款物均按疫情防控领导小组安排和捐赠人意向拨付给相关单位。

【“我为八一献热血”活动】 8月1日由区红会筹划和主办，在中央警卫团战友爱心群、金坛区无偿献血协会、常州龙城友爱团常州市成功捐献造血干细胞志愿者联谊会等社会团体的支持下，共有64名退役军人、退役军人家属、献血志愿者参加。该次活动共有64人参加全血捐献，采血量22400毫升；共有24人参加成分血捐献，采集35个治疗量，起到社会引领示范效果。

【“博爱送万家”活动】 为让部分贫困户过上一个欢乐、祥和的春节，2020年，区红会开展对东城街道、西城街道、汇贤社区、前庄村、白塔村等贫困户送温暖走访慰问活动，累计发放慰问金1.4万元、大米250袋、食用油90箱。

【救护培训】 2020年，区红会走进社区、机关，走进中盐金坛分公司、江苏格瑞林家居科技有限公司等21家企业开展红会救护培训，全年累计初级培训1001人，普及培训8009人。

【博爱家园项目】 2020年，区红会以花街社区、华苑社区博爱家园项目为抓手，推进“红会牵头、社区管理、居民参与、志愿服务”互助模式，为辖区爱心人士和志愿者搭建起家门口奉献爱心、参与公益、获得急救知识技能的服务平台，使居民足不出户就能享受到更多元化、更贴心的服务，小区弱势群体、独居老人、留守儿童、失智老人等3600余人受益。

【民生实事】 2020年，区红会利用社区休闲广场、文化长廊、夕阳红服务中心等阵地基础上，整合社区资源，发挥社会功能，打造红十字志愿服务站、防灾减灾和卫生健康知识普及廊，将红十字会工作融入社区公共服务中。围绕中心工作，在社区组建多支志愿服务队伍、开展各类贴近群众需求的活动和服务、科学管理并努力打造出具有特色的品牌。开展对口扶贫工作，采购5万元口罩对口支援石泉县，采购2.5万元口罩对口支援宁陕县。

【区红十字会第七次会员代表大会】 12月21日上午召开。会议选举产生区红十字会会长朱霞，副会长李晶阳、徐颖、吴芳、朱网富等第七届理事会理事，副区长朱霞当选为区红十字会第七届理事会会长。

（王 梅）

（编辑 刘士科）

法治·军事

政法及综治工作

【概况】 2020年，全区政法系统紧紧围绕“平安法治金坛”总目标，坚持以抓牢抓实疫情防控为主题，以维护社会大局稳定为主线，以推进区域社会治理现代化为主抓手，担当作为，履职尽责，助力金坛经济快速发展和社会长期稳定。

【疫情防控】 2020年，面对突如其来的新冠肺炎疫情，全区政法人员投身于社区帮扶，深入抗疫一线开展抗疫维稳，为有效防控疫情、助推复工复产筑牢防线。以“疫”为先，联防联控扎实有效。坚决执行全区战时和常态化疫情防控各项要求，创新实施“十户联防、邻里守望”模式，全面推行“大数据+网格化+铁脚板”防疫实战机制，通过区、镇、村三级上下联动指挥、联动排查、联动处置，组织网格员、民警辅警、村居干部、防疫人员、志愿者等联防力量1.9万多人开展基础排查、人员甄别、村居封控、隔离管控等工作，累计排查54万多户，核查涉疫对象2.19万人次。以“治”为本，风险隐患消除及时。区法院审结1起以销售熔喷布、点焊机等防疫物资设备为名实施合同诈骗案件，维护疫情防控工作有序开展；区检察院召开公益诉讼圆桌会议会商涉疫假口罩治理，制发检察提醒函3份，督促治理哄抬防疫物资物价；金坛公安分局推进专班常态化运作和条块一体化联动，累计排查疫情风险人员3.5万人次，处置涉疫警情6258起，严惩涉疫违法犯罪案件210起，辟网络谣言（含不实信息）32条；区司法局组织编写《疫情防控法律风险提示》8期、《涉疫防控法律解答》6期，有效避免企业风险。以“护”为责，助力复工复产。统筹政法各单位推出系列举措，深入企业了解复工复产存在的问题与困难，出台指导意见妥善处置受疫情影响的合同类民商事纠纷，公正、合理确定当事人责任，维护交易稳定，保障企业稳经营促发展，严防“疫后综合征”。年内，以涉嫌敲诈勒索罪批准逮捕跨多省妨害建筑工地复工复产犯罪嫌疑人8名，为统筹疫情防控和经济社会发展提供保障。

【安保维稳】 2020年，区政法系统围绕突出矛盾和潜在风险，深入开展对敌斗争、网上斗争和反恐怖斗争，落实区、镇、村三级稳控责任，守住社会安全稳定底线，保持重点时间节点24小时在线值班，圆满完成全国两会、中共十九届五中全会、上海进博会等重大安保维稳任务。制定下发《关于开展建立风险防控四项机制试点工作的通知》，贯彻落实“四项机制”（风险研判机制、决策风险评估机制、风险防控协同机制、风险防控责任机制）工作要求，细化工作措施。规范重大风险认定标准，对排查出的风险进行研究审核，实施分类处置，全年共确定重大风险隐患27个，风险项目录入“苏稳通”平台9个。开展“排风险、建清单、除隐患、保稳定”专项行动，展开风险隐患排查攻坚化解与矛盾隐患整治工作。年内紧盯涉众、涉访、涉企、涉校等重点矛盾群体14个，疏导处置欠薪欠债、楼盘交付等突出不稳定事件106起。发挥政法单位职能，组织开展“百团进百万企业”安全生产学习宣讲活动，指导政法系统各单位把学习理论转化为严防严管具体实践，统筹推进“一年小灶”与“三年大灶”部署要求，协调配合有关部门开展危化品领域和其他行业领域安全生产专项整治；制定针对性措施，打造政法系统助力安全生产工作特色亮点品牌，确保企业运行平稳有序。

【扫黑除恶】 2020年，全区政法系统咬定扫黑除恶专项斗争三年目标不放松，坚持深挖根治与长效常治并举，在推进“六清”（线索清仓、逃犯清零、案件清结、伞网清除、黑财清底、行业清源）行动中制定施工图，实行倒排工期、挂图作战，锚定主攻方向，集中优势兵力，开展专项打击。以“行业清源”为“六清”行动发力点，针对工程建设、金融放贷、交通运输、乡村治理等重点领域的行业乱象，加大突出问题摸排整治力度，对相关行业领域牵头部门发出专项整治工作建议函17份，督促其实施全链条打击、整治。成立“黑财清底”专项工作督导组，对3起涉恶案件财产执行进行全面回溯梳理，提出意见建议8条，助力执行到位资金584万余元。对上级交办线索，一律按照“四定”（定人员、定方案、定责任、定时限）措施，做到依法查证、规范办理、及时反馈。年内，办结中央督导组交办案件10件，公安部交办、转办案件8件，省公安厅交办、转办线索24件，公安部与省公安厅线索各1件。加快涉黑涉恶案件的侦办、审查起诉、审判效率，成立“3+2”合成研判专班和审讯攻坚小组，灵活组建所队联合作战单元。组织专门警力开展“钟山”行动，赴浙、豫及省内连云港等地抓捕黑恶目标逃犯6名。加快检察院、法院对接，移送审查起诉并审判涉恶案件5件59人。按照中央政法委“建立健全长效机制，实现扫黑除恶常态化”指示要求，创新工作机制，推出智能公开的“十大重点行业领域专项整治——我有话要说”活动二维码，开创设置涉及十大重点行业领域的“民情哨”25个。“民情哨”通过“人防＋技防”解决金坛汽车东站交通、“治标＋治本”解决东方盐湖城景区旅游、“线上＋线下”解决儒林镇柚山村螃蟹销售等乱象问题，有效铲除乱生恶、恶变黑的滋生土壤。“民情哨”运行机制上的创新被中央政法委长安剑微信公众号、《新华日报》、“学习强国”江苏学习平台、江苏长安网、《江苏法制报》《常州政法》简报等媒体采编报道20余次，并获2020年度全市第十二届“政法工作创新创优奖”二等奖。

【法治建设】 2020年，区政法部门围绕平安、法治金坛建设，高质量推进区域法治建设。多举措优质高效服务，优化法治营商环境。金坛公安分局落实精准服务保障企业复工复产十项措施，对接全区20家星级企业和40个签约引进项目，为1475家复工复产企业提供安防体检服务；破获涉企盗窃、诈骗、经济案件70起，成功侦办“11·14”骗取出口退税案，挽回经济损失2800万元，单位内部侵财发案率同比下降8.7%。区检察院规范整顿市场经济秩序，起诉非法吸收公众存款、集资诈骗等案件3件4人，依法对涉案标的3亿余元、参与人员700人的健祥生态公司非法吸收公众存款案提起公诉。区法院逐月推进营商环境改革任务21项，在东方盐湖城挂牌成立旅游巡回法庭，为游客就地提供“一站式”服务；加大破产案件审理力度，受理破产案件28件，结案6件，将常州金坛大杰电控设备有限公司、江苏鑫田电子科技有限公司等14家符合破产条件的被执行企业导入破产程序。区司法局有效推进公共法律服务进园区工作，提供“专属＋专业”法律服务，防范化解法律风险；围绕“后疫情时代”企业复工复产遇到的法律问题，提供专项“法律体检”，帮助企业提升风险防控能力。营造安全稳定社会环境，年内开展突出问题领域专项集中执行行动2次，执行到位金额77.35万元。适用特别程序审理常州市首例由检察机关支持起诉变更监护权案件，发出金坛首份未成年人人身保护令。加强刑事、民事诉讼监督，切实做到不枉不纵，维护当事人合法权益。完善行政案件快办、刑事案件直诉、侦审同步上案等机制，办案周期平均缩短25%。全年办理行政复议案件26件，审结20件，印发行政机关负责人出庭应诉催告函24件。开展多样化法治宣传活动，组建警花防诈骗宣讲团，深入企业、社区、学校宣传反电信诈骗常识。组织219名代表参加区人大举行的“听百案、议百事、评百员”活动，利用“金沙大学堂”“人大讲堂”等领导干部集中学习平台，举办专题学法报告会2场次。年内，开展线上线下法治宣传教育18次。与江苏省电视台建立合作关系，录制《法治在线》节目9期，与金坛电视台共同拍摄专题《法在身边》28期。

【优化网格治理】 2020年，区政法委多举措优化网格化社会治理工作，有序推进区域社会治理项目化。区网格化服务管理中心与“12345”政府公共服务热线、“数字城管”平台实行并轨运行。结合基层疫情防控实战，对各镇、街道所有村（居）逐一调研摸底，重新调整优化网格729个，以东城街道、西城街道为试点招聘转隶专职网格员，调配优化网格管理队伍。组织网格成员单位按照网格任务清单授课并编写《基层社会治理的探索实践与思考》培训教材，开展全区网格队伍基层治理轮训。指导基层网格突出平安稳定、民生关切、前瞻预警、真实有效四大属性上报网格事件，组织开展高质量网格事件等级评审，73件涉及隐患排查、公共安全、环境保护和民生服务类的网格事件被评为常州市级高质量网格事件。制定出台《全区“见义勇为进网格”活动实施方案》，开展“见义勇为网格微信红包”奖励活动。推进“三官一律（法官、检察官、警官、律师）进网格”工程，实施警格、网格“双网”融合，提升基层社会治理能力。73名律师、39名检察官、98名法官与网格对接，协同基层开展矛盾排查、法治宣传、纠纷化解、信访接待等工作，引导群众就地理性反映诉求、依法处理矛盾纠纷。年内，“社会组织参与网格化社会治理工作

金坛区网格化社会治理联动中心

绩效提升工程”“智慧社区建设+网格治理”、直溪镇“实施严重精神障碍患者监护人责任保险”等社会治理项目获评“常州市基层社会治理优秀创新项目奖”。东城街道“社区多元共治强基工程”、西城街道方边村“党建+基层治理和谐兴村”基层治理项目通过常州市创新市域社会治理重点项目验收。

【政法队伍建设】 2020年，区政法系统贯彻落实常州市委和金坛区委作风建设大会精神，压实全面从严管党治警责任，谋划开展教育整顿工作，落实“一岗双责”（一个单位的在岗领导应当对这个单位的具体业务工作和党风廉政负双重责任）与“一案三查”（落实党风廉政建设开展责任追究，一查当事人违纪违法责任，二查党委或党组主体责任，三查纪检机构监督责任），推动从严治警常态化。开展“以案释德、以案释纪、以案释法”，以永远在路上的决心引导干警知敬畏、守底线。持续以“能力建设”为主线贯穿政法队伍建设始终，围绕铸牢信仰信念生命线、激发创先创优精气神、助推成长成才加速度等举措，在基层岗位、普通干警中培养和挖掘先进典型，发挥典型模范标杆引领作用。陆旭东获全国“公安楷模”“全国公安系统二级英雄模范”称号，徐海俊被评为“江苏省模范退役军人”，朱月华获评“常州市最美警察”。

（张永成　杨　滟）

公　安

【概况】 2020年，区公安机关围绕践行“对党忠诚、服务人民、执法公正、纪律严明”总要求，坚持务实争先、创新争优、固本强基、稳中求进，全力以赴战疫情、防风险、保安全、护稳定、促发展，为全区“‘两个加快’全面决战年”建设保驾护航。

强化社会治安管控能力，维护社会安全稳定，打造高质态联动共治格局。执行全区战时和常态化疫情防控各项要求，将网格规范、风险防控、反恐防范、智慧防控、网络安全等重点任务纳入全区高质量发展考评体系，在常州市率先实行禁毒委员会办公室实体化运作。深化基层社会微治理，创新实施“十户联防、邻里守望”模式，将全区888个网络细划为“十户联防责任区”9214个，配备“十户长”9967人，动员1.9万名“红袖标”志愿者参与群防群治，筑牢平安稳定的人民防线。抓好数据导控、通道查控、重点盯控、社区管控和社会联控，推进专班常态化运作和条块一体化联动，累计排查疫情风险人员3.5万人次，处置涉疫警情6258起，严惩涉疫违法犯罪案件210起，辟网络谣言（含不实信息）32条。做好安全生产巡检整改工作，实行亡人事故领导必到现场机制，推行道路交通、危化品、群租房和消防等日常安全监管模式，联合查处化工企业5家、非法加油点4处、流动加油车13辆，查获成品油35.16吨，排查清理群租房隐患417处，当场整改单位消防安全隐患1.3万处。完成道路交通安全隐患整改487处，道路运输事故数、亡人事故数、亡人数同比分别下降66.7%、10.59%、10.23%，未发生影响重大的安全事故。

推进立体化、智能化打防管控体系建设。采取有效打防管控措施，构建纪法协同、行业监管、源头治理等长效机制，完善以立体勘验、盯案研判、合成打击机制，推进反诈中心实体化运作，严厉打击违法犯罪。年内，破获涉黑涉恶案件58起、现行命案2起，侦破恶势力犯罪集团案3起，破获涉企盗窃、诈骗、经济案件70起，成功侦办公安部督办的“11·14”骗取出口退税专案，挽回经济损失2800万元，逃犯全部清零。单位内部侵财发案率同比下降8.7%。故意杀人等八类大要案件、传统侵财、抢夺抢劫案件同比分别下降1.6%、25.9%、33.3%，抓获数、刑拘数、破案数同比上升37.3%、4.7%、70.6%，其中，通信网络诈骗案件破案数和抓获数同比分别上升137.1%、164.9%。加强智能防控，建成使用前端智能感知设备百余套，联网监控万余路；推进上庄农民公寓、筑源世家小区和汽车客运东站等智慧防控单元建设，织密智能泛在感知网。加强乱点整治，对挂牌整治2个高发案部位、8个卖淫嫖娼赌博问题场所进行常态化安全清查和专项整治，违法犯罪警情、涉娼涉赌警情同比分别下降4.1%、36.6%；街面侵财警情同比下降19.8%。

完善警务工作机制，提升所队联勤查控频率，增强社会面见警率和震慑力。组织机关警力参与疫情防控、安保维稳、专案侦办和乱点整治，120名机关值班警力联合交警、巡特警展开常态化酒驾醉驾治理行动，每日夜间在重点路段设立执勤站点10处。完善勤务运作机制，优化基层警力，推进“警格+网格”双网融合，建成“一体化站室”示范点7个，实现社区民警进班子、警格网格关联率、信息处置反馈率三个100%。实施情报指挥一体化运作，建立指挥长轮值制，固化联合指挥、合成研判运作模式，织牢“人力、技术、协作”的情报指挥网络，年内搜集情报信息5664条，监测维权群组386个，推送实战指令2367条，快速处置突发敏感警情140起，研判抓获违法犯罪嫌疑人117名。推进数据赋能精准化，建设以实战场景为导向的多维数据应用平台，搭建“涉稳人员布控预警”“黑恶犯罪精准打防”“反诈精准防控”等专题模型和常规实战模型16个，构成以大数据指挥情报中心、“云剑战队”、派出所综合指挥室为架构的数据赋能应用体系。

以护航高质量发展为中心，提升执法服务管理能力。实施“打造一流营商环境”行动计划，落实精准服务保障企业复工复产十项措施，健全挂钩联系、定向对接、跟踪负责的服务保障机制，无缝对接全区20家星级企业和40个签约引进项目，为1475家复工复产企业提供安防体检服务，解决企业诉求107件。围绕决胜文明城市创建总评年，全力打造文明交通、文明养犬“升级版”，查处各类不文明行为11.2万起，4条“示范道路”、7个“示范路口”交通违法总量同比下降12%；收容无主犬只1600只，涉犬警情同比下降40.41%。办好民生实事项目，推进交通畅行工程，优化中心城区、旅游景区交通运行环境，专项整治交通堵点、乱点14处，新增公共停车泊位2100个，非机动车、行人交通违法查处率同比分别上升77.9%、49.4%。推进警务服务效能化建设，依托“一体化”在线政务服务平台，打造以政务服务中心、派出所服务窗口、综合警务服务站为载体的“一站式”服务体系，建成出入境智慧办证大厅，全面推广使用“苏证通”。年内，警务服务事项承诺期限压缩至法定期限的50%，办结行政服务事项10.3万件，其中十六类“不见面”事项1455件；执行人才落户“双证减免”“亲属随迁”政策，放宽外籍人士居留许可期限，精准服务人才引进280人次，公安窗口服务回访满意率99%。

2月5日，区公安交警大队在卡口做好疫情防控工作

【“见义勇为进网格”活动】 2020年，区见义勇为基金会围绕公安中心工作和上级部署，在全区范围内开展“见义勇为进网格”活动。制定《金坛区“见义勇为进网格”微信红包奖励实施细则》，举办全区见义勇为进网格工作业务培训，做好基层基础、宣传等各项工作，为服务社会治安综合治理、建设平安金坛发挥作用。年内，各镇（区）、街道网格长与网格员提供各类违法犯罪线索43条，抢险救灾25起，救助群众22人（次），拾金不昧12起，消除各类隐患72起。全年149名网格长、网格员受到奖励，发放微信红包奖金1.37万元，卜阿顺等10名见义勇为人员受到区政府表彰。

【破获网络赌博案】 3月，区公安分局获取一条网络赌博案线索，遂成立专案组对“2020传奇网络赌博案”开展侦查。经过5个月侦查研判，11月在湖北省宜昌市设立抓捕指挥部，并于27日凌晨组织指挥98名警力，在湖北武汉、广西南宁、云南昆明、江西九江、连云港5省12市对该案嫌疑人统一展开收网抓捕行动，捣毁作案窝点10个，当场抓获涉案嫌疑人39人，查扣电脑、手机等作案工具100余台（件），冻结微信、支付宝、银行卡账户1000余个。

【侦破利用疫情实施诈骗案】 4月16日，区公安分局接居民潘某某报警称，4月14日20时至15日12时，被犯罪嫌疑人以销售口罩原料为名骗去现金81万元。接警后，区公安分局迅速立案调查。刑警大队反诈专班通过案情分析、资金查控、身份研判等手段，确定犯罪嫌疑人张某某（淮安人），并锁定其活动轨迹、地址等信息。18

日，刑警大队民警在相关部门配合下，赶赴泰州市世贸新城附近将犯罪嫌疑人张某某抓获。经审查，犯罪嫌疑人张某某供述了其在3—4月间以出售熔喷布、电焊机为名，在贵州、江苏等地实施诈骗多起，涉案金额400余万元。

【打掉通信网络诈骗团伙2个】4月15日，区公安分局接受害人陶某报案：其在网上被人以帮忙经营淘宝店铺收取年费为由被骗人民币2888元。公安分局反诈中心通过前期案情分析、资金查控等手段，确定犯罪嫌疑人活动轨迹。5月8日，抽调刑警精干警力赶赴湖北，在湖北警方的配合下开展落地侦查，并抓获以詹某某、胡某、杨某为首的涉案犯罪嫌疑人34名。经查，该团伙为骗取他人财物，自2019年4月至今，以公司化运作模式分成售前、售中、售后3个工种，利用微信等聊天工具，通过向淘宝店主承诺其根本做不到的网店装修和推广服务，骗取淘宝店主向其支付装修费用，作案50起，诈骗金额达80万元。11月，区公安分局反诈骗中心民警在工作中获取一信息：诈骗团伙通过购买色播apk并发送淫秽信息，虚构“1元付优惠购买会员”可免费看色情直播等借口，骗取受害人点击木马链接付款，并引流推广。公安分局迅速成立专案组开展前期研判经营。11月30日至12月2日，专案组民警分赴江西上饶、四川成都等地集中收网，捣毁利用暗雷apk实施网络诈骗团伙，成功抓获以汪某某、王某某为首的涉案犯罪嫌疑人9名，现场查获赃款50万元，扣押作案手机80部、电脑8台、银行卡120张、电话卡200张，截获支付宝企业账户65个、作案YY号700个，累计作案2000余起，涉案价值270万元。

【破获职务侵占案】4月27日，根据群众举报，区公安分局对魏某某等人涉嫌职务侵占线索展开核查。经调查取证，对“魏某某、曹某某等人涉嫌职务侵占案”立案侦查。4—6月，办案民警分赴河南、安徽省将以魏某某为首的6名犯罪嫌疑人抓获归案。经审查，2019年8月至2020年4月，魏某某、曹某某、李某某、张某、顾某某、王某6人经事前共谋，事中分工作案，事后分赃，在东方日升（常州）新能源有限公司丝网印刷组交接班期间，多次利用职务之便，采用手套包裹废银浆等方式，将银浆占为己有，涉案价值141万元。

【侦破特大盗窃案】5月29日，区公安分局接信维通信（江苏）有限公司报警：保税仓库内总价值40余万元的PCB苹果手机配件被盗。接警后，遂抽调精干警力，会同水北派出所组成专案组，开展侦破工作。刑警大队合成勘验组对案发现场进行全面勘查，提取痕迹物证、调取周边监控，同时对该公司所有在职、离职职工进行全面摸排。通过核查，专案组很快锁定3名犯罪嫌疑人身份和行踪。6月1日晚，专案组赶赴江西省萍乡市，在当地警方配合下于22时许在萍乡市上栗县杨岐山高速出口成功截获犯罪嫌疑人乘坐的车辆，抓获刘某、龙某某、张某犯罪嫌疑人3名。

【侦破销售假药案】6月2日，区公安分局抽调治安、派出所30名警力，分赴福建省邵武市、广东省深圳市、安徽省淮南市、山东省青岛市，在四地警方配合下一举抓获以钟某某为首的利用电商平台、电话营销等方式销售假药的犯罪嫌疑人11名，捣毁假药窝点5处，查扣益安宁丸与六零六消栓通络片等假药10余箱，三七粉等伪劣保健品30余箱，作案电脑10台。

【破获特大虚开增值税专用发票案】2020年8月上旬，区公安分局破获一起特大虚开增值税专用发票案，抓获犯罪嫌疑人26名，涉案金额3亿元。2019年9月，区公安分局接到国家税务总局常州市税务局提供的线索，称江苏福坛车桥科技有限公司涉嫌虚开增值税专用发票骗取出口退税，数额巨大。11月14日，区公安分局对江苏福坛车桥科技有限公司立案侦查。经查，2016—2018年，江苏福坛车桥科技有限公司卢某兴等人多次召集郑某某、刘某某、郭某某合谋筹划商议，以完成与开发区政府签订招商引资开票销售额的指标任务为借口，骗取政府补贴；采用虚增外贸出口销售额，骗取出口退税、虚开进项增值税专用发票等方

6月11日，区公安分局举行“5·29”特大盗窃案赃物退还仪式

式，接收山东、江苏、福建、广东等12个省、市、区50余家企业虚开的增值税专用发票2521份、价税2.98亿元。

【侦破销售假烟案】 9月24日，区公安分局会同区烟草局，分别在广州白云区、淮安市淮阴区抓获李某某、李某某（女、福建省诏安县人）、吴某、孙某某（淮安市淮阴区人）4名销售假烟犯罪嫌疑人，打掉假烟窝点2处，查扣中华、南京等品牌假烟400余条及名牌假酒120余箱，涉案价值60余万元。

（潘一平）

检　察

【概况】 2020年，区人民检察院紧扣全区中心工作，奋力战疫情、防风险、护稳定、促发展，为大局服务，为人民司法。全年共受理各类案件1651件。其中，办理刑事案件1279件；民事行政监督案件224件；公益诉讼案件148件。严厉打击妨害疫情防控和复工复产的各类违法犯罪，依法办理涉案金额高达450万元的口罩机、熔喷布等涉疫物资买卖合同诈骗案1起，制发检察提醒函3份，建议相关职能部门对销售假冒防疫物资、哄抬市场物资物价、滥食野生动物等违法行为进行有效治理，以涉嫌敲诈勒索罪批捕跨多省妨害建筑工地复工复产犯罪嫌疑人8名，为疫情防控和经济发展提供有力检察服务和保障。参与动态环境下社会治安防控体系建设，精准打击“盗抢骗”“黄赌毒”“食药环”等严重影响群众安全的违法犯罪273件435人，严惩涉枪涉爆、危险驾驶、纵火防火等严重危害公共安全犯罪314件328人，切实提升人民群众安全感。严厉打击破坏生态环境违法犯罪行为，依法办理非法排污、捕捞、盗伐林木等犯罪案件9件22人，发出生态治理类诉前检察建议18件，督促治理被污染土地、河流、林田80余公顷，清理生活垃圾、固体废物1500余吨，为全区“治污、添绿、留白”助力。坚决打赢扫黑除恶收官战，核查上报涉黑涉恶和保护伞线索6件，起诉恶势力案件1件，发出行业治理检察建议2件，实现检察环节涉黑涉恶案件“清到底、清干净”。年内，区检察院获评“全国检察宣传先进单位”，5个集体和14名检察人员受到市级以上表彰。

【检察监督】 2020年，区检察院全面加强并整体推进刑事诉讼监督，监督侦查机关立案13件，撤案24件，纠正漏捕6人，追诉漏犯3人，对刑事执行、监外执行、财产执行等活动提出书面监督意见31件。运用“案—件比”（“案”是指发生的具体案件，“件”是指具体案件进入司法程序后所经历的有关诉讼环节，“案—件比”中“件”数越低，说明“案”经历的诉讼环节越少，办案时间越短，诉讼效率越高，社会效果越好）评价标准，适度前移案件审查关口，推进案件办理繁简分流，全链条压缩办案往复流程，引导侦查取证率同比上升2.9个百分点，案件退查率同比下降7.7个百分点，“案-件比”为1.17，有力提升司法办案质效。加大民事行政诉讼监督力度，全年发出再审检察建议6件，办理“虚构债权债务案”“虚增借贷金额案”“虚假房屋买卖案”等虚假诉讼案件8件；化解“违法堆放铸造废砂纠纷案”“养老保险异地转移接续纠纷案”等行政检察案件13件。

【风险防控】 2020年，区检察院主动融入地方经济发展大局，防范化解经济金融风险，强化对骗取贷款、高利放贷、私募基金等领域问题研究，形成《非法集资犯罪综合治理的情况报告》，出台《涉众型经济犯罪案件风险防控办法》，加大对金融犯罪的惩治力度，依法起诉涉案标的3亿余元、参与人员700人的健祥生态公司非法吸收公众存款案；提前介入架设网络游戏私服、利用自媒体推广、采取地下钱庄洗钱的“3•16”跨境网络赌博案，严防经济金融风险向社会领域传导。防范化解安全生产风险，盯紧生产安全事故类犯罪重点地区、重点领域及重点案件，助力“小化工”专项整治，依法严惩安全生产事故类犯罪案件23件30人。防范化解公共安全风险，依法打击危害公共安全犯罪314件328人。对道路交通运行、

7月3日，区检察院组织开展“防范非法集资”宣传活动

消防通道管理、易燃易爆危险品处置等问题发出检察建议16件，探索实施危险驾驶拟相对不起诉人员参与社会公益服务工作，推动公共安全综合整治。

【检察为民】 2020年，区检察院坚持以人民为中心，开展落实食品药品安全“四个最严”（习近平总书记提出要用最严谨的标准、最严格的监管、最严厉的处罚和最严肃的问责确保食品药品安全）要求专项行动，起诉制售假药劣药、有毒有害食品等犯罪4件26人，从严从快办理“益安宁”假药案、打击生产销售“瘦肉精”案，让人民吃得放心、用药安心。落实“轻轻重重”宽严相济政策，依法决定不批准逮捕35人，不起诉114人，建议变更强制措施21人，努力让人民群众感受到司法办案的理性、平和。推进认罪认罚从宽制度，使用认罪认罚从宽制度办结案件666件922人，适用率94.3%，最大限度促进犯罪嫌疑人自愿认罪认罚的同时，自觉接受教育矫正，更好回归社会。强化未成年人综合保护，依法惩治严重侵害未成年人犯罪8件8人，办理支持起诉变更监护权、支持起诉追索抚养费等民事检察监督案件4件，司法救助失依儿童8人，开展线上线下法治宣传教育18次，联合相关行政单位对校园周边食品安全、校外培训机构和娱乐场所开展专项整治活动11次，推动实现未成年人利益最大化。切实维护弱势群体的司法保护，依法起诉拒不支付劳动报酬犯罪2件3人，支持29名农民工起诉追讨拖欠劳动报酬21万余元，向因案致困的23个受害家庭发放司法救助金17.6万元。全年收到群众来信来访205件，回复率100%。

【公益诉讼】 2020年，区检察院持续深化双赢、多赢、共赢理念，坚持把诉前实现维护公益目的作为重点，全年发出诉前检察建议68件，回复整改率100%。办理运输公司聘用无资质人员从事道路货物运输案，建议交通部门变“末端执法”为“源头预防”，以最小的司法投入获得最佳的社会效果。开展新领域办案探索，对法律明确赋权领域之外的公共安全、城市治理和文物保护等新领域，排查问题线索29件，着力疏通人民群众反映强烈的公益损害问题。办理“电动车楼道内违规充电起火案”，联合消防、交警和全区52家物业服务单位共同展开集中宣传整治，让“生命通道”畅通无堵。发挥典型案例示范作用，办理的全省首例非法买卖穿山甲刑事附带民事公益诉讼案写入法治教材，被最高人民检察院作为检察机关野生动物保护公益诉讼典型案例首案发布，办理的李某某等“套路贷”虚假诉讼案入选最高人民检察院第23批指导性案例。

【典型案例】 2020年，区人民检察院办理李某某等“套路贷”虚假诉讼案。

2015年10月以来，李某某以其开设的常州市金坛区汇丰金融小额贷款公司为载体，纠集冯某某、王某、陆某某、丁某等多名社会闲散人员，实施高利放贷活动，逐步形成以李某某为首要分子的恶势力犯罪集团。该集团长期以欺骗、利诱等手段，让借款人虚写远高于本金的借条、签订虚假房屋租赁合同等，并要求借款人提供抵押物、担保人，制造虚假给付事实。而后，采用电话骚扰、言语恐吓、堵锁换锁等“软暴力”手段，向借款人、担保人及其家人索要高额利息，或者以收取利息为名让借款人虚写借条。在借款人无法给付时，又以虚假借条、租赁合同等向法院提起民事诉讼，欺骗法院作出民事判决或者主持签订调解协议。同时，李某某等通过申请法院强制执行，逼迫借款人、担保人及其家人偿还债务，造成5人被司法拘留，26人被限制高消费，21人被纳入失信被执行人名单，11名被害人名下房产6处、车辆7辆被查封。

2018年3月，被害人吴某向公安机关报警，称其在李某某等人开办的小额贷款公司借款被骗。公安机关对李某某等人以涉嫌诈骗罪立案侦查。经侦查终结，8月20日，公安机关以李某某等涉嫌诈骗罪移送区人民检察院审查起诉。区人民检察院审查发现，李某某等人长期从事职业放贷活动，具有“套路贷”典型特征，有涉黑恶犯罪嫌疑。办案检察官随即向人民法院调取李某某等人提起的民事诉讼材料，审阅发现2015—2018年，李某某等人以民间借贷纠纷提起民事诉讼上百起，且借条均为格式合同，多数案件被区人民法院缺席判决。经初步判断，区人民检察院认为该犯罪集团存在通过虚假诉讼方式实施“套路贷”犯罪活动。检察机关遂将案件退回公安机关补充侦查。经公安机关查清“套路贷”犯罪事实后，12月13日，公安机关以李某某等涉嫌诈骗罪、敲诈勒索罪、虚假诉讼罪、寻衅滋事罪再次移送审查起诉。

2019年1月25日，区人民检察院对该案刑事部分提起公诉，区法院于1—10月四次开庭审理。经审理查明李某某等人犯罪事实后，区人民法院依法认定其为恶势力犯罪集团。11月1日，区人民法院以诈骗罪、敲诈勒索罪、虚假诉讼罪、寻衅滋事罪判处李某某有期徒刑12年，并处罚金人民币28万元；其余被告人分别被判处有期徒刑8年至3年6个月不等，并处罚金。

2020年1月，经区纪律检查委员会、监察委员会调查，对系列民事案件中存在失职问题的涉案审判人员作出相应的党纪政纪处分。

年底，区人民检察院办理的李某某等“套路贷”虚假诉讼案入选最高人民检察院第23批指导性案例。

（汪佳敏）

法　院

【概况】 2020年，区法院紧抓审判执行中心业务，发挥司法职能，积极参与疫情防控工作，服务高质量发展，为金坛全面决战“两个加快”“十三五”规划圆满收官提供司法保障。全年共受理案件16652件，其中新收案件14052件，同比分别减少9.88%和12.25%；审执结15657件，同比减少1.38%。

【刑事审判】 2020年，区法院严厉惩治刑事犯罪，共受理刑事案件623件，审结603件。审结故意杀人、故意伤害等暴力犯罪案件39件，盗窃、危险驾驶等多发性犯罪案件336件，维护社会治安稳定；审结以销售口罩机、熔喷布等防疫物资设备为名实施合同诈骗案件1起，严厉打击涉疫情违法犯罪；审结梁某、朱某等6人恶势力犯罪集团案件，徐某、狄某恶势力犯罪团伙案件2件41人，完成涉黑恶犯罪“案件清结”任务。

【民事审判】 2020年，区法院发挥职能作用，维护民生权益，共受理民事案件8844件，审结8372件。审结交通事故、医疗纠纷等侵权责任纠纷案件931件，保障群众生命健康权益；审结婚姻、继承等家事类案件895件，致力婚姻家庭和睦；适用特别程序审理常州市首例由检察机关支持起诉变更监护权案件，发出金坛首份未成年人人身保护令，关爱未成年人成长，呵护未成年人远离家庭暴力；审理物业纠纷案件195件，助推和谐社区建设；妥善审理农村土地承包、农业承包等涉农案件42件，积极回应农业农村领域群众诉求。

【优化营商环境】 2020年，区法院成立服务营商环境领导小组和工作专班，制定打造一流营商环境重点任务分解表，逐月推进改革任务21项。完善区政府与法院联动机制，推动成立金坛区企业破产处置工作领导小组，并设立200万元破产扶助专项基金，妥善保障涉破产案件特困群体基本权益。强化破产资金监管，公开遴选江南农村商业银行金坛支行为破产资金开户银行，利用银行金融优势确保破产资金收益。加大破产案件审理力度，全年共受理破产案件43件，结案11件。

【行政审判】 2020年，区法院依法开展行政审判工作，全年共受理行政诉讼案件52件，非诉行政执行审查案件47件，其中，判决支持行政行为案件29件，判决行政机关败诉案件3件，审查准予行政执行案件42件。审结行政登记许可、行政确认等案件10件，依法支持政府职能转变和“放管服”改革；努力促成当事人撤诉案件11件，推动行政争议实质化解。

【执行工作】 2020年，区法院内外发力，关爱民生，提升执行效率。与区不动产登记中心深度合作，开通常州法院首条“法院不动产查询专线”，实现房产查询零跑腿；与区税务部门建立法税合作机制，破解执行财产涉税难题；开展“六稳”“六保”专项集中执行行动5次，执行到位金额360.35万元；开展“黑财清底”工作专项行动，追缴违法所得486.47万元，罚金刑执行到位136.1万元；重拳出击惩治“老赖”，拘留失信被执行人14人，限制高消费4966人次，纳入失信“黑名单”888人次。全年共受理执行案件6938件，结案6400件。

【助力疫情防控与经济发展】 2020年，区法院积极应对疫情防控，参与社区联防联控，主动服务经济平稳发展。出动干警400余人次，对口支援华城、电胜等社区执勤点7个；出台《关于应对疫情支持企业健康发展的十二条意见》，每天安排10名干警协助复工复产企业落实疫情防控主体责任，帮助中小企业渡难关，并参与政府涉疫情文件起草工作，为企业复工复产提供法律指导。在疫情防控线下诉讼服务暂停期间，通过官方网站、微信等自媒体平台公布“不见面”办理立案执行、信访接待等方式，引导当事人通过“12368”热线电话、江苏法院诉讼服务网等渠道，完成诉讼咨询700余次，受理立案申请128件，开展网络庭审71件，在线调解27件。

9月27日，区法院召开“六稳”“六保”专项集中执行动员会

【司法辅助事务集约化管理】 7月20日，区法院率先在常州法院范围内建立司法辅助事务集约化管理模式。通过成立4个辅助事务工作小组，对诉讼服务、审判辅助、执行辅助、文档处理4项工作进行分段式集约化管理。司法辅助事务集约化管理机制建立以来，案件审理周期平均缩短12.53天。11月，在全市法院全面深化“一站式”建设工作推进会上，司法辅助事务集约化管理模式受到常州市中级人民法院领导充分肯定。

【司法体系运转机制优化】 2020年，区法院完善案件繁简分流模式，建立以法官自主审查为主导的案件分流机制，在速裁部门组建简案团队5个，专门审理相对简单的民商事案件，实现民商事案件“轻重分离、快慢分道”。推动速裁案件快速审理，全年审理速裁案件2575件，平均审理周期45.72天，低于全院民事案件周期17.9天。充分发挥一审终审、快捷高效的优势，依法优先适用小额诉讼程序审结案件573件。简化裁判文书制作，制发要素式裁判文书385份。在速裁案件审理过程中引入“智能中间柜”“云柜”等电子信息化设备，全面实行无纸化办理，确保速裁案件审理高效便捷、规范有序。

【“一站式”司法服务】 2020年，区法院为提高诉讼服务效能，建成集现场立案、网上立案、跨域立案、24小时自助立案于一体的全覆盖立案服务体系，全方位满足当事人立案需求。与尧塘街道林丰村村委签订“无讼”村（居）共建协议，为地方服务民生和企业提供司法保障；在东方盐湖城挂牌成立旅游巡回法庭，为游客就地提供“一站式”司法服务。做好诉讼与非诉讼衔接，引导当事人通过非诉方式解决争端，免费调解成功案件291件。

（毛京华）

司法行政

【概况】 2020年，区司法行政系统围绕全区中心工作，忠诚履行职责使命，坚持依法治理，服务发展，保障民生，全面推进依法治区工作，完成“七五”普法终期工作并通过考核验收。

【法治宣传教育】 2020年，区司法行政系统按照“谁执法谁普法”年度责任清单开展法治宣传活动。先后与区妇联、区环保、区教育等多个部门联合组织“美好生活法典相伴”“社区矫正法宣传”“守护网络安全，共建绿色网络”“应急管理普法知识竞赛”“美丽中国，我是行动者”普法志愿活动等主题宣传20场次。依托“法治大课堂”举办普法讲座24次。依托“中国普法”微信公众号《中华人民共和国民法典》知识竞赛活动，组织参与《中华人民共和国民法典》网上接力。依托“宪法宣传周”，开展青少年儿童法治书画作品赛，完成网上“宪法考试”，发放法治宣传品近5000份。全年制播《法在身边》电视节目34期，“金坛司法行政掌上12348”“金坛微警务”“金坛气象”“金坛女性”等新媒体以及公共场所法治知识宣传150次。法治教育推陈出新。借助仙姑村美丽乡村建设，优化“乡音普法演艺团”普法形式，挖掘“唐王故事会”普法内涵；网络法治安全融入青少年法治体验馆；回访监督省级以上民主法治示范村（社区）59个，创成西门社区、南瑶村等省级民主法治示范村（社区）7个。

【公共法律服务】 2020年，区公共法律服务中心围绕疫情后企业复工复产遇到的法律问题以及企业长期法律风险防控问题，提供专项“法律体检”，帮助企业提升风险防控能力。牵头区法院、区检察院共同制发《新冠肺炎疫情防控个人法律责任告知书》，覆盖351家复工企业3万多名职工。做实公共法律服务进园区工作，制定实施方案、工作机制、服务清单，针对园区企业经营活动中的痛点、堵点、难点，分类指导，精准施策，提供“专属＋专业”的法律服务，防范化解法律风险。加快公共法律服务产品研发，组织发动律师事务所、律师力量参与研发企业法律服务产品，推荐“计生特殊家庭专项法律服务产品”申报江苏省律师公益法律服务品牌，“房地产企业公证法律服务”“三色风控——企业合同评审和管理法律风险防范”等法律服务产品获“常州市公共法律服务优秀产品奖”。开展“法援惠民生 同心战疫情”“决胜达小康”“根治欠薪”三大专项行动，让群众享受均等普惠的法律援助服务。建立“调解＋援助”机制，妥善处理涉企劳动维权纠纷，对于企业困难职工和涉疫人员确实无法取得或提供案件部分证据材料的，采用书面承诺代替、容缺受理方式，应援尽援。全年受理法律援助案件1115件，完成年度目标199%；共接待来访、来电咨询4334人次，回访满意度100%。

【全面依法治区】 2020年，金坛区全面推进落实行政执法公示制度、执法全过程记录制度、重大执法决定法制审核制度，先后印发《2020年全区行政执法协调监督工作计划》《区委依法治区办区委依法治区执法协调小组关于开展行政执法三项制度检查督察的通知》等文件，明确开展各项工作时间节点，加强工作督查，确保专项任务顺利完成。开展重点领域执法专项督查。11月下旬，对区人力资源和社会保障局、区自然资源和规划局、金坛生态环境局等重点行业管理单位的行政执法流程和规范展开行政执法检查，督查相关行政执法机关案件的办理情况、制度规范、创新举措、执法争议焦点或问题建议等工作，确保行政机关依法依规执法，保障企业切身利益。开展“法治建设‘互联网+’监测评价项目工作落实”“江苏法治环境指数评价”“党政主要负责人履行推进法治建设第一责任人”“法治建设人民群众满意度提升”等8项法治督察。全年共办理行政复议案件26件，审结20件，其中，申请人主动撤回4件，撤销1件，维持5件；区政府作为被告或第三人的一审行政诉讼案件9件，无一败诉。印发行政机关负责人出庭应诉催告函33件，向常州市政府备案《常州市金坛区污水处理费征收使用管理办法》文件1份，办理区直属机关单位备案申请4件。

【矛盾纠纷调解】 2020年，区司法行政系统坚持以人为本、高效便民，综合运用人民调解、行政调解、律师调解、公证等多种方式，多元化解民事、商事、假释、行政等领域纠纷。成立区、镇、村三级非诉讼法律服务中心，设置引导分流岗、调解处置岗、协调督办岗、综合岗等岗位，真正做到把非诉讼纠纷解决机制挺在前面。完善行业性、专业性人民调解组织体系建设，与区检察院建立刑事和解中心、与区法院建立行政争议审前调解中心、与区工商联成立浙江商会调解中心，发挥行业自治作用。打造专业化家事调解工作室。及时调整婚姻家庭纠纷调解委员会组成人员，把区级婚姻家庭纠纷调解工作室从区法院搬迁至区婚姻登记处，同时将端口前移、向基层延伸，全区9个镇（街道）妇联、司法所联合组建家庭纠纷调解平台9个，并向村（社区）辐射，形成“1+9+X”的区、镇（街道）、村（社区）三级联动家庭纠纷调解格局，实现家庭矛盾调处服务全覆盖、无缝隙、零距离。全年各级调解组织调解矛盾12443起，调解成功12312起，调解成功率98.9%。

7月，区司法局组织律师送法进军营

【特殊人群管理】 2020年，区司法行政系统组织全区在册社区矫正对象学习《中华人民共和国社区矫正法》《中华人民共和国社区矫正法实施办法》，组织社区矫正对象集中教育220余次，参加义务劳动4000人次。改变矫正模式，针对不同的犯罪性质、危害程度，科学地将每个矫正对象的矫正期限分成入矫、矫中和解矫三个阶段，有序推进分类管控，有针对性地进行教育学习引导，精准矫治。常态化开展社区矫正联席会议，加强公、检、法、司四方沟通协调，充分整合资源，提升社区矫正、安置帮教、后续照管质效。全区接收社区服刑人员245人、解除矫正243人，现有矫正对象240人；办理审前调查107件，假释评估4件，居住地变更4件，警告处罚矫正人员14名。

（周睿人）

人民武装

【概况】 2020年，金坛区人民武装部（以下简称区人武部）以习近平强军思想为指导，深入贯彻常州市军分区党委扩大会议精神，紧紧围绕“抓学习固根基、抓工作求突破、抓作风树正气、抓班子强能力”总体思路，落实全面从严治党、从严治军要求，狠抓班子建设，锤炼过硬作风，坚持任务牵引，全面提高素质，注重目标导向，夯实工作质效。

【疫情防控】 2020年，区人武部面对疫情闻令而动，带领党员官兵向“疫”而行，用践行初心使命的责任担当自觉接受考验。在抓好自身防控前提下，区人武部党委先后向地方政府主动请战3次，迅速成立以现役干部、文职人员为主的“党员先锋队”，2天内共筛查登记居民700余户2300余人次。区人武部主官带领机关人员昼夜作战7天，检查指导复工复产企业100余家，下达整改通知30条，为企业复工助力护航。同时自发交纳“特殊党费”9000元捐献给区红十字会，用行动表率传递正能量。按联动疫情防控指挥部要求，专题印发《关于加强疫情防控中民兵使用管理的指导意见》，民兵连党支部组织成立防疫宣传、摸排登记、设卡拦堵、场所消毒等战“疫”分队，被纳入政府网格化防疫机制，担负6个重要路口设卡检查和39个小区管控任务，出动民兵5022余人次。“薛埠镇民兵党员示范岗”、轻伤不下火线的女民兵连长尤文娟、自发向武汉运送防疫物资的民兵陈翔等一批先进典型受到区疫情防控指挥部通报表彰。20余篇相关报道在《中国民兵》、江苏交汇点新闻、龙城国防先锋号等媒体发表。

【练兵备战】 2020年，区人武部强化作战需求根本牵引，坚持瞄准实战、中心居中、主业主抓，突出党委研战抓战意识，召开专题议训会研究年度军事训练工作，提升领战胜战能力。落实各项备战工作。针对以往无专业教员、缺师资力量等问题，立足自身解决，从优秀退伍军人中选拔培养一批教练员担负民兵训练任务，按照课题类型分工备课施教，按纲施训。4月，按各类实战需求，区人武部党委第一时间召开专题研究部署会，成立专班专组，对表任务时限，明确责任分工，紧前抓实准备。训练中严格按照疫情防控要求，落实封闭式管理、每日测量体温、分餐等制度规定，在确保绝对安全的前提下，全年共组织民兵训练4批次，总参训量329人/天。区人武部领导带队调研兴通路桥工程有限公司和交通运输公司，现场察看所需预征预储装备、人员技术情况，协调演练相关器材保障工作，签订预征预储协议，确保任务分队遂行能力。7月，首批编建分队和任务分队及装备全部到位。

【双拥共建】 2020年，区人武部持续开展双拥活动。组织金坛官兵走进敬老院、走上献血台、走到群众中，累计献血超40000毫升、参加社会服务活动万余人次。按照军队参与打赢脱贫攻坚战要求，精准帮扶脱贫，累计投入帮扶资金50万元，与1个行政村、2个自然村、12户困难群众结对帮扶。至年底，完成扶持项目2个，12户贫困家庭全部脱贫。

【国防动员】 2020年，区人武部落实上级民兵调整改革会议精神，对照《民兵调整改革落实情况检查考评标准》，应急编实，专业编强，特殊编精，重点抓好民兵整组方案拟制、民兵组织潜力调查和基干民兵编组，做好预征装备工作，配齐配全物资器材；落实《参加基干民兵通知书》发放工作，逐人、逐分队、逐专业建立基干民兵档案。抓好国防动员潜力核查。由区人武部领导牵头，走访调查相关企业，了解掌握动员潜力，召集成员单位召开工作部署推进会3次；组织数据会审2次，顺利完成数据统计对接。做实国防动员工作。区人武部首次在区人力资源市场同时举办征兵现场会和社会招聘会，建立预征青年信息数据库。组织开展“征兵宣传月”和“征兵宣传社区、校园行”活动，在地方媒体平台发布征兵信息，开放征兵微信公众号，在沿街商场、主干道路户外LED屏持续滚动播放征兵宣传视频。各镇（街道）武装部注重早宣传、早发动，基层武装干部、民兵连长逐家入户开展宣传，逐人掌握基本情况、摸排登记。在多措并举协同发力下，区征兵工作迈上新台阶，2020年度征集的新兵中大学生比例占到70%以上。

（郑　浩）

【人民武警】 2020年，武警金坛区中队围绕争创“四铁”先进单位为奋斗目标，按照转观念、提标准、厚底蕴的总体思路，重点把握疫情期间部队建设和工作特点规律，全面贯彻《军队基层建设纲要》《正规化管理规定》等法规制度，坚持抓好思想政治工作，组织开展“传承红色基因、担当强军重任”主题教育，夯实官兵安心本职、扎根警营、献身使命的思想根基。全面落实军事训练要求，严格按纲施训，抓好反恐防袭、一招毙敌、应急处置、战斗指挥等重点科目训练，强化训练基础体能、单兵技能，提高训练质量。年内，中队长景皓被武警常州支队评为“四有优秀干部”，10名战士被评为“四有优秀士兵”。全年出动官兵100余人次担负各类临时押解任务未出现差错，执勤等级正规化检查评定为优秀，连续13年被武警江苏总队评为“正规化执勤一级单位”。

（何浩　潘一平）

（编辑　钱国新）

外向型经济

综　述

【概况】 2020年，金坛区以“‘两个加快’全面决战年”为主旋律和主基调，在高位平稳的基础上推动开放型经济提质增效。全区实际到账注册外资3.36亿美元，增长10.96%，完成市级年度目标任务的111.99%；完成进出口总额220.3亿元，增长17.6%；境外投资项目7个，累计投资额1286.72万美元。全区累计签约引进项目121个，协议投资总额480.32亿元，其中新签外资项目12个，协议投资总额6.5亿美元。

【招商】 2020年，全区围绕“‘两个加快’全面决战”，紧抓长三角一体化发展机遇，坚持产业强区，加快高质量项目引进。面对经济大环境影响，积极应对挑战，强化破局思维，开展“项目招引百日攻坚行动”。积极落实目标完成，针对招商人员外出、新增项目及签约项目等情况严格落实一周一报、半月通报、月度推进会等制度。积极锚定攻坚项目，紧盯“三新一特”等产业头部企业项目、科技创新项目、产业生态项目及外资项目，主动出击，奋力追赶。攻坚期间，全区共累计新增签约项目19个，协议投资总额261.896亿元。其中，单体投资超5亿元人民币或5000万美元项目5个，外资项目4个，协议投资总额4.04亿美元。

区商务局对全区锂离子动力电池、光伏新能源等产业链的产能、产业链上中下各环节进行梳理，并形成产业现状分析报告。对全区工业地块、工业厂房、平台载体情况进行全面摸排，建立招商载体资源库。全区新增引进工业项目中，新能源汽车、新一代信息技术、生物技术和新医药、光伏“三新一特”产业项目协议投资额占工业项目协议投资总额比重93.9%。强化招商宣传，对中英文双语版投资环境研究报告进行修编和数据核实、修订，维护、完善、推广“金坛招商”微信平台的建设，确保宣传材料的时效性、准确性，及时更新金坛区招商动态、产业政策以及园区情况等相关信息，全面提升全区招商宣传力度。

组织参与多项招商活动。6月29日，举办“中国金坛—德国招商投资推介会”，首次开启“屏对屏”的线上招商新模式。7月，赴上海开展“上海经贸活动周”金坛专题活动，走访开发区重点企业。9月28日，组织参加常州科技经贸洽谈会。10月26日，组织参与常州市政府举办的“2020常州·深圳创新合作交流会”活动，邀请常州市领导集中参观拜访深圳知名企业和机构。协助、配合各特色产业园区举办新一代移动通信产业发展金坛茅山峰会、中国金坛光伏新能源产业发展长荡湖峰会、生物技术和新医药产业发展金坛长荡湖峰会、国际新能源汽车产业发展金坛茅山峰会。

区商务局通过分散培训、专题培训和集中培训相结合的方式，先后对全区招商人员进行针对性培训。9月3—5日，举办金坛区2020年“优化营商环境与招商引资”专题研修班。12月18日，组织各镇、园区招商领导和招商业务人员参加常州市招商实务培训班。在服务各镇区招商引资工作中，针对金坛区外语类一线招商人员，开设商务英语口语提升班、商务英语综合强化班。

（潘菲菲）

外贸、外资、外经

【对外及对港澳台贸易】 2020年，全区完成外贸进出口总值220.3亿元，增长17.6%，高于全市平均水平13.9个百分点。其中，出口161.7亿元，增长14.1%，高于全市平均水平10.8个百分点；进口58.6亿元，增长28.4%，高于全市平均水平23.6个百分点。

全区共有实绩进出口企业557家，较上年增长23.2%。其中，累计进出口1000万美元以上企业44家，较上年增加9家；累计进出口3000万美元以上重点企业16家，较上年增长1家。外资企业进出口总额78.4亿元，占全区总量35.6%；民营企业增长明显，累计进出口140.1亿元，增长34.9%，占全区总量63.6%。重点企业带动作用明显，全区出口前30名企业累计实现出口额120.8亿元，增长16.2%，占全区出口总额74.7%；全区进口前30名企业实现进口额54.6亿元，增长27.3%，占全区进口总额93.2%。

“一带一路”沿线国家和地区成为全区主要贸易市场，累计实现进出口55.6亿元，增长5.2%；欧盟、韩国、日本位列2—4名，全年对欧、韩、日进出口分别为51.9亿元、35.2亿元、32.9亿元，分别增长42.5%、54.7%、19.8%。受中美贸易摩擦及新冠疫情影响，对美贸易下降明显，全年对美进出口总额25.3亿元，下降11.0%。对台湾、香港地区进出口分别为7.1亿元、0.7亿元，比上年降低3.6%、增长2.4%。

全区“三新一特”产业累计实现进出口总额117.7亿元，增长32.4%，超出全区平均增幅14.8个百分点。其中，出口90.8亿元，增长46.5%；进口26.9亿元，下降0.1%。新能源汽车、新一代信息技术、生物技术和新医药、光伏分别实现进出口33.8亿元、5.5亿元、17.8亿元、60.7亿元，分别增长10.9%、37.6%、41.1%、45%。

全区共有4家企业入选“2020—2022年度江苏省重点培育和发展的国际知名品牌”，6家企业入选“2020—2021年常州市重点培育和发展的国际知名品牌”，其中盛利维尔新增入选。“外贸贷”“退税贷”信贷风险补偿业务持续开展，全年为12家企业累计放款5590万元，有效缓解外贸企业资金压力。搭建金坛区小微企业政策性出口信用保险统保平台，扩大外贸企业承保范围，2020年全区共发放有效出口信用保险保单154张，企业覆盖率37.8%，超出全市平均水平1.7个百分点。

（何常纯）

【利用外资及港澳台资】 2020年，全区实际到账外资3.36亿美元，增长10.96%。新增外资项目33个。其中，新设项目23个，增减资项目10个。新增协议注册外资3000万美元以上大项目4个。新增协议注册外资7.09亿美元。根据2019年度外商投资企业年报结果显示，参与年报的282家外商投资企业为全区贡献了3.4万个岗位，实现进出口额78.37亿元，占全区进出口总额的35.77%。

6月29日，举办中国金坛—德国招商推介会

全区认真贯彻《中华人民共和国外商投资法》《外商投资企业投诉工作办法》等法规条例，落实外商投资企业信息报告制度。全年共接收外商直接投资企业设立、变更信息报告143条，外商间接投资企业设立、变更信息报告207条。282家外商投资企业完成外商投资信息年度报告，位列全市第一名。全年完成“双随机、一公开”单部门检查3场，跨部门检查1次。

全力推动中央、省、市“稳外资”的决策部署落地见效，积极推动外商投资企业有序复产复工，制造业外商投资企业复工率99%。协助全区来自17个国家30家企业的928名外籍员工办理商务邀请函，其中444名外籍员工已入境。组织开展年度商务发展专项资金申报，获得省级商务发展专项资金外资提质增效资金、开发区载体平台建设资金274.2万元、市级商务发展专项资金65万元。

全年实际到账注册外资和协议注册外资在全市比重分别为11.67%、12.68%，超过全市的预期占比份额。全区制造业和生产性服务业、战略性新兴产业利用外资占比分别是79.49%、81.87%，提升超18个、6个百分点。全区增资外资项目6个，新增协议注册外资1.43亿美元。全年新增爱思开电池材料科技（江苏）有限公司等2个总投资超亿美元项目。截至2020年年底，全区共有5家世界500强企业在金坛投资9个项目。全区有省级跨国公司地区总部2家，市级外资区域总部2家。推动园区建设，加强对金坛经济开发区的指导服务、协调管理工作，推动开发区成为全区开放型经济发展的主阵地。开发区在2019年度省级开发区排名中位列14名，提升2名。开发区利用外资贡献份额占全区七成，工业开票销售贡献份额超过50%，进出口贡献份额超过70%，公共财政预算收入贡献份额超过30%。

（卞文娟）

【对外及对港澳台经济合作】2020年，全区境外投资项目7个，累计投资额1286.72万美元，其中“一带一路”境外投资3家，中方协议投资额275万美元。对外承包工程和对外劳务项目16个，累计完成营业额1854万美元，其中“一带一路”建设项目1个。

年内，常州澄煌建筑劳务有限公司、江苏毓恒建筑有限公司相继获得对外劳务合作、对外承包工程经营资格。全区对外劳务合作经营企业增至11家，从事对外承包工程项目企业5家。合作项目由传统的住房建设向锅炉安装、钢厂建设安装等新业态业务发展。

全区共核准、变更“一带一路”境外投资项目3个，江苏顺烨电子有限公司在印度尼西亚设立完美半导体公司，常州市易度电动科技有限公司在印度尼西亚设立公司及其印度公司境内主体变更，全区“一带一路”项目累计12个。2020年，承接对外承包工程及劳务合作各2个，江苏毓恒建筑有限公司承接的马来西亚在马来西亚锅炉安装项目，合同额826万美元；江苏金煦建筑工程有限公司承接印度尼西亚PT Obsidian Stainless Steel不锈钢冶炼项目，协议额759万美元。

江苏金昇实业有限公司在乌兹别克斯坦投资的利泰丝路纺织国际有限公司一期项目正常运营，二期工程因受疫情影响，进入设备安装阶段。常州骏丰医疗器械有限公司总投资6000万美元（含增资部分）并购了美国富都仕医药公司40%的股份，其生产的抗癌药项目已进入了临床阶段，在全球居领先地位。蜂巢新能源科技有限公司总投资20亿欧元在德国萨尔州建立电池工厂项目已经企业董事会通过进入项目报批阶段。

全年，累计收到非法劳务投诉20余起，区商务局配合信访、公安等部门，协调处理劳务纠纷、取缔非法劳务。加强对外劳务的法治宣传以及业务培训，保障出国务工人员的合法权益。

（方 斌）

2020年金坛区新设外商及港澳台投资企业情况一览表

表7　　单位：万美元

序号	企业名称	地址	法定代表人	投资国别（地区）	总投资	注册资本	外方认缴
1	常州明耀半导体科技有限公司	金坛区华城路1668号	李砚霆	中国台湾	5568	2064	1886
2	凯斯思（常州）新能源汽车有限公司	金坛区华城路1668号	Park Young Tae	韩国	150	150	150
3	锂沃克斯（中国）投资有限公司	金坛区明湖路399号	Truman Joseph Fisher III	荷兰	120000	40000	40000
4	常州云渡企业管理合伙企业	金坛区晨风路1036号	—	马来西亚	29	29	26
5	江苏玛沃珂装饰工程有限公司	金坛区华城中路168号	Ho Hyun Kim	德国 韩国	1000	300	300
6	图特斯工具技术（常州）有限公司	金坛区华城中路168号	Frank Michael Kiefer	德国	1087	544	544
7	巍捷尔机床（中国）有限公司	金坛区华城中路168号	FABRIZIO LODOVICOPESCE	意大利	1125	1012	1012
8	常州吉和智能家具有限公司	金坛区河山环路18号	杨志敏	日本	500	300	180
9	洋秀才智能设备技术（常州）有限公司	金坛区华城路288-1号1幢1014号	Guo Yizhi	加拿大	18	18	14
10	吉地亚汽车系统（常州）有限公司	金坛区华城路1668号	Stefan Gessner	德国	1125	562	562
11	安歌思保护工业部件（江苏）有限公司	金坛区南二环东路2889号	David Henry Williams	美国	2500	1000	1000
12	卡迈锡精密成形（江苏）有限公司	金坛区华城中路168号	蒋东良	德国	2500	1000	1000

续表 7

序号	企业名称	地址	法定代表人	投资国别（地区）	总投资	注册资本	外方认缴
13	常州锂航凯博拾号实业投资合伙企业（有限合伙）	金坛区尧塘街道江东大道 1 号	—	日本	116.02	116.02	19.34
14	佧犇泰（江苏）生物技术有限公司	金坛区华城中路 168 号	林树森	德国	700.23	350.11	315.10
15	格龙新材料科技（常州）有限公司	金坛区尧塘街道明湖路 365 号	周萨	中国香港	152.02	152.02	152.02
16	常州伊瑞贸易有限公司	金坛区盐港中路 69 号 9 幢	方燕玲	中国香港	4800.00	4800.00	4800.00
17	常州和飞电子实业有限公司	金坛区金城镇盐港中路 9 号	余朱瑾	中国香港	3500.00	3500.00	3500.00
18	常州洪记两轮智能交通工具有限公司	金坛区儒林镇园区西路 12 号	徐洪军	中国香港	251.29	175.98	3.72
19	常州埃比尼泽商务信息咨询有限公司	金坛区西门大街 97 号	EBENEZER NICKSON NEEQUAYE	加纳	10.00	10.00	10.00
20	常州诺玛德国际贸易有限公司	金坛区西门大街 97 号	BULATKHANOV BAUYRZHAN	哈萨克斯坦	30.00	30.00	30.00
21	常州多多肉餐饮管理有限公司	金坛区文化路 223、225、227、229 号一楼商铺	吴品鋐	中国台湾	8.75	8.75	4.37
22	常州嘉实旗商贸有限公司	金坛区西城街道县府路 69-225 号	蒋勇	中国香港	1500.00	1500.00	1500.00
23	常州浩一科技信息咨询合伙企业	金坛区兴明西路 59 号 4 幢	—	美国	1.89	1.89	1.89

2020 年金坛区境外企业申报投资清单一览表

表 8　　　　单位：万美元

序号	境外企业	东道国	中方投资主体	行业	中方协议投资额	协议现汇	协议实物	协议其他
1	印度尼西亚易度机车有限公司	印度尼西亚	常州市易度电动科技有限公司	其他制造业	204.00	100.00	0	104（贷款）
2	中航锂电（德国）有限公司	德国	中航锂电科技有限公司	批发业	2.78	2.78	0	0
3	蜂巢能源韩国技研有限公司	韩国	蜂巢能源科技有限公司	研究与试验发展	92.30	92.30	0	0
4	蜂巢能源日本技研株式会社	日本	蜂巢能源科技有限公司	电气机械及器材制造业	16.64	16.64	0	0
5	常州市金坛区国安汽车工业有限公司德国分公司	德国	常州市金坛区国安汽车工业有限公司	商务服务业	200.00	200.00	0	0
6	海洋动力国际有限公司	中国	江苏金昇资产经营有限公司	批发业	700.00	700.00	0	0
7	完美半导体有限公司	印度	江苏顺烨电子有限公司	批发业	71.00	71.00	0	0

经济开发区建设

【概况】 江苏省金坛经济开发区现辖2个街道，总面积171平方千米，其中产业规划区面积78平方千米，核心区面积27.5平方千米。2020年初，金坛经济开发区全面启动中德（常州）创新产业园规划建设，9月28日中德（常州）创新产业园正式开园，成为全省继太仓之后又一德资企业集聚地。金坛经济开发区全年完成工业开票销售830.8亿元，工业实际投入107.75亿元，规上企业总产值931亿元。

【招商引资】 2020年，金坛经济开发区针对疫情影响，充分运用不见面"云招商"等手段，整合招商团队，全力推动"三新一特"产业优质项目加快聚集。全年累计签约项目37个，协议总投资183.8亿元，超额完成年度目标任务。其中，内资项目27个，协议总投资163.40亿元；外资项目10个，协议总投资2.89亿美元。累计签约税源项目20个，累计完成纳税1.18亿元。

【重大项目实施】 2020年，金坛经济开发区紧扣快速开工和按期达产两个关键，攻坚项目建设，充分保障项目快速复工建设。2019年签约的72个项目中，已开工项目60个，开工率83.3%；2020年新签约的37个项目中，已开工项目13个，开工率35.1%。

进一步加快建设中德（常州）创新产业园，仅用123天，占地近10公顷的中国（常州）德国中心顺利建成。9月28日，中德（常州）创新产业园开园。10月21日，成功举办"2020中德经济合作论坛暨中德（常州）创新产业园—德国慕尼黑推介会"，该推介会成为全省首场在德国设立现场论坛会场、德国主会场与国内分会场专线互动的对德推介活动。截至2020年年底，开发区累计引进德资（含德语区）企业35家，已投产27家，总投资超6亿欧元。2020年，实现工业开票销售收入40.87亿元，外贸进出口总值13.5亿元，税收2.33亿元。"三新一特"产业不断集聚，为经济发展积蓄强劲动力。新能源汽车产业规模以上企业实现开票销售94.1亿元；高端装备制造产业规模以上企业实现开票216.68亿元，增长1.48%；纺织服装产业规模以上企业实现开票74.2亿元，增长0.22%。

（陈　翔）

9月28日，中德（常州）创新产业园开园

海　关

【概况】 常州海关（驻金坛）综合业务二科主要承担金坛区的企业管理、加工贸易监管、原产地证签发、后续监管等职责。2020年，金坛区实现外贸进出口总值220.3亿元人民币，比上年增长17.6%。其中，出口161.7亿元人民币，增长14.1%；进口58.6亿元人民币，增长28.4%。

2020年，常州海关（驻金坛）综合业务二科以"互联网+"作业为推手，通过不见面审批，简化手续等方式办理企业注册126家，减少17%；办理企业变更55家，增加2%。金坛区企业办理加工贸易手册303票，减少35%，备案金额11534.3万美元，减少32%；办理加工贸易手册变更752票，增加28%；办理外发加工8票；不作价设备手册1票，备案金额1019.2万美元。金坛区签发原产地证5785票，增加8.1%；签证金额62822万美元，增加34.5%。其中，普惠制产地证210票，减少7.1%；一般产地证1609票，减少6.4%；区域优惠产地证3966票，增长16.4%。

【服务"六稳""六保"】 2020年，在全国防疫抗疫的大形势下，常州海关（驻金坛）综合业务二科紧扣"六稳""六保"经济工作主线开展专题调研6次；联合相关科室举办海关AEO认证政策宣讲会、海关综合业务政策宣讲会，参训企业130余家，共计160余人次；以云办公、微信群为媒介，帮助企业解决各类疑难杂症问题100余起；实地走访企业20余家，积极帮助企业降本增效，为金坛区外贸经济逆势增长提供助力。

常州海关（驻金坛）综合业务二科围绕海关创新实验室和海关实训基地的建设，积极与金坛区政府及同方威视协调沟通，做好相关职能工作；强化统计数据分析研究，跟踪监测金坛区外贸整体运行情况，每月定期向区政府报送外贸分析报告，为金坛地方发展建言献策。针对金坛区新能源锂电池、光伏等特色产业，研究提出新能源全产业链保税模式改革方案，推广加工贸易政策红利。以东方日升、北电爱思特为代表的龙头企业已启动改革，新能源产业链的监管模式有望进一步优化。

2020 年 1—12 月金坛区按企业性质分进出口总值排名表

表 9 单位：万元

序号	项目	进出口	出口	进口	累计比上年同期 ±%		
					进出口	出口	进口
1	进出口贸易总值	2202591	1616998	585594	17.6	14.1	28.4
2	国有企业	17788	9360	8428	42.2	-9.4	287.7
3	外商投资企业	783772	491206	292566	-4.5	-21.9	52.3
4	其中：中外合作企业	1447	1447	0	-47.3	-47.3	—
5	中外合资企业	234280	174176	60105	-10.2	-8.4	-14.8
6	外商独资企业	548045	315583	232462	-1.7	-27.6	91.2
7	集体企业	429	420	9	-28.4	-28.5	-23.4
8	民营企业	1400602	1116012	284590	34.9	43.7	8.8

（黄晨婧）

（编辑　李华琴）

10 月 25 日，智能电源及新材料项目落户华科园

科学技术

综 述

【概况】 2020年，区科技局紧紧围绕“‘两个加快’全面决战年”工作主题主线，着力汇聚政策、技术、人才等创新资源要素，加快高新技术产业发展，推进苏南国家自主创新示范区、载体园区建设。年内，高新技术企业新增75家，同比增长47.1%。中航锂电、蜂巢能源获评“省苏南国家自主创新示范区独角兽企业”；加怡热电、立华公司作物栽培站获“省科学技术奖一等奖”；同方威视、斯威克、科菱库3个项目获市级科技成果转化与产业化项目立项。加快推进载体园区建设，牵头配合华科园创建省级高新区材料申报及现场考察工作，中德（常州）产业园建成开园，获外专工作许可服务权限下放。金西众创空间、华科园新一代移动通信技术众创社区获省级载体立项，大连理工金坛智能制造创造中心、常州晶谷孵化器获市级孵化器立项。全年获批科技型中小企业认定127家，组织56家企业申报省市科技计划项目，向上争取科技项目资金3541万元。

【产学研合作】 2020年，全区组建5个服务小组，开展“双走进双联系”（走进企业联系、走进高校院所联系）科技服务行动，累计走进企业530余家，收集企业技术、人才需求158个；先后走进河海大学常州校区、南京工程学院、江苏中科院智能技术应用研究院和常州工程职业技术学院对接交流，协助中盐常州化工股份有限公司与河海大学商学院、万容科技与常州大学、斯威克与江苏科技大学等达成产学研合作项目44项，完成技术合同交易备案29.3亿元。清华大学党委副书记向波涛到金坛清华研究生社会实践基地调研，并延长合作交流至16年；积极对接省科技资源统筹服务中心，推动建设科技资源统筹服务中心金坛分中心工作，建立省中心资源与金坛资源的互联互通，探索构建系统化科技资源服务新模式。年内，新增获批省双创计划创新人才2名，市外国人才专项4项，市外国专家工作室6家。

创新创业平台

【概况】 2020年，区科技局围绕“三新一特”产业推进科技创新创业载体建设，抢抓上级布局省高新区的窗口期，提出《推动华科园创建省高新区的建议》，牵头配合华科园创建省级高新区申报工作，国家农业

11月26日，区科技局为2020年苏南国家自主创新示范区独角兽企业中航锂电科技有限公司授牌

科技园区创建获批公示。邀请中国工程院院士赵春江到金坛调研，启动江苏省农业高新技术产业示范区规划编制。中德（常州）产业园建成开园，外专工作许可服务权限下放，中德产业园与江苏理工学院共建中德人才培养培训学院项目在筹备之中。省产研院专业团队多次深入中航锂电、贝特瑞、恒方大、鹿山光电调查，建成企业联创中心2家。年内，新增企业省级工程技术研究中心2家、市级中心17家、区级中心22家，推动4家企业进行研发机构贯标工作。推进企业孵化器、加速器和研发机构建设，金西众创空间、华科园新一代移动通信技术众创社区获省级载体立项，大连理工金坛智能制造创造中心、常州晶谷孵化器获市级孵化器立项。至年末，全区累计有科技企业孵化器、加速器17个。

2020年金坛区获常州市创新创业大赛奖企业一览表

表10

序号	企业名称	获奖等级
1	江苏科美声学科技有限公司	一等奖
2	常州威斯双联科技有限公司	二等奖
3	常州浩蔚环保科技有限公司	
4	常州瑞华电力电子器件有限公司	三等奖
5	江苏万纳普新材料科技有限公司	
6	常州市金坛区维格生物科技有限公司	
7	常州辉思特电子科技有限公司	

高新技术产业

【概况】 2020年，全区认定省高新技术企业93家。至年末，共有省高新技术企业227家，涉及电子信息、生物与新医药、新材料、先进制造与自动化等产业。

2020年金坛区获认定高新技术企业一览表

表11

序号	企业名称	序号	企业名称
1	常州市天华制药有限公司	13	常州市金坛志诚机械有限公司
2	江苏铁龙环保设备有限公司	14	江苏良腾机械有限公司
3	常州金坛金源电子有限公司	15	爱派尔（常州）数控科技有限公司
4	常州华诚电子有限公司	16	常州富创再生资源有限公司
5	常州辉思特电子科技有限公司	17	常州亿晶光电科技有限公司
6	常州微宙电子科技有限公司	18	埃森农机常州有限公司
7	江苏思伟奇智能科技有限公司	19	常州市赛尔交通器材有限公司
8	江苏肯创催化剂再生技术有限公司	20	常州凯度机电有限公司
9	江苏省激素研究所股份有限公司	21	常州普宸电子有限公司
10	常州海力克斯弹簧有限公司	22	江苏金喷灌排设备有限公司
11	常州亿都电子有限公司	23	常州新马干燥工程有限公司
12	中盐常州化工股份有限公司	24	江苏常峰电力科技股份有限公司

续表 11

序号	企业名称	序号	企业名称
25	常州杰铭新材料科技有限公司	60	拓普森（常州）数控科技有限公司
26	常州金坛天鹅喷灌机械有限公司	61	常州日发新材料科技有限公司
27	常州金坛珠峰包装机械有限公司	62	常州瑞凯化工装备有限公司
28	常州市正隆粉体工程有限公司	63	常州信泰包装有限公司
29	常州沃克光电仪器有限公司	64	江苏万泰电机有限公司
30	中悦汽车部件（江苏）有限公司	65	江苏日发机械科技有限公司
31	海目星激光智能装备（江苏）有限公司	66	常州市金坛久春五金橡塑制品有限公司
32	常州市朗科精密机械有限公司	67	江苏顺烨电子有限公司
33	江苏沃尔森电子科技有限公司	68	江苏中广核金沃电子科技有限公司
34	江苏三洋新材料有限公司	69	常州超越特种电缆有限公司
35	常州市鑫愉宝传动部件有限公司	70	盘星新型合金材料（常州）有限公司
36	京晟（常州）汽车零部件有限公司	71	常州市金坛区溶解乙炔有限公司
37	康诚（江苏）机械制造有限公司	72	常州浩铭机械制造有限公司
38	蜂巢能源科技有限公司	73	江苏辛宙环保科技有限公司
39	江苏悦智生物医药有限公司	74	江苏长河电子有限公司
40	江苏索尔思通信科技有限公司	75	正信光电科技股份有限公司
41	江苏科美声学科技有限公司	76	常州斯威克新材料科技有限公司
42	江苏鑫怡电力设备有限公司	77	江苏科谷电子有限公司
43	江苏欣龙微电子科技有限公司	78	东方日升（常州）新能源有限公司
44	格瓦诺模具（常州）有限公司	79	江苏广豪佳工业设备有限公司
45	常州英诺新材料有限公司	80	常州市盛科汽车配件有限公司
46	江苏世烨鼎电子科技有限公司	81	江苏路博减振技术有限公司
47	常州金禾新能源科技有限公司	82	江苏铭鼎新材料科技有限公司
48	江苏中宇电力器材有限公司	83	江苏华彬新材料有限公司
49	常州铭仁三维科技有限公司	84	江苏科奥新材料科技有限公司
50	江苏溧润数控科技有限公司	85	常州市金坛区望胜合金铸钢有限公司
51	江苏亨泰汽车零部件有限公司	86	江苏富沃德电子科技有限公司
52	江苏智维自动化设备有限公司	87	江苏天驰轴承有限公司
53	常州市鑫隽渊精工科技有限公司	88	常州金坛环保设备有限公司
54	江苏普泽环境工程有限公司	89	日轩汽车科技（常州）有限公司
55	常州市先飞包装设备科技有限公司	90	天成涂装系统（常州）有限公司
56	江苏迪迈新材料有限公司	91	日正升汽车科技（常州）有限公司
57	江苏润宇门窗有限公司	92	常州大诚金盾新型建材有限公司
58	埃马克（中国）机械有限公司	93	常州洮湖机械有限公司
59	常州瑞华新能源科技有限公司		

科技项目与奖励

【概况】 2020 年，全区实施省级科技计划项目 15 项，常州市级科技计划项目 31 项，累计对上争取省、市科技项目资金 3541 万元。

2020 年金坛区实施省级科技计划项目一览表

表 12

序号	项目名称	承担单位	计划类别
1	基于深度学习的海关智能查验成套系统研发及产业化	同方威视科技江苏有限公司	省成转分年度拨款
2	基于盐穴的绝热非补燃压缩空气储能关键技术研发	中盐金坛盐化有限责任公司	省重点研发分年度拨款
3	彭祖铃	中航锂电技术研究院有限公司	省双创人才
4	李洋	中航锂电技术研究院有限公司	省双创人才
5	河蟹规模化养殖及智能化管理技术集成创新与示范	江苏长荡湖农业科技产业园有限公司	省重点研发
6	高品质鲜切蔬菜智慧化生产—加工技术链集成创新与示范	江苏一号农场科技股份有限公司	省重点研发
7	原位法制备锂单离子聚合物电解质	中航锂电技术研究院有限公司	省自然基金
8	农药类甲氧基丙烯酯杀菌剂中间体 3- 异色酮的技术研发及应用	常州市登冠化工有限公司、宁夏思科达生物科技有限公司	省对口支援宁夏
9	金坛设施蔬菜产业分店	常州市昌玉红香芋专业合作社	省农业服务超市后补助
10	金坛经济林果产业分店	江苏鑫品茶业有限公司	省农业服务超市后补助
11	金坛区洮湖渔夫星创天地	常州洋泽农业科技有限公司	省农业服务超市后补助
12	江苏省禁限物品探测与分析工程技术研究中心	同方威视科技江苏有限公司	省工程技术研究中心
13	江苏省动力及储能电池工程技术研究中心	中航锂电科技有限公司	省工程技术研究中心
14	水面漂浮光伏电站高性能浮体材料研究与开发	常州斯威克光伏新材料有限公司、江苏科技大学	省产学研合作项目
15	环保液体包装袋设计与开发	常州信泰包装有限公司、常州工学院	省产学研合作项目

（李文远）

（编辑　钱国新）

工　业

综　述

【概况】 2020年，金坛区工业抓疫情防控、复工复产两不误，全面落实"六稳""六保"任务要求，抓早、抓细、抓紧、抓实各项工作，全区工业经济运行呈现"稳步恢复、稳中向好"的发展态势。全年实现工业开票销售1625.12亿元，比上年增长4.33%。新能源汽车业降幅收窄，全行业60家规模企业实现开票销售126.22亿元，比上年下降20.46%；新一代信息技术业稳定增长，全行业13家规模企业实现开票销售52.54亿元，比上年增长9.35%；生物技术和新医药业增幅较大，全行业24家规模企业实现开票销售48.17亿元，比上年增长32.30%；光伏新能源业总体增长，全行业33家规模企业实现开票销售228.58亿元，比上年增长10.10%；装备制造业保持稳定，全行业159家规模企业实现开票销售274.39亿元，比上年增长2.17%；化工及新材料业压力较大，全行业89家规模企业实现开票销售122.11亿元，比上年下降9.16%；纺织服装业略有下降，全行业76家企业实现开票销售102.27亿元，比上年下降4.35%。

全区完成工业实际投入218.50亿元，完成年计划的87.40%。272个区2020年重点工业项目完成实际投入177.90亿元，占全部投入的81.42%。233个项目达开工标准，开工率85.66%，其中，187个项目竣工，竣工率68.75%。194个区2019年签约工业项目完成实际投入77.93亿元，占全部投入的35.67%。165个项目达开工标准，开工率85.05%，其中，140个项目竣工，竣工率72.16%。

【复工复产】 年初，面对新冠疫情，区工业和信息化局（简称区工信局）履行区疫情指挥部企业防控组职责，组织全区企业复工复产。疫情防控期间，共指导28批次2819家企业复工复产。至3月中旬，全区工业企业产能已基本恢复至上年同期水平，456家规上企业复工率达100%。

【两化融合】 2020年，全区推进两化融合工作，东方日升、蜂巢能源等6家企业获评"两化融合管理体系贯标达标企业"；积极开展星级上云企业申报工作，贝特瑞、蜂巢能源被认定"五星上云企业"，东方日升、辉思特电子等4家企业被认定"四星上云企业"，沃尔核材、久诺建材等7家企业被认定为"三星上云企业"；中航锂电获评"常州市工控安全示范企业"；江苏盈科通信科技有限公司获评"省工业电子商务应用示范企业"。开展江苏省工业互联网应用提档升级专项行动，完成4家企业的注册申报工作；完成金坛信息通信管线专项规划编制工作。

【节能监察】 2020年，全区完成固定资产投资项目节能审查6家、节能监察企业12家、能源审计企业7家、节能与循环经济专项企业8家、自愿性清洁生产审核企业21家。

【绿色发展】 2020年，全区完成中盐常化、常宝普莱森申报第五批国家绿色工厂，晨风服装、久诺建材申报国家绿色供应链企业和绿色设计产品，其中晨风服装获评"国家绿色供应链企业"称号。中盐盐化、盈科通讯、中航锂电、常宝普莱森4家企业成功获评"第一批省级绿色工厂"称号。

【减化工作】 2020年，全区关停7家化工企业，并对全区16家现有化工企业从产品工艺、安全生产、环境保护等方面进行再排查，针对存在问题制定"一企一策"，实行闭环管理，将逾期未能整治提升到位的企业列入下一年关闭退出计划。

【自主创新】 2020年，区工信局引导企业加强对各类工业设计、技术中心、重点实验室智能（工厂）车间等建设，中航锂电、信维通信、金旺智能3家企业被认定为“省级企业技术中心”，贝特瑞、威斯双联等5家企业被认定为“市级企业技术中心”；埃马克等7家企业的9款产品被认定为“常州制造创新产品”；金旺智能、赛尔交通成功申报常州市工业设计中心；北电爱思特三元锂离子电芯化成段智能制造车间、常宝普莱森高端页岩气开采用管加工车间、信维通信无线充电RX模组自动组装车间被评定为“省级示范智能车间”，常宝普莱森高端页岩气开采用管智能生产3号管加工车间、埃马克数控机床钣金件智能生产车间、胜伟策内层（IL）车间被评定为“常州市智能车间”；铭纳阳智能装备MNY/088层发卡扁线电机定子全自动生产线项目被认定为常州市首台（套）重大装备及关键部件项目；蜂巢能源的156Ah高能量密度电芯通过省工信厅“156Ah高能量密度电芯”新产品投产鉴定。

（杨兆平）

新能源汽车行业

【概况】 2020年，全区新能源汽车行业60家规模企业实现开票销售126.22亿元，比上年下降20.46%，占规模企业的比重为12.83%，比上年下降3.16个百分点。奥托立夫同比下降8.83%；中航锂电同比增长46.3%；北电爱思特、蜂巢、贝特瑞分别净增开票11亿元、3.32亿元、3亿元。

【意大利汽车自动化设备生产线项目落户开发区】 12月17日，意大利SAMAC汽车自动化设备生产线项目正式签约落户金坛经济开发区，为意大利SAMAC集团在中国的第一家工厂。

SAMAC集团是一家于1975年在意大利布雷西亚市成立的家族企业，核心业务涉及汽车液压张紧器、汽车油泵水泵、汽车刹车三大板块，产品主要用于汽车行业自动化装配测试生产线。

【新能源汽车产业发展金坛茅山峰会在金坛举行】 11月15日，2020新能源汽车产业发展金坛茅山峰会在金坛区举行。峰会以“把握产业变革趋势推进汽车强国建设”为主题，以中国锂动力电池产业为主要切入点，旨在集聚各方智力，对中国锂电产业发展阶段的前沿技术进行研判与讨论，为推动新能源汽车技术与产业创新贡献力量。

埃马克（中国）机械有限公司生产车间一角

【区两家企业获评“独角兽企业”】 11月10日，江苏省苏南国家自主创新示范区建设促进服务中心发布了2020年苏南国家自主创新示范区独角兽企业和瞪羚企业评估结果，共评选出13家“独角兽企业”、113家潜在“独角兽企业”和454家“瞪羚企业”。金坛区蜂巢能源科技有限公司和中航锂电科技有限公司获评“独角兽企业”，为金坛区首批获评的“独角兽企业”。

【忠大新能源汽车、轨道交通车辆轻量化车身及部件项目开工】 3月11日，忠大新能源汽车、轨道交通车辆轻量化车身及部件项目在金科园举行开工仪式。该项目计划总投资20亿元，预计2023年全面竣工投产，全面投产后年新增销售35亿元。

江苏忠大新能源科技有限公司主要从事新能源汽车及充电装置、铁路及城市轨道交通专用设备、车辆轻量化车身的设计、研发、制造与销售。项目全部建成后形成年产铝合金运输半挂车身2500台，纯电动物流车身及冷藏车身1800台，纯电动垃圾运输车身及铝合金集装箱700台，轨道列车车体500节，轨道交通车体型材12000吨，新能源汽车车体型材24000吨，轨道交通车体大部件用型材6000吨，新能源汽车上装、轻量化车身、轨道交通空车体及大部件用铝型材28000吨。

（杨兆平）

新一代信息技术行业

【概况】 2020年，全区新一代信息技术行业13家规模企业实现开票销售

52.54 亿元，比上年增长 9.35%，占规模工业的比重为 5.34%，比上年增长 0.5 个百分点。信维通信同比增长 27.36%；索尔思、格优碳素分别净增开票 7.08 亿元、1.2 亿元；创客新材料、中晟智能同比分别增长 36.57%、5.84%。

【2020 新一代移动通信产业发展金坛茅山峰会】 9 月 17 日，2020 新一代移动通信产业发展金坛茅山峰会在金坛区举行。峰会探讨了 5G 新基建下的机会与创新，发布了《5G 新基建发展白皮书》《中国 5G 区域发展指数白皮书》《5G 产业发展白皮书》以及《金坛新一代移动通信产业发展年度报告（2020）》，并对三大白皮书和报告进行了解读。大会发布“2020 通信产业榜 5G 射频产业榜 TOP30”和 2020 新一代移动通信产业发展金坛茅山峰会创新奖。

【江苏中晟智能制造项目开工】 7 月 26 日，江苏中晟智能制造项目在金科园举行开工仪式。该项目计划总投资 52 亿元，建成投产后将致力于智能穿戴、大健康产品的研发与生产。中晟智能制造项目计划总投资 52 亿元，其中设备投入 40 亿元，购置国内外各种设备 1.2 万余台（套）。建设总周期 3 年，分 2 期完成，预计 2023 年 8 月全面竣工投产。项目全面竣工达产后，可形成 5000 万套智能穿戴产品、2000 万套智能手表表带、1000 万套笔记本电脑结构件、500 万套虚拟现实拍摄设备结构件的年生产能力。新增年销售收入 60 亿元以上，上缴各类税金超 3 亿元。

【飞荣达新项目投资超 50 亿元】 10 月 25 日，深圳市飞荣达科技股份有限公司与金坛区人民政府、华罗庚科技产业园管委会签署合作协议，将投资 50 亿元以上，在金坛华罗庚科技产业园内投资建设“智能电源及新材料项目”。新投资的项目包括建设高导材料研究院，以及从事氮化镓高功率电源、新能源汽车端板、新能源汽车液冷板、特种散热器等的研发、生产和销售。

飞荣达是中国领先的、创新型专业电磁屏蔽及导热解决方案服务商。2017 年，公司投资 36 亿元在金坛区设立飞荣达科技（江苏）有限公司，主要从事电磁屏蔽、导热、吸波等高导材料及器件的研发、生产和销售。

（杨兆平）

10 月 25 日，飞荣达智能电源及新材料项目签约仪式

生物技术和新医药行业

【概况】 2020 年，全区生物技术和新医药行业 24 家规模企业实现开票销售 48.17 亿元，比上年增长 32.30%，占规模工业的比重为 4.90%，比上年增长 1.23 个百分点。健尔康同比增长 74.6%，净增开票 7.77 亿元；金远药业、恒方大、激素研究所同比分别增长 21.6%、10.02%、3.08%。

【2020 生物技术和新医药产业发展金坛茅山峰会】 10 月 30 日，以“聚焦生物新医药共谋产业新发展”为主题的 2020 生物技术和新医药产业发展金坛茅山峰会在金坛区隆重举行。峰会上，金坛区与部分医药企业、学术研究以及投资基金等 6 家意向落户企业进行签约。大会发布《2020 生物医药产业发展白皮书》《中医药大健康产业发展白皮书》以及《金坛区生物技术与新医药 2020 年度产业发展报告》，现场解读了生物技术与新医药在常州以及金坛的未来布局与规划，细化了中国茅山药谷配套体系和专业配套。

【区 2 家企业入围江苏省重点培育和发展的国际知名品牌名单】 9 月 24 日，江苏省公示了 2020—2022 年度江苏省重点培育和发展的国际知名品牌名单，江苏省健尔康医用敷料有限公司和江苏省激素研究所股份有限公司榜上有名。

【健尔康助力疫情防控】 自防控新冠肺炎疫情以来，健尔康公司组织复工，生产的一次性医用口罩、酒精消毒液等产品迅速发往防控疫情一线或供政府部门调拨。

2月1日，健尔康公司向常州市、金坛区和直溪镇各捐赠一次性医用口罩20万只，另分批次捐赠KN95口罩1万只、1万只和2000只，酒精消毒液1.5万瓶、1.5万瓶和2000瓶等医用防护物资，总价值约200万元。

（杨兆平）

光伏新能源行业

【概况】 2020年，全区光伏新能源行业33家规模企业实现开票销售228.58亿元，比上年增长10.10%，占规模工业的比重为23.24%，比上年增长2.31个百分点。中信博、亿晶光电、东方日升、斯威克工业开票销售同比分别增长40.71%、32.53%、12.38%、3.2%；正信光电同比下降26.02%；东方日升（常州）新能源有限公司开票销售达103亿元。

10月21日，2020光伏新能源产业发展金坛长荡湖峰会在金坛开幕。峰会以“开放创新合作，共赢绿色未来”为主题，展望全球光伏行业的未来发展趋势，分享当下最具价值的商业及技术应用案例，共谋光伏产业高质量发展之路。

【斯威克光伏封装材料产销全球位居第二】 常州斯威克光伏新材料有限公司是一家专注于新材料研发、生产和销售的高新技术企业，是国内首家通过抗PID认证EVA胶膜的生产商。2020年，常州斯威克光伏新材料有限公司年产能达3.2亿平方米，产、销量跻身光伏封装材料全球第二。

【正信光电跻身全球新能源企业500强】 11月27日，2020能源转型论坛暨第十届全球新能源企业500强峰会举行，峰会发布“2020全球新能源企业500强”榜单，金坛区正信光电科技股份有限公司位列其中。

“全球新能源企业500强”评选活动是针对新能源行业权威研究评价的大型公益活动，该活动自2011年开始，2020年为第十届。榜单已成为反映全球新能源产业发展基本特点、最新变化和重要趋势的风向标。

（杨兆平）

装备制造行业

【概况】 2020年，全区装备制造行业159家规模企业累计实现开票销售274.39亿元，比上年增长2.17%，占规模工业的比重为27.90%，比上年增长0.82个百分点。金昇集团下属装备制造企业同比增长4.08%；华能机械、天成涂装、埃斯杰贝分别净增开票4.67亿元、2.44亿元、1.8亿元。部分企业因疫情和中美贸易摩擦等影响出现下降，常宝普莱森、同方威视、诚镓精密同比分别下降18.93%、48.49%、86.4%。

【金昇上榜“2020中国民营企业500强”】 9月10日，全国工商联发布“2020中国民营企业500强”系列榜单及分析报告，金坛区的江苏金昇控股有限公司入围榜单。

江苏金昇控股有限公司是一家以高端装备制造为主，致力于循环、绿色经济的全球化产业集团，旗下拥有卓郎智能、德国埃马克机床、德国科普费尔齿轮及瑞士赫伯陶瓷等一批百年企业。埃马克和卓郎智能分别在高端专用数控机床与智能纺机领域处于全球领先地位，产品销往132个国家和地区。

【卓郎公司收获进博会大单】 在第三届中国国际进口博览会上，江苏金昇实业股份有限公司旗下的卓郎智能技术股份有限公司收获103台玻璃纤维环锭加捻机大单。

【区3家企业入选市级智能车间】 10月26日，2020年度常州市智能车间名单揭晓，金坛区3家企业的车间入选，分别是常宝普莱森钢管有限公司“高端页岩气开采用管智能生产3管加工车间”、埃马克（中国）机械有限公司“数控机床钣金件智能生产车间”、胜伟策电子（江苏）有限公司“内层IL车间”。

【区4个项目入选2020年省重点技术创新项目导向计划】 4月22日，2020年江苏省重点技术创新项目导向计划名单公布，金坛区有4个项目入选，分别是卓朗纺机的Au·tocard梳棉机项目、同方威视的非黑体红外体温筛查相机及其安检应用项目、盛利维尔的新一代超高强度超细钢丝的研发及产业化项目和正信光电的石墨烯高效太阳能电池项目入选。其中，新产品研发类项目3个，关键核心技术攻关类项目1个。

（杨兆平）

化工及新材料行业

【概况】 2020年，全区化工及新材料行业89家规模企业实现开票销售122.11亿元，比上年下降9.60%，占规模企业的比重为12.42%，同比下降1.20个百分点。蓝色星球同比增长39.94%；中盐金坛、中盐常化、久日化学、中东化肥同比分别下降9.72%、11.22%、18.39%、31.21%；久诺建材、盘固水泥同比分别增长12.79%、0.74%；宏源中孚、现代混凝土、大力士云石同比分别下降6.3%、23.97%、56%。

【全球首台“空气动力透平膨胀机”在金坛完成安装】 11月27日，国家自主研发的全球首台“空气动力透平膨胀机”在金坛完成安装。

中盐金坛盐穴压缩空气储能国家试验示范项目，是全国首个盐穴压缩空气储能国家示范项目，项目拟建设1套60兆瓦盐穴非补燃压缩空气储能系统。

该项目由中盐集团、清华大学、中国华能三方共同投资建设。项目采用非补燃方式，零碳排放，所有设备完全实现自主研发及国产化，电—电转换率达60%，高于目前国际上已投运的压缩空气储能电站，并且实现无污染、零碳排。

【中盐金坛获首批“江苏精品”称号】 11月16日，首批“江苏精品”发布，中盐金坛盐化有限责任公司“食用精制低钠盐”位列其中。

【久诺建材捐资百万元支援抗疫】 3月10日，江苏久诺建材科技股份有限公司向中国光彩事业基金会捐赠100万元，支援抗疫工作。其中，76万元作为武汉防控专款，20万元用于金坛区抗疫工作，并分别向区金馨托养中心和小天使康复培训中心捐款2万元。

（杨兆平）

纺织服装行业

【概况】 2020年，全区纺织服装行业76家企业实现开票销售102.27亿元，比上年下降4.35%，占规模工业的比重为10.40%，比上年下降0.38个百分点。晨风服装、华越毛纺、华茂金昇同比分别增长1.15%、12.95%、16.37%；卿卿针织厂、金虹纺织同比分别下降12.09%、24.14%。

【晨风服装成为职业技能等级认定企业】 5月下旬，经过专家评定，认定江苏晨风集团股份有限公司符合企业开展职业技能等级认定工作标准。企业符合职业技能等级认定工作标准后，可依据国家职业标准，结合生产岗位实际，以职业能力考核与工作业绩评定为主要方法，对企业内技能人才进行客观评价，核发相应国家职业资格证书，并按照相关标准，针对不同的工种给予1000元至4000元的补贴。

（杨兆平）

2020年金坛区上缴税收十强企业名单一览表

表13　　　　单位：万元

序号	企业名称	1—12月开票销售				1—12月入库税收			
		本期	同期	同比（%）	净增	本期	同期	同比（%）	净增
1	健尔康医疗科技股份有限公司	181783.41	104113.46	74.60	77669.95	21897.36	3587.84	510.32	18309.52
2	盘固水泥集团有限公司	231197.27	229492.39	0.74	1704.88	19398.38	18693.06	3.77	705.32
3	东方日升（常州）新能源有限公司	1032041.87	837961.24	23.16	194080.63	18400.72	23349.09	-21.19	-4948.37
4	江苏金昇实业股份有限公司	898971.00	886091.09	1.45	12879.91	16228.74	25883.21	-37.30	-9654.47
5	晨风（江苏）服装有限公司	317044.32	314317.09	0.87	2727.23	14451.70	20654.48	-30.03	-6202.78
6	奥托立夫（江苏）汽车安全零部件有限公司	183853.37	201666.72	-8.83	-17813.35	14127.45	20652.48	-31.59	-6525.03
7	中盐金坛盐化有限责任公司	124533.56	137944.26	-9.72	-13410.70	6629.46	7063.53	-6.15	-434.07
8	常州亿晶光电科技有限公司	461584.61	348298.70	32.53	113285.91	6582.59	2583.12	154.83	3999.47
9	常州斯威克光伏新材料有限公司	256025.80	248091.92	3.20	7933.88	6389.87	4849.10	31.77	1540.77
10	常州金远药业制造有限公司	24933.26	20504.33	21.60	4428.93	5488.24	4963.41	10.57	524.83

（编辑　张继华）

综　述

【概况】 2020年，全区农村统筹推进疫情防控和经济发展，农业生产保持稳定，实现农林牧渔业总产值72.47亿元，同比增长5.1%。优化产业结构，特色产业做强做优。薛埠镇获评“全国一村一品示范镇”，全区一村一品示范村镇已达5家；尧塘街道获评“全国乡村特色产业十亿元镇”，指前镇成功入选“全国农业产业强镇”，以长荡湖大闸蟹作为建设主导品种成功入选“江苏省首批特色农产品优势区”；连续3年上榜“中国茶业百强县”，成为江苏唯一连续3年上榜县（市、区）。农田建设见行见效。完成高标准农田446.67公顷、高效节水灌溉64公顷建设任务，累计建成高标准农田面积2.66万公顷，占全区耕地面积的78.3%。

农旅加快融合。全区创成“全国休闲农业与乡村旅游四星级示范企业”1家，1条休闲农业线路入选“全省乡村休闲旅游农业精品线路”，2020“苏韵乡情”乡村休闲旅游农业专场推介活动在金坛区举办。“春夏品茶赏花”二日游线路成功入选“100条江苏省休闲旅游农业精品线路”；数字化渔场、宝盛园、一号农场入选“100个江苏省主题创意农园”；“儒林羊糕”入选“全省100道乡土地标菜”。电商加快发展。打造常州首家集产品展示、电子商务、直播运营等为一体的“名优农产品产业带直播基地”，开展助农丰收、品牌专项等多场次直播活动，长荡湖大闸蟹专场成交量超5000单。加快壮大龙头企业。1家农企全面完成股改，全年新增市级农业产业化经营重点龙头企业6家，省级农业产业化联合体1家、市级3家。

引领园区创建。数字化渔场一期1100亩已建成投产，入选2020年省级现代农业类重大项目；4家龙头企业先后入驻，总投资1.2亿元。黄金软米大农场农业产业专项规划编制完成，规划面积1.5万亩、核心区3000亩。省级农业产业示范园项目建设基本完成，连续两年绩效考评位居全省前列。常州国家农业科技园区正式获批建设，省级农业高新区规划编制正式启动。实施项目带动。加快推进茅山茶海、一鸣奶业、智能化渔场等18个、总投资14.78亿元的重大项目，年度完成投资7.22亿元，完成率100%。成功承办全省农业农村重大项目建设现场推进会常州分会场。

强化产业支撑。全区创新推广侧深施肥、插喷同步、绿色防控等新技术、新机具，无节水芹、茶叶绿色生产技术实现全覆盖，水稻插喷同步除草技术实现了“零天施药”。新增市级生态循环农业示范单位7家，建成省级病虫绿色防控示范区2个，实现绿色防控覆盖率100%。创新机插水稻“插喷施同步”集成技术，推广面积5万余亩，引发全省关注。实施畜禽养殖环境长效监管，全区畜禽粪污综合利用率98.4%，规模场设施装备配套率100%，其中大型场配套率100%。建立1个“五有”（有固定防渗场地、有统一标牌、有专门机构或人员负责、人废膜储有量、有规范台账）省级废旧农膜回收网点，62个农药包装废弃物回收网点，回收体系日益健全。

（尹　凡）

【农业结构】 种植业上，按照“优质化、规模化、机械化、绿色化、品牌化”的思路，稳固水稻产能，瞄准稻米市场中高端需求，以优化布局、优化品种和优质生产为基础，聚集组织资源、技术力量和项目资金，充分发挥发展优质稻米的区位优势、资源优势和技术优势，建设优质水稻生产基地，推广优质水稻品种和配套的高质绿色高效安全生产技术，培育具有较大规模、能有效带动广大农户致富的稻米加工企业，完善与优质稻米产业相关的社会化服务体系等，培育中高端优质稻米品牌，推进优质稻米生产社会化服务、规模化种植、绿色化生产、智能化作业、精致化加工、品牌化发展，大幅度提高“金坛大米”在国内外稻米市场的知名度，奋力推进稻米产业高质量发展走在全省前列。水稻主要布局在中部平原圩区，包括直溪镇、薛埠镇、朱林镇、指前镇以及金城镇部分区域。水稻种植面积稳定在38万亩以上，水稻亩产能稳定在600公斤以上，到2025年，优质食味水稻面积占比达到65%以上，规模化经营占比达到60%以上，机械化水平稳定在90%以上。

水产业上，金坛区持续推进产业结构调整，落实养殖水域滩涂规划，科学划定养殖区、禁养区、限养区。截至2020年年末，禁养区内水产养殖行为已全面退出。同时，在养殖区内大力发展蟹虾特种水产养殖，强化渔业基础设施建设，加强原良种场体系建设，优化养殖品种、技术、模式。

（傅俊毅　刘伟杰）

金坛区稻麦综合示范基地获“国家现代农业科技示范基地”称号

农业生产

【概况】 2020年，全区粮食作物总面积22866.7公顷，较上年缩减2392.3公顷，减9.47%，连续10年缩减；公顷单产7359.3公斤，较上年增加328.8公斤，增4.68%；总产16.83万吨，较上年减0.93万吨，减5.24%。完成耕地轮作休耕面积0.55万公顷，完成率103.6%。落实5个5000亩以上、14个1000亩以上示范片，涉及面积7.6万余亩，全区总订单面积稳定发展至8万余亩。农业适度规模经营水平达82.6%。

全年水产品总量达3.42万吨，总产值22亿元，同比上升3.7%。全区大力推进池塘生态化改造和水产养殖尾水净化生态示范，以生态促转型，重点打造了一批现代渔业生态示范点，基本形成与资源生态承载力相匹配，与生活生态相协调的现代渔业绿色发展新格局。

全区生猪产能逐步恢复，截至年底，全区生猪存栏5.43万头，同比增长200%。其中，能繁母猪0.69万头，同比增长130%；生猪出栏9.63万头（其中地产出栏4.69万头），同比增长110%。家禽存栏668.36万羽，出栏2302.72万羽，比上年分别增长8%和下降0.74%。全年屠宰生猪16.55万头、家禽1323.3万羽、牛499头。

（尹　凡）

种植业

【概况】 2020年，全区夏粮总面积7550公顷，较上年减少3570公顷，减少47.28%；公顷单产4973.4公斤，较上年增长331.5公斤，增长7.14%；总产37549吨，较上年减少14070吨，减少27.3%。主要作物小麦面积7500公顷，较上年减少3531.8公顷，减少32.0%；公顷单产4980公斤，较上年增长333.75公斤，增长7.2%；总产37350吨，较上年减少13906吨，减少27.1%。大麦面积40公顷，较上年减少38.47公顷，减少49.0%；公顷单产4450.5公斤，较上年增长168.45公斤，增长3.9%；总产178吨，较上年减少158吨，减少47.0%。

秋粮面积17943.8公顷，较上年增长1177.6公顷，增长8.3%；公顷单产8535.3公斤，较上年减少379.2公斤，减少4.3%；总产130732吨，较上年增长4766吨，增长3.8%。主要作物水稻面积12750公顷，较上年增长18.4公顷，增长0.014%；公顷单产9438公斤，较上年减少16.5公斤，减少0.14%；总产120335吨，较上年减少21吨。其中，中稻面积120.9公顷，公顷单产8864.4公斤，总产1072吨，分别较上年增长112.931.93公顷、减少60.6公斤、增长1吨；晚稻面积12629.1公顷，公顷单产9443.55公斤，总产119263吨，分别较上年增长16.5公顷、减少16.95公斤、减少22吨。

全区油菜总面积722.7公顷，较上年减少210.3公顷，减少22.5%；公顷单产2536.5公斤，较上年减少49.8公斤，减少1.9%；总产1833吨，较上年减少580吨，减少24.0%。

【种植效益】 2020年，全区水稻平均销售单价每公斤3.34元，较上年增长0.62元；每公顷产值32868元，较上年增长5250元；每公顷成本13842元，较上年减少1206元；每公顷效益 19068 元，较上年增长 6498 元。小麦平均销售单价每公斤 2.2 元，与上年持平；每公顷产值 13141.2 元，较上年增长 2752.8 元；成本 7693.8 元，较上年减少 575.25 元；每公顷效益 5417.1 元，较上年增长 2752.8 元。

【整体推进耕地轮作休耕三年计划】 2020 年，全区夏熟小麦季实际完成轮作休耕面积 5523.59 公顷。其中，轮作换茬面积 200.93 公顷，深耕晒垡面积 5322.66 公顷。轮作休耕区域涉及 6 个镇、1 个街道、59 个行政村。按照轮作换茬 3600 元每公顷、深耕晒垡 3600 元每公顷的补贴标准进行发放，共发放补助资金 1988.49 万元。其中，省级财政补助资金 828.5 万元，市级财政补助资金 672 万元，区级财政补助资金 487.99 万元。

（钟剑文）

【惠农补贴】 2020 年，全区农业支持保护补贴（耕地地力保护）补贴面积 18732.1 公顷，补贴标准为 1800 元每公顷，涉及 9 个镇（街道）、91 个行政村、82222 户农户，共计发放补贴资金 3371.8 余万元。2020 年，水稻田生态补偿补贴面积 7245.89 公顷，补贴标准为 427.875 元每公顷，涉及 7 个镇（街道）、711 个申报主体，共计发放补贴资金 310 万元。2020 年稻谷补贴（稻谷规模生产者补贴）补贴普通补贴面积 6858.8 公顷，补贴标准为 2175 元每公顷，绿色食品认证面积 281.3 公顷，补贴标准为 2775 元每公顷，有机食品认证面积 135.1 公顷，补贴标准为 3150 元每公顷；涉及 8 个镇（街道），752 个申报主体，共计发放补贴资金 1612.4 余万元。2020 年度适度规模菜地补贴面积 405.94 公顷，补贴标准 2143.17 元每公顷，涉及 7 个镇（街道）、51 个村、1217 个申报主体，共计发放补贴资金 87 万元。

【粮食绿色高质高效创建】 2020 年，区承担省级水稻绿色高质高效创建项目，实施范围涉及金城、直溪、指前、朱林、薛埠 5 个粮食主产镇，落实 5000 亩以上示范片 5 个，1000—5000 亩以上示范片 14 个，总面积 4933 公顷，建设水稻全程机械化绿色高效百亩示范方 51 个，平均实收公顷单产 10212.9 公斤；建设小麦全程机械化绿色高效百亩方 32 个，示范机械化适期精量播种、测土配方施肥、抗逆应变等技术。

【优质稻谷订单化率突破 60%】 2020 年，全区参与订单生产的稻米加工企业（含委托加工）22 家，订单总面积 5067 公顷，较 2019 年增加 934 公顷。其中，优质稻谷“五位一体”全产业链新型订单生产涉及龙头企业 9 家。由于极端气候因素影响，糯稻价格持续暴涨，公顷增效 6000 元以上，仅考虑扩种因素，糯稻企业带动农户增收达 2700 多万元。订单粳稻收购价格在 1.4—1.45 元，较市场价高 8%—12.5%，为农节本增效 200 余万元。

【农药包装废弃物和废旧地膜回收】 2020 年，全区择优提升农药包装废弃物回收点 25 个，绿色农资示范点 5 个，全年回收处置农药包装废弃物 49.08 吨；2020 年全区共产生废旧农膜 348.53 吨，回收 299.73 吨，回收率 86.0%，地膜使用量 30.66 吨，回收量 26.77 吨，回收率 87.31%，完成了部省级下达的 2020 年废旧农膜回收利用率必须达 80% 以上的目标硬任务。

（朱　萍）

【化肥减量增效】 2020 年，全区稻麦测土配方施肥技术全覆盖，化肥施用量持续下降。土壤监测网络健全，已建成 5 个省级、10 个市级、18 个区级耕地质量监测点，2 个省级土壤墒情自动监测点，对耕地质量进行跟踪监测。茶叶有机肥替代化肥试点县创建工作成果显著，在全国做典型书面交流。科技创新持续发力，参与完成的“机插稻集约化育秧装备与技术的集成推广”成果获第九届江苏省农业技术推广奖二等奖。

（沈　鑫）

【植保植检】 2020 年，全区稻麦病虫害防控总体较好。稻纵卷叶螟、褐飞虱迁入早、数量大、大发生，灰飞虱轻发生，白背飞虱中等发生，大螟、二化螟轻发生；纹枯病中等发生，穗颈瘟、稻曲病发病极轻发生；杂草除部分失管田中等发生外均轻发生。小麦蚜虫、粘虫、灰飞虱轻发生，大螟零星发生；赤霉病轻发生，纹枯病中等偏轻发生，叶锈中等发生，白粉病中等偏重发生；杂草中等发生，个别田块重发生。

全区水稻病虫发生总面积 7.77 万公顷次，防治 28.89 万公顷次，挽回损失 24532.88 吨。小麦病虫发生总面积 1 万公顷次，防治 6.34 万公顷次，挽回损失 6004.75 吨。油菜病虫发生总面积 920 公顷次，防治 0.15 万公顷次，挽回损失 182.4 吨。植保绿色防控产品、技术覆盖率达 56.4%；非化学防控技术应用率 30.1%；全区农药使用总量减 629.25 吨，较 2019 年的 677 吨减 47.75 吨，减幅 7.05%。其中稻麦粮食作物亩均农药减量 2.24%。

创建“省级水稻病虫绿色防控示范区”，面积 66.67 公顷，示范应用绿色防控技术 8 项；创建“省级芋头病虫绿色防控示范区”，面积 66.67 公顷，核心区 6.67 公顷，示范应用绿色防控技术 17 项；实现绿色防控技术、产品覆盖率、非化学防控技术覆盖率均达 100%；水稻亩均农药减量 30.85%、芋头亩均农药减量 32.44%。金坛区创建的省级水稻病虫绿色防控示范区被江苏省农业农村厅评为“省农作物病虫害绿色防控 A 级示范区”，金坛区植保站获评“省农作物病虫害绿色防控工作先进单位”。

实施中央农业生产救灾补助工作任务和常州市级草地贪夜蛾监测与防控工作任务，免费提供水稻纹枯病、水稻纵卷叶螟防控药剂各1次，单次面积1767.73公顷；免费提供草地贪夜蛾防控药剂，玉米田2次全覆盖，有效控制水稻纹枯病、水稻纵卷叶螟及草地贪夜蛾的发生扩散危害。

科技论文《猪粪堆肥和秸秆施用对稻—麦轮作系统小麦田优势杂草生长影响》被美国杂草学会期刊《杂草科学》录用，区农业农村局的研究成果已具国际重大影响。

（段云辉）

【种子管理】 2020年，全区农作物种子市场秩序良好，种子质量安全事故零发生。全年抽检农作物种子样品69个。其中，水稻13个，小麦12个，玉米4个，油菜23个，园艺作物17个，主要农作物抽检覆盖率100%，样品检测合格率100%。完成农作物种子生产经营网上备案216单。其中，委托代销备案17单，委托生产4单，经营不分装195单，主要农作物备案率100%。依托金坛区稻麦科技示范中心共测试（展示）稻麦品种25个。其中，小麦7个，水稻18个，筛选适宜金坛区种植稻麦品种各2个。全年发布品种应用意见2次，水稻主推品种南粳5055及镇糯19号，推广面积分别达1740公顷和2906.67公顷；小麦主推品种扬辐麦4号及扬麦25，推广面积分别达7846.67公顷和753.33公顷。全区各种子经营网点累计销售水稻种子549.9吨、小麦种子812吨。水稻繁种备案面积70公顷，达标种子数量620.5吨；小麦繁种备案面积46.7公顷，达标种子数量242.6吨。

（郑 飞）

【区稻麦科技示范中心创成“国家现代农业科技示范展示基地”】 4月，农业农村部公布110个国家现代农业科技示范展示基地名单，金坛区稻麦综合示范基地成为全省7个之一、常州市唯一入选的单位。金坛稻麦综合示范基地位于指前镇建春村，始建于2010年，总规模560亩，其中核心区202亩，以稻麦为主导产业。基地设有新品种示范区、百亩高产示范区、商品化育供秧示范区等7大功能区，2016年5月入选首批江苏现代农业科技综合示范基地名单。近年来，基地与省农科院、南京农业大学、扬州大学等科研院所紧密合作，8个共建单位先后承担农业科技项目17项。

（曹建军）

4月，区稻麦科技示范中心创成“国家现代农业科技示范展示基地”

【园艺产业】 2020年，全区园艺产业总规模14900公顷，总产值15.43亿元。其中，茶叶2870公顷，产值1.42亿元；蔬菜0.27万公顷，产值7.78亿元；食用菌生产面积75公顷，产值1.41亿元；果树1080公顷，产值1.42亿元；花卉苗木8200公顷，产值3.40亿元。

【绿色蔬菜产业基地】 2020年，金坛区按照绿色生态发展理念，以有机肥资源高效应用、绿色防控技术集成推广为重点，提升蔬菜产业发展水平，全区共新创建绿色蔬菜产业基地8个，绿色蔬菜总播种面积0.246万公顷，绿色蔬菜占比39.6%，绿色蔬菜产值39236.7万元。

（曹丽华）

【蚕桑产业】 2020年，全区共有蚕桑园15公顷，主要集中在薛埠、朱林、指前等镇。全年发种319张。其中，春季发165张，秋季发154张，饲养新蚕品种1个。全区有果桑园3.47公顷，果桑采摘成为现代观光休闲农业项目之一。

（姚国兴）

水产业

【概况】 2020年，全区渔业物资装备水平有新提升。按照布局科学合理、池塘结构规整、循环体系完善、尾水达标排放要求在全区大力实施池塘生态化改造工程，全年新增池塘生态化改造面积545.33公顷，其中池塘异位净化改造153.33公顷。新增市级水产养殖尾水净化示范点2个，区级尾水净化示范点1个。

长江禁捕退捕工作有序推进。为认真践行长江大保护理念，对长江流域重点水域的长荡湖国家级种质资源保护区开展了禁捕退捕工作。退捕工作于 2017 年提前完成，纳入长江流域重点水域退捕渔船管理信息系统的 102 艘渔船全面退捕，渔民全部上岸并进行了安置，完成率 100%。2020 年，区政府成立退捕禁捕工作领导小组和工作专班，制定出台工作实施方案和 4 个专项行动方案。各专项组密切配合，联合开展监督检查及执法行动，进一步加大湖区非法捕捞打击力度，同时注重宣传和氛围营造，形成了退得出、禁得了、稳得住的良好社会氛围。

渔业安全生产水平逐步提高。针对渔业安全生产存在的隐患和薄弱环节，制定出台《渔业安全生产专项整治行动方案》，重点开展机动渔船年度检验、安全生产承诺书签订、极端天气预警信息推送、渔业安全生产突发事件应急演练、“百团进百万企业”安全生产宣讲、专题技术培训、水产养殖用药明白纸印发、渔业安全生产监督检、督促养殖主体建章立制等相关工作，切实落实行业监管职责。联合开展“常州市金坛区渔业安全生产突发事件应急救援联合演练”，制作安全生产教学片《渔民遇险落水搜救及失控渔船固定》《渔船火灾事故遇险人员疏散及消防》和《渔船安全生产监督检查操作》，做到防患于未然，确保了全年渔业安全生产零事故。

长荡湖大闸蟹品牌魅力初显。区域公用品牌“长荡湖大闸蟹”成功入选 2020 年江苏省首批特色农产品优势区。长荡湖大闸蟹受邀参加 2020 年上海国际渔业博览会、“中华好蟹”产销对接和品牌创新论坛及“王宝和杯”河蟹大赛。11 家单位选送优质大闸蟹斩获“最佳种质奖”“最佳口感奖”“优质蟹奖”“金蟹奖”等多项荣誉，区农业农村局获“最佳组织奖”称号。水产养殖企业及相关单位通过抖音、拼多多、淘宝平台开设多场直播，线上线下共同推介“长荡湖大闸蟹”。

水产良种繁育体系逐步形成。江苏长荡湖农业科技产业园有限公司被认定为省级河蟹良种培育场。截至 2020 年年底，全区共有省级良种繁育（培育）场 4 家、区级水产苗种生产企业 8 家，水产良繁体系逐步完善。“长荡湖 1 号”（暂定名）河蟹新品种选育进入奇数年 G1 代成蟹与偶数年 G2 代大眼幼体阶段，研究结果表明 G2 代大眼幼体产量明显高于其他品种，河蟹新品种选育取得新进展。

【全国水产技术推广总站到金坛调研水产技术推广体系建设情况】 6 月 3—4 日，农业农村部全国水产技术推广总站体系建设处处长蒋宏斌一行到金坛，对区水产技术推广体系建设情况开展调研，先后察看了金坛区渔业科技示范基地、万叶水产专业合作社、智能化渔场和水生动物疫病防控中心，并就水产技术推广体系建设和运行进行交流。

调研认为，金坛区围绕“渔业增效、农民增收”这个中心，在全区构建完整的水产技术推广体系；围绕“一懂两爱”（懂农业、爱农村、爱农民），组建包括 11 名水产专业硕士研究生在内的年轻化、专业化的渔技推广骨干队伍；依托高标准建成的渔业科技示范基地，构建水产科技创新长效机制，形成蟹池“155”、蟹池“小精高”、蟹池“物联网”等诸多业界认可度较高的“金坛模式”。

【全国水产养殖机械化现场会在金坛区举办】 11 月 4 日，由农业农村部农业机械化管理司主办的全国水产养殖机械化现场会在金坛举办，该次会议是农业农村部举办的首届全国水产养殖机械化现场会。会议现场展示演示点位于金坛区数字化渔场和指前镇胜利田祥水产养殖场。现场展示及演示内容包括水产养殖全程机械化装备展示和水产养殖装备现场作业演示。来自全国各地的近 40 家参展参演企业单位、100 多种水产养殖机械在现场集中展演。现场对外展示演示 2 天，共有十余批来自省内的农机、水产推广系统负责人及技术骨干、水产养殖基地负责人前往观摩。

【第五届中国虾蟹产业升级与技术创新论坛在金坛召开】 11 月 14 日，第五届中国虾蟹产业升级与技术创新论坛在金坛正式召开，虾蟹行业权威专家、企业和养殖户代表等共 300 余人参加了会议。金坛区水产站是该次论坛的特邀指导单位，生态化、数字化、品牌化的 10 个精彩报告指明了虾蟹产业的未来出路。该次论坛进一步加深了对产业发展形势的

11 月 3 日至 4 日，首届全国水产养殖机械化现场会在金坛区召开

了解和认识，提升了对河蟹养殖技术的把握，强化了生态化、智能化的现代河蟹养殖理念。

【江苏省农业农村厅副厅长张建军调研金坛现代渔业】 4月17日，江苏省农业农村厅副厅长张建军到金坛调研现代渔业建设情况，实地察看了金坛区政府乡村振兴重大项目金坛区数字化渔场项目现场，详细了解了项目投资、建设规模、项目设计、实施内容及政策扶持等情况，指出金坛区在渔业科技创新、养殖品种创新与引进、渔业推广技术人才队伍建设、带动渔民致富方面一直走在全省前列，希望金坛区在新常态下继续保持自身优势，加强养殖尾水治理和生态环境修复，扩大长荡湖区域性公用品牌影响力，以数字化渔场建设为抓手，不断推动现代渔业转型升级，树立苏南地区渔业绿色发展典型，争创全国渔业绿色发展示范区。

【市委书记齐家滨到金坛区实地调研数字化渔场项目】 3月5日，常州市委书记齐家滨到金坛实地调研金坛区省级农业重大项目——数字化渔场。

数字化渔场项目由区水产技术指导站与江苏长荡湖农业科技产业园有限公司共同建设，一期规划用地面积1100亩，130多个标准化池塘已基本完工并投入生产，并以“数字渔业、绿色发展、产业标杆”为目标，与多家高校院所合作开展科研工作。与上海海洋大学合作进行的具有大规格、高品质、高产出特点和自主知识产权的“长荡湖1号”河蟹新品种选育，主要攻关蟹种评估、公母分养、母蟹密度及品系比较等方面；与江苏省农机具开发应用中心合作开展的河蟹养殖机械化技术集成与示范，主要探索在河蟹养殖投饲、增氧、水质监测调控、起捕、清淤等阶段的“机器换人”技术；与中国水科院渔业工程研究所合作开展的水产养殖尾水组合处理工艺研究项目，将建设河蟹养殖原位和异位净化水处理系统，探索采用“生态沟渠—沉淀塘—生物接触氧化—人工湿地”达到养殖水体可循环利用的工艺流程。

齐家滨对数字化渔场工程建设和科研工作的前瞻、务实和创新给予了肯定，强调要保证好数字化渔场建设的高标准，发挥好科技创新在产业兴旺和品牌打造中的重要作用。

【全省农业农村重大项目现场建设推进会常州分会在数字化渔场召开】 3月31日，全省农业农村重大项目现场建设推进会常州分会在金坛数字化渔场召开。

2020年，金坛区共推进农业农村项目18个。其中，农业农村产业发展类重大项目14个，农村人居环境改善项目2个，农业农村重大基础设施建设2个，总投资26.86亿元，全年计划投资11.37亿元，有5个项目开工。金坛数字化渔场总规划面期6500亩，一期建成1100亩集渔业研发、标准化、智能化和绿色生产于一体的标杆性示范基地。

会议指出，各地区、部门要强化资源要素保障、要稳抓项目落地、要立足长远谋划项目布局，建立完善市级农业农村重大项目储备库，加快推动城乡融合发展。自农业重大项目入库计划实施以来，金坛区紧扣当前农业发展特色，远瞻现代农业发展趋势，切实发挥重大项目在金坛区实施乡村振兴战略和推动农业农村高质量发展进程中的引领效应。

【“中华好蟹”标准化养殖示范基地首选金坛长荡湖】 5月25日，“中华好蟹”长荡湖标准化养殖示范基地现场研讨会在金坛举办，上海海洋大学、中国水产科学研究院淡水渔业研究中心、合肥工业大学、江苏省淡水水产研究所等专家学者，以及联盟成员单位负责人参加会议。

会议由中国渔业协会水产商贸分会大闸蟹品牌营销联盟主办，按照“中华好蟹”生产基地的标准和要求，组织专家、联盟成员单位对常州市金坛区渔业科技示范基地设施设备、技术模式、质量管控等各方面进行了现场考察。金坛水产站围绕示范基地环境资源、技术模式、品质品牌等十个方面作了详细介绍，示范基地优势和“长荡湖”品牌影响力得到专家组、联盟成员单位一致认可，认定金坛渔业科

3月31日，全省农业农村重大项目现场建设推进会常州分会在数字化渔场召开

技示范基地为“中华好蟹”长荡湖标准化养殖示范基地，编号 001 号，并对标长荡湖标准化养殖示范基地，继续在全国范围内遴选优质河蟹生产基地。

大闸蟹营销品牌联盟旨在“选好蟹、卖好蟹”，制定“中华好蟹”标准，遴选“中华好蟹”基地，以硬规格、高品质指标向消费者推选“中华好蟹”，与金坛宣传打造长荡湖大闸蟹的思路相吻合，金坛将示范基地作为提升长荡湖大闸蟹品质的必要条件和有力抓手，通过出台规范，建设基地，提升品质，打造品牌，引导大闸蟹高质量发展，启动数字化渔场万亩高标准基地建设、长荡湖 1 号优良品种的选育、长荡湖区域公用品牌的打造和规范管理等工作。同时，金坛将紧抓“中华好蟹”推动大闸蟹行业发展的新机遇，严格遵循“中华好蟹”执行标准，为市场提供高品质大闸蟹，全力打响长荡湖品牌。

【金坛区新增一家省级河蟹良种培育场】 9 月 2 日，江苏省农业农村厅组织有关专家从环境条件、良种培育、基础设施、生产管理和技术力量等方面，对江苏长荡湖农业科技产业园有限公司申报的省级河蟹良种培育场资格进行了现场评定。专家组根据现场考察及综合评审，一致认为该公司达到了省级水产良种培育场建设要求，同意认定其为江苏省省级河蟹良种培育场。

江苏长荡湖农业科技产业园有限公司成立于 2018 年，由常州金沙农业产业投资发展有限公司和常州市金坛区水产技术指导站合资成立。自成立以来，一直从事河蟹生态健康养殖、河蟹良种培育及销售等工作。有职工总人数 15 人，中级以上专业技术人员占比 60%，技术力量雄厚。2018—2019 年共培育中华绒螯蟹“长江 1 号”“长江 2 号”扣蟹 16.5 万公斤。该公司还与上海海洋大学、江苏省淡水水产研究所等高校、研究所合作，选育具有地区特征、暂定名为“长荡湖 1 号”的河蟹新品种，新品种选育正在中试阶段。

【长荡湖大闸蟹首次抵达马来西亚】 10 月 21 日，由金坛区发往马来西亚的第一批长荡湖大闸蟹顺利抵达。该订单是由金坛区江苏长荡湖水产科技有限公司完成的出口马来西亚的第一张订单。出货量 160 公斤，主要规格为 3.5 两公蟹、2.5 两母蟹，产值约 1.65 万美元。此次，经过海关、进口国家、进口地区的近 20 次检测，金坛区长荡湖大闸蟹各项检测指标均达到出口标准。长荡湖大闸蟹素以鲜甜出名，肉质细嫩，品质优良。随着品牌建设力度不断加强、原有的两个河蟹出口基地“持续发力”和智能化渔场即将建成的“最高标准”河蟹出口示范基地“后续鼎立”，长荡湖大闸蟹海外市场将不断扩大。河蟹出口作为金坛区河蟹销售渠道多元化的有效方向，明显提升了河蟹产业经济效益。

【长荡湖大闸蟹在全国河蟹大赛上再创佳绩】 11 月 1 日，在由上海海洋大学主办的 2020 年“王宝和杯”全国河蟹大赛中，金坛区选送的长荡湖大闸蟹获“最佳种质奖”“最佳口感奖”“优质蟹奖”“金蟹奖”等多项荣誉，区农业农村局获“最佳组织奖”称号。

“王宝和杯”全国河蟹大赛已经成功举办十三届，具有较高的影响力和凝聚力。大赛吸引了来自上海、江苏、安徽、浙江、湖北等地的 102 家单位参赛，参赛河蟹近 2500 只，规模为历史最大。金坛区选送的江苏长湖农业科技有限公司、常州润洪水产有限公司、金坛区建昌爱俊家庭农场等 12 家企业获得“金蟹奖”；江苏长荡湖农业科技产业园区有限公司获得“最佳口感奖”，常州市金坛三农水产专业合作社获得“最佳种质奖”，常州宅生活农业科技有限公司获得“优质蟹奖”。

【“河蟹规模化养殖及智能化管理技术集成创新与示范”项目获批江苏省科技厅重点研发项目】 《河蟹规模化养殖及智能化管理技术集成创新与示范》项目是常州首个渔业立项的省科技厅重点研发项目，项目启动会于 12 月在金坛召开。该项目承担单位是江苏长荡湖农业科技产业园有限公司，省农科院、省农机具应用中心和金坛区水产技术推广中心 3 家单位合作实施，项目计划总投入 600 万元。项目将通过集成创新精准养殖、病害防控、智能化管控及产品加工与标准

10 月 27 日，金坛区组团参加“王宝和杯”河蟹大赛

化控制等关键技术，构建适合河蟹规模化生态养殖及智能化管理的模式，形成与江苏螃蟹养殖规模和地位相称的绿色智能养殖技术模式并进行示范推广，促进河蟹产业健康快速发展，为打造优质江苏水产千亿级产业提供支撑。

【金坛“长荡湖1号”河蟹“安家”陕西石泉】 3月中旬，陕西省石泉县旭兴元渔业有限公司一行3人到达金坛渔业科技示范基地，载运9000余只“长荡湖1号”河蟹至陕西石泉正式“安家”。

旭兴元渔业有限公司作为陕西省石泉县特色水产养殖示范基地，于2019年尝试河蟹养殖，产量、规格、品质受秦巴山区地理位置、养殖技术等条件限制，未能达到上市要求。按照苏陕协作援陕工作部署，2019年，金坛区农业农村局为石泉县农业农村局提供了专项扶贫经费，资助石泉河蟹养殖基地基础设施建设，并委派水产技术工程师赴石泉实地开展养殖模式选择、池塘改造、水草栽种技术指导，为9000余只“长荡湖1号”河蟹正式“安家”石泉奠定基础。金坛将着眼长远谋划合作，为石泉河蟹养殖提供水草管护、水质调节、饵料投喂、病害防控等系列技术支撑，培养一批河蟹养殖技术人才，力争实现对口帮扶由输血式向造血式转变，带动石泉县渔业增效、渔民增收。

（刘伟杰）

畜牧业

【概况】 2020年，全区生猪产能逐步恢复，生猪存栏5.43万头，同比增长200%，其中，能繁母猪0.69万头，同比增长130%。生猪出栏9.63万头（其中地产出栏4.69万头），同比增长110%；家禽存栏668.36万羽，出栏2302.72万羽，同比分别增长8%和下降0.74%。全年屠宰生猪16.55万头、家禽1323.3万羽、牛499头。

【新建年出栏4万头规模猪场】 为加快推进生猪恢复生产工作，保障畜产品供给，金坛区主动对接。2020年，常州市艾瑞吉牧业科技有限公司总投资约4000万元，设计存栏2.34万头，年出栏4万头的育肥猪场项目，正式落户金坛区直溪镇。该项目的实施将有效保障金坛区生猪稳产保供目标任务，并为构建现代化、标准化、规模化畜牧业发挥示范引领作用。

【常州鸣源现代牧业牧场开工建设】 9月，位于金坛区金城镇的常州鸣源牧业有限公司牧场开工建设。该项目总投资1.2亿元，建设占地面积约200亩，为设计存栏3000头奶牛的养殖基地，周边配套4000亩牧草种植基地，是集饲料加工、奶牛养殖、有机肥生产于一体的现代化数字奶牛养殖基地。

（张　静）

【畜禽养殖污染治理和畜禽养殖废弃物资源化利用工作】 2020年，全区规模畜禽养殖场365家全部完成治理认定，治理率100%，畜禽粪污综合利用率98.44%，规模场设施装备配套率100%，其中大型场配套率100%。

（徐　卉）

【畜产品质量安全监管】 2020年，全区加大对养殖环节、经营环节、屠宰环节的畜禽及产品药物残留的抽检次数和监管力度，坚决杜绝“瘦肉精”等危害畜产品质量安全的投入品进入畜牧养殖领域。全年区级送检畜产品40个批次，抽检屠宰环节尿样9721批次和养殖环节尿样597批次，未发现违法使用瘦肉精、莱克多巴胺、禁用兽药和苏丹红等化合物产品的行为，抽样检测合格率100%。配合部级、省级和市级在农贸市场、超市、蛋禽养殖场和生猪屠宰场进行风险监测，共抽检样品202个批次，兽药质量监督抽样73批次，饲料监督抽样63批次，样品合格率100%。

（汤明庚）

【全力推进兽药经营环节二维码追溯管理工作】 2020年，全区积极组织开展企业业务培训、乡镇站管理培训，分期分批进行面对面指导和实际操作，全区统一配备了二维码扫码枪。至年底，金坛区兽药经营环节二维码追溯管理系统全面有效运行，达

金坛区塔丰蛋鸡养殖场

到兽药经营企业二维码追溯系统注册率100%、兽药经营企业数据上传运行率100%的总要求。

（郑勤卫）

【重大动物疫病防控】 2020年，全区强制免疫三大防疫行动扎实有效开展，强化春、秋两季重大动物疫病集中防疫行动及夏季消毒灭源及集中补免行动，全区畜禽重大动物疫病应免免疫密度和免疫质量均超过国家规定要求。全年全区共防疫生猪口蹄疫9.54万头次，羊口蹄疫1.59万头次，高致病性猪蓝耳病8.97万头次，猪瘟9.49万头次，小反刍兽疫1.2531万头次，高致病性禽流感4239.48万羽次、鸡新城疫2839.47万羽次，其他的病种也做到应免尽免。强化实验室监测，提高预警能力，金坛区动物疫病预防控制中心采取日常监测、集中监测和飞行监测相结合的模式，使得疫病监测做到量化、细化、日常化，时时监测，点面结合，动态反馈。全年共监测各病种样品总数13345份，抗体合格率平均为98.26%，远远高于农业农村部规定的70%标准。强制免疫"先打后补"工作持续推进，全区共有6家养禽企业和2家生猪养殖企业参与该项工作，年度累计补助畜禽21160130只（羽），发放疫苗补助3154431元。

【非洲猪瘟防控工作常态化】 2020年，非洲猪瘟疫情在中国多地持续发生，防控形势依然严峻，金坛区动物疫病预防控制中心常态化做好流行病学调查、强化日常监测排查、及时更新应急物资、加强应急值守、及时进行疫情举报核查等防控工作。8月，完成全区非洲猪瘟专项检测工作，共检测非洲猪瘟样品288份，结果均为阴性。全年共检测非洲猪瘟样品364份，结果均为阴性。

（徐荣军）

林　业

【概况】 2020年，金坛区完成新造林面积216.29公顷，林木资源覆盖面积25023.16公顷，林木覆盖率27.81%，其中省级公益林4.15万亩。建成区绿化覆盖率41.74%，绿地率37.74%，人均公共绿地12.6平方米。拥有国有林场1个，森林面积2.68万亩。自然湿地面积15.40万亩，自然湿地保护率75.4%。

【林长制试点】 根据《江苏省林业局关于推进林长制试点工作的通知》（苏林资［2020］9号），金坛区以"目标导向、全域覆盖、区域引领、以评促建"为工作主线，迅速推动林长制试点开展。出台《关于成立金坛区林长制工作领导小组的通知》《关于在全区全面推行林长制的实施意见》等文件，全区设立林长121人，其中设立区级总林长、副总林长各2名，由区委书记、区长担任总林长，区人大、区政协主要领导担任副总林长；此外设区级林长10人、镇级林长9人、村级林长98人。划分9个区级责任区，建立由15个区直单位与各镇（街道）林长制联络员组成的区级林长会议制度，打造分级管理、分工明确、层层落地的林长格局，真正实现"一山一长""一林一长"。

农业机械化

【概况】 2020年，金坛区以"全程全面"为要求提升农机化高质量发展水平，夯实农业物质装备保障能力。全区农机总动力438491千瓦，智能、绿色、高效农机具保有量快速提升，主机与农具配套比进一步优化。全区水稻生产综合机械化率97.86%，小麦生产综合机械化率95.53%，特色农业生产综合机械化率55.6%。

【农机管理】 2020年，省市共下达中央农机购置补贴资金361万元，完成238台（套）各类农机具购置补贴，实际使用补贴资金351.61万元，农机装备结构不断优化。

秸秆综合利用工作。夏季秸秆机械化还田面积0.39万公顷，秋季0.95万公顷，秸秆机械化还田率74%，超过省定还田率52%任务数。

农机项目工作。组织申报了竞争立项的省级现代农机装备4个，皆为研发类项目，其中2个已进入省厅立项公示名单；建成3家常州市级"水稻全程机械化生产标准化示范合作社"；开展省农机推广站"水稻密苗育秧及配套机插技术""洋马机插施肥搭载同步施药机"等新技术、新装备的试验示范。加大秸秆机械化还田、高效植保、机械化精准施肥等技术推广应用。在合作社自愿申请基础上，完成全区35家农机专业合作社"金坛区农机机务管理示范点"建设考评。

【农机服务】 2020年，全区积极开展拖拉机、联合收割机免费实地检验工作，简化办事手续，落实便民政策。深入推进变型拖拉机专项整治行动，在常州市率先实现在籍变拖清零工作。5月19日，常州市农业农村局、金坛区农业农村局在薛埠镇罗村农机专业合作社举办农机事故应急救援演练，薛埠镇政府、消防大队及120急救中心协同参与。"沙湖农机合作社从细从严从实扛起农机安全主体责任"在全省推广；省安全生产第七督导组组长、省政协提案委员会副主任张亚青高度肯定沙湖农机合作社扛起安全责任，动员群防群治的实战做法，为全省农机合作社、农机户提供了可复制、可推广的典型经验。全区62家农机合作社安装烘干机房喷淋装置，有效地解决了烘干机粉尘污染和安全生产隐患。

全区积极创新培训方式，开展送培训下乡活动和探索校企培训模式。狠抓农机获证奖补、农机新技术、新机具等实用技术培训的同时，注重对合作社管理人员和农机带头人、农机二代从业人员的专业化培训。全年共举办各类农机实用人才培训班31期次，培训人员达2309人次。

（张　炜）

农林场圃

【茅东林场】 茅东林场坐落于金坛区西部茅山东南侧，全场经营总面积1815.53公顷，其中省级公益林面积1649.27公顷，森林覆盖率86.94%。全场有职工600余人，其中退休职工260余人。林区主要植被乔木树种有榉树、朴树、冬青树等30余种。灌木及小乔木有六月雪、小叶女贞、乌饭树等40余种。林下草本植物有沙参、苍术、苔藓、玉竹等百余种。林区常见的野生动物有野猪、狼、猴、白鹭、刺猬等30余种。林区内景点项目有常州宝盛园、省气象研究试验基地、乾元观、三清观、元阳观、崇寿观、茅山索道、半边山下民宿、金牛山庄林家乐等，各景区之间纵横交错、相互贯穿、交通便捷，是集旅游、餐饮、休闲、观光的游览胜地。2020年获“全国十佳林场”“常州市美丽乡村”等荣誉称号。

【林业生产和护林防火】 年内，组织松材线虫病防治清理1100亩；土地复垦面积132.1亩，完成防火隔离带和防火通道清理450亩，林下可燃物清理1200亩，毛竹抚育500亩，一枝黄花药物防治清理50亩。新增消防巡逻车一辆；在林区各主要景点、路口等悬挂安全生产及护林防火宣传标语50条，增加灭火弹600枚、高压消防水泵1台、油锯1把，实施护林防火消防演练6次，发放单兵装备28套，全年护林防火创零火警纪录。

【茅麓茶场】 常州市金坛茅麓茶场有限公司坐落于金坛区西部茅山东麓，距离市区20千米，总面积1026公顷。2020年，公司拥有茶园365公顷，林地308公顷，耕地203公顷。有股民职工215人，科技人员26人，辖有1个综合性茶叶加工厂，8个茶叶工区，1个国家级茶树良种繁育示范场。茶树良种有龙井43、龙井长叶、福鼎、浙农113、舒茶早、迎霜、碧云、乌牛早、元农绿、白茶等50多个优良品种。年产成品茶能力52万公斤，年出产优质无性系良种茶苗1000万株。主要产品有茅山青锋、金坛雀舌、雨花茶、银毫茶、烘炒青绿茶、袋泡红绿茶和供糖尿病患者饮用的薄玉茶、铁观音、珠红茶，产出的茶叶全部使用“金鹿”牌商标，该商标被江苏省认定为著名商标。“金鹿”牌茅山青锋茶被江苏省认定为绿色食品，“茅山青锋”商标被评定为常州市知名商标。2020年，“金鹿”牌茅山青锋茶叶获得“常州市名优农产品”称号，“金鹿”牌金坛雀舌在江苏省第十九届“陆羽杯”名特茶评比中获一等奖。

（王柳松）

【方麓茶场】 金坛区薛埠镇方麓茶场地处薛埠镇，总面积250公顷，下设6个工区及种猪场，共有常住户144户，居民329人。辖区内现有江苏方麓茶场有限公司，麦宝、安优牧业等企业。

江苏方麓茶场有限公司，为金坛区重点茶叶龙头企业，“百园春”牌金坛雀舌为江苏著名商标、江苏省名牌产品。2020年实现茶叶总销售量19.5吨，销售收入1900万元，利税406万元。

2020年，方麓茶场较好地完成了各项工作目标和任务。持续改善工区居住环境，逐年投入。在污水处理改造的基础上完成各工区垃圾分类工程建设任务。在农村电网改造的基础上完成电网线路的整体移交。加大村庄环境整治力度，做好村庄环境卫生常态化管理。协助薛埠镇党委政府完成265省道、薛埠物流大道的土地征收工作。完成金坛茅管会工矿复垦项目工程，共复垦整治土地30亩。加强社会综合治理，认真做好社区来访和调解工作，密切干群关系，排摸不稳定因素，化解场圃“事改企”及产权制度改制后遗留的各种矛盾，主动化解和调解，同时依托方麓村委会网络巡查中队，建立巡查工作机制。统筹兼顾，推动全场各项社会事业健康发展。完成全场220名退休人员调资核算工作。积极推行农村新型合作医疗保险、新型农村社会养老保险工作，关爱老年人的生活健康，为全场100多名退休人员办理了老人意外险和合作医疗意外险。

（葛志祥）

长荡湖水产管理

【概况】 2020年，长荡湖水产管理以渔业资源和生态环境保护为中心，重点开展渔政“亮剑”执法、渔业安全生产专项整治、增殖放流、渔业资源调查及长江流域重点水域禁捕退捕等工作，为湖泊渔业高质量可持续发展奠定了坚实的基础。

【渔业生产】 2020年，长荡湖渔业总产量约900吨。其中，湖区捕捞总产量约650吨，溧阳市养殖区网围养殖总产量约250吨（鱼类约134吨、河蟹约116吨）。在长江流域重点水域禁捕退捕的新形势下，常州长荡湖旅游发展有限公司压缩捕捞强度，全年仅捕捞鱼类约100吨、河蟹约5吨，青虾基本未捕。

【渔政“亮剑”执法】 2020年，长荡湖区严厉打击渔业非法捕捞行为，实行24小时渔政值班和违法行为举报奖励制度。开展普法宣传，全年累计张贴、发放渔业法律法规宣传资料2000余份，悬挂宣传横幅80余幅、宣传牌60块；开展渔政“亮剑”专项执法，累计开展执法行动1397次，出艇875艘次，出动执法人员3173人次，查处各类渔业违法违章案件72起，行政处罚80人次，收缴地笼网等违章渔具1800余件，放流渔获物1300余公斤；与沿湖派出所联合开展“警渔联动”沿湖垂钓专项整治，严查利用多线多钩、长线多钩、单线多钩等生产性垂钓行为，累计发放《文明垂钓倡议书》3000余份，劝离垂钓者5000余人次，暂扣或没收锚鱼钩50余把。通过开展专项执法行动，有力震慑了涉渔违法违章分子，使湖区正常渔业生产秩序得到有效维护。

【渔业安全生产】 2020年，长荡湖区按照“党政同责、一岗双责、齐抓共管、失职追责”的要求，将安全生产纳入目标考核，层层落实安全生产责任制，从养殖生产、捕捞生产、“打非治违”、防汛防台、水产品质量安全等全方面开展安全生产宣传教育、隐患排查、整改落实。全年向湖区渔业生产者发布渔业安全生产预警信息5万余条，发放《长荡湖渔业安全生产告知书》500余份，发放《网围养殖日志》360本，开展渔业安全生产大检查3次，并对隐患及时进行整改，确保全年渔业安全生产零事故。

【增殖放流】 2020年，长荡湖区持续开展渔业资源增殖放流活动，全年放流鲢鳙鱼820余万尾。其中，20尾每公斤的大规格鲢鳙鱼冬片24253.6公斤；长度3厘米以上的小规格鲢鳙鱼夏花786万余尾；联合溧阳市检察院开展“诉前生态恢复”集中放流鲢鳙鱼冬片671.5公斤（约10744尾）。

【渔业资源调查】 定期开展渔业资源调查，委托中国水产科学研究院淡水渔业研究中心和江苏省淡水水产研究所对长荡湖渔业资源进行监测，及时掌握渔业资源动态。2020年，长荡湖渔业资源量较为丰富，群落结构多样性较好，鲢、鳙鱼在渔获物产量中占据绝对优势。现场测产到鱼、虾、蟹、螺等渔获物共30种，其中鱼类21种，鲢、鳙分别占总渔获量的26.5%、49.4%。全年长荡湖渔业资源控制捕捞总量上限为950吨，其中鱼类、青虾、河蟹允许捕捞上限分别为850吨、60吨、40吨。

冬季长荡湖鲢鳙鱼标记识别放流现场

【长江流域重点水域禁捕退捕】 2020年，根据中央、省、市、区长江流域禁捕退捕工作部署，金坛区扎实开展长荡湖禁捕退捕工作。按时完成建档立卡“回头看”。做好102户2016年提前退捕持证捕捞渔民基础信息核实、数据录入等工作，确保建档立卡数据准确无误。加强资源保护，规范保护区建设。对长荡湖国家级水产种质资源保护区按照农业农村部核定的坐标位置进行重新测绘核准，将保护区核心区界桩及围栏拆除后按新点位规划建设，改建后的保护区面积达2500公顷，界桩外围设置多处禁捕宣传牌，保护区范围内常年禁捕。全面排查，持续加强清湖清网工作力度。对保护区内的违章渔具进行全面排查和清理，共清理地笼网、丝网、方篮等违规渔具1129件，确保做到无捕捞渔船、无捕捞网具、无捕捞渔民、无捕捞生产。采取进村入户的方式，向渔民群众面对面宣传长荡湖禁捕管理规定，通过以案释法强化警示效果，累计张贴和发放禁捕宣传资料650余份、横幅25条，竖立警示或宣传牌36块，营造长江流域重点水域“不敢捕、不能捕、不想捕”的良好社会氛围。

（杨建新　付言言）

农村工作

【概况】 2020年，全区农村工作以乡村振兴为总抓手，齐心协力抗击疫情、科学调度防汛抗洪、全面落实稳产保供，“三农”工作基石得到全面稳固、城乡发展实现系统提升。金坛区农村人居环境整治、交通建设、水利建设等工作被省委、省政府予以督查激励，金坛区获2020年全省乡村振兴实绩考同时核县级综合排名第一等次。

【农村环境】 镇村布局逐步优化，全域美丽乡村规划、“多规合一”村庄规划等加快编制，全区乡村建设规划体系初步形成，城乡融合发展试验区、全域土地综合整治试点不断推进。开展“五十百千”（五个美丽乡村示范村，十个精品村，一百个左右宜居村，一千个以上整洁村）农村人居环境整治行动和美丽乡村建设，创成省级特色田园乡村4个，美丽宜居乡村建成率超80%。全区93个行政村1378个自然村农村人居环境长效管护实现全覆盖。

【公共服务】 促进城乡教育优质均衡和高品质发展，组建以城区中心校为核心的义务教育学校教育教学联盟，先后投入650万元改造农村小学的厕所、食堂以及照明工程，农村义务教育学校100%达到省定标准；提升乡村医疗卫生水平，创成全国“群众满意乡镇卫生院”3家、省示范卫生院9家，乡镇卫生院的门急诊量占全区门急诊总量的比例稳定在60%以上，城乡大病保险政策范围内报销比例达61.42%。全区建成农村社区夕阳红服务中心48个，覆盖率51.6%。建成1所具备长期照护能力，可集中接收区域范围内失能（失智）特困老年人的集中供养服务机构，设置床位487张；提高乡村社会保障水平，城乡低保提高至900元每月，农村五保老人供养提高到14040元每年，增发言语、听力重度残疾人护理补贴，950名农村残疾居民获益。城乡居民基础养老金提高至280元每月，被征地农民养老补助金提高至680元每月。

【乡村治理】 推进软弱涣散村党组织整顿，探索设置以功能型党组织为主的行政村党组织架构，推广“农村党员红色微家”模式，“金沙智慧党建云平台”上线运行。实施村干部“432强链计划”，实施“凤回巢·返乡兴村人才计划”，统一招录百名村级后备人才，优化村“两委”干部年龄结构；推动移风易俗，新时代文明实践站（所）实现全覆盖，全区93个行政村现有区级以上文明村65个，其中：全国文明村4个、省文明村15个、市文明村24个，占比70.6%；加强民主法治建设，推进区、镇（街道）、村三级网格化服务管理平台实体化建设，试点开展村级小微权力清单制，全区127个行政村（社区）创成省级民主法治示范村（社区）66个（其中国家级3个），占比52%。

【富民强村】 持续促进农民增收，完成各类高素质农民培训1308人次，完成新生代农民职业技能培训13994人次，完成科技培训433人次，新补充基层卫生人员33人。发展新型农业经营主体，全区农民合作社达885家，家庭农场达674家。2020年，农村居民人均可支配收入30518元，比上年增长6%，城乡居民收入比达1.878，户籍人口城镇化率与常住人口城镇化率差距水平达0.2%；发展村级经济，统筹推进村企联建工作，印发《关于开展“万企联万村 共走振兴路”行动的实施意见》，87个行政村与100多家企业建立对接关系，55个村与45个企业启动联建项目55个，计划投资10.25亿元，已投资8046万元。全年共争取9个村级集体经济发展项目补助资金540万元。全区村集体总收入3.6亿元，同比增长9.2%；巩固拓展脱贫攻坚成果，出台《关于开展全区第六轮结对帮扶工作的实施意见》，创新构建“一村一策”帮扶机制，明确16个经济提升村结对。推行政策性农业保险、商业防贫保险，工资性收入占农村居民收入比重近70%，朱林黄金村严清华作为脱贫攻坚典型，受到党中央、国务院表彰。

（朱洪来）

【农业科技和农民培训】 2020年，金坛区建立茶叶、河蟹、稻麦、肉鸡4个江苏省现代农业产业技术体系推广示范基地；围绕稻麦、园艺、茶叶、河蟹、家禽五大主导产业开展基层农技推广体系改革与建设项目，培育科技示范户700户。组织186人次赴南京农业大学、扬州大学开展专业技能轮训；培育常州市现代农业精英人才20名和“龙城英才计划”农业乡土人才25名，1人入选第二届“最美农技员”，9人被认定为省级第二批

8月21日，金坛区和盐城市盐都区开展“万企联万村 共走振兴路”企村对接活动

“三带”农业类乡土人才。

全区举办粮油、休闲观光、水产、电子商务等省级类培训班16期，培训人数1308人次；各镇（街道）完成区级培训班26期，培训人数1500余人次。完成部级茶叶技工培训班一期，培训人数100人次。完成2019年度部级生产型新型农业经营主体带头人培训的跟踪指导工作，共计培训260人次。

（孙亦诚　范晓璐）

【农产品标准化和品牌建设】 2020年，江苏一号农场科技股份有限公司获评“有机农业综合体标准化试点”称号，江苏一号农场科技股份有限公司、常州后稷农业发展有限公司新获得良好农业规范认证。指前镇清水渎村的江苏长荡湖水产科技有限公司获评“省级出口农产品示范基地”称号。

在农业品牌推广方面，全区形成以参展国家和省级展会为龙头，以自办市区级展会为主体，以组织参加境外展会为补充的农业展会推广体系。全年共组织超60家农产品生产销售主体参加各类农展，红香芋、苏牌大米、沁雪糯米粉被评为第十八届江苏名特优农产品（上海）交易会最畅销产品，金坛区获最佳组织奖。“长荡湖大闸蟹”品牌参加第十八届中国国际农产品交易会品牌之夜专场推广。“长荡湖大闸蟹”“金坛雀舌”首次登陆高铁广告，营造生态文旅新地标，提升品牌附加值。

金坛区作为长荡湖大闸蟹产区，获评“2020年江苏省特色农产品优势区”。“光头”牛肉、“润可”劲脆鸡排等8种农产品被授予“常州市名优农产品”称号。常州市金坛江南春米业有限公司的“蘇”牌大米、常州市昌玉红香芋专业合作社的“健倡”牌红香芋入选2020年江苏农业品牌目录。“一号农场”品牌入围江苏省企业品牌三十强。

【休闲观光农业】 2020年，全区依托生态资源优势，着力打造“一山一水”两大板块，利用特色农业产业，围绕生产、生活、生态，坚持以农耕文化为魂、以美丽田园为韵、以生态农业为基、以创新创造为径，全面推进创意休闲农业发展进程，集聚形成了“山边、水边、城边”创意休闲农业观光带，金坛区选送的宝盛园现代农业科技发展有限公司的“茅山脚下休闲农业旅游项目”在2020年第四届江苏省农村创新创业项目创意大赛获初创组二等奖。

（吴晨钰）

【生态农业】 2020年，全区生态农业建设持续推进，全区把握绿色生态农业发展方向，推进生态循环农业示范创建工作，全年新增7家市级生态循环农业示范点，市级示范单位达35家。全区农作物秸秆综合利用率96%；利用方式主要有机械化秸秆还田、肥料化、基料化、原料化、燃料化、饲料化等。2020年新建秸秆收储利用大棚1座。沼气安全检查工作。全区在用规模沼气6家，在用户用沼气9户。

（白洁瑞）

【农业综合开发】 2020年，全区建设完成国家高标准农田446.67公顷，涉及3个项目区：朱林镇星湖片333.33公顷项目区；直溪镇桥下片60公顷项目区；直溪镇杨家舍片53.33公顷项目区，完成计划100%；项目全部纳入财政账户共同报账。财政资金县级报账率100%，资金拨付率100%。

（魏　刚）

4月28日，2020“苏韵乡情”乡村休闲旅游农业专场推介活动在金坛举办

（编辑　张继华）

商贸流通

【概况】 2020年，在国家各项消费政策的拉动和促进内需政策的调控下，全区商贸经济整体运行处于相对平稳状态。虽然受到疫情影响，但从下半年开始，整体呈向好发展，新业态完成转型升级，将传统的产商结构与信息化科技功能有机融为一体，商贸流通业正在由信息化向智能化服务方向发展，向线上与线下信息化交易的同时开始在实体中向智能化和数字化服务转变。全区实现社会消费品零售总额244.1亿元，增长0.5%，其中线上总额79.74亿元，增长10.5%。城镇消费品市场成为主阵地，消费总额208.4亿元，增幅1.8%；农村市场受疫情影响有所下降，消费品总额35.7亿元，增幅为-6.2%。全年零售行业消费金额180.1亿元，增幅2.3%。

【市场建设】 2020年，江苏新天地购物中心有限公司、红星美凯龙、中景商务大厦等商业综合性商场陆续投入使用，消费模式向高端品牌方向发展。推出形成以“互联网+”为主体的经营模式正在向智能化和数智化模式方向发展，智慧型和体验型消费兴起。为完善社区商业，提升居民生活质量，改善商业服务的不间断性，增强社区商业的服务功能，捷达智信（江苏）互联网信息服务有限公司、常州市泽阳餐饮服务有限公司在金坛实施社区商业智能化服务工程，向居民提供全天候服务。各类特色产品、老字号品牌产品、农副产品直销店（加盟）、食品连锁店（加盟），各类直营店、连锁店、精品店、特色店等相继向社区发展，各类便民服务业、餐饮业、干洗、修理等小服务商业功能优化。农村市场体系建设加快步伐，各镇、街道完善和配套商贸中心功能的规划建设，结合各镇、街道特色形成差别化商业发展。乡村商贸业发展壮大，流通渠道拓宽，产业链有效延伸，乡村特色产业加快发展，现代农产品加工业加速发展，数字乡村发展推进加速，电子乡村体系不断开发和完善，乡村创新创业体系不断健全。

【餐饮服务业】 截至2020年年底，全区共有星级酒店8家。餐饮业开始向文化旅游方向发展。住餐业市场发展受疫情影响较大，全年实现销售额13.6亿元，与上年相比降低28.8%，特别是限额以下市场受疫情影响巨大，增幅-42.6%。住宿业整体市场也呈下跌状态，全年消费总额1.1亿元，与上年相比降低10%。在常州市组织的“唱响常州菜”系列活动中，园林大酒店虹桥店、家门口大排档虹桥店、清涟宾馆被评为“2020年常州市标准化厨房企业”。天成、园林、颐丰、农耕园、维也纳凤凰城店、开一天、仙姑大酒店、泰豪大酒店、清涟宾馆等餐饮企业，发扬优秀企业精神，创新餐饮行业发展新模式，打造金坛餐饮业新高地。金坛区餐饮商会、薛埠镇仙姑村、泰豪大酒店被评为“行业创建先进单位”称号。在疫情期间，餐饮行业主动落实疫情防控要求，各类聚餐、喜宴等订桌退单达92%以上。2月，为落实餐饮行业防控常态化，餐饮商会会同相关职能部门在全区餐饮行业推行“公筷公勺”倡议书，推进“文明餐桌行动”，推广“公筷公勺”。

【现代流通业】 2020年，全区有各类物流机构15家，基本形成多功能联运的现代物流网，其中天誉物流基地为常州市重点发展的四大物流产业园之一，是金坛区启动最早、最重要的一家专业物流市场。电商物流成为新的物流终端配送模式，解决物流最后一公里的发展难题。全区家政服务业向规范化、规模化和节约化方向发展，家政服务业从业人员向专业化要求上发展。

（杨前保）

供销合作商业

【概况】 2020年，区供销总社围绕全区农业农村现代化和乡村振兴决策部署，深入推进综合改革，提升为农服务能力，较好完成了全年目标任务。全年完成农产品收购总额12.16亿元，增长1.8%。实现商品销售38.49亿元，增长5.49%，消费品零售额3.01亿元，增长2.36%。农产品收购12.16亿元，平台交易额1.59亿元，增长4.16%。农业生产资料供应8510万元，供办工业销售8990万元。

区供销总社加强区总社理事会、监事会自身建设，完善相关管理制度，建立良好的治理体系。在总结儒林、尧塘两个基层社经验的基础上，完成直溪、指前2个基层社“三会”（理事会、监事会、社员代表大会）制度建设，巩固基层基础。优化基层社职能，成立区农产品产销服务中心，建立以产销实绩考核为导向的绩效管理体系。规范管理农村综合服务社和农民专业合作社，新建现代农业综合服务中心1个，改造升级为农服务社9个，发展农民专业合作社2家。探索推进“农综社”生产、供销、消费、信用“四项合作”。

【为农服务】 2020年，区供销总社农业社会化服务不断扩面提质。强化农资连锁经营网点统一管理，全年区基两级供应各类化肥15800吨、育秧基质料1750吨、各类农药510吨、测土配方肥2600吨，综防4.33万公顷，农业社会化服务面积1666.67公顷，为农户节约成本60多万元。对接农民合作社、大户230家，直供肥料、农药9500吨。在指前镇和朱林镇长兴村推行药肥零差率统一配供，覆盖面积1133.33公顷。参与农村生态环境建设。全域实施农药包装废弃物、废旧农膜回收工作，完成区级农药包装废弃物收集贮存点建设。全年回收处理农药废弃包装物49吨、废旧地膜28吨。启动全区再生资源回收利用体系建设。启动全区农产品产销信息大数据平台建设，组织举办年货广场、周末集市活动，参加长三角名优特产展销、全省农产品展销直播等推广活动，深入对接上海清美、江苏苏果、常熟常客隆等大型连锁商超。着力打造茅山竹海农产品区域公用品牌，线上线下销售1500万元。持续推进东西部扶贫协作，销售消费扶贫产品300多万元。

【资产运营不断优化】 2020年，区供销总社完成社有资产调查核实和信息化建设工作，制订完善社有资产管理办法，推行社有资产集中统一管理。有效处理历史遗留问题资产4处，完成老旧资产改造5618平方米。完成建昌、儒林社“三体两强”（自主经营实体、农民社员主体、合作经济组织联合体和综合实力强、为农服务能力强）资产改造项目，茅山竹海城中店投入使用，集农产品分包加工、电商运营、水产品中转、冷链仓储等功能于一体的茅山竹海运营中心完工投用，水北农副产品暂存点项目全面完工，区供销总社老办公楼改造工程施工图设计完成。

（周锦霞）

10月31日，区农资公司网点回收农药包装废弃物及废旧农用地膜

粮油贸易

【概况】 2020年，金坛区粮食企业共克时艰，力保区域粮食安全。全区累计购进粮食68.36万吨，减少0.09%，其中国有企业购进13.57万吨，减少5.57%。累计销售粮食63.74万吨，减少8.44%，其中国有企业销售12.06万吨，减少15.01%。粮食加工业总产值21.41亿元，实现销售20.27亿元。

【粮食收购】 2020年，在疫情防控常态化情况下，区粮食行政主管部门积极作为，面对粮食总产减少等不利因素，采取有力措施指导区粮食购销总公司及其他收购企业完成两季收购任务。夏粮全区共收购小麦42304吨，增加23.52%，其中国有企业收购37028吨，增加35.89%。国家最低收购价收购小麦6600吨。秋粮全区累计收购稻谷73070吨，增加25.65%，其中国有企业收购37754吨，增加2.86%。

【应急保供】 2020年，金坛区进一步巩固粮油应急保供体系。经区级评审、市级复核，粮食应急保供企业数量由12家增至19家。其中，应急加工企业6家，配送中心1家，供应网点12家。供应网点按每5万人1个点的要求，覆盖城区及各个乡镇。11月12日，在清涟宾馆举行全区粮食应急保供企业授牌仪式。

【依法管粮】 2020年，区粮食行政主管部门牵头组织区财政局、农发行、区市场监管局、购销总公司对两季粮食收购开展检查。开展超标粮监管。对常州市天牧家禽有限公司从太仓粮库拍得的3116吨超标小麦处置情况，按照《常州市超标粮食处置实施细则》完成全过程监管，处置的程序符合规定要求，没有超标粮食流入口粮市场，生产出来的饲料符合国家规定。开展库存政策性粮食清查。对4个库点、43个仓廒、33180.936吨粮食进行检查，粮食库存准确无误，库存粮食性质明确，数量品种准确，质量完好。

【产业发展】 2020年，全区组织推进薛埠库、晨泰粮油、金土地专业合作社3个2019年粮食产后服务中心项目建设，3个项目投资总额912万元，上级补助资金543万元。11月30日，3个项目完成验收，12月11日，常州市发改委验收通过。根据政策性粮食存储点要求，完成薛埠库、社头库、唐王库、洮渎库、王甲库5个库点的信息化建设任务。

（许　锴）

烟草专卖

【概况】 2020年，金坛区烟草专卖工作紧扣“坚持党建统领、打牢三个基础、提升一个能力”工作主线，推进各项工作稳中求进，区烟草专卖局被评为“2016—2018年度江苏省文明单位”“常州市文明单位标兵”，办证大厅被评为“2016—2018年度常州市文明窗口”，区烟草分公司被评为常州市创建和谐关系四星级先进企业。

【专卖管理】 2020年，区烟草专卖工作坚持守土负责，履行法定职能。深入推进“百日会战”“利剑5号、利剑6号”、无证户专项整治、“烟（卡）、天价烟、样品烟、电子烟”治理等专项行动。全年共查获涉烟违法案件385起，查获涉案卷烟425.42万支。积极开展打假破网工作，破获一起国标制售假烟网络案件，起诉犯罪嫌疑人4人，涉案案值160余万元。落实禁止向中小学售烟要求，开展并完成了中小学周边零售户清理工作。深化“互联网+政务服务”，开展“不见面”审批，全年新办许可证376户，网上办理率达98.5%，现有卷烟零售户2857户。

【市场营销】 2020年，区烟草分公司在常州市公司统一组织下，坚持优化市场服务，保障卷烟销售，全年累计销售卷烟22416.6箱，实现单箱结构44680元，利税2.66亿元。积极推进“通·家·号”三大平台建设，建立金丝利·通客户39户，实现金丝利·家注册率约99.4%，金丝利公众号吸粉率达139.38%，企业微信订货率达85%。加强客户服务，开展零售户业务培训2246次，免费提供陈列式推烟器3000余个。深入推动文明吸烟环境建设，完成了3个吸烟亭、1个吸烟室、572个吸烟柱的安装建设。

（丁文娟）

9月25日，金坛烟草与市场监管局开展电子烟专项联合执法

（编辑　李华琴）

综　述

【概况】　2020年，金坛区金融机构贯彻落实党中央、国务院关于疫情防控和经济社会发展的各项工作部署，做好“六稳”工作，全面落实“六保”任务，精准服务民营小微企业、乡村振兴等重点民生领域，全力支持地方经济高质量发展。

截至2020年年末，全区有银行业金融机构20家，人民币各项存款余额1279.87亿元，比上年增长5.94%。其中，住户存款515.96亿元，增长11.93%；单位存款763.65亿元，增长2.24%。人民币各项贷款余额1022.01亿元，比上年增长21.61%。其中，短期贷款409.17亿元，增长11.60%；中长期贷款603.62亿元，增长30.94%。

2020年，全区共有保险分支公司（营销部）36家。其中，寿险19家，财险17家。全年全区保险机构实现保费收入308.57亿元，比上年增长6.11%。其中，寿险公司保费收入236.74亿元，增长5.73%；财险公司保费收入71.83亿元，增长7.39%。保险机构累计赔付73.89亿元，简单赔付率23.95%，提高4.7%。其中，财险机构赔付38.22亿元，增长4.77%；寿险机构赔付35.67亿元，增长4.62%。

2020年，全区共有证券机构3家。全年新增客户6500户，比上年增长63.10%；客户总资产106.32亿元，增长87.48%；交易额累计740.31亿元，增长31.60%；营业收入累计0.35亿元，增长43.63%；融资融券余额2.59亿元，增长51.62%。

银行业

·金融监管·

【概况】　2020年，区地方金融监管局聚焦“六稳”“六保”工作主线，落实各项金融支持政策，引导金融资源更好地服务实体经济。全区制造业贷款继续保持回升态势，年末余额172.60亿元，比上年增加7.76亿元。强化普惠金融服务积极应对疫情影响，开展文旅企业、人才企业、中小企业等专项融资座谈会4次，组织银企现场办公7次；全区银行机构为辖内2266家企业74.62亿元贷款办理延期还本付息，为3628家企业发放信用贷款45.11亿元，为383家企业首次贷款35.84亿元，为3311家企业和个人93.76亿元贷款下调贷款利率，合理让利1.07亿元，为217家企业和个人减免相关费用457.6万元。协助企业利用常创投转贷92笔、周转资金27.45亿元。利用常州普惠金融中心转贷6笔、周转资金1.69亿元。强化银企融资对接服务，年末，江苏省综合金融服务平台金坛区注册企业3782家，平台累计发放1760笔贷款，金额合计75.73亿元。8月，举办全区银政企合作大会，会上区政府和8家银行签订战略合作协议，5家企业与7家银行签订授信总额约67亿元的融资合作协议。

【企业股改上市】　2020年，摸排走访全区100余家规模以上企业、高新技术企业、人才企业，筛选常州市“双百行动计划”（100个重点上市后备企业、100个一般上市后备企业梯队）企业20家和“苗圃计划”企业4家。11月，针对资本市场新政，结合常州市政策意见，修订出台《关于加快推进企业股改上市的实施意见》，配套编印指导手册。12月，召开全区企业股改上市推进大会，邀请100家上市培育企业及30家券商、会计师事务所、律师事务所参会。科学排定金坛区2021年度工业经济高质量发展“十百千计划”上市后备企业名单，36家上市后备企业入选，涵盖新能源汽车、新一代信息技术、生物技术和新医药、光伏、装备制造、化工及新材料等产业。

全年新增股份有限公司13家，5家企业报省证监局上市辅导获受理，分别是斯威克、常友环保、索拉特、久诺建材、健尔康。

2020年金坛区上市公司一览表

表14

序号	公司名称	板块	上市（挂牌）时间	代码
1	亿晶光电科技股份有限公司（借壳）	主板	2011年12月30日	600537
2	常州朗博密封科技股份有限公司	主板	2017年12月29日	603655
3	江苏华盛天龙光电设备股份有限公司	创业板	2009年12月25日	300029

2020年金坛区"新三板"挂牌公司一览表

表15

序号	公司名称	上市（挂牌）时间	代码
1	江苏京东农业股份有限公司	2015年6月29日	832687
2	江苏帕卓管路系统股份有限公司	2015年8月26日	833395
3	正信光电科技股份有限公司	2016年8月12日	838463
4	江苏威龙智能科技股份有限公司	2016年4月7日	836556
5	索拉特特种玻璃（江苏）股份有限公司	2017年1月19日	870512
6	江苏一号农场科技股份有限公司	2017年2月10日	870986
7	常州群达环保科技股份有限公司	2017年11月6日	872292
8	江苏金沙地理信息股份有限公司	2019年10月9日	873361

2020年金坛区IPO后备企业进展情况一览表

表16

序号	企业名称	券商	意向板块	辅导备案日期
1	江苏斯威克新材料股份有限公司	安信证券	创业板	2020年6月22日
2	江苏常友环保科技股份有限公司	海通证券	创业板	2020年11月5日
3	索拉特特种玻璃（江苏）股份有限公司	海通证券	创业板	2020年11月23日
4	江苏久诺建材科技股份有限公司	民生证券	创业板	2020年12月14日
5	江苏省健尔康医用敷料有限公司	中信建投	创业板	2020年12月23日

【防范化解金融风险】 2020年，金坛区被省金融稳定工作协调小组授予"2017—2019年度金融生态优秀县"称号。年初，成立金坛区打好防范化解重大金融风险攻坚战指挥部，定期分析研判重点领域金融风险。组织开展非法金融活动风险专项排查、金融监管领域专项整治和非法金融活动广告资讯排查清理等行动，排查各类机构1500余家，检查各类广告经营者、发布者55家，核查广告134个，出动执法人员177人次，监测查处各类广告和资讯信息162条。严格实施投融资企业注册会商机制，协调办理1家企业新设登记工作，组织对2019年会商的7家企业进行年检。加强地方类金融机构监管。全区共有小额贷款公司7家、典当行2家、融资担保公司2家、融资租赁公司2家，通过现场检查、年度审计、监管评级、政策培训等多种方式引导机构依法合规

运营，降低经营风险。元旦、春节和6月防范非法金融风险集中宣传月期间，组织相关单位和银行机构举办户外广场集中宣传活动2次，开展现场集中宣传12次，开展宣传进村组、进社区、进机关、进学校、进工厂81次，利用电子屏、宣传栏、展板等200余块播发警示标语，开展知识竞赛和专题专访活动；累计发放各类宣传资料、物品共计9000余份。

（潘　铭）

·中国人民银行金坛支行·

【概况】 中国人民银行金坛支行（以下简称区人行），位于金坛区西门大街23号。主要职责是贯彻和传导货币政策、征信管理、调查统计、金融稳定、支付清算、国库经理、反洗钱、现金管理、外汇管理、金融消费者权益保护等，发挥在防范和化解地方金融风险中的作用，引导金融机构支持地方经济社会发展。

【金融行业技能知识竞赛】 7月5—12日，区人行联合金坛区地方金融监督管理局、金坛区金融业协会、共青团金坛区金融业工作委员会举办常州市金坛区金融行业技能知识竞赛，全区25家金融机构近80位选手参加比赛，经过笔试和现场竞答两个环节的激烈比拼，有6支参赛代表队与10位选手获得奖项。

【农村信用体系建设】 2020年，区人行组织召开农村信用体系建设推进会、座谈会，与区地方金融监管局、农村农业局和发改局建立协调协作机制，联合印发《信用户、信用村、信用镇评选办法》。全年累计完成农户建档2.10万户，评定信用镇2个、信用村25个、信用户4192户。年末，全区农户贷款余额27.13亿元，其中信用贷款余额1.54亿元，同比增长204.93%。新型农业经营主体贷款5.13亿元，其中信用贷款余额0.21亿元，同比增长542.66%。

【移动支付便民工程引领县建设】 2020年，区人行积极推进移动支付便民工程引领县建设工作。6月9日成立常州市金坛区移动支付便民工程引领县创建领导小组。7月2日，积极协调区政府办印发《关于深入推进移动支付便民工程工作的实施意见》，通过推动政府参建有效实现部门统筹和资源协调。2020年12月，金坛区获"江苏省移动支付便民工程引领县"称号。

7月12日，人民银行金坛支行联合区地方金融监督管理局、区金融业协会举办金融行业技能知识竞赛

【外汇管理】 2020年，区人行加强跨境资金流动监测管理，及时发现并上报非现场检查可疑线索12条，上报案例18篇；对跨境资金流动重点企业进行分析监测，全年对10家企业开展货物贸易现场核查，对8家企业开展资本项下非现场核查；开展银行个人外汇业务随机暗访工作，有效提升辖区银行办理个人外汇业务水平。

（姜　韬）

·中国工商银行股份有限公司金坛支行·

【概况】 中国工商银行股份有限公司金坛支行（以下简称工行金坛支行），坐落在常州市金坛区西门大街48号，2020年获江苏金融工会颁发的"江苏金融五一劳动奖状"称号。

2020年，该行全力以赴提升市场竞争力，增强改革创新能力、客户拓展能力、服务实体经济能力、可持续盈利能力、风险管控能力，支持疫情受困企业发展，持续提升金融服务的适应性、竞争力、普惠性，加快推进金坛支行各项业务再次实现跨越式发展。工行金坛支行在常州工行全年绩效考核排名前列。截至2020年年末，该行本外币各项存款余额103.92亿元。贷款余额148.36亿元。其中，公司贷款余额128.36亿元，比上年增31.87亿元；个人贷款余额19.31亿元，比上年增4.21亿元；票据融资0.69亿元。实现拨备前利润51967万元，比上年同期增加8831万元。

【金融保障】 2020年，工行金坛支行为疫情防控用款单位开辟金融服务绿色通道，对拨款、汇划等业务确保第一时间办理，为金坛区卫健局、人民医院、城西医院开通应急物资管理系统，为生产消毒液的中盐紧急发放流动资金贷款8000万元，为生产口罩的健尔康紧急发放1000万元贷款。落实好纾困惠企政策。对疫情防控重点客户融资项目，在贷款规模上给予专项保障，对符合条件的及早上报审批流程，对受疫情影响经营出现暂时困难的小微企业，通过展期、续贷、再融资等方式做好融资接续安排，助力企业顺利渡过难关。截至12月31日，在做好小微企业新增融资的前提下，为普惠小微企业120户贷款延期，金额3.2168亿元，占政策执行以来应延尽延比例100%。

为保障好防疫期间企业有序复工复产，该行通过倾斜信贷政策、开辟绿色通道、优惠融资费率、推广线上交易四大举措，切实加强综合金融服务和产品创新支持。同时，该行加强“抗疫贷”“用工贷”“税务贷”等防疫复工专项融资产品的宣传推广，以“工行温度”保障金融服务顺畅，为企业健康发展提供有力支撑。

【项目建设】 2020年，工行金坛支行跟踪民生基础设施项目建设，主要针对符合国家金融政策和该行信贷政策的企业并购延期、产业升级、债务置换、固定资产支持融资等。该行结合金坛区国资公司改革需求，根据政策变化，强化地方政府隐债置换业务推广力度，利用中票、短融、超短融等债务融资工具，推动表外融资业务发展，为国资公司转型发展提供金融动力。全年该行共审批通过15个项目，合计57.16亿元。其中，债务置换项目10个35.06亿元，标准厂房项目1个3.7亿元，非公开定向债务融资工具项目1个10亿元，固定资产支持融资项目2个4.4亿元，农业项目1个4亿元。

【服务重点】 2020年，工行金坛支行加大对区内新能源汽车、生物技术和新医药、光伏新能源等新兴行业支持力度，紧盯全区先进制造业发展和传统制造业升级，做好“开发区+区内企业”整合服务方案。每家企业指定客户经理对接服务、落实到人。对于确有需求的客户，按周汇报审批进度，积极与上级行保持沟通联系，加快贷款报批和投放效率。2020年，共累计投放制造业贷款22.78亿元。

【普惠金融】 结合金坛支行辖内各乡镇经济特色，针对园区、专业市场、产业集群和核心企业，制定购建贷批量化服务方案，实行目标库白名单管理精准投放，为金博通园区内41户小微企业新增投放购建贷9128万元。同时，灵活利用小微创业贷、E抵快贷等创新产品，组织客户经理深入企业车间、田间地头、社区村组和农户家中进行现场调研，为加速小微企业复工复产、为农户春耕秋收提供充足资金支持。2020年年末，该行普惠贷款（人行降准口径）余额5.98亿元，较年初净增1.98亿元，增速49.27%。工信部小微贷款余额3.80亿元，其中信用贷款1.43亿元，信用贷款占比37.75%。

（丁忠权）

·中国农业银行股份有限公司常州金坛支行·

【概况】 中国农业银行股份有限公司常州金坛支行（以下简称农行金坛支行）位于常州市金坛区东门大街172号。农行金坛支行有效应对新形势，落实新举措，以优服务、扩份额、促转型、控风险、抓改革为工作主线，各项工作取得一定成效。农行金坛开发区支行获“2018—2019年度总行级五一巾帼标兵岗”称号。

【主体业务】 截至2020年年末，农行金坛支行本外币各项存款余额115.2亿元，比上年增9.7亿元；全行本外币各项存款日均余额116.6亿元，比上年增11.4亿元。本外币各项贷款余额99.8亿元，比上年增16.1亿元，其中个人贷款比上年增6亿元，四行增量份额29.6%。效益指标均创历史新高，主体业务持续向好。全年通过现金清收、风险化解、打包核销等方式共清收处置不良贷款3602万元，不良率0.2%，比上年下降0.17%，资产质量在全区总体较优。

【服务“三农”】 2020年，农行金坛支行重点调研全区各乡镇发展状况，绘制金融支持乡镇经济“一镇一规划”发展生态图谱；组织全行开展“万人进千村”“深耕农村市场”活动，为农户提供金融到家服务，打通金融服务和扶贫“最后一公里”。全力支持美丽乡村建设、数字化渔场、休闲观光旅游等涉农和特色项目贷

5月26日，农行金坛支行与区农业农村局结对共建

款投放，累计投放仙姑村、柚山村以及上阮村美丽乡村建设贷款 2.6 亿元，助力打造集休闲、观光、旅游、度假为一体的综合性乡村旅游集聚区，定制“长荡湖水街”“薛埠休闲观光旅游”等项目，实现小额农户批量做。金融服务决战决胜脱贫攻坚，该行以高度的政治责任感紧盯金融扶贫需求，开展消费扶贫，全年累计支持消费 37.67 万元。

【客户建设】 2020 年，农行金坛支行坚持“以市场为导向，以客户为中心”的经营理念，持续推进客户建设。全力提升社保卡激活率，激活率比上年提升 15.8%。加快普惠贷款批量化营销，全年普惠贷款总量达 18.05 亿元。加大“三新一特”支持力度，通过特色产品扶持创新型企业发展壮大，全年新增制造业贷款 1.83 亿元。全年个人非按揭贷款实现投放 3.24 亿元，客户群体不断壮大。

【公益行动】 作为省级文明单位，2020 年，农行金坛支行坚持积极承担社会责任，组织和参加各项公益活动。农行金坛支行走进莱铺商场开展反假小超人问答宣传活动，现场指导大家识别人民币的防伪特征；上门为公交公司服务，累计兑换残破币零钱 3000 余元；疫情期间，组织志愿者开展无偿献血活动，总计献血近 8000 毫升；通过发放宣传折页、现场讲解等方式，宣传防范非法集资、预防电信诈骗等制式，引导群众正确使用金融工具，提高风险防范意识，得到了市民的好评。

（张　敏）

· 中国建设银行股份有限公司金坛支行 ·

【概况】 2020 年，中国建设银行股份有限公司金坛支行（以下简称建行金坛支行）主动应对形势发展变化，坚持价值创造理念，增强服务国家建设、防范金融风险、参与国际竞争能力建设，深入推进住房租赁、普惠金融、金融科技工作，持续优化业务结构，守牢合规案防底线，以新金融理念助推全行业务高速高质量发展。截至 12 月末，该行一般性存款（含结构）日均余额 199 亿元，四行占比 40.91%，2020 年新增 32.89 亿元，四行占比 46.92%，余额及新增份额均为全区四行第一；各项贷款余额 146 亿元，四行占比 31.42%；2020 年新增 30.17 亿元，四行占比 30.63%。实现中间业务收入 20768 万元，占比 37.87%，四行第一。年末不良贷款额 2682 万元，不良率 0.19%，较上年下降 0.04%。

【支持企业复工复产】 1 月，为抗击新冠疫情，建行金坛支行为健尔康医用敷料有限公司紧急投放贷款 5000 万元，支持防疫物资生产。对复工意愿强烈，亟需信贷支持的大中型制造业客户，开辟绿色通道提供贷款资金。疫情期间，累计为本地北电爱斯特、久诺等本地大中型制造业企业发放贷款 1.38 亿元。加强小微企业金融支持。针对受疫情影响的小微企业及企业主、个体工商户等普惠金融客户群专属定制的“云义贷”线上专属服务，覆盖医疗等疫情防控全产业链。疫情期间，累计为小微企业提供普惠贷款 169 笔，金额 10176 万元。落实建行小微企业利率和还款期优惠措施，缓解到期还款压力，尽可能地降低疫情对企业还贷和付息的影响。上线疫情防控系统。该系统可为企业提供用户登录、个人信息填报、复工申请、记录查询、公告查看等功能，同时为上级管理部门提供企业内部整体情况管理、整体疫情监控、报送信息分析等功能，疫情期间，该行累计为 77 户大中型企业、2050 家小微企业上线了该平台业务，全面助力本地企事业单位做好疫情防控。

【精准服务农民工】 “民工惠”是建设银行在大数据背景下，以供应链金融为抓手疏通产业链梗阻，实现农民工工资及时精准到账的新型网络供应链产品。2020 年，建行金坛支行累计为本土建筑企业投放民工惠贷款 2.16 亿元，成功支付 6075 名农民工工资，用专项融资款解决“有钱发”，用用工管理大数据解决“发给谁”，用金融科技手段解决“发到手”，有效保障了农民工群体权益。

【助力乡村振兴】 2020 年，建设银行金坛支行深入落实党中央和上级行

7 月，建行工作人员入户企业和农村调研

乡村振兴战略部署，推动金融服务进乡入村，持续做好建行“裕农通”乡村服务点建设。以“裕农通”为重要支撑点，广泛邀约农户开卡，做好普惠金融、乡镇农民资金的存款、理财等业务，确保金坛广大农民在家门口即能享受社保、水电、保险费的便捷缴纳，和各类购物消费活动的便捷进行，真正把金融服务延伸至村口老百姓的心里，为精准扶贫和乡村振兴战略贡献力量。至年底，建行金坛支行“裕农通”服务点覆盖金坛全部119个行政村，累计为6467户农户提供签约服务，全年完成交易笔数6949笔。

【教育云生态圈】 2020年，建行金坛支行依托金融科技，全力打造旅游、交通、社区、住房金融、美食、教育、专业市场、体育健身八大生态圈建设，其中教育云平台生态圈在学校和家长之间得到广泛应用。建行金坛支行创新运用云缴费平台服务全区众多学校，成功借助金融科技力量打造教育云生态圈，多次获省分行表彰，取得良好的社会效应，也带动相关业务快速发展，实现新金融常态下数字化经营的突破和良性循环。截至年底，建行金坛支行累计为43家学校、幼儿园开通手机银行代缴费，归集资金3.18亿元，实现线上缴费功能的进一步普及。

【移动便民支付】 2020年，建行金坛支行积极布局各类移动支付场景，先后为金坛二院、新天地购物中心、花谷奇缘上线智慧停车收费系统，在沿河东路上线无感停车收费系统，为江南医院上线门诊及远程线上收费系统，在开发区企业政府配套食堂沁香苑、东门商业街、小金海小商品市场、金东街等地实行建行移动收费。积极响应人民银行开展的银联云闪付营销活动，全年成功营销新下载注册云闪付APP用户2884户，在各大商圈、菜场上线“满立减优惠购”活动商户3171户。

（邵　芸）

· 中国银行股份有限公司金坛支行 ·

【概况】 中国银行股份有限公司金坛支行（以下简称金坛中行）位于金坛区北门大街2号。2020年，金坛中行紧紧锚定总行“建设全球一流现代银行集团”战略目标，认真践行“卓越服务、稳健创造、开放包容、协同共赢”价值观，不断加快发展调结构，调优结构促发展，以高质量发展强行兴行，全年实现营业净收入23280万元，实现拨备前利润18425万元。

【资产业务】 2020年年末，金坛中行本外币时点贷款余额70.2亿元，较上年新增16.1亿元；占四大行市场份额15.12%，较上年增加0.32%。本外币日均贷款余额71.7亿元，较上年新增21.9亿元，占四大行市场份额16.16%，较上年新增1.61%。

【负债业务】 2020年年末，金坛中行本外币存款时点余额73.3亿元，较上年新增8亿元，占四大行市场份额14.71%，较上年下降0.47%。本外币日均存款余额69.7亿元，较年初新增7.7亿元，占四大行市场份额14.22%，较上年下降0.34%。

【国际结算】 2020年，金坛中行实现国际贸易结算量73891万美元，比上年增加0.26%，占区市场份额27.21%，比上年上升1.62%；完成跨境人民币结算量130575万元，比上年上升16.49%，占区市场份额46.54%，比上年上升9.04%；本外币贸易融资余额236万元，比上年下降6640万元。

【银行卡与电子业务】 2020年，金坛中行全年新增商户290户，信用卡新增有效客户1824户，新增有效卡2191张。手机银行新增交易客户18098户，借记卡新增发卡19422张。

【稳企业保就业】 2020年，金坛中行根据人民银行常州中心支行《关于金融支持稳企业保就业工作实施方案》，把支持小微企业作为重要发展战略，在授信准入、风险定价、增信要求、审批效率等方面与其他企业一视同仁，适度提高普惠小微企业信用贷款比例，通过加大对普惠小微企业的金融支持力度，优化信贷业务结构和客户结构，稳步提升普惠小微企业信用贷款在所有普惠贷款中的占比至60%

1月7日，金坛中行在区金融领域扫黑除恶暨防范非法集资现场

以上。

【服务中德产业园】 中德（金坛）创新产业园属于金坛经济开发区管辖的园中园，规划面积27.5平方千米。2017年，金坛区自主规划建设该园，并被命名为“德国工业4.0（金坛）制造基地”，2020年1月被省商务厅认定为全省第一批“江苏省国际合作园区”。至年末，园区内入驻32家外资企业，与金坛中行存在业务合作的有14家，其中授信合作2家，批复总金额15800万元，2020年年末授信余额6948.37万元。纯结算客户10家，全年结算量90430万元，年末时点存款余额6025万元。基本户在金坛中行开立的10家，结算户开立12家。

（刘长荣）

· 交通银行股份有限公司常州金坛支行 ·

【概况】 交通银行股份有限公司常州金坛支行（以下简称交行金坛支行）成立于2009年1月，位于金坛东环二路206—2、3、5号。2020年，秉承“最佳财富管理银行”的经营理念，服务于金坛地方经济建设，提供资产管理、融资信贷、国际业务等领域全面周到的专业化服务。截至年末，该行人民币各项存款余额21.32亿元，较上年新增7.92亿元，增幅59.15%。人民币各项贷款余额20.47亿元，较上年新增6.62亿元，增幅47.8%。其中个人贷款新增1.25亿元。有小企业贷款总户数81户，年末贷款余额3.46亿元。

【中间业务】 2020年，交行金坛支行从宣传策划入手，通过电视、广告等媒体造势，营销人员面对面讲解等方式扩大中间业务的知名度和影响力，全年中间业务收入1690万元。

【电子银行业务】 2020年，交行金融支行继续加大对个人、企业网银、手机银行的宣传力度，全年新增个人网银865户、企业网银52户、手机银行991户，电子银行分流率为85.02%。

【个人理财业务】 交通银行在个人金坛领域有“沃德财富”和“交银理财”两大分别针对高端和中端客户的个人理财品牌。交通银行金坛支行营业厅建有“沃德客户区”，客户可以在私密优雅舒适的环境里，享受到一对一的专属服务。银行客户经理凭借其丰富的专业知识，借助交通银行一流的专业理财平台，为客户提供财务分析、财务规划、投资顾问、资产管理等服务，帮助客户进行全方位财产规划。全年新增个人理财客户532户。

交行金坛支行咨询引导服务

【千佳网点创建】 交行金坛支行在2020年度成功创建中国银行业协会组织开展的文明规范服务“千佳网点”。这是金坛区金融机构历史上首家中银协“千佳网点”，也是2020年度金坛区银行业唯一中银协“千佳网点”。该行始终坚持“一个交行，一个客户”的服务理念，以标准化服务为基础，以规范化服务为阶段，以特色化服务为根本，以提升客户体验为目的，较好的实现了服务提升的宗旨和要义。立足自身实际，把握银行网点转型的新机遇，创新文明规范服务工作的新思路，丰富服务载体和渠道，培育特色服务文化，着力营造客户满意、社会满意的和谐服务氛围。以客户为中心，以需求为导向，以质量为标准，不断强化服务意识，提高服务质量，优化服务水平，用优质、文明、规范、高效的服务赢得客户、赢得发展、赢得未来。

【支持地方经济】 支行为支持地方制造业企业复工复产、稳企业保就业，累计制造业贷款余额达6.5亿元，其中新增北电爱思特（江苏）科技有限公司投放1亿元。支持地方涉农企业，金坛山水园林新增投放8500万元，江苏一号农场新增投放1950万元。在支持小微企业及个人经营性贷款方面，新增发放41户，累计投放1.45亿元，其中通过线上类产品支持小微企业16户，新增投放金额1600万元。支行2020年新增贷款及转贷业务全面降息，累计降息28笔，降息贷款金额达3.5亿元。为常州江东房地产开发有限公司钱塘映象项目新增授信开发贷10亿元，至年底已投放5.22亿元。

（荆宁华）

· 中国邮政储蓄银行金坛支行 ·

【概况】 中国邮政储蓄银行金坛支行（以下简称金坛邮储银行）位于东门大街500号。2020年，金坛邮储银行按照“一聚识、一聚合、两聚焦、三聚力”（聚识党建引领；聚合优质资源；聚焦深化转型、发展重心；聚力平台建设、人才赋能、风险防控）的整体思路布局，提高服务实体经济的能力和效率，严格防控各领域风险，持续推动全行转型发展。年末各类存款余额100.66亿元，较上年增长8.14%。其中，自营存款余额23.32亿元，邮政代理储蓄存款余额77.34亿元。各类贷款余额32.16亿元，净增5.24亿元。2020年年末，不良贷款余额1768.76万元，较上年下降239.80万元，不良率0.57%，较上年下降0.17%，资产质量保持稳定。

【服务实体经济】 2020年，金坛邮储银行始终秉承服务小微，服务“三农”，助力中小企业发展的理念。创新增设农易贷、农户置业贷和小企业抗疫贷等产品，加大对三农和小微企业的支持力度，全年发放普惠农户贷款1.62亿元、普惠小微企业贷款6.04亿元。着力推进E捷贷、发票贷、流水贷、极速贷等线上零售贷款品种，零售信贷业务全年净增3.09亿元，余额24.81亿元，其中个人经营性贷款净增1.46亿元，列行内全区第三，个人经营性贷款户数净增142户，列行内全区第一。小企业贷款在人才贷、邮速贷等新业务品种上均有所突破，全年新增客户32户，放款1.32亿元，列行内全区第三。全年办理票据贴现25.32亿元，较上年翻番，开立银行承兑汇票2.55亿元，居行内全区首位。

（朱华芳）

· 中国农业发展银行常州市金坛区支行 ·

【概况】 2020年，中国农业发展银行金坛区支行（以下简称金坛农发行）在政策指导及中央支持下，持续做好高质量、高速度发展。该行信贷资金投放工作围绕项目资金建设保障需要，以及应急防疫、复工复产类贷款展开。

【业务发展】 2020年，金坛农发行共投放贷款6.58亿元，投放的重点为粮食收购贷款1.18亿元，长江大保护类贷款3.9亿元以及防疫应急复工复产类贷款。其中投放元巷保障房1.72亿元、九洲里棚改配套0.58亿元、长荡湖1.5亿元、垃圾处理PPP项目1.5亿元、小微企业茅山竹海贷款0.1亿元。从投放的结构上来看，依然是政府重点项目类中长期贷款占绝对值。

除了上述投放外，该行围绕“六稳、六保”积极对接区重点项目，以及应急防疫企业和规模化生猪养殖类企业。

自人行两项货币政策工具出台以来，该行积极落实相关政策要求。其中农业流通类小微客户茅山竹海，正在落实两项货币政策中的延期付息。该客户也同时享受到了该行普惠金融政策的优惠，由于茅山竹海旗舰店中设有宁陕、石泉扶贫产品专柜，协议定点销售扶贫产品，该行对茅山竹海发放的1000万元贷款也被认定为扶贫贷款，享受在人行LPR基准利率上再优惠100BP，企业实际使用资金成本仅为2.85。

（徐婧雯）

· 江苏银行股份有限公司金坛支行 ·

【概况】 江苏银行股份有限公司金坛支行（以下简称江苏银行金坛支行）成立于2009年8月，坐落于常州市金坛区东环二路109号。2020年12月末，各项存款余额38.63亿元，本外币贷款余额24.82亿元，储蓄存款余额5.52亿元，全年实现拨备前利润0.77亿元。

【业务发展】 2020年，江苏银行金坛支行在持续做好“三稳”，推进“优、降、补”的基础上，着力在“走稳、提质、调优、赋能”上下功夫。全行上下扎实推进各项指标，实现各项业务稳步发展。全年投行业务实现新突破。上半年，开展一般信用债投资业务，先后申报并落地7笔，累计金额近7亿元。下半年，持续进一步拓展

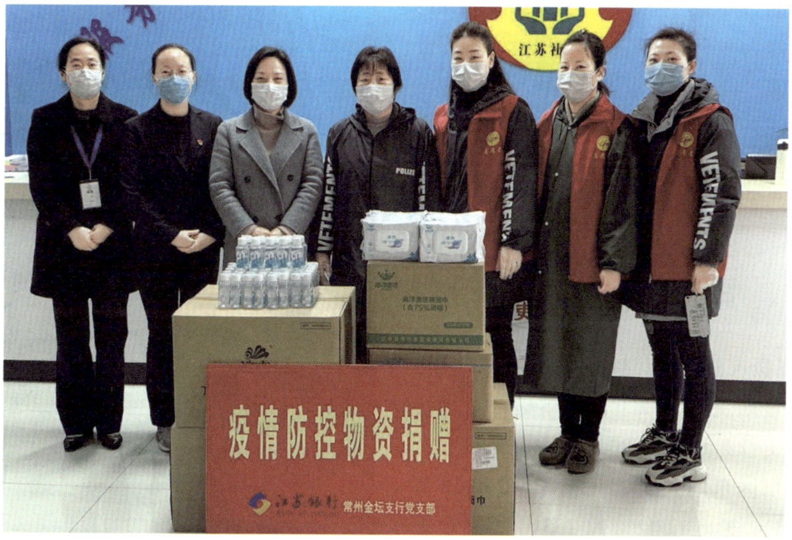

3月10日，江苏银行金坛支行为社区防疫捐赠物资

投行类业务，先后申报并投放结构化融资 1 亿元；申报并投放一般信用债投资 3 亿元；申报一笔理财直融 2 亿元并取得批复。

【业务创新和服务】 11 月 20 日，江苏银行金坛支行联合金坛区税务局、区工商联开展“服务小微、助力普惠”银税企对接会。金坛区副区长周新生和 18 家企业代表出席会议。区税务局局长贾晓东介绍税务部门开展纳税信用级别与企业融资信贷挂钩，与银行合作，帮助企业解决融资难、融资贵的困难情况，并对持续优化银税合作机制，不断提升企业纳税人获取融资的便捷性提出设想。江苏银行金坛支行介绍了该行小微特色产品，重点对随 e 贷的特点、流程、优势等方面进行介绍。现场受理随 e 贷申请 7 户，通过 6 户，合计授信金额 550 万元。

【社区共建】 2020 年，江苏银行金坛支行每月都开展形式多样、内容丰富的社区共建活动，将江苏银行的金融服务送到老百姓身边。全年组织宣传活动共 17 场，分别宣传防电信网络诈骗、防赌反赌、非法集资、反洗钱、反假币等，向广大群众普及金融知识，提高大家的防范意识。3 月，该行为助力疫情防控工作，加大金融服务力度为多个社区捐赠了口罩、酒精消毒液、酒精湿纸巾等防疫物品，助力社区开展疫情防控工作。

（葛　嘉）

· 中信银行股份有限公司常州金坛支行 ·

【概况】 中信银行股份有限公司常州金坛支行（以下简称中信银行金坛支行）成立于 2010 年，原地址在金坛区东门大街 235 号，2020 年 10 月 1 日搬迁至金山路 235 号（中景大厦 A 座），并更名为中信银行股份有限公司常州金坛支行。截至 2020 年年底，中信银行金坛支行一般性存款余额 41.63 亿元，较上年增加 3.51 亿。其中，公司存款时点 38.28 亿元，储蓄存款时点 3.35 亿元。贷款余额 30.61 亿元，较上年增加 13.57 亿元。其中，公司贷款 21.26 亿元，较上年增加 9.02 亿元；个人贷款余额 9.35 亿元，较上年增加 4.54 亿元。中信银行金坛支行全年实现营业净收入达 1 亿元，连续三年实现营业净收入超亿元。

【对公业务】 2020 年，继续加大基础客户群的建设，中信银行金坛支行立足早字，通过项目储备带动公司负债，以盘活存量，挖掘增量为指导思想，多跑、勤跑、常跑存量客户，提高优质存量客户的贡献度。区中信银行始终围绕金坛主流客户做业务，把销售超亿元尤其是超十亿元的明星工业企业、金坛纳税超五十强以及金坛工业重大项目和重点基础设施项目作为主攻方向。上半年成功与国海证券撮合对国发国际进行投债 2 亿元。下半年与联储证券对国发国际投债 3 亿元，并开立托管户，托管资金 10 亿元。与中粮信托合作的金坛长荡湖信托创设项目 4 亿元成功投放。成功落地金坛投资控股有限公司第一期小公募公司债 8 亿元。疫后金昇 2.76 亿元首笔内保外债成功落地。隐债置换业务取得突破，共置换 9.515 亿元。该行与区南京银行金坛支行牵头的江苏投资控股有限公司 4.85 亿元银团贷款成功落地。其中中信银行金坛支行份额 2.85 亿元。成功落地 1.15 亿欧元上海自贸区联动 FTN 贷业务。为朱林镇、直溪镇和儒林镇的政府平台待付款建安企业投放增信方商票 e 贷合计近 4300 万元。

【零售业务】 2020 年，中信银行金坛支行坚持抓旺季、抓考核、抓代发、抓服务、抓个贷的发展思路。集中人财物抓住旺季，严格考核保长效，紧抓公私联动，以代发批量开发客户，以服务吸引和留住客户。推出中信大讲堂、理财产品讲座，健康讲座等高端客户增值服务，与客户保持良好互动，实现共赢，依靠特色产品出国金融及推出的信秒贷、月月息、房抵贷、公积金贷等个人资产业务，以资产促负债。区中信银行金坛支行个贷余额超 9 亿元，达 9.35 亿元，增 4.54 亿元，占支行贷款余额的 30%。截至 12 月 31 日合计放款 557 笔，金额 53013 万元。其中，按揭贷款 446 笔，金额 37729 万元；房抵贷 111 笔，金额 15284 万元。

新中信银行外景

【普惠金融】 2020年，为服务好小微企业，中信银行金坛支行大力开展普惠金融业务，服务于小微企业。疫情期间，真正急客户所急，想客户所想，以最短时间完成涉疫企业卫护医疗（200万元）、君美医疗（70万元）授信的上报、审批、贷款发放工作。全年共有普惠金融授信19户，累计发放普惠金融贷款12208.64万元。

（唐俊慧）

·华夏银行股份有限公司金坛支行·

【概况】 华夏银行股份有限公司金坛支行（以下简称华夏银行金坛支行）成立于2011年，位于金坛区华城路128号。截至2020年年末，华夏银行金坛支行各项存款余额38.9亿元。其中，对公存款33.7亿元，个人存款5.2亿元。人民币各项贷款余额32.04亿元。

【支持经济发展】 2020年，华夏银行金坛支行加强制造业客户开发，加快推动分支行重点项目进度。总行首笔行内联合贷款北电爱思特1亿元流动资金贷款获批并投放；分行战略合作客户金坛控股新增流贷9200万元，流贷总额2亿元；金坛交通产业集团获投行部、金融市场部投资各1笔，金额2.6亿元；贝特瑞负极扩产固贷项目5000万元获批。支行积极营销重点园区、重点项目，持续跟踪服务晨创科技、北电爱思特金坛项目等一批新落地项目，晨创科技第一批资本金成功落地，华科园等一批重点项目成功对接。

【服务小微企业】 2020年，部分小微企业受疫情影响，流动资金出现缺口，华夏银行金坛支行主动对接总工会、紫金保险公司共同推出“工会贷”产品。通过专题协调会、走访企业等方式，利用该产品帮助受疫情影响、流动资金出现缺口的小微企业解决融资难题，累计共发放300万元。

（冯智慧）

·中国民生银行股份有限公司金坛支行·

【概况】 中国民生银行股份有限公司金坛支行（以下简称民生银行金坛支行）成立于2012年6月，地址位于金坛华阳南路5号，民生银行金坛支行践行“简单、务实、责任、感恩”理念，秉承“情系民生、服务大众”宗旨，为每一位客户提供全方位的金融服务。截至2020年年末，各项存款39.63亿元，其中，对公存款36.08亿元，储蓄存款3.5亿元。

【对公业务】 2020年，民生银行金坛支行围绕总行“做民企的银行、做小微企业的银行、做高端客户银行”三大市场定位，积极转型，在加大实体企业的拓展营销，同时不放弃政府平台的一些优质项目；全年获批投放7.1亿元。

【零售业务】 2020年，民生银行金坛支行坚持客户是零售之本，在零售规模不断壮大的道路上，不断优化服务为客户提供全方面的金融服务，科学化客户资产配置力度，多元化产品销售，并获得客户认可；全年实现贵宾客户470户、基金类产品销售达9894万元、保险类产品销售达1396万元，较同期实现了质的飞跃。

（管沁瑶）

·平安银行股份有限公司常州金坛支行·

【概况】 平安银行股份有限公司常州金坛支行（以下简称平安银行金坛支行）成立于2016年，位于金坛区东环二路126—7、8、9号。平安银行以打造中国最卓越、全球领先的智能化零售银行为愿景，坚持“科技引领、零售突破、对公做精”的十二字方针，全面推进数字化经营、平台与生态化经营和经营；在“综合金融+”和“互联网+”的时代，不断完善线上线下相整合的服务渠道，以金融为核心、科技为驱动力，为客户、用户提供领先的专业服务，让客户享受最便捷、高效、有品质的金融生活，实现“专业，让生活更简单”的客户体验。2020年，平安银行金坛支行各项业务得到了持续、稳定、健康发展。截至年末，资产余额5.5亿元，各项存款余额6.6亿元，各项贷款余额6.17亿元。

7月，民生银行金坛支行参与金融普及知识活动

【零售业务】 2020 年，平安银行金坛支行零售业务持续推进变革转型，紧握发展机遇，践行“数字化经营”理念，重点发力消费金融、基础零售、私行财富“三大板块”，提升资源统筹与风险管理“两大能力”，构建以 AIBank 为内核的开放银行“一个生态”。至年末，零售资产余额 5.5 亿元，零售存款余额 1.8 亿元，个人贷款余额 3985 万元。

【公司业务】 2020 年，平安银行金坛支行公司业务着力做精做强行业银行、交易银行、综合金融“三大支柱”，特色化经营，生态化布局；重点聚焦战略客户、小微客户“两大客群”，持续加大民营企业支持力度，通过数字化经营、差异化服务，全方位满足客户多元化需求；牢牢坚守资产质量“一条生命线”，坚持走可持续、高质量发展之路。至年末，对公存款余额 4.8 亿元，对公贷款余额 4.64 亿元，普惠小微贷款余额 1.13 亿元，其中信用贷款余额 3215.88 万元。

（周芷羽）

· 上海浦东发展银行股份有限公司金坛支行 ·

【概况】 上海浦东发展银行股份有限公司金坛支行（以下简称浦发银行金坛支行）成立于 2014 年 10 月，位于金坛区华城路 19 号。截至 2020 年年末，该行一般性存款余额 26.23 亿元。其中，对公存款 23.69 亿元，储蓄存款 2.54 亿元。

【对公业务】 浦发银行金坛支行在新的经济金融环境下，追求高质量、可持续的发展思路，实现质量与效益均衡发展。2020 年，持续开展企业行活动，较上年有效新增代发企业数 9 户，代发金额 11257 万元，对公贷款 22.43 亿元。不定期走进企业，宣传金融服务、银行优质和特色产品、手机银行操作使用等业务，提高企业员工对金融产品的了解，加强“银企”合作的紧密度，提升代发有效户和活跃户。

【零售业务】 2020 年，浦发银行金坛支行零售投放 1625.34 万元，余额 1226.37 万元。该行大力推广“房抵快贷“业务，手续简材料简，有效快速解决个人经营性贷款难的问题。开展各种保健、理财等专题沙龙讲座、针对中高端客户的专项活动，根据客户个人资产的配置情况给予专业化建议并为其量身订制金融方案，增强客户的满意度和体验感。

（刘　静）

· 中国光大银行股份有限公司金坛支行 ·

【概况】 中国光大银行股份有限公司金坛支行（以下简称光大银行金坛支行）成立于 2014 年 11 月，位于南环一路 557 号，为南京分行下辖的县域支行，负责金坛地区的业务拓展和机构经营管理工作。银行秉承“诚信为本、创新为先、团队合作、卓越执行、和谐发展”的价值观，深化与金坛企业的合作，创新金融产品服务于金坛地方经济建设。2020 年年末，光大银行金坛支行人民币各项存款余额近 60 亿元，比上年增加 7.5 亿元。其中，对公存款时点 56 亿元，比上年增长 6.9 亿元；日均存款 61.3 亿元，比上年增加 16.7 亿元。对私存款时点余额 3.16 亿，日均余额 3.5 亿元，比上年新增 0.58 亿元。其中，核心存款时点 2 亿元，日均余额 1.9 亿元。

【公司业务】 2020 年，光大银行金坛支行的对公业务在 2020 年取得较快发展，存款同比增长 13.83%，贷款同比增长 23.82%，发展速度位于金坛地区股份制银行的前茅。光大银行金坛支行通过高效的服务意识、积极的创新精神为金坛地区的多个城镇化建设的项目提供了金融支持，为金坛地区的发展添砖加瓦；在服务民营企业方面，为卓郎纺机、蜂巢能源、当升科技等企业量身打造金融服务方案，解决企业在发展中遇到的融资困难，获得服务企业的好评。

【个人业务】 2020 年，光大银行金坛支行秉承“精细化管理、精准性营销”的理念，继续推行“以客户为中心”的管理理念，把工作的重心放在夯实客户基础上来。年末，零售客户 9 项资产 5.9 亿元，当年引入客户

中国光大银行金坛支行员工风采

3000多户。批量代发工资、代发拆迁款、代发海外劳务等共计1.06亿元，成为年度引入客户的一大亮点。

（严　伟）

·兴业银行股份有限公司金坛支行·

【概况】 兴业银行股份有限公司金坛支行（以下简称兴业银行金坛支行）成立于2013年11月，地址位于金坛区东门大街233—3号。兴业银行金坛支行始终坚持“真诚服务，相伴成长”的经营理念，致力于为客户提供全面、优质、高效的金融服务。为金坛的产业结构调整和升级，为地方重大项目发展提供高效、满意的金融服务。截至2020年年末，该行一般性存款余额26.82亿元。其中，对公存款余额22.82亿元，零售存款余额4亿元。各项贷款17.08亿元。其中，对公贷款7.35亿元，零售贷款9.73亿元。

【对公业务】 2020年，兴业银行金坛支行积极响应政府号召，采取多项有力举措支持中小企业发展，下达指令性融资任务，加大考核力度，充分调动一线基层营销积极性。全年新增制造业贷款9500万元，其中“普惠贷”2笔，金额1500万元。为更好为服务“三新一特”产业，在年初光伏行情不被看好的情况下，该行选择继续与常州斯威克光伏新材料有限公司合作，为其续作授信1亿元，以实际行动支持区特色产业。蜂巢能源科技有限公司，作为金坛区重点项目，兴业银行金坛支行自2018年开始介入，在2020年符合准入条件后，第一时间上报授信，在12月获批项目贷款8亿元，期限6年。

【零售业务】 2020年，兴业银行金坛支行拥有丰富的个人贷款和存款产品。理财能力行业领先，产品体系完善，适用不同风险等级，提供多种收益和期限选择，并可根据客户的个性化需求定制产品。通过多渠道宣传亮点理财产品，有针对性地满足各个层级的客户需求。截至年末，该行全年综合理财（本外币理财+代理类业务）销量7.4亿元，个人贷款1.05亿元。

（唐伟坤）

·江苏江南农村商业银行股份有限公司常州市金坛支行·

【概况】 江苏江南农村商业银行股份有限公司常州市金坛支行（以下简称江南银行金坛支行）位于金坛大道388号。2020年，该行金坛支行始按照“扩总量、调结构、增收入、降成本、压不良、优管理”的工作目标，各项业务有序发展，实现经济利润4.03亿元。11月2日，该行搬迁至新址，成为全行网点升级改造后的首家“智能旗舰店”，为客户提供更为便捷、安全、高效的金融服务。在江苏省农村商业银行系统第七届业务技能比赛中，该行获团体二等奖，1名员工获个人识假点钞优胜奖；在2020年江苏金融系统银行业职工业务技能竞赛中，该行获最佳组织奖，1名员工获柜面业务能手优胜奖。

【存款业务】 2020年，江南农村商业银行金坛支行坚守支农支小、做小做散的战略定位，深耕零售市场，充分利用“拳头产品”优势，加强活期、稳定、低成本等绿色存款的营销力度。同时，通过抓优质账户开户、抓专项资金等措施，加大对公存款营销，确保市场份额稳步提升。截至12月末，该行全口径存款总量达308.73亿元，比上年增加31.41亿元，增幅11.32%。其中，储蓄存款余额136.39亿元，比上年增加12.67亿元，增幅10.24%；对公存款（含保证金）余额172.34亿元，比上年增加18.74亿元，增幅12.2%。

【信贷业务】 江南农村商业银行金坛支行始终坚持“服务‘三农’、服务中小企业，助推城乡一体化经济发展”市场定位，加大金融支持和信贷投放，实现金融与地方经济深度融合发展。2020年，该行全口径贷款余额189.66亿元，比上年增加31.56亿元，增幅19.96%。其中，公司贷款余额108.55亿元，比上年增加20.34亿元，增幅23.06%；零售贷款余额51.46亿元，比上年增加4.23亿元，增幅9.96%；个人消费贷款29.65亿元，比上年增加6.99亿元，增幅30.87%。

江南银行金坛支行新貌

【助力复工复产】 2020年，江南银行金坛支行严格落实中小微企业贷款阶段性延期还本付息政策、普惠小微企业信用贷款支持计划“两项工具”政策，采取多项措施，为受疫情影响较大的批发零售、住房餐饮、物流运输、文化旅游等行业企业纾困解难，助力企业复工复产。截至12月末，该行共为符合条件的小微企业办理延期还本金额共13.56亿元，到期贷款金额为14.36亿元，累计延期率达到94.42%，切实提高了普惠小微企业贷款延期率，确保普惠小微贷款“应延尽延”。该行强化精准对接，在采取增加信贷投放、加大创业扶持、深化政银企合作等系列信贷举措的同时，运用“周转易”产品进行无还本续贷，解决企业“转贷难、转贷贵”问题。该行全年为646户小微企业使用“周转易”1120笔共计38.94亿元，为企业发展注入源源不断的“金融活水”，保证企业正常生产经营。

【支农惠农】 2020年，江南农村商业银行金坛支行持续坚守服务“三农”初心，对符合条件的“三农”贷款客户，用青年创业贷款、妇女创业贷款、工会创业贷款等一系列优惠特色贷款产品，给予贷款优先、利率优惠、流程优化等扶持政策，不断加强对“三农”支持力度。截至12月末，该行青年创业贷款余额21750.1万元，妇女创业贷款935万元，工会创业贷款2711.52万元。

【普惠金融】 2020年，江南农村商业银行金坛支行立足服务乡村振兴和精准扶贫，发扬“背包精神”，按照“定格、定人、定责”的网格化管理工作要求，按照行政区域划片包干，具体到人，明确金坛区3个街道、6个镇的所有行政村、社区联系人，全员走村入户、深入田间地头。全年该行分4批走访客户3602户，其中，个人客户3426户，企业客户176户。通过常态化走访，与客户建立了更深层次连接，打通金融服务“最后一公里”。该行秉承普惠金融理念，建立银政村企“联业联责联心”的发展机制，精细谋划、与企业深度对接，不断下沉农村市场，提升获客能力，举办对接会、座谈会等形式多样的“万企联万村共走振兴路”活动，全力做好金融支持乡村振兴工作，以实际行动诠释金融服务实体经济的使命和担当。截至12月末，该行已开展“万企联万村”活动96场、参与客户1800余户。

（张　晶）

· 常州金坛兴福村镇银行有限责任公司 ·

【概况】 常州金坛兴福村镇银行有限责任公司（以下简称金坛兴福村镇银行）总行位于金坛区东门大街235号。金坛兴福村镇银行积极响应国家“振兴乡村”的号召，坚持立足于服务小微、服务“三农”的市场定位，紧紧围绕金坛经济发展的区域特点、产业结构和行业状况，本着做“小”、做“散”、做“精”的原则，增强服务功能、创新服务品种、丰富服务手段、提高服务效率、改善服务质量，积极推进践行普惠金融，促进金坛经济和银行各项业务健康、协调发展。截至2020年年末，该行资产总额138856.59万元，较上年增加20058.11万元；负债123345.21万元，较上年增加17386.74万元；利润总额1156.47万元。8月，金坛兴福村镇银行获“2019年度全国支农支小优秀村镇银行”称号。

【存款业务】 2020年，金坛兴福村镇银行坚持“存款立行”，努力挖掘存款潜力，加大产品宣传力度，通过社区宣传活动、对农村弱势困难家庭送温暖活动等，主动揽储，新春旺季期间储蓄存款比上年增加18221万元。截至年末，该行存款余额105098.38万元，较上年增加19667.6万元。其中，储蓄存款余额69698.72万元，较上年增加19237.02万元；对公存款余额35399.66万元，较上年增加430.58万元。

【贷款业务】 2020年，金坛兴福村镇银行继续坚持“立足‘三农’、服务小微”的市场定位和“做小做散”的发展方向，调整信贷结构，组织开展“百行进万企”工作，深入各大乡镇，走访有融资需求的小微企业，积极拓展信贷市场。在企业复工复产、农村春耕备耕的关键时节，该行分别推出“复工助力贷”“抗疫英雄贷”“春

10月16日，金坛兴福村镇银行举办客户交流会

耕助农贷”“福税通”等新型信贷产品，覆盖各行各业，全行发挥金融支持疫情防控和实体经济发展的作用。截至年末，该行贷款余额117923.02万元，较上年增加19182.26万元。其中，涉农贷款余额19833.18万元，小微企业贷款余额100475.14万元。

【普惠金融】 2020年，金坛兴福村镇银行针对村落经济发展、产业结构和农业特色等现状，进一步规范整村授信业务，对目标区域进行网格划分，通过客户经理定期上门实地走访宣传、收集农户基本信息，同时选取对村里知根知底、诚实本分的村组成员进行民主评议，确定建议授信额度。截至年末，该行对9602户农户进行授信，授信金额47718万元。

（吴佳颖）

·南京银行股份有限公司金坛支行·

【概况】 南京银行股份有限公司金坛支行（以下简称南京银行金坛支行）成立于2014年10月22日，地址位于东门大街209号。2020年，南京银行金坛支行在原址扩大升级装修，以全新的环境和面貌服务金坛的企业和市民。南京银行金坛支行始终践行“责任金融，和谐共赢”的企业文化理念，全力支持金坛区域经济发展。截至年末，各项存款余额48.6亿元。其中，对公存款39.2亿元，储蓄存款9.4亿元。

【对公业务】 南京银行金坛支行秉承“以客户为中心”的经营理念，利用审批半径短、审批效率高的特点，充分发挥投行产品特色优势，2020年在金坛区域累计投放投行产品12亿元，有力地支撑了区域经济发展。截至年底，支行对公贷款余额44.9亿元。

【零售业务】 南京银行金坛支行拥有丰富的个人贷款和理财产品，通过对老客户进行分层维护、多渠道宣传理财产品、邀请中高端客户开展黄金和保险沙龙等多种营销方式，以及山水网、社区、商场多渠道宣传，积极拓展中间业务。截至2020年年末，全行个人金融资产余额为18亿元。

【普惠金融】 南京银行金坛支行响应国务院扶持小微企业普惠金融的号召，用心服务金坛区优质小微企业，运用各种产品，为小微企业解决融资难融资贵等问题。2020年，运用“成长贷”“鑫科保”“鑫人才”“常科贷”“首贷融”“增额保”等产品，以信用方式为主，先后为常州市一批优质民营企业发放低息贷款约1.2亿元，为企业解决资金的需求，加快了企业的发展。9月，该支行落地分行首笔“惠农贷”产品，以信用方式为主，抵押为辅，为区农业龙头企业发放低息贷款500万元，为企业解决秋季储备粮米资金短缺的困难。

（蔡　扬）

·浙商银行股份有限公司常州金坛支行·

【概况】 浙商银行股份有限公司常州金坛支行（以下简称浙商银行金坛支行）成立于2017年12月6日，地址位于金坛区东环二路126号4—6。浙商银行金坛支行坚持“服务实体经济、创新转型、合规经营、防化风险、提质增效”五项经营原则，打造平台化服务，为客户提供开放、高效、灵活、共享的综合金融服务。各项业务积极发展，2020年获浙商银行南京分行“2019年度优秀团队”称号。

【公司业务】 2020年，浙商银行金坛支行围绕总行愿景和经营发展战略，主动适应经济金融形势变化，全力投身地方经济建设。该行继续增加对金坛区属国有公司的融资支持力度，保障企业的稳健运营，坚持转型发展，服务实体企业，围绕“三新一特”产业，通过与区经信局、园区主管部门的联动，摸排企业名单，积极上门营销，以“平台化战略”为导向，利用资产池、应收款平台、易企银平台、e家银、融易贷等特色产品，帮助企业盘活资产、加速资金流转，降低财务成本，助力企业复工复产。截至2020年年末，支行业务总量39.8亿元，各项存款合计17.5亿元，各项贷款17.3亿元。

【零售业务】 浙商银行金坛支行通过永乐理财等零售特色产品，通过对老

浙商银行常州金坛支行外观

客分层维护、社区共建多渠道宣传浙商银行特色产品及品牌，举办线上线下理财沙龙、节日主题活动，并走进企业、社区以及山水网宣传等多种营销方式，拓展新客和零售业务。截至2020年年末，全行金融资产8.59亿元，个人存款3.99亿元。

（李少华）

保险业

·中国人民财产保险股份有限公司常州市金坛支公司·

【概述】 中国人民财产保险股份有限公司常州市金坛支公司（以下简称人民财产金坛支公司）成立于1981年，位于金坛市西门大街27号。公司坚持稳中求进工作总基调，围绕公司高质量发展转型这一主线，努力提升县域公司发展能力、盈利能力和服务能力。2020年度实现保费增速超越市场3.39%，保费规模超2.44亿元，公司保持获得平稳较快的发展。公司保持连续36年无刑事、经济案件，获2016—2018年度“常州市文明单位”称号，继续保持“江苏省放心消费创建先进单位”“常州市放心消费创建先进单位”称号。

【业务发展】 2020年，人保财险金坛支公司累计完成保费收入24442万元，比上年净增保费1991万元，市场份额持续提升，市场占有率为43%，在金坛区域内财产险市场份额排名第一。其中，车险17457.67万元，同比增长10.36%；非车非农险保费收入3765.1万元，同比增长7.2%；农险秉承强化合规意识，实现保费收入3219.84万元，同比增长3.15%，高效农险覆盖面达到70%以上。

【理赔服务】 2020年，人保财险金坛支公司围绕“降赔付、强服务”持续提升理赔工作效能，全年全险种案件处理率达100%，共受理各类有效报案（除农险）11400件。其中，机动车辆险10293件，非车险1107件。全险种已决赔款1.43亿元。其中，车险9805万元，非车险4568万元。理赔服务加强人伤案件处理速度，持续推进一体化服务机制。2020年继续增派人员入驻交通事故处理综合服务中心“一站式”服务窗口。协助交警快速高效处理因交通事故引发的矛盾纠纷，保护当事人的合法权益，促进社会和谐稳定。持续推进理赔能力建设，反欺诈工作能力有效提升，警保协作效果明显。加大第一现场的查勘率，严格把关定损质量，加大虚假及骗保案件的查处，加大对疑难案件核损监控，加强人伤跟踪环节，真正做到不惜赔不滥赔。强化投诉处理工作水平，提升客户服务满意度。

8月20日，人民财产金坛支公司防贫保险首单赔付

【农险经营】 2020年，人保财险金坛支公司持续强化合规意识，进一步规范农险操作行为，细化流程管控，强化节点考核，开展合规检查，提升合规操作水平，全力稳定农险经营规模，提高农险经营质量，创新农险产品开发。持续以“提标、增品、扩面”为发展的主基调，积极创新农业保险产品。面对疫情挑战，开放线上线下方式，接受农户的投保及理赔咨询。全年共开展包括小麦、水稻、能繁母猪、茶叶、食用菌等20个保险产品，开设内塘螃蟹水文指数保险，增加1000公顷承保水面；农险商业险实现突破，土地流转履约保险成功扩面，由2019年68.13公顷增长至135.39公顷，为薛埠镇罗村、致和村和长山村以及指前镇解放村土地流转保驾护航。持续提升服务技能。为精准承保、理赔提供数据支持，公司启用无人机参与承保验标和理赔查勘，并启用农险微平台和农险远程查勘系统，进一步提升农业保险服务能力和服务效率。全年公司处理政策性农险处理赔案755件，赔付金额1889.21万元，787户农民得到保险赔偿。

（董　盼）

·中国人寿保险股份有限公司金坛支公司·

【概况】 中国人寿保险股份有限公司金坛支公司（以下简称中国人寿金坛支公司），位于金坛区横街8号。

2020年，面对突如其来的新冠疫情影响和江苏率先实施的寿险业务全面双录（录音、录像）的监管要求，中国人寿金坛支公司深入贯彻集团公司重振国寿战略部署，认真落实“三抓（抓党建、抓防疫、抓风控）、三强（强科技、强服务、强能力）、三稳（稳队伍、稳客户、稳发展）”的工作思路，众志成城、克难奋进。

【业务发展】 2020 年，中国人寿金坛支公司实现总保费 5.53 亿元，同比增长 7.3%，市场份额 46.61%；首年期交保费 1.81 亿元，同比增长 60.1%，市场份额 63.77%；短期险保费 7902 万元，赔款 3520.56 万元，件数 13191 件；各类给付 7101.72 万元，件数 47652 件。全年退保金比上年下降 31.1%，个险新单自保件件数占比比上年下降 14.6 个百分点，大个险队伍规模稳定在千人团队，团险销售人员考核（品质考核和日常管理）月均达标率 75% 以上，比上年提升 20 个百分点，销售队伍人均产能增长 27%。

【改革与服务】 2020 年，中国人寿金坛支公司营销渠道以“健体工程”（营销职场的自主经营、星级主管和星级人力的达标）为抓手，持续落地专业化体系，件均保费、月均星级主管数量分别同比提升 13.5%、65%，带动并促进保障型保费月平台不断稳固、中坚销售队伍力量持续壮大。银行保险渠道以“星级网点倍增计划”为依托，创建了 8 个星级网点，同比增长 75.8%，星级网点期交贡献度达 64.8%，网均产能同比提升 25%。公司大短险经营效益稳步提升，综合赔付率 59%。

持续优化双录系统功能，一次质检通过率较上年提升 11 个百分点至 86%。推行“无接触服务”，为客户提供长险电子保单，开展理赔远程受理和视频调查。深化集约建设，短险理赔省级集中圆满完成，保险合同和凭证实现省级集中打印，缮制服务水平大幅跃升。

全年累计服务客户 2 万余人次，服务能力进一步增强。柜面服务第三方暗访优良率同比提高 16 个百分点，临柜客户、电话服务好评率均达 99%，服务体验进一步优化。智慧客服迭代升级，空中客服应“疫”而生，寿险 APP 功能再扩展，服务体系进一步完备，消费者权益保护工作取得新成效。

【服务民生】 2020 年，中国人寿金坛支公司持续推动民生保险扩面，计划生育保险覆盖人群提升 5%，“关爱行动”老年人保险由于市场竞争因素同比下降 1.05%；主动参与社会管理，连续 3 次（每次 3 年，本轮至 2022 年底）中标金坛区城乡居民大病保险经办项目，新型农村合作医疗补充意外险在市场内外强大的竞争压力下，完成保费收入 1360 万元，同比增长 35%。

（陈文群）

·中国太平洋财产保险股份有限公司金坛支公司·

【概况】 中国太平洋财产保险股份有限公司金坛支公司（以下简称太保产险金坛支公司）位于金坛区东门大街 123 号。2020 年，公司完成保费 16490 万元，同比增长 9.92%，简单赔付率 58.43%，全面实现“双优双对标”的年度目标。

【车险】 2020 年，太保产险金坛支公司紧盯市场，坚持渠道化发展为主，多元化齐头并进。面对综改后单笔保费下降的现状，公司及时调整策略，在狠抓核心渠道的同时，加大个代、邮政、团车发展力度。全年车险 13425 万元（其中交强险 2979 万元），净增保费 990 万元，比上年增长 7.37%。

【非车险】 加强团队化建设，重视团队业务发展。加大员工考核力度，狠抓新型业务不放松。新成立的非车险团队经过一年磨合，全年非车险 3065 万元，净增保费 497 万元，比上年增长 16.21%。

【助力疫情防控】 上半年，因疫情防控需求，多地血库告急，常州中心血站金坛分站血液库存也初步呈现紧缺状态。得知情况，太保产险金坛支公司积极倡议并组织员工参与为“血源保障贡献一份力量”，与兄弟单位共同组织员工无偿献血活动。累计献血量 10200 多毫升，平均献血量 365 毫升每人。

疫情期间，公司积极发动全员推动“新冠综合险”及“复业保”方案，将“新冠综合险”保障方案宣传推广到政府防疫机关、街道、社区、银行及企业。

为有效防范茶企“复工复产”后可能发生的生产安全隐患，强化采茶人员健康管理，公司主动为区采茶人员健康保驾护航，助力春季茶叶生产稳定有序开展，宣导保障方案，对大、中型茶企，做到各个对接、沟通。将“茶农短期意外险”推广到各茶企。累计承保采茶工 1299 人，承保茶企近 30 家。

全年以“防贫保”产品特色和险种优势为拓展抓手，着力防范“因病、因灾、因学”致贫，各乡镇逐步铺展，全年累计承保“防贫保”100 万元。

【提升服务】 2020 年，太保产险金坛支公司通过各类传输媒介加强员工拓展新业务、学习新理论、运用新工具。全年持续推广“太平洋产险”—享服务—权益中心推出“道路救援”“代为驾驶”等客户权益。公司全年累计处理案件 8115 件，共支付赔款 9636 万元。全国统一保险消费者投诉维权电话投诉：（95500 拨 3 拨 4 或 4008095500）；网上投诉（http://www.cpic.com.cn）；来信、传真、电子邮件、来访的方式进行投诉。一般投诉在保险消费投诉受理后 1 个工作日内处理完毕。

（强媛媛）

· 中国太平洋人寿保险股份有限公司常州市金坛中心支公司 ·

【概况】 中国太平洋人寿保险股份有限公司常州市金坛中心支公司（以下简称太保寿险金坛中心支公司）位于金坛区东门大街 123 号。2020 年，公司各类保费收入 4.76 亿元，较上年增长 2%，市场份额 39.83%，同业排名第二，全年受理案件 1962 件，赔款给付 2825.35 万元。各类给付 25953 件，给付金额 5831.25 万元。

【业务发展】 2020 年，太保寿险金坛中心支公司个险销售拥有传统营销、顾问营销、服务营销三大业务渠道，队伍总规模突破 1273 人。其中传统营销全年总保费收入 0.6705 亿元。传统营销在册人力 892 人。年内除保持业绩和队伍数量上基本持平，更加注重队伍结构的优化和升级，大力发展产寿险联动、交叉销售相结合的经营模式，实现队伍收入的多元化和对客户服务的立体化。

服务营销经过多年的发展，在续期服务和新保拓展上借力 A65311 客户经营理念，做好服务、拓展业务，确保客户保障续航同时帮助客户增加保障。特别是 2020 年疫情期间，通过手机终端为客户提供续保服务，为多位客户解决了续保难题。截至年底，在册人力 145 人，全年新单保费 1118 万元，续期保费收入 0.56 亿元，续保率 93.8%。

顾问营销作为个险销售队伍，坚持渠道特色，深入社区、精耕细作，重点围绕“服务件”客户，开展多项活动，为客户提供专业的售前、售中、售后服务。团队致力于打造一批高素质绩优人才，为客户提供更专业的服务，截至 2020 年年底，在册人力 236 人，全年新单保费收入 418 万元。

【团险业务中心】 2020 年，太保寿险金坛支公司团体业务中心坚持以合规为基调，以效益为中心，以高质量发展为全年的工作主线，不断适应转型发展，服务渠道、服务客户，服务政保合作，服务民生。聚焦短险和期缴业务，紧抓“个法交叉”协同经营，线上微店业务突破发展，银行类合作渠道深度融合，市场份额稳中有升。优化队伍结构，提升业务品质。团体业务中心在进一步扩大客户服务领域的基础上实现专业化管理，不断强化专业经营，高质量发展意识，守住合规风险底线。金坛团体业务中心金融合作部、团险业务部实现短意险保费 648 万元，较 2019 年增长 3.2%，转型融合后的团体业务中心，有合同制员工 11 人，实现业务综合管理下的条线专业化经营。

（林培录）

· 中国平安财产保险股份有限公司金坛支公司 ·

【概况】 中国平安财产保险股份有限公司金坛支公司（以下简称平安产险金坛支公司）位于金坛区南环一路 628 号。2020 年公司完成保费 5572 万元，车险 4745 万元，财产险 540 万元，意健险 288 万元。车险受综改影响小幅下降，非车险实现翻倍增长，全年车险赔付率 51%。车险全面推进线上化，包括线上报价线上出单线上服务，整体迁移率达到 92%，活跃客户达到 85%。

【业务增长】 2020 年，太保寿险金坛支公司车险紧盯市场，坚持多元化齐头并进。面对综改后单笔保费下降的现状，公司及时调整策略，在狠抓核心渠道的同时，加大个代、团车发展力度。全年车险收入 4745 万元。非车险方面加强团队化建设，重视团队业务发展。加大员工考核力度，狠抓新型业务不放松。全年非车险收入 828 万元。

【助力疫情防控】 2020 年疫情期间，平安产险金坛支公司积极发动全员推动“复业保”和“E 生平安 • 疾病守护金免费版”方案，将“E 生平安 • 疾病守护金免费版”保障方案积极宣传推广。在因新冠疫情可能造成企业营业中断，产生的在产品损失风险、人员救助医疗费用等方面积极发出的“平安声音”表明“平安态度”。在助力区“复工复产”，在共同抗疫，支持地方企业安全生产保障中，尽平安之力。

（王　凯）

证券业

· 东海证券股份有限公司常州金坛东环二路证券营业部 ·

【概况】 东海证券股份有限公司常州金坛东环二路证券营业部（以下简称东海证券金坛营业部），位于金坛区东环二路 168 号。营业场所面积 600 平方米，2020 年，东海证券金坛营业部秉承“偕客户同发展，与东海共繁荣”的精神，恪守“用微笑传递智慧、让事实缔造杰出”的经营服务理念，合规经营，不断创新，依托公司强大的理财服务业务平台，为当地投资者提供多层次、全方位的特色理财服务。截至年末，营业部共有客户数 29529 户，托管客户资产约 34.9 亿元。

【业务发展】 2020 年，东海证券金坛营业部按照公司发展战略，围绕经营管理目标，推进业务发展，拓展市场，提高经纪业务代理买卖收入份额。全年新增客户数2103户，股票成交量4059800万元，代理买卖业务收入市场份额0.116‰，销售各类理财产品60000万元，保持其在辖区行业内的优势地位。同时加强投资者服务，2020年，东海证券金坛营业部在加强监管大环境下，强化合规管理，做好投资者适当性管理和投资者教育工作。配合监管部门开展“3·15”投资者保护主题教育活动、“5·15”全国投资者保护宣传日和防范非法证券期货宣传月活动、“金融知识普及月金融知识进万家争做理性投资者争做金融好网民”活动、投资者报告会。

（王剑波）

·华泰证券股份有限公司金坛南环一路营业部·

【概况】 华泰证券股份有限公司金坛南环一路营业部（以下简称华泰证券金坛营业部），于2020年6月1日迁至金坛区滨河星城1幢109—112号，营业部总面积500平方米。营业部始终秉承“高效、诚信、稳健、创新”的核心价值观，坚持“以客户为中心，以市场为导向”的经营宗旨。2020年，华泰金坛营业部按照公司“科技无界，赋能金融新生态”的发展战略，以专业的服务、先进的技术、新颖的产品、全面的业务渠道成为广大证券投资者理想的投资场所，为各类企业提供全方位的资本运作和投融资服务。全年新增证券账户数3756户，至年末，营业部有效资金账户（日均大于1万元）4733户，托管客户证券资产总额58亿元。营业部全年股基交易量为313亿元，销售各类理财产品6.8亿元。

【投资者教育】 2020年，华泰证券金坛营业部按照证券行业文化建设、廉洁文化工作要求，倡导合规经营理念，培育合规文化，定期组织本单位员工开展合规培训与宣传，营业部全年组织开展了多次投资策略报告会，与虹桥、徐塘社区及浦发银行银行合作举办金融知识普及、反洗钱、防范金融诈骗等主题的投资者教育活动。同时，营业部每月持续开展线上投教云课堂系列活动，每月一至两场，在疫情防控安全的情况下，开展投资者风险教育工作，加强与投资者互动。按照适当性的相关要求，在营业部的公告栏制作“投资者教育园地”，在大厅显要位置张贴风险提示标语，同时对投资者开展背景调查、信息告知与风险揭示、客户回访等一系列财富管理业务工作。

（王 姝）

·南京证券股份有限公司金坛东环二路证券营业部·

【概况】 南京证券股份有限公司金坛东环二路证券营业部（以下简称南京证券金坛营业部）成立于2010年5月。截至2020年年底，营业部托管各类资产约14亿元，全年股基交易量85.9亿元，收入285万元，利润164万元。营业部为4000名个人及机构客户提供专业金融服务。2020年，营业部获得金坛区人民银行颁发的“平安金融”称号。

【投资者服务】 2020年，南京证券金坛营业部全年组织开展了4场宏观经济策略分析会，与华城社区、华胜社区、华苑社区、金河社区、金江苑社区等社区居委会及银行合作举办以金融知识普及、反洗钱、防范金融诈骗等多主题的投资者教育活动，共计8场，向社区居民普及了金融知识，提高了防范金融诈骗意识，获得了良好的效果。同时，营业部每周三持续开展快乐阳光大讲堂系列活动，加强与投资者互动，赢得了投资者的一致好评。

营业部为金坛当地农业龙头企业江苏茅山青锋茶叶有限公司推荐江苏股权交易中心挂牌。该企业顺利在12月完成江苏股权交易中心挂牌。营业部根据中国证监会的具体要求，积极开展投资者风险教育工作。在营业部的公告栏制作“投资者教育园地”，在大厅显要位置张贴风险提示标语。营业部扎根金坛，在长期为个人投资者提供专业金融服务的同时，积极加强与当地政府及企业合作，为企业利用资本市场发展壮大提供助力。

（冯 超）

（编辑 夏 冰）

城乡一体化建设

【概况】 2020年，全区住建工作围绕住房和城乡建设，有序推进重点项目和城建领域专项规划的编制研究。金山路及钱资湖大桥竣工通车；鸿福路东延、钱资湖大道西延、小垳路南延、九洲路等竣工通车；岸头佳园幼儿园交付使用;新建花山、西旸、茅麓、薛埠等中、西部区域供水工程，实施西岗、罗村等水厂改造；推进第一污水处理厂、儒林污水处理厂移址新建，薛埠污水处理厂扩建和乌干路西延等工程。完成金坛区城镇燃气专项规划，推进金坛区城镇生活污水专项规划修编、金坛区供水专项规划、金坛区城市人防工程规划的编制研究。完成金坛区绿地系统规划、金坛中心城区绿线规划。

【市政建设】 2020年，全区共完成混凝土道路维修6586平方米，沥青道路维修17370平方米，各类人行道维修18927平方米，维修各类侧平石及树池8.22千米，维修、更换各类井盖1060座，沥青灌缝18.27千米，维修雨污水管道731米，清掏雨水井99814只，疏通管道9.62千米，总费用约3295万元。做好城市长效考核及相关投诉处理工作，全年有效处理数字化城管办件779件，110、市民来电、“12345”平台总计约310件。

配合完成老小区改造、整治等工作，提升功能照明设施维护质量及水平。完成接收金山路等8条道路共计281基482盏路灯；完成接收新城金郡二期等7个小区的1064基路灯，增补安装太平弄、毛家弄等地简易路灯10盏。配合完成弘化新村、电胜河南路，翠园小区、金沙花园、华城二村等老小区改造路灯约285基。全年保障城市路灯设施完好率96%以上、亮灯率98%以上。维修道路路灯2565盏，小区路灯1425盏，处理照明设施故障315起，处理各类电缆故障215起，恢复各类因事故撞杆35起。

推进景观亮化建设工程的报批及验收工作，塑造优质城市美好形象。完成新城金郡二期，金紫花园一、二期等小区楼宇亮化项目的方案审批、验收管理工作，总计接收管养楼宇亮化33栋，各类亮化灯具总计15783套。全年累计维修各类景观性设施478盏，确保景观照明设施完好率95%，亮灯率95%以上。

2020年金坛区市政设施竣工项目一览表

表17

序号	工程名称	起止点	建设单位
1	金山路及钱资湖大桥	环湖路233国道	江苏金坛滨湖新城开发建设有限公司
2	汇金路	金桂路—金坛大道	常州金坛建设产业集团有限公司
3	金鑫路东延	汇金路—华阳路	江苏金坛滨湖新城开发建设有限公司

【镇村建设】 2020年，区住建局起草《关于进一步开展美丽乡村建设工作的通知》和《常州市金坛区被撤并乡镇集镇区专项整治实施方案》，由区政府印发。在“五十百千工程”（5个示范村、10个精品村、100个宜居村、1000个整洁村）实施的基础上，推动全域美丽乡村建设和全域16个被撤并乡镇集镇区专项整治，美丽宜居乡

村建成率超 80%，提升全区农村人居环境。助力仙姑村、柚山村、金牛村和徐家庄创成省级特色田园乡村，努力推动乡村振兴金坛样本的实现。组织开展全区农村建档立卡贫困户、低保户、农村分散供养特困人员、贫困残疾人家庭 4 类贫困人员的危房改造工作，57 户农村危房改造全部完工。

【人防建设】 2020 年，全区围绕有效履行战时防空、平时服务、应急支援使命任务，积极参与城市建设，努力探索人防工作与地方经济建设相融合、与社会民生相融合的发展道路。着眼工程质量品质提升，抓好人防工程建设。梳理权力事项清单，探索实施联合图审、并联审批、统一收费等系列新模式。通过即办的方式实现“最多跑一次”，积极融入投资项目审批“一窗受理、集成服务”。民防教育体验馆创成省市科普教育基地。

公用事业

【概况】 2020 年，全区全年供排水、供气、供电等公用事业平稳发展，无重大安全生产责任事故发生，与上年度相比，供水、城镇污水处理、城镇燃气生产供应规模稳中有增。

【供水】 2020 年，全区供水量 6831.32 万立方米，售水量 5100.64 万立方米，用户总数 296923 户。

加强巡查和执法，保障供水管网运行安全。加大供水管网巡查和检漏力度，全年累计巡查管网 55160 千米，有效防止损管 106 处。实行 24 小时应急管网抢修，提高管网维修及时率，严格控制水源漏损，维修城区漏点 861 处，拆换各类水表 1480 只，保养阀门和消防栓 1472 只，更换消防栓和阀门 55 只，抢修及时率 100%。严格执行管网末梢水定期排放制度，截至 2020 年年底，全区实施管网排污 1017 处（次）。及时发布停水和水质信息，计划性停水提前 24 小时实施网络公布，全年共发布各类公告 810 条。

【排水】 2020 年，全区开展排水企业上门服务 420 余次，组织企业排水行为日常巡查（夜查）323 次，查处违规排水 23 起。完成 9.62 千米污水管网视屏检测，随管网检测累计更换井框、盖 1034 只，安装防坠网 9347 个，增设检查井标识 10462 个。完成北贤路（金山路—汇贤路）污水管道修复，修复点位 11 处。完成颐园 A 区、金玺天郡等 10 个小区的排水设施验收检查。完成环湖路 B 段、朱庄河截污、运粮河等 19 个工程的交接验收。对第一、二污水处理厂现场业务考核检查 58 次，第一、二污水处理厂全年生产运行稳定，无重大生产事故发生。

加快推进城镇污水处理提质增效“333”（三消除、三整治、三提升）行动。完成 2 个“提质增效达标区”建设，全面消除黑臭水体。通过 3 年污染防治攻坚行动，城区下塘河、电胜河、金花河和运粮河完成整治；2020 年 11 月底城镇 6 座污水处理厂完成提标改造（管理性措施），出水水质均达太湖限值（DB32）标准。加快城镇污水厂建设。城市第一污水处理厂移址新建工程完成土建主体工程。薛埠茅东污水厂扩建、儒林污水厂移址新建工程进场开工。2020 年 6 月投入运行的指前污水处理厂日均处理水量 1500 吨左右。

【供气】 2020 年，全区共有取得“燃气经营许可证”的企业 6 家，所属液化石油气供应站点及天然气汽车加气站 9 个，天然气高中压调压站 5 座、门站 1 座。全区共有管道燃气居民用户 12.6 万户，工商业用户 1210 户。截至年底，全区燃气管网总长度为 1089.63 千米，其中新建管道长度 53.63 千米。全年为 810 辆车辆提供天然气，全年天然气用气量 2.1 亿立方米。

（于　溢）

【供电】 2020 年，金坛区全年全社会用电量创历史新高，达 56.89 亿千瓦时，同比增长 13.54%，增幅在苏南板块位列第一。服务客户总数 37.13 万户。区供电行业科学规划电网建设，加大基础建设投入，打造智能供电网络，全年电网建设投资 5.27 亿元。

圆满完成春节、新冠病毒医学留观点、中高考、重点项目集中开工仪式、中德（常州）创新产业园开园仪式、华罗庚 110 周年诞辰“阎师高徒”阎维文民族声乐大师班走进华罗庚中学

3 月 5 日，疫情期间检修黄金村配变箱

主题文艺晚会等重大保电任务。编制《金坛区2020年有序用电方案和电力供应应急预案》，保障电力可靠供应。按照“有保有限”的有序用电原则，在编制方案时尽可能保障高科技企业及优势企业用电，将大容量的化工、建材企业及铸造等工业大户编入有序用电方案，应对紧急错峰的需求；将部分机械、纺织、医药、光伏等连续性生产企业编入应急预案中以应对较大或持续电力供应缺口的状况；继续将非工中央空调负荷、工业用户非生产性负荷纳入2020年的有序用电方案中，共同参与夏季的错峰限电。

主动策应地方产业调整，滚动修订“2019—2021年金坛电网建设项目实施清单”，完成金坛“十四五”10千伏及以下电网规划研究。配合编制垃圾焚烧发电电源项目可行性研究，配合区政府编制沿江高铁涉铁通道电力管线预埋可行性研究，顺利投运常州井庄110千伏输变电工程、110千伏龙山变扩建、洮湖—方麓110千伏线路工程、常州水北—溧阳π入村前变220千伏线路等大中型基建工程。新增变电容量10万千伏安，输电线路56.936千米。加快配农网升级改造，新增改造配变267台，10千伏线路197.14千米，400伏线路202.08千米。开展带电作业195次，同比提升97%，客户停电时间平均减少3.08小时。

优化营商环境，对接重点企业用电需求，全年新增投运6座110千伏用户变电站。出台报装接电“特快电力”服务方案，构建“简、快、好、省”办电模式，高压接电时长压降至25.91天，同比下降45.93%。打通与政务数据共享平台的信息链路，实现办电资料信息共享、实时获取。全年累计完成市场化售电30.94亿千瓦时，为客户节约电费9791.49万元。落实阶段性降低用电成本政策，全年累计防疫优惠8683.48万元。

（陈玥霖）

建筑管理

【概况】 2020年，全区住建工作压紧压实党政领导责任，加大对建设工程五方责任主体行为的监督力度。开展建设领域安全生产专项整治，完善安全监督方式和监管模式。强化招标、农民工工资、工地扬尘管控，巩固预拌混凝土搅拌站专项整治行动成果，建设工程质量总体处于受控状态。建设领域全年安全生产形势总体稳定。

【质量安全管理】 全区2019年结转项目132项。其中，房建项目113项，建筑面积515.99万平方米；市政项目19项，造价5.22亿元。2020年新开工房建工程73项，建筑面积188.79万平方米；新开工市政工程21项，造价5.39亿元。2020年共监督项目226项。其中，房建工程项目186项，建筑面积约704.78万平方米；市政工程项目40项，造价10.61亿元。均严格落实参建各方工程质量主体责任。

落实建筑施工双随机工作，全年联合应急、公安等部门共同对全区建筑工地进行双随机抽查22次，抽查项目（标段）57个，对发现的问题及时整改。全年签发工程安全类隐患限期整改通知书331份，安全类停工（局部）整改通知书49份。组织诫勉约谈36次，约谈施工单位40家，监理单位27家。移交区综合行政执法局建管类案件28起，完成处罚16起，处罚金额56.76万元。办理起重机械产权登记115台、产权注销52台；受理安装、拆卸告知276台次；办理使用证159台次。

参照网格化管理方式，划分监管责任区域，将每个建筑施工项目的安全监管责任落实到具体人员。制定出台相关规章制度，规范施工安全，对重点行业重点管理，确保质量安全。

全年共举办6期强制安全培训教育。对上年度建筑施工安全事故案例进行深入分析，形成教育材料。分别于5、6月举办专项观摩会，规范全区建筑施工安全事故应急救援处置工作。

严格执行《关于推进工程建设项目质量安全创优的通知》，在工程报建阶段严把创优关，要求符合条件的政府性投资项目（同时创区优质结构、区标化示范工地）和主城区项目（至少创区标化示范工地）提交创优申报材料，明确创建目标和创建措施。积极推广智慧工地建设，进一步提升全区施工现场安全管理工作。

3月，棚户区改造项目海棠明都

2020年金坛区获省级以上工程质量奖一览表

表18

序号	承建公司	项目	所获奖项
1	江苏儒林建设工程有限公司	中景商务中心（1号—4号楼及地下室）工程	江苏省“扬子杯”优质工程奖
2	江苏城东建设工程有限公司	江苏省常州市天宁区同济中学扩建工程综合楼及地下室、入口连廊建筑工程施工总承包工程	江苏省“扬子杯”优质工程奖
3	江苏城东建设工程有限公司	长荡湖水厂新建工程	江苏省“扬子杯”优质工程奖
4	江苏广泽建设有限公司	江苏省连云港市赣榆综合客运枢纽工程	江苏省“扬子杯”优质工程奖
5	江苏世邦建设有限公司	钱资湖风光带（一期）工程	江苏省“扬子杯”优质工程奖
6	江苏世邦建设有限公司	江苏省淮安市恩来干部学院道路及景观绿化工程	江苏省“扬子杯”优质工程奖
7	江苏金坛建工集团有限公司	江苏省南京市栖霞区丁家庄二期工程	江苏省“扬子杯”优质工程奖
8	江苏三恒环境建设有限公司	江苏省宿迁市泗洪宁宿徐高速泗洪出入口沿线绿化景观工程	江苏省“扬子杯”优质工程奖
9	江苏常金建设工程有限公司	江苏省连云港市东海红星·星都荟（二期）工程	江苏省建筑施工标准化星级工地
10	江苏儒林建设工程有限公司	儒风苑一期保障性安置房工程	江苏省建筑施工标准化星级工地
11	江苏金坛建工集团有限公司	江苏智慧未来教育金沙综合培训中心项目工程	江苏省建筑施工标准化星级工地
12	江苏常金建设工程有限公司	仙湖东苑二期安置小区工程	江苏省建筑施工标准化星级工地
13	江苏城乡建设工程有限公司	元巷小区三期保障性安置房工程	江苏省建筑施工标准化星级工地
14	江苏儒林建设工程有限公司	朱林镇龙溪二村二期工程	江苏省建筑施工标准化星级工地
15	江苏常金建设工程有限公司	指前商贸中心项目——指前商贸中心项目设计、采购、施工总承包（EPC一体化）工程	江苏省建筑施工标准化星级工地
16	江苏儒林建设工程有限公司	儒林湖香苑二期保障性安置房工程	江苏省建筑施工标准化星级工地
17	江苏金坛建工集团有限公司	金坛长荡湖科技创业园建设项目	江苏省建筑施工标准化星级工地
18	常州金坛建设工程有限公司	金科园连珠水苑保障性安置房工程	江苏省建筑施工标准化星级工地
19	江苏水北建设工程有限公司	丰泽公寓建设工程项目工程	江苏省建筑施工标准化星级工地
20	江苏金坛市政建设有限公司	金科园连珠水苑保障性安置房工程	江苏省建筑施工标准化星级工地
21	江苏磊祥建设工程有限公司	常州市金坛汇贤实验幼儿园项目工程	江苏省建筑施工标准化星级工地

2020年金坛区建设工程获奖情况一览表

表19

序号	所获奖项	数量（个）	序号	所获奖项	数量（个）
1	江苏省省级标准化工地	13	5	常州市“金龙杯”优质工程奖	8
2	江苏省优质工程“扬子杯”	8	6	常州市优质结构工程	21
3	金坛区优质结构	20	7	金坛区“金沙杯”优质工程奖	14
4	常州市标准化工地	8	8	金坛区标准化工地	10

房地产

【概况】 2020年，全区进一步规范房地产市场秩序，防控房地产市场风险，落实预售资金第三方托管。严格资质审核，共对鸿悦房地产等26家房地产开发企业的资质申报或延期申报进行初审，上报合格率良好。全年新增房地产开发企业4家。截至2020年年底，全区具备开发资质的房地产开发企业共有43家。其中，壹级资质2家，贰级（含暂定贰级）资质企业31家，叁级（含暂定叁级）资质企业9家，肆级（含暂定肆级）资质企业1家。全年共受理审批发放商品房预售许可证43件，现售备案证3件，预售变更15件。批准预售许可16434套，面积128.49万平方米，其中住宅8447套，102.89万平方米。现售备案1907套车库，面积6.90万平方米。办理商品房预售合同网签备案21032件，其中住宅11874件。对24个批次的开发项目进行公建配套验收并完成交付使用备案，项目竣工交付面积203.74万平方米，其中拆迁安置项目49.07万平方米。加强商品房预销售许可及行为规范，实行预售资金第三方托管。开展在建在售开发项目双随机抽查，严查无证违规预售行为、捂盘惜售、恶意炒作、哄抬房价行为。

【房产开发与销售】 2020年，全区商品房备案销售面积171.03万平方米，较上年同比上升32.05%；销售金额约130.04亿元，同比上升15.63%；平均成交价格7603.23元每平方米，同比下降12.44%。全区商品住房销售面积145.07万平方米，同比上升40.52%；成交数量11875套，同比上升43.47%；销售金额约120.06亿元，同比上升26.38%；平均成交价格8276.15元每平方米，同比下降10.06%。全区房地产开发企业领取施工许可证面积152.53万平方米，同比下降30.42%，项目交付面积203.74万平方米，同比下降7.89%。

全区新开工棚户区改造2210套，已完成住宅面积257826.48平方米。其中，儒风苑一期1768套，西城街道黄庄村委小桥村地块征收项目174套，薛埠镇仙湖茗苑172套，薛埠镇仙湖东苑二期96套。除黄庄村委征收项目外，其余均进入主体施工阶段。全年全区棚户区改造基本建成项目累计完成3018套，完成住宅面积36.06平方米，超额完成目标任务的150.9%。其中，湖香苑一期428套，天香苑三期1196套，九洲里花园三期1220套，西城街道黄庄村委小桥村地块征收项目174套。以上项目除黄庄村委征收项目外，其余均竣工交付。

（于　溢）

交　通

·综　述·

2020年，全区交通运输系统紧密结合金坛实际，深刻领会交通强国战略，对标交通强国江苏方案，围绕“常州西部新城区，发展新增长极”发展定位和“常金同城化，苏南一体化，城市新中心”发展目标，全力以赴做好交通领域疫情防控工作，高标准实施交通规划、高质量推动项目建设、高要求强化行业管理，取得较好成绩，全面完成“十三五”规划各项工作任务，为金坛在苏南板块的持续快速崛起提供强力交通支撑。

·交通建设·

【概况】 2020年，区交通运输系统高标准推进交通项目建设。补好铁路“短板”，南沿江城际铁路建设加快推进。南沿江铁路征拆工作在全线位居前列，得到上级领导高度认可；全力做好施工服务保障，金坛段铁路建设快速推进，建设进度位居全线前列；持续推进连镇铁路南延线位研究；金坛高铁枢纽建设正式启动。提升“内畅外联”水平，政府性投资项目建设有序推进。金茅公路东延、金茅公路东延连接线—中兴北路、薛埠物流大道（茅山旅游大道—304县道）等项目建成通车。开展品质工程创建，交通工程建设水平快速提升。茅山旅游大道获评“品质工程常州市级示范项目”，265省道常州段（金坛段）工程获评“全省干线公路建设标准化示范项目”。

【大社线跨扬溧高速大桥引桥箱梁架设完工】 5月，农村公路大社线工程跨扬溧高速大桥东侧30米箱梁7跨全部安装完成，至此跨扬溧高速大桥引桥箱梁架设完成。农村公路大社线项目东起233国道与205县道交叉处，终于265省道。路线全长约12.96千米，一级公路，设计速度80千米每小时，路基宽度24.5米。该项目按农村公路标准实施，路基宽度12米，路面宽度8米，含中小桥梁6座及跨扬溧高速大桥1座。

【中兴北路及监控信号灯工程通过交工验收】 7月，金茅公路东延连接线新建工程——中兴北路及监控信号灯工程通过交工验收。中兴北路起于中兴北路340省道交叉口，终于盐港东路，全长1.36千米，为连接良常路与金茅公路东延（盐港东路）的连接线，是通往周家村的农村公路，位于金城科技产业园内，规划为城市主干路，按农村公路标准建设。

【茅山旅游大道获评“省级品质工程示范项目”】 8月，茅山旅游大道获评“2019年度省级品质工程示范项目”。茅山旅游大道工程起自340省道句容界，止于老241省道，顺接现状金坛大道线位，路线全长26.79千米。一级公路兼顾城市快速路标准设计，设计速度100千米每小时。该工程是金坛区干线公路网中最重要的一条横向道路，是常金通道快速路的重要组成部分，与金坛大道、金武快速路、长虹快速路及常州高架体系直接沟通，是常金之间城际、城市快速干线。

该项目作为第一批江苏省公路水运品质工程示范创建达标项目之一，按照品质公路建设新的标准和要求，在系统设计上着力开展建养一体化设计、耐久性设计、全寿命周期成本设计、精细化设计、管线综合设计、桥头软基处理设计；在安全上，着力开展安全设施设计、灾害防御设计及安全评价与风险评估；在生态环保上，着力做到生态防护设计、节能环保设计、建筑艺术设计、环境融合设计和人性化设计，力争打造成常州乃至全省品质公路的典范。

【有序推进农村公路交工验收】 8月，物流大道（茅山旅游大道—304县道段）工程通过交工验收。物流大道(340省道—罗村段）新建工程路线起于340省道，终于罗村205县道。该次交工验收范围为茅山旅游大道至304县道路段，双向两车道，路面标准宽度为8米，含箱涵2座，西圻桥中桥1座。

11月，农村道路大社线工程通过交工验收。农村公路大社线工程东起233国道与205县道交叉处，终于265省道。路线全长约12.96千米，一级公路，设计速度80千米每小时，双向四车道，路基全宽24.5米。该项目按农村公路标准实施，路基宽度12米，路面宽度8米，含中小桥梁6座及跨扬溧高速大桥1座。该道路是金坛区“一环两轴四片多联”旅游环线中大外环的重要组成部分，弥补了山水板块之间的路网空白。

12月，农村公路朱直线新建工程A1标段、红旗圩至沙湖连接线、朱直线北延工程通过交工验收。农村公路朱直线新建工程A1标段，路线主线东起340省道，顺接现状直别路，止于303县道，主线全长5.47千米；农村道路朱直线北延工程，路线起于303县道，向北终于302县道，全长4.11千米。朱直线是丹金溧区域交通一体化的主要通道，规划作为240省道连接丹阳、金坛、溧阳以及宜兴地区，是沟通区域之间中短距离的干线通道，同时也是金坛重要的西部物流通道。在金坛境内沟通直溪、朱林、指前等乡镇，串联金西工业区、直溪工业园等经济节点，对服务沿线乡镇、经济节点出行以及产业发展具有重要意义。项目完工后，将串联直溪工业园、金西工业园等重要经济节点，为乡镇之间的联系提供了便捷的通道，茅山旅游大道通车后，更有利于西部产业新镇的建设。红旗圩至沙湖连接线工程（华林路），路线起自340省道，止于现状203县道，路线全长3.01千米。华林路作为朱林镇镇区东部骨架路网，完善了朱林镇区的路网形态，改善了朱林镇东部的出行条件。

【金坛高铁枢纽开工建设】 12月30日，金坛高铁枢纽正式开工建设。金坛高铁枢纽是南沿江城际铁路全线4个新建车站中第一个破土动工的车站，标志着南沿江城际铁路建设迈向了一个新阶段。金坛高铁枢纽位于常州市金坛主城区西南部，地处金沙大道东侧、江东大道北侧，核心区总占地面积0.98平方千米。目标建成集高铁、城市轨道、长途、公交、出租车及社会车辆等运输方式于一体的综合枢纽场站。一期建设工期2年，投资10.8亿元。建设内容为高铁站换乘大厅、长途客运站、公交客运站、城市航站楼、旅游集散中心、商业及办公、站前广场、停车场、进站匝道、江东大道、金门路、金秋路、万嘉路等枢纽配套工程。

·交通运输·

【概况】 2020年，金坛交通运输系统坚持“以人民为中心”的发展思想，聚焦百姓日益增长的多样化出行需求，积极推动交通公共服务由“保障型”向“品质型”转变，全力提升交通运输服务水平。受疫情影响，城市公交全年完成客运量736.6万人次，比上年同期下降47.84%，完成营收451万元，与上年同比下降52.13%；安全行驶1031.6万千米，比上年同

12月，高铁枢纽开工建设

期下降16.64%。镇村公交全年完成旅客客运量23.3万人次，比上年同期下降47.75%，完成营收12.4万元，与上年同比下降53.49%；安全行驶里程147.02万千米，比上年同期下降13.13%。

【重大节日期间的运输保障】 2020年，春运受疫情影响严重，自1月27日起，全区所有公交客运班线全面停运。2020年春运共计17天，全区客运站共投入运力293辆、13622座，发送15829班次，共发送旅客110048人次；城市公交262辆，发送旅客737034人次；镇村公交67辆，发送旅客21225人次。全力做好中秋、国庆运输保障。两节期间，全区客运班线共投入运力320辆、13802座，发送10394班次，运送旅客72154人次；城市公交262辆，发送226694人次；出租汽车279辆，发送219744人次。

【持续推进公交优先战略】 2020年，全区新辟城市公交线路3条。开通微循环公交705路、104路、114路，主要服务于中德产业园区、良常学校、新人民医院、段玉裁学校沿线居民。优化城市公交线路4条。优化延伸城市公交118路，方便广大百姓前往人社服务中心办事；优化延伸城市公交111路，方便东方新都、中塘村前往市民中心、新人民医院；延伸镇村公交310路至江南医院；322路优化延伸至东浦村。对老旧站亭进行排查，确定改造站点“南新桥站、少年宫站、金城商业广场站、第二中学站、第三人民医院”5对公交站亭。

· 交通管理 ·

【概况】 2020年，区交通运输系统强化安全监管，行业安全形势持续稳定。始终坚持问题导向，深入开展专项治理，确保全区交通运输领域本质安全。强化安全责任落实。与辖区147家重点企业签订《安全生产职责告知承诺书》，落实全员安全生产责任，督促建立健全内部安全生产费用管理制度。强化重点领域监管。深入开展超限超载、“两客一危”（从事旅游的包车、三类以上班线客车和运输危险化学品、烟花爆竹、民用爆炸物品的道路专用车辆）等专项治理。组织源头巡查223次，对全区重点货物源头企业信息及时更新。实行交通公安联合治超常态化，共查处处罚852辆车，卸载15003吨，记分4273分，罚款68.71万元。深化改革创新，交通发展动能快速提升。完成交通运输综合行政执法改革，金坛区成为全省率先完成改革任务的县（区市）。顺利完成交通系统国有企业改革。金坛区交通产业集团顺利划入金坛建设集团。开展城乡公交客运资源整合。深入研究公交客运成本规制新方案，解决金坛区公交客运发展中的政策扶持、资金保障和体制机制等方面问题，统筹推进城乡公交客运一体化发展，为市民出行提供更加便捷、优质的服务。强化行业管理，综合治理体系全面完善。积极推进法治交通建设。加强法治交通工作力度，制定并下发《2020年交通运输依法行政工作要点》。组织执法人员学习培训，提高行政执法整体水平。强化重点领域执法检查。充分发挥新组建的交通运输综合行政执法大队的作用，全面加大公路、水上、运输和工程建设的行政执法力度，有效维护交通运输行业市场秩序。

【开展危化品运输行业应急救援演练】 6月，开展运输企业安全生产应急演练。演练有针对性地模拟了停车场危化品罐车气体泄露的应急救援等科目。演练内容涉及交通运输事故的发现上报、预案启动、现场抢险、医疗救援、安全疏散等内容，涵盖事故应急救援处置的各个环节。整个演练反应迅速，应急处置合理，有效提升了企业的应急救援处置能力。相关单位人员及金坛区其他3家危货运输企业负责人和安全员等，共计100余人参加活动。

【三类维修经营业户备案管理工作】 5月，区运输事业发展中心管理人员会同区交通综合行政执法大队执法人员，组织开展了全区三类维修业户备案管理工作。共出动管理、执法人员80余人次，采取发放宣传资料、上门指导等方式，已实施三类维修业户备案告知160余家，完成备案7家，备案材料上报待审核9家。

9月，茅山旅游大道

【货运船舶生活污水防污设施改造】 7月，随着最后一条污水改造船舶苏常州货608生活污水防污设施改造完成，标志着金坛区400总吨以下货运船舶生活污水防污设施改造工作全面完成，将省交通厅要求的2020年年底前完成的工作目标大大提前，走在了江苏省前列。船舶防污设施改造工作的完成，进一步强化了金坛区对船舶生活污水的收集处置和排放监管能力。

【开展“满意在交通——双学双提”活动】 8月，区交通运输系统全面启动“满意在交通——双学双提”活动。该活动以“学职责，学业务，提能力，提质效”为主线，坚持问题导向和学以致用的原则，立足岗位、强化担当，立足职责、振奋精神，立足发展、增添动能，通过深入开展理论研讨、业务学习、岗位练兵、创优争先等一系列活动，全面提升了广大交通干部职工的工作能力和工作质效。

【约谈首家“百吨王”超限车辆源头企业】 8月，指前镇人民政府、交通运输综合行政执法大队、交警大队，对查获的一辆“百吨王”超限车货物装载源头企业进行约谈。该车车货总重104.87吨，车辆最大允许总质量49吨，超限超载比例114%。经调查，该“百吨王”车辆从金坛指前镇辖区内一企业装载炉渣后运往马鞍山，其超限超载的行为已严重影响路桥运行和交通安全。经过约谈，该企业认识到了问题的严重性，表示将严格按照要求进行整改，坚决杜绝超限超载现象发生。

【水上智能化船舶垃圾接收站投入运营】 9月，智能化船舶垃圾接收站在金坛区水上服务区通过验收并投入运营。智能船舶垃圾接收站具体设施包含两套智能垃圾接收设施、两套生活污水接收设施、一套油污水接收一体柜。智能船舶垃圾接收系统又将垃圾分为可回收垃圾、有害垃圾、易腐垃圾和其他垃圾4种类型，船员通过手机端扫码注册后，将垃圾分类投放，接收站自动称重后，将数据反馈到用户的手机平台上，方便后续追踪。金坛区首个水上智能化船舶垃圾接收站的使用畅通了船舶污染物岸上处置路径，解决了船舶生活垃圾纳入市政公共转运处置体系的难题。

（李星明）

信息化建设

·网络安全与信息化·

【概况】 2020年，金坛区网信工作以网络生态治理为抓手，着力在营造良好的网络生态、清朗的网络空间上发力，网上主流舆论更加强势，网络意识形态主阵地更加巩固，网络综合治理更加有序，凝聚共识画好同心圆，抓好统筹共筑防护线，网络安全保障更加有力。

【网络宣传】 2020年，全区网信工作以社会主义核心价值观为导向和准绳，让网络空间发挥价值引导、凝聚共识、弘扬主旋律、传播正能量的作用。做好“六稳”“六保”“促进消费回补和潜力释放若干举措”等政策的协同发布工作，完成“抗击疫情”“两会”等相关转载和评论指令800余次。统筹金坛网和山水网开设扫黑除恶相关专栏。开设“纪念华罗庚110周年诞辰”“我们的节日”等重大活动专题，弘扬金坛本土文化。在金坛发布公众号推出“网信普法”专题，《文明公约》《“文明就餐守护健康”倡议书》等提示公告，指导各网站以用户协议和平台公约等形式规范群组、板块内信息发布，倡导文明上网，塑造网络公序良俗。

【阵地建设】 2020年，金坛区以《网络信息内容生态治理规定》等法律法规为依据，主动担当、敢于亮剑，有效净化网络舆论环境。全年对属地1900余家网站开展两轮检查，汇总上报69家违法违规网站。定期召开属地重点网站负责人座谈会，学习传达上级精神，开展集中整治商业网站平台、自媒体违规发布、转载新闻信息专项行动。完成信息的自查工作，开展有害信息举报工作，共举报政治类有害信息8000余条。

【网络技术安全保障】 2020年，全区推动网络治理从“外在管网”向“内在治网”转变，印发《党（工）委、党组网络安全工作责任制实施细则》，明确各级党组织承担的网络安全责任。引入第三方对全区网络安全现状及信息系统进行常态化技术监测。深入开展网络监测、安全防护和安全培训，持续推进网络防控体系建设，网络安全管理制度日趋完善，形成由网信办统筹协调、各部门落实主体责任、第三方技术支撑的网络安全管理格局。持续开展“网络安全宣传周”重大主题宣传活动，统筹全媒体开设专题专栏，举办校园网络安全手抄报竞赛、社区网络安全主题会演、反网络诈骗课堂等网络安全公众体验活动7场，发放网络安全折页等各类宣传资料3万余册，提升全民网络安全意识。组织全区各机关、企事业单位、社会团体开展网络安全自查工作，登记汇总全区映射在互联网上的信息系统，统筹开展相应等级保护。对统一支撑平台和协同办公系统予以第二级等级保护备案，对金坛区政府电子政务外网予以第三级等级保护备案。累计发现高危网站54个次，高危漏洞66个次，安全事件2起，第一时间协调主管部门修复安全漏洞，关闭高危网站3家，全年漏洞（事件）修复率100%。开展网络安全应急演练和专业培训，提升全区网络安全综合保障能力。

（贺　翔）

·电　信·

【概况】 2020年，中国电信金坛分公司（以下简称金坛电信）积极进取，攻坚克难，超额完成年度营收预算目标，全年度总收入较上年同比增长7.1%，业务规模实现逆势增长，各项工作取得新成绩。

【网络能力持续提升】 2020年，全区共开通站点221个，开通关键站址144个，主要覆盖金坛城区、开发区大部分区域以及各乡镇镇政府周边主要区域，无线网络深度覆盖。金坛城域网出口带宽510G，80%接入点具备规模提供500M以上业务接入。华城云中心出口带宽120G，使用率20%，安装完成5列73个标准机架，已使用43架。光端口占比100%，末节端口29.18万个，端口利用率61.57%，10G EPON端口利用率74%。金坛电信网络实现高品质、高带宽、覆盖广的特点，可满足不同用户的业务需求，网络承载能力显著提升。

【着力打造本地云服务标杆】 2020年，金坛电信以“企业上云”为抓手，锁定规模以上企业、专线用户等目标客户，每月定期举行云推荐会，扩大宣传天翼云的影响力，帮助有云需求的企业快速、高效上云。在原有区域卫生信息化平台的基础上，打造中医院和江南医院全面上云项目，年化收入200多万元。人民医院成为金坛区最大的私有云项目，总价值超千万元。年底又中标金坛区第二人民医院云化项目，年化收益超20万元。

【扎实推进企业云改数转】 2020年，金坛电信在云改数转专项活动中，创新中心云团队与行业主管部门联系，实施挂片支撑，定期到各个支局分部进行产品方案梳理及客户精访工作。结合三类企业客户走访，两深入两服务等活动，走访客户78户，挖掘商机32个，转化17个。成功挖掘亿晶光电、信维通信、东方日升、盈科通信、中航锂电等规上企业云存储商机。亿晶光电、信维通信等企业已进入测试阶段。

【电信业务规模稳中有升】 2020年，金坛电信实施聚焦客户战略，紧抓天翼、宽带、网络视讯三大核心业务，业务发展全方位推进。坚持高值融合，稳定天翼规模。推进融合套餐与高值单卡，高值套餐占比同比提升15%。重点关注存量迁改。根据存量新的价值体系，做好派单用户提升。外呼中心根据阶段性要求，开展存量外呼提升。各支局渠道严格按照价值线降档价值进行审批降档，降档用户推荐共享，通过共享填充价值。梳理规模以上重点企事业单位，开展破壁攻坚，推动天翼用户规模提升。活跃融合天翼新增年度累计完成率80.7%，名列常州市各营销单元第二。坚持寸土必争，紧守宽带市场。新冠疫情稳定后，酒店餐饮业回暖，紧抓教育电视发展，确保宽带新增量。开展新建小区和低渗透小区微信扫一扫营销。围绕新建小区和低渗透小区，门店、直销经理、装维联动，持续性开展微信扫一扫，突出电信1000M宽带宣传，强化品质效应，提升宽带每用户平均收入值。加大老用户关怀力度。结合不限量迁改，对老用户开展流量不限量及宽带提速活动。宽带新增年度累计完成65.9%，名列常州全市各营销单元第一。

【企业集约化经营】 2020年，金坛电信以防范企业风险为导向，围绕价值管理和风险管控，实施财务精确化管理，提升企业集约化经营水平，成本管控效益显著。针对5G电源建设，新建华城、花街、景阳花园、丹凤路等机房电源系统，利用退网下来的蓄电池组重新调配使用，共计节约投资22万元；线路迁移新增17处，合同签约667万元，收回迁移赔补费640万元，减少成本投入。

（王　琪）

·移动通信·

【概况】 2020年，金坛移动公司加快5G网络建设，推动5G+云网业务发展，锻造客户满意服务新优势，通信业务收入4.1亿元。

【网络建设】 2020年，金坛移动公司通过三批5G站点建设，完成5G基站531个，室分89个，实现金坛主城区、工业园区、重要景区及重点乡镇5G全覆盖，主城区范围内网格测试5G速率达1000兆比特以上。同步开展4G网络扩容，在全区率先完成300个4G基站建设及扩容、75个室分热点覆盖，4G网络覆盖率全区第一。全年新建管道120孔千米、光缆500皮长千米。

【家庭宽带光纤改造】 2020年，金坛移动公司完成全网光纤全量改造及以太网无源光网络改千兆无源光网络工作，建成300个千兆示范小区，新增千兆宽带用户1万户。完善农村偏远地区光纤补盲覆盖，全年新建宽带信息点1.93万个，累计覆盖家庭28.97万户，光纤覆盖率达99.7%，建设智慧家庭服务中心11个。

【服务品质提升】 2020年，金坛移动公司立足高质量发展要求，有效结合文明城市建设需求，以提升客户满意度为核心，对社区、乡镇、商圈渠道开展调优补盲和转型工作，完成80余家营业厅改造升级。加强服务培训、统一服务形象，切实提升营业厅服务质量、服务能力和客户满意度，发挥渠道对发展、维系、服务客户的纽带和通道作用，展现文明服务窗口形象。

【5G+ 智能化应用】 2020 年，金坛移动完成 5G+ 专网部署，建设公有云资源池 2 万余核，物联网连接数超 10 万个，建立高带宽、低时延、广连接的云网一体服务平台，形成完善的智慧城市、智慧园区、智慧工厂、智慧医疗、智慧校园等行业 5G+ 智能化应用方案，实施农村基层防汛智慧水利项目、智慧医疗影像云项目、热成像智慧校园项目，持续发力新基建项目建设，提升政府及企事业单位 5G+ 云网信息化应用水平。

（吴国俊）

· 联合网络通信 ·

【概况】 2020 年，中国联合网络通信有限公司金坛分公司（以下简称金坛联通）坚持新发展理念，以深化改革为动力，坚定发展信心，保持战略定力，紧紧围绕集团公司“提价值、谋发展、重基础、有激情”的工作目标，加快产品、渠道、创新三个转型，提升网络、IT、治企三个能力，全面推进互联网化运营转型。紧抓公众互联网转型、产业互联网能力创新，深化价值提升、网络提升，开展存量保有攻坚、增量高质量攻坚、创新业务攻坚和楼宇市场攻坚战略部署，坚定营销转型，坚持价值导向，全力推进常州联通高质量规模发展。全年主营收入近 5000 万元。

【网络建设和优化】 2020 年，金坛联通与金坛电信共建共享新开通 5G 基站 216 个，实现主城区的连续覆盖和重点乡镇的镇区重点覆盖。在 4G 完善覆盖方面，聚焦华科园、开发区、重点企业，金坛联通全年新增 4G 基站（含室分）26 个，新增出口带宽 20G，新增覆盖约 3.1 万户，基本实现新建新国标小区的全覆盖和千兆宽带的接入能力，全年新增光缆皮长约 250 千米。

【市政及保障】 2020 年，金坛联通作为重要市政基础设施服务的成员，积极参与市政杆线迁移迁改、“12345”热线和城管城市管理工作。全年完成迁改管（杆）线约皮长 500 千米。重点完成长荡湖和河海大学地块的杆线迁移，为河海大学的建设提供保障。处理“12345”、城管、交通、公安、乡镇等部门反馈案件约 50 件次，为金坛市政建设、方便市民日常生活、平安金坛等做出央企担当。

（宫素梅）

· 邮　政 ·

【概况】 2020 年，金坛区邮政工作主动适应经济发展新常态，自觉践行新发展理念，以“三个视角”（客户视角、竞争视角、行业最佳实践视角）找差距、以“三大规律”（行业规律、市场规律、价值规律）促改革，在疫情防控和经济下行的压力下，各项工作取得较好成效。全年完成业务收入 2.14 亿元，累计完成率 102.8%，同比增幅 11.96%。收入规模列全省县（区）公司第 23 位。

【金融业务】 2020 年，金坛邮政公司代理金融收入 1.63 亿元，同比增长 8.4%。截至 2020 年年底，金坛邮政管理总资产 142 亿元，储蓄余额规模 77.3 亿元，市场占有率 15.02%，点均 3.2 亿元。2020 年新增存款 7.25 亿元，市场占有率 13.19%，列地区第 4。全年销售保险 6.42 亿元，实现非货币基金销量 2 亿元，理财保有量 9.2 亿元。金坛邮政注重全业态协同推进。在开学季学生平安险的销售中，实现保费 56.4 万元，连续两年位列全省第一。商贸客群开发上，利用交易免手续费、赠送云喇叭等优势，打造“邮惠菜场”“邮惠商圈”“邮惠厂区”标杆场景，宣传“专属买菜金”“一元享早餐”“商户赚赏金”等优惠活动，扩大微邮付品牌影响力。全年开发交易商户 3265 户。标杆菜场占有率 80% 以上，商户总资产增至 6.8 亿元。交易户、交易笔数、商户资产增幅等关键指标均列常州第一。

【寄递业务】 2020 年，金坛邮政公司寄递收入完成 2242 万元，完成率 104%，同比增长 28.8%。坚持“量质并举”发展原则。先后三次对部分大客户发运线路进行调价后，12 月快包毛利率提升至 9.7%，全年日均出口 9055 件，同比增长 29%，扭

8 月，签署惠农项目战略合作协议

转年初逆势。生鲜市场开发成效显著。寄递部门协同网点对区域内的客户进行地毯式摸排走访，激发揽投人员活力。全年收寄大闸蟹 37.75 万件，形成收入 477.57 万元，同比增长 25.6%。做大做强同城业务。疫情期间，积极对接教育局，成功开发 25 所学校，累计收寄教材 19100 件，形成收入近 20 万元。配送口罩、防护服等防疫物资 6000 件，实现收入 25 万余元。配送抗疫蔬菜包、“立华草鸡”、白羽鹅 6400 余单，产生收入 9.35 万元。

【渠道业务】 2020 年，金坛邮政公司实现增值业务收入 9.05 万元以及分销业务收入 1715 万元，其中分销销售额增幅位列全省第一。充分彰显邮政农村电商“国家队”的担当，为农民专业合作社和家庭农场等新型农业经营主体提供“销售 + 寄递 + 金融”的“一揽子”解决方案，全力打造邮政惠农服务品牌。全年发放惠农信贷资金 539 万元，销售农产品 49.6 万元，开发寄递客户 25 户，走件量 43.63 万件。9 月，成功获得伊利常温液态奶区域经销权，为批销转型筑巢引凤，截至年末，实现销售额 436.6 万元。分销销售额全年完成 1584 万元，增幅 67.34%，列全省第 2。

【文传业务】 2020 年，金坛邮政公司函件收入 303.25 万元，完成率 102.80%；集邮收入 505.93 万元，完成率 106.51%；报刊收入 580 万元，完成率 100.11%。继续与《金坛时报》《新旅游》等保持印制合作的同时，与“半边山下”民宿签订战略合作协议，成为会员卡“黑卡 2.0”销售指定代理商。与花谷奇缘景区进行项目对接，开发朋友圈广告，形成收入 15 万元。借茅山旅游度假区创国家旅游度假区契机，策划开发“八重道养”系列产品，实现收入 41.5 万元。联合区委宣传部、区教育局开展“光明书香行”活动，走进当地 17 所中小学，吸引近万名师生参与，销售图书 2500 套，形成码洋 55 万元，实现收入 16.5 万元。

【签署惠农项目战略合作协议】 8 月，金坛邮政公司与区农业农村局、邮储银行金坛支行就惠农项目签署战略合作协议。现场同步成立“促进农民合作社和家庭农场高质量发展工作协调小组”，农业农村局、邮政、邮储三方将在信息互通、惠农寄递、惠农渠道、惠农金融、惠农保险、惠农推广、惠农培训七个方面展开深入合作。

（符叶帆）

城市管理

【概况】 2020 年，全区围绕“‘两个加快’全面决战之年”工作部署，结合常州市宜居美丽明星城建设，直面严峻的新冠肺炎疫情挑战和日益提高的城市长效管理要求，不断提升城市精细化管理水平，助力金坛高质量发展和高速度增长。

【城市长效综合管理考评】 2020 年，区政府出台《常州市金坛区人民政府关于进一步完善常州市金坛区城市长效综合管理考核工作的实施意见》，优化区级考核方式和考核频次，确保主集镇周覆盖、行政村季覆盖。厘清退红线区域、新城区河道、收储地块等部门管理职责，协调解决疑难争议问题，完善联动处置机制，共派遣案卷 25278 件。开展“全域大排查、百日大整治”攻坚行动，建立完善“片长工作责任制”，全面排查整改问题 4782 起，促进城市长效管理水平稳步提升。

【市容市貌管理】 2020 年，金坛区主动对标文明城市建设要求，有序开展户外广告、乱张贴乱涂写、菜场内外秩序和交通干线沿线环境等专项整治。清理缓坡 300 余处，规范流摊、出摊 4.5 万余个，清理乱堆乱放 9500 余处。新增非机动车泊位 4.6 万余米，查处非机动车乱停放案件 1261 起。对东门大街（西）、横街东路等 10 条路段治理不规范设置的户外广告设施 322 处，清理乱张贴乱涂写 13263 处。暂停使用通信工具号码 59 个，立案查处 58 起。积极开展金山路、金坛大道精品街道和东门大街（西）、横街东路文明守信街巷创建，着力打造金坛特色街巷。

10 月，安全生产大检查

11 月，垃圾分类进校园宣传活动

【环境卫生管理】 2020 年，金坛区在原有垃圾撤桶的基础上，进一步撤除城区 29 条有路牌背街小巷 264 只垃圾桶，创成 18 个省垃圾分类达标小区，全区垃圾分类设施覆盖率 100%。完善大分流体系建设，处理大件垃圾 6470 余件，易腐垃圾 496 吨，园林绿化垃圾 4854 吨，将尧塘镇、直溪镇纳入餐废一体化收运，餐废日处理量 35 吨。完善垃圾收运体系，全年共清运、处理生活垃圾 16.66 万吨，无害化处理率 100%；撤除中塘桥等 4 个室外临时垃圾转运站，稳步推进城区生活垃圾密闭直运。严格按照大气管控要求，做好道路保洁和洒水降尘作业，实施建筑垃圾运输企业诚信考核机制，统一全区域建筑渣土处置审批及监管标准，立案查处 101 起大气污染类和擅自处置建筑垃圾类案件，提升全区环境质量。

【物业管理】 2020 年，金坛区进一步完善物业服务党建引领，成立中共常州市金坛区物业服务行业委员会，召开物业行业党建基地发布会。推进中景华府、北园新村等 20 多个小区的物业党建服务阵地建设。指导金盛物业、诚信物业等 11 家物业企业成立企业党支部，完成全区 30 个党建引领物业管理示范小区建设，积极为社区建设和治理提供保证。完成维修资金专户银行招标，完善维修资金归集及使用流程，确保全区维修资金信息安全。

【行政执法】 2020 年，金坛区积极推进综合执法体制改革，向属地派驻 65 名城市管理行政执法队员，强化一线执法办案能力。紧抓执法培训和"一队一品"建设，建立城管综合执法管理平台，促进办案效能提升，全年共立案查处简易程序案件 1731 件，一般程序案件 554 件，罚款 139 万余元。始终保持打击违法建设高压态势，在确保新违建零增长基础上加快库存违建"片区治理"，全年共拆除违建 4.4 万余平方米，完成金城建材市场违法建设治理。

【民生实事】 2020 年，金坛区加快民生实事办理，完成新建（改造）城区 10 座公厕、农村 42 座公厕。进一步推进生活垃圾焚烧发电及飞灰库、建筑垃圾资源化处置、城南生活垃圾中转站等项目建设。完成华城二村、金沙花园省级宜居示范居住区改造。推进景潭花园、金沙花园既有住宅加装电梯和亲亲家园、金碧园等 4 个小区车位启用工程，提升群众生活品质。

（钱智超）

【园林绿化】 2020 年，金坛区推进园林绿化精细化管理，全年招标绿化养护管理总面积 1077 万平方米，其中公园管养面积约 220 万平方米，合计养护费用约 3000 万元。结合城市长效管理要求，对城区绿地进行绿化拾遗补阙，共计补植绿化 200 多处 1.35 万平方米，补植行道树 55 棵。

（于　溢）

水　利

【概况】 2020 年，全区水利工作深入贯彻落实"十六字"（节水优先、空间均衡、系统治理、两手发力）治水方针，积极践行水利改革发展总基调，攻坚克难、真抓实干，在多重挑战下推动水利工作取得显著成效。金坛区因水利建设投资落实好、省水利基本建设投资计划完成率高、年度工作成效明显，被省政府办公厅通报表扬。年内完成组织机构改革，整合组建区水旱灾害防御调度指挥中心、水资源管理服务中心、水利规划服务中心、水利建设管理所。

【水利部副部长魏山忠到金坛区调研生态河湖建设工作】 6 月，水利部副部长魏山忠到金坛区调研生态河湖建设工作。魏山忠指出，要按照"节水优先、空间均衡、系统治理、两手发力"的方针，加大河湖生态治理力度，加强河湖管理与保护，提高水资源水环境承载能力，全力构建美丽幸福的生态河湖格局。

【水利建设】 2020 年，全区共争取上级补助水利项目 14 个，争取资金 5.5 亿元。由水利部门组织实施政府性投资项目 5 个，年度计划总投资 4.76

亿元，实际完成投资3.38亿元，占年度计划投资的71%。

政府性投资项目。截至2020年年底，新孟河延伸拓浚工程（金坛段）实现全线通水，河道二标、三标，北干河道主体工程完工，金武路桥、北干河239省道桥、延政西路桥3座桥梁主体工程完成，防汛道路正在施工。10月底开工建设良常水利枢纽，完成围堰填筑，河道清淤完成土方2.1万立方米。通济南河整治工程9月通过省水利厅初步设计批复，完成项目施工、监理招标工作。滨湖新城防洪除涝节点工程（下圻河东闸站）完成水闸、泵站主体混凝土浇筑。城市污水除臭及防洪节点工程岸圻闸完成闸身基底水泥土换填。电胜河拓浚工程形象进度50%。下圻河清淤工程形象进度20%。钱资湖西闸闸室完成底板混凝土浇筑。

农村水利项目。全年完成农村水利建设投资4.15亿元，疏浚整治农村河道18.6千米，清淤土方量26万立方米。新、改建排涝站7座，设计流量13立方米每秒。改造灌溉站30座，维修改造渠道20千米。疏浚河塘92座，清淤土方量56.59万立方米。加固圩堤2千米，建设涵闸7座。完成白龙荡中心河、柚山新河、山蓬河、南洲河、鲍塘河等河道整治，整治长度8.7千米。全区农田灌溉水有效利用系数较上年提高0.5个百分点，超过“十三五”水利规划目标值0.68。

水库移民后期扶持项目。截至2020年年底，动态核定全区大中型水库直补农村原迁移民316人，三峡移民10人，自主外迁移民34人。2020年年内共实施完成移民后扶项目8个。总投资2129万元，完成2座重点塘坝整治、河道整治8.38千米，灌溉渠道整治3.2千米，移民安置区道路建设0.86千米。

水土流失治理。完成水土流失治理面积3.1平方千米，实施双山关闭矿山生态环境修复工程、营盘山关闭矿山生态环境修复工程、石家山宕口治理项目等，封禁治理292公顷，采用喷播绿化、种植苗木、新建排水沟等措施治理水土流失面积15.81公顷。

（李勋章　彭　阳）

6月，新孟河延伸拓浚工程金坛先导段实现通水

【水利工程管理】 2020年，全区继续实行“河湖长制”管理。全区281名三级河长巡河9573次，协调解决河道问题93处。完成区级河道任务清单84项，区级河长“一事一办”单4件，区级河道“一河一策”修编43条，河湖长制公示牌更新462块。全区739个小微水体全部纳入河长制管理。新建河、庄阳港、薛埠北河及张家坝入选常州市2020年度“五好河道”。在全省独创纪委监委嵌入河湖长制工作，率先引入第三方评估督查机制。区水利局联合团区委、文旅局等相关部门共同开展河小青巡河护河启动仪式暨毅行活动、“助推河长制、守护家乡河”主题宣讲活动、钱资湖环湖长跑大赛主题公益活动。

严格水资源管理。建立全区最严格水资源管理考核和节约用水工作联席会议制度并成立领导小组。严格实施用水计划，强化总量控制，对自来水用水量在3000立方米以上的单位下达用水计划362项。对全区50家自备水源单位下达用水计划9640万立方米，重点用水监控户计划用水率100%。落实节水“三同时”制度，开展水资源论证11项。实施新用水统计制度，完成全区用水统计录入工作。其中，灌区3个，自备水源工业企业42家，自备水源服务业4个，公共供水1个。做好取水许可和水资源费征收，年内新办取水许可证12个，注销取水许可证4个。全年征收水资源费1628.18万元。

节水型社会建设。截至2020年年底，全区万元国内生产总值用水量44.3立方米，比2015年的57.78立方米下降23.33%。万元工业增加值用水量9.85立方米，比2015年的12.04立方米下降18.19%。全面推进节水型社会创建，完成常州市全民节水十大行动。完成国家级县域节水型社会达标建设，年内新增市级水效领跑者1家，节水型灌区、机关、社区、服务业13家，用水审计4家，节水技改4个，合同节水1个，生命之水主题教育示范园1个。愚池湾国家级水利风景区通过省级复核。

河湖行业监管。加强河湖空间管控，完成长荡湖、新孟河、茅东水库2019年遥感监测变化点现场信息复核及会商。第一轮河湖和水利划界通过省级验收，第二轮河湖划界矢量数据上报省厅。组织开展河道、湖泊、水库日常执法巡查工作，落实城市水体管护职责，处理相关任务单140件。开展日常执法巡查904次，出动执法人员2052人次，查处各类水事违法行为41起，立案查处1起。扎实开展汛期清障专项执法行动，共清除各类行洪障碍53处，保障河道行洪畅通。推进河湖“两违三乱”（河湖违法圈圩、违法建设；乱占、乱排、乱建）整治，提前一年完成12项区级河湖“两违”清单整治任务，6项“两违”再排查再推进问题以及60项区级河湖“三乱”问题全部完成整改。开展水库运行管理常规检查，组织水库防汛应急演练，采购防汛应急物资，完善水库调度运行。拆除水库管理范围内拦鱼网等违建，对水库安全运行检查中发现的176个问题进行整改，完成7座省规范化水库创建复核。

生产建设项目监管。完成水利部、省级下发的41个扰动图斑现场核查，查处水土保持违法违规生产建设项目20个，审批生产建设项目水土保持方案20个，收缴水土保持补偿费101万元，生产建设项目水土保持设施验收备案9个。

水利工程质量监督。履行行业监管职责，落实安全生产责任，开展水利工程建设季度信用管理履约考核、水利行业安全生产专项整治行动。加大对水利工程建设过程中质量、安全、进度、现场管理等方面的检查力度，全年共开展各类监督检查65次，发出质监意见5份、检查意见6份，编发质监报告12份，通过强有力的监督手段，保障全区水利工程建设质量，在2019—2020年度常州市水利建设质量考核中获评A级。

（李培亮　徐　莹　于亮亮）

【水利改革】 2020年，区水利局开展“十四五”水利发展规划编制以及全区水利基础设施空间布局规划、河网水系规划、水土保持发展规划、农田水利规划、水资源综合规划和水环境专项规划编制工作，形成“1+6”水利发展规划体系。完成通济河、简渎河、薛埠河及钱资湖等河道保护规划编制。全区共完成农业水价综合改革面积2.12万公顷，改革面积全覆盖。通过精准补贴和节水奖励，投入379万元对23座灌溉站进行改造，对东进水库、芝麻凹水库2个自流灌区进行维修，更换水泵、电机6台套，更换启动柜18台套，维修改造渠道17千米，配套放水口、节制闸、过路涵等设施，有效改善灌区灌溉设施条件，提高灌区节水能力。

（郝晓珍）

（编辑　方　骊）

钱资湖水利枢纽

自然资源和生态环境

自然资源管理

【概况】 2020年，区自然资源和规划局统筹做好新冠肺炎疫情防控和服务保障经济社会发展工作，聚焦工作重点，统一行使全民所有自然资源资产所有者职责，统一行使所有国土空间用途管制生态保护修复职责。

【土地使用管理】 2020年，全区积极向上争取用地计划指标593.67公顷，解决重点建设及企业用地需求。采取“提前介入”模式，主动开展征地报批前期工作，及时跟进上级工作动态，依法启动前置程序，全年获用地批复11个批次、面积297.07公顷，保障河海大学（常州校区）、晨创通讯等重点项目用地。划拨供地175.18公顷；出让供地322.86公顷，出让金148.26亿元。实施弹性出让，为儒林环宇弹簧公司办理出让年限30年的弹性出让供地手续。

【土地资产管理】 2020年，全区盘活存量土地389.07公顷，低效用地再开发153.07公顷，处置批而未供土地28.6公顷。各类土地收储工作稳步推进，配合滨湖新城“实质性出让、储备型开发”工作，收回地块16宗、面积23.2公顷；根据年度收储计划，收回地块16宗、面积41.83公顷;指导各镇（区）收回地块11宗、面积27.01公顷。完成118.33公顷耕地占补平衡项目、251.73公顷城乡用地增减挂钩整治项目以及10.33公顷工矿废弃地复垦整治项目。

【地质、矿产资源管理】 2020年，完成苏南现代化建设示范区综合地质调查（金坛段）城市地质调查野外工作。绿色矿山创建工作取得成效，中盐金坛盐矿通过国家绿色矿山遴选，并被纳入全国绿色矿山名录；大石包山、朝阳洞矿区被列入省级绿色矿山试点，并编制完成创建方案。积极探索矿地融合，启动金坛盐盆专项规划编制，推动地下盐穴资源高效利用。

【林业资源管理】 2020年，部署推进“林长制”试点，区委、区政府成立林长制工作领导小组，印发在全区全面推行“林长制”的实施意见，划定9个区级重点区域、47个镇级重点区域，并分级设立林长，建立金坛区林长目标责任制考核奖惩办法，为打造绿色金坛提供林业资源保障。年内，新增造林面积216.29公顷、修复湿地面积72公顷，8个自然村创成省级绿美村庄。

【土地执法】 2020年，全区认真贯彻落实习近平总书记关于清理整治农村乱占耕地建房问题重要指示，完成2013年以来问题图斑摸排情况上报。开展违法用地综合整治三年行动，全面梳理排查自2013年以来的违法用地，切实摸清违法用地问题底数，建立问题台账，根据违法用地实际情况，区分不同类型、不同性质，逐宗制定整改措施和时限，整改面积比例超过85%。

（陆思民）

城乡规划

【概况】 2020年，全区城乡规划工作围绕“将主体功能区规划、土地利用规划、城乡规划等空间规划融合为统一的国土空间规划”目标，以“理家底、重分析、定目标、划空间”为工作思路，不断提高规划引领、管控和服务水平。

【规划编制研究】 2020年，全区积极应对过渡期内现有国土空间规划的衔接协同，开展两规矛盾图斑的一致性处理工作，同步做好流转空间规模指标落地上图方案的编制。着眼长远发展，坚持统筹兼顾，精准划定全区生态保护红线、永久基本农田、城镇开发边界，划定方案均上报审批。启动滨湖新城、金沙老城规划修编及高铁新城规划编制工作，并通过专家论证。编制完成《金坛区镇村布局规划（2020版）》，明确村庄分类和布局，提升乡村地区基本公共服务均等化水平。研究出台《关于开展全区区域发展规划编制工作的指导意见》《金坛区各镇（街道）全域美丽乡村规划和镇村布局优化规划编制指导意见》，积极探索符合金坛实际的“多规合一”实用性村庄规划编制方法，朱林镇黄金村、红旗圩村、龙溪村以及茅管会上阮（山蓬）村村庄规划已完成编制。

【规划管理】 2020年，区推出审批流程“压缩包”，取消公开出让类项目建设用地规划许可，建设单位只要通过公开出让方式取得国有土地使用权，即可获得用地及相应规划许可，实施规划选址意见书和用地预审意见书“两书合办”；实行“多测合一”，推行规划测绘、地籍测绘和房产测绘的“三测合一”；实施“多验合一”，将建设工程验线与开工用地核验、规划核实与竣工用地核验合并办理；推出数据融合“定制包”，完成全区资源规划“一张图”及移动“一张图”建设，并投入使用。

【测绘勘察】 2020年，金坛区自然资源和规划局为确保项目早开工、早建设、早投产，促进经济社会发展，全年共编制规划86份，办理建设项目选址意见书3件，办理规划用地许可证33件，完成40份建筑设计方案审查，核发建设工程规划许可证96件，办理各类变更85件，广告审批、立面审批19件，组织专家会、交评会22次。完成648栋建筑物的放样测量、458栋建筑的规划验线检测测量与335.7万平方米规划核实测量、40.5万平方米地下空间竣工测量。全年出具各类地籍报告262份。

（陆思民）

环境保护

【概况】 2020年，金坛区生态环境保护工作深入落实“绿水青山就是金山银山”绿色发展理念，坚持目标导向与问题导向，严守“环境质量只能更好、不能变坏”底线，精准攻坚突破，加快生态环境突出问题整改，坚决打好污染防治攻坚战。

【大气污染防治】 2020年，全区推进大气污染防治专项治理，实现空气质量“达标进位”。开展清洁柴油车、清洁柴油机、清洁油品、清洁运输四大攻坚行动，共检查工地非道路移动机械370场次，抽测非道路移动机械使用工地（企业）20个（家），抽检汽车尾气467辆。加快港口码头岸电设施建设，水上服务区新建小容量区岸电系统14套。加强工业大气污染整治，完成工业大气污染深度治理企业4家，燃煤热电厂和水泥行业全部实行超低排放，完成54台已建及在建锅炉的生物质锅炉综合整治、84台已建及在建天然气锅炉的低氮改造或更新。强化臭氧污染防治，突击检查废气重点排放企业，完成生态环境部四轮帮扶91家企业的问题整改。推行“绿色施工”，实施工地“一日四报”制度，落实建筑工地扬尘管理“六个百分百”（施工工地周边100%围挡、出入车辆100%冲洗、拆迁工地100%湿法作业、渣土车辆100%密闭运输、施工现场地面100%硬化、物料堆放100%覆盖），建成区道路机械化清扫率达93%以上。加强秸秆禁烧和综合利用，投入使用“蓝天卫士”系统，实现国家、省卫星遥感监测和巡查“零”通报、“零”查处。全年$PM_{2.5}$浓度为36.8微克/立方米，同比下降10.9%；优良天数290天，同比增加11天，优良率为79.5%，上升2.8个百分点。金坛空气质量从“4”字头迈进“3”字头，达到“优”等级。

【水污染防治】 2020年，全区推进水环境质量改善，保障饮用水源地安全。编制《长荡湖水环境综合治理三年行动计划（2020—2022年）》和长荡湖饮用水源地总磷控制方案，实施长荡湖水环境综合治理水动力优化工程，加大长荡湖出入湖河道排污口及周边生活污水整治力度，完成方洛港河涑渎集镇段生活污水截流。强化河流水环境综合整治，完成丹金溧漕河城西中心河支浜消劣及水质提升工程，新孟河（金坛段）延伸拓竣工程和长荡湖生态清淤二、三期工程。开展流域水质排查问诊，自查丹金溧漕河沿线涉磷状况，对丹金溧漕河主干河道及2千米范围内的一级支流、支浜排口进行排查、监测，并对重点区域同步展开排口溯源，实现“一口一档”“一口一策”精准治污。推进环境基础设施建设，全区新建污水管网10千米，排查检测管网30千米以上，区第一污水处理厂、儒林污水处理厂移址新建和茅东污水处理厂扩建工程完成年度目标任务，西城街道涑渎村污水截流工程、岸头村污水南截流项目、东城街道村庄（华光村、中塘村）雨污分流及环境综合整治工程、生活垃圾焚烧发电一期及飞灰库项目业已完成。全区4个省考断面优Ⅲ比例达75%；13个水功能区，实测12个，达标率100%。2020年，全区水环境质量改善幅度列全省第一。

【土壤污染防治】 2020年，全区完成新增13家重点行业企业的基础信息采集、风险筛查和空间信息整合；完成49家重点行业企业地块初步采样调查和25个遗留地块的土壤调查工作，对23家重点监管企业开展土壤调查，均完成土壤和地下水的自行监测与隐患排查。制定《常州市金坛区受污染耕地安全利用实施方案》，对 188.79 公顷安全利用类耕地和 23.58 公顷严格管控类耕地实施安全利用，受污染耕地安全利用率达到 90% 以上，农产品质量安全达到《食品安全国家标准食品中污染物限量（GB 2762—2017）》标准。

【安全生产】 2020 年，区生态环境局强化安全生产监管力量，增挂安全生产监督管理科，成立专项整治工作领导小组，层层签订安全生产责任书，压实安全生产责任。开展危险废物专项整治，年内共出动检查人员 390 人次，完成危废专项检查 341 家，发现环境隐患问题 362 个、完成整改 361 个，99 个安全隐患问题全部移交至相关部门办理。对 2017 年以来关停的 31 家企业开展“回头看”，排查环境隐患，要求企业规范处置现场遗留废水、废气和固体废弃物。全区共产生危废 29105.9 吨，自行利用处置危废 2635.9 吨，转移 31593.3 吨，仍库存 800 余吨。

【生态文明建设】 2020 年，全区推动实施山水林田湖草生态修复八大工程 16 个重点项目，总投资 24.75 亿元，完成投资 18.04 亿元，16 个重点项目已完成 10 个。开展生态示范创建活动，金坛区创成省级生态文明建设示范区，指前镇、薛埠镇花山村和朱林镇黄金村被评为省级生态文明建设示范镇、村，儒林镇柚山村、薛埠镇神亭村和尧塘街道西华村通过市级生态文明示范村创建验收，段玉裁实验小学、段玉裁初级中学和东城实验小学通过常州市“绿色学校”现场评估验收。严守生态保护红线，对 8 类 14 块国家生态红线和生态空间管控区域实施最严格保护；开展自然保护区“绿盾”专项行动，完成问题整改 16 个；编制生态空间管控区“一区一策”方案。推动“绿岛”项目建设试点，农业绿岛（指前水产智能化养殖尾水净化处置循环使用项目）、工业绿岛（江环能源科技有限公司年回收利用 NMP 水溶液 12.5 万吨项目）一期工程已完工。

【项目审批服务】 2020 年，区生态环境局简化办事流程，深化放管服措施，不断提升环评审批满意度，全年共受理办结各类审批服务事项 258 件，完成固废污染防治设施验收 126 个。对疫情防控物资生产项目开启“绿色审批通道”，同意江苏省健尔康医用敷料有限公司新建年产 2400 吨医用酒精消毒液生产线等项目先开工后补办环评手续，全年共豁免 26 项三类建设项目环评手续。制定实施环评审批正面清单，完成 54 个项目告知承诺制审批。提前介入乡镇拟引进项目，为乡镇提供环保法律法规政策咨询和项目现场指导 16 次，其中局领导带队现场办公 6 次。

6 月，环境监测员在直溪鑫鑫污水处理厂进行监督监测

【环境执法】 2020 年，区生态环境局加大日常检查、交叉检查和错时检查力度，共组织开展现场检查 4561 家次，其中节假日、夜间检查 450 余家次；运用 8 步移动标准执法程 1412 条，快捷留痕记录 3149 条；完成双随机检查重点源 101 家、一般源 107 家、建设项目 1 家。全年共立案查处环境违法行为 96 起，责令改正 31 起，作出行政处罚决定 83 起，罚款 572.2323 万元；查封扣押 4 起，限产停产 5 起，移送公安部门行政拘留 10 起，涉嫌刑事犯罪移送公安部门 1 起。落实监督执法正面清单，列入正面清单企业 60 家，以非现场执法为主的方式开展执法监管，实现非现场检查常态化监管。

【环境信访调处】 2020 年，区生态环境局创新实施“党建＋信访”模式，严格规范信访件的接收、登记、录入、存档、流转、办理等各个环节，实施“短平快”处理方式。对可能发生串联上访、集体上访的问题进行摸排，重点关注一年内累计重复 3 次以上和 5 次以上的信访问题，并进行分类预警，对历年来废气投诉较为集中的企业实施专项督办，有效压降环境信访投诉量。全年共受理并调处各类环境信访 1499 件。

【省生态环境厅领导到金坛调研】 5 月 27 日下午，省生态环境厅副厅长陈志鹏现场调研区生态“绿岛”项目建设。调研组先后考察了江环能源科技有限公司年回收利用 NMP 水溶液项目、区第一污水处理厂生态缓冲区拟建项目、长荡湖生态清淤、入湖河道白石岗整治、聚泥成岛项目以及指前水产智能化养殖尾水净化处置循环使用项目。调研组希望金坛把生态“绿岛”项目做细、干实、抓出成效，实实在在帮助中小企业解决环保难题，推动形成环保倒逼发展逐步转向激励发展的新机制。区领导狄志强、周文俊陪同。29日，省生态环境厅副厅长于红霞带领省财政厅、省自然资源厅、省环保集团领导联合调研金坛区山水林田湖草生态修复试点工作推进情况。调研组一行现场察看金坛区第一污水处理厂生态缓冲区、长荡湖退圩还湖、长荡湖生态清淤、湖东水利枢纽和茅东林场五工区生态修复、新浮水库生态绿道、茅东矿区修复等工程，听取工作推进情况汇报。于红霞对金坛生态保护修复工作取得的成绩予以肯定，希望金坛持续致力于建立统筹布局、分区实施的系统治理模式，全力推进山水林田湖草系统治理，打造长三角生态绿色发展样板。区领导周文俊、陈锁龙陪同。

【“六·五”环境日系列宣传】 6月3日上午，金坛生态环境局联合长荡湖度假区、绿色家园志愿者协会开展“关爱长荡湖我是行动者”主题活动。通过参观长荡湖水城湿地科普博物馆，听取《长荡湖湿地生态修复的愿景和意义》的科普讲座，让志愿者们了解到长荡湖历史文化以及保护长荡湖环境的必要性。3—4日，区沧海志愿者服务中心组织开展“一袋生活垃圾的暴走”主题活动。5日上午，在金沙广场举办“常宝股份杯”书画、征文活动，副区长周文俊参加活动，并为征文获奖者颁奖。该次活动共收到参赛征文242篇、生态书画作品273件，评选出的69件优秀书画作品持续在金沙广场展出5天。

（王　洁）

气象工作

【概况】 2020年，金坛气象工作以提高气象服务水平和防灾减灾能力为目标，重创新、提质量，强监督、提效率，主动适应新情况解决新问题。开展特有专题科普宣传。“3·23”气象日、“5·12”防灾减灾日、“安全生产月”通过“抖音”等新媒体宣传气象科普知识；组织“七彩夏日”夏令营科普活动；利用微信微博，气象网、短信、国家突发事件预警信息发布平台等途径进行气象服务和各类灾害预警短息发布，提高全民防御意识，提早采取预防措施。推进与应急、农业、城管、资源规划等相关行业融合发展，强化与区应急局、水利局等部门会商。与区应急管理局签署《全面合作框架协议》，并联合开展“全国综合减灾示范社区”的创建与考核验收。金坛国家气候观象台建成使用，为长江三角洲经济圈生态文明建设提供科技支撑，为各业务科研单位提供数据保障。

【气象服务】 2020年，全区梅汛期遭遇多场暴雨、“黑格比”台风、连续高温和寒潮等天气，气象部门及时启动应急响应、发布预警信息、积极防御应对。全年共发布重要天气报告24期，春运、防汛、重大活动保障等信息专报81期，发布预警信号62次。通过各类媒体、报纸、手机短信等方式，发送天气信息短信约336万人次，发布微博1000余条，接受媒体采访15次。加强气象小气候站产品应用，开展为农气象服务。

【安全监管】 2020年，全区建立防雷监督管理长效工作机制，强化防雷安全监管。不断更新和完善《防雷重点单位名录库》，将防雷安全监管纳入《区安委会成员单位安全生产工作职责清单》，圆满完成防雷重点企业的安全检查工作。同时根据省委、省政府办公厅有关通知精神，结合“安全生产精准执法年”活动，开展重点行业领域安全生产专项整治工作。强化施放气球规范，加大施放气球现场行政执法检查力度，建立健全全区施放气球服务企业名录库，以制度管人、管事，完成对全区有资质的施放气球单位开展现场执法检查工作。年内，气球审批改成秒办件，要求企业责任主体与气球施放企业签订安全生产责任状，确保气球施放安全。

（庄春华）

（编辑　钱国新）

8月7日，区气象局组织“七彩夏日”夏令营科普活动

综合管理

发展计划管理

【概况】 2020年，金坛区紧扣"'两个加快'全面决战年"工作主题主线，全力以赴抓好"六稳"、抓牢"六保"，统筹推进疫情防控和经济社会发展，主要经济指标持续恢复性增长，经济运行总体呈现稳中有进、进中提质态势。实现地区生产总值973.15亿元，同比增长5.5%；工业用电量44.48亿千瓦时，同比增长16.67%，增幅列苏南主要县市区第一；全社会固定资产投资同比增长5.4%，增幅排名常州第一；外贸进出口总额220.3亿元，同比增长18.1%；一般公共预算收入55.8亿元，同比下降3.3%；社会消费品零售总额244.16亿元，同比增长0.5%；全体居民人均可支配收入46506.9元，同比增长5.1%；单位地区生产总值能耗和主要污染物减排完成目标。

【战略规划推进】 2020年，区发改局高标准起草金坛区"十四五"规划纲要及"十四五"服务业发展规划；有序推进国家城乡融合发展试验区建设，方案获国家发改委批复；帮助直溪镇创成江苏省光采特色小镇。进一步融入长三角区域一体化、长江经济带和南京都市圈，金坛被正式吸纳为南京都市圈联盟成员单位；积极推进丹金区域融合发展，定位为常州高品质教育、医疗、居住和设计新片区，并形成《丹金融合发展试验区总体规划》初步成果。

【目标责任管理】 1月，金坛区第十七届人民代表大会第四次会议审议通过2020年度全区国民经济和社会发展目标任务，区目标管理办公室在广泛征集各级、各部门意见的基础上，编制《常州市金坛区人民政府2020年目标任务》，目标任务区分重点目标、部门年度工作目标和共性任务目标三个部分，并以此为依据进行考核。

【助企发展赋能】 2020年，区发改局紧盯国家、省、市政策，争取中央预算内资金、战略性新兴产业发展引导资金、国家技术攻关专项资金等3.13亿元，会同财政局争取政府专项债券24.2亿元，帮助金坛国发国际发行公司债券4.2亿元；蜂巢能源获批省级工程研究中心，东方日升获批省级产业创新中心，信维通信等3家企业获批市级工程研究中心，中航锂电等4个项目获得能耗增量指标23.8万吨标准煤。持续优化营商环境，梳理下发"金坛区2020年打造一流营商环境重点任务清单责任分解表"，涉及29项178条任务；探索实施"信用＋园区"试点，成功创建信用管理贯标企业8家、市级信用管理贯标示范企业1家。深化"互联网＋政务服务"，全区共审批核准固定资产投资项目612个，总投资998.9亿元。

【重大项目推进】 2020年，全区有6个项目列入省重点、38个项目列入市重点，同步获取省级重大项目用地计划配置187.3公顷。6个省重大项目完成年度投资计划的101.4%。4个新建项目完成年度计划的58%，晨创5G通讯基站项目一期共7栋主体厂房全部出正负零，智能化渔场项目一期建成投用。2个续建项目完成年度计划的163.1%，河海大学常州校区项目65公顷土地批复，围墙、便道、土方、桩基工程全面开工；常州中盐盐穴压气储能电站国家示范工程项目首台套设备进场调试。38个在库常州市重点项目完成年度投资计划的103.1%，晨创5G通讯基站、飞荣达高性能导电导热材料等项目超序时进度，SK隔膜一期、胜伟策等项目竣工。13个新增入库项目中，亿晶新型高效PERC+电池及组件产业化项目部分投产，SK隔膜二期部分设备完成订购。政府投资项目有序推进。全区67个政府投资项目完成投资92.9亿元，完成年度计划的78.3%。其中，11个新建项目完成投资26.5亿元，完成年度计划的55.5%；56个续建项目完成投资66.4亿元，完成年度计划的93.7%，华罗庚中学滨湖校区、钱资湖大桥、常州市金坛第一人民医院一期等群众关注的重点政府投资项目竣工启用。

（范丞明）

财　政

【概况】 2020年，全区落实积极的财政政策，应对新冠肺炎疫情和经济下行压力等因素带来的风险与挑战，用实政策工具，扎实做好“六稳”工作，全面落实“六保”任务，提高资金绩效，加大改革力度，落实过紧日子要求，财政运行稳健有序。全区完成一般公共预算收入558184万元，同口径增长7.2%。其中，税收收入形成一般公共预算收入440056万元，比上年下降10.3%；非税收入形成一般公共预算收入118128万元，比上年增长36.4%。全区一般公共预算支出完成896916万元，比上年增长10.5%，增支85560万元。发挥财政资金引导作用。安排各级财政资金用于经济结构调整和产业转型升级，推进战略性新兴产业、现代服务业和先进制造业加快发展。发放科技人才专项资金3200万元和人才购房补贴20000万元，促进人才与资本、创新与产业相衔接。积极争取各类财政资金，主动对接中央、省、市对口单位，全年累计争取各类资金170000万元。

【疫情防控保障】 2020年，全区聚焦疫情影响，积极的财政政策更加积极有为。落实“六稳”“六保”，对冲疫情影响，落实落细减税降费政策，增强服务意识，帮助企业用足用好政策，减轻企业负担。全年共减税降费321900万元。其中，为企业减免税收192900万元，减免非税及社保费用129000万元，全年兑现增值税留抵退税152605万元。加强企业用工保障支持力度，全年发放稳岗补贴2434万元，惠及企业4271家。保障基层运转，加大上级专项转移支付支出进度。其中，一般转移支付45353万元，专项转移支付116029万元。加大镇村等基层保障力度，落实保障资金129600万元，同比增长6%。全面落实直达资金，全区共收到直达资金32665万元，其中抗疫国债28000万元，主要安排4000万元用于区中医医院改造项目、2300万元用于宜居华城二村改造项目、500万元用于数字应急广播系统建设及各类抗疫费用等。截至12月末，直达资金支出进度达100%。

【民生保障支出】 2020年，全区民生支出占一般公共预算支出75%。全年教育支出124116万元，比上年增加37831万元。不断扩大优质教育资源供给，深入实施素质教育，加快河海大学常州校区建设。卫生保障支出83299万元，比上年增加2346万元。全力推进金坛第一人民医院整体搬迁，提升卫生健康服务能力。社会保障和就业支出150662万元，提高居民医疗保险、居民养老保险的保障水平，支持养老事业发展，开展技能培训，稳定就业形势。文旅支出24103万元，助推文化体育事业发展，支持华罗庚纪念馆改造提升和华罗庚110周年诞辰纪念活动等。综合运用阳光扶贫挂钩结对、项目化精准扶贫等措施，累计发放各类救助资金3510万元，下拨相对薄弱村扶持资金800万元，提高扶贫实效。全年节能环保支出33291万元，加大推进污水处理、垃圾分类管理、支持企业环保提升等方面的投入力度。年内，全区安排扶持资金4600万元，支持农业产业发展、人居环境提升、特色田园乡村、“四好农村路”等项目建设。

【财政风险防范】 2020年，区财政局优化财政运行机制，探索财政管理监督的新思路、新机制，夯实政府性债务管控基础。周密制定隐性债务化解实施方案，做到年初有建议、年末有提醒。建好、用好、管好各类债务监管平台，重点关注债务规模较大、风险较高的板块，压实主体责任。全力争取、用足用好新增债券额度，保障实施重大发展战略，提高债券资金使用效率效益，形成对经济的有效拉动。按规定做好债券项目申报与资金分配工作，省财政厅转贷金坛区新增债券256000万元，比上年提高56%。其中，新增一般债券14000万元，新增专项债券242000万元。提升国有企业高质量发展动力，持续推进区属国有股权委托管理，组织实施金坛控股、金坛建设高质量发展总体方案，明确公司主责主业，完善法人治理结构。合理控制融资成本，配合江苏金坛建设发展有限公司、常州市金坛国发国际投资发展有限公司主体信用等级提升至AA+，规范出资人权利和责任事项。完善考核，强化风险防范责任意识，建立隐性债务化解情况通报制度，年末依据镇（园区）国有股权委托管理、防范金融风险及区管国有公司高质量发展总体方案，对项目实际投资、市场化投资、运营管理、推进国有股权混合所有制改革等情况进行综合考核，确保区委、区政府决策部署落到实处，促进区管国有企业做强、做优、做大。

【财政体制改革】 2020年，全区预算改革不断深化。稳步推进票据电子化改革，率先完成县区级医疗大平台建设的基础上，区人民医院、区中医医院、区妇幼保健医院全面实现线上开票。预算公开不断深化，做好2020年预决算公开工作。配合区人大完善预算联网工作机制，推送2020年部门预算等相关信息数据，并适时更新预算执行情况数据，实现人大对财政预算的多层次、多环节、全过程审查监督。预算执行不断强化，深化国库集中收付制度改革，开展预算单位公务卡试点工作。规范国库资金管理，提高国库资金运行效率。开展行政事业单位国有资产和政府采购专项督查，提升财政资金精准性和合理性。

【国有资产监督管理】 2020 年，全区行政事业单位国有资产管理有序。年内，开展部分行政事业单位国有资产公开招租工作，全年完成 10 批国有资产公开招租，成交标的 42 个，总成交金额 1681.13 万元。全年处置 68 家行政事业单位国有资产，处置账面原值 3583.11 万元。开展行政事业单位国有资产管理专项检查，专项检查分为自查自纠、现场检查和整改提高 3 个阶段，现场检查抽查 15 家单位。国有企业改革稳步推进。根据《江苏金坛投资控股有限公司高质量发展总体方案（2020—2025 年）》《江苏金坛建设发展有限公司高质量发展总体方案（2020—2025 年）》，对区管国有企业的发展定位及主要任务、业务布局、运营机制、职权划定等作出明确规定。按照高质量发展要求，14 家二级公司进行股权委托管理，完成 5 家国有企业股权划转工作，其中，建设产业集团、水投公司、交通产业集团、工程质量检测公司 4 家公司股权无偿划转给金坛建设；惠金公司股权无偿划转给金坛控股。

（刘　伟）

税　务

【概况】 2020 年，国家税务总局常州市金坛区税务局（以下简称区税务局）立足主业主线，提升治税水平，优化便民举措，全年组织各项收入 94.69 亿元，在统筹推进疫情防控和服务经济社会发展中贡献出税务力量。

【税收收入与减税降费】 2020 年，区税务局全年组织各项收入 94.69 亿元，其中，税收收入 70.68 亿元，非税收入 24.02 亿元（含社会保险费收入 21.39 亿元）；完成税收一般预算收入 44.01 亿元。全年减税降费 32.19 亿元，其中办理增值税留抵退税 15.26 亿元，缓解了企业的资金压力。金坛区助力复工复产、落实"六保""六稳"相关做法被央视一套晚间新闻、央视二套报道。

【依法治税】 2020 年，区税务局对内完善税费管理、提升执法效能，对外促进税法遵从、防范重大风险，推动治理水平和治理能力现代化。持续推进"1+5"新征管体系建设，全面完成省局 55 条操作要点及市局 92 项具体任务。重点调整注销、跨区迁移、欠税日常管理等业务流程，着力解决基层咨询问不到、系统不友好、服务被打扰等问题。进一步规范增值税发票、各税种及委托代征管理，成功告破出口骗税案。召开法税民事执行与税费征缴协作会议，率先签署协作纪要。优化风险应对方式，强化风险提示提醒策略应用，全年完成 202 户次的分析任务，其中应对完成 179 户次，入库成效 3183.35 万元。加强任务过程管控，开展风险管理"回头看"自查自纠，实现跟踪质疑入库成效 114 万余元。落实税费同征同管理念，全面推广居民医保社会保障卡扣缴方式，建立"一方受理、集成服务"的涉税问题"反映、反馈"交流群，推动社保费多年现金缴费模式全线升级，签约激活率达 88%、卡扣率超 80%，大征期征缴率 98.36%，位居全市第一。通过建立跨部门联动机制、开展多轮测试培训等方式，做好水土保持补偿费、排污权出让收入、防空地下室易地建设费三项非税收入征管职责划转调研准备工作。

【纳税服务】 2020 年，区税务局始终坚持以纳税人缴费人为中心的理念，大力推行"非接触式"办税服务，90% 以上主要涉税服务事项实现网上办理，同时在属地分局（所）、税邮共建便民服务点配置自助办税设备，打造"半小时便民服务圈"；打造房地产移动办税窗口，为 1700 多户业主提供交房即领证新服务，上门服务、预约办理惠及 1600 多户拆迁安置房主。联合区工信局、金融监管局在线直播"减税费　优服务　助复产　促发展"政策解读会，为企业解答高频涉税问题；与工商联、江苏银行联合

5 月 30 日，区税务局实施交房即办证服务现场

开展“服务小微、助力普惠”税银企对接会，为小微企业发放贷款3000多万元；通过大数据匹配，实现了对156家企业申报数据退（免）税的科学动态监管，并为41家湖北企业匹配上下游购销资源。全年采集传递各类数据55.4万条，研发数据产品14个，入库成效1.14亿元；多部门联合助推特色田园乡村建设的举措和成效获副省长费高云表扬批示；多篇税收分析受到国家税务总局总经济师王道树等表扬批示。

2020年度金坛区税收情况一览表

表20

单位：万元

税种	入库	比上年		税种	入库	比上年	
		±额	±%			±额	±%
税收收入合计	706750.23	-99753.55	-12.37%	印花税	11756.86	-5123.35	-30.35%
增值税	224250.08	-134352.84	-37.47%	土地使用税	37058.00	6727.30	22.18%
消费税	277.42	-306.97	-52.53%	土地增值税	28452.81	-4620.00	-13.97%
营业税	144.06	-136.64	-48.68%	车船税	3817.99	473.34	14.15%
企业所得税	180886.36	20164.14	12.55%	车辆购置税	15070.62	542.60	3.73%
个人所得税	49236.09	9352.09	23.45%	契税	92131.70	10642.67	13.06%
资源税	2308.37	-290.73	-11.19%	环境保护税	2094.63	97.36	4.87%
城市维护建设税	26605.52	391.15	1.49%	耕地占用税	5235.06	-6699.74	-56.14%
房产税	27424.66	3386.07	14.09%	—	—	—	—

（于　露）

市场监督管理

【概况】 2020年，全区市场监管工作在统筹推进疫情防控和经济社会发展的大背景下，贯彻落实区委、区政府“‘两个加快’全面决战年”工作部署，紧紧聚焦“六稳”“六保”中心任务，各项工作取得了新成绩，切实为夺取“双胜利”提供了坚强的市场监管支撑。

【市场主体发展】 2020年，区市场监督管理局推动设立企业开办专区，积极探索推行“平台企业批量集群注册”登记模式，有力推动市场准入更加宽松便捷，实现市场主体新设数量V型反弹。全市首家平台经济企业“唯合平台”正式投入运行，有36家入驻平台经营者通过集群注册成功登记为个体工商户。全区新设各类市场主体10338家、注册资金289.01亿元。

【助企惠企政策】 2020年，全区充分发挥动产抵押、股权质押职能作用，帮助市场主体解决疫情期间融资难题，全年办理各类登记174件，各类担保资金95.95亿元。严格落实“强检免费”政策，服务521家企业免费检定计量器具26246台（件）。全面整治涉企违规收费，减免涉企水、电、气费用10640万元，清退各类涉企费用360万元。

【知识产权建设】 2020年，全区新增专利申请4529件，同比增长40.30%。“金坛指前标米”被省知识产权局确定为2020年江苏省地理标志商标注册项目，为苏南地区唯一一家；江苏鹿山新材料有限公司获评“常州市专利奖优秀奖”；中航锂电科技有限公司被列为2020年度常州市知识产权战略推进计划项目。

【质量提升行动】 2020年，全区组织7家企业开展2020年度区长质量奖评选活动，其中4家企业进入问询答辩环节。引导1家企业申报省长质量奖，5家企业申报市长质量奖，2家企业申报省工业企业质量信用AAA级评价，5家企业申报省级标准化试点项目，6家企业参与制定国家标准、行业标准和地方标准，中盐金坛盐化通过首批“江苏精品”认证，斯威克光伏入选江苏省光伏企业标准“领跑者”名单，江苏常宝普莱森钢管有限公司获评2019—2020年度江苏省能源计量示范单位。

【市场主体信用信息公示】 2020年，区市场监督管理局牵头推进市场监管领域“双随机、一公开”监管，有14个部门发起212项抽查任务，抽查1246家市场主体，有11个部门牵头发起开展13次联合抽查，所有抽查结果均公示。有序推进企业信用信息公示工作，有14011家企业公示信用信息，占应报数的93.6%，位列常州辖区第一。

【食品安全监管】 2020年，区市场监管部门严防、严管、严控食品安全风险，严惩违法违规行为，对“米袋子”“菜篮子”等重点领域开展专项监督抽检，完成食品抽检3266批次，占全年计划的106%，合格率98%，并对不合格产品及时进行处置。全区深化省级食品安全示范区创建，坚持准入管理、常规监管、专项整治和质量监测“四位一体”，及时跟进社会热点，关注百姓民生，切实解决食品安全突出问题，规范食品市场秩序，成功创成省级食品安全示范城市。

【特设安全监管】 2020年，区市场监管部门会同东城街道办事处、消防大队、公安分局等部门，在金坛新城吾悦广场开展电梯安全应急救援演练活动，提高特种设备应急指挥、救援等实际处置能力。以重点环境、重点区域、重点企业、重大节日的安全检查为抓手，深入开展各类专项整治，现场检查特种设备生产单位5家、使用单位184家，重点监督检查特种设备使用单位31家，特种设备数据信息采集率96.42%。

【药械安全监管】 2020年，区市场监管部门一方面转换监管方式，加快疫情防控急需药品医疗器械审批备案，另一方面强化防疫物资监督检查，坚决杜绝不符合医用标准的口罩、防护服等物资流入市场及医疗机构。将日常监管和专项检查相结合，全年检查药械生产、经营和使用单位684家次，完成药品监督抽检100批次，另检查特殊食品和化妆品经营企业360家。

【价格监管】 2020年，区市场监管局着力防控并举，做好防疫物资及生活品价格的“监测 + 预警”；以熔喷布、纺粘无纺布、口罩等防疫物资为重点，开展价格专项和重点检查，有力规范市场价格秩序；优化营商环境，维护公平竞争市场秩序，有序开展反垄断和公平竞争审查工作。

9月22日，区市场监督管理局组织对商超进行专项检查

【执法稽查】 2020年，区市场监管局聚焦疫情防控，扎实开展“联合打击野生动物非法交易专项执法行动暨联合打击非法制售口罩等防护产品专项执法行动”“熔喷布（民用口罩）产品专项执法行动”“防疫物资产品质量和市场秩序专项整治行动”，着力保质量、稳物价、促稳定。深入推进全面禁售长江流域非法捕捞渔获物专项行动，着力确保生产企业无加工、线上线下无销售、餐饮单位无供应、所有环节无广告。全年立案查处违法案件201起，罚没164.8万元。

【消费维权】 2020年，区市场监管局强化措施、简化流程，全力做好新型冠状病毒疫情期间相关投诉举报的受理处置工作，妥善及时解决群众诉求，化解群众对疫情防控工作和相关物资价格上涨的误解及负面情绪。全年受理各类消费投诉举报10796件，同比增长206%，做到按时办结率100%。

（唐爱琴）

应急管理

【概况】 2020年，全区深入推进安全生产专项整治行动，扎实开展违法违规“小化工”百日专项整治，完成省委危化品安全生产专项巡视，全区安全生产形势总体稳定向好。发生各类生产安全事故37起，死亡17人，同比分别下降47.9%和54.1%，未发生较大以上生产安全事故，也未发生造成较大影响的生产安全事故和事件。区消防救援大队全年接警1086起，出动车辆1734余辆，出动警力7416人，抢救被困人员70人，疏散被困人员140人，抢救财产价值437.4万元，未发生较大以上火灾事故。

【安全生产专项整治】 根据国务院会议精神和省、常州市关于深入开展安全生产专项整治行动的方案要求，区委、区政府决定从2019年11月30日起至2020年11月底，在全区26个行业领域深入开展安全生产专项整治行动。成立全区安全生产专项整治工作领导小组和26个专项整治组，实体化运行区专治办，建立定期会商和通报制度，统筹推进专项整治工作。整治行动期间，全区各级各部门检查企业14531家次，发现并整改突出问题3条、重大隐患30条，停产整顿企业20家，关闭取缔企业26家，惩戒失信企业24家。

【违法违规“小化工”百日专项整治】 2020年，全区认真贯彻落实省、市决策部署，先后制定《常州市金坛区违法违规“小化工”百日专项整治行动实施方案》和《常州市金坛区持续深化违法违规“小化工”专项整治行动实施方案》，建立涵盖10个部门、十二大板块的联席会议制度，统筹推进专项整治工作。排查各类单位28922家次，查处各类违法违规“小化工”15家，立案9起，罚款26.8万元，采取刑事强制措施14人。

【安全生产督导】 2020年，全区认真整改国务院、省和常州市同步对金坛区开展安全生产督导工作反馈问题，各级督导交办、督办的37个问题全部整改到位。结合省、常州督导模式，全区成立7个督导组对各镇区、相关重点部门开展了下沉督导。各督导组查阅台账资料166册，开展谈话163人次，现场检查企业106家，发现并整改问题隐患274条。

【危化品安全生产专项巡视】 9月，省委对常州市开展为期1个月的危化品专项巡视，常州市委同步对金坛区开展专项巡察，巡视巡察组从落实上级重大部署、安全风险隐患排查整治、正风肃纪反腐、安全生产体制机制建设、安全生产问题整改等5个方面，对全区危化品领域安全生产工作进行巡视巡察。11月5日，省委第一巡视组向常州市委反馈巡视意见，区委、区政府根据反馈意见，制定《中共常州市金坛区委关于省委危化品安全生产专项巡视反馈意见整改工作方案》，明确整改措施、牵头部门和整改时限，全力以赴抓好问题整改。

【安全生产执法检查】 2020年，区应急管理局通过联合检查、联动执法、专项执法等方式，严厉打击安全生产违法违规行为。年内，全区负有安全生产监管职责的主要部门查处各类安全生产违法违规案件270余件，处罚金额670余万元。其中，区安全生产监察执法大队事前处罚案件142件，罚款总金额532.39万元。

【应急保障能力建设】 2020年，全区修订突发事件总体应急预案1件，生产安全事故、自然灾害救助等专项预案16件。6月13日，成功举办全区首次远程信息化条件下的综合应急演练，全区15家部门单位、160余人参加，有效检验各单位的应急联动和救援能力。制定《金坛区应急管理局应急处置工作方案》，成立信息保障、舆情导控、现场处置等6个工作小组，积极构建“扁平化”的应急处置工作架构。

【防灾减灾】 5月，区应急管理局、地震局联合在西城街道文化社区开展全国防灾减灾日宣传活动。9月，作为全省3个试点地区之一，全区开展自然灾害综合风险普查试点，通过普查摸清全区自然灾害风险隐患底数，查明重点地区抗灾能力，客观认识全区自然灾害综合风险水平，为有效开展自然灾害防治工作、切实保障经济社会可持续发展提供权威的灾害风险信息和科学决策依据。12月，全区森林防灭火工作会议对2021年度森林防灭火工作进行全面部署。

【消防设施建设】 2020年，区消防大队牢固树立“基层至上”的理念，着眼地区实际向区政府提交消防事业高质量发展三年计划，以打通“生命通道”为重要抓手，指导全区167个住宅小区开展消防车道、登高场地标志标线施画工作，推动建成金科园特勤站，指导前镇政府专职队投入执勤使用。购置移动驻勤车1辆、消防车2辆，配齐应急通信系统基本模块1套、多功能无人机和图形工作站等通信装备。年内，利用无人机热成像技术成功救助2名被困人员，受到央视的广泛宣传。投入30万元购买体育器材，投入15万元改造升级大队乒乓球、羽毛球场地。

【消防安全宣传】 2020年，区消防大队以提高消防宣传的覆盖面和民众知晓率为目标，创新“固移结合”的消防宣传培训新模式，广泛开展“119消防宣传月”活动，对全区重点场所张贴《关于开展打通“生命通道”集中治理行动的通告》。通过利用住宅区电梯显示屏滚动播放消防宣传标语、开展线上消防培训微博直播活动的方式，分批次组织全区有关人员开展远程视频授课，指导开展火灾隐患排查整治。年内走访各类小单位、场所2000余家，深入辖区单位开展宣传培训180余次，出动宣传车60余次，发放宣传资料5万余份，悬挂横幅150余幅，培训6万余人次。

（徐　鑫　叶建江）

审 计

【概况】 2020年，全区审计工作围绕高质量发展主题，紧扣中心，服务大局，积极履行经济体检职能，发挥参谋助手作用。完成审计项目26个。其中，公共投资审计5个，财政审计1个，经济责任审计10个，经济责任交接4个，自然资源审计1个，民生审计2个，省市统一组织审计项目3个。配合常州完成审计项目5个。审计查出违规金额884.06万元，审计决定处理处罚942.82万元，审计期间整改638.94万元；促进增收节支9335.48万元，促进提出审计建议59条；促进被审计单位制定整改措施82项，促进被审计单位建立健全规章制定16条；提交信息情况反映2篇，都得到领导批示。撰写信息、论文155篇，被各级媒体录用104篇次，其中审计署采用13篇次，审计厅以上部门采用36篇次。区审计局被省审计厅评为"全省审计通联工作先进单位"。

【政策措施落实跟踪审计】 2020年，区审计局开展新冠肺炎疫情防控资金和捐赠款物专项审计。促进及时拨付基层疫情防控单位和部门防疫资金130万元，保障抗疫工作顺利开展。开展政府债务和隐性债务风险防范跟踪审计。对金坛区2019年1—12月政府隐性债务风险防控情况进行专项审计。提出推进区属国有股权委托管理、对到期的政府隐性债务进行重组置换、盘活国有公司存量资产等建议。开展税收和非税收入征管审计。促进财政资金收入高效、全面，提高资金使用绩效。开展2020年全省公立医院综合改革政策落实情况专项审计，促进解决百姓看病难、看病贵问题。

【财政审计】 2020年，区审计局深化财政资金审计。对区2019年度预算收支情况、决算草案编制情况以及一级预算单位部门预算执行情况进行了审计，通过揭示问题，加大整改，发现的21个问题全部整改完成，促进财政资金规范管理。深化部门预算审计。对区级59家一级预算单位电子数据进行了总体分析，实现一级预算单位审计全覆盖，重点核查30家部门单位，涉及决算支出192416.34万元，占比69.54%。审计处理处罚58.66万元，提出审计建议4条，发出审计决定书1份。

6月，区审计局现场关注环卫车运维管理情况

【民生审计】 2020年，区审计局开展企业职工基本养老保险专项审计。审计发现缴费基数不实，重复享受养老金，死亡人员仍在持续缴费，账户开设及管理不规范，部分资金存放农村、村镇商业银行等问题，并向相关部门反映。开展2019年居民医保基金专项审计。被审计单位积极采纳审计建议，促进居民医疗保险外地就医报销结算，实现了一次办理、自动打卡报销，解决了多头跑、程序烦琐、易出错的问题。开展2019年度全区公交企业亏损情况专项审计。通过审计，促进公交企业进一步加强企业成本控制和公交运营数据精细化管理，提升了服务质量和运营效率。开展2020年清理拖欠民营企业中小企业账款政策跟踪审计。通过审计规范了企业账款拨付，整改11笔欠款，金额202.7万元，并对如何建立长效机制撰写了情况反映。

【领导干部经济责任审计】 2020年，区审计局对区朱林镇、区委党校、区科技局、旅游局、工信局、城管局、安监局等10家单位原主要领导开展经济责任审计。开展朱林镇领导干部离任自然资源资产审计，科学评价领导干部任职期间对环保法规政策的落实情况。通过审计，起到规范权力运行、督促勤勉履职的良好效果。

【公共投资审计】 2020年，区审计局对新建中国常州德国中心、新建河海大学金坛分校、新建沿江高铁新城金坛站、新建华罗庚中学滨湖校区、人民医院、钱资湖大桥等项目开展跟踪审计，跟踪审计投资金额128亿元；完成龙山水利枢纽工程、华罗庚实验学校新城分校的工程决算审计，完成直溪镇卫生院、茅麓卫生院、朱林镇卫生院的竣工财务决算审计，突出查看投资决策、建设程序、资金管理、招标投标、设备采购、投资绩效、资源环境保护等关键内容，推动国家宏观政策措施贯彻落实，促进深化投融资体制改革和反腐倡廉建设。积极完善制度建设。结合政府性投资项目审计改革要求，促进制定《常州市金坛区政府投资建设项目审计监督办法》，进一步厘清审计机关、政府投资、项目责任主体等相关方的职能。

【内部审计】 2020年，区审计局制定《常州市金坛区审计局关于印发内部审计工作指导意见的通知》，充分发挥内审在促进单位经济决策科学化、内部管理规范化、运行风险防控常态化方面的基础性作用。建立以审代训制度，加强行政指导，对全区内部审计开展行政指导，组织开展内审人员培训、学术研讨、论文评比，对内部审计项目进行抽查监督。对金坛建设、金坛控股等国有平台公司开展结算审计遇到的困难提出指导建议。组织内审部门向常州报送9篇论文。发挥内审作用，推动审计监督全覆盖。

【审计整改】 2020年，区审计局完善制度建设，促进出台《常州市金坛区人民代表大会常务委员会关于审计查出问题整改工作监督办法》，加强对审计查出问题整改工作的监督，促进审计整改工作推进到位。审计工作报告中反映的21个具体问题，按照省市相关整改到位认定标准，已经全部整改完成。通过整改，区财政局缴库58.66万元，相关单位盘活存量资金142.58万元；各级财政部门和有关单位下拨资金418万元、收回专项资金61.12万元；出台相关文件、内部管理制度及规定6项。

（顾芮嘉）

统　计

【概况】 2020年，全区统计工作紧盯经济发展和统计改革任务，把握新时代统计工作的新机遇、新要求，以提高数据质量为中心，不断夯实统计根基，强化统计担当，提升统计服务质效，各项工作有序推进。

【考核指标监测】 2020年，区统计局立足年度监测评价方案，及时准确完成37项省高质量发展体系指标、38项市高质量发展体系指标的编辑划分和解释工作。建立全区统一核算部门联席会议制度，每季度牵头召开联络员会议，充分发挥部门合力，推动部门间的沟通协作，共同开展经济发展情况监测。2020年，全区实现地区生产总值973.15亿元，按可比价计算，同比增长5.5%，增幅在全市位列第一位。

【统计质量提升】 2020年，区统计局围绕全区经济运行中出现的新情况、新问题开展调查研究，全年完成《内部专报》7篇、《统计分析》24篇。配合区委、区政府开展调研，认真梳理全年经济社会发展目标任务完成情况、“十三五”期间主要成绩及存在问题等并形成文字材料，为区委、区政府科学谋划2021年工作提供统计支撑。结合社会关切，发挥统计职能，聚焦“复工复产”，围绕“六稳”工作，落实“六保”任务，组织企业填报疫情影响、生产经营情况等问卷，开展疫情期间规上工业企业返岗职工人数统计、疫情对各行业产生的冲击影响、疫情对居民收入和就业的影响等专项调查分析，为区委、区政府决策提供坚实的统计保障。

【普查调查】 2020年，区统计局全力以赴开展第七次全国人口普查工作，认真谋划、精心部署，在高质量完成省级部门资料利用专项试点、市级综合试点、普查区域划分、建筑物标绘和摸底调查等一系列前期准备后，全区3600名人口普查员担当作为、攻坚克难，运用“大数据+铁脚板”的方式，顺利完成普查正式登记阶段各项工作任务。完成第四次全国经济普查工作，及时撰写《金坛区第四次全国经济普查公报》，认真总结经济普查工作的成功经验和创新做法，并对在经济普查中表现突出的20个优秀集体、62名优秀工作者予以通报表扬。

【统计法治建设】 2020年，区统计局加强统计法治学习，推动全区各级专题学习习近平总书记关于统计工作的重要指示精神，切实提高认识，牢固全区统计法治根基。常态开展行政指导，全年走访企业150余家，了解企业经营难点、经济发展堵点。有序进行核查检查，以自查自纠和现场核实的方式，及时核查数据不实问题，核查企业500余家，提升源头数据质量。对开发区、西城街道、薛埠镇开展统计督查，对薛埠镇开展“双随机”抽查，检查企业40家。

（徐　飞）

（编辑　储　劼）

江苏金坛投资控股有限公司

【概况】 2020年，江苏金坛投资控股有限公司（以下简称金坛控股）围绕“两个加快”全面决战年和高质量发展战略目标，全面落实区委十三届九次、十次全会精神，将深化改革贯穿于公司各项主营业务中，攻坚突破重点和难点，全年实现营业收入约30亿元，环比增长约42.86%，上缴税金约1亿元；公司账面总资产达413.11亿元、环比增长约96.72%；企业主体评级AA。

【经济开发】 2020年，金坛控股围绕区委、区政府出台的《江苏金坛投资控股有限公司高质量发展总体方案（2020—2025年）》，根据“集团化、实体化、市场化、混合化”的要求，全面深化国有企业改革。完成部门及混改公司员工定岗定级，明晰员工岗位职责，修订并新增35套内部管理制度；加速厘清公司的受让划转，完成1家公司的无偿划转、3家公司的法人变更、2家公司的股权受让、2家公司的股权划转、3家与金坛控股一体化运作公司的法人变更、5家不实际运作公司的注销工作；完成建设资产、惠金建设、金惠投资、杰鹏商贸、秋凌园艺5家公司交接工作。

保持“项目投资＋投后管理”并驾齐驱的战略步伐稳步前行，金坛控股及子公司金坛华科、金坛金科新增投资项目5个，出资8.6亿元，全年实现投资现金收益2.43亿元。实现珠航校车、朗博科技2个项目退出，平均年投资回报率约45%。落实市场化投资项目，完成2个项目市场化投资12.5亿元；助力中航锂电股权激励及引进战略投资，实现对中航锂电17.3亿元再增资；推进城东建股权改革和架构调整。江苏金坛融资担保有限公司在保企业24家，在保余额10155万元，解除担保1450万元，实现追偿1280.69万元，担保公司信用评级由BBB+提升为A-。

2020年，共承建建设项目7个。其中，续建项目3个，新建4个。项目总投资额31.3亿元，完成投资10.7亿元。其中，金坛第一人民医院顺利

9月，中德（常州）创新产业园开园

交付启用；中德（常州）创新产业园一期历时123天交付；第三人民医院土建已完成，设备安装基本完成；特勤消防站已竣工交付。

2020年，管理和运营区级政府性存量资产及下属子公司资产189处。共对外出租资产201处，收取市场化租金1172万元；对116处资产实施租金减免，减免租金约236.3万元；积极拓展物业管理业务，为市民中心、人社大楼以及中德项目提供物业管理服务；全年开展资产专项安全巡查600余次，完成资产维修工程12次，确保未发生一起安全责任事故。

2020年，“数字化渔场”具备养殖生产条件并全面投产，投放优质蟹苗74万头；全年累计联合申报各类科技项目8个，争取各类项目资金1800余万元；制定长荡湖大闸蟹品牌管理办法，打造“长荡湖”品牌，做好长荡湖大闸蟹区域公用品牌授权管理；开设天猫、京东官方自营旗舰店，在高速、高铁投放宣传；全年实现销售收入700余万元。公司主导成立了常州市金坛区长荡湖大闸蟹产业联盟，促进金坛全区河蟹产业高质量发展；同时整合农资服务资源，利用下属植保公司有序开展农化物资的运营及粮食作物病虫害统防统治物资的供应保障工作。

（杨　娟）

江苏金坛华罗庚科技产业发展有限公司

【概况】 江苏金坛华罗庚科技产业发展有限公司（以下简称金坛华科），注册资本20亿元，是以金坛控股作为唯一出资人的区管国有企业。2020年，金坛华科定位产业园区建设和产业项目投资，主要负责对华科园及朱林、指前、儒林现代产业园基础设施项目、开发建设项目、重点产业企业等实施投资和管理。金坛华科优化调整公司体制机制，对现有人员进行优化调配和重新定岗定级。成立党支部。加强制度建设，编印金坛华科员工手册，定期开展培训。制定出台作风建设负面清单。健全完善考核体系。

【经济开发】 2020年，金坛华科共引进4个项目，协议投资额5.2亿元。2处标准厂房共引入企业10家，协议投资额21.02亿元。承接政府性投资项目6个，新增投资1.49亿元，完成年度目标任务。

截至2020年年底，金坛华科融资余额26.44亿元，综合成本5.55%。推进AA信用评级工作，新增贸易收入3.5亿元。积极参与产业项目投资，向瑞德丰增资2.47亿元，以华科清香苑等5处固定资产评估作价10.8亿元投资中航锂电。持续加强投后管理，做好跟踪监督。

加强资产管理，公寓已入驻中航锂电等20余家企业，平均入住率在85%以上，2处标准厂房预计2021年可达满负荷使用。

积极落实朱林镇、指前镇两镇股权托管，均未发生债务风险。

（乔元鸿）

江苏金坛建设发展有限公司

【概况】 江苏金坛建设发展有限公司（以下简称金坛建设），深入贯彻落实高质量发展总体方案，夯基垒台，全面加快公司整合，完善运营体系，选优配强团队，统筹资金保障，全力推进项目建设及市场化转型。全年在职员工1575人。下辖茅山控股和长荡湖控股2家区域开发运营公司，滨湖建设和建设产业集团2家中心城区公司，江东资金、江东资管、交投、水投、江东房产5家专业事务运营公司，江环、公交、江东环科、江东我家、江东传媒5家国有控股混合所有制企业。

2020年，金坛建设全力推进项目建设，扎实做好党建、内控、资金统筹、股权划转等基础工作，全面完成各项目标任务。10月29日，联合资信评估股份有限公司通过对江苏金坛建设发展有限公司信用状况的综合分析和评估，确定金坛建设主体长期信用等级为AA+，评级展望为稳定。

12月底，金沙科技项目室外附属工程施工现场

11 月 28 日，钱资湖大桥正式通车

【经济开发】 2020 年，金坛建设（含茅山控股、长荡湖控股）承接政府性投资项目 54 个，总投资约 260.14 亿元，其中金坛建设负责承接项目总数为 45 个，总投资约 192.51 亿元。

2020 年，金坛建设全面推进政府性投资项目建设。承接的 10 个保障性住房项目全面开工，总投资 67.52 亿元，总建筑面积 119.54 万平方米，总套数 6602 套，其中，九洲里花园三期、西湖馨宁二期已经交付使用，湖香苑二期、元巷小区三期正在交付。华中滨湖校区已竣工交付使用，金山路及钱资湖大桥已竣工通车，金坛高铁枢纽项目成功举行开工典礼，生活垃圾焚烧发电 PPP 项目一期全面开工，城乡污水一体化 PPP 项目中的一污厂主体封顶，儒林、薛埠污水厂进场施工，华罗庚实验幼儿园、实验小学即将出正负零，汇贤中学前期工作即将完成。投资建设道路、管网项目合计 21 个，总投资约 16.18 亿元。其中，续建小坵路、大社线、金茅公路东延连接线、雨污分流改造等路网项目 11 个，已竣工交付 10 个。新建九洲路、南沿江城际铁路涉铁通道及部分污水管道项目共 10 个，已竣工交付 7 个。投资建设水利项目 4 个，总投资约 2.16 亿元。

总投资约 20.3 亿元的金沙科技金融中心，累计完成投资 15 亿元，主体结构验收及酒店客房精装样板施工已完成，已预销售。总投资约 28 亿元的钱塘映象，已开盘 7 幢 932 套，将于 2021 年年底前完成所有楼盘的销售工作，预计回款 20 亿元，销售清盘后净利润预计不低于 4 亿元。总投资约 11 亿元的钱荡月色别墅，一期项目已全面竣工，销售 61 套，二期 20 层高层住宅正优化设计、加快施工。总投资约 2.3 亿元的指前商贸中心，完成投资 1.7 亿元，主体验收结束，已预销售。NMP 提纯项目一期总投资 1 亿元，已通过 ISO9001 质量体系论证，全年开票销售 1406.9 吨，开票额 2053.09 万元，2020 年 11、12 月已实现单月盈利，实现开票金额 1705.36 万元。总投资约 30.8 亿元的河海大学常州新校区教职工住宅，目前正在进行施工图设计。积极参与华阳南路东侧、乌干路南侧、钱资湖大道南侧、徐塘路西侧 4 块市场化项目地块竞拍。

截至 12 月 31 日，账面资金余额 59.92 亿元。其中，金坛建设 48.7 亿元，茅山控股 1.71 亿元，长荡湖控股 5.3 亿元，代管公司 4.21 亿元。融资余额 480.8 亿元。其中，金坛建设 426.3 亿元，长荡湖控股 49.89 亿元，茅山控股 4.61 亿元。

2020 年，通过资产清查及摸排，金坛建设及控股子公司土地共计约 833.33 公顷，价值约 268.1 亿元。其中融资性土地约 587.4 公顷，占比 71%；项目建设用地约 246 公顷，占比 29%。房产共计约 10.87 万平方米，价值约 4.04 亿元。支持河海大学、人民医院、滨湖新城出让土地的抵押解套。对指前水利站、晖园宾馆等资产进行现状评估，制定加固及租赁方案。统一管理城区停车资源，搭建动态更新、实时共享的智慧停车信息平台，已整合道路停车位约 3076 个。

4 月，区委、区政府将区住建、交通、水利等部门所属的公司统一整合给金坛建设，将原控股或托管的 28 家各级公司整合成 3 家区域开发运营公司、2 家中心城区公司、5 家专业事务运营公司、7 家国有控股混合所有制企业及其控股的子公司。包括一级公司 1 家、二级公司 17 家、三级及四级公司 50 家、代管公司 9 家，总计 77 家公司。按照高质量发展要求，共需对 14 家公司进行股权变更，对 27 家公司分批注销。截至 2020 年年底，已有 6 家公司完成股权划转，6 家公司完成注销，35 家公司完成董监高变更，新设立公司 3 家，现有公司 74 家。

（周　琦）

江苏茅山旅游控股有限公司

【概况】 2020 年，江苏茅山旅游控股有限公司（以下简称茅山控股）在金坛建设、茅管会及联系乡村片区属地政府大力支持下，以做大做强国有企业、服务板块发展为己任，全力推进各项工作取得明显成效。配合托管公司做好公司债的审批和发行工作，不断压降融资成本。全年安排专题业务培训10期。

【经济开发】2020年，茅山控股共实施政府性投资项目4个，项目总投资3.1亿元，其中顺利完工3个，按计划在建1个。完成投资1.6亿元茅山游客综合服务中心工程。完成投资8000万元茅山旅游度假区南部片区先行启动项目上阮美丽乡村示范区一期工程。完成投资4063万元茅山游客服务中心周边景观及停车场配套项目。加快建设南沿江城际高铁涉铁通道项目。

2020年，茅山控股谋划增资扩股东方盐湖城。加快推进金坛都市田园·黄金软米生态大农场建设。全域土地整治方案上报省厅、规划10平方千米大农场总体规划完成编制已报批，占地约27公顷新民居集中居住区及生活服务中心、生产服务中心规划方案基本完成，产业招商积极推进。茅山游客服务中心三区市场化运营、上阮美丽乡村示范民宿已顺利投运，老虎岗林场闲置用房完成租用，运营期可增收约600万元。投入4800万元收购度假区绿岛置业公司，服务板块将资源变资产、资产变资金，压降债务规模。加强地块研究，配合茅管会做好原雅居乐B02、B03地块及茅山游客中心北侧实质性出让储备性开发工作。全年共实施乡村片区代建项目9个，共6600万元，严格按照代建项目规定，做到代建协议到位、代建资金到位。

（颜　悦）

6月28日，河海大学常州新校区开工启动仪式

江苏长荡湖旅游控股有限公司

【概况】2020年，江苏长荡湖旅游控股有限公司（以下简称长荡湖控股）根据金坛区委、区政府印发的《江苏金坛建设发展有限公司高质量发展总体方案（2020—2025年）》要求，结合全区深化国有企业改革部署会议精神，明确发展定位和主要任务，不断完善公司架构，制定各项制度，扎实开展各项工作，全力推动公司高质量发展。按照《区属国有股权委托管理的若干规定（试行）》的要求，对儒林镇3家一级公司及投资企业中所有区属国有股权受托管理。

【经济开发】2020年，长荡湖控股7个政府性投资项目全部达到年度目标，水环境综合治理一期工程完成主体工程；河海大道新建段已完成沥青摊铺；防洪大堤（四期）和地形重塑（四期）完成任务；二、三期清淤已经全面完工；渔政技术用房已完工交付；渔政码头结构施工完毕，安装张拉膜，年底完工；长荡湖东路基本完工，综合管线工程完成施工任务。

6月28日，河海大学常州新校区举行开工启动仪式，项目立项、环评、控规报批已经完成，总体规划和单体建筑方案已通过规评会评审，正在进行施工图设计。5个批次土地报批已获批2个，其余3个已报省自然资源厅批复。9月底，杆线迁移、场地清表、校内临时道路、围墙、回填土方进场施工，12月10日，首根工程桩正式打入，标志着河海大学正式进入全面施工阶段。总包单位招标完成资格审查，春节前开标确定施工单位。

2020年，长荡湖控股持续对接银行等金融机构，全年共获批贷款24.49亿元，到账13.63亿元，综合年化成本仅5.2%。按照全区债务管控会议要求，严格压降融资成本，国开行项目贷规模5亿元、期限25年、综合成本4.75%，中国银行、民生银行银团项目贷款规模4亿元、期限10年、综合成本5.5%，工商银行项目贷款规模4亿元、期限10年、综合成本5.3%，南京银行6000万元流贷综合成本由7.5%降为4.72%，6%的融资贷款全部出清。

1—11月，儒林托管企业共新增融资20.15亿元，综合利率6.22%，较上年的7.09%下降了0.87%。及时通过资管公司拆借资金给儒林国有公司周转，化解偿债危机，保障资金兑付。

（陆　玄）

（编辑　李华琴）

教育

综述

【概况】 2020年，全区拥有各级各类学校109所。其中，幼儿园50所，小学31所，初级中学16所，九年一贯制学校4所，高级中学5所，职业学校1所，中小学生综合实践基地1所，特殊教育学校1所。在校学生67424人。其中，幼儿园15197人，小学28887人，初中12394人，高中7862人，金坛中专3041人，启智学校43人。教职工6263人，其中专任教师5289人（幼儿园836人，小学1967人，初中1379人，高中841人，特殊教育11人，职业教育255人）。在职特级教师12人，特级教师后备人才20人，学术类优秀教师1441人（其中，常州市级有725人，常州市名师工作室领衔人8人），优秀教师群体占专任教师的27.25%。

2020年，国家财政性教育经费总投入22.33亿元。幼儿园、小学、初中、高中、职业教育生均公共财政预算教育事业费支出分别是5076.90元、17138.52元、24478.57元、26177.92元、22688.09元；生均公共财政预算公用经费支出分别是910.27元、1625.09元、2315.20元、2361.72元、2446.90元。拨付1300万元，保障新投入及小规模学校运转；补助2164万元，确保疫情期间幼儿园正常运转；投入3610万元，启动学校健康照明工程、厕所改造工程、改善学生就餐条件等工程建设，完善校舍维修改造和设备添置计划，着力改善义务教育薄弱学校办学条件。完善各类教育贫困助学制度，2020年发放教育救助资金818.24万元，比上年增长13.52%，惠及学生7314人次，疫情期间为3217名贫困学生发放生活补贴共计32.17万元。建立留守儿童、残障学生、家庭经济困难学生等困难群体档案，保障外来务工人员随迁子女和特殊儿童少年公平入学权利。开展“家长约课”系列公益活动、开展近百场心理健康教育活动、建立健全学生研学旅行工作常态长效机制，取得良好的社会效益。

加快推进全区学校规划建设，总建筑面积19.35万平方米，总投资16.41亿元的江苏省华罗庚中学滨湖校区、东城实验小学二期、东城实验幼儿园、儒林中心幼儿园等8个工程有序推进。其中东城实验幼儿园、东城实验小学二期、直溪中心幼儿园年内竣工投入使用，江苏省华罗庚中学滨湖校区、岸头佳园幼儿园建设项目完成竣工验收，将于2021年春学期交付使用。届时可增加学位3870个。其中，幼儿园2430个，小学540个，高中900个。华罗庚实验小学、华罗庚实验幼儿园于10月18日正式开工建设。编制“十四五”教育发展规划，教育设施布局规划、“十四五”政府性重点（教育类工程）实施计划。拟定原华罗庚中学改造、常州市金坛汇贤初级中学等5个2021年政府性投资项目。全年2所学校被评为“国家级营养与健康示范校”，1所学校被评为“常州市绿色学校”，3所学校被评为“常州市绿色学校”，4所学校被评为“常州市主动发展示范校”，4所学校成功创建为“常州市依法治校示范校”，全区15家单位获评江苏省、常州市“文明校园（单位）”。

【区教育工作会议】 8月30日，召开全区教育工作会议，研究部署新时代金坛教育改革发展工作。区四套班子全体领导出席会议，区委副书记刘国新主持会议。区委书记狄志强为区在职特级教师和特级教师后备人才佩挂绶带，区委副书记、代区长陆秋明向他们发放教师节慰问金并致以节日问候。区委书记狄志强指出，教育事业是全区人民群众期盼的民心实事，是投资环境、效益工程、未来希望。要更加重视教育事业发展，推进教育治理体系建设，建设高素质的教师队伍。区委副书记、代区长陆秋明强调，全区要营造尊师重教氛围，精准用好教育投入，不断优化教育环境，全面加强教育安全，构建“人人关心教育、

9月1日，省教育厅一行到金坛考察新学期开学工作

人人重视教育、人人支持教育”的发展格局，为金坛奋进苏南发展第一方阵奠定更加坚实的基础。

【省教育厅副厅长顾月华考察开学工作】 9月1日，省教育厅副厅长顾月华一行5人，到金坛考察秋学期开学及校园疫情防控工作。顾月华一行先后考察了省华罗庚中学和段玉裁初级中学，实地察看体温检测点、教室、隔离室、卫生室等重点场所，详细了解了学校开学入校流程、日常防控管理、清洁消毒方案、教室就餐管理、师生健康管理、应急处置流程及防疫物资储备等疫情防控措施落实情况。顾月华高度重视学校历史文化传承和校园文化建设，对充分利用华罗庚、段玉裁等历史名人资源，并把人文资源转化为教育文化资源，在传承文化中打造教育品牌的举措给予了充分肯定和高度赞扬。希望金坛区能借助华罗庚110周年诞辰这一契机，继续在名人资源上做文章，精心设计，丰富载体，抓实教育，不断打响金坛教育品牌，擦亮金坛教育名片，推动金坛教育持续高质量发展。

【教育“十四五”规划论证会】 12月9日，金坛区教育“十四五”发展规划和教育设施布局规划论证会召开。开发区、各镇、街道分管领导以及区教育局、发改局、住建局、自然资源规划局等职能部门分管领导出席了会议。会上，区教育局介绍了教育“十四五”发展规划、教育设施布局规划编制情况，编制单位依次汇报两项规划的详细内容，各参会单位结合单位职能对两项规划的编制提出了合理化的意见和建议。此次论证会开拓了视野，凝聚了共识，明晰了两项规划编制工作的思路和着力点。

【院士巡讲进校园】 11月11—12日，院士巡讲公益科普活动走进华罗庚中学、第一中学、华罗庚实验学校和第四中学。通过院士、专家与青少年学生面对面、零距离地交流互动，助推学生科学素养提升，营造了热爱科学、学习科学、尊重科学的良好氛围。“科学与中国”院士巡讲活动在金坛共举办5场报告会，其中4场面向青少年学生。4位主讲院士分别为数学家、中国科协副主席袁亚湘，报告主题为《科学的皇后——无处不在的数学》；天体物理学家武向平，报告主题为《认识我们的宇宙》；理论物理学家贺贤士，报告主题为《我的科学生涯》；物理学家叶朝辉，报告主题为《操控原子核自旋，探索生命奥秘——有趣的核磁共振波谱学》。四位院士的报告，内容丰富，从认识数学之“美”到探究宇宙奥秘、生命奥秘，再到院士们从事科学研究的生涯之路，既普及了科学知识，又弘扬了学习科学、探究科学、尊重科学的态度和科学报国的精神。院士们凭借深厚的专业背景和精湛的教学艺术，把科学知识与日常生活紧密联系，充分展现了科学的基础功能和应用价值，并结合他们的科学生涯一步步引导学生认识科学、了解科学、尊重科学从而热爱科学，引发了同学们的共鸣。

【校园安全】 10月26—27日，区教育局分成15组走进全区109所中小学、幼儿园，全面深入地“检阅”校园安全工作。围绕校车管理和学生交通安全管理、校舍安全管理、校园安保情况、实验室危化品管理等工作，检查组走进办公室、教学区、生活区、学生宿舍、学校门卫、各专用教室等重点区域场所进行了全覆盖、拉网式大检查，做到“横向到边，纵向到底”。检查组通过实走访、严问询，重点对校园消防安全、供电用电安全、校园监控设施、食堂用电用气以及实验室危化品使用等安全管理情况进行全面细致的排查，深挖细查各校园可能存在的安全隐患，确保检查工作不留盲区、不留死角。

学前教育

【概况】 2020年，区教育局制定和出台《金坛区公办幼儿园办园质量考核办法》，为全区公办园高质量发展指明方向。举办暑期园长培训班，邀请市内外著名专家作专业引领，提升园长课程领导力。拍摄区域推进课程游戏化视频并在“常州教育发布”播放，持续提升影响力。组织各幼儿园从幼儿的身心特点出发，以游戏为基本形式，以生活卫生等习惯的培养为主，结合季节等特点开展居家课程的规划。组织家长拍摄“抗疫护心”视频，其中 11 个作品分获常州市一、二、三等奖。2020 年，创建常州市优质幼儿园 3 所，通过省优质幼儿园复评 2 所，省市级优质园比例达 93.9%。实验幼儿园、尧塘实验幼儿园和直溪镇中心幼儿园获评“常州市园本教研优秀园”，尧塘实验幼儿园获“常州市主动发展示范校”称号。

2020 年金坛区幼儿教育基本情况一览表

表 21　　　　单位：人

班级数	入园（班）人数	离园（班）人数	在园（班）总人数	教职工数	专任教师数	园长数
400	4986	4678	15197	1604	836	70

2020 年金坛区幼儿园办园情况一览表

表 22　　　　单位：所

教育部门办园数		乡镇（街道）办园数		私人办园数	股份制办园数	合计
公办性质	集体性质	中心园	分园			
13	7	5	6	16	3	50

（蔡　伟）

中小学教育

【概况】 2020 年，全区高考本二以上达线人数为 1256 人，达线率 87.96%；本一达线人数为 674 人，达线率 47.20%，比上年增长 4 个百分点。高分段有较大幅度增长，400 分以上共 16 人。2020 年中考总分均分 519.78 分，优秀率 18%，全区 600 分以上 717 人。段玉裁初级中学、华罗庚实验学校新城分校、西城实验小学常胜分校创成常州市“新优质学校”，常州市优质学校占比达 90.2%。优化组建 7 个教育集团，出台《金坛区中小学教育教学联盟建设方案》，组建 13 个中小学教育教学联盟，打造优质均衡、优势互补、合作共赢的教育生态环境。继续深化“推进常规优化，推进有效教学”活动，分节点开展复学调研、衔接教学调研、毕业年级学情调研等过程性调研。研制并施行“金坛区中小学教育教学常规管理量化考核评估表”。以省市级品格提升项目、前瞻性教学改革项目、课程基地项目为引领，实现学校内涵发展。2020 年，新增省级课程基地 2 个、省级教育科学规划重点课题 6 项、市级高品质项目 4 个、市级前瞻性项目 4 个、市级品格提升项目 4 个、市级优秀教科研基地 2 个、市级教科研基地 4 个。西城实验小学城西分校储楚、华罗庚实验学校新城分校杨卿尧当选常州“新时代好少年”；第一中学《别样芳华》获江苏省中小学“校园心理剧”比赛特等奖；在数学、物理、化学、生物、信息学五大高中学科联赛中，1 人获全国一等奖，2 人获全国二等奖，25 人获江苏省一等奖；金坛代表队在省青少年篮球锦标赛中获冠军，在省青少年田径锦标赛中取得团体总分第二名的佳绩；3 人在江苏省青少年科技创新大赛中获一等奖，2 人获常州市中小学生创新实验大赛一等奖，多人次在常州市青少年机器人竞赛中获团体一等奖、个人一等奖。华罗庚实验

10 月，优秀少先队员风采展示

学校、西城实验小学、华城实验小学和尧塘实验幼儿园成功创建为常州市主动发展示范学校。

【省教育厅副厅长林伟考察国测工作】 9月28日，省教育厅副厅长林伟到金坛考察2020年国家义务教育质量监测（以下简称“国测”）工作的实施情况。林伟一行随机考察了水北中学、东城实验小学、华城实验小学教育集团3所样本校。各样本校能严格按照时间节点和测试工作程序组织实施，各类工作人员和校长、教师、样本学生各就其位。该次国测共有20所义务教育阶段中小学样本校的588名样本学生参加测试，有20名校长、252名教师参加网络问卷填答。

【优秀少先队员展评】 10月10日，金坛区优秀少先队员展评活动在华罗庚实验学校新城分校举行。该次展评活动共有29名优秀少先队员代表参加，整场活动分3个部分进行。首先是个人介绍，每位选手通过3分钟视频或PPT，展示新时代金坛少先队员的精神风貌。在随后的才艺展示环节中，有的队员展示了书画艺术方面的特长，有的展示了国家级非物质文化遗产的技艺，还有的现场展示了自己的创造小发明。最后是少先队基础知识题现场答辩，小选手们对答如流，规范标准的少先队礼仪展示更是得到评委们的认可。最后，来自朝阳小学的杨晋权和东城实验小学的戴君泽等16名同学入围“区优秀少先队员”名单。

2020年金坛区普通中小学学校数、班级数、学生数一览表

表23　　单位：所、个、人

小学（含九年一贯校）			初中（含九年一贯校）			高中			合计		
学校数	班级数	学生数	学校数	班级数	学生数	学校数	班级数	学生数	学校数	班级数	学生数
31	696	28887	16	289	12394	5	160	7862	58	1145	49186

2020年金坛区普通中小学“三率”情况一览表

表24

小　学			初　中		
入学率	毕业率	升学率	入学率	毕业率	升学率
100%	100%	100%	100%	100%	92.33%

（丁彩霞）

2020年金坛区高级中等学校招生考试及录取情况一览表

表25　　单位：人

参考人数	录取人数			录取率
	普通高中	职业学校	合计	
3987	1901	1780	3681	92.33%

2020年金坛区普通高校招生考试及录取情况一览表

表26　　单位：人

参考人数	录取人数	录取率
1907	1857	97.38%

（于云飞）

中等职业技术教育

【概况】 2020年，江苏省金坛中等专业学校成立了金旺产业学院、BIM学院及外籍专家工作室。抓牢质量主线，为社会输送近800名高素质技能人才。完善大赛机制，以点带面全面提升师生技能水平，在省级以上技能大赛中获得3金11银17铜。拓展社会服务项目，开展新型职业农民培训、退役士兵培训、再就业人员职业技能培训等1.2万人次。与陕西、山东等地5所职业学校开展对口援建，助力职教扶贫。面向中小学生开展职业启蒙教育900余人次。承办服装专业技能大赛国赛、省赛和江苏省职业学校班主任沙龙。学校被认定为江苏省职业学校领航计划建设单位。

【合作办学项目对接】 9月22日，江苏省金坛中等专业学校与德国GBS经济与技术专科学院合作办学精准对接会议在线举行。省金坛中专介绍了学校在人才培养方面的创新举措及主要成效。为满足学生多元化发展和社会对多样性人才的需求，学校坚持深化产教融合，实施校企协同育人，积极推进国际化办学，与德国、法国、马来西亚等国家开展合作办学，着力培养高素质创新型技术技能型人才。学校希望双方借助此次机会加强考察洽谈，明确合作意向，寻求合作项目，共建高水平国际合作教学团队，建成区域内有影响的“双元制培训学院”，培育更多具有竞争力的高技能人才。会议中，双方就培养模式、课程引进、交流访学等合作的细节问题进行充分的交流磋商，达成初步的合作意向。

2020年江苏省金坛中等专业学校招生情况一览表

表27　　单位：个、人

中专类（含综合高中）		高职类		技工类	
班级数	学生数	班级数	学生数	班级数	学生数
24	799	6	170	2	43

（凌　东）

高等教育

【概况】 2020年，金坛开放大学以服务全民学习、终身学习为根本宗旨，提供多样化、多层次的学历与非学历继续教育。学校开设会计学、法学、行政管理、学前教育、计算机科学与技术、工程管理、工商企业管理、机电一体化技术等20多个本、专科专业。学校还是北京航空航天大学、西安交通大学和南开大学的网络教育学习中心。2020年，金坛开放大学被评为“国家开放大学江苏分部优秀管理团队”“网上教学优秀单位”“招生先进集体”。

2020年金坛区高等教育自学考试报名、考试情况一览表

表28　　单位：人次

报名人次	参考人次	参考率	毕业人数		
			专科	本科	合计
3088	2131	69.01%	12	26	38

2020年金坛区成人高校招生考试及录取情况一览表

表29　　单位：人

报名人数	录取人数	录取率
2303	1839	79.85%

（于云飞）

社区教育

【概况】 2020年，各镇、街道社区教育中心深入企业复工第一线，指导企业将防控措施进一步落实落细到车间、班组和个人，确保复工复产前全面做好疫情防控准备工作。指前镇社区教育中心发放《指前镇企业复工指导手册》，制作“企业复工防疫指南”微课程，助力企业复产复工。儒林镇社区教育中心举办“春和景明阅读时，儒风雅韵一页书”读书活动，制作每天起床10分钟健身练习活动微视频，编制常州市金坛区养殖业社区教育集团折页，实现教育服务“三农”，助力乡村振兴。《品牌战略下县域社区教育“改薄”的金坛实践》获江苏省社会教育（教学）成果一等奖。直溪镇“乡村留守儿童学堂”项目成功入选为2020年度省社区教育特色品牌项目。开展“金家美传扬：战‘疫’里的家庭故事”优秀作品征集活动，弘扬战“疫”英雄形象，赞美最美逆行者。

【区全民终身学习活动开幕】 11月17日，以“全民智学助力‘双战双赢’”为主题的2020—2021年全民终身学习活动周启动仪式在尧塘街道水北文化站隆重举行。区教育局副局长张五芳讲话并宣布活动开幕，尧塘街道党工委副书记、人大工委主任张罗明致欢迎辞，区委宣传部宣传科科长陆俊宣读表彰决定。共300余人参加启动仪式。活动周期间，全区各中小学、幼儿园、局属各单位、各民办非学历教育培训机构社区教育委员会成员单位全面围绕“全民智学助力‘双战双赢’”活动主题，积极拓展社区教育渠道，创新学习载体、深度挖掘社区教育内涵，聚焦疫情防控、全民阅读、职业培训、文化养老等民生问题，引导社区居民、新型农民、企业员工、弱势群体广泛参与线上线下活动，进一步推动全民素质提升，促进全区精神文明建设，打造“美丽金坛”新形象。

教师队伍建设

【概况】 2020年，区教育局严格落实《常州市金坛区教育局职能配置、内设机构和人员编制规定》，完成9所学校副校级岗位的民主推荐与拟用人选的考察工作，配合区委组织部完成区委管理和委托管理42名校级人选的民主推荐与拟用人选的考察工作；出台《常州市金坛区教育系统党政干部后备人才梯队建设方案》，遴选党政干部后备人才三级梯队人选，有计划做好动态培养、储备等工作，进一步激发管理队伍活力。组织全体中小学校长、书记和机关事业单位中层正职参加校长领导力提升与学校高品质发展研修班；推荐杨国华、董丽慧等十余名校长（园长）参加国家、省级课程基地等专题培训班；组织新任高中校级领导参加任职培训，组织15名中小学专职书记参加第四期全国网络研修，组织直属基层党支部书记参加集中轮训班。15位校长获评“常州市特级校长”“高级校长”“骨干校长”。持续开展教师职业行为负面清单、违反职业道德行为处理办法的学习活动；推进市、区两级“四有”（有理想信念、有道德情操、有扎实学识、有仁爱之心）好教师团队建设，推荐第二初级中学、华城实验小学等4所学校参评市级“四有”好教师团队评选。吴粉珍老师被评为“感动江苏教育人物——2020最美班主任”，18位班主任获评“常州市特级班主任”“高级班主任”“骨干班主任”，邓黎莉等3人被评为“龙城十佳教师”，袁惠娟被评为“龙城十佳班主任”，44人被评为“常州市优秀教育工作者”。完成新一轮义务教育学校核编工作，384名教师参与义务教育阶段轮岗交流；完成中小学、幼儿园教师晋升职称多元评价及公办幼儿园编外教师职称评审工作；多渠道招聘教育人才，通过“优才计划”招录16名优秀毕业生，公开招聘录用60名新教师。开展新教师入岗培育考核、优秀教师“高研坊”考核等活动；开展省“名师空中课堂”定向资源征集及拍摄、省“教海探航”征文征集与成果提炼、省“五四杯”微课评比等活动；组织教师参加中国教研网直播课堂、省中小学（幼）教师开学第一课

10月27日，吴粉珍老师获评“感动江苏教育人物——2020最美班主任”

等网络课程培训；成立1个省级乡村培育站，11名优秀教师结对乡村学校，14人参与第二批常州市优秀教师跟岗锻炼行动。2020年，新增常州市特级教师后备人才7人，学科带头人19人，骨干教师21人，教学能手28人，教坛新秀45人，第五批常州市名师工作室领衔人7人，15位教师在省、市两级基本功评比及评优课竞赛中获一等奖。

【女教师粉笔字大赛】 12月5日，区教育局在东城实验小学举行全区在编在岗女教师粉笔字大赛。该次比赛共有196名女教师分成高中（包含金坛中专）、初中与小学3个学段的文科、理科和小学音乐、科学共计7组进行比赛。比赛采取现场书写的形式，要求参赛教师在20分钟内完成规定和自选2幅板书作品。参赛女教师们以良好的精神状态，扎实的基本功，奋笔疾书，展示教育系统新时代巾帼英雄们最美的形象气质和对教师职业的执着与热爱。

2020年金坛区中小学校、幼儿园专任教师数及学历达标情况一览表

表30　　单位：人

普通高中		职业高中		初中			小学			特殊教育			幼儿园		
专任教师数	学历达标率（%）	专任教师数	学历达标率（%）	专任教师数	学历达标率（%）	本科达标率（%）	专任教师数	学历达标率（%）	专科达标率（%）	专任教师数	学历达标率（%）	专科达标率（%）	专任教师数	学历达标率（%）	专科达标率（%）
841	99.9	255	99.2	1379	100	99.1	1967	100	99.9	11	100	100	836	100	97.5

（蒋怀歆）

教育督导

11月30日，段玉裁初级中学校园艺术节

【概况】 2020年，区教育局对全区责任督学队伍进行优化调整，增加4名专职督学。积极开展"督学看学校"优秀案例评比和责任督学年度考核工作，切实提升督学工作效能。高效能完成国家义务教育质量监测和专项数据采集工作，被教育部基础教育质量监测中心授予"县级优秀组织单位"称号。6月24日和10月20日分别接受常州市人民政府教育督导委员会和江苏省人民政府教育督导委员会对区2019年履行教育职责的现场考评，积极完成区政府履行教育职责问题整改举措和整改情况汇报。组织对华城实验小学等8所小学进行素质教育督导评估，对实验幼儿园等13所幼儿园进行综合督导评估，配合常州市教育督导委员会对金沙高级中学和建昌小学进行素质教育督导评估。做好全区教育现代化监测，2020年，区教育现代化测评综合得分为91.94分。做好江苏省县域学前教育普及普惠监测工作，完成江苏省县域学前教育普及普惠监测报告。

【省教育督导委实施督导考核】 10月20—21日，由南京师范大学原党委书记、校长宋永忠任组长的省教育督导委专家考核组，对区2019年政府教育履职情况开展督导考核。专家组听取政府教育履职情况汇报，查阅相关台账资料，实地察看了省华中等部分中小学、幼儿园和教育培训机构，并召开了政府相关部门人员的访谈会，对全区教育工作的各项指标进行全面、深入、细致的审核复查，对全区2019年政府教育履职情况给予充分肯定。

（石　磊）

（编辑　李华琴）

文化·旅游·体育

文　化

·综　述·

【概况】 2020年，全区坚持以文化高质量发展为引领，推进公共文化云和图书馆、文化馆数字服务平台建设，配置文化馆数字化服务和数字化设施设备，提升公共文化服务效能。健全公共文化服务体系，完成文化馆总分馆制，建成分馆8个，图书馆、唐王村综合性公共文化服务中心等7个项目入选省基层公共文化服务效能“十百千”示范工程。开展戏曲进农村、民俗民风巡展、非物质文化遗产（以下简称“非遗”）进基层、文体惠民城乡行、文明社区天天乐等活动240多场次，观众达50多万人次。完成华罗庚纪念馆提升改造工程，配合举办华罗庚110周年诞辰系列纪念活动。加强文化遗产保护，完成《金坛区文物保护单位保护规划》编制，配合南京博物院考古所完成沈家村土墩墓抢救性考古发掘工作，协助常州博物馆考古部完成金坛区第一污水处理厂移址新建工程、汇贤路东苑邻里中心二处宋墓抢救性考古发掘工作，成立常州首家独立建制区级非遗保护中心。年内，第十部大型现代儿童剧《戏娃》在常州大剧院首演成功。金坛华罗庚艺术团（常州市儿童剧院）升格为江苏省儿童艺术剧院。

【文化体制改革】 5月，区书画院与刻纸研究所整合，成立常州市金坛区非物质文化遗产保护中心；常州市金坛区文物管理委员会办公室并入常州市金坛区博物馆；金坛区体育训练管理中心、体育中心、体育彩票管理中心整合成立常州市金坛区体育管理中心。核减常州市金坛区文化艺术管理中心事业编制，撤销常州市金坛区影剧总公司；常州市金坛区旅游业服务中心整体并入常州市金坛区园林管理中心。

【文化市场管理】 2020年，金坛区文体广电和旅游局（以下简称“区文旅局”）大力提升行政服务水平，加强文化市场管理，全年办件发证34件（网吧新设4件，变更3件；娱乐场所新设6件，延续6件，变更1件，注销1件；文艺表演团体延续1件；内地营业性演出许可4件；演出场所经营单位备案3件；经营高危险性体育项目新设4件，变更1件）。做好政务公开和公共服务指南，完成68项政务公开事项目录、22项公共服务事项清单、23个公共服务事项办事指南的梳理和编制工作。超标完成“互联网＋监管”事项录入，覆盖率超87%。推进文化市场综合行政执法大队规范化建设，按标准配建询问室、执法器材室和档案室等功能室，成立区文旅局行政处罚案件审理委员会并印发工作规则，将文旅执法工作纳入程序化、规范化、法治化轨道。开展各类巡查。在疫情一级防控期间，对全区网吧、KTV、旅行社、A级旅游景区每日进行巡查。文旅行业复工前期，对全区44家网吧、21家歌舞娱乐场所、14家高危体育项目经营场所、15家旅行社、4家A级旅游景区和8家影院进行全覆盖检查，疫情期间妥善处理相关投诉40余件。中秋、国庆长假期间抽查文旅场所80家次，发现问题并立案查处2家。做好日常巡查和双随机抽查，全年出动执法人员500余人次，检查各类文旅场所400余家次，双随机检查24家次，发出限期责令改正通知书50余份，办理行政处罚案件52件（文物1件、旅游4件、印刷2件、出版物7件、网吧21件、营业性演出1件、高危体育3件、歌舞娱乐13件）。组织各类专项整治行动，对全区中小学校园周边出版物市场进行重点清理，检查书店和文具店100家次，依法处罚3家；开展2020年度境外卫星电视传播秩序专项整治，对4家境外卫星电视广播地面接收单位进行检查；暑假期间重点围绕娱乐场所播放违禁曲目、擅自举办营业性演出、网吧接纳未成年人、违规从事艺术考级活动及旅行社经销“不合理低价游”产品等5个方面展开专项整治，共立案查处18件；开展文化旅游领域扫黑除恶专项整治，联合区公安分局、市场监管局对2家达不到领证标准的KTV予以取缔。

【文化惠民服务】 2020年，区文旅局以群众文化需求为出发点，以公益性文化活动为主体，推进文化惠民服务。推动旅游厕所革命，景点新建旅游厕所10座。文化馆开展各类公益文化艺术培训70场次，各类文化惠民活动400场次，受益群众超165万人次。图书馆全年接待读者40万人次，借还图书38万册次，开展线上线下活动575场次，服务读者116万人次，公众平台访问量77.5万人次，发布线上推文816条，采购数字资源库12个，新增纸质图书13651册，征订报刊800种，被评为“常州市优秀科普教育基地”“江苏省科普教育基地”“江苏省家庭亲子阅读体验基地”，荣获全省红色经典阅读优秀组织奖和书香战疫之星等荣誉称号。博物馆、华罗庚纪念馆、段玉裁纪念馆、戴叔伦纪念馆、中共苏皖区一大会址共计接待参观人数246162人。

【文化产业】 2020年，区文旅局充分利用政策杠杆，为文化体育和旅游企业提供信息传递、沟通联络、组织策划等方面服务，用足用好上级对文化体育和旅游产业的各项优惠扶持政策，为东方盐湖城、花谷奇缘、茅山宝盛园申报省级文化和旅游发展专项资金400万元、市级文化和旅游发展专项资金500万元。帮助企业应对疫情防控期间经营困难，为一号农场申报省重点旅游企业纾困资金贷款贴息补贴40万元；为东方盐湖城、茅山宝盛园、长荡湖水庄、娃娃鱼部落申请常州市“文旅专项贷”2200万元。受疫情影响，锡剧团上半年签约的208场演出合同被迫全部取消，复工复产后在苏州、泰州、常州等地巡回演出108场次，观众达8.7万余人次，商业演出收入95.2万元。金沙影城自7月22日复工后，在落实好常态化疫情防控基础上，放映电影76部2795场次，观众1.3万人次，实现票房收入40.4万元。

【江苏省儿童艺术剧院揭牌】 6月1日，金坛区锡剧团（华罗庚艺术团）正式挂牌江苏省儿童艺术剧院，揭牌仪式在常州市行政中心举行。江苏省委常委、宣传部部长王燕文和中共常州市委书记齐家滨共同为江苏省儿童艺术剧院揭牌。在揭牌仪式现场，江苏大剧院与江苏省儿童艺术剧院签订战略合作协议，北京保利剧院管理有限公司华东分公司与江苏省儿童艺术剧院签订演艺市场战略合作协议。揭牌仪式结束后，大型现代儿童剧《戏娃》在常州大剧院上演。省委宣传部副部长徐宁，省委宣传部副部长、省文明办主任葛莱，市委常委、宣传部部长陈涛，市委常委、秘书长方国强，副市长陈正春，区领导狄志强、刘明江、陈伟刚等出席活动。

【华罗庚纪念馆改造提升工程】 8月，为纪念华罗庚110周年诞辰，金坛区政府投入800万元，对华罗庚纪念馆展厅进行改造提升及重新布展。工程责任主体为金坛区博物馆，建设主体为江苏省金坛建设发展有限公司子公司常州江东房地产开发有限公司，主管部门为区文旅局，设计单位是新华网股份有限公司。工程建设包括重新布展、电器设备更换、线路提升改造、变压器更换增容、安防设施安装、房屋防水防漏修缮、报告厅和接待厅装饰装修以及建筑外墙出新、建筑沉降处理等项目。工程于10月完工，11月12日重新对外开馆。

【数字应急广播系统建设】 2020年，全区完成数字应急广播系统建设，建有区级播控中心1个、镇级播控中心9个、村级广播室128个，配备播控终端2496个，实现应急广播终端行政村全覆盖并顺利通过省级验收。

【导游（讲解员）风采大赛】 12月2日，由区文明办、区文旅局、区人社局、区融媒体中心、区总工会、团区委、区妇联共同主办的山水金坛，闲养福地——“全域旅游看金坛”导游（讲解员）风采大赛在一号农场明都庄园酒店举办，来自全区各行业共22名选手参加比赛。比赛分设金牌导游、

10月，改造提升后的华罗庚纪念馆

优秀导游、风采导游和特别贡献单位等奖项，选手们通过风采展示、景点讲解和才艺展示等方面比拼，展现一名导游（讲解员）高超的服务素养。常州市文广旅局副局长张立新，金坛区人民政府副区长朱霞，区文旅局党组书记、局长汤芳，以及相关部门工作人员、各行业代表共计120余人参加活动。

【群众文化】 2020年，全区共有乡镇（街道）文化站9个，实现村级基层综合性文化服务中心全覆盖。为丰富群众精神文化生活，全年开展各类公益性群众文化活动及服务性社会活动近400场次，惠及城乡百姓165万人次。其中，迎新春惠民文艺演出10场；义写春联15场；“梨园百花进万家”戏曲进农村基层巡演78场；“民俗民风惠万家”主题巡回展览30场；“文体惠民城乡行”基层巡演106场；结合常州市委宣传部“文明社区天天乐”品牌活动开展“天天乐乐万家”社区乡村巡演活动100次；举办“非遗”进基层文化活动、金坛区首届大骄林少儿才艺大赛、“我们的节日”系列朗诵活动、体育舞蹈展演活动各6次；常州市廉政文化月送戏到基层专场演出2场；“全面奔小康幸福舞起来”广场舞公益培训进社区3次。

【文化场馆建设】 2020年，全区加快推进文化基础设施建设，完成6个村级综合性文化服务中心示范点建设，其中朱林镇唐王村围绕“故事之乡”核心打造文化特色服务，直溪镇直里社区围绕董永孝文化树文明风尚，金城镇元巷村围绕“非遗”项目打造文化亮点。图书馆累计接待读者40万人次，实现农家书屋通借通还全覆盖，并加强对农家书屋的辅导和检查，提高基层服务效能。文化馆在遵守资源共享原则的前提下构建8个分馆。年内，完成华罗庚纪念馆展厅改造提升工程，配合开展华罗庚110周年诞辰系列活动。博物馆义务讲解146批次81731人次；华罗庚纪念馆义务讲解175批次；段玉裁纪念馆、中共苏皖区一大会址分别接待参观33625人次、34870余人次；戴叔伦纪念馆受益32610人次。

【文化遗产保护】 2020年，全区共有文物保护（以下简称“文保”）单位50家，其中国家级2家，省级5家，市区级文保单位43家；有“非遗”项目55个，其中国家级5个，省级7个，市级9个。加强文物保护，配合南京博物院考古所完成沈家村土墩墓抢救性考古发掘工作，协助常州博物馆考古部完成金坛区第一污水处理厂移址新建工程、汇贤路东苑邻里中心二处宋墓抢救性考古发掘工作。加强“非遗”保护工作，乾元观道教音乐代表性传承人尹信慧、金坛老人山程氏骨伤疗法代表性传承人程时林、金坛儒林树德堂妇科疗法代表性传承人马志骏入选第五批江苏省非物质文化遗产代表性项目代表性传承人；茅山甩石锁等9个项目入选第五批常州市级“非遗”项目；完成第五批区级“非遗”项目和“非遗”传承人申报。推动“非遗”进景区，国庆期间联合东方盐湖城、花谷奇缘、仙姑村从非遗助力旅游双维度融合，以“同心同行梦圆小康”“拥抱生活回归自然”为主题，金坛马灯、指前鱼灯、空竹、茅山号子进入景区景点展演，金坛面塑、金坛刻纸、金坛蛋雕、金坛文人香制作、金坛雕版线装印刷等“非遗”技艺在景区展销。年内，区文旅局赴陕西省石泉县举办“金坛刻纸展——走进石泉”，还组织长荡湖地区圩文化“非遗”会演。

（李文韬）

9月，“金坛茅山杯”第二届龙城芳华旗袍大赛现场

·文艺创作·

【概况】 2020年，区文旅局始终坚持文艺“贴近实际、贴近生活、贴近群众”原则，积极开拓文艺事业新境界，构筑精品文艺新高地，推动金坛文艺创作高质量。第十部大型现代儿童剧《戏娃》在常州大剧院试演成功；陈曦书法作品《念奴娇·庚子抗疫》获第十四届江苏省“五星工程奖”；抗疫快板作品《全民抗疫在行动》获全国抗疫作品二等奖；美术作品《渔民日记之三》入选第十二届全国水彩·粉画作品展；《召唤》入选江苏省抗疫主题美术书法精品展，并被江苏省美术馆收藏；《逆行同舟》入选“众志成城·同心战役——全省群众美术摄影作品展”；《惬意的女人》入选江苏当代中青年油画家邀请展；《渔民日记》《红云》参加常州

市委宣传部、市文联举办的第十三届全国美展作者作品赏析展；《疫痕之六》入选常州市油画学会“众志成城抗击疫情”主题美术作品展；《社区志愿》入选常州市抗疫主题美术书法作品展；《渔民日记之五》入选小康颂·第三届江苏美术奖作品展；《抗击疫情·复工复产》入选常州吴青霞艺术院“抗击疫情”线上展；《静水流深》《高山流水》入选常州市廉洁文化书画展。刻纸作品《女娲补天——致敬逆行的白衣天使》入展常州市抗疫主题美术书法作品展，《城市之光》入展长三角文艺发展联盟“视觉艺术优秀青年艺术家作品交流展”。音诗画作品《风范千秋》、歌舞《廉政港湾》参加“龙城清韵”2020 常州市廉洁文化综艺会演。情景剧《“红领巾”寻访明星城》参加“你好明星城”2020 江苏紫金文化艺术节·常州市决胜全面小康群众文艺会演常州主会场演出。

【文学创作】 2020 年，区作家协会（以下简称“作协”）办好“金坛作家”公众号，同时依托“金坛作家”公众号与《金坛时报》共建文学直通平台。于建新加入中国作家协会，区作协中国作家协会会员计 5 名，陈文、刘金花和刘智永加入江苏省作家协会，江苏省作协会员达 29 名。葛安荣当选江苏省第九届作家协会代表大会会员，韩献忠当选江苏省第十届文学艺术界联合会代表大会会员，李永兵成为常州市签约作家。

5 月 17 日，区作家协会与区委党史工作委员会、区地方志编纂工作办公室联合举办“人文金坛”主题征文活动。活动共收到全国各地征文 136 篇，最终评出一、二、三等奖作者 12 名和优秀奖作品 28 篇。4—6 月，与王子酒店联合举办“南新桥畔杯·与王子同行”征文活动。征文围绕王子人 28 年发展金坛饮食文化所取得大成就，用生动的笔触、鲜活的文字抒写王子人的情感、命运等，感悟人生奋斗真谛。活动收到各类征文 120 多篇，评出优秀征文 26 篇。“金坛作家”公众号开设专栏，从来稿中择优发表。

【专题性文艺活动】 5 月 5 日，“抗疫作品朗诵演唱晚会”在开发区锡剧团俱乐部举行。晚会上，区作协祁冻一、吴良辉、杨华、盛杰，戏曲家协会王小珍、张玉敏、于萍等会员通过朗诵《抗疫之歌》《今夜向雷神山出发》《致白衣战士》等诗歌和演唱《待等春花烂漫再绽放》等京剧、锡剧，歌颂全区各条战线抗疫中的典型人物和典型事迹，表达金坛人民万众一心的抗疫精神及取得胜利的决心。

11 月 12 日，组织举办“弘扬科学精神，建设美丽家乡”纪念华罗庚 100 周年诞辰诗歌朗诵会。胡金坤、毛晓海、盛杰等 17 名会员朗诵自己创作的《华老生命最后一刹那》《励志典范华罗庚》《一双宁静的皮鞋》等诗歌，表达金坛儿女学习华罗庚科学精神、爱国精神、拼搏精神、人梯精神和奉献精神的深厚情怀。常州市科协，金坛区文联、科协相关领导出席。

2020 年金坛区主要文学创作作品一览表

表 31

姓名	作品名称	发表或获奖
周苏蔚	散文《云来雾去》	《鸭绿江》发表
	散文集《这里黄花分外香》	江苏人民出版社出版
	散文《齿间》	《海外文摘》发表
	散文《我将往事煮成茶》	
韩献忠	散文《生命里的路》	江苏省作协新中国成立 70 周年征文三等奖
	故事《泣血的红豆杉》	江苏省首届故事会大赛优秀奖
刘智永	报告文学《风雨兼程》	四川民族出版社出版
		江苏省报告文学入围奖
陈　文	散文集《幸福的翅膀》	团结出版社出版
	散文《出路》	《西部散文选刊》发表
沙剑波	散文《又闻窗外鸟鸣声》	《我的祖国我的家》征文一等奖
	散文《母亲》	第七届中外诗歌散文邀请赛一等奖
	小说《雨夜》	方川杯世界华语闪小说征文大赛二等奖
王宁婧	小说《雅典会谈》	曹文轩文学奖

【美术·书法·摄影】 2020年，全区美术、书法、摄影工作者，坚持弘扬主旋律、提倡多样化，在创作交流、学术研究、教育培训、公益活动等方面协调发展，有百余件作品在国家级、省级、市级展出或获奖。7月，美术家协会（以下简称美协），组织50余名会员参观刘海粟美术大展、"恽南田杯"全国花鸟画精品展以及宜兴美术馆全国美展获奖作品展。年内，新加入中国摄影家协会1人。

【摄影采风】 5月下旬，区摄影家协会组织精干会员到美丽乡村儒林柚山村采风。6月中旬，组织会员前往溧阳采风，并聆听知名摄影家张望的禅意摄影课。10月20日，赴江阴摄影采风。10月下旬，协会组织会员60人走进农家田园，开展"镜头看三农"摄影采风活动。

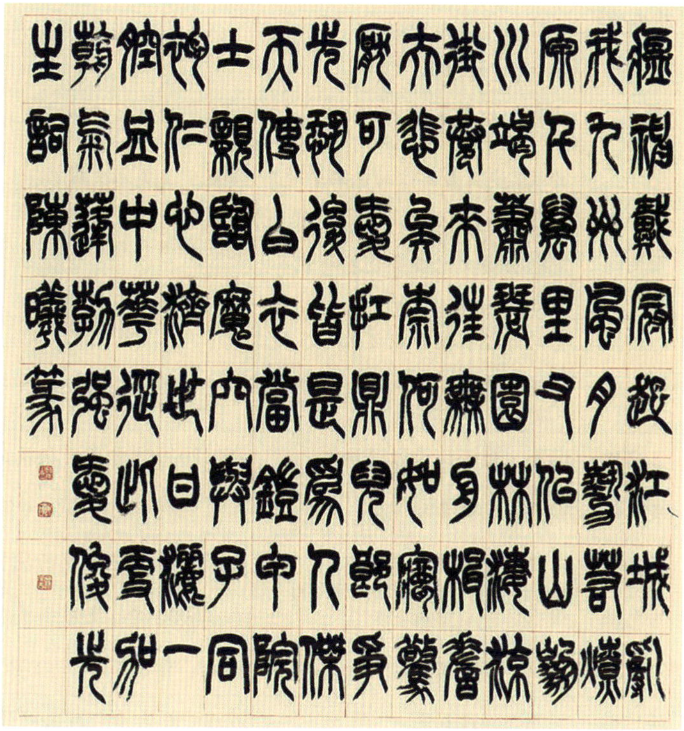

陈曦篆书作品《念奴娇·庚子抗役》

2020年金坛区美术、书法、摄影主要作品一览表

表32

姓名	作品名称	发表或获奖
卜　灵	绘画《城市变奏曲》	入选"第十一届江苏省油画展"
	绘画《竹饮清风》	入展"恽南田美术奖"第二届美术大展
顾建花 彭光前 陈　俊	工艺美术《宋韵》	获得2020中国（苏州）工艺美术精品博览会"苏艺杯"金奖
贺建中	美术《大凉山新印像》	入选全国第三届现代工笔画展
李国平	美术《独得清风》	"致敬江苏援鄂白衣勇士"书画作品捐赠活动特辑发表
	美术《云山静逸》	
刘旬忠	国画《故园清秋》	入选"佰年国艺"——全国山水画作品展览
	国画《林樾清辉》	入选"2020雨花满天"——全国山水画作品展览
佘云祥	国画《致敬援鄂白衣战士》	参加"致敬江苏援鄂白衣勇士"书画捐赠活动
王爱俊	油画《召唤》	入选"江苏省抗疫主题美术书法精品展"
	油画《逆行同舟》	入选"众志成城·同心战疫"——全省群众美术摄影作品展
	油画《渔民日记之五》	入选"小康颂·第三届江苏美术奖作品展"
	油画《惬意的女人》	"江南风度"——江苏当代中青年油画家邀请展

续表 32

姓名	作品名称	发表或获奖
王爱俊	油画《捉鱼日记之三》	入选“第十二届全国水彩·粉画作品展”
	论文《谈油画创作的色彩表现》	发表于《美术文献》
	论文《文旅融合发展时期背景下的公共文化服务发展研究》	发表于《青年时代》
	论文《散谈油画创作中基于感觉的造型表达和叙述性》	发表于《美术教育研究》
	论文锐意创新灼灼其华油画《渔民日记之三》	发表于《中国美术报》
王忠胜	国画《烟雨江南情更幽》	在“2020 江苏省颂扬抗疫彩色的赞歌书画精品集征稿”中，评为入选作品
韦仁俊	国画《喜收幸福果》	入选“决胜全面小康·第二届全国农民画作品展”（入会资格作品）
杨罗生	国画《逍遥尽在蓬池中》	在“2020 江苏省颂扬抗疫彩色的赞歌书画精品集征稿”中，评为入选作品
刘慧珠	国画《锦绣前程》	在“2020 江苏省颂扬抗疫彩色的赞歌书画精品集征稿”中，评为入选作品
赵　玥	国画《溪亭清话》	入选“青春梦享——2020 年江苏省青年美术家协会新人作品展”
徐瑞超	国画《抗疫时刻》	入选“众志成城抗击疫情”美术作品展
蔡　群	水彩《疫之情》	入选“众志成城抗击疫情”美术作品展
徐腊喜	国画《锦绣前程》	“2020 江苏省颂扬抗疫彩色的赞歌书画精品集征稿”中，评为入选作品
陈　曦	书法《释智源诗》	格物致知全国邀请展
	书法《念奴娇·庚子抗疫》	江苏省群众文艺政府奖——第十四届江苏省“五星工程奖”
		江苏省抗疫主题美术书法精品展收藏
	《且行且思·陈曦书法篆刻》	安徽美术出版社出版
郭志荣	书法作品	首届张弼杯书法篆刻大赛二等奖
李国华	书法作品	江苏省美术书法“同心战疫”主题作品展
胡　珊	书法作品	第十二届江苏省新人书法篆刻作品展
陆小斌	书法作品	第十二届江苏省新人书法篆刻作品展
李建勋	书法作品	第三届江苏省文艺大奖·书法奖
	书法作品	2019“中国书法·年展”全国楷书作品展
景珊珊	书法作品	第三届江苏省文艺大奖·书法奖
王玉华	摄影作品	廉润龙城——常州市廉洁文化主题书画摄影展三等奖
王正祥	摄影作品《人间赛似神仙府》	入选常州市第二届摄影艺术大展
	摄影作品《最美跑道》	
	摄影作品《时尚生活》	
	摄影作品《春到茶园》	
	摄影作品《高空作业》	常州市第二届摄影艺术大展优秀奖

【戏曲·音乐·舞蹈·民间艺术】 2020年，金坛区戏曲、音乐、舞蹈协会会员走进乡镇（街道）、社区举行公益演出。戏曲家协会组织每月一次“会员风采”戏曲经典演唱会，举办“戏曲名家课堂”“梨园百花进万家”戏曲惠民巡演。音乐家协会组织会员赴陕西省石泉县进行文艺交流演出。舞蹈家协会成立青年舞蹈演出队，组织举办迎新春联谊会，参与组织编导第十四届江苏省“五星工程奖”初赛歌曲《妈妈》，策划组织“云上天天乐”等专场演出。民间文艺家协会协助举办民俗民风巡回展览28场次。

8月6日，音乐家协会组织会员赴陕西开展金坛、石泉两地文艺交流。当晚，一场以“苏陕协作一家亲、合力攻坚助脱贫”为主题的文艺交流演出在石泉县城春潮广场举行。金坛区与陕西省石泉县两地文艺工作者同台表演舞蹈《石泉美 水乡情》、笛子独奏《姑苏行》、二重唱《纸花》等节目，共同表达两地“携手奔小康”的情怀，吸引数千名市民和游客观看。

2020年，区民间文艺家协会名誉主席叶林生作词、主席徐书翔导演的抗疫作品《全民抗疫在行动》在金坛手机台播出，并获全国抗疫微视频大赛二等奖；区民间文艺家协会秘书长周斌专题创作的《抗击新型冠状病毒、庆元宵专题灯谜》在国网江苏电力公众号发布，其中10条灯谜入选《文虎摘锦·战疫谜情专刊》，并陆续在“学习强国”平台发布；叶林生创作的故事《危难之际》与周斌创作的灯谜入选《江苏民间文艺界在行动·常州篇》。

2020年金坛区戏曲、音乐、舞蹈、民间艺术主要作品一览表

表33

姓名	作品名称	发表、出版或获奖
杨兆群刻纸工作室	刻纸《大运河》	初选入围中国民协第十五届山花奖
		2020第十一届“艺博杯”工艺美术精品大奖赛特等金奖
杨兆群 李　祥	刻纸《龙城古运河》	“紫金奖·第二届中国（南京）大学生设计展”非遗文创精品奖
韩献忠	故事讲演《泣血的红豆杉》	江苏省首届故事会优秀奖
周　斌	灯谜作品	首届江苏省灯谜文化节“工商银行杯”全国灯谜创作大赛优秀奖
潘俊芳	面塑	首届江苏省旅游文创商品大赛银奖
吴建中	蛋雕《龙腾九州》	“庆祝建党99周年”蛋雕艺术精品展银奖
	蛋雕《龙城常州》	首届中国江苏乡土人才“三带两助”建设成果展铜奖
杨兆群	刻纸《中国必胜》	“爱心永铸、同创未来”展览特邀奖
		杭州市文化馆（非遗保护中心）工伯敏剪纸书房永久收藏
	刻纸《福鼠迎春》	首届中国江苏乡土人才“三带两助”建设成果展金奖
何雅雯	刻纸《春》	2020第十一届“艺博杯”工艺美术精品大奖赛银奖
		首届中国江苏乡土人才“三带两助”建设成果展铜奖
	刻纸《守护》	“爱心永铸、同创未来”展览优秀奖
		杭州市文化馆（非遗保护中心）王伯敏剪纸书房永久收藏
刘国红	刻纸《一路清廉》	首届中国江苏乡土人才“三带两助”建设成果展铜奖
	刻纸《吉祥安康》	2020第十一届“艺博杯”工艺美术精品大奖赛银奖
叶林生	小剧本《快乐在哪里》	常州市首届小剧本大赛二等奖
	小剧本《良心不碰瓷》	
	小剧本《孝心宴》	

（朱　瑜）

·新闻出版·

【概况】 2020年，金坛区新闻出版（版权）工作严格按照《出版物市场管理规定》进行出版物发行单位许可审批，新设出版发行单位23家，网络书店备案3家。根据《内部资料性出版物管理办法》，做好一次性内部资料性出版物准印证审批，年内新批5家，同时完成140余家印刷企业和38家出版物发行单位年检工作。组织企业负责人参加培训，学习法律法规、环保知识、安全生产等专业课程以及印刷新材料、新技术、新工艺等业务知识。围绕“强化版权治理，优化版权生态”主题，开展4·26版权宣传活动，通过区电视台、广播、《金坛时报》、学校、书店、户外电子大屏、网络等平台宣传版权知识，提高公众知识产权认知度。至年底，全区印刷产业总产值13亿元，其中总产值5000万元以上企业2家。配合市局做好版权业务咨询、作品登记等服务，年内完成著作权登记百余件。

【全民阅读服务】 2020年，全区强化阅读引领，招募阅读推广人50名，发放全民阅读应知应会宣传手册18万份，推进全民阅读工作，助力书香城市建设，全民阅读指数在全省63个县市区排名15位。举办“书香让金坛更文明”图书捐赠活动，新华书店、大众书局金坛店、商会等分别向区残联、区图书馆、各镇农家书屋捐赠价值12万元图书。举办第十一届“金坛读书月”、纪念华罗庚110周年诞辰系列读书活动，组织光明书香行、“送你一缕书香”村（社区）亲子阅读巡回活动第二季、农家书屋百场阅读推广和“我的书屋·我的梦”农村少年儿童阅读实践活动等，全年各级书香组织通过线上线下开展各类读书活动200场次。其中“小巷读书会，千余场活动传递爱与书香”“品味书香金沙悦读会”等主题阅读活动在“学习强国”平台、省新闻出版局网站刊发。推动数字农家书屋建设，完成7家农家书屋的智能平台安装、18家农家书屋图书编目工作，实现农家书屋和区图书馆通借通还全覆盖。朱林镇黄金村、东城街道华兴社区被评为“常州市四星级示范农家书屋”并获专项图书更新资金扶持，区少儿图书馆被命名为“首批江苏省家庭亲子阅读体验基地”，金坛区获评“江苏省第三批书香城市建设示范区”。

【“扫黄打非”工作】 2020年，全区融合推进“扫黄打非”进基层，依托新时代文明实践（所）站、基层平安建设等平台，坚持综合治理、齐抓共管，层层压紧压实属地管理和主管主办责任，建立健全联防联控、共建共治工作体系。强化源头治理，组织开展“新风”集中行动和“净网2020”“护苗2020”“剑网2020”等专项行动。协调区“扫黄打非”成员单位加强对重点地区、重点行业、重点部位的巡查整治力度，集中清缴整治少儿出版物中的不当价值取向和有害信息，集中力量对印刷企业、校园周边出版物市场进行重点巡查。全年共检查各类场所400余家次，出动执法人员400余人次，收缴各类侵权、盗版出版物2000余册，发出责令改正通知书20余份，办理行政处罚案件9件（印刷2件、出版物7件），罚款14500元。

（吴锁平）

·广播电视·

【概况】 2020年，区融媒体中心充分发挥宣传职能，坚持党建促发展、宣传抓导向、播出保安全、事业谋发展、服务惠民生、制度强管理，加快推进媒体融合发展。金坛人民广播电台《准点新闻》播出各类新闻625档，《行业之声》专栏播出728期，“交警直播室”每天8次滚动播出全域交通状况，实时传递最新交通信息。金坛电视台制播《金坛新闻》《第一时间》732期，时长29280多分钟。《金坛时报》出版258期，总发新闻稿5000余篇。金坛手机台优化升级，全年发稿9000多条、下载量突破12万次；抖音号粉丝23.2万人，总浏览量3.07亿次；视频号发布视频80余条，总浏览量385万次；网络直播110多场次，观看人数1000多万人次，其中“阎维文民族声乐大师班走进华罗庚中学专场文艺晚会”全网在线观看人数达64万人次；原创微视频60多部、总阅读量200万人次。金坛网微信公众号全年发稿1500多件，其中原创稿300多件，传播指数持续位居全国县级融媒体百强。全年被中央电视台新闻用稿播出18条，其中《新闻联播》播出2次、“央视新闻”移动直播1次、《新闻直播间》现场连线直播2次，江苏电视台新闻用稿67条，常州电视台新闻用稿381条；《新华日报》刊登报道3篇，《常州日报》刊登报道22篇；我苏网、荔枝网、小苏号等省级平台用稿500多条，央视移动网发布短视频30多部，“人民号”用稿300余条，“学习强国”平台用稿36.5条。《金坛新闻》在第八届全国市县电视台推优活动中获电视栏目一等奖。

【战“疫”特别报道】 2月，区融媒体中心面对突如其来的新冠肺炎疫情，第一时间成立全媒体新闻采编突击队，制定刊播方案。先后组织制播“坚决打赢疫情防控阻击战”“最美逆行者”“战疫先锋”“统筹推进疫情防控和经济社会发展工作”和“复工复产进行时”等特别报道。广播电台播出抗击新冠肺炎歌曲166首，制播各类防控公益广告、短视频和宣传片、抗疫快板、诗朗诵、微广播剧等，引导社会各界正确认识、科学防范。电视节目部设计制作疫情预防手机宣传海报、疫情预防手机微信九宫格、手机台开机画面、区新冠肺炎疫情防控指挥部工作纪实《众志成城战胜疫情》画册等，充分发挥主流媒体舆论引导作用，为打赢疫情防控阻击战提供有力舆论支持。电视台共采制播出战“疫”特别报道552篇次，复工复产稿件206条，推出专栏、系列报道和特别报道21个。《金坛时报》专辟“健康宅生活”“带你看春景”栏目，制作刊播公益海报12组，全年刊发相关报道500多篇，防控评论和记者观察60多篇；金坛手机台、金坛网同步播发，全网浏览量日均超60万次。同时开设“抗疫最前线的你”人物专栏，电话连线抗疫基层人物42人次。

【省委宣传部领导调研融媒体中心】 9月24日上午，省委宣传部副部长、省政府新闻办公室主任杨力群到金坛调研融媒体中心建设运行情况。区委常委、宣传部部长、统战部部长刘明江陪同。2017年，金坛区完成新闻资源整合；2018年新闻客户端正式上线，集成融媒体中心所有的平台节目栏目内容，新增全区新时代文明实践、政务服务、公共文化服务、群众生活服务等方面功能。2020年6月29日，金坛区融媒体中心揭牌。区融媒体中心有广播电台频率、应急广播各一套，电视频道两个，区委、区政府工作内刊一份，新闻网站一个，新闻客户端一个以及微信公众号五个，采取“传统媒体+新媒体”“线上+线下”等多种方式，打造“资源整合、一次采集、多次发布、全媒传播”流程，初步完成全媒体传播矩阵架构。杨力群希望金坛融媒体中心做强主业、拓展功能，专注于内容生产，在传递中央声音、传播金坛的基础上做强做实融媒主流地位，充分发挥好舆论引导作用，不断拓展传播方式和渠道，巩固和扩大受众群，提升用户黏性，打造顺应时代、符合党和人民需要的融媒体中心。

【区广电台31件作品获奖】 4月，2019年度省县市新闻（融媒体）中心系统好新闻评比和常州市优秀广播电视节目评选揭晓，区广电台31件作品获奖。4件作品获省县市新闻（融媒体）中心系统好新闻奖，其中《张建华：我和我的“铁甲箭阵”》《盛荣生：钢丝上的舞者》分获通讯类二、三等奖；国庆专辑获好版面奖；“年中经济观察”获系列报道二等奖。27件作品在省市广播电视节目评选中获奖。其中，《车辆坠河一人被困，四热心市民十分钟救起》获广播新闻短消息二等奖，《京杭运河千吨级纯电动运输船在金坛下水》获长消息三等奖，《最美“黑皮警察”》《锈带变秀带金坛：老城区焕发新光彩》获专题三等奖，《我国首个盐穴储能发电项目通过专家评审》获广播电视新闻短消息三等奖，《金坛到太仓港内河集装箱支线班轮今日首航》获长消息二等奖，《解码“现代服务业”》获系列报道三等奖，《推行生活垃圾分类 观念更新是根本》获评论三等奖，《穿山甲“谜案”》获专题二等奖，《七十年金坛符号 新中国成立70周年文化变迁》获访谈节目二等奖，《运河秀 纸花情》获对外电视专题一等奖、省广播电视彩虹奖二等奖，《好媳妇周英仙》获公众性节目二等奖，《养蟹用“五宝” 蟹农乐淘淘》获知识性节目三等奖，《金坛解放纪实》获微纪录片二等奖、省电视社教节目三等奖，《我们都是追梦人》获系列片二等奖，《一支烟换一支笔》获公益广告一等奖、省公益广告三等奖；《大美金坛》获电视文艺二等奖、省电视文艺奖三等奖；《几经沉浮的老字号》获电视播音新闻一等奖。

【广播电台FM89.0全新改版】 5月20日，金坛人民广播电台FM89.0全新改版上线。全新的金坛电台FM89.0围绕交通综合广播定位，新增交警直播室栏目，主持人入驻金坛交警大数据指挥室，从早晨7:30开始，逢半点进行最新路况播报，利用高密度、高准确度的道路交通信息使FM89.0真正成为金坛开车人的导航信息广播。改版后的节目更加注重新闻时效性和与听友互动性，做大早晚高峰板块，从过去录播方式转向以直播为主，着眼服务于广大受众群的贴合融通，搭建城市电波沟通平台。

【区融媒体中心揭牌】 6月29日，区融媒体中心挂牌成立。该中心由区广播电视台、镇（区）广播电视综合管理服务中心、广播电视中心、广播电视广告节目中心、原区新闻中心整合组建，为区委直属、公益一类正

6月29日，区融媒体中心挂牌成立

科级事业单位。内设办公室、组织人事科、宣传管理科、财务资产科、技术装备科、新闻部、广播节目部、电视节目部、报刊编辑部和新媒体事业部。下属事业单位1个、参股公司1个、全资子公司1个。区委常委、宣传部部长、统战部部长刘明江，区融媒体中心党委书记、主任徐忠敏为区融媒体中心揭牌。

【融媒体发展】 2020年，区融媒体中心以“技术平台化、业务产品化、服务生态化”为发展理念，加快推进规范化建设、高质量发展。全年投资60余万元更新专业设备，投资365万元完成融媒基础项目和融媒体指挥中心、融合新闻办公区、广播数字制播系统建设，建成以“中央厨房”为核心的全媒体内容生产平台，构建广播、电视、报刊、网站与新闻客户端、微平台“六位一体”的全媒体、大传播格局，形成“二台（电视台、广播电台）、二频（新闻频道、经济生活频道）、一报（《金坛时报》）、一网（金坛网）、一端（新闻客户端）、多微群号”的全媒体报道矩阵。同时，入驻人民号、央视新闻移动网、荔枝网、我苏网等多个中央和省级新媒体平台。12月4日，区融媒体中心接受省专家组考核验收，并获“长三角区域媒体融合发展创新案例奖”。

【《主播邀你逛新城》直播节目开播】 6月2日，区广电台推出《主播邀你逛新城》全媒体直播节目5期，由主持人通过金坛手机台直播的方式，介绍滨湖新城，使民众更好地了解滨湖新城近年来的发展成就，触摸新城脉搏、体验新城速度，展示新城高质量创新发展的气魄和魅力。《主播邀你逛新城》共分为商务篇、交通篇、政务医疗篇、文教篇和安居篇5个主题。第一期《主播邀你逛新城》商务篇于6月2日11:00正式播出，直播过程中，观众纷纷在直播后台留言，首场直播吸引2万多人在线观看。

（吴建中）

· 史志工作 ·

【概况】 2020年，全区党史、地方志工作贯彻落实《中共中央关于加强和改进新形势下党史工作的意见》，切实履行《地方志工作条例》所赋予的义务，统筹开展党史编研、地方综合年鉴编纂出版、地方志书修编及史志宣传工作。推进《中国共产党金坛历史第三卷（1978—2002）》的编修，在完成区级纲目评审的基础上聘请常州市委党史工委专家进行评审，完善修编意见。6月，为庆祝中国共产党成立99周年，区委党史工委组织筹办“金坛革命历史资料展”，图文并茂地展示金坛自1926年建立中共金坛小组至1949年金坛解放这一时期的革命历史，展览在区级机关、图书馆等地巡展。同时，延续和开辟史志宣传阵地，联合常州市委党史工委赴仙姑村开展“知史爱党　知史爱国”活动，并赠送党史和地情书籍200余册。做好部门志、行业志业务指导。10月，组织指导的《常州市金坛区人民医院志》通过评审并由方志出版社出版，同时对在编修的《金坛国土资源志》进行全过程业务指导。12月，赴致和村开展赠书活动，并在致和文化书院设立史志书籍专柜。积极服务社会。为相关单位申报地理标志产品提供志书、年鉴支撑，并免费提供查阅服务。

【《金坛地名史话》出版】 8月，由区地方志办公室组织编写的《金坛地名史话》，经过多年努力，数易其稿，正式由江苏人民出版社出版。该书编写人员根据地名命名规律，保持“上溯至发端，下限于当今”的时空跨度，分区镇（乡）、街巷、村落、山水、建筑和名人故居、纪念地等方面挖掘整理，最终完成其编写工作。书中收录的地名故事多属民间文学范畴，以过去曾记录、改编的民间文学作品为素材加工提炼而成。对故事真实性存在的缺陷，或是“一名多说”，则尽可能地求“名”求“特”，精心筛选，力争有趣味性、可读性。

【《星空闪耀》出版】 7月内部出版发行。《星空闪耀》源自“人文金坛”征文活动。活动共收到参赛征文136余篇，评出一等奖2名，二等奖4名，三等奖6名，优秀奖28名。该书由金坛区委党史工作委员会、地方志办公室编纂。《星空闪耀》突破史志撰写常规，采用非虚构散文或随笔

8月，《金坛地名史话》出版

的形式，把史实与文学性兼容并蓄，合二为一。同时，采用版块结构，分《人文史话》《方志春秋》《金沙记忆》《历史星空》《乡愁物语》《文化遗存》6个栏目，把58篇入选文章大致归类，融合到相应版块中。

【《金坛年鉴（2020）》出版】 11月，区政府主办、区志办编纂的《金坛年鉴（2020）》由方志出版社出版发行。《金坛年鉴》于1995年首次出版，本卷为连续第18卷，区地方志办公室坚持年鉴编纂规范原则，优化框架，丰富条目内容，加强审核校对，提升年鉴编纂质量，彰显金坛年度与地方特色。该卷首次改版为全彩色印刷，精选300余张照片，图文并茂地反映2019年金坛在接轨常州主城区、实现发展新跨越进程中取得的新成就。

（刘士科）

·档案工作·

【概况】 2020年，区档案馆遵循档案工作走向依法管理、走向开放、走向现代化的"三个走向"，落实全省档案工作"两聚两高"新理念，对标《江苏省市县级国家综合档案馆业务建设评价标准》，坚持以系统化固根本、以规范化夯基础、以特色化强弱项、以信息化补短板、以专业化筑堡垒，努力在破解难题、解决问题中推进全区档案工作向高标准、高质量方向发展。全年共接待查档6227人次，提供查阅档案3757卷、3822件，复制件15154张。

【档案资源建设】 2020年，区档案馆组织做好2019年度档案归档工作，共接收土地确权档案91088卷；疫情防控文书档案2028件，照片档案908张，光盘47盘，实物104件；代保管6个立档单位文书档案1928件，财务档案530本（册）、业务档案5206卷（盒）。实施数字档案资源管理，完成2017—2019年档案数字化成果的最终校对工作；新建专题档案数据库10个，并投入使用。

【档案基础业务建设】 2020年，区档案馆加强档案业务指导，对进驻市民中心49家单位以线下线上方式开展日常指导，帮助各单位解决档案软件操作、实体整理规则等疑问，指导和监督各单位做好文件材料归档工作，确保各种归档材料收集齐全。同时，配合主管部门把好重点档案建设质量关，积极指导基层单位档案室规范建设。开展业务培训。应邀对江苏金坛建设发展有限公司、蜂巢能源科技有限公司和常州金坛港华燃气有限公司专兼职档案人员组织专题培训3次，参训人员近150人次，为企业规范建档提供高质量服务。加强档案宣传。结合"6·9"国际档案日宣传主题和疫情防控工作，与区农业农村局、卫生健康局等相关部门合作，制作展板20块，先后走进市民中心、医疗单位、学校、社区、村，举办档案宣传展览5场次，同时组织开展国际档案日主题征文活动，提高全社会档案意识。

【档案征集编研】 2020年，区档案馆围绕"重大建设项目视频"，开展重大建设项目视频档案征集工作，征集全球网络招商大会视频、《大美金坛》宣传片等视频档案11.5G；征集中国第一历史档案馆关于于敏中档案13件；征集电子版阳巷《戴氏宗谱》《儒林储氏宗谱》与董溪《李氏宗谱》及谢才保个人摄影集《时光记忆》、范学贵家庭档案等若干册；专题举办"苏陕协作——金坛援陕档案征集工作座谈会""金坛援鄂医护人员抗疫个人档案捐赠仪式"。加强档案编研工作，与原金坛市总工会副主席（巡视员）范学贵合作编研出版《亲历亲见亲闻·记述无缰》；与建昌圩文化研究会合作编印画册《建昌圩——古今印象》。

（胡　水）

旅　游

·综　述·

【概况】 2020年，金坛旅游以加快全域旅游示范区创建，努力实现文体旅高水平融合和高质量发展为目标，拓展休闲旅游、乡村旅游、产业旅游新业态，开发旅游全产业链条，成功创建江苏省第三批全域旅游示范区。受疫情影响，全年接待游客763.54万人次，旅游总收入92.91亿元，分别为上年同期的65.25%和65.83%。茅山国际会议中心、明月湖度假酒店被列为常州市级重点旅游项目。上阮村入选江苏省乡村旅游重点村，波仕曼制衣有限公司创成江苏省工业旅游区。

·旅游开发·

【概况】 2020年，全区加快旅游资源开发，有序跟进景点项目建设，计划投资2亿元的茅山国际会议中心、明月湖度假酒店重点旅游项目，全年实际完成投资2.2亿元。突出"春花、夏果、秋蟹、冬俗"四季节庆活动亮点，举办"2020年常州乡村过大年暨金坛茅山道养文化旅游节""2020长荡湖籽虾节""金坛嗨购节""'梦想家园自然上阮'2020金坛乡村采摘节""2020'森夏金坛夜遇逍遥'金坛夜生活节启动式""'福地庆年丰惜粮传美德'2020仙姑丰收节""2020中国未来景区大会暨长三角旅游高质量发展金坛论坛""2020'上汽大通MAXUS杯'金坛茅山汽摩场地越野赛暨房车露营嘉年华"等活动，提升金坛文旅吸引力。推进茅山旅游度假区创建国家级旅游度假区，指导茅山宝盛园启动国家 AAAA 级旅游景区创建。至年底，全区拥有省级旅游度假区 2 个，国家 AAAA、AAA 级旅游景区各 2 个，国家级乡村旅游重点村、省级乡村旅游重点村各 1 个，省级工业旅游示范区 1 家。

【省级全域旅游示范区创建】 2020 年，金坛区成功创建江苏省第三批省级全域旅游示范区。位于苏南的金坛，西有道家“第一福地、第八洞天”的茅山，南有“一斛水中半斛鱼”的长荡湖，是著名数学家华罗庚故乡，先后获评“中国优秀旅游城市”“全国休闲农业与乡村旅游示范县”等称号。近三年来，全区旅游产业发展迅速，游客接待量、旅游总收入增幅均位于常州前列，2020 年被纳入南京都市圈协同发展。

【上阮村入选省乡村旅游重点村】 9 月 11 日，省文化和旅游厅、发展和改革委员会公布江苏省乡村旅游重点村名录（2020），薛埠镇上阮村成功入选。上阮村位于茅山旅游度假区南部，属低山丘陵地带，与溧阳、句容两市相邻，村域总面积 23.57 平方千米，下辖 25 个村民小组，总人口 4403 人。该村围绕“梦想家园、自然上阮”设计理念，重点建设“一带、一路、一片”核心片区，打造集乡村观光、农业休闲、田园度假于一体的乡村旅游产业集聚区，实现旅游业与农业有机融合。

【江苏波仕曼制衣有限公司入选省工业旅游区】 12 月 21 日，依据江苏省《工业旅游区规范与评定（DB32/T2039—2019）》标准，江苏省文化和旅游厅公布 2020 年新认定的 14 家省级工业旅游区名单，金坛波仕曼工业旅游区上榜。江苏波仕曼制衣有限公司占地面积 40000 平方米，拥有现代化标准厂房 28000 平方米，世界先进工艺的生产流水线 20 条，年生产能力 380 万件（套），销售网络遍及欧美和全国多个省市。该公司以江苏省《工业旅游区规范与评定》标准对标规划、改造提升，打造集服装设计、生产、销售、工艺、体验功能于一体的工业旅游项目，2020 年接待团队游客 15 万人次。

· 营销与服务 ·

【概况】 2020 年，金坛加强旅游宣传营销与服务，组织景区（点）参与常州市文旅惠民月活动，推出针对常州（含金坛）市民的半价门票优惠政策、年卡优惠政策及医护人员 2020 年全年免费政策，刺激市场复苏。在常州市“5 • 19”中国旅游日暨抖音挑战赛活动中，通过抖音达人对东方盐湖城、茅山宝盛园、花谷奇缘、长荡湖等 9 个旅游景区（点）流量拍摄，打造抖音网红景点。利用 2020 常州文化旅游上海推广周，开拓上海文旅市场。策划推介金坛优质旅游线路，“闲养金坛品味山水二日游”线路入选全国乡村旅游精品线路，“金坛自在乡野三日游”线路入选江苏省乡村旅游精品线路。强抓自媒体宣传营销，拓展旅游客源市场。有效利用《新旅游》杂志、金坛新旅游微信公众号开展旅游营销，全年共编印、发放《新旅游》杂志 4 期 16000 册、2020 全域旅游手绘地图 4000 份、2020 金坛全域旅游攻略书 3000 份、金坛全域旅游指南 8000 份、语音书签 5000 份、金坛全域旅游折页 27000 份；金坛新旅游微信公众号编发微信推文 228 篇，点击阅读量 92703 人次。开通金坛文旅抖音官方账号，运营维护“一机游金坛”智慧旅游小程序及《跟我游金坛》电台栏目，宣传推介金坛文旅品牌。9 月 21—27 日，金坛文旅宣传海报集中登陆上海虹桥站、南京南站等沪宁线十大高铁站，187 块刷屏媒体以每天不低于 190 次的频次滚动播放，宣传推介金坛文化旅游资源。

【上阮采摘节】 8 月 1 日上午，“2020 梦想家园 • 自然上阮乡村采摘节”在位于茅山旅游度假区上阮村的京东农业拉开帷幕。该活动以打造“金坛水果蛮好”品牌为主旨，组织 100 组亲子家庭开展水果套圈、接西瓜籽、水果搬运、西瓜猜重和网红打开等趣味游戏，举行抖音全民挑战赛发布仪式，用抖音把金坛茅山旅游度假区内拍摄的美景、美食、人文风情等相关视频上传挑战赛界面，记录金坛茅山旅游度假区美好的时间、景色、回忆。现场还发布了野趣亲子游路线、梦幻奇趣穿越路线、乡村果园采摘路线、老少皆宜休闲路线以及治愈美宿路线

8 月，举办梦想家园 • 自然上阮乡村采摘节

5条金坛茅山夏季旅游路线。活动由金坛茅山旅游度假区管委会、区文体广电和旅游局主办。

（李文韬）

·江苏省金坛茅山旅游度假区·

【概况】 2020年，江苏省金坛茅山旅游度假区党工委、管委会围绕全区"'两个加快'全面决战年"工作要求，牢固树立全域旅游发展理念，强化规划引领、完善基础设施、推进项目建设、丰富产品业态、构建产业体系、塑造旅游形象、推广茅山品牌等工作举措，全力发展旅游业，加快向"中国著名的道教圣地、国家级旅游度假区、金坛西部发展引擎"目标迈进。全年完成公共预算收入0.92亿元；接待游客416万人次，同比降低8.17%；实现旅游营业收入7.85亿元，同比增长10.56%。年内，超额完成复垦面积81.43公顷任务，并全部通过常州市局验收。在省文旅厅公布的51家省级旅游度假区年度综合考核排名中位列第二。

【项目引进与建设】 2020年，茅山旅游度假区积极推进旅游项目引进和建设。全年完成签约野松岭山野度假酒店、健宾楼、漱石山居等旅游业项目5个，协议总投资额8.5亿元。在建项目累计完成投资37.85亿元。年内，10千米游仙路照明工程（340省道—乾元观）、茅山游客中心（1.1万平方米）及周边景观（12.4万平方米）、停车场配套设施项目建设竣工；上阮美丽乡村示范区一期工程进入扫尾阶段，南沿江城际铁路涉铁通道项目建设全面进场施工。

【创建工作】 2020年，茅山旅游度假区立足国家级旅游度假区推进落实年，打造金坛茅山旅游新亮点，全方位筹划做好创建工作。6月24日，完成省文旅厅要求提前申报创建材料工作；7月27日，成功通过ISO14001环境体系认证；9月底，全面完成道路节点氛围营造工程、全景导览系统安装工程；10月底，完成小游园、微绿地道养文化主题植入创意方案评选；11月中旬，通过区内公共交通设计方案中期评估。全年投入1573万元，强化"金坛茅山"品牌营销推广。

（谢嘉彬）

·江苏省金坛长荡湖旅游度假区·

【概况】 2020年，江苏省金坛长荡湖旅游度假区党工委、管委会围绕规划深化、项目建设、生态治理目标扎实推进"基础建设决战年"工作，至"十三五"期末，完成投资70.6亿元，实施基础项目18个，高标准实现"五年展形象"的庄严承诺，长荡湖靓丽容颜初步呈现。实施总体规划修编，启动北部片区城市设计，完成河海大学常州校区及东侧地块控规编制工作。积极向上争取资金，全年共争取到区级以上资金1.9亿元。推进土地复垦，完成挂钩8.80公顷，工矿0.63公顷，占补平衡项目42.75公顷。启动柚山美丽景区建设，完成示范区规划设计和景观方案，柚舍文旅项目民宿改造、街景打造等工程进入施工阶段。柚山村获"江苏省特色田园乡村"称号。

【重大项目】 6月28日，河海大学常州校区在长荡湖旅游度假区举行开工启动仪式。该项目建设用地139.87公顷，近期工程规划建筑面积70万平方米，总投资50亿元，2023年秋学期建成投用。作为河海大学主体校区之一的常州校区与南京西康路校区、江宁校区实行同一模式、同一标准管理。年内，项目立项、控规、规划方案、临时道路、围墙建设、场地清表已完成。

【基础建设】 2020年，长荡湖旅游度假区实施基础建设项目7个，完成投资5.33亿元。渔政技术用房、综合管线、河海大道新建段、三阶段清淤已完工；防洪大堤（四期）和地形重塑（四期）完成年度施工任务；长荡湖东路除南社段已完成施工。

【生态保护】 2020年，长荡湖旅游度假区持续聚力生态治理，着力提升水环境质量。全面落实河（湖）长制，定期巡湖并召开例会，全年共发放"一事一办"交办单7份，及时解决存在的问题。强化上游来水管控，联合区

茅山旅游度假区

长荡湖水街

打好污染防治攻坚战指挥部办公室和沿湖镇（街道）对长荡湖出入湖河道排口进行梳理确认，整治排口 266 个，并进行常态巡查。实施水动力改善工程，7.8 千米浅滩隐坝已完工。强化湖体环境营造，实施水生植物恢复工程，完成滨湖带、湖心区和北干河口水草试验种植 786.67 公顷，176.53 公顷的水草示范区种植工程已完成菹草和黄丝草种植。

（吴金林）

体　育

· 综　述 ·

【概况】 2020 年，金坛区实施全面健身战略，以推动群众体育、竞技体育、体育产业统筹规划、协调发展为目标，有序推进全民健身场地设施建设，年内共建成全民健身场地 40 个，钱资湖健身步道获评“江苏省最美跑步线路”。开展国民体质监测，全年监测 3010 人次，配合常州市体育局完成采集国家级有效样本 640 人次。丰富全民健身活动，组织开展迎新春文体惠民、体育四季联赛、文体城乡惠民行、全民健身日等品牌健身活动。组织全面健身赛事，成功举办《国家体育锻炼标准》达标赛、2020“万达杯”钱资湖环湖长跑大赛，组织江苏省健身气功六字诀科学论坛暨交流展示活动；承办 2020 年江苏省青少年篮球锦标赛（16—17 岁组）、2020 年江苏省青少年自行车（小轮车、公路）锦标赛两项省级赛事及“中国体育彩票”2020 年全国新年登高健身大会（常州站）。组队参加 2020 年江苏省县级组田径比赛，获团体总分第二；在 2020 年江苏省县级组篮球比赛中竞赛、体能均获第一。至年底，完成 37 家行业协会和 2 家拟注销协会的脱钩改革工作。

【体育设施、产业】 2020 年，全区新增人均体育场地面积 0.23 平方米，并纳入各板块体育高质量发展考核。各镇、街道通过增加新建、挖掘存量等方式，新增全民健身活动场地 40 个，第二代健身活动路径 2 条。奥体体育产业有限公司利用场馆现有资源，开展全民健身和体育商贸交流活动，实现开票销售收入 100 万元。加强体育彩票销售站（点）建设，开拓体育彩票品牌，全年新增体育彩票销售网点 2 家，总销售网点达 132 家，体育彩票销售总量 1.01 亿元。

· 群众体育 ·

【全国新年登高健身大会】 1 月 1 日上午，由国家体育总局主办，以“登高望远览山川，贺岁迎新促健康”为主题的“中国体育彩票”2020 年全国新年登高健身大会在茅山举行。该次大会共设省级主会场 22 个，分会场约 120 个，来自全国各地 3000 多名登山爱好者参加活动。

【第五届体育四季联赛】 6—12 月，按照常态化疫情防控严格控制参赛人数要求，组织举办金坛区第五届体育四季联赛。该届体育四季联赛设置篮球、足球、乒乓球、羽毛球 4 个联赛项目和电子竞技（线上比赛）、荧光夜跑、定向越野、太极拳展示、体育舞蹈展演、掼蛋、门球、跆拳道比赛 8 项系列赛，赛事取得圆满成功。

【第二届钱资湖环湖长跑大赛】 11 月 14 日上午，由区文旅局、万达地产开发有限公司主办的 2020“万达杯”金坛钱资湖环湖长跑大赛在钱资湖畔举行，江苏省体育局副局长熊伟参加开幕式并发枪开赛。该次环湖长跑大赛全程 13.6 千米，共有来自金坛本地和常州地区约 800 名长跑爱好者参赛，相比首届人数增加一倍。比赛采用电子芯片计时系统精确计时。经过激烈角逐，选手王永高以 47 分 14 秒获男子组冠军，选手周玉莲以 58 分 28 秒获女子组冠军。金坛手机台全程视频直播赛况，观看直播达 10 万人次。

【钱资湖健身步道获评“江苏省最美跑步线路”】 12 月 5 日，“魅力江苏最美体育”江苏省全民健身运动会（线上、线下）闭幕式暨全省最美跑步线路最美乡村健身公园颁奖在紫金大戏院举行，金坛钱资湖健身步道获评“魅力江苏最美体育”2020 江苏省最美

钱资湖健身步道

跑步线路。钱资湖健身步道位于钱资湖风光带内，路面以彩色沥青和透水混凝土为主，全长13.6千米，现已建成的钱资湖北岸步道全长4千米，起、终点设有健身步道标示牌，路面喷涂标识提示市民健身运动距离。泛舟湾、乐活园、沁芳园及爱情园四大主题景观区建于健身步道沿线，面积约78万平方米，公共绿地面积约16.8万平方米，乐活园内配有全民健身场地和设施，外部道路达到举办人型路跑比赛标准。自2018年步道建成以来，先后举办了“江苏省青少年田径中长跑竞走项群赛”“钱资湖环湖长跑人赛”“环钱资湖徒步大会”等体育健身赛事，吸引全国各地路跑爱好者与运动员前来参赛和游玩。另于环湖北路建有自行车训练基地。

·竞技体育·

【概况】 2020年，金坛区以备战各种赛事为重点，狠抓体育集训，提高竞技体育水平。组队参加2020年江苏省县级组田径比赛，获团体总分第二；参加江苏省县级组篮球比赛竞赛、体能均获第一；三人参加江苏省青少年田径中长跑、竞走锦标赛获1金2银；参加江苏省青少年自行车（小轮车、公路、场地）锦标赛获3金；参加中国BMX（小轮车）锦标赛获2金2银2铜。

【承办省级赛事】 2020年，金坛区组织承办两项省级赛事。8月17　21日，江苏省青少年篮球锦标赛（U16—17岁组）在金坛区体育馆举行，来自全省16支代表队和组委会官员、裁判员、工作人员及辅助人员、志愿者参加该次比赛。9月21—25日，江苏省青少年自行车（小轮车、公路）锦标赛在金坛区自行车基地、钱资湖环湖路举行，来自全省7支代表队和组委会官员、裁判员、工作人员及辅助人员、志愿者参加了比赛。比赛按照“一赛事一方案”要求制定《2020年江苏省青少年篮球锦标赛组织实施方案及应急预案》《2020年江苏省青少年自行车锦标赛组织实施方案及应急预案》，成立由卫生健康、公安、酒店、场馆等相关单位人员组成的疫情防控小组，落实常态化疫情防控措施，对赛事场地、酒店、餐厅、车辆等重点场所进行全覆盖定期消毒，并对赛事期间可能发生的突发情况制定《疫情防控应急预案》，确保两项赛事圆满完成。

（李文韬）

（编辑　钱国新）

9月，2020年江苏省青少年自行车（小轮车、公路）锦标赛获奖选手合影

卫生健康

综　述

【概况】 截至2020年年底，全区拥有各级各类医疗卫生机构212家。其中，医疗机构200家，公卫及其他卫生机构12家。医疗机构中有区属医院3家，乡镇卫生院11家，城市社区卫生服务中心2家，社区卫生服务站17家，村卫生室94家，民营医院8家。门诊部22家（民办21家），诊所38家，企事业单位医务室13家。

全年自主、公开招录卫技人员27人、高层次专业技术人员14人，引进高层次实用人才2名、柔性引进实用性高层次人才5名、柔性引进实用型团队10个。截至年末，全区共有病床总数3066张。其中，区级医院实际开放床位1817张（区人民医院1000张、区中医医院367张、区二院450张），乡镇卫生院（含城市社区卫生服务中心）619张，民营医院630张。每千人拥有床位5.44张。床位使用率区属医疗单位74.4%，乡镇（中心）卫生院41%。

全区共有卫生技术人员3926人。其中，执业（助理）医师1627人，执业护士1850人。全区每千人拥有卫技人员数6.97人、执业（助理）医师数2.89人、执业护士数3.28人。

2020年金坛区级医院、卫生院、专科医院情况一览表

表34　　　　单位：张、人

医院	卫技人员	床位	门急诊人次	出院人数	重点（特色）专科
金坛区人民医院	1113	1000	556011	18078	肿瘤科、泌尿外科、神经内科、消化内科、脑外科、骨科、心内科、急诊医学科、儿科、检验科、麻醉科、、药剂科、放射科、神经病学学科、妇科
金坛区中医医院	530	400	295089	8977	皮肤科、骨伤科、中西结合心内科、脑病专科、中西结合妇产科、中西结合肿瘤科、中西结合呼吸科、中西结合消化内科、中西结合肛肠科、肺病科
金坛区第二人民医院	444	380	279346	4424	精神病专科、消化内科、妇产科、呼吸内科
金坛区直溪中心卫生院	113	100	87957	1891	小针刀专科、省级示范中医科、疼痛科
金坛区薛埠中心卫生院	103	100	83899	1705	老人山伤骨科
金坛区社头中心卫生院	51	20	35106	65	—
金坛区水北中心卫生院	75	25	85841	684	—
金坛区尧塘中心卫生院	93	36	68760	800	省级示范中医科
金沙医院	77	60	64226	1600	

续表 34

单位：张、人

医院	卫技人员	床位	门急诊人次	出院人数	重点（特色）专科
金坛区金城镇卫生院	237	100	201648	2784	妇产科、口腔科
金坛区指前镇卫生院	32	20	39192	103	—
金坛区建昌卫生院	25	22	44074	142	—
金坛区儒林镇卫生院	72	30	91135	916	省级示范中医科（中医妇科、针推、骨伤）
金坛区茅麓卫生院	36	20	44023	235	—
金坛区朱林镇卫生院	58	36	55190	645	—
金坛区洮西卫生院	24	15	27876	39	—
金坛区博爱医院	55	50	35602	1336	—
金坛爱伦医院	35	40	12775	844	—
金坛韩氏中医关节病专科医院	14	30	1526	440	—
江南医院	202	150	16805	2298	—
诚康医院	45	90	735	700	—
雅健医院	11	20	977	533	—
吴越医院	20	19	0	193	—

新冠疫情防控

【概况】 2020年，金坛区卫健系统积极应对新冠肺炎疫情，全力保稳定。从开展防治培训、及时流调与追踪、规范排查与诊治、全方位消毒指导、迅速调整诊疗模式、全力保障物资供应、助力全区复工复产复学、开展重点人群检测等方面迅速开展疫情防控与救治工作。先后印刷14万份疫情防控知识手册并分发，在“健康金坛”微信公众号开辟专栏宣传防疫知识；累计接诊发热患者1.9万人次，让预约诊疗成为新常态；配合做好防控指导，让全区复工复产复学顺利实施。3月4日，金坛区被评估为低风险区。按照上级要求，全区共选派9名医务人员援鄂，其中张俊东援鄂所在社区防控小分队受到国家卫健委集体表彰，吕云磊和丁东亮获省委、省政府授予的“江苏省抗击新冠肺炎疫情先进个人”称号。

【金坛区援鄂队员张俊东获国家卫健委表扬】 4月8日，国家卫健委基层司专门发信，感谢由江苏省选派的4位社区卫生专家在支援武汉的近2个月时间里，在国家卫生健康委前方工作组领导下，到武汉基层社区、小区勤勉工作，勇于担当、忘我付出，为指导武汉各区做好社区疫情防控工作，有效遏制疫情蔓延作出重要贡献。金坛区金城镇卫生院副院长张

2月9日，金坛区人民医院首批6名医护驰援武汉

俊东位列其中。张俊东所在的4名社区卫生专家小组被国家卫健委、人力资源和社会保障部、国家中医药管理局联合表彰评为“全国卫生健康系统新冠肺炎疫情防控工作先进集体”。2月6日，张俊东抵达武汉市汉南区开展疫情防控工作，他是金坛区卫健系统直奔武汉疫情防控一线的第一人，也是国家抽调的15名预防医学专家中的一员。3月28日，张俊东圆满完成任务。

（顾裕铭）

【第二批援湖北医疗队返回金坛】 3月31日，金坛区第二批援湖北医疗队的8名医护人员，经过37个日夜的奋战，完成援助湖北的任务平安返回金坛。区四套班子领导及8位医护人员的家属在市民中心为抗疫人员召开简短的欢迎会，称赞8名医护人员是时代的楷模，在武汉疫情防控期间不怕牺牲，冲锋在前，争分夺秒，日夜奋战，为疫情防控肩负更多职责与使命。

（顾裕铭）

公立医院改革

【概况】 2020年，经公立医院省级综合评价，2019年金坛区以93.5分在全省53家县（市、区）“公立医院综合效果评价”中排名第十，其中区人民医院在2019年全省“公立医院综合改革满意度”调查的53家县级公立医院中排名第五，在全省所有“公立医院满意度调查”中排第十名。2020年，金坛区立足长三角开展医联体合作，推进区人民医院与长三角区域内的大城市（上海、南京等）优质医疗资源开展紧密型医联体建设，形成特色化错位发展；更高力度推进区域内医共体建设，对照国家《县域医共体建设指导意见》文件要求，围绕强基层、提能力、惠群众的目标，全局把握，精心谋划，在体制机制的突破上进行反复研究和多方商讨，取得成效。

【省公立医院综合改革复核检查组到区人民医院检查指导】 12月17日，省卫健委财务处副处长戴德一行4人组成考核组，在市卫健委相关领导陪同下就2020年度公立医院综合改革工作对区人民医院进行实地督导考核。专家组成员采取现场察看、现场抽查、实地考察、指导反馈等方式对医院医疗服务提供情况、医疗机构运行绩效、医疗资源、基本医疗保障等20多项基础数据进行详细考察，并按照城市公立医院综合改革工作督导考核标准据实进行测评打分，对医院在提升管理效能、落实医改政策等方面工作给予肯定。

（蔡　洪）

【多家媒体调研金坛区医改工作】 10月28日，来自新华社、央广网、八点健闻及常州市的多家媒体到金坛区调研综合医改工作。国家卫健委，省卫健委体改处、规划处领导到金坛调研。检查报告“云上飞”让就诊患者得实惠，为金坛区医改工作的亮点之一。金坛百姓到上一级医院看病，在金坛做过CT、核磁共振，到南京、上海等外地大医院就诊都不用携带在金坛医院所拍摄的CT片、核磁共振片与纸质报告，只需用一部手机，扫描二维码，所有曾经做的检查报告、原始的影像资料都能看到。基层卫生信息化建设，坚持“统一规划、统一标准、统一实施、统一管理”，建立区域内互联互通统一的基层卫生信息化平台。金坛区医疗改革工作以百姓的需求为导向，充分利用信息化手段，不断完善智慧医疗服务，推进“互联网＋医疗健康”工程，着手推行“先诊疗后付费”服务模式，一部手机完成就诊全流程，解决排队等候缴费的现象。

（顾裕铭）

医疗服务

【概况】 2020年，全区有序推进等级医院评定工作，区中医医院加快推进三级中医医院创建，直溪中心卫生院和金城镇卫生院通过国家推荐标准现场一致性评价。开展省、市级基层特色科室创建活动，东城街道社区卫生服务中心妇产科完成江苏省基层特色科室验收，朱林镇卫生院骨伤科、水北中心卫生院口

10月28日，省卫健委，新华网等媒体采访金坛区卫健系统信息化建设情况

腔科完成常州市基层特色科室验收。推进科研工作，获得常州市科技局立项课题3项，常州市卫健委课题立项2项。中医药服务能力稳步提升。区中医医院肛肠科、肺病科完成市级中医重点专科建设单位中期评估。组织开展中医药经典知识培训，30名基层卫生人员参加考核。乡镇卫生院（社区卫生服务中心）中医综合服务区（中医馆）建设100%达到省级标准。儒林镇卫生院、直溪中心卫生院成功创建常州市示范中医馆。金坛薛埠老人山骨伤科、金坛儒林树德堂中医妇科在常州市第二届中医药文化节活动中被授予“常州市传统医药知名品牌”称号。中医药和中医适宜技术在临床得到进一步推广，特别是在新冠肺炎医疗救治中，中医诊治优势进一步突出，定点医院发热门诊及隔离病房患者均使用中成药或中药汤剂辅助治疗。

全年无偿献血5648人次，献血总量1881450毫升，核酸检测100%。实现辖区内临床用血100%来自自愿无偿，血液成分制备使用率99.9%以上。

【金坛区人民医院开出全区第一张电子发票】 11月23日，金坛人民医院正式全面启用住院电子收费票据，患者缴费成功后，可获得住院电子票据，在住院窗口打印；或者通过支付宝微信“扫一扫”获取；也可下载江苏政务服务APP，通过“我的一电子票据”自行下载打印。住院窗口的工作人员为患者及家属耐心讲解电子票据的获得途径，患者及家属可以避免多次往返医院，无需在窗口排队等待，还不用担心丢失发票或缺少清单。区人民医院建立的电子票据系统变“群众跑腿”为“信息跑路”，极大方便群众办事并且减少住院窗口压力；也为患者、医保部门的票据调取和查阅提供便利；防范和杜绝虚假发票，提升监管水平。

（王　珍）

医疗机构建设

【概况】 2020年，常州市金坛第一人民医院一期整体迁建项目顺利完工并正式启用，常州市金坛妇幼保健医院改扩建项目完成主体工程并进行室内安装及设备安装。完成常州市金坛区疾病预防中心新建项目方案，区人民医院发热门诊高分通过省级评估验收，中医医院在原人民医院感染楼基础上进行改造，金城镇、直溪镇、薛埠镇、儒林镇卫生院为院内选址新建。区疾控中心分子检测实验室经改造升级，实现金坛区自行开展新冠核酸检测。

【金坛第一人民医院整体搬迁启用】 12月12日，位于金坛大道500号的金坛第一人民医院正式启用。代区长陆秋明，区人民医院院长苏建华为新医院揭牌。新启用的金坛第一人民医院于2016年12月30日奠基，总占地面积255.83亩，按照国家三级综合医院标准予以建造。分二期建设，一期总建筑面积约19.68万平方米，总投资约15.95亿元。其中，地下室建筑面积4.75万平方米，门诊医技楼6.62万平方米，住院楼5.7万平方米，培训综合楼1.35万平方米，感染楼5276平方米。规划设置机动车停车位2557个，非机动车位1841个。有效解决病人就医过程中停车难的问题。新启用的院区每日可接待门急诊病人5000人次以上。设置床位1350张（含应急床位100张），设有门急诊医技楼、住院楼、感染楼、行政楼、教学楼，以及直升机停机坪。第一人民医院新院区设有急救中心、危重新生儿及孕产妇救治中心、介入中心、康复治疗中

12月12日，金坛第一人民医院落成启用揭牌仪式

心、影像中心、静脉配置中心、病理中心、检验中心、消毒供应中心，并配有 18 间手术室的现代化手术中心、现代化多媒体技能培训中心、血透中心。

（顾裕铭）

医疗医学

【概况】 2020 年，全区面向社会公开招聘医卫类工作人员 21 人，高层次、紧缺型人才 15 人，定向招聘农村订单定向医学毕业生 2 人。区人民医院马永宾被纳入市级“青苗工程”培养对象。委托徐州卫生学校培养农村医学专业的乡村医生累计到岗人数达 218 名，均报名参加国家医师资格考试，通过执业资格考试的有 57 名。其中，临床执业助理 41 名，乡村全科执业助理医师 16 名。选派 8 名骨干全科医生参加常州市基层高血压、糖尿病健康管理首席医生的培训。区人民医院作为全区糖尿病首席医生的培训基地，区中医医院作为金坛区高血压首席医生的培训基地全面开展培训工作。

（黄利晨）

【复旦大学附属肿瘤医院超声医学科与金坛区人民医院签署合作协议】 10 月 16 日，金坛区人民医院和复旦大学附属肿瘤医院超声医学科合作签约仪式在金坛区人民医院举行。金坛第一人民医院甲乳外科独立成科，配有先进的甲状腺、乳腺疾病诊疗专用设备，同时整合甲乳外科、整形外科、病理科、肿瘤科、影像科、超声科等多学科。两院从科研教学、重点专科建设、人才培养等多方面入手，提升医院超声科及甲乳外科临床诊疗和科研教学水平，促进双方形成良好互动，推动金坛地区诊疗综合实力的快速提升。

（吴晟华）

【金坛区中医医院妇产科完成首例双侧子宫动脉栓塞术】 4 月 12 日，区中医医院完成首例双侧子宫动脉栓塞术。患者为一位 44 岁的中年女性，发现宫颈部位子宫肌瘤 4 年，直径约 6 厘米大小，影响月经，入院拟行手术治疗。传统手术治疗宫颈肌瘤容易引起难以控制的大出血和组织损伤，子宫切除可能性大，子宫动脉栓塞术，可以保留子宫的完整性，阻断子宫的血供，达到肌瘤瘤体缩小甚至脱落。患者手术顺利，恢复良好，于 4 月 16 日痊愈出院。

（王丽萍）

10 月 16 日，金坛区人民医院与复旦大学附属肿瘤医院超声医学科合作签约仪式

疾病预防控制

【概况】 2020 年，全区共报告甲乙类传染病 504 例（发病率为 89.68/10 万），与上年同期 613 例（发病率 109.08/10 万）相比下降 17.78%。除新型冠状病毒肺炎与菌痢外，其他病种与上年同期相比均呈现下降趋势。全区建立居民健康档案 514255 份，建档率 91.26%。全区登记管理高血压患者 61670 例，任务完成率 119.05%，规范管理率 81.71%，控制率 67.61%；登记管理糖尿病患者 18697 例，任务完成率 117.59%，规范管理率 82.84%，控制率 48.00%。35 岁以上居民首诊测血压率达 98% 以上。全区在册严重精神障碍患者 3007 人，在管患者 2847 人，患者检出率 0.53%，检出患者管理率 94.68%。全面提升家庭医生签约服务水平。全区签约总人数 211272 人，签约覆盖率 38%，重点人群签约 172155 人，签约率 81.5%（其中，参加体检的老年人签约 67400 人，签约率 86.3%）；特殊人群签约 14137 人，签约率 95%；续约总人数 87862 人，续约率 71.2%。全区全年建设 87 家家庭医生工作室，其中已命名挂牌并投入使用的家庭医生工作室 78 家，全区家庭医生工作总站 1 家，创建成功省星级家医工作室 1 家，10 月底西门社区谈俊家庭医生工作室完成省级复核。2020 年全区纳入第三批家庭医生 61 名，全区家庭医生共计 203 名，覆盖二、三级医院和各镇（中心）卫生院。

【金坛区被省卫健委确认为“江苏省慢性病综合防控示范区”】 12 月，江苏省卫健委公布江苏省慢性病综合防控示范区建设评估和复审结果，金坛区被确认为“江苏省慢性病综合防控示范区”。自2014年建成省级慢性病综合防控示范区以来，金坛区围绕“健康金坛”建设目标，采取“政府主导、多部门合作、专业机构支持、全社会参与”等综合措施，并于2019年9月开始施行“高血压、糖尿病闭环式管理”试点工作，发挥区人民医院与区中医医院两大集团医院优势作用，由集团总院制定同质化高血压、糖尿病防控方案，做到“六统一”：统一筛查群体、统一筛查方式、统一诊断数值应用、统一治疗模式、统一健教视频和宣传手册、统一转诊路径。11月，金坛区开展的“高血压、糖尿病闭环式管理”试点工作接受国家卫健委基层司调研并得到充分肯定。12月3日，金坛区慢病管理创新工作被《健康报》宣传报道。

（顾裕铭）

【金坛区中医医院跻身第四批次高血压达标中心建设单位行列】 11月23日，中国心血管健康联盟高血压达标中心总部公布“第四批次高血压达标中心建设单位”名单，金坛区中医医院名列其中，为金坛区首家获得此荣誉的医院。金坛区中医医院心血管科作为常州市重点中医临床专科、常州市胸痛中心联盟单位、国家心血管病中心高血压专病医联体分中心，是常州市基层高血压健康管理金坛地区培训基地。

（顾裕铭）

【金坛区慢病闭环管理工作接受国家级调研】 11月18日，国家卫生健康委能力建设和继续教育中心专业能力处处长金真一行到金坛区调研慢病闭环管理工作，对金坛区开展慢病闭环管理与家庭医生签约服务相融合，利用信息技术支撑，将居民的健康档案，检查报告实现“云报告”技术给予充分肯定。

（顾裕铭）

卫生监督

【概况】 2020年，全区创新工作模式，业主可通过“不见面”“扫码”预约申请办证，或拨打区卫健局窗口电话的方式进行预约办理。通过线上和线下服务，满足不同人群的需求。全面落实行政执法公示、执法全过程记录、重大执法决定法制审核“三项制度”，自觉接受监督。对全区107所中小学校新冠疫情防控、生活饮用水卫生、教育环境卫生等方面进行监督检查，检查覆盖率达到100%。深化职业安全健康监管。金坛区作为国家卫健委10个省、16个市县职业卫生分类分级执法试点单位之一，为保证试点工作开展，根据《金坛区职业卫生分类分级执法试点工作实施方案》要求，加强执法队伍和能力建设，联合各相关部门落实差异化监督执法，共实施行政处罚73起，罚没款30.2万元。其中，公共场所46起，罚没款6.2万元；消毒产品2起，罚没款0.8万元；医疗14起，罚没款11.7万元；职业卫生11起，罚没款11.55万元。

【常州市卫健委到金坛区督查职业卫生分类分级监督执法试点工作】 10月21日，常州市卫生健康委处长张耀忠一行到金坛区督查指导职业卫生分类分级试点工作，督查内容为加强企业单位落实职业病防治责任自查情况，推进落实用人单位职业病防治主体责任，指导用人单位职业病防治自查和风险评估工作。张耀忠在听取试点企业负责人汇报落实职业病防治工作后，对于企业职业病防治的工作给予肯定，要求金坛区卫生监督所对试点实施情况及时跟踪，协调解决遇到的困难和问题。

（徐科伟）

【妇幼卫生保健】 2020年，全区开展妇幼保健医联体建设。按照《常州市高危儿筛查与管理实施方案》，金坛妇计中心与直溪、薛埠、尧塘3家卫生院一起以高危儿管理为内容，与常州市妇保院实施医联体共建，探索开展儿保特色专科建设，促进儿童全面健康发展。协助薛埠、儒林、水北3家卫生院创建常州市规范化基层妇儿保门诊。2020年，全区孕产妇死亡率为0，婴儿死亡率为3.11‰，新生儿死亡率为2.33‰，5岁以下儿童死亡率为3.89‰。

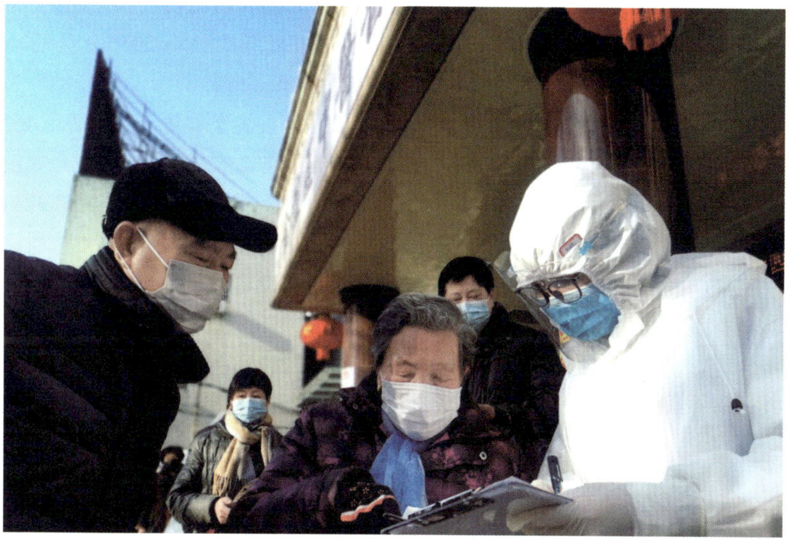

2月20日，金坛区中医院开展流行病学调查工作

12 月 29 日，全区开展三级综合医院年终检查

【爱国卫生】 2020 年，全区开展“防疫有我，爱卫同行”活动，共举行各类活动 817 场次，制作展板 200 余块。薛埠镇通过国卫镇第三轮复审，方边村等 12 个村通过省卫生村复审；完成 9 个省级健康村和 3 个健康社区创建（常州任务 5 个）；金坛区农村无害化户厕普及率 100% 的指标在 10 月份已通过省级考核并公布通过；完成省级健康素养和国家级烟草流行调查项目。

【药品采购】 2020 年，金坛区药品医用耗材管理中心共组织基建工程、后勤物资、办公用品和医疗设备招标采购 231 次。采购预算总价 10180.1644 万元，实际招标总价 9146.7259 万元，节约资金 1033.4385 万元；全区医疗机构网上药品采购金额 37355.56 万元；全区公立医疗机构共采购医用耗材 18492.64 万元；中药饮片和中药颗粒剂共采购 2149.07 万元。

（马煜清）

人口与家庭发展

【概况】 2020 年，全区人口监测与家庭发展围绕卫生健康中心工作，深入贯彻实施全面两孩政策，落实省、市关于促进 3 岁以下婴幼儿照护服务发展的相关文件精神，以加强人口监测预警、完善生育服务管理、加强计划生育特殊家庭扶助、推进婴幼儿照护服务、提升家庭发展能力为重点，较好地完成各项工作任务。

【依法行政】 2020 年，区卫健局加强再生育审批工作，对申请所需的材料、文书的格式要求作进一步统一，全年共审批 123 对，无一例错批。督导镇（街道）做好生育服务登记工作，推进生育登记网上登记工作，全年登记 2611 对，其中一孩 1496 对、二孩 1115 对。严格计划生育证明的出具，防止出现虚假证明或不作为行为，全年出具计划生育证明 295 份。推进行政执法“三项制度”（公示制度、全过程记录制度、法治审查制度）落实，加强对行政执法案卷的法治审查，主要在主体合法、证据齐全、适应法律准确、程序合法等方面进行严格的审查。

【家庭发展】 2020 年，全区全面落实计划生育各项奖励优惠扶助政策，做好奖扶、特扶、企业退休职工一次性奖励、城镇非从业居民一次性奖励登记、审核、公示工作。全年共发放农村部分计划生育家庭奖励扶助金 2958.58 万元、特别扶助金 1586.12 万元、一次性奖励金 2823.3 万元、独生子女父母奖励金 57.93 万元、公益金 6 万元。

【人口统计】 根据 2020 年年报，全区总人口数为 577203 人。其中，育龄妇女 142654 人，已婚育龄妇女 86106 人，初婚 1453 人。出生人数 3169 人，其中，一孩出生 1694 人，二孩出生 1334 人，多孩 141 人。人口出生率 5.44‰。死亡人数 4251 人，人口死亡率 7.30‰。

【计生协会工作】 2020 年，全区共有 196 个计生协会组织，会员人数达 55483 人，其中集贸市场、企业、流动人口计生协会有 60 个。评选出区级计生协先进集体 4 个、先进个人 20 名。聚焦生育关怀与家庭健康，以“壮阔四十年奋斗新时代——中国计生协成立 40 周年”“‘5·29’会员活动月”“春晖送暖行动”“暖心行动”为契机，开展各类宣传、帮扶活动 462 场次，服务 26627 人次。新建金城镇后阳村、直溪镇新河村、指前镇社头村常州市级生育关怀帮扶基地；新建金城镇沈渎村、朱林镇沙湖村金坛区级生育关怀帮扶基地。

（马煜清）

（编辑　张继华）

劳动保障

【概况】 2020年，全区大力实施和谐劳动关系提升工程，强化劳动关系源头治理、日常治理、综合治理，加大劳动保障监察执法，提升劳动纠纷调解仲裁效能，着力化解各类劳动纠纷，全力打好根治农民工工资欠薪攻坚战，有效维护企业和劳动者双方合法权益。

【劳动争议仲裁】 2020年，全区受理劳动争议案件1108件，调解成功率78.6%，按期结案率97.2%。积极搭建基层劳动争议调解平台，在全区9个镇（街道）劳动人事争议调解中心建设基础上，设立薛埠镇劳动争议调解工作室，推进基层专业性调解组织优化提升。加强与法院等部门裁审对接，强化联动配合，发挥多部门化解劳动人事争议合力。加强劳动法律法规宣传，汇编下发典型案例，促进企业依法用工。

【行政许可】 2020年，全区办理行政许可125件，其中，职业中介经营许可13件，劳务派遣经营许可45件，特殊工时许可67件。特殊工时中，综合计时涉及18588人，不定时计时涉及901人。

【职业培训】 2020年，全区推进职业技能等级认定工作，新增技能等级认定试点企业12家。结合常州市万名技能人才岗位技能大比武，成功举办区第三届“金工匠”职业技能竞赛，搭建技能人才快速成长通道，一次性培育高级工以上高技能人才411人。加强校政企合作，举办金坛55家重点企业与常州10所高职院校人力资源合作对接会。创新校企合作办学新模式，推动区金旺智能包装、瑞峰新能源2家企业与常州工业职业技术学院合作成立企业学院。推进企业新型学徒制培训试点工作，培训企业新型学徒337人。全年完成城乡劳动者就业技能培训4580人，城乡新成长劳动力技能培训1020人，新生代农民工技能提升培训1520人。

【劳动监察】 2020年，全区立案查处劳动监察投诉举报案件293件，帮助3850名劳动者追讨工资、经济补偿、社保费等各类劳动报酬6128万元。重点开展劳动力市场专项检查、化工产业保留化工企业用工专项检查，规范用人单位用工行为。作出行政处理决定案件21件，申请法院强制执行案件8件，处置群体性突发性事件21件，向公安办理移送涉嫌拒不支付劳动报酬犯罪案件2件，向社会公布重大劳动保障违法行为案件6件，2人被列入拖欠农民工工资“黑名单”。区政府调整“根治拖欠农民工工资工作领导小组”，成员单位扩大到全区22个部门，部门协作工作体系进一步健全。区人社局与区住建局联合设立建筑领域欠薪投诉举报专窗，严格执行工程建设领域农民工工资支付总包负总责、先行支付再行追偿等工作原则，采取申请法院查封保全、提请公安机关先行介入等有效措施，加大力度抓紧抓实农民工工资支付工作。

（尹　欢）

社会保障

【概况】 2020年，全区始终坚持社保惠民利民导向，扎实推进扩面征缴，健全完善社保制度，稳步提升社保待遇，落实阶段性减免社会保险费政策，持续提升社会保障层次和水平，不断筑牢社会保障“压舱石”。全区超额完成省政府下达的保障性住房目标任务。全年开工棚户区改造项目2210套，完成3018套，超额完成目标任务150.9%。2020年受理符合经济适用住房货币补贴条件114户，公共租赁住房实物配租条件46户，公共租赁住房货币补贴条件 68 户，新就业大学生公共租赁住房 5 户，新就业大学生公共租赁住房货币补贴 15 户。全年争取中央及省财政补助资金 6028 万元。全区归集住房公积金 10.56 亿元，同比增长 13.18%。住房公积金提取 8.25 亿元，同比增长 18.88%。发放住房公积金贷款 2736 户 10.99 亿元，同比分别增长 100.44% 和 116.34%，户均贷款 40.17 万元。全年新开户单位 488 家，同比增加 22%。新开户职工 13750 人，完成全年目标 143.23%。年末应缴人数 64053 人。截至年底，全区住房公积金归集余额 25.89 亿元，住房公积金贷款余额 33.51 亿元。2020 年，实现住房公积金增值收益 4453.11 万元，上交区财政廉租住房建设补充资金 3269.05 万元。

（于　溢）

【社保扩面】 2020 年，全区实施全民参保三年行动计划，企业职工基本养老保险新增参保 13973 人，净增参保 4476 人，城乡社会保险覆盖率 98% 以上。全力做好退捕、禁捕渔民社会保障工作。落实疫情期间阶段性减免社会保险费政策，为 5756 家企业减免社保费 7.6 亿元。全面开展改革后退休人员待遇申领审核、退休待遇支付、年金归集等各项工作。探索实施超龄人员工伤商业保险试点工作。加快养老保险待遇与常州主城区接轨，城乡居民基础养老金标准从 250 元 / 月提高到 280 元 / 月，缴费满 15 年的从 280 元 / 月提高到 310 元 / 月；被征地农民养老补助金标准从 630 元 / 月提高到 680 元 / 月。统筹调整机关事业、企业退休人员待遇，企业退休人员养老金十六连调，人均增资 115 元 / 月。实施社保精准扶贫，为重残、建档立卡等四类人员代缴居民养老保险 1577 人，为城乡低保等九类人员代缴居民医疗保险 17171 人。

（尹　欢）

【住房流通市场服务】 2020 年，全区房改房上市交易并轨核准 194 户，补价金额 63 万元。经济适用房上市交易核准 224 户，补价金额 1860 万元。

【白蚁防治】 2020 年，全区白蚁预防受理 107 项，白蚁预防竣工 124 项，竣工面积 410.32 万平方米，全区白蚁灭治 197 户，灭治面积 1.15 万平方米。全区新建房屋白蚁预防和房屋建筑白蚁危害治理均已全部实行公益无偿服务，为进一步突出白蚁防治公益职能，从 2020 年开始对华罗庚公园开展综合治理，减轻白蚁危害对房屋建筑和园林绿化造成的损失。

【公房管理】 2020 年，全区完成 76 套公共租赁住房的零星维修并已投入使用。新城东苑四区 6 号楼计 60 套公共租赁住房已完成装修招标，2021 年完成装修并投入使用。年内，顺利完成 14 套非住宅（营业性用房）的年度集中拍租工作。

【房屋安全管理】 2020 年，全区受理应急鉴定 48 起、房屋安全鉴定 45 处，出具应急鉴定报告 48 份、房屋安全鉴定报告 45 份，发出《危房通知书》2 份。全年受理投诉举报近 200 起，调查询问笔录 138 户，发放《告知函》141 份，书面答复“12345”热线投诉 86 件，与上年同期基本持平。2020 年全国自然灾害综合风险普查第二批试点城市共 86 个，金坛区作为江苏省 3 个试点城市之一，区住建局承担房屋建筑和市政设施专项调查工作，成立相应的工作专班，并组织各乡镇、街道和管委会相关负责人召开调查工作会议，开展房屋建筑调查培训 3 起、208 人次，对调查人员做好技术指导，确保调查数据准确、有效。

【房屋市场管理】 2020 年，全区明确区存量房市场行业管理部门职责分工，规范存量房市场秩序。全区有效备案的房地产经纪机构 15 家，其中 3 家为 2020 年度新备案机构；办理备案的房地产估价机构 18 家，其中常州区域内公司 12 家(一级资质 4 家，二级资质 7 家，三级资质 1 家)。外来分支机构 6 家均为一级资质。2020 年 12 月 1 日，区住建局接管存量房网签合同审核相关工作，办理存量房网签合同审核 391 份，存量房交易资金免监管 122 件。

（于　溢）

【城乡居民医疗保险】 2020 年，全区医疗保险实际参保人数 519813 人，其中城乡居民医保参保人数 305748 人。城乡居民医疗保险的筹资标准为 1400 元，其中，个人缴费 460 元（茅山老区居民 450 元），政府补助 940 元。综合参保率按常住人口计算为 92%，按户籍人口计算为 95%。

【医保基金管理】 2020 年，全区城乡居民医保基金收入 43251.86 万元，其中，个人缴费 13350.82 万元，政府资助收入 792.76 万元。各级政府补助合计 28764 万元，其中，中央及省级补助 3695 万元，市级补助 461 万元、县（区）级补助 16410.36 万元、镇级补助 8197.64 万元。利息收入 344.28 万元。基金收入比上年增 5.65%。全年基金支出 34937.95 万元，其中，住院支出 26255.79 万元，门诊支出 6100.11 万元，大病保险支出 2582.05 万元，基金支出比上年减少 14.19%。

【疫情防控医疗保障】 2020 年，金坛医保分局优化简化经办流程，实行网上办、掌上办、电话办、邮寄办、非接触式不见面办和帮助办等方式，减少因人员流动造成疫情传播的安全风险。根据中央、省、市各级指示精神，确保患者不因费用问题影响就医，确保收治医院不因支付政策影响救治，第一时间预付各收治医院防疫预拨款1100多万元。

（狄予兴）

【扩面征缴】 2020年，全区组织开展住房公积金政策宣传活动52次，座谈讨论3场196人，向全区163家重点企业寄送《催建宣传函》，在25个大型居民小区和15个公交站台设置宣传栏，在电视台气象预报节目进行字幕宣传，在3处市民广场布置宣传橱窗，在广播电台制作出版报纸宣传专刊1期，发放各类资料5128份，解答职工咨询1200余人次。金坛分中心到企业开展扩面宣传42次，上门服务企业87次，约谈有职工投诉的企业负责人3次，到工作站开展业务指导9次，到受托银行开展扩面培训3次。2020年，连续四年实现扩面人数超10000人。

【归集管理】 2020年，金坛分中心继续深化“放管服”改革，大力宣传推广公积金业务网上办理，持续深入推进住房公积金业务“不见面审批”服务。认真落实市中心《关于应对疫情做好住房公积金惠企便民服务的实施意见》精神，积极推行各项惠企便民政策，16家单位降低缴存比例，27家单位办理缓交手续，为4名职工放宽贷款申请期限。6月，分中心及时转发市中心有关2020年度基数调整文件，督促全区汇缴单位认真落实基数调整工作。全年有1920家单位参加调整，参调率94.21%；59390名职工参加调整，参调率99.53%。金坛分中心定期对缴存情况进行梳理，及时开展催收催缴，向10家企业寄送了催缴函，全年归集率100.58%。

【骗提行为打击】 4月15日，在金坛分中心协调和争取下，区检察院专门召开“解决甄别住房公积金提取材料真伪工作联席会议”，为打击和防范住房公积金骗提建立信息核查机制。在各部门的帮助支持下，分中心及时核查信息，为打击骗提行为提供有力保障，切实维护职工群众权益。2020年，金坛分中心向常州市中心报送涉黑涉恶线索4条，并根据区检察院的要求向辖区派出所报送4笔骗提住房公积金的立案材料。其中3笔是分中心首次使用信息核查工作群取得成果。

【贷款管理】 2020年，金坛分中严格执行贷款业务操作规范，做好贷前房源准入、贷中受理审批和贷后逾期管理。全年住房公积金贷款逾期率为零。金坛分中心主动担当，积极帮助担保公司贷后管理，解决积压的房屋产权证，逐步消化存量，全部办结，消除职工投诉的一个热点。

（庄静文）

民政工作

【概况】 2020年，全区民政工作紧紧围绕最底线的民生保障、最基本的社会服务、最基础的社会治理。城乡居民最低生活保障标准提高至每人每月900元，农村特困人员集中和分散供养标准均提高至每人每年14040元，城市特困人员供养标准提高至每人每月1800元，孤儿集中和分散养育标准分别提高至每人每月2431元和1945元。

【养老服务】 1月25日，全区率先对养老机构实施临时封闭管理，同时暂停122家居家养老服务中心（含老年人日间照料中心）和14个老年人助餐点服务，为207位工作人员开展核酸检测，严防人员交叉感染。按照每人100元的标准，为全区3030名低保对象发放一次性临时生活补贴，为低保、边困家庭等困难群众发放大米7.8万千克，为全区111名困境儿童及孤儿每人送去价值150元的慰问品，为全区低收入人群发放物价补贴731万元，全力关怀和保障困难群众生活。11月28日，全区首家集日间照料、失能失智照护、养老服务培训、养老教育实践为一体的养老服务综合体——南洲里桑榆堂颐养中心投入运行。该中心投入建设资金6000万元，建筑面积8000多平方米，设置养老床位202张，获批为省级养老护理培训实训基地。持续推进社区“夕阳红”居家养老服务中心标准化建设，年内新增22个社区“夕阳红”居家养老服务中心，总数达66个，村（居）覆盖率均超过50%。有序落实老年人助餐点建设，年内新增老年人助餐点8个，总数达22个，实现城市社区全覆盖。提升居家养老服务信息平台服务品质，以日益增长的养老服务需求为导向，通过优化平台功能、以奖代补等方式，激励养老服务企业不断增加服务内容，提高服务质量，主动开拓市场，全年为3.6万名老年人提供助洁、助医、助餐等居家养老上门服务，老年人满意度达100%。

【殡葬服务】 2020年，全区深化绿色生态殡葬改革，推动生态安葬设施建设，在每个公墓配套建设生态葬区。年内，区公墓、福承陵园、尧塘公墓和朱林镇土山公墓完成生态葬区建设；指前镇、金城镇采用与福承陵园墓区共建的方式，实现生态葬区建设；儒林镇儒林公墓、薛埠镇花山公墓完成生态葬区规划设计；尧塘公墓完成骨灰安放设施提档升级试点工作。积极推进重点镇守灵中心建设，薛埠镇守灵中心开工建设。大力宣传各项殡葬惠民政策，积极引导群众由传统殡葬向生态殡葬转变，为选择节地生态安葬的群众进行减免奖补，提高节地生态安葬率。区民政局完成清明期间疫情防控和祭扫保障任务，为避免人员聚集，区公墓、部分镇（街道）公墓组织开展集体祭扫，多措并举满足防疫期间群众缅怀先人的需求。按照疫情防控形势，向市民有序开放清明祭扫服务，清明期间全区接待祭扫群众8.6万人次，祭扫秩序平稳有序。

【社会组织管理】 2020年，全区加强社会组织党的建设，成立区社会组织综合党委。年内，9家社会组织建立党支部、3家建立联合党支部，推荐4名经验丰富的党务工作者担任党建工作指导员，90余家社会组织已在章程中增加党的建设和社会主义核心价值观内容并遵照其开展活动。按期推进全区行业协会商会脱钩工作，梳理摸排重点需脱钩社会组织48家，并出台《常州市金坛区行业协会商会负责人任职管理办法》，年内脱钩工作完成。严格抓好社会组织监管，通过年检、“双随机”执法检查，年内注销社会组织39家，实施行政撤销处罚8家。支持社会组织参与等级评估工作，进一步加大优秀社会组织扶持力度。年内，1家社会组织获评AAAAA等级、3家获评AAAA等级、9家获评AAA等级。积极引导社会组织在乡村振兴、扶贫帮困、矛盾化解、志愿服务、特殊群体帮扶等方面发挥重要作用，女企业家协会等社会组织积极参与宁陕对口扶贫，年内投入帮扶资金15万余元。

【基层治理与社区治理】 2020年，全区扎实做好换届选举工作，印制《村（居）委会换届选举法律法规资料汇编》，并发放到各镇（街道）。明确换届工作的时间节点和具体要求。成立9个督导组，实现镇（街道）全覆盖，一对一指导监督换届工作。抓好专业人才队伍建设。区民政局积极配合组织部门推进城市社区专职工作者薪酬体系建设和村干部队伍专职化管理工作。加强社会工作专业人才队伍培养，结合城乡社区差异和不同需求，推出“按需点单培训服务”，通过领导授课、同行交流、跟班学习等方式，进一步提升和拓宽村（居）专职工作者的治理理念及思路，增强实务能力。

【社会专项事务】 2020年，全区启动不规范地名清理整治工作，成员单位密切协调联动，严格把握清理标准，梳理不规范地名106个，年内全部整改到位。加快地名成果转化，完成《中华人民共和国标准地名志》《中华人民共和国标准地名词典》《江苏省标准地名志》《江苏省标准地名词典》的编撰工作，对全国地名信息库中320条错误信息进行更正并录入新增信息21条。推进地名规范化管理，及时办理地名申报和门楼牌验收工作，受理地名申报46项（道路申报31条、小区申报15个），小区门楼牌验收21个。重度残疾人护理补贴扩面，将1071名一、二级言语、听力残疾人纳入重度残疾人护理补贴保障范围，按照城镇每人每月120元、农村每人每月80元的标准发放。规范婚姻和收养登记工作，规范办理流程，全年办理结婚登记3125对，离婚登记1675对，补领结婚证993对，补领离婚证153对，收养登记10件，登记合格率100%。加大福彩销售工作，全年销售福利彩票8537万元，筹集彩票公益金768万元。

【养老机构安全专项整治】 2020年，全区按照“备案登记一批、提升改造一批、关停取缔一批、培育发展一批”的思路，开展养老机构（场所）安全整治专项行动，抽调消防、公安、住建、资源规划等部门精干力量，对34家未经登记备案的民办养老机构（场所）进行联合检查，对存在安全隐患的养老机构（场所）实行“一院一策”，逐家制定个性化的整改方案，全面抓好过程管控。年内，全区34家未经登记备案的民办养老机构（场所）中7家完成备案登记，8家按养老互助点要求完成提升改造，11家进行关停取缔，2家实施消防提升改造，6家实施整改。

（陈　千）

9月，区民政局在社区举办民政惠民服务活动

退役军人事务

【概况】 2020年，全区退役军人事务工作纳入全区经济社会发展大局统筹考虑，退役军人服务保障水平列入

镇、街道年度综合考核。及时召开区委退役军人事务工作领导小组会议，研究部署退役军人事务的重大事项、重要工作。区退役军人事务局坚持边推进服务保障体系建设边开展工作、边谋划长远边解决问题、边建章立制边落实任务。以稳就业为导向，大力拓宽就业创业渠道；以保民生为任务，不断提升优待抚恤水平；以高质量为追求，全力建设服务保障体系；以扬正气为主题，着力营造尊崇关爱氛围。辖区内1名现役军人荣立一等功，3名现役军人荣立二等功。全区8个镇、街道退役军人服务站成功创建全国示范性退役军人服务中心（站），推动服务保障体系从“有”到“优”转变，为打通服务退役军人“最后一公里”提供有力支撑。

【安置就业】 2020年，全区落实安置就业政策，做好军队转业干部、士官安置工作。全年接收军队转业干部（无自主择业军转干部无随调、随迁家属），军转干部计划安置率100%。接收符合政府安排工作条件退役士兵，依计划做到“量化积分”，有序选岗，实现阳光安置，符合政府安排工作条件退役士兵安置率100%。依照政府补贴性培训政策，有效开展退役军人培训。联合区委党校、金坛中专开展2020年度退役军人全员适应性培训，帮助退役军人全面了解金坛发展情况，教育引导退役军人努力学习知识与本领，提升综合素养，为地方经济发展持续奋斗，全年组织开展3期退役士兵专场招聘会，提高退役士兵就业率。金坛中等专业学校，金坛区青年创业服务中心被省退役军人事务厅认定为江苏省退役军人实习实训示范基地。自主择业军队转业干部住房补贴纳入年度财政预算，核发2020年度自主择业军队转业干部住房补贴15.1万元。做好部分退役士兵社会保险接续工作，金坛区部分退役士兵社会保险个人补缴完成缴费996人，受理部分退役士兵社保接续完成率100%，社保资金入库率100%。2020年，为350人发放下岗志愿兵补助，为275人实施再就业帮扶，妥善解决部分下岗志愿兵的实际问题。

【优抚褒扬】 2020年，全区稳步提高优抚保障水平，对享受抚恤补助对象发放抚恤补助资金5315万元。疫情期间及时发放物价补贴259.98万元。强化优抚对象服务保障，完成重点优抚对象2020年度医疗救助及优抚对象2021年度城乡居民基本医疗保险免缴工作。为98名涉核人员、伤病残人员做好体检、残情鉴定、疗养、辅具维修和更换等服务工作。开展好重点优抚对象关爱活动，完成全区优抚对象体检工作，支出每年一次体检费55.83万元。为享受国家抚恤补助的优抚对象办理交通优待卡。加强优抚信息数据管理，指导各镇、街道退役军人服务站有序开展入户核查工作，上级下达指标完成率达298.67%。100%完成全区享受国家抚恤补助优抚对象的数据审定工作。完成全区388名残疾人员等级核查工作，确保做到“人、机、账、册”一致。推进烈士褒扬工作，完成烈士纪念设施第三阶段数据采集校核，22座散葬烈士墓迁入区烈士陵园。烈士纪念日当天在区委、区政府统一组织和相关单位的配合下，金坛烈士陵园举行了向革命烈士敬献花篮仪式，并对全区11户烈士的父母及配偶家庭进行走访慰问。以“立足济难解困、体现尊崇优待”为原则，建立困难退役军人及其他优抚对象“一本账”制度。疫情期间共帮扶126名困难退役军人，投入帮扶资金12.6万元。“八一”期间对全区低保退役军人上门慰问，年底对部分因病致贫的困难退役军人家庭进行帮扶。推进拥军褒扬工作。完成2020年度义务兵家庭优待金、入伍大学生奖励金及2019年度现役军人立功荣誉金的发放工作。其中现役军人立功奖励金发放19万元。以组织统计为主、个人申报为辅，完成“中国人民志愿军抗美援朝出国作战70周年”纪念章的申报及第一批234枚纪念章的发放工作。

【双拥工作】 2020年，全区各双拥成员单位在不同的拥军基地组织所属人员进行参观鉴学活动。区双拥办在“八一”前组织部分成员单位开展为部队办实事活动，捐赠60万元作为提高部队技防基础建设的资金。区双拥办在端午节、中秋节、“八一”和春节期间组织开展慰问活动，还开展“送法进军营”“士兵退役座谈会”和“科技拥军”等多种形式的拥军活动。各镇、街道在交通要道和主城区主要公共场所、公交站台设立一批大型双拥宣传牌和LED显示屏，并利用公交车车载电视和出租车LED显示屏流动播放双拥宣传标语，以车站、医院、旅游景点等窗口行业单位为主，进一步完善拥军优属优先优惠服务标志及公约。开展荣誉激励和典型宣传工作，配合完成常州市第二届“最美退役军人”和市级双拥模范单位、双拥先进单位、军民共建先进单位、七个“十佳”双拥先进个人的奖励工作；采取多种形式，为辖区内现役军人一等功臣王国平，二等功臣王建华、程剑、周俊等人上门送喜报及立功奖励金；为全区现役、烈属、军属和退役军人等家庭换发“光荣之家”匾牌。做好身边优秀退役军人的宣传工作，依托村、镇、区三级服务体系，积极宣传一批最优秀退役军人，进一步讲好退役军人故事，弘扬时代新风。做好两节期间金坛籍师职以上现役军人、军休干部、重点优抚对象和困难退役军人慰问工作。

（万慧瑾）

老龄事业

【概况】 2020年，全区认真贯彻执行“党政主导、社会参与、全民关怀”老龄工作方针，紧紧围绕“老有所养、老有所医、老有所学、老有所为、老有所乐、老有所教”六个“老有”的工作目标，积极应对人口老龄化形势（全区老年人口14.6万人，占户籍人口26.67%），加强人口老龄化国情省情市情区情的宣传，积极开展第二个老年健康周的宣传。紧抓基层老年协会规范化建设，11家基层老年协会达标市级示范老年协会，32家基层老年协会达市级达标老年协会，切实完善基层老龄工作网络，发挥老年人作用。围绕“共建共享”的敬老月活动主题，组织区领导开展走访慰问活动，先后在尧塘街道、薛埠镇举办两场文艺晚会，让城乡社区的老人共享节日的快乐；区老年大学新校址改造完成并迁入新址办学，精心组织老年大学20周年校庆活动，推进老年教育的深入开展。认真开展老年人心理关爱工作，薛埠镇茅庵村、朱林镇唐王村、尧塘街道水北村按时按质顺利完成心理关爱的调查工作。

【安康关爱】 2020年，区老龄办稳步推进安康关爱行动。经过多年的推广，老年人意外伤害保险已被老年人所熟知，许多镇、街道、社区为体现对老年人的关爱，还为60岁以上的老年人集体购买保险，2020年，全区老年人意外伤害险参保率达85%，全年赔付380多万元，对老年人发生意外伤害起到很好的保障作用。薛来娣被评为全国敬老爱老助老模范人物，仇必文、胡锡珍夫妇被评为常州市第五届“幸福金婚夫妻”。

（唐彤煜）

2020年金坛区百岁老人统计表

表35

姓　名	户籍地址	出生年月	姓　名	户籍地址	出生年月
王来凤	东城街道陇东西塘口2号	1913.12.08	高珍娣	直溪镇井庄村	1920.01.09
戴虎伢	金坛区朱林镇朱林村委	1914.11.03	蒋秀云	薛埠镇东窑村官山村	1920.01.21
张美娣	尧塘街道水东村委徐家505-20号	1915.02.11	方庚娣	金城镇白塔村委野鸡圩41号	1920.05.15
李金娣	尧塘街道迎春村委新元庄23-1号	1916.08.16	邓凡娣	西城街道文化144-401	1920.05.26
沈银根	儒林镇南社村委七堡村35号	1916.09.16	丁荣庚	指前镇解放村委窑墩村2号	1920.05.29
周海凤	西城街道岸头村委大圣塘47号	1917.01.12	王兰凤	指前镇指前村委南仟25号	1920.06.14
张珍保	西城街道南园二村3幢103室	1917.01.13	王士杰	金坛区朱林镇朱林村委	1920.06.15
俞志清	西城街道毛家场11-13	1917.09.13	范炳文	东城街道三村村委戴庄51号	1920.07.05
马来娣	西城街道白凉亭77栋	1918.05.08	商锁妹	指前镇清水渎村委观基渎村34号	1920.07.05
潘　高	指前集镇新街西路43号	1918.09.07	杨立华	西城街道公园新邨12幢104室	1920.07.11
李锁兰	金坛区朱林镇唐王村委冯家村15号	1918.09.22	吴金凤	西城街道黄庄村委黄庄13号	1920.07.14
徐冬英	金坛区朱林镇唐王村委中埂村5号	1918.11.18	葛长春	尧塘街道红旗村委东塘村505号	1920.08.05
韩腊英	直溪镇汀湘村	1918.12.05	吴英华	儒林镇南社村委翟墅4号	1920.08.11
姜培兰	指前镇新河集镇希望路36号	1918.12.09	尹巧英	西城街道市场路24号	1920.08.12
杨小英	西城街道黄庄村委黄庄229号	1919.04.24	王艳秋	东城街道新城东苑3区16幢601	1920.09.20
杨根娣	尧塘街道谢桥村委王家村35号	1919.05.17	汤扣兰	薛埠镇石马集镇	1920.09.24
王兆娣	金城镇元巷村委上庄48-1号	1919.07.12	汤英凤	西城街道沿河东路140幢103室	1920.09.26
陆根娣	尧塘街道水东村委上岸头505-20号	1919.07.16	袁　郁	金坛区朱林集镇	1920.10.08

表 35

姓 名	户籍地址	出生年月	姓 名	户籍地址	出生年月
杨明芽	儒林镇河下村委徐墓墩 505 号	1919.08.11	史珍英	金城镇元巷村委大圩门 105 号	1920.11.02
徐采保	尧塘街道水东村委上岸头 50 号	1919.08.26	姜粉小	儒林镇儒林集镇 74 号	1920.11.14
陆粉琴	金坛区朱林镇黄金村委大河南	1919.09.07	汤生小	金城镇松庄 117 号	1920.11.16
岳友娣	尧塘街道红旗村委西半天 31 号	1919.11.11	王荷娣	东城街道峨嵋社区峨嵋村 81 号	1920.11.20
胡抱娣	西城街道城南村委千东村 505-8 号	1919.12.06	朱桂兰	指前镇新河村委大河庄村 14 号	1920.11.23
龚素英	薛埠镇连山 12 组	1920.01.08	张招娣	薛埠镇上阮村委涧口村	1920.12.07
吉义青	金坛区朱林镇唐王村委宋家棚 57 号	1920.01.08			

民族宗教事务

【概况】 2020 年，全区民族宗教工作围绕做好宗教领域重难点问题整改，强化疫情防控，强化中央宗教工作督查和省委巡视整改成果的转化运用，强化安全生产，突出制度保障，不断提升民族宗教事务规范化管理水平，助力金坛“十四五”时期发展。

【民族团结进步创建】 2020 年，全区开展少数民族人口普查，调整充实联络员队伍。东城街道东方社区马五四获“全市少数民族优秀联络员”称号。春节前夕慰问 99 户困难少数民族家庭，发放慰问金 10 万余元。年内，发放少数民族困难家庭脱贫奔小康光彩基金 11.7 万元，助力少数民族困难家庭 17 户。在全区范围内指导开展民族团结进步宣传月活动，指导昌玉红香芋专业合作社、朱林村、向阳党建果蔬园申报创建省“红石榴家园”。

【安全专项整治】 2020 年，区民宗局制定下发《金坛区宗教活动场所安全工作专项整治活动方案》，多次召开全区宗教活动场所安全生产专项整治工作推进会，召开全区民族宗教工作领导小组（扩大）会议，听取工作汇报。组织开展“春风行动”宣讲、“百团进百万企业”专题宣讲，开展“安全工作专项整治行动应知应会”学习等多种形式，提高广大教职人员和信众安全意识，强化场所安全工作主体责任意识。强化隐患排查，签字背书落实领导责任。建立区、镇、村三级管控机制落实监管责任。建立健全场所安全工作机制，自查自纠落实主体责任。在问题整改方面落实闭环整改。全年排查 355 处隐患，12 月底全部整改完成。

【宗教团体建设】 2020 年，区民宗局加强对全区各宗教团体的政治引领，深化爱国爱教思想。做好宗教领域意识形态问题整改，抵御渗透，抵制极端主义、邪教和封建迷信侵蚀。坚持以社会主义核心价值观为引领，深入开展爱国主义教育培训、讲经交流等活动。组织全区宗教界代表人士举行隆重升国旗仪式、参观区党风廉政建设教育基地、在中共苏皖区一大会址开展现场教学等爱国主义教育实践活动。引导规范开展公益慈善活动，疫情防控期间，三大宗教团体大力倡议各场所和宗教界人士结合自身实际，为疫情防控捐款捐物，捐助款物超 45 万元。引导宗教团体牢固树立依法开展活动的意识，实现政府依法管理和宗教界依法开展活动有机统

9 月 28 日，区宗教界代表参观廉政教育馆

一，推进宗教治理体系和治理能力现代化。建立健全宗教团体重大事项集体研究、宗教团体联席会议、部门领导与团体负责人日常谈心谈话、团体班子年度述职测评等各项管理机制。注重宗教界人才培养，全区有9名教职人员在各类宗教院校攻读本科、硕士学位。加强宗教团体工作保障，落实宗教团体10万元、清真寺和天主堂各5万元的团体工作专项补助经费。

【宗教场所民主管理】 2020年，区民宗局指导全区宗教活动场所建立健全管理组织，解决部分场所管理组织缺位、事务管理混乱，部分场所管理组织人员缺失（长期未换届）职责履行不到位，以及纳入管理未批设立场所急需设立管理组织等一系列问题。为强化管理效果，区民宗局出台《金坛区宗教事务相关事项报告制度》《关于进一步做好宗教团体、宗教活动场所财务管理工作的通知》，指导宗教场所完善重大事项民主议事、民主表决、教务公开、财务收支公布等制度。

【专项治理推进】 2020年，区民宗局全面做好宗教场所疫情防控工作。疫情防控期间，督促宗教活动场所第一时间封闭场所，严格落实宗教活动场所“两个暂停”要求，严格场所人员管控、场所防疫消毒制度，坚持民宗领域疫情防控工作线上日报告、零报告制度。开展佛道教场所商业化问题专项治理，以全区宗教活动场所财务工作专项督查活动为抓手，以自查和督查为主要形式，完成滥塑大型露天宗教造像、投资承包经营佛教道教活动场所等六大类问题第一阶段的深入排查任务。开展民间信仰规范化管理。完成全区民间信仰场所基本信息汇总，建立并完善民间信仰活动场所信息档案。组织镇（街道）统战委员、民宗助理学习《关于做好民间信仰工作的实施意见》，完成7处拟赋码登记民间信仰场所材料上报和41处民俗点备案工作。

（俞　萍）

关心下一代工作

【概况】 2020年，全区各级关工委用习近平新时代中国特色社会主义思想武装青少年，坚持围绕中心，服务大局，充分发挥“五老”志愿者作用，推动关心下一代事业更好发展。各级关工委积极组织开展青少年思想道德、法治教育主题实践活动。年内，区关工委青少年教育报告团到中小学校作有关报告12场，受教育人数达1.6万人。“五老”志愿者长期坚持积极配合司法部门做好社区矫正工作，上门进行一对一帮教，全年结对11人。全区200多名志愿者做好网吧义务监督工作，不定期走访网吧，为青少年健康成长营造良好的社会文化环境。

【青少年思想道德主题教育】 2020年，按照省、市关工委工作计划要求，全区开展以“传承红色文化做时代新人”为主题的青少年教育活动，举办报告会23场，受教育人数2.6万人。东城街道华兴社区关工委举办中华经典·传承中国梦主题活动；华胜社区举办六星少年文明新风尚活动；金城镇关工委在荆溪社区举办“传承红色文化，争做时代新人”主题活动；东城街道关工委举办七彩夏日周末有礼暑期夏令营活动；尧塘街道关工委举办童趣烘焙美味生活活动；西城街道关工委举办“战役里的红色传承”活动；儒林镇关工委联合镇妇联举办“关爱困境儿童，爱心相伴成长”夏令营；薛埠镇关工委组织开展关爱留守困境儿童系列活动；指前镇关工委举办“七彩假日快乐成长”留守儿童夏令营。

【帮困助学】 2020年，全区各级关工委组织开展“结对帮扶，引领人生”活动，引领青少年成长成才。各镇（街道）关工委通过走访调查，落实帮困工作。东城街道关工委志愿者长年坚持入户调查，在“六一”节前拨款2.1万元给予71名困难家庭儿童救助慰问。金城镇关工委帮助12名贫困儿童；尧塘镇关工委开展扶贫助困，推进重点青少年群体帮教工程，关爱留守儿童，建立“一对一”联合服务机制，救助11个村、19名困难儿童，指前镇关工委筹集2万元慰问9名特困儿童，薛埠镇花山村关工委奖学助学1.6万元，奖励5名学生，助学18名学生，儒林、直溪镇关爱贫困学生56名，发放6万多元。区民营企业金昇公司、五香居、润雨服饰、卿卿针织、儒林建筑公司、建昌红香芋合作社等捐资助学100余万元。

（王一鸣　周美芳）

慈善事业

【概况】 2020年，全区组织募集慈善资金总收入3136.86万元，其中，“慈善一日捐”活动区级机关、企事业单位干部职工捐款357.14万元，镇、街道社会各界捐款579.53万元，企业协议捐赠55万元，冠名、定向捐赠1568.12万元，慈善资金保值增值收入577.07万元。全年慈善资金总支出2056.46万元。其中，慈善公益活动救助支出2002.22万元，管理费用支出54.24万元。慈善资金总收入4.08亿元，慈善资金总支出2.89亿元，慈善资金结余1.19亿元，救助和帮扶困难群众16万余人次。

【“一日捐”善款募集】 9月5日中华慈善日，全区坚持“政府推动、社会实施、公众参与、专业运作”的工作方针，启动区级党政机关、企事业单位和社会各界爱心人士参与的“慈

9月9日，区民政系统“慈善一日捐”活动在市民中心开展

善一日捐”活动。区四套班子领导率先垂范，区级机关干部职工慷慨解囊，社会各界积极响应，用实际行动践行慈善公益理念，集中开展慈善扶贫资金募集和志愿服务活动，募得善款936.67万元。

【新冠疫情防控项目启动】 2020年，区慈善总会坚定落实全区新冠肺炎疫情防控工作部署，依法依规迅速启动新冠疫情防控项目，紧急开通线上、线下疫情防控专项捐赠通道，接收新冠疫情防控定向捐款973.65万元，接受捐赠防控物资防护衣100件、医用口罩2万个。坚持依法依规、捐赠自愿、快进快出、公开透明的原则，所有为抗疫接收的款物按照捐赠人的意愿均于第一时间全部拨付抗疫一线。其中，支援武汉疫情防控资金18.35万元，支援常州市区疫情防控资金250万元，用于金坛区疫情防控资金705.3万元。

【公益活动项目救助】 2020年，区慈善总会以公益活动项目合作实施好慈善救助，全年发放项目救助资金1028.57万元。与中华慈善总会、江苏省慈善总会联合实施好中华慈善“拜科奇、科跃奇”援助项目、省“情暖江苏”、“瑞华助孤”、“贫困家庭儿童重大疾病慈善救助”等项目救助活动，发放上下联动合作项目救助资金48.9万元。与镇、街道慈善分会联合开展“春节送温暖”助困项目、为家庭遭遇突发事件的特困群众应急救助项目、镇（街道）敬老院设施服务升级提高老人生活质量项目，发放联合分会共同施救项目资金268.3万元。与区教育局合作实施贫困家庭大中专院校学生慈善爱心助学项目、与区残联合作实施对贫困残疾人庇护托养和小天使康复助残项目、与区妇联合作实施贫困妇女“两癌”医疗救助项目、与区民政局养老服务合作实施“扶助居家养老服务信息平台建设”项目、与区农业农村局扶贫办合作实施农村建档立卡低收入农户“防返贫保险”项目，发放单位合作施救项目资金197.42万元。冠名基金项目定时救助，2020年新增冠名“金坛一建阳光爱心基金”，资金总量1000万元。全年发放冠名项目资金228.4万元。定向捐赠项目精准扶贫救助；按照捐赠人的意愿，全年接转定向捐助项目资金285.55万元。

【规范管理】 2020年，区慈善总会主动接受社会监督。区民政局微信平台有序公示新冠疫情防控项目捐赠款物及流向，区主流媒体定期公布慈善财务收支信息，常州市“阳光扶贫”监管系统及时发布慈善救助信息。全面接受常州金坛金信会计师事务所慈善财务审计监督，定期以通信方式召开区慈善总会四届理事会议接受理事、监事监督，借助报刊、电视、微信平台接受社会公众监督，构建起主管部门监管、行业自律和社会监督相结合的综合监管体系，依法行善，规范组织建设，推动金坛慈善事业健康发展。

（眭震球）

（编辑　储　劼）

金城镇

【概况】 金城镇镇域总面积93.4平方千米，其中耕地3483公顷。全镇辖11个行政村，163个村民小组，总人口约5.6万人。2020年，面对疫情，金城镇坚持科学精准防控，全面压实属地管理责任、企事业单位主体责任，强化联防联控、群防群控，及时遏制病毒输入和扩散。运用“网格化+大数据+铁脚板”工作机制，有序推动全镇2000多家企业和个体工商户复工复产。全年完成地区生产总值100亿元，可比价增长5.4%；一般公共财政预算收入3.82亿元，比上年下降5%；农村居民可支配收入3.84万元，同比增长5.8%。

【工业】 2020年，金城镇完成工业开票销售收入245亿元，比上年增长1.7%；完成工业实际投入35.5亿元，下降17.5%。园区克服疫情期间企业复工周期拉长等不利因素，倾力扶持重点企业，取得显著成效。大唐热电、蓝色星球、双联科技等重点企业均呈现30%的增幅。外贸企业及时调整战略思路，逆势破局。高树饰品直面迪士尼业务急剧下滑，及时开拓其他国家和地区的外贸市场，保持稳定运行；瑞联新材料、激素研究所等企业，积极谋求新发展，实现外贸出口正增长。全年全镇新增股改企业2家、省民营科技企业15家、高新技术企业10家。

【招商引资】 2020年，全镇新增签约引进项目15个，总投资53.2亿元。其中，协议总投资10亿元以上项目2个，5亿元以上项目1个。成功承办2020生物技术和医药产业发展茅山峰会。克服疫情造成的项目建设阶段性停摆，开展精准服务，加快推进重大产业项目，“当升科技锂电新材料产业基地”项目一期投产运行；“鹏辉锂离子动力电池及系统”项目一条生产线量产；“德国胜伟策封装线路板”项目投产运行；兴荣铜业“制冷用精密铜管和小口径无缝铜管”项目全面量产。

【镇村建设】 全年，金城镇围绕农村人居环境整治，完成11个宜居村和2个精品村创建。完成联丰、沈渎和培丰等村垃圾分类及公厕改造工作。从快从严打击违建行为，坚决遏制新增违建。对金阳路、西门大街延伸段等违规设置的广告招牌逐一排查，共计清理各类违规广告牌93处，各类违法建设60起，拆除面积593.27平方米。开展“全域大排查、百日大整治”攻坚行动、交通干线沿线环境综合整治专项行动，实行乱张贴、乱涂写专项治理。

【安全与环保】 2020年，金城镇坚持“政府引导、企业负责、分级推进、全面实施”原则，夯实企业安全基础，帮助企业构建完善安全风险分级管理和隐患排查治理体系、安全生产诚信体系。辖区内486家企业在信息平台录入风险辨识情况，457家企业上报了隐患排查治理情况，549家企业开展诚信承诺申报。鼓励、支持28家企业投保安全生产责任险，120家企业创建安全生产三级标准化。不断加强环保设施投入，新增大气自动监测站1个，建成回收利用NMP水溶液项目1项，完成企业用电在线监控安装49家。全力削减VOCs，完成10家省重点监管企业“一企一策”整治。编制完成白塔区域污水接管工作设计方案，完成城西中心河截污整治工程。全面落实河长制工作，全年累计巡河775轮次，落实各类交办5起，完成率100%。

【农业农村】 2020年，《金城镇全域美丽乡村规划》及“乡村振兴战略”完成编制。南瑶村农业特色产业园完成规划编制，鸣源牧业美丽牧场落地开工。全年全镇完成农业总产值10.8亿元，夏收粮食产量4980公斤/公顷，比上年增长7.1%；秋收粮食产量8685公斤/公顷，与上年持平。全镇

11个行政村总收入超4000万元。加强灌区改造和应急消险等水利工程项目建设，圆满完成防汛抗洪各项工作。完成“三乱”整治项目13项，建成水文监测点8个，全部投入使用。完成小麦百亩示范方创建2个，成功创建成省级绿色优质水稻生产基地。新建常州市育秧点2个，完成轮作休耕面积933.3公顷，落实全年粮食生产面积4266.7公顷。

5月29日，金城镇组织开展儿童节“小手拉大手”欢乐游园会

【社会事业】 2020年，基础教育进一步夯实，全镇辖有学校3所，幼儿园3所，在职教师203人，其中，大专以上学历160人，高级职称42人；在校学生1835人。白塔中学中考人均总分位列全区第三，后阳小学、白塔小学办学水平不断进步，中心幼儿园获常规管理考核一等奖。

文体阵地进一步提升，金城镇组织开展儿童节“小手拉大手”欢乐园游会、“传承红色文化、做新时代追梦人”未成年人暑期主题教育活动；参加江苏省第九届农民运动会农民体育特色项目，获得第六名；参加常州市“美丽乡村”气排球示范健身队展示交流活动，获得优胜奖。

持续推进省级食品安全示范城创建活动，强化食品安全源头防控追溯体系建设。积极开展餐饮单位、企业食堂、校园及校园周边和农贸市场食品安全专项检查。严格开展安全生产大检查、大整治，共检查企业748家次，累计排查事故隐患1669条。全部督促完成整改。

精准脱贫卓有成效。做好阳光扶贫帮扶结对、低收入户建档立卡以及数据跟踪走访，全面完成脱贫攻坚目标任务。围绕“两不愁三保障”（不愁吃、不愁穿；义务教育、基本医疗、住房安全有保障），全年发放民政经费1891万元，全面走访核查低保、五保、“三无”（无生活来源、无劳动能力、无法定赡养人）、两项补贴享受对象1253人，为300名城乡低保、困境儿童、孤儿发放7500千克“暖心米”。白龙荡幸福养老院等民办养老机构服务质量进一步提升。

深化卫生惠民工程，全镇共有卫生院1所，卫生服务站17个，拥有固定资产5146万元，病床100张，拥有卫生技术人员360人。做好适龄妇女两癌筛查以及老年人健康体检的宣传发动和随访工作，全年两癌筛查参检1800人次，老年人免费健康体检11411人次。全镇卫生服务网络覆盖率100%，初级卫生保健普及率100%。农村新型医疗保险参保率100%。紧扣爱卫工作要求，白塔村创成省健康村、镇卫生院创成省健康单位，培丰村通过省卫生村复审。

人口和计划生育事业健康发展，全面两孩政策有序实施。全镇人口文化建设达标率95%以上，依法行政达标率100%，各项奖励扶助政策兑现率100%。

2020年金城镇各村基本情况一览表

表36

村（社区）名	党总支书记 村委会主任	基本情况			集体性收入（万元）	农民人均纯收入（元）
		耕地面积（公顷）	户数（户）	人口（人）		
南　瑶	曹　斌	193.00	1615	5496	617.60	
长竹埂	周小平	78.40	892	2776	258.60	
后　阳	陈　康	533.00	2088	5805	338.50	
培　丰	庄　俊	240.50	904	2838	484.20	
沈　渎	杨国华	252.40	1316	3683	453.10	

续表 36

村（社区）名	党总支书记 村委会主任	基本情况			集体性收入 （万元）	农民人均纯收入 （元）
		耕地面积（公顷）	户数（户）	人口（人）		
元　巷	王罗忠	74.00	2906	8667	711.90	
冯　庄	李小丽	290.10	1524	5960	488.30	
白　塔	谢海清	658.30	2740	8674	527.40	
庄　城	蔡粉祥	547.20	2022	5894	265.00	
前　庄	周　磊	230.40	876	2483	228.40	
联　丰	刘　杰	385.70	1272	3685	271.30	
合　计		3483.00	18155	55961	4644.30	38435

2020 年金城镇骨干企业情况统计表

表 37

企业名称	销售收入 （万元）	利税总额 （万元）	法定 代表人	企业名称	销售收入 （万元）	利税总额 （万元）	法定 代表人
常州茂康医疗用品有限公司	5717.10	1017.40	巫玉章	江苏力拓建设发展有限公司	23779.70	1923.40	陈爱国
常州市金坛木兰服饰有限公司	6015.90	-8.30	佴　慧	江苏凌云药业股份有限公司	7625.40	1742.20	相良斌
上海建工常州建亚建筑构件制品有限公司	8418.20	885.60	蒋小伟	常州德源箱包制造有限公司	9339.80	315.50	李　德
重庆长江造型材料常州有限公司	12714.30	1947.10	吴长松	常州三佳服饰有限公司	6427.30	558.00	王国昌
常州市阿碗精密机械有限公司	4457.80	44.70	李碗京	江苏骏宏服饰有限公司	2143.80	-3.50	艾婷婷
江苏科凯新材料科技有限公司	4702.00	117.00	陈凤华	常州广裕橡塑科技有限公司	8977.20	1932.90	陆　俊
江苏中远消防设备有限公司	13553.80	771.90	钟镭冲	常州三源光伏材料有限公司	5076.80	346.50	蒋国义
江苏源力汽车内饰件有限公司	4641.70	624.70	姚卫军	江苏你好鸭食品有限公司	5239.80	-986.50	孙洪留
江苏通洋船舶有限公司	6768.90	478.40	杨光辉	常州市金坛区城市污水处理有限公司	3164.60	-638.90	张岳庆
江苏拓威机械有限公司	2204.10	298.80	张锡英	常州高瑞时装有限公司	9204.90	331.90	吴　旦
高树（常州）饰品有限公司	4645.50	225.60	洪金锥	常州立渝弹簧有限公司	4262.30	391.80	俞海林
晨风（江苏）针织饰品有限公司	2075.20	-7.50	姚新大	常州华诚电子有限公司	6366.00	920.80	陈　烈
常州源通电子科技有限公司	2248.70	-51.90	蔡玉华	常州市金坛华龙塑业有限公司	4303.10	211.10	孔　玮
江苏伊思灵双第弹簧有限公司	6488.70	2132.90	楼静先	常州市南岗鞋业有限公司	3855.50	189.80	杨　敏
江苏鑫田柴油机有限公司	15702.70	92.20	许　强	常州市金坛康达医用器材制造有限公司	4303.50	324.40	曹书保
常州帝源精密机械加工有限公司	4071.30	261.10	尹光娣	常州市凯丰橡塑制品有限公司	4021.80	29.00	冷荣平
常州市金坛微特电机有限公司	7421.50	521.90	王国俊	常州市金坛文博服饰有限公司	3639.00	19.70	王文华
常州远方卓越汽车部件有限公司	3067.30	146.00	杨里平	江苏索特动力工程有限公司	2721.60	67.80	汤　俊

续表 37

企业名称	销售收入（万元）	利税总额（万元）	法定代表人	企业名称	销售收入（万元）	利税总额（万元）	法定代表人
江苏绿盛工程材料有限公司	3639.30	487.50	蒋一成	常州威斯双联科技有限公司	9606.40	1068.30	林　阳
江苏成松防水材料有限公司	22422.70	1764.10	艾成松	江苏鑫隆复合工程材料有限公司	3986.50	84.80	史月香
江苏翔发丝绸服饰有限公司	3859.40	71.60	蒋云涛	常州苏琦服装有限公司	5622.70	301.60	孙兆炳
江苏登冠医疗器械有限公司	7650.70	130.90	单叶英	江苏大力士云石护理材料有限公司	12753.30	665.60	杜昆武
江苏云康药用包装有限公司	4302.10	140.20	李国云	江苏德道汽车科技有限公司	4685.90	7.30	甘　林
江苏东宝印染有限公司	4618.20	-99.70	孙　文	依里丽颜时装（常州）有限公司	37222.30	2710.00	吴夕军
常州金坛鑫龙服装有限公司	14720.70	642.30	陈鑫元	江苏尚唯汽车饰件有限公司	4070.90	-154.90	刘　帅
江苏金旺智能科技有限公司	24771.20	3063.70	房国荣	常州勤创汽车配件有限公司	3908.10	405.00	黄怡建
常州市金坛鸿羽织造厂	2395.40	45.50	王菊琴	江苏创客新材料科技有限公司	17256.90	1494.40	喻伯强
江苏威龙制药机械科技股份有限公司	3730.60	234.70	蒋玉华	爱派尔（常州）数控科技有限公司	6780.00	686.80	邹简华
常州金坛鑫隆防水塑胶制品有限公司	2781.80	197.30	史龙孝	胜伟策电子（江苏）有限公司	7886.00	-2338.80	PANG YOKE LEE
江苏蓝色星球环保科技股份有限公司	52315.00	-2415.30	尹和平	常州中晟智能制造有限公司	16899.00	558.10	张海涛
常州金晟制药厂	5001.40	742.00	郑锁庆				

（肖建华）

薛埠镇

【概况】 薛埠镇是金坛与溧阳、句容、丹徒、丹阳四县市毗邻的西部重镇，是全国重点镇、常州的西大门，也是苏锡常都市圈与南京都市圈交界处的重要节点区域，属茅山革命老区。2020年，全镇土地总面积132.63平方千米（东进村、仙姑村、致和村、山蓬村和上阮村纳入茅山旅游度假区统计），下辖16个行政村（社区）、2个场圃、3个居委会、194个村民小组，总人口5.26万人。全年全镇实现地区生产总值47.58亿元，比上年增长6.8%；财政收入5.22亿元，减少14.0%；农民人均可支配收入36092元，增长6.2%。

【农业农村】 2020年，全镇农业总产值6.27亿元，同比增长4.7%；粮食总产量2.31万千克，同比减少2.3%。全年培育规模育秧基地12公顷，重点建设5个水稻百亩示范方、734公顷水稻绿色高产示范片。2020年全镇水稻种植面积2200公顷，完成机械化收割面积2200公顷，秸秆机械化还田面积1867公顷，完成稻谷补贴972亩。重点推进倪巷村千亩高标

薛埠镇仙姑村

准农田建设。生猪年末存栏19977头，出栏12838头；家禽年末存栏69.95万只，出栏198.72万只；水产养殖面积652公顷，年产量1425.5吨；水果种植318公顷，年产量5045吨；花木种植2516公顷。镇域茶叶种植面积2733公顷，2020年新增茅麓茶场、罗村屯头茶场2家茶园水肥一体化示范基地200亩。做好“农产品质量安全信息平台”线上监督和线下监督相结合，顺利完成上级下达的快速检测任务4800个，例行检测样品合格率达100%。组织92家农业企业开展农产品质量安全可追溯体系建设，15家农业企业申报绿色食品认证。省级绿色优质水稻基地建设12月顺利通过省级验收，建成绿色优质水稻基地1065公顷。组织农业企业申报高效节水灌溉项目，京东果园、鑫雨茶园等4个主体高效节水灌溉项目通过验收。新增露地喷灌面积87公顷，新增2021年高效节水灌溉项目3家。积极开展乡土人才培育，钱罗洪和王国林分别入选江苏省第二批乡土人才“三带”名人、能手培养对象。茶叶作为特色优势产业，获评第十批“全国一村一品示范村镇”称号。

【工业】 2020年，全镇完成工业开票销售收入104.38亿元，同比增长15.94%。积极开展项目招引百日攻坚行动，全年共签约引进工业项目9个，协议总投资21.5亿元，其中“三新一特”产业占比84.4%。全年完成工业实际投入11.2亿元，其中，设备投入占比76.4%。完成工矿挂钩、占补平衡项目72公顷。经济运行稳中有进，新增规上企业10家，规上企业实现工业开票销售82.2亿元，占全镇总量的78.8%。其中，华能机械净增3.7亿元，和宇新材料、淳厚机械装备净增超5000万元。推进企业股改上市，新增股改企业1家、股改后备企业4家。科技创新成果显著，承担省级科研项目2项，新增高新技术企业6家、民营科技企业8家，取得有效发明专利5件，引进高层次人才9人。全年完成注册外资实际到账1642万美元，同比减少17.9%。

【镇村建设】 2020年，薛埠镇加快构建现代化交通运输体系，南沿江城际铁路、涉铁通道农路、金茅公路东延薛埠段加快建设，直别公路、大社公路建成通车，集镇区前延路、凤凰路东延、盛夏路南延、薛埠大街改扩建如期竣工，园区南部景观提升基本完成，茅东大街综合整治工程全面启动。严格落实“河长制”工作要求，完成镇村两级巡河1200余次。规范整治沿街店面占道经营等行为，开展背街小巷和镇中村的专项整治。完成山蓬村下庄、神亭村粉壁头精品村和38个宜居村建设，深入开展4个被撤并乡镇集镇区专项整治，拆除违章建筑34起1346.8平方米。顺利通过国家卫生镇、省健康镇、省卫生村复审，文明城市建设和城乡长效综合治理水平不断提升。

盘固集团外景

【社会事业】 2020年，薛埠镇开展养老机构安全整治专项行动。新建农村健身场地12个。完成城乡居民基本养老保险续保缴费6516人、住房公积金扩面490人、失地农民进保障307人。完成农村产权交易平台交易72项，实施“万企联万村、共走振兴路”项目22个，增加村集体收入792.3万元。成立金坛首个劳动人事争议个人调解工作室，推进镇、村退役军人服务站规范化建设。扎实推进安全生产专项整治，完成“小化工”专项整治4家，处置无主固废1800余吨、危险废物2吨，构建“技防+人防+网格化”的环境监管模式。持续推进扫黑除恶专项斗争，开展《中华人民共和国民法典》普法宣传，积极做好矛盾纠纷排查化解和信访维稳工作。对符合停保条件的26户低保家庭妥善处理，其中，转为特困户的7户，转为重残的2户，转一户多残的1户3人，其余及时予以停保。新增低保户10户16人。截至2020年12月底，镇域低保户308户515人，全年累计发放城乡最低生活保障资金341.22万元。保障困境儿童186人次，发放保障金22.2325万元。

全镇有中学2所，小学5所，在职教师309人，在校学生数2841人；卫生院2所，卫生室18个，健身广场40个、健身室21个。完成农保续保缴费6516人，城乡居民基本医疗保险缴费40911人，实现应保尽保。净增企业参保人数811人。共办理生育服务联系单273份（网上申请办证

272 份），办理独生子女父母光荣证14 份，受理照顾再生育 17 对，审核登记新增农村奖扶 296 人，特扶 13 人，发放独生子女父母奖励金 63040 元，企业持证退休职工一次性奖励登记709 人，统计上报计生特困家庭 68 人，确认当年年关救助 68 人。

【疫情防控】 2020 年，全镇按照“外防输入、内防扩散、严格管控”总要求，构建镇、村、组工作网络，强化联防联控、群防群控、闭环管控等机制。全镇医务工作者、公安干警、机关干部、志愿者昼夜奋战、坚守一线，广大企业、经营户服从大局、甘于奉献，广大人民群众自觉配合、守望相助，全镇上下齐心协力构筑起疫情防控坚强堡垒，护住了薛埠发展的生命线。在疫情转段的关键期，有效指导企业和学校复工复产、复学复课，全镇经济社会发展快速稳定回归正轨。疫情防控以来，共排查登记中高风险地区来员 1800 余人次，集中组织核酸检测 700 余人次，发放一次性临时生活补助、价格临时补贴 100 余万元、大米等生活物资近 1.5 万公斤。

2020 年薛埠镇各村（社区）基本情况表

表 38

村（社区）名	党总支书记	村（居）委会主任	户数（户）	户籍人口（人）	面积（平方千米）	集体经济收入（万元）	农民人均可支配收入（元）
上　阳	鲁　俊		1156	3183	13.30	332	28671
薛　埠	王春才	王春才	3126	9204	8.20	650	41936
连　山	虞福庚	虞福庚	1119	3323	9.80	389	30288
方　麓	朱锁良	朱锁良	1216	3182	13.96	410	33628
长　山	陈　云	陈　云	770	2251	7.23	368	27318
罗　村	钱国忠	钱国忠	1135	3230	5.72	465	29700
花　山	袁箭峰	袁箭峰	1643	4301	10.35	557	45944
东　窑	周国忠	周国忠	835	2227	7.59	253	21250
茅　庵	杨伟斌	杨伟斌	769	2290	10.21	342	33100
泉　江	季卫民	季卫民	625	1687	7.20	162	35600
下　杖	钱一忠	钱一忠	520	1403	3.40	58	25511
石　马	黄文庆	黄文庆	1219	3114	6.20	347	27373
神　亭	丁家保	丁家保	645	1786	5.50	365	23329
倪　巷	王息保	王息保	803	2234	5.50	527	18365
西　旸	李雪兵	李雪兵	1790	4236	8.70	294	29850
茅　东	王国华	王国华	737	2052	6.00	197	19586

2020 年薛埠镇骨干企业情况统计表

表 39

企业名称	销售收入（万元）	利税总额（万元）	法定代表人	企业名称	销售收入（万元）	利税总额（万元）	法定代表人
奥托立夫（江苏）汽车安全零部件有限公司	183853.37	14127.45	李洪瑞	江苏东禾电声配件有限公司	4604.50	124.78	陈俊隆
常州市金坛华鑫机械装备科技有限公司	159415.45	697.75	柯顺敏	江苏富润生化科技有限公司	4514.56	72.39	孙雪平

续表 39

企业名称	销售收入（万元）	利税总额（万元）	法定代表人	企业名称	销售收入（万元）	利税总额（万元）	法定代表人
常州盘石水泥有限公司	100600.08	17344.13	张锁林	常州市鑫盛印刷科技有限公司	3287.57	266.38	唐建惠
江苏中广核金沃电子科技有限公司	17231.42	476.59	吴 翰	江苏华一船舶有限公司	3425.77	143.59	谢建平
江苏亚邦矿业有限公司	9412.41	930.72	杨建华	常州市金坛盘固塑业有限公司	3100.90	80.04	萧金铅
常州杰达制衣有限公司	14300.37	541.13	徐亚东	常州金坛金星包装有限公司	2699.10	10.54	徐国亮
常州金坛超创电池有限公司	13962.89	714.54	解玉新	常州卡夫特机械有限公司	2218.63	50.21	田启春
常州金坛祥盛精制钙化有限公司	9594.25	102.81	陈国祥	常州市金鹿电缆材料有限公司	2478.09	43.51	吴长全
常州超越特种电缆有限公司	10411.51	64.12	荆庆福	科威尔焊接（江苏）有限公司	5289.71	114.07	张晓平
常州浦港物资有限公司	10354.18	183.83	王冠荣	常州万宏塑胶制品有限公司	4286.56	22.88	吴世诚
常州万容新材料科技有限公司	7321.86	26.39	王国芳	常州市金坛华能机械装备有限公司	46740.78	21.10	柯顺敏
大力新科技（江苏）有限公司	7425.47	128.83	张 名	常州源通再生资源有限公司	5285.56	46.91	柯顺敏
常州市金坛茅麓溶剂厂	2569.11	68.89	曹荣庚	江苏和宇新材料有限公司	9175.80	114.66	张晓宇
江苏壹诺电力器材有限公司	3166.05	69.55	史 超	江苏淳厚机械装备科技有限公司	6955.61	20.47	胡惠民
常州市舜尧服饰有限公司	4103.51	847.26	王开平	江苏兢业制药有限公司	8273.63	445.45	叶 茵
常州市金坛茅麓晨丽制衣厂	6003.21	417.04	陈生根	常州忠正汽车零部件有限公司	2930.40	112.66	黄小忠
常州市金坛区昌鑫制衣厂	5995.47	28.35	王昌明	江苏上田民防设备有限公司	2938.33	214.61	王晓友
常州金坛盘固采石有限公司	5414.48	1262.32	张晓平	常州元泰泓盛混凝土有限公司	2400.30	77.40	徐国林
常州卓雅箱包制造有限公司	2166.67	383.01	周国平	常州新瑞松电子科技有限公司	2721.05	43.86	金石洋
江苏晶昇服饰有限公司	3154.58	360.08	刘 辉	常州市金坛区金陶农配有限公司	2393.51	7.94	王素花

（李志兵）

直溪镇

【概况】 直溪镇地处金坛区西北部，属丘陵地带，拥有丰富的岩盐资源，集镇西侧有盐卤矿区，其盐矿探明储量达 163 亿吨，被誉为“江南第一矿”。全镇区域面积 106 平方千米，下辖 12 个行政村、2 个社区居委会和 1 个养殖场，户籍人口约 5.7 万人，常住人口约 5 万人。直溪镇先后被评为国家卫生镇、江苏省生态文明示范镇、江苏省龙舞之乡以及江苏省和谐社区建设示范乡镇等。2020 年，全镇实现地区生产总值 72.1 亿元，可比价增长 8%，一般公共预算收入 3.93 亿元，增幅 25%。全镇农民人均可支配收入 36072 元。

【农业农村】 2020 年，全镇农业总产值 10.1 亿元，比上年增长 5%。其中，农业类产值 2.2 亿元，牧业类产值 2.7 亿元，渔业类产值 5.2 亿元。创建高产高效示范片，有效带动全镇粮食生产水平，项目区小麦平均单产比非项目区每亩高 40 多公斤；积极推进“两区”划定工作，在保证粮食生产与质量安全的前提下，开展好休耕工作，全年完成粮食生产面积 7933 公顷，休耕面积 1780 公顷；完善基础设施，推进高标准农田建设。对基础设施薄弱的农田进行沟渠路建设，实施建昌、汀湘两村共 6400 亩高标准农田项目；做强做优特色农业，打造特色亮点品牌，积极实施红香芋地理标志产品项目建设，做好天湖泥鳅养殖、稻田综合种养项目示范引领，积极跟进服务井庄村的玫瑰生产基地建设。多渠道综合利用秸秆，全镇基本实现秸秆综合利用整村推进，争取上级资金110多万元，完成小麦秸秆还田任务2000多公顷、水稻秸秆还田任务3000多公顷，农作物秸秆还田率超95%；提升农民专业合作社、家庭农场发展水平，促进农业增产增收，2020年全镇合作社进名录的有7家、家庭农场34家，其中创成常州市百家示范合作社1家、家庭农场8家、金坛区窗口社1家、省级示范家庭农场2家、区级示范家庭农场5家。

【工业】 2020年，全年完成工业总产值185亿元，工业应税销售收入237.9亿元。15家工业企业应税销售收入破亿元，其中5家超过10亿元，东方日升完成销售103亿元，成为该镇第一家百亿级企业。全镇纳税1000万元以上企业8家，超亿元企业2家，其中健尔康纳税2.2亿元，在全区排名第一。11家光伏产业链上企业应税销售收入183.27亿元，比上年增长9%，占全镇应税总量的77%。全年新增工业规模以上企业8家、股改企业2家、高新技术企业4家。

全年工业签约项目12个，协议投资27.46亿元，均属“三新一特”产业，其中，斯威克太阳能电池封装胶膜项目协议投资7.46亿元，健尔康医用酒精片项目协议投资5亿元。完善项目推进快速协调机制，2019年签约的20个项目，18个开工建设。全年实现工业实际投入19.36亿元，其中机械设备投入占比64.9%。工业用电量6.54亿千瓦时，比上年增长28.4%，增幅位居全区乡镇板块第一。按照区《关于加快推进企业股改上市的实施意见》要求，聚焦“三新一特”产业，摸排企业发展状况和股改上市意向，培育股改上市企业力量。成立上市服务专班，出台一企一策，鼓励企业将上市主体放在直溪，斯威克、久诺建材、健尔康3家企业已报省证监局辅导备案。

【建筑业】 直溪镇大力扶持建筑企业和劳务企业的产业融合、政策供给与服务对接，大力输送劳动力资源，为建筑企业提供信息保障、税赋优惠、工程招揽等便捷。2020年，建筑行业健康平稳发展，全年实现税收3001万元，实现建筑业总产值9亿元，比上年增长3.8%。

【第三产业】 直溪镇聚力发展金融、物流、商贸、信息等配套服务业产业有所增长，集聚规模正逐步形成。2020年，全镇有规模以上服务业企业3家、住宿餐饮业1家，全年实现营业收入1亿元，拥有久诺、双全2家生产性服务业企业。致力非物质文化遗产发掘和保护，望仙桥白酒恢复古法白酒配制酿制技艺。

【镇村建设】 2020年，按照产镇融合的理念，启动新一轮《直溪镇总体规划、控制性详细规划及城市设计》以及《直溪镇全域美丽乡村发展规划与镇村布局优化》两个规划的修编工作。溪城雅苑安置房四期完成抽签选房，并实现主体结构封顶。鑫鑫污水处理厂改扩建工程交付使用并通过验收，日处理量1万吨，满足集镇及园区污水处理需要。湿地公园绿化亮化工程、纵一路路灯新建工程先后完工。兴业大道停车场新建工程、陈家山公墓基础设施提升等建设项目也投入使用。新孟河配套工程及熊家枢纽在汛期发挥巨大效益。

【社会事业】 2020年，全镇教育事业稳步发展，直溪中心幼儿园新址完工，于2020年年底正式开园，可同时容纳18个班，540名幼儿。“直溪乡村留守儿童学堂”成功入选江苏省社区教育特色品牌项目，被授予“2020—2022提升农民精神风貌实验乡镇”称号。扎实开展喜闻乐见基层活动，成功举办建昌圩文化研究会、爱心基金会成立十周年庆典。组织开展“送清凉、送安全、送法律”活动、2020龙城职工大舞台暨送文化进基层等活动。直溪中心卫生院通过江苏省区域性医疗卫生中心和优质服务基层行推荐标准的创建，进一步提升直溪医疗技术水平与服务能力。做好社保扩面工作，企业五险征缴人数净增1342人，超额完成全年目标任务。加强重点人群管控，维护镇域和平稳定。全镇共有社区矫正18人，全年共接收社区矫正对象23人，解除社区矫正对象20人，手机定位18人，定位率100%。认真落实信访工作，及时化

直溪镇新貌

解矛盾纠纷。全年共接待来信来访、来电咨询、举报、投诉等各类信访事项145件，已办结144件，1件正在办理。其中，阳光信访平台转来72件，区长信箱5件，党委政府及人大交办4件。

【光采小镇创建启动】 2020年7月，直溪光采小镇成功入选江苏省第三批特色小镇创建名单。10月21—22日，由直溪镇承办的光伏新能源产业发展金坛长荡湖峰会举行。直溪光采小镇创建工作在峰会上正式宣布启动，用三年时间创成光采特色小镇，着力打造“光伏＋储能”融合发展产业体系，对照特色小镇考核验收任务清单，促进产业发展、集聚高端要素、推动创新创业、提高产出效益，推动光伏新能源产业全方位纵深发展。

2020年直溪镇各村（社区）基本情况一览表

表40

村（社区）名	党总支书记 村（居）委会主任	耕地面积（亩）	户籍户数（户）	户籍人口（人）	常住人口（人）	工农业总产值（万元）	集体经济收入（万元）	农民人均可支配收入（元）
坞家村	蒋学京	4595	1210	3589	5680	14961	608	38890
直里社区	王明华	1125	685	2000	3700	1609975	346	37880
直溪社区	蒋国俊	3925	2776	6839	10311	32935	375	37690
汀湘村	汤军强	8423	1530	4300	4390	9461	578	37780
西溪村	孙玉忠	5561	1296	3609	2810	15368	348	37690
王甲村	曹　康	6195	1622	4443	3343	40441	256	37180
溪滨村	耿锁盛	6504	1461	3833	3491	4832	201	36130
巨村村	欧阳林	4550	1058	2958	2914	4425	169	35980
建昌村	巫中卫	6204	1703	4511	3868	6281	297	31034
天湖村	虞冬雷	5477	1288	3469	3408	5079	197	36550
迪庄村	周　竞	2922	1902	4242	5010	17848	249	36980
井庄村	陈　杰	4131	1230	3187	2470	6625	269	29265
新河村	陈向君	6152	1642	4595	5143	15348	146	34790
吕垯村	张旭辉	5462	1681	4573	4412	12347	232	36950
养殖场	曹须海	137	121	358	382	25081	175	36290
合计		71362	21205	56506	61332	1821006	4445	36072

2020年直溪镇骨干企业统计表

表41

企业名称	销售收入（万元）	利税总额（万元）	法定代表人	企业名称	销售收入（万元）	利税总额（万元）	法定代表人
东方日升（常州）新能源有限公司	1032042	18406	杨　钰	常州市金坛天虹管业科技有限公司	5158	154	刘和平
常州中信博新能源科技有限公司	248942	3221	蔡　浩	常州金坛金法码制衣有限公司	4803	131	王维荣
常州斯威克光伏新材料有限公司	209326	6388	吕　松	江苏长河电子有限公司	4400	69	陈荣昌
正信光电科技股份有限公司	242691	5240	王桂奋	江苏双全新材料科技有限公司	4376	412	刘双全

续表 41

企业名称	销售收入（万元）	利税总额（万元）	法定代表人	企业名称	销售收入（万元）	利税总额（万元）	法定代表人
健尔康医疗科技股份有限公司	187495	22295	陈国平	江苏科谷电子有限公司	4339	136	李锦红
江苏久诺建材科技股份有限公司	64280	3978	王四九	常州亚细制衣有限公司	3584	88	王建俊
江苏丰登作物保护股份有限公司	32033	212	纪立新	常州瑞翔金属制品有限公司	3508	36	王　强
常州金坛江南制粉有限公司	21395	77	严　俊	常州卡瓦包装有限公司	3359	104	陈慧俊
常州市金坛区直溪亿晶光伏发电有限公司	14987	277	荀建华	江苏东方广厦模块化房屋有限公司	2934	35	黄周伟
港华储气有限公司	12766	53	徐孜俊	常州港华丝绢工艺制品有限公司	7058	405	李壮民
江苏泽润新材料有限公司	11936	277	陈泽鹏	江苏龙泉太阳能科技有限公司	2844	114	黄　慧
常州市金坛新金冠盐矿有限公司	10038	2749	徐孜俊	江苏金仕威光电科技有限公司	2278	60	叶国金
江苏圣鑫光伏科技有限公司	7755	34	李朝富	常州市金坛区万凯塑胶制品有限公司	2222	46	董德炯
江苏泰力松新材料有限公司	2910	139	常鹏雄	常州牧力新材料科技有限公司	2040	36	王　卫
江苏兆维塑料科技有限公司	7036	35	章立清	常州美高安防科技有限公司	6558	71	吴育忠
常州瑞通光伏设备有限公司	6670	155	卢小玉				

（孙　逸）

朱林镇

【概况】 朱林镇，地形以平原为主，水陆交通发达，常合（原沿江）、扬溧高速公路340省道和茅山旅游大道贯穿朱林镇境内。国家级文物保护单位——三星村文化遗址就坐落在朱林镇三星村境内。2020年，全镇总人口36690人，行政区域面积7699公顷，辖9个村民委员会和2个居民委员会，144个村民小组，耕地总面积3090公顷。全年实现国内生产总值41.07亿元，完成财政总收入3.86亿元，其中公共预算收入2.01亿元，农民人均纯收入32521元。

【农业农村】 2020年，全镇实现农业总产值7.3亿元，农业增加值3.65亿元。全年粮食总播种面积3342公顷，粮食总产量2.44万吨，油料播种面积2637亩，总产量0.05万吨，生猪全年饲养量7110头，肉类产量0.06万吨，家禽饲养量184.49万羽，水产品总产量0.59万吨。现代农业大力发展，“十三五”期间，累计建成高标准农田2.1万亩，成功创建省级绿色优质水稻基地，创成国家级示范合作社2家，省级示范家庭农场6家，先后获评省级“生态文明建设示范镇”“粮食生产全程机械化示范镇”“味稻小镇”等。全年加强优质稻米基地建设，争取省级扶持项目资金80万元。完成农村产权交易68笔，成交金额660.90万元，溢价比5.8%。深化农村合作社股份制改革，印制发放省级农村股份经济合作社股

朱林镇花木基地

份证书。五星级农产品质量安全监管站通过市级验收。厚植乡土人才发展沃土，镇畜牧兽医站站长徐洪庆获评全国“最美农技员”，王娟、戴祥华、张俊华、端木云 4 人获评江苏省第二批乡土人才“三带”能手、新秀。积极推动金坛都市田园 · 黄金软米大农场规划建设。持续推进全域土地综合整治试点方案编制工作。

【工业】 2020 年，全镇实现工业开票销售 67.49 亿元，实现工业增加值 18.71 亿元。产业结构优化升级，规模以上工业企业达 40 家，实现增加值 19.11 亿元。全年签约引进项目 13 个，协议投资总额 24.16 亿元，“三新一特”签约项目占比 100%，其中 15 亿元项目 1 个，实现了重大项目招引的连年突破。项目建设快速推进，2019 年签约引进的 14 个项目中，大诚金盾等 12 个项目竣工投产，华拓智能等 2 个项目开工建设。全年争取用地计划指标 246 亩，实施城乡用地增减挂钩 220 亩。2020 年，朱林镇实现了连续 3 个季度获得绩效评价红旗第一名。

11 家工业企业开票销售收入超亿元，108 家重点企业全年实现开票销售收入 41.16 亿元，对全镇工业经济贡献超六成。全年入库税收超百万元工业企业 43 家，其中日新树脂超千万元。华拓智能、太一光伏被列入常州市重点项目，帕卓管路“交流器水冷自控系统研究与开发”项目被列入常州市科技计划项目。实现进出口总额 5.2 亿元。全年减税降费 1702.7 万元，其中增值税留抵退税 699.5 万元。发改、工信、财政、生态环境等条线向上争取资金 2000 余万元。全年建筑业企业 13 家，从业人数 4489 人，实现入库税收 2.24 亿元。苏南建设公司纳税达 1.9 亿元。

镇工业园区鸟瞰

【第三产业】 全年完成三产增加值 9.96 亿元。占地区生产总值的比重达 24.25%。朱林现代产业园集职工公寓、商贸、商务办公等功能为一体的邻里中心的装修、物业管理服务采购和商业招租到位运行。

【镇村建设】 2020 年，朱林镇区面貌以规划引领发展，编制完成总规、控规、镇村布局、全域美丽乡村、镇区改造等多项规划。园区道路框架结构基本形成，建成主次干道 15 千米，相应道路的水、电、燃气贯通工程和路灯亮化工程全部竣工。水岸风华、龙溪二村一期定向商品房项目竣工交付，龙溪二村二期定向商品房主体竣工。完成龙溪二村一期、水岸风华、中心家园等 5 个居住区燃气入户工程。搬迁企业 14 家 5.6 万平方米，土地清障 2200 亩，涉及 2600 名失地农民全部纳入保障，为园区开发建设、茅山旅游大道、南沿江城际高铁等重点工程项目提供了强有力的保障。拆除各类违章建设 1 万余平方米。整治车辆停放、户外广告、农贸市场等薄弱领域，划定机动车、非机动车泊位 500 余处。完成朱林镇生态文明建设规划修编和朱林现代产业园规划环境影响评价。镇村建设品质提升，基础设施建设加快推进，华林路改造工程竣工通车，龙溪二村二期定向商品房主体竣工，完成东港新村、龙溪新村片区的雨污分流工程。园区形态有效提升，完成园区 2000 亩土地清表平整及障碍物清除工作，持续推进涉铁通道建设。完成 7 个宜居村和 1 个精品村的农村人居环境整治工作。推进文明镇村创建，实现文明城市建设常态长效，清除乱张贴、乱披挂、乱堆放 2436 处，整治流动摊位 251 个，城乡一体化考核、农村环境卫生评比位居全区前列。加快镇区雨污分流实施，建成朱林大街、龙溪大道东延、文化路南延等道路污水管网 12.5 千米。落实河长制，五星圩内河、李巷河等 24 条黑臭水体整治到位。薛埠北河改线整治顺利完工，成功入选常州市“五好河道”。全镇 9 个行政村生活垃圾分类设施实现全覆盖，新建日处理 3 吨有机易腐垃圾分类设施 1 座。推动原华钛化学地块污染问题进入法律诉讼程序并于 6 月正式立案，完成明珠稀土、日新树脂、正丹化工等 11 家重点行业企业用地的土壤调查与评估。认真开展散乱污企业排查治理，296 家单位完成全国第二次污染源普查，完成 214 家单位排污许可证的申领，关停“散乱污”企业 46 家，取缔混凝土搅拌站 4 个，拆除内河码头 3 个，整治畜禽养殖场 75 个。新建农村经济成片林 500 亩、河道绿化长廊 10.2 千米，创成省级森林生态村1个、省级绿化示范村1个。

【社会事业】 2020年，全镇新增就业670人，123家企业领取稳岗补贴305万元。持续优化社会福利保障，全镇居民医疗保险覆盖率98.6%，老年人意外伤害保险体系建设覆盖率达85%以上，发放独生子女父母奖励金3.66万元。成立教育发展基金会，首次募集资金达200余万元。文化生活日趋丰富，全年送戏下乡98场、送电影下乡120场。深入开展脱贫攻坚工作，814户1268人已全部脱贫，持续加强动态监测，坚决防止返贫。强化劳动权益保障，有效开展欠薪治理，处理劳资纠纷156件，劳动保障书面审查网上申报完成率超95%。认真开展违法违规“小化工”百日专项整治，查实2家并完成拆除。建成村“夕阳红”居家养老服务中心7个，完成朱林镇福利院改造提升工程，朱林镇三星残疾人之家以“工疗”+“农疗”的辅助性就业型模式，成为全省残疾系统的新亮点。原址新建朱林卫生院西岗分院，创成常州市级中医馆。新建镇综合文化服务中心，建设拥有图书1.9万余册图书馆，镇文化站创成“全国一级文化站”。不断加大教育投入，改善各类学校办学环境，成立教育发展基金会，获“全国社区教育示范乡镇”称号。受理各类矛盾纠纷及群众来信来访700余起，调解成功率98.5%，镇人民调解委员会获“全国模范人民调解委员会”称号后又获“江苏省规范化建设示范点”称号。推进网格化社会治理，深化落实“三官一律”进网格，持续开展风险隐患排查化解整治行动，扫黑除恶专项斗争取得成效。全年主动公开和依申请公开政务信息280条，办理“12345”政务服务热线诉求523件。

文化活动场所建筑面积580平方米。图书馆1个。公共图书室14个，建筑面积1800平方米，藏书56000册。文化行业从业人员560人，其中事业单位从业人员5人。农村公共体育设施面积达20990平方米，公共文化设施面积7990平方米。全镇有幼儿园3所，在园幼儿330人。小学3所，在校生1021人，专任教师103人，小学适龄儿童入学率100%；初中2所，在校生507人，专任教师107人，初中适龄人口入学率100%，小升初升学率100%，九年义务教育覆盖率达100%。有镇卫生院1所，病床116张，执业医师83人。农村安全饮用水普及率100%，新型农村合作医疗参保实现全覆盖。提供住宿的社会工作机构2家，提供住宿的社会工作机构床位280张，收养人数251人。城乡居民基本养老保险参保人数6075人，城乡居民基本医疗保险参保人数23816人，全镇自来水用户14465户。农村最低生活保障人数211人。农村五保户151人。其中，集中供养63人，分散供养88人。

【2020中国·金坛农民丰收节在朱林镇黄金村举办】 9月22日是第三个“中国农民丰收节”，由民盟江苏省委员会、金坛区人民政府主办，以“庆丰收·迎小康·建设黄金大农场”为主题的2020中国·金坛农民丰收节暨江苏民盟现代农业专家行活动在金坛区朱林镇黄金村举行。省政协副秘书长、民盟江苏省委副主委吴胜兴，副市长、民盟常州市委主委许峥，民盟江苏省委秘书长唐双辰及南农大等高校农业专家百余人出席活动。黄金村从省级贫困村脱贫摘帽后，发展成全区首个全国文明村，“黄金村”牌有机稻米衍生出近20个系列产品，2020年生产总值达2.68亿元。当天，朱林镇一批“万企联万村、共走振兴路”村企联建项目集中签约。至此，联建项目已覆盖全镇所有行政村。

【黄金村帮扶陕西两个村脱贫共同奔小康】 6月10日，陕西省石泉县池河镇良田村党支部书记刘金兰发微信图片，感谢常州市金坛区朱林镇黄金村党总支书记王娟所寄的软香米稻种。黄金村地处茅山老区，曾是省级贫困村。在村老书记严清华的带领下，该村选准种植有机软米稻产业，成为全国“一村一品”示范村，并迈入全国文明村行列。陕西省石泉、宁陕两县，是苏陕协作金坛区的对口帮扶单位，黄金村与良田村、宁陕县筒车湾镇海棠园村结为党建和产业共建村。3年中，黄金村不仅无偿为两个村提供软香米稻种，还派人到村全程进行技术指导。使两个村

黄金村彩色稻米基地

的软香米稻试种成功，亩产超过 400 公斤。黄金村出资 20 万元购买容量为 10 吨的稻谷烘干机赠送给良田村。经黄金村牵线，金坛区出资 200 多万元，分别为良田村、海棠园村各配备一套稻米烘干、加工、包装流水生产线，为两个村走差异化发展之路奠定基础。

2020 年朱林镇各村基本情况一览表

表 42

村（社区）名	党总支书记 村委会主任	工农业总值 （万元）	利税总额 （万元）	农村居民人均可支配纯收入（万元）
朱林村	王卫中	128120	12089	33813
龙溪村	陶小兵	136823	11502	31540
长兴村	王爱平	73773	7211	28418
红旗圩村	朱小群	34400	3420	28000
三星村	罗竹君	5353	5102	32000
沙湖村	王春雷	5882	5211	23500
西岗村	蒋锁政	51282	4871	30569
唐王村	丁沧宇	46820	4422	23800
黄金村	王　娟	27262	2577	28666

2020 年朱林镇骨干企业统计情况表

表 43

企业名称	销售收入（万元）	利税总额（万元）	法定代表人	企业名称	销售收入（万元）	利税总额（万元）	法定代表人
常州市日新树脂有限公司	39284.59	1226.75	陈　敏	常州京洋半导体材料科技有限公司	7102.38	253.87	刘云岗
江苏立华食品有限公司	25942.16	64.66	王咏梅	江苏帕卓管路系统股份有限公司	6916.97	231.17	詹以哲
天成涂装系统（常州）有限公司	24442.54	417.07	杨荣红	常州翔盛新型材料有限公司	6782.61	293.70	许建芳
江苏科菱库精工科技有限公司	19874.86	297.14	徐晓东	常州市金坛小有金属材料有限公司	6210.05	15.97	顾雪阳
江苏健裕健康医疗器械有限公司	16976.32	577.71	储小林	常州市大地肥业科技有限公司	5906.55	23.94	宋乐东
常州瑞峰新能源有限公司	14907.22	65.72	冯　斌	江苏天驰轴承有限公司	5866.29	278.43	李钟平
凡登（常州）新型金属材料技术有限公司	14832.67	392.36	钱海鹏	常州苏昊服装有限公司	5591.84	67.06	刘　昊
江苏科祥防腐材料有限公司	12540.81	584.31	郑国城	常州茂康医疗用品有限公司	5477.70		巫王章
常州日新模塑科技有限公司	10660.23	513.86	王向东	常州科林线缆有限公司	5422.26	909.03	戴根洪
常州新瑞卫生用品有限公司	10141.78	211.93	周立新	江苏应天光电科技有限公司	5336.61	44.23	王　力
江苏富沃德电子科技有限公司	9770.75	343.46	黄扣才	常州市和顺玻璃制品有限公司	5288.89	64.18	周月雷
江苏羽翼铸造有限公司	9192.37	123.02	何　进	凯明（常州）新材料科技有限公司	5231.09	48.35	韩　冰
江苏金动动力机械有限公司	8532.04	-33.52	梁小平	常州市金坛唐王五金装饰有限公司	5116.75	90.96	王春福
常州银丰电力装备有限公司	7716.48	283.97	薛　蔚	常州市旺达变压器有限公司	4710.93	317.07	蔡旺罗

续表 43

企业名称	销售收入（万元）	利税总额（万元）	法定代表人	企业名称	销售收入（万元）	利税总额（万元）	法定代表人
常州市金坛宏达电镀有限公司	4535.92	78.57	蒋志刚	常州海华绝缘材料有限公司	4357.08	105.06	张　布
江苏天鑫机械科技有限公司	4485.32	265.62	朱耀国	日轩汽车科技（常州）有限公司	4252.19	123.15	王银苹
常州市金坛建明机械制造厂（普通合伙）	4233.36	274.56	何建明	常州金坛金岗机械制造有限公司	2603.39	142.14	张兆华
常州恒岫工艺制品有限公司	4168.31	193.55	孙小军	常州方德精密机械有限公司	2485.65	71.33	王学勇
常州大诚金盾新型建材有限公司	3572.07	92.21	焦景丽	江苏鹏德保温包装材料有限公司	2310.33	69.13	薛德保
江苏远能电力设备有限公司	3382.82	73.57	杨　欣	常州市利维铁路器材有限公司	2277.73	135.41	严留锁
日正升汽车科技（常州）有限公司	3304.97	153.69	罗淇升	常州市金坛常泰玻璃制瓶有限公司	2255.78	25.88	诸华头
常州市金坛雄风五金装饰厂	3208.21	19.41	陆明荣	常州品禾金属制品有限公司	2236.55	29.43	李海燕
江苏瑞斯云母制品有限公司	3144.89	1.08	吉英荣	常州洮湖机械有限公司	2108.33	75.35	庄龙华
常州市金坛中特轴承有限公司	2907.54	116.38	唐秀庚				

（韩献忠）

指前镇

【概况】 指前镇位于金坛区南部，东濒长荡湖，西临茅山，总面积105.2平方千米。域内233国道、常合高速、扬溧高速和丹金溧航道贯穿，地理位置优越。辖区内湖岸线15千米以上，自然风光宜人，文化底蕴深厚。该区域为湖积圩田平原，河沟纵横、水网密布，土壤肥沃、物产丰富，拥有水产、水稻“两水”特色产业，长荡湖大闸蟹、金坛指前标米两大特色农产品驰名中外。2020年，全镇户籍人口5.46万人，下辖行政村12个、自然村246个，村民小组数191个，农村居民人均可支配收入32207元，比上年增长6%。全年完成地区生产总值36.09亿元。其中，第一产业生产总值5.14亿元，比上年增长13.97%；第二产业生产总值20.35亿元，比上年增长13.5%；第三产业生产总值10.6亿元，比上年增长4.23%。

【农业农村】 2020年，指前镇获批创建国家农业产业强镇，并被认定为“江苏省优质稻米之乡”，指前标米获评“江苏省地理标志证明商标注册省级项目”。全年全镇实现农业总产值10.79亿元，比上年增长10%；实现农业增加值6.21亿元，比上年增长11.55%。粮食总产量33781吨，夏粮单产334.32公斤，秋粮单产583公斤。渔业类总产值5.57亿元，比上年增长13.95%。出栏家禽811.83万羽，比上年增长103.66%。水产品产量8405.5吨，比上年增长6.16%。大力抓好粮食生产，全年全镇水稻种植面积2533.33公顷，规模种植面积1566.67公顷，同比增长3.2%，产值2.62亿元，同比增长10%。成功创建水稻绿色高质高效百亩示范方10个，落实小麦百亩示范方10个，绿色生产水平和优质品种占比进一步提升。

智能化渔场

1666.67 公顷水稻被纳入“育种—种植—加工—销售”一条龙产业链，每公顷增收 7500 元以上。启动建设常州市首个“5G+ 智慧农业”应用示范基地，智能化渔场入选 2020 年江苏省现代农业类重大项目，并获评全国“十三五”智慧渔业优秀典型案例。深化村企对接，搭建共赢桥梁，村企联建采用保底收益二次分红模式，村集体收入提高 15% 以上，农民收入增加 10% 以上，企业发展规模扩大 30% 左右。推进农村改革，激活内生动力，创成省级示范家庭农场 5 家，常州市百强家庭农场 5 家，百强合作社 2 家。完善出台新的《指前镇农村产权交易考核细则》，对应进未进的项目实行一票否决制，确保村级资源公共交易公平、合理、可操作，全年共交易成功 159 笔，总金额 2889.4 万元。12 个行政村集体产权制度改革顺利完成，52067 名农民成为股东。

【工业】 2020 年，指前镇以新建成的长荡湖科创园为平台，以高质量科技型中小项目为靶心，全力引进发展潜力大的高品质项目。2020 年，共签约引进项目 8 个，总投资 10.64 亿元，完成年度目标任务 70.9%。完善重点项目的协调推进机制，下沉企业，现场服务，切实提高惠企、帮企、稳企的精准度，充分发挥政策的牵引和撬动作用，主动为企业解决实际问题，大力培育一批有支撑实力的“压舱石”企业。2019 年以来，签约落户的 18 个项目中，开工 16 个。2020 年，全镇工业实际投入完成 5.4 亿元，工业开票销售完成 76.2 亿元，新增股改企业 1 家，新增规模以上工业企业 7 家，完成实际到账外资 1000 万美元。年末，全镇共有规模以上工业企业 49 家、工业开票销售亿元以上企业 19 家。建筑、劳务、商贸等逐步形成总部经济支撑，企业基本回到受疫情影响前水平。

【镇村建设】 2020 年，突出规划引领作用，完成指前镇产业新镇总体规划和控制性详细规划的编制和修编。编制《指前镇镇村布局规划》，确定集聚提升类村庄 19 个、特色保护类村庄 1 个、搬迁撤并类村庄 71 个和其他一般村庄 138 个。编制《指前镇全域美丽乡村规划》，确定“一轴（G233）、七区（城镇生活区、滨水休闲区、智慧水产示范区、高效水产养殖区、高标准良田种植区、智慧水稻展示区、都市农业休闲区）、一环（全域美丽乡村精品环线）、多点（2 个被撤并集镇、15 个产业邻里中心）”建设任务。全域推进人居环境整治工作，着力补齐基础设施短板，持续改善村容村貌。完成农村危房排查 245 户，改造 6 户。20 个美丽宜居村、1 个美丽精品村（东浦村）完成创建并通过验收，新河、社头集镇改造方案设计完成。完成指庄线改造工程，大社线、学府路西延段建成通车。提升安置小区管理服务品质，西湖馨宁安置小区一期消防维修工程全面完成，电梯维护保养工程完成招标，西湖馨宁二期 577 套安置房网签备案集中办理完成。

【生态环境】 2020 年，指前镇切实解决突出环境问题，巩固黑臭水体整治成效，完成 3 起中央环保督查“回头看”交办案件的整改销号工作。完成集镇中河、园区莊河等 15 个黑臭水体整治工程，在实施雨污分流的基础上对指前境内全部 79 个入湖排口进行彻底封堵。完善生态环境监管体系，实现排污许可证对所有固定污染源全覆盖。落实控源截污实施方案，完成新河集镇沿河污水管网改造及一体化提升泵站安装调试工程，对 2017、2018 年建设的农村生活污水管网进行全面摸排整改。集镇区域内污水主管网全部建设完成，园区 100% 的重点企业、集镇居民 90% 的生活污水实现接管。加强秸秆禁烧监督考核和综合利用，秸秆还田率由 2019 年的 80% 提高到现在的 90% 以上。推进“养殖尾水净化”项目实施，加快研究水源地上游农业面源污染问题，努力提升水源地水质。该项目采用“生态沟渠—固液分离—生物接触氧化—潜流湿地”的组合处理工艺处理水产养殖尾水，经过三级净化处理之后，水体固体悬浮物去除率达到 95% 以上，总氮和总磷指标可有效降低 80% 以上，排水水质可达到地表水Ⅲ类标准以上，水体可循环利用。

【社会事业】 2020 年，全镇共有小学 2 所、中学 1 所，在职小学教师 74 名、中学教师 119 名，在校小学生 692 名、中学生 1066 名。社头中学整体并入指前实验学校，中学教育资源优化整合工作基本完成。全镇共有图书馆藏书 2.9 万册，全年开展各类群众性精神文明活动 21 场，镇文体服务中心建成乡镇首家“有声图书馆”，“点亮”丰富多彩的文化生活。全镇共有医疗卫生机构 19 家，执业（助理）医师 53 名，床位 55 张。做好重点行业领域职业健康风险隐患排查整治，指导 31 家企业完成国家职业卫生分类分级试点工作，全力保护劳动者健康权益。坚持实行农保“一卡通”缴费，确保各项惠农政策补贴及低保、大病救助等发放到位，全年全镇社保参保净增 465 人，截至 12 月底，全镇社保卡持卡人数 33643 人次，已签约已激活社保卡 30854 张，签约激活率 91.7%。深化对脱贫攻坚领域反馈问题整改，深入开展脱贫攻坚“重补促”“大排查”专项行动，走访 142 个建档立卡低收入残疾人家庭，帮助 3 名残疾人对象申请“远东集团”创业帮扶资金，为 1.2 万名老年人购买意外伤害险，发放退役军人优抚经费 320 万元。探索建立精准防贫长效机制，引入第三方商业保险服务，完善民生保障体系。总投入 171 万元组织实施 5 个村级“一事一议”筹资财政奖补项目，全部完工验收。在全区率先建成镇级数字化应急指挥中心，结合“红橙黄蓝”分级管控体系，实现安全风险源头管控、实时管控、精准管控。

【指前镇获批创建全国农业产业强镇】 4月20日，农业农村部、财政部公示2020年农业产业强镇建设名单，其中，常州市金坛区指前镇为此次全市唯一入选镇。指前镇重点推进现代种植业、智慧农业、农产品加工和农旅融合等项目建设，高质量构建水稻和河蟹产业链，高质量推动产业融合发展，促进产业增值、农民增收。2020年，全镇实现农业总产值10.79亿元，比上年增长10%。

【首届全国水产养殖机械化现场会在指前镇召开】 11月4日，由农业农村部农业机械化管理司主办，金坛区政府承办的首届全国水产养殖机械化现场会在指前镇召开。农业农村部农业机械化管理司副司长王甲云、省农业农村厅副厅长沈毅，以及来自全国的农机、渔业会议代表等200余人参加活动。会议代表来到位于指前镇的数字化渔场和胜利田祥水产养殖场，集中观摩了河蟹、池塘淡水鱼养殖全程机械化装备作业演示。来自全国各地的近40家企业单位参演，100多种水产养殖机械集中展示，涵盖水质调节、水体增氧、智能投饵、水质监测、水草管护、尾水处理、智能信息化管理等环节。

11月4日，首届全国水产养殖机械化现场会现场

【“稻香蟹美，水韵指前”亮相全国“双新双创”博览会】 9月22—24日，由农业农村部、江苏省农业农村厅共同主办的2020年全国新农民新业态创业创新大会在南京溧水白马国家农业高新技术产业示范区召开。大会以“激情创新创业梦圆乡村振兴”为主题，集中展现了农业产业强镇、农村创新创业的最高水准和最新成果。指前镇作为江苏省农业产业强镇代表受邀参展，展位主题为“稻香蟹美，水韵指前”。农业农村部部长韩长赋、省委副书记任振鹤、副省长赵世勇等到现场展位考察指导。

【金坛智能化渔场项目获评全国“十三五”智慧渔业“优秀典型案例”】 11月6日，在安徽合肥举行的2020年第二届中国智慧渔业发展论坛表彰大会上，由常州市金坛区指前镇人民政府报送的“智能渔业平台下绿色健康养殖示范新模式”被中国渔业协会智慧渔业分会评为全国“十三五”智慧渔业“优秀典型案例”。全国共有28个优秀典型案例入选，金坛智能化渔场项目是常州唯一入选项目，展现了智能精准、绿色健康的水产养殖模式，在水产产业机械化、信息化、生态化方面均走在全国前列。

【指前镇获“江苏省优质稻米之乡”称号】 9月16日，江苏农业技术推广协会授予指前镇“江苏省优质稻米之乡”称号。“金坛指前标米”是江苏省的名特优农产品，有600多年栽培历史，获巴拿马万国博览会金奖的“金坛标糯”（“标糯”）就产于该地区，为“金坛指前标米”的品种之一。“金坛指前标米”获第四届“江苏省好大米”十大品牌，并在“2019寻找江苏最好吃的大米”评比中获金奖。“金坛指前标米”的主要种植区域为指前镇全域。“金坛指前标米”的品质特征独特，其米粒外形为非对称性椭圆形，两端头部半径不等，长径比为1.2~1.5∶1，色泽乳白光亮，两端略淡，在剥壳米粒上有“隐槽”腺条，米肚粒圆饱满，雪白透亮，粒粒整齐，生米清香，清香四溢。“金坛指前标米”直链淀粉含量较低，富含蛋白质、脂肪和镁、钙、铁、锌等人体必需的微量元素和维生素。

【“指前鱼灯”走进校园】 指前镇将校园作为传承中华优秀传统文化、树立社会主义文化自信的主阵地，多次举办“‘非遗’文化进校园”活动。9月29日，省级非物质文化遗产项目“指前鱼灯”艺术传承人焦则奎到指前实验学校，现场手把手教授动作技法，让孩子们近距离体验“指前鱼灯”的艺术魅力。11月17日，金坛手机台《主播课堂》栏目在指前镇实验学校开展“保护文化遗产传承文明之光”主题活动，通过非遗文化介绍、知识点讲解、有奖竞答等环节，将“非遗”文化带进校园，将“非遗”知识带进课堂，让学生们更深入地了解金坛“非遗”文化，鼓励他们主动加入到保护传承“非遗”文化的队伍中来。

【区首笔“防贫保险”理赔落地指前】8月5日，指前镇王母观村村民唐某某的6000元“防贫保险”赔偿金到账，是金坛区首笔执行赔付的“精准防贫保险”保单。从出险到理赔到付仅12个工作日。为了巩固脱贫攻坚成果，指前镇参考周边地区做法，4月与中国太平洋财产保险有限公司金坛支公司签订精准防贫保险合同，以政府政策为导向、政府投入准备金为保费、保险公司承保方案为依据，避免贫困户因病、意外和自然灾害致贫返贫。

2020年指前镇各村基本情况一览表

表44

村（社区）名	党总支书记	村委会主任	耕地面积（公顷）	户数（户）	户籍人口（人）	常住人口（人）	工农业总产值（万元）	集体经济收入（万元）	农民人均可支配收入（元）
社头村	张国庆	张国庆	367.0	2820	7423	8344	47912	301.00	31000
解放村	陈永财	陈永财	720.0	1901	5150	3830	30186	290.00	26000
建春村	潘一炳	潘一炳	667.0	1528	4328	3420	30522	195.20	26500
丰产村	李国建	李国建	302.2	578	1680	1670	26282.3	287.00	25000
芦溪村	翟建平	翟建平	559.0	1443	4024	3847	30752	99.31	27121
指前村	王国强	王国强	129.1	1896	5877	8240	59325	148.33	28000
庄阳村	殷美成	殷美成	839.0	1485	4516	2253	30390	250.00	29300
清水渎村	鲍卫强	鲍卫强	21.9	1291	4161	4221	30557	146.27	29959
东浦村	吕建民	吕建民	565.0	1115	3410	3329	34550	472.00	32150
新河村	邱忠华	邱忠华	261.2	2405	7071	7806	31025	141.53	28350
王母观村	谢国裕	谢国裕	865.0	1474	4395	2675	29811	168.39	23645
岳阳村	骆卫忠	骆卫忠	173.0	865	2663	2215	23000	144.70	28050

2020年指前镇骨干企业统计表

表45

企业名称	销售收入（万元）	利税总额（万元）	法定代表人	企业名称	销售收入（万元）	利税总额（万元）	法定代表人
常州约特新材料科技有限公司	127532.4	29434.5	孙　文	江苏铭鼎新材料科技有限公司	6839.4	211.0	李立仁
江苏南顺食品有限公司	78549.3	10161.1	梁玄博	江苏后肖洲阳铝业有限公司	6371.5	223.5	曹玉萍
常州卉意铝业有限公司	39057.3	81.6	呙　平	江苏海定工程机械有限公司	5658.9	130.6	王　俊
江苏华竑非金属矿科技有限公司	24418.1	499.6	高押财	江苏华荣绝缘材料有限公司	5252.3	816.6	陆帮荣
常州市益瑞高分子材料有限公司	24329.1	3839.5	张明杰	常州市金坛区望胜合金铸钢有限公司	5078.4	270.3	王丰明
常州长海焊材有限公司	22131.2	301.5	刁仁根	江苏齐强新材料有限公司	4517.3	159.2	贾　婷
常州市科宇重工科技有限公司	20428.0	221.7	孙木清	江苏金洋造船有限公司	4342.7	-34.1	练文林
常州市卿卿针织厂	19584.3	368.5	姚幼卿	江苏大隆铸造有限公司	4279.7	154.1	金宇裕
江苏华越毛纺有限公司	17834.6	377.4	俞建强	常州瑞华电力电子器件有限公司	4063.9	314.6	陈兴忠

续表45

企业名称	销售收入（万元）	利税总额（万元）	法定代表人	企业名称	销售收入（万元）	利税总额（万元）	法定代表人
常州华德机械有限公司	17263.0	998.3	丁建中	常州毅联幕墙材料有限公司	3962.8	4.2	陆叶华
江苏群达机械科技有限公司	16958.6	10.6	雷羽平	常州睿阳机械有限公司	3535.6	-349.2	朱跃平
江苏双隆铝业有限公司	16567.7	-1178.0	童双青	常州市金坛区恒利精纺有限公司	3531.9	167.6	周金洪
江苏华彬新材料有限公司	15661.1	2402.0	黄　华	江苏安顺压力容器制造有限公司	3369.2	179.2	翟树兵
江苏德邦铸造科技有限公司	11725.5	614.8	张学范	江苏路博减振技术有限公司	2976.8	401.4	王　群
常州凯丽纺织科技有限公司	11217.1	432.6	姚晓东	江苏科奥新材料科技有限公司	2719.9	16.9	徐　伟
常州赛丽家纺有限公司	9952.9	436.5	杨志强	常州市金坛区丰源铁路车辆配件厂	2642.2	30.4	李国芳
常州市倩友服饰厂	9379.3	237.8	姚　青	常州市金坛瑞凌焊接器材有限公司	2452.4	79.8	邱　光
江苏金标毛纺有限公司	8583.2	223.0	邹斌泉	常州金坛茂盛精细化工厂	2405.7	131.4	王卫忠
江苏金鼎新材料科技有限公司	8285.0	-28.1	呙　平	常州奥硕能源科技有限公司	2139.4	8.0	李震旦
江苏博越羊毛科技有限公司	8254.8	151.4	俞建强	常州市金坛区衡欣化学研究所	2095.7	58.6	衡志平
江苏华兴电子有限公司	6963.8	214.1	徐志明	江苏尚革卓越新材料科技有限公司	2044.4	114.0	彭丽琴
江苏助您智能机械科技有限公司	6961.7	-44.1	王宗刚				

（孙亦文）

儒林镇

【概况】 儒林镇位于金坛区东南部长荡湖畔，镇域面积62.2平方千米，人口3.55万人，下辖6个行政村和1个社区，共385个村民小组。是全国重点镇、国家卫生镇、全省首批国家新型城镇化综合试点镇、江苏省健康镇、江苏省生态文明建设示范乡镇和常州市中心镇。2020年，全镇实现地区生产总值59.19亿元；一般公共预算收入1.32亿元；工业开票销售收入171.41亿元。全镇农民人均可支配收入29584元。

【农业农村】 2020年，儒林镇扎实开展农业技术指导，遴选稻麦、园艺、水产科技入户示范户50户，派遣技术指导员入户指导100余次。举办职业农民技术培训2期，培训新型职业农民210人次。编发水产技术情报6期，发放渔情资料6000余份；编印农情资料9期，发放农情小资料15000份。完成渔情采集点1个、渔情信息调查12次，水产病害测报点2个、病害情况调查12次；设置土壤肥力观察哨2个、省级地质量监测点1个，并完成相应的数据监测采集任务。常态化开展农产品质量安全监管，完成农产品日常监管80余次，涉及合作社及家庭农场32家。完成省级组织的农产品质量安全三星级监

美丽乡村建设——柚山村峭壁悬宕

管站评定工作。做好农业政策宣传及补贴工作，发放各类补贴120.19万元。建成农产品电子商务园区，并完成农产品电子商务展馆一处，已投入使用。规范农民专业合作经济组织发展，年审到期家庭农场2家。强化农村集体“三资”监管，完成农村产权交易项目23个，涉及资金1519.33万元。

【工业】 2020年，儒林镇签约引进工业项目4个，协议投资额30.1亿元。全镇规模以上企业34家，工业开票超1亿元企业13家。全力推进项目招引和建设，从投资、税收、安全和环保等方面，把好项目质量关。制定《儒林镇2020年项目招引“百日攻坚行动”实施方案》，全力冲刺招商引资各项目标任务。项目建设协调快速推进，力争实现早建设、早投产、早见效益。在做好常态化疫情防控前提下，想方设法稳住发展“基本盘”，经济发展逐步步入正轨。广泽建设、瑞凯装备等5家企业纳税超1000万元，海锋能源、杰克服装等8家企业纳税超500万元。源美新材料、汤姆森智能等13家企业工业开票超亿元，其中超10亿元企业2家。此外，完成新增1家股改企业的全年目标任务，新增规模以上企业6家，全年新增省级高新技术企业7家，全镇高新技术企业达到12家。

【第三产业】 2020年，儒林镇旅游业加快恢复，全年接待各类游客超100万人次，特别是“十一”黄金周，前往柚山美丽乡村和长荡湖水街等景区参观游览的游客日均达1.5万人次，基本恢复到疫情前水平。柚山、五叶村成功创建省级人居环境综合整治示范村，翟墅等6个自然村创建成“美丽乡村”宜居村。

【镇村建设】 2020年，儒林镇实施239省道儒林段改线工程5.2千米，已建成通车，交通格局进一步优化。农村改扩建公共厕所11座，已投入使用。新建湖头村便民服务中心，2021年初投入使用。有序推进园区党群服务中心、柚山村美丽乡村建设二期工程、儒林集镇污水管网改造工程。实施五叶集镇撤并、环境整治提升工程。同步推进儒林集镇综合环境提升工程，增设非机动车位划线、儒林菜场北侧停车场。河长制工作常态化推进，及时处理涉河水事案件、零散“两违三乱”共计20余处，办理河道施工临时占用手续1次。儒林镇境内河道拓浚总长5.66千米，已基本完成。积极推动黑臭水体、小微水体调查摸排工作，全镇镇、村两级河长巡河共计790次，发现问题30余次、已全部整改到位。完成区、镇两级河长交办单5次。实现农村环境卫生长效管理市场化运作，农村人居环境整治行动持续发力，清理全镇生活垃圾4000吨、建筑垃圾3000吨，村庄河塘轮浚整治共清淤河道7条，河塘8个，完成清淤土方约9.9万立方米。持续保障建设用地需求，完成土地收储6.93公顷，实施土地复垦、增减挂钩等项目15.59公顷。

柚山村田园诗社

【社会事业】 2020年，儒林镇教育工作持续推进，有2所小学1所中学，教职员工125人，在校学生898名。儒林小学小升初考试优秀率在全区33所小学中位居第8；儒林中学在职教师37名；学生190人。儒林中学72名应届考生中，600分以上6人，考取华罗庚中学6人、区第一中学7人。致力于深化卫生惠民工程，全镇共有卫生院1所，社区医务室8个，拥有医生54名，其中乡村医生34名。省首个农村“凤凰书架”在柚山村田园诗社揭牌。成功举办“第二届长荡湖诗会”“赏儒风雅韵行田园诗乡”“水乡船歌”等特色文化文艺活动。“儒林绿团子制作技艺”成功申报为金坛区第六批非物质文化遗产。建成五叶村叶兴、北庄健身广场2个。全年共接待各类调处481件次，调处涉案金额318.1万元，调解成功率98%，其中建档案件调解成功率100%，并全部执行到位。积极推进生物质锅炉整治，3家单位锅炉配套高效除尘设施。制定《儒林镇深入开展安全生产专项整治行动工作方案》，对18个领域的安全生产工作进行多轮次督查和整治。开展危化品安全综合治理和违法违规“小化工”百日专项治理，全镇安全生产形势持续稳定向好。

【人民生活】 2020年，儒林镇加快补齐民生短板、办好民生实事、兜住民生底线。儒风苑、湖香苑安置房以及儒风苑一期配套新建公办幼儿园正在按期推进。儒林敬老院五保老人已全部迁居西岗金馨养老中心安享晚年。全年企业五险同步净增缴费人数266人，新增被征地农民进保障533人，新型农村合作医疗缴费19161人，比例达98.1%，发放各类困难补助1378.4万元。

2020年儒林镇各村（社区）基本情况一览表

表46

村（社区）名	党组织书记	村（居）委会主任	面积（公顷）	户数（户）	户籍人口(人)	集体经济收入（万元）	农民人均可支配收入（元）
柚山村	蒋赤卫	蒋赤卫	760	1282	3815	364	41340
南社村	王夕清	王夕清	723	1607	4671	360	33019
儒林村	周建华	周建华	1150	2962	8825	207	21200
后庄村	谢启飞		560	1320	4024	131	31476
五叶村	尹金虎	尹金虎	1160	3105	8310	181	28090
湖头村	袁　方	袁　方	560	918	2803	222	38269
河下社区	徐云中	徐云中	499	1190	3088	460	27984

2020年儒林镇骨干企业统计表

表47

企业名称	销售收入（万元）	利税总额（万元）	法定代表人	企业名称	销售收入（万元）	利税总额（万元）	法定代表人
常州源美新材料科技有限公司	946052.31	1103.10	潘江峰	江苏海颜新材料有限公司	4552.75	68.12	朱　猛
江苏汤姆森智能装备有限公司	36643.83	1266.17	汤建华	江苏万泰电机有限公司	3678.90	167.97	徐小龙
常州市星光电缆有限公司	21225.42	271.76	蒋亚军	江苏环宇弹簧有限公司	3526.78	10.62	柳　尉
常州市苏优辐照科技有限公司	16640.09	44.78	蒋亚军	常州市腾利汽车配件有限公司	3184.79	46.33	左家梅
常州市新蓝天汇丰钢结构有限公司	15728.82	210.65	刘荣桂	江苏宏艺天地节能科技有限公司	3152.34	150.31	缪建军
江苏君诚新材料有限公司	15344.38	378.84	陆　平	常州市崇信机械科技有限公司	3147.22	26.64	陆小兰
常州杰克服装有限公司	14183.74	677.38	施晞珣	常州祺源精密机械加工有限公司	2950.34	16.35	陆震宇
江苏海锋能源科技有限公司	11500.57	701.05	于伯全	常州信泰包装有限公司	2941.58	156.44	刘桂兰
常州瑞凯化工装备有限公司	11394.57	1503.54	徐志刚	常州市鹏飞铜业有限公司	2815.91	26.22	胡金龙
常州洪记两轮智能交通工具有限公司	10990.00	24.97	陆其兵	常州金坛鑫奥电子元件厂	2578.10	35.70	汤小平
江苏万纳普新材料科技有限公司	7989.67	113.38	李翰卿	常州市银诚精密铸造有限公司	2421.51	302.90	蔡云彬
常州瑞壳新材料科技有限公司	6580.53	51.94	梁春生	江苏灿州环保设备制造有限公司	2342.09	86.19	刘建华
江苏恒宏链传动有限公司	5609.64	411.14	汪　芸	常州威丽新材料有限公司	2229.29	92.22	陈良威
江苏海洋冷却设备有限公司	5138.47	297.32	郭士祯	常州丽龙新材料有限公司	2154.29	37.10	邱校兴
常州市金坛奉献橡塑有限公司	5137.98	31.95	钱　峰	常州金坛万达线缆有限公司	2102.72	38.46	陆和凤
常州市金坛金鸥水处理有限公司	4648.00	114.37	金敖大				

（蒋艺群）

尧塘街道

【概况】 尧塘街道位于金坛区东南部，隶属江苏省金坛经济开发区，东邻武进，南望宜兴，北接丹阳。全街道呈桑叶形，尧塘河、湟里河穿境而过，沪武高速、常溧、金宜、金武公路等省市干线公路贯穿境内。至2020年年底，街道面积87.8平方千米，下辖11个行政村、1个社区（尧顺社区，2019年12月运行），户籍人口5.2万人，人均可支配收入30518元。

【农业农村】 2020年，尧塘街道进一步做大做强花木产业，经营花木50余种，全年经营总额11.36亿元。摸排统计花木规模经营户85户，申报创建国家级、省级示范社各1家，市级优秀合作社2家。村集体经济年收入平均80万余元。谢桥村被评为“国家森林乡村”“江苏省第五批特色田园乡村”，汤庄村富贵塘被评为“江苏省绿美村庄”。继续推进农村产权制度改革，完成11个村集体经济股份合作社组织信息、成员管理、股份管理、股份证书等信息资料系统录入，印制股份证书18351本。持续规范农村集体产权交易，全年完成农村集体产权交易项目38个，交易土地资源6.07公顷，房屋资产5115平方米，交易金额345万元，全面实现街道、村两级常州市农村集体三资监管平台的线上运行工作，确保村级资金申请支付安全与效率。全面完成新型职业农民培训和渔业科技入户工作，全年培训163人次。完成农产品快速检测2400个批次，确保农产品质量安全。

【镇村建设】 2020年，尧塘街道完成全域美丽乡村发展规划，明确水北上汤村，西华李家村、东谢村、西华村、前塘村，水东万家头，迎春东元庄、南站8个集聚提升类村庄和1个特色保护类村庄（谢桥村）。完成12个自然宜居村环境整治并通过验收。迎春、水东、西华、谢桥4个行政村、16个自然村的美丽乡村建设进入施工环节，将水北集镇纳入重点特色镇发展整治项目和被撤并乡镇集镇区整治项目。有序推进垃圾分类工作，在辖区内6个行政村、136个自然村和1个试点小区实施分类，6座分类亭、158组宣传栏、560个摆放底座、1921个分类垃圾桶全部到位，尧夏路南侧的垃圾中转站投入正常运行使用。完成辖区内3座公厕改造升级。深入推进“河长制”各项工作。推动各级河长履职尽责，全年巡河690余次，处理涉河问题28个，对尧塘境内的小微水体进行排摸检查，落实水体的日常管护。

整治后的纪庄河

【征地动迁】 2020年，尧塘街道完成项目地块搬迁152户。其中，“南汤变电所”项目实施房屋搬迁125户，搬迁面积3.43万平方米；“长荡湖北路管网建设”项目实施房屋搬迁8户；完成遗留户房屋搬迁19户，共0.51万平方米。完成钱资湖大道北侧、林丰村钱资东河开发地块、水溧线电力杆线迁移项目地块、华山路地块及中日产业园规划范围地块等片区土地清障190公顷，保障飞荣达智能电源及新材料等重大项目顺利落地。全年实施土地复垦7.91公顷，完成城乡建设用地增减挂钩项目5个，涉及5个行政村、26个地块，净增建设用地10.7公顷。

【社会事业】 2020年，尧塘街道完成海棠明都瑞香园小区安置房交付910户、1249套。为西华村、迎春村涉及新孟河项目的自建安置户办理土地使用证，对海棠明都玉兰园小区房屋不动产权属分割登记，完成网签纳税1185套，发证674套。持续做好双拥优抚工作，统计域内抗美援朝老兵29人，发放纪念章29枚；为7名重点优抚对象申请短期疗养，为295名优抚对象申请办理交通优待卡，组织281名优抚对象体检。完善居家养老服务。完成红旗村、水北村“夕阳红居家养老服务中心”创建，街道11个行政村中有6个村完成居家养老服务中心创建并正常运行。上门走访慰问低保、分散供养五保老人和困难家庭415次，定期回访252个建档立卡贫困残疾人，实时监测22户46人已脱贫不稳定对象，防止因疫返贫、返困。全年发放9类特定对象救助资金共计1290万元，各类优扶资金985万元。“扩面征缴”城镇职工养老保险，年度净增1205人。全年调处人事争议案件15起，简易劳资纠纷31起。助力创业就业。开展创业培训，全年培训86人次，开展高校毕业生就业情况调查31人次。办理妇女小额贷、青年创业贷、工会“双创”贷款共计750余万，帮助43位创业人员解决资金困难。尧塘街道有公办中小学校4所，原汤庄小学于2020年与尧塘小学合并办学，有在校学生2516人。幼儿园1家，有在园幼儿505人。辖区内有2所卫生院，有床位61个，下设9个村（社区）卫生室，有在职医护人员104人，2020年收治患者14.2万人次，开展各类健康教育活动248次，受众人数8270人次。

【综合治理】 2020年，尧塘街道高压态势推进违建整治。强化以行政村书记为第一责任人的考核制度，全年处置违建39起，拆除22处，总面积1537平方米。对公路花园片区违法建设进行全盘摸底调查，查处安置社区违章搭建阳光房、违规破墙开门5起，对社区内乱设广告、铝合金加工等行为进行专项治理。完善网格管理。将原先的70个基础网格优化调整为59个，建立每月通报考核机制，全力做好警网融合。全年接待上访人员11批次31人，受理信访件21件，办理信访复查、复核各2件，受理“12345”热线诉求566件。排查纠纷262件，调处简易纠纷230件，疑难纠纷26件。

【平安建设】 2020年，面对新型冠状病毒肺炎疫情，尧塘街道迅速成立疫情防控指挥部，组建6个专项工作组，辖区内设置97个劝返点，成立450人的“十户联防”志愿服务队，全程闭环管控，严防疫情输入。全力护航复工复产、复学复课，切实加快恢复教育教学与生产生活秩序，督促保障新孟河延伸拓浚、南沿江城际铁路等一批重点项目如期安全复工。抓好法治建设。全年组织法治授课3场，参与人数520人次；开展法治宣传活动1场，发放资料1500余份。协调处理3起意外伤亡事件，落实重点人员的服务管理，未发生重大敏感案（事）件。实施群租房安全隐患集中整治。联合职能部门赴重点村集中摸排群租房安全隐患7次，对私接、乱接电线等问题摸清底数、跟进整改。投入60余万元对敬老院在消防、用电等方面存在的安全隐患进行全面整改，关停取缔未经备案登记、存在重大安全隐患的养老院2家。筑牢安全生产底线。开展百日专项整治行动，摸排辖区内企业、小作坊、小窝点330家，发现违法违规“小化工”1家，并督促其安全拆除。对加油站、校园和校车、建筑施工、商贸、城镇燃气等重点领域开展飞行检查30余次。落实环境保护责任。对辖区内8家化工企业遗留地块进行采样调查并出具报告，确保土壤污染不超标。完成常州市三英农机配件有限公司地块填埋固废土壤及地下水修复项目。对水北金东工业园危废填埋区地块土壤和地下水修复开展自检。立项报批处置省环保厅督办的原江苏华洲能源科技有限公司内遗留危废应急处置和原公司房屋拆除项目。对湟里河、七塘河等4条河道的129个排口逐一编号登记并封堵。对辖区内堆场、施工现场、露天烧烤等进行全面普查，同时加强日常巡查工作。

【获评“特色产业十亿元镇”】 农业农村部公示的2020年全国乡村特色产业十亿元镇名单，尧塘街道入围。尧塘街道共有花卉苗木面积3.23万亩，园林绿化企业67家，其中国家一级资质绿化企业3家，花卉苗木专业合作组织26家，花卉苗木家庭农场15家，花木经纪人3600余人，花木销售收入占全街道农民纯收入的86%以上，花木产业年总产值13.7亿元，约占农业总产值的80%以上。全街道从事苗木产业的有1.5万户，占人口总户数的87%，加入合作社的花木种植户有1.02万户，占总户数的58%。有以花木为主题的休闲观光农业企业12家，其中投入亿元以上的休闲观光农业企业2家。尧塘花木产业形成了以花木基地为依托，公司为龙头，交易市场为平台，园林经纪人为纽带的完整产业链，展现出良好的发展前景。

尧塘实验学校

2020 年尧塘街道各村（社区）基本情况一览表

表 48

村（社区）名	党组织书记	村（居）委会主任	户数（户）	户籍人口（人）	面积（公顷）	集体经济收入（万元）	农民人均可支配收入（元）
西华村	孙华东	孙华东	1902	5148	1280.00	100.38	31005
谢桥村	周国平	周国平	1920	5500	1056.00	821.00	36000
尧塘村	王　健	王　健	2130	4365	318.00	123.87	31813
下庄村	孙文俊	孙文俊	847	2423	250.00	144.30	29800
汤庄村	张国俊	张国俊	1703	4764	535.00	100.50	29629
红旗村	赵志忠	赵志忠	2090	6333	938.00	257.84	30300
水北村	周小平	周小平	2306	5301	661.00	110.00	37500
迎春村	季晓春	张卫星	1738	4806	959.00	201.67	31000
水东村	陈　忠	陈　忠	2178	5740	980.00	162.46	21500
林丰村	夏建新	夏建新	1276	3511	690.00	71.00	29675
万新村	秦建明	秦建明	1601	4323	743.00	191.60	29200
尧顺社区	栾文华	施伟生	1923		60.14		

（张卓琲）

东城街道

【概况】 东城街道地处金坛城区东部，北、东与丹阳市导墅镇、皇塘镇毗邻，南与尧塘街道，西与西城街道接壤。行政区域面积 74.49 平方千米，常住人口 10.04 万人，下辖行政村（社区）22 个。其中，社区 17 个，村（居委会）3 个，农业行政村 2 个，华阳、华光社区由东方社区代管，金东社区由河头村代管，中塘社区由中塘村代管。2020 年，经区政府批准，新设立新桥、新塘社区，暂由新城社区代管，撤销聚贤社区。

【征地动迁】 2020 年，东城街道完成土地平整 127.07 公顷，附属物清障 567 户，中德（常州）创新产业园重点区域环境提升落实到位。完成企业收储 7 家，招标拆除 9 家，有效保障了安博物流一期项目建设。按照开发区园区规划要求，重点攻坚 5 家企业的收储。按照金科园园区规划要求，大力推进金科化学药产业科技创新中心和金坛工业污水处理厂的土地清障。

【经济发展】 2020 年，东城街道围绕税源招商目标任务，采取扎实有效的举措，全年累计完成企业注册 106 家，纳税总额 1267.7 万元，其中注册企业以商贸流通、建筑劳务及建筑业为主。成立项目服务办，由专人进行项目跟踪和落地服务。常态化开展业务指导和培训，每周进行通报、每月召开研讨会。

【城市管理】 2020 年，东城街道一体化推进文明城市建设和城市长效管理，重新制定考核，扩大奖惩力度，实现重奖重罚。启动文明城市建设专项提升行动，开展网格化管理“周周查”，常态化自查自纠。发放《东城街道文明城市建设倡议书》3 万余份，提升群众知晓度。社区每月轮流举办文明主题活动，全年累计举办 5 场。开展文明城市“建言献策”和文明行为“随手拍”倡议行动，征集“金点子”63 条、随手拍作品 78 个。举办“立足岗位展作为，助力文明新东城”青年演讲比赛。

【民生保障】 2020 年，东城街道高质量推进民生工程。先后完成景潭花园一、二期及华城二村省级宜居小区改造，华胜新村、峨嵋村等城中村环境提升及河头菜场改造，华胜幼儿园周边环境及丰田路整治等工程。强化监察、保障权益，企业社保扩面征缴净增 954 人；加强协调、做好排查，全年化解劳动纠纷 52 起。强化服务、落实政策，完成华胜社区、东方新都卫生室改造，华城社区、电胜社区、汇贤社区夕阳红服务中心及峨眉社区老年人助餐点建设。完成 1479 套丁香苑、1353 套蔷薇苑安置房交付结算及 747 套金江东苑不动产权证办理。

创建省级宜居示范居住区提升改造工程后的华城二村

【安全与环保】 2020年，东城街道开展安全生产大排查大检查大整治行动，对12个行业25类场所2279家单位全面摸排，建立行业底册，对发现的107处安全隐患进行整改。抓好“小化工”专项整治，查处关停1家违法违规“小化工”。抓好餐饮燃气安全，448家餐饮单位全部安装燃气泄漏报警装置。围绕污水提质增效精准攻坚行动，排查沿街商铺“小散乱”排水户221户，其中自行停业54户、完成整治103户；排查小区及城中村污水管网23个，完成整治3个。开展城区小柴炉专项整治，取缔400余户小柴炉并更换电热水壶。完成中塘村雨污分流及环境综合整治工程，华光村雨污分流及河塘清淤工程。

【社会治理】 2020年，东城街道发动群众及各类志愿者80000余人次、干部职工2700余人参与新冠肺炎疫情防控工作。通过“十户联防，邻里守望”工作机制排摸辖区居民58666户、153616人，管控重点人员4000余人。严格执行上级疫情防控相关政策要求，加强宣传引导、网格巡查、排查力度，街道范围内未出现因管控措施不到位而导致的确诊病例。加强信访矛盾化解，主动应对、统筹协调，景潭花园一、二期及宜景苑小区管理矛盾和中塘南店组、明星柴墩组征地动迁纠纷等群体性矛盾得到妥善处置。

【网格化综合管理】 2020年，东城街道围绕“基层治理创新年”主题，按照“一年打基础、两年抓完善、三年促提升”的总体目标，以华胜社区网格指挥中心为试点，以点带面，在街道范围内全面推行“多网合一、三级管理”的网格化综合管理工作模式。通过全面整合现有各条线管理网格，建立街道网格管理指挥中心、村（社区）网格工作站，在17个村（社区）网格、97个微网格（三级网格、396个网格员），构建自上而下全力推进、自下而上快速反应的街道、村（社区）、网格三级服务管理格局。开发“网格小助手”程序，实现街道网格化管理信息化流程处理。

2020年东城街道各村（社区）基本情况一览表

表49

村（社区）名	党组织书记 村（居）委会主任	户数 （户）	户籍人口 （人）	面积 （平方千米）	集体经济收入 （万元）
峨　眉	虞国新	4409	4975	0.96	108.64
电　胜	李俊峰	3729	3198	0.61	167.61
华　胜	王月平	4750	2944	2.44	329.39
东　方	史跃忠	7052	4995	4.04	124.42
华　兴	王建伟	4105	5607	11.00	215.43
河　头	马金芳	2216	5408	5.50	283.53
中　塘	沈建华	4885	3850	4.33	270.5
柘　荡	吕国军	2185	7020	10.00	527.36
明　星	陈息定	2052	6621	9.60	175.21
五　联	蒋雪芹	2130	6476	11.50	207.92

续表 49

村（社区）名	党组织书记 村（居）委会主任	户数 （户）	户籍人口 （人）	面积 （平方千米）	集体经济收入 （万元）
新　城	沈　俊	8589	6023	2.20	—
华　城	杨志超	4567	5215	0.60	—
南　苑	杨景贤	3288	2325	0.40	—
金　河	朱慧晶	4532	3127	0.63	—
华　苑	芮晓霞	4452	6126	0.96	—
汇　贤	夏小俊	5016	4174	2.30	—

（陈　琪）

西城街道

【概况】 西城街道东依金坛经济开发区，西临北连金城镇，南接长荡湖旅游度假区和指前镇，境内有241、340两条省道和233国道环绕，常合高速及规划新建的南沿江城际铁路横穿南部区域。2020年区域总面积75平方千米，总人口16.7万人，下辖18个社区、5个行政村，有基层党组织153个、党员3112名。

【动迁清障】 2020年，东城街道房屋搬迁强力推进，仅用45天街道就完成了高铁枢纽地块1个自然村123户农户2.5万平方米的房屋搬迁；全年完成南洲村剩余房屋搬迁7户；完成高铁枢纽黄庄小桥村区域企业收储5家。征地清障有序进行，完成高铁枢纽地块附着物清障65户，征用土地4740亩，办理征地保障562人；完成河海大学高压杆线迁杆项目区域内28户附着物清障。完成长荡湖度假区、滨湖新城区域、高铁枢纽地块区域内17户拆迁清障遗留户的攻坚扫尾工作。及时做好涉铁通道、小垢路南延等10个在建项目地块的清障和矛盾协调工作，确保施工零障碍。

【经济发展】 2020年，西城街道完成地区生产总值144.67亿元、工业开票销售19亿元、一般公共预算收入2.36亿元。紧紧围绕全区“两个加快”，依托新成立的西城街道商会，千方百计开展招商引资，全年引进亿元工业项目3个。加快市场主体培育，新注册个体工商户2670户，新注册企业687家。积极发展创业经济、总部经济、民生经济，盘活原公安局、工商局等2万多平方米的多处闲置楼宇，引进常州魔筷名特优农产品直播基地、中涧建设、好涤洗衣、永安行等企业95家，景灿国际大酒店、上善若水养老等一批城市现代服务业项目竣工投运，西城城市经济创新产业园也在加快建设。

【城市管理】 2020年，西城街道根据“先规划后改造、先地下后地上、先重点后一般”的原则，加快实施2020年排定的62个民生项目，至年末完成上庄农民公寓智慧小区、金禧园改造等项目60个，林丰河水环境整治、非机动车充电停车棚2个项目正在建设中。出台《2020年度文明城市建设及城市长效管理工作考核办法》，高度重视文明城市五年总评迎测，狠抓城市长效管理，大力整治菜市场、背街小巷等重点区域顽疾。完成颐和世家小区等11个垃圾分类达标小区创建工作，拆除违章建筑110处共1200余平方米，清理小区乱堆放等各种乱象2900余处。

常州市“安心菜场“——城南菜市场

【综合治理】 2020年，西城街道抓好疫情防控，助力复工、复产、复学。对餐饮场所瓶装燃气等18个行业领域、南门商业街等重点场所、辖区内317栋高层楼栋、各类生产企业进行常态化安全生产检查和专项整治，排查3286批次，完成司马坊步行街等隐患整治1397个，取缔非法幼儿园7家，整治校外培训机构185家、无证养老机构8家。加强网格化社会治理，办理网格上报事件6.18万件，有效化解3起重点信访积案，调解各类纠纷1947件。大力推进生态文明建设，完成"两违三乱"专项整治14处，加强方洛港河黑臭水体整治销号、温洛港河等36个通长荡湖河道排口整治，加快实施并完成涑渎集镇河截污、南洲河清淤疏浚、官庄污水管网建设和林丰河截污整治工作。

2020年西城街道各村（社区）基本情况一览表

表50

村（社区）名	党组织书记 村（居）委会主任	户数 （户）	总人口 （人）	面积 （公顷）	集体经济收入 （万元）	农民人均可支配 收入（元）
城南村	钱卫军	3788	9252	1407	1011.00	35000
黄庄村	陈阿平	925	2861	360	232.19	31500
涑渎村	顾建华	2022	5890	970	508.65	28000
方边村	田松青	1826	5226	920	506.68	40600
岸头村	张乔关	2251	5933	1040	375.00	28000
五星社区	高小燕	3527	1608	40	—	—
丹阳门社区	徐　瑜	5585	4503	125	—	—
春风社区	周艳丽	5569	7095	112	—	—
北园社区	谈英桃	3617	4133	35	—	—
文化社区	王惠霞	5884	8135	170	—	—
小南门社区	陈腊美	5270	8119	170	—	—
西门社区	闵佳亮	5439	7954	225	—	—
北门社区	李富琴	2436	3228	233	—	—
虹桥社区	吴梓源	4860	9310	45	—	—
东园社区	袁建霞	4081	10854	47	—	—
南洲社区	虞亚俊	918	2076	166	—	—
朱庄社区	丁香云	6050	1993	170	—	—
愚池社区	谢月华	2046	4509	67	—	—
花街社区	朱华香	3600	6421	97	—	—
河滨社区	唐惠娟	3520	5374	37.5	—	—
翠园社区	高　晶	4490	6204	84	—	—
九洲里社区	施可慧	1993	200	27.8	—	—
金安社区	王　宇	3015	289	30	—	—

（印银飞）

（编辑　夏　冰）

新任区领导

陆秋明

中共常州市金坛区委副书记，金坛区人民政府党组书记、代理区长。

1969年8月生，江苏常州人。1989年9月参加工作，1994年5月加入中国共产党，大学文化。

1987年9月至1989年8月常州工业技术学院语言文学系中文秘书专业学习；1989年8至1992年7年江苏武进纺织厂厂办工作、任厂团委书记；1992年7至1998年1月任江苏武进市（县）经济委员会工业系统团委书记（其间：1995年12月至1998年1月借调中共武进市委组织部工作）；1998年1月至2000年11月任中共武进市委组织部组织科科员；2000年11月至2003年8月任江苏省常州市武进区（市）湖塘镇党委组织委员（其间：2000年8至2002年12月中央党校函授学院经济管理专业学习）；2003年8月至2004年2月江苏省常州市武进区湖塘镇副镇长人选；2004年2月至2006年3月任江苏省常州市武进区湖塘镇副镇长；2006年3月至2007年1月江苏省常州市武进区湖塘镇党委副书记、镇长人选；2007年1月至2007年11月任江苏省常州市武进区湖塘镇党委副书记、镇长；2007年11月至2010年6月任江苏省常州市武进区湖塘镇党委书记；2010年6月至2010年7月任江苏省常州市武进区湖塘镇党委书记、江苏省武进经济开发区党工委书记；2010年7月至2013年3月任江苏省武进经济开发区党工委书记；2013年3月至2016年6月任江苏省武进国家高新技术产业开发区党工委副书记、管委会副主任（其中，2015年9月任武进区人民政府党组成员，2016年1月起主持日常工作）；2016年6月至2020年6月任江苏省常州市武进区委常委，武进区政府党组副书记、区政府副区长（正处级）；2020年6月至2021年1月中共常州市金坛区委副书记，金坛区人民政府党组书记、代理区长。

俞金红

中共常州市金坛区委副书记，金坛区人民政府副区长，江苏省政府办公厅秘书二处处长。

1979年8月生，江苏泰州人。2003年7月参加工作，2001年1月加入中国共产党。研究生学历，博士学位。1996年9月至2000年9月在南京大学经济学专业本科学习；2000年9月至2003年7月在南京大学国民经济学专业硕士研究生学习；2003年7月至2004年10月任江苏省政府办公厅秘书二处办事员；2004年10月至2007年12月任江苏省政府办公厅秘书二处副主任科员；2007年12月至2011年3月任江苏省政府办公厅秘书二处主任科员（2008年9月至2009年3月挂职泰兴市政府办公室副主任）；2011年3月至2015年2月任江苏省政府办公厅秘书二处副处长；2015年2月至2015年9月任江苏省政府办公厅副处职秘书；2015年9月至2019年5月任江苏省政府办公厅秘书二处调研员（2018年9月获南京大学理论经济学专业博士学位）；2019年5月至2020年4月任江苏省政府办公厅秘书二处处长。2020年4月起任现职（挂职）。

石江水

中共常州市金坛区委常委，金坛区人民政府党组副书记、副区长。

1977年9月生，河北固安人。

2004年10月参加工作，1999年3月加入中国共产党。博士学历。1996年9月至2000年6月在天津大学建筑工程学院船舶工程专业本科学习；2000年6月至2003年3月在天津大学建筑工程学院船舶与海洋结构物设计制造专业硕士研究生学习；2003年7月至2004年9月任新加坡国立大学研究员；2004年10月至2007年9月在日本东京大学环境海洋工学专业博士研究生学习；2007年12月至2010年1月任美国船级社技术营业开发部亚太北区分部（日本）工程师；2010年1月至2012年2月任常州市发展和改革委员会副主任（聘用）；2012年2月至2020年8月任常州市发展和改革委员会党组成员、副主任。2020年8月至2020年9月任中共常州市金坛区委常委。2020年9月起任现职。

王海波

中共常州市金坛区委常委、组织部部长。

1976年9月生，湖北云梦人。1999年7月参加工作，2001年10月加入中国共产党。研究生学历、硕士学位。1995年9月至1999年7月在湖北大学政治与行政学院行政管理专业大学学习；1999年7月至1999年12月在宁波万达机械制造有限公司工作；1999年12月至2000年8月在宁波新乐电器有限公司工作；2000年8月至2003年7月华中科技大学人文学院哲学系马克思主义哲学专业研究生学习；2003年8月至2005年12月任中共常州市委组织部科员；2005年12月至2011年1月任中共常州市委组织部副主任科员；2011年1月至2013年2月任中共常州市委组织部干部三处副处长；2013年2月至2015年6月任中共常州市委组织部宣传信息处处长、政策研究室副主任；2015年6月至2016年7月任中共常州市委组织部宣传信息处处长、政策研究室主任；2016年7月至2020年5月任中共常州市委组织部干部三处处长；2020年5月起任现职。

王生大

常州金坛区人大常委会党组副书记、一级调研员。

1964年7月出生，江苏金坛人。1982年8月参加工作，1985年12月加入中国共产党。大学文化。1982年8月至1991年8月先后任金坛县汤庄乡农科站技术员、汤庄村党支部书记、汤庄乡多种经营管理站站长（多服公司经理）、科技助理（其间1987年9月至1990年7月在读南京大学成人教育学院经济管理专业）；1991年8月至1994年7月先后任汤庄乡组织委员、乡长助理、副乡长、党委副书记；1994年7月至2000年4月先后任金坛市茅麓乡党委副书记、乡长、党委书记、镇长、人大主席（其间1996年8月至1998年12月在读中央党校函授学院党政管理专业；1997年9月至1999年6月在读苏州大学行政管理专业研究生课程进修班）；2000年4月至2000年10月任金坛市人民政府办公室副主任、党组副书记（主持工作）；2000年10月至2003年1月任金坛市人民政府办公室主任、党组书记；2003年1月至2010年6月任金坛市人民政府副市长、市委政法委副书记（兼）；2010年6月至2013年3月任金坛市人民政府副市长（正处级，援疆）；2013年3月至2014年2月任中共金坛市委常委（正处级，援疆）；其中2010年12至2013年12月任中共新疆克州乌恰县委副书记（援疆）；2014年2月至2014年9月任中共常州市委副秘书长（正处级）；2014年9月至2020年12月先后任中共常州市委副秘书长、调研员、一级调研员；2020年12月起任现职。

沈振华

常州市金坛区人民政府党组成员、副区长，常州市公安局金坛分局党委书记、局长、督察长、四级高级警长，区委政法委副书记。

1973年12月生，江苏溧阳人。1996年8月参加工作，1995年6月加入中国共产党。大学文化。1993年9月至1996年7月在江苏省公安专科学校痕迹检验专业专科学习；1996年8月至1997年7月在武进市奔牛分局刑警队工作；1997年7月至2000年7月历任武进市公安局奔牛分局刑警中队副队长、武进市公安局刑警大队一中队副队长、武进市公安局刑警大队五中队中队长、武进市公安局刑警大队副大队长；2000年7月至2002年4月任武进市公安局鸣凰派出所所长；2002年4月至2002年12月任常州市武进区公安局鸣凰派出所所长；2002年12月至2007年11月任常州市武进区公安局鸣凰派出所所长（副科）（2005年10月获中央广播电视大学法学专业函授本科学历）；2007年11月至2013年3月任常州市武进区公安局党委委员、副局长；2013年3月至2015年5月任常州市武进区公安局党委副书记、政委；2015年5月至2016年12月任常州市公安局钟楼分局党委副书记、政委；2016年12月至2018年9月任常州经济开发区管委会副主任、公安分局党委书记、局长；2018年9月至2020年11月任常州经济开发区管委会副主任、公安分局党委书记、局长、四级高级警长；2020年11月起任现职。

苗　润

常州市金坛区人民政府副区长，青海省共和县委常委、副县长（挂职）。

1982年1月生，江苏徐州人。2002年8月参加工作，2013年12月加入中国共产党。大学文化，硕士学位。1998年9月至2002年6月在扬州大学水利水电工程（农田水利工程）专业大学学习；2002年8月至2008年2月任常州市水利局工程管理处科员；2008年2月至2011年2月任常州市防汛防旱指挥部办公室副主任科员（2009年6月获扬州大学水利水电（农田水利）工程硕士学位）；2011年2月至2012年4月任常州市水利局工程管理处处长；2012年4月至2014年10月任常州市水利局工程管理处处长，常州市城市防洪工程建设处主任，常州市水利建设投资开发有限公司总经理；2014年10月至2014年12月任江苏常州滨江经济开发区管委会副主任，常州市水利局工程管理处处长，常州市城市防洪工程建设处主任，常州市水利建设投资开发有限公司总经理；2014年12月至2015年12月任江苏常州滨江经济开发区管委会副主任；2015年12月至2017年12月任共青团常州市委员会副书记；2017年7月至2019年7月任常州市钟楼区副区长（挂职）；2017年12月至2020年12月任共青团常州市委员会党组成员、副书记（2019年7月任青海省共和县委常委、副县长）；2020年12月任起任现职。

朱天明

常州市金坛区人民政府副区长。

1979年5月生，江苏常州人。2003年4月参加工作，2002年5月加入中国共产党。党校研究生文化，学士学位。1998年9月至2002年6月在苏州大学法学院法学专业学习；2002年7月至2003年3月在常州市新北区委宣传统战部工作；2003年4月至2005年4月在常州市新北区（常州新区）机关事务管理处工作；2005年4月至2007年10月任常州高新区（新北区）党政办公室政策法规处副处长；2007年10月至2014年10月先后任常州市委统战部科员、办公室副主任、办公室主任；2014年10月至2014年11月历任常州市委统战部办公室主任、新北区罗溪镇党委副书记（正科级）、副镇长、镇长（提名）；2015年10月至2019年5月任常州空港产业园党工委副书记、管委会主任，新北区罗溪镇党委副书记、镇长（2016年3月选举）；2019年5月至2019年11月任常州空港产业园管理办公室主任，新北区罗溪镇党委书记；2019年11月至2020年12月任常州空港产业园管理办公室主任，新北区罗溪镇党委书记、一级主任科员；2020年12月起任现职。

先进人物

姚伟忠

常州亿晶光电科技有限公司车间主任。1980年8月生，江苏金坛人。中共党员，本科学历，2003年7月参加工作。2020年全国劳动模范。曾获江苏省劳动模范、常州市劳动模范、金坛市劳动模范称号、金坛市杰出青年英才荣誉称号。

姚伟忠在生产一线工作16年，任劳任怨，刻苦钻研，舍小家顾大家，无私奉献。在被公司领导提升为生产管理人员后，深感自己责任重大，坚持以身作则、以人为本的理念，抓管理，促效益，求创新。他起早贪黑，节假日也不例外，每逢台风、暴雨都会坚守现场指挥，确保正常生产运行，给车间员工树立了爱岗敬业、廉洁奉公的形象。

陆旭东

常州市公安局金坛分局交通警察大队三中队指导员，二级警督。1970年6月生，江苏金坛人。中共党员，大专学历，1990年12月参加工作。2006年10月从部队转业后参加公安工作，陆旭东始终坚持以人民为中心的工作理念，深耕基层交通管理一线，以满腔的工作热情、高度的责任心和为人民服务的真心坚守着自己的平凡岗位，始终把“形象好、秩序好、道路畅通、群众满意”作为努力的目标，从点滴做起，从小事做起，坚持不懈地为民办好事、解难事，在平凡的岗位上做出了不平凡的事迹。他14年如一日地坚持上下学高峰期在校园门口维持交通秩序，为孩子们进校门开车门、背书包、撑雨伞，群众亲切地称他为“黑皮警察”。陆旭东相继获全国优秀人民警察、中国好人、江苏好人、江苏最美警察、江苏省模范军队转业干部、江苏省“十大执法爱民”交巡警称号，立个人一、二、三等功各1次。2019年2月，中共中央宣传部、公安部联合授予陆旭东全国“最美基层民警”称号。2020年11月被中央文明委评为全国未成年人思想道德建设工作先进工作者，12月获评全国“公安楷模”，公安部授予其“二级英模”称号。

（潘一平）

韩寅飞

江苏省金坛经济开发区纪工委书记。1974年11月生，金坛金城镇人，1992年12月参加工作，1995年3月加入中国共产党。

疫情爆发以来，韩寅飞主动承担起3处隔离观察点、青年公寓、企业网格的管理工作，开启了防疫防控“全天候”工作模式，累计摸排企业2000余家，摸排零散隔离人员163人。在境外疫情日益严峻的关键时期，面对以SK项目为首的大批亟需来坛韩籍客商，他又承担起组织国际包机及人员安置隔离工作。从韩籍人员身份确认、首尔—常州包机对接、防疫专车接送安排再到隔离点布置，确保做到对所有境外来坛客商“底数清、情况明”。累计组织首尔—常州包机共计7个批次，妥善安置隔离710余名韩籍人员。做好到坛韩籍人员闭环管理和服务保障，获得了韩籍人员的高度认可，出色完成涉外疫情防控任务，充分彰显了金坛区良好营商环境。

韩寅飞先后获金坛市政府嘉奖、常州市委市政府信访工作突出贡献个人、金坛区政府嘉奖、金坛区政府嘉奖。2020年被省委省政府授予全省抗击新冠疫情先进个人。

丁东亮

金坛区人民医院重症监护室主治医师。1984年12月生，2008年8月参加工作，2015年12月加入中国共产党。大学学历，学士学位。

2020年2月8日，他接到了上级任务，去往湖北支援，并担任金坛医疗救援队队长。作为队长，他不但要承担严峻的防控任务，还要在队员的思想、工作、生活等方面都进行周密的安排。

工作中，他考虑到此次病毒的传染性，经过反复思考并结合实际情况，最终制定了比原规定更加严格的《金坛队住所感染防控要求》，以保证每个队员的安全。并通过微信视频会议等形式及时传达组织要求以及工作流程，让大家掌握工作要领，和大家一起学习相关知识，练习防护技能，圆满完成驰援武汉的任务。

2020年度，丁东亮被中共常州市委评为常州市优秀共产党员。获得省人力资源和社会保障厅、省卫生健康委员会“江苏省新冠肺炎疫情防控”记功奖励。获省委、省政府全省抗击新冠疫情先进个人称号。

吕云磊

金坛区疾病预防控制中心主任。1976年11月生，江苏金坛人。公共卫生硕士，2010年6月加入中国共产党。1997年7月起在金坛区疾控中心工作，先后从事结核病防制、急性传染病防制、免疫规划、卫生应急等疾控工作。

2020年春节前，他敏锐地觉察到新冠肺炎疫情的潜在威胁，组织科室超前采购了25万只口罩、200箱泡腾片、6000瓶酒精等防护物资。疫情发生后，他带领中心承担起全区疫情防控物资总库职责，积极做好各类疫情防控物资的采购、存储、分发及统筹调度工作。

新冠疫情暴发后，他第一时间组建队伍，组织制定防控方案，带领职工从大年初一起进驻单位，24小时奋战在流行病学调查与处置、疫点消杀、核酸检测、重点人员管理等抗疫一线。

疫情得到控制后，他又带领职工深入企业、学校、社区，全力做好复工复产复学的技术指导工作。指导全区95家重点企业、107所学校的全面复产复学。

吕云磊被金坛区委区政府授予“2016-2020年感动金坛先进人物”称号，2020年被省委省政府授予“全省抗击新冠肺炎疫情先进个人”称号。

（江明忠）

徐洪庆

金坛区朱林镇畜牧兽医站党支部书记。1965年11月生，金坛区朱林镇人。大学本科文化，高级兽医师。1984年1月参加工作，1989年7月加入中国共产党。2020年9月，被中华人民共和国农业农村部授予第二届“最美农技员”称号。

37年前，他接过父亲的兽医药箱，在平凡的岗位上倾心惠农、真情奉献。他所负责区域的执法办案、检疫档案、免疫档案完整规范，动物免疫密度及免疫抗体合格率连续多年达到考核要求。他管辖的区域从来没有一例投诉，没有重大动物疫情发生。他长期坚守在兽医一线，全身心投入“金西现代畜牧产业园区”的建设，以“公司+农户”的生态养殖发展模式，坚持“做给农民看，带着农民干，实现农民富”，实做乡村振兴带头人。

徐洪庆先后获“江苏省农技推广服务先进工作者”“全国最美基层兽医”“江苏省农业系统优秀共产党员”“江苏好人”等荣誉称号。

（韩献忠）

丁良浩

中共党员，南京市鼓楼区方家营消防救援站站长助理、三级消防长。2020年4月获共青团中央、全国青联授予第24届“中国青年五四奖章”。

1982年10月生，金坛区指前镇清水渎村人，2000年12月参加中国人民武警消防部队。20年中，他在汶川地震救援、靖江德桥仓储爆炸火灾、天嘉宜化工特大爆炸事故等急难险重任务中舍生忘死、冲锋在前，立一等功2次、二等功1次、三等功8次。他先后被评为全国优秀人民警察、江苏最美警察等。2019年，作为消防救援指战员代表，应邀参加庆祝新中国成立70周年花车巡游。

王国平

中共党员，武警海警总队广东支队汕头大队一级警士长。2020年7月立一等功。

1974年9月生，金坛区西城街道人。1993年12月入伍，1996年10月加入中国共产党。他在艇上服役27年，先后参与并出色完成西沙巡逻监管、北京奥运会和广州亚运会安保、上海世博会安保反恐演练、缉毒专项行动等一系列重大任务，累计查获走私案值10亿元，毒品近3吨。2012年，他和战友们执行远航任务，备航时发现舵轴连接杆脱落，在排除故障过程中，其左手中指与无名指第一节被夹断。接上手指不到一星期，他就要求出海执勤。王国平曾获“全国自强模范”“优秀士官人才一等奖”，立一等功1次、二等功1次、三等功7次。

（陈书明）

逝世人物

颜　诚

1921年4月生，江苏金坛人，初中文化。1939年4月加入中国共产党，1938年12月，参加革命工作。1938年12月起，先后任江南新四军一支队司令部特务连战士、班长，镇江五区自卫总队队长；1941年3月任镇江五区区长、县大队指导员、保安大队大队长；1941年8月任丹北保安司令部英雄连连长、队长、指导员；1942年10月任丹北区区长、区司令部和特务一团侦通参谋；1946年4月任江都县武委会副主任、县总队部副总队长、中共山北县区特派员；1949年3月任镇江交际处处长、县公安局局长；1951年9月任丹徒县县长、中共丹徒县委书记；1955年3月任镇江专区法院院长、中共镇江地委政法部部长、镇江专署副专员；1957年9月任中共丹阳县委书记；1958年9月任中共常州市委副书记；1965年3月任常州市政协副主席；1974年6月任常州市“五·七”干校校长、核心小组组长；1977年3月任常州市革委会组织组负责人；1977年7月任中共常州市委常委、组织部部长；1978年2月任中共常州市委副书记；1980年10月兼任中共常州市纪委第一书记；1981年2月兼任中共常州市委政法委书记；1983年2月起任中共常州市委顾问。1986年12月离休，1995年1月享受正厅级待遇，2011年5月享受副省长级医疗待遇。2020年6月22日逝世，享年99岁。

（陈书明）

卜阿顺

1943年7月19日生，金坛区直溪镇迪庄村人，小学文化。1975年5月加入中国共产党。曾任大队治保主任、民兵营长、厂长，晚年做过集镇环卫工，为人忠厚，做事认真，待人热心，深得村民爱戴。2020年8月5日下午3时许，建昌中学学生小余与同学小高至迪庄村委周家棚自然村缪某某承包的鱼塘码头玩耍，小高不慎落水，小余不会游泳，遂跑到鱼塘西边周家棚喊人救援。外出倒垃圾的卜阿顺听到呼救后，直奔出事地点跳水救人。由于鱼塘水深（约4米）、体力不支等因素，卜阿顺最终没能救起落水少年，自己的生命也永远定格在这一天。

10月14日，中共江苏省委原常委、省纪委原书记、省见义勇为基金会理事长弘强一行专程到直溪镇迪庄村，慰问见义勇为老人卜阿顺的家属。12月17日，金坛区人民政府追授卜阿顺“常州市金坛区见义勇为先进个人”称号。

（潘一平　陈书明）

（编辑　吕洪力）

2020 年度金坛区获国家部、委表彰的先进集体情况一览表

表 51

获奖单位	荣誉称号	授予单位	授予时间
金坛区科协	全国科普日优秀组织单位	中国科协办公厅	2020 年 12 月
共青团金坛区委	全国大学生“返家乡”社会实践活动试点区	共青团中央	2020 年 7 月
常州市金坛区河长制办公室	“助推绿色发展建设美丽长江”全国引领性劳动和技能竞赛 2019 年度“长江经济带全面推行河（湖）长制先进单位”	中华人民共和国水利部	2020 年 12 月
儒林镇人民政府	国家卫生镇	全国爱国卫生运动委员会	2020 年 10 月
袁湘勤家庭	全国最美家庭	全国妇联	2020 年 7 月

2020 年度金坛区获评省条线先进集体情况一览表

表 52

获奖单位	荣誉称号	授予单位	授予时间
金坛区	中央环保督察交办问题整改、环境基础设施建设、生态环境质量改善及生态建设成效明显的地方	江苏省人民政府办公厅	2020 年 5 月
金坛区供销合作总社	2020 年度二十强县级供销合作社	江苏省供销合作总社	2021 年 2 月
金坛区妇联	第二届江苏女性融媒体创意大赛常州分赛区优秀组织单位	江苏省妇联	2020 年 7 月
金坛区水利局	水利建设投资落实好，省水利基本建设投资计划完成率高，年度工作成效明显	省政府办公厅	2020 年 5 月
常州市不动产登记交易中心金坛分中心窗口	江苏省巾帼文明岗	省妇联、省妇女“双学双比”竞赛活动领导小组、省“巾帼建功”活动领导小组	2020 年 12 月
金坛区科协	全国科普日优秀组织单位	江苏省科协	2020 年 12 月
金坛区科协	2020—2021 年度江苏省全民科学素质大赛网络赛优秀组织单位	江苏省科协	2021 年 1 月
金坛区科协	2020 年科技志愿服务及科普中国信息传播工作优秀组织单位	江苏省科协	2021 年 1 月

续表 52

获奖单位	荣誉称号	授予单位	授予时间
金坛区科协	2020 年度“县级科协创新能力提升计划”优秀单位	江苏省科协	
共青团金坛区委	江苏省“青年联合会换届”工作试点区	共青团江苏省委	2020 年 6 月
东城街道团工委	2019 年度“江苏省五四红旗团委（团工委）”	共青团江苏省委	2020 年 5 月
区第四中学团委	2019 年度“江苏省五四红旗团委（团工委）”	共青团江苏省委	2020 年 5 月
区金坛中专团委	2019 年度“江苏省五四红旗团委（团工委）”	共青团江苏省委	2020 年 5 月
朱林镇西岗村团总支	2019 年度“江苏省五四红旗团委（团工委）”	共青团江苏省委	2020 年 5 月
东城街道华胜社区	双拥模范单位	中共常州市委、常州市政府、常州军分区	2020 年 11 月
国家税务总局常州市金坛区税务局	双拥模范单位、军民共建先进单位	中共常州市委、常州市人民政府、常州军分区	2020 年 11 月
金坛区人社局	双拥模范单位	中共常州市委	2020 年 11 月
薛埠镇人民政府	双拥模范单位	中共常州市委、市人民政府、常州市军分区	2020 年 11 月
东城街道汇贤社区	省级健康社区	江苏省爱国卫生运动委员会办公室	2020 年 12 月
东城街道华兴社区	省级健康社区	江苏省爱国卫生运动委员会办公室	2020 年 3 月
东城街道华兴社区	省节水型社区	江苏省水利厅　江苏省发展改革委	2020 年 8 月
常州市金坛区司法局	江苏省“七五”普法中期先进集体	省委宣传部、省法宣办、省司法厅	2020 年 1 月
金坛后续照管工作站	2019 年度后续照管工作先进集体	江苏省戒毒管理局	2020 年 6 月
金坛区金沙法律服务站	2016—2019 年度江苏省优秀基层法律服务所	省司法厅、省基层法律服务工作者协会	2020 年 8 月
常州市金坛区婚姻家庭纠纷人民调解委员会	全省优秀人民调解委员会	省司法厅	2020 年 9 月
国家税务总局常州市金坛区税务局	江苏省双拥公益短片大赛优秀作品奖《“军爸爸 税妈妈”老区留守儿童多了个家》	江苏省双拥工作领导小组办公室	2020 年 11 月
国家税务总局常州市金坛区税务局	《孩子愿你的前路不再孤单》——江苏新时代“巾帼志愿者优秀暖心故事”	江苏省妇女联合会	2019 年 12 月
薛埠镇仙姑村	江苏省美丽家园示范点	省妇联、省妇女“双学双比”竞赛活动领导小组办公室	2020 年 6 月
尧塘街道谢桥村	江苏省美丽家园示范点	省妇联、省妇女“双学双比”竞赛活动领导小组办公室	2020 年 6 月
常州市金斗云农产品销售专业合作社联合社	省巾帼示范专业合作社	省妇女“双比双比”竞赛活动领导小组	2020 年 12 月
常州市卞老汉草莓专业合作社	省巾帼示范专业合作社	省妇女“双比双比”竞赛活动领导小组	2020 年 12 月
金坛区薛埠兰亭居客栈	省巾帼示范精品民宿	省妇女“双比双比”竞赛活动领导小组	2020 年 12 月
常州茅山园田居民宿	省巾帼示范精品民宿	省妇女“双比双比”竞赛活动领导小组	2020 年 12 月

2020年度金坛区获评国家部级、省级条线先进个人情况一览表

表53

姓　名	单位职务	荣誉称号	授予单位	授予时间
吴承艳	江苏吴承艳律师事务所主任	全国公共法律服务先进个人	司法部	2020年1月
贺罗凤	薛埠镇政法和社会事业局局长	获开展“大排查、早调解、护稳定、迎国庆”专项活动通报表扬	司法部	2020年3月
张静	金坛区水利局新孟河建设处主任	“助推绿色发展建设美丽长江”全国引领性劳动和技能竞赛2019年度长江经济带重大水利工程建设劳动和技能竞赛先进个人	水利部	2020年12月
王虎琴	金坛农产品检验检测中心主任	江苏省三八红旗手	省妇联	2020年11月
罗　琪	国家税务总局常州市金坛区税务局办公室副主任	江苏省巾帼建功标兵	省妇联、省妇女“双学双比”竞赛活动领导小组、省“巾帼建功”活动领导小组	2020年12月
汤鹏飞	共青团常州市金坛区委书记	江苏省共青团工作先进工作者	共青团江苏省委	2020年1月
汤鹏飞	共青团常州市金坛区委书记	2019年度“江苏省优秀共青团干部”	共青团江苏省委	2020年5月
李耀文	共青团常州市金坛区委办公室主任	全国“三下乡”工作先进个人	团中央青年发展部	2020年11月
李卫星	金坛区就业和人力资源服务中心团支部书记综合科副科长	2019年度“江苏省优秀共青团干部——团支部书记专项”	共青团江苏省委	2020年5月
杨晓蒙	常州金蟹水产有限公司总经理	2020江苏省“我们身边的好青年”	团省委、省文明办、省通管局	2020年12月
金莉娜	江苏省儿童艺术剧院青年演员	2020江苏省“我们身边的好青年”	团省委、省文明办、省通管局	2020年12月
吴金雨	区住建局办公室主任、机关第一党支总书记	省住房和城乡建设行业优秀共产党员	中共江苏省住房和城乡建设行业委员会	2020年6月
陈　旦	区住建房地产科科长	江苏省书香家庭	江苏省妇联	2020年4月
刘　霞	金坛区城建项目建设管理中心副主任	全省城建档案管理工作先进工作者	江苏省住房和城乡建设厅	2021年1月
杜秀玲	常州市金坛区税务局财政管理股股长	江苏省书香家庭	江苏省妇联、江苏省全民阅读办	2020年4月
陈　旦	常州市金坛区住建局房地产管理科科长	江苏省书香家庭	江苏省妇联、江苏省全民阅读办	2020年4月
王冰莹	常州市金坛区融媒体中心记者	省抗疫最美家庭	江苏省妇联	2020年5月
佘罗灯	常州市公安局金坛分局西城派出所民警	省五好家庭	江苏省妇联	2020年5月
滕云俊	常州市金坛区城市管理综合行政执法大队副大队长	全省住房和城乡建设行业优秀共产党员	中共江苏省住房和城乡建设行业委员会	2020年6月
陈　军	党组成员，区信访局副局长	岗位之星	江苏省政府信访局	2020年8月
姚雯婧	金坛区司法局普法和依法治理科科长	省“七五”普法中期先进个人	省委宣传部、省法宣办、省司法厅	2020年1月

续表53

姓　名	单位职务	荣誉称号	授予单位	授予时间
吴建华	金坛区司法局金城司法所原所长	省“七五”普法中期先进个人	省委宣传部、省法宣办、省司法厅	2020年1月
王明生	尧塘街道调委会主任	全省优秀人民调解员	省司法厅、省人民调解协会	2020年9月
贺罗凤	薛埠镇调委会主任	全省优秀人民调解员	省司法厅、省人民调解协会	2020年9月
储　斌	金城镇政法委员	新中国成立70周年大庆全省安保维稳工作先进个人	中共江苏省委政法委员会	2020年5月
刘　杰	金城镇联丰村书记	“双胜利”平安卫士	中共江苏省委政法委员会	2020年6月
王月平	东城街道华胜社区党委书记、居委会主任	江苏省优秀人民调解员	江苏省司法厅、江苏省人民调解协会	2020年9月
孙　姗	东城街道华胜社区妇联主席	江苏省第四次全国经济普查优秀工作者	江苏省第四次全国经济普查领导小组	2020年5月
孙丽萍	儒林镇经济发展局局长	江苏省第四次全国经济普查工作优秀工作者	江苏省第四次全国经济普查领导小组	2019年12月
袁照华	区法院审判委员会专职委员	全省政法系统先进工作者	省委政法委、省人社厅	2020年6月
陈为民	区法院综合办公室科员	参加新冠肺炎疫情防治工作成绩突出三等功	省委组织部、省委政法委	2020年6月
谢惠琴	常州市生态环境综合行政执法局金坛分局薛埠所所长	常州市劳动模范	常州市人民政府	2020年11月
陈网琴	儒林镇行政审批局局长	全市抗击新冠肺炎疫情先进个人	中共常州市委、市政府	2021年1月
孙建良	儒林镇综合办公室副主任	常州市建设全国文明城市工作先进个人	中共常州市委、市政府	2021年1月
王月平	东城街道华胜社区党委书记、居委会主任	优秀党务工作者	中共常州市委	2020年6月
张照鹏	区法院办公室主任	二等功	省高院	2020年2月
陈志强	区法院民二庭副庭长	全省法院破产审判工作先进个人	省高院	2020年10月
张照鹏	区法院办公室主任	全省法院刑事审判工作先进个人	省高院	2020年4月

（编辑　汤芬娣）

2019—2020 年金坛区人口、劳动力情况一览表

表 54

项　目	单位	2019 年	2020 年	项　目	单位	2019 年	2020 年
年末总户数	万户	19.93	19.92	死亡人数	人	4020	4953
年末总人数	万人	54.75	54.52	出生率	‰	6.40	6.20
其中：男性	万人	26.99	26.86	死亡率	‰	7.30	9.10
女性	万人	27.75	27.66	自然增长率	‰	−0.90	-2.90
出生人数	人	3518	3370				

2019—2020 年金坛区农村居民人均可支配收入情况一览表

表 55

项　目	2019 年	2020 年
农村居民人均可支配收入（元）（住户调查）	28701	30518

2019—2020 年金坛区主要社会经济指标情况一览表

表 56

项　目	单位	2019 年	2020 年
一、国内生产总值（当年价）	亿元	908.58	973.15
第一产业	亿元	36.79	38.84
第二产业	亿元	472.93	494.33
第三产业	亿元	398.86	439.98

续表 56

项　目	单位	2019 年	2020 年
二、工农业总产值（当年价）	亿元	2141.40	1581.27
工业总产值	亿元	2072.42	1508.80
农业总产值	亿元	68.98	72.47
三、交通运输			
货物运输量	万吨	4290	4148
旅客运量	万人	664	298
港口货物吞吐量	万吨	117	172
四、固定资产投资额	亿元		
五、商业、外贸			
社会零售总额	亿元	242.90	244.20
自营出口	万美元	197622	233369
六、财政收入	亿元	291.63	301.69
财政支出	亿元	292.78	305.44
七、金融			
年末存款余额	亿元	1208.13	1279.87
其中：储蓄存款	亿元	460.94	515.96
年末贷款余额	亿元	840.41	1022.01
八、教育			
普通中学在校学生数	人	19529	20256
小学在校学生数	人	28448	28887
九、卫生			
床位数	张	3019	3066
卫生技术人员数	人	3824	3926

2019—2020 年金坛区工业企业单位数及工业总产值情况一览表

表 57

项　目	2019 年	2020 年
一. 企业单位数（家）	3865	3745
1. 经济开发区	1452	1411
2. 镇级工业	2413	2334
其中：私营个体	3694	3573
二. 工业总产值（当年价）（亿元）	2072	1509
1. 经济开发区	1219	1030
2. 镇级工业	853	479
其中：私营个体	1327	956

2019—2020 年金坛区市、镇两级工业产品产量情况一览表

表 58

项　目	单位	2019 年	2020 年	项　目	单位	2019 年	2020 年
纱	吨	72197	61704	塑料制品	吨	280559	63593
印染布	万米	1852	1397	水泥	万吨	232	219
呢绒	万米	796	624	化学农药（折原药）	吨	10806	11315
铸钢件	吨	64713	65620	电动工具	台	603571	464078
服装	万件	14974	13347	变压器	千伏安	104313	56821
化学纤维	吨	35830	108250	太阳能电池	万千瓦	279	386
盐酸	吨	56862	43964	滚动轴承	万套	14061	873
纸制品	吨	16906	16291	原盐	吨	1021	288
烧碱	吨	195703	183833	民用钢质船舶	载重吨	25927	1843
钢材	吨	280264	234319	铜材	吨	29111	30774
小麦粉	吨	197909	170581				

2019—2020 年金坛区农业总产值及农业增加值情况一览表

表 59　　单位：万元

项　目	2019 年	2020 年	项　目	2019 年	2020 年
农业总产值（当年价）	689794	724741	农业增加值（当年价）	420490	442171
其中：农业	264060	270750	其中：农业	206355	211984
林业	3552	3788	林业	3173	3359
牧业	77836	84112	牧业	25182	28747
渔业	255007	274504	渔业	133178	144322
服务业	89339	91587	服务业	52602	53759

2019—2020 年金坛区全社会外向型经济主要指标情况一览表

表 60

项　目	单位	2019 年	2020 年
一、自营出口总额	万美元	197622	233369
其中：外商投资企业自营出口	万美元	90982	72000
二、新增工商登记注册外资	万美元	122184	70590
三、实际到账注册外资	万美元	41202	33599
四、投产开业的外商投资企业	个	324	345
五、新签外经合同额	万美元	600	0
六、完成外经营业额	万美元	4426	1854

2019—2020 年金坛区供电、供水情况一览表

表 61

项　目	2019 年	2020 年
一、全社会用电总量（万千瓦时）	501032	568885
1. 农 . 林 . 牧 . 渔业	10389	10839
2. 工业	381226	444750
3. 建筑业	5986	5342
4. 交通 . 运输 . 邮电业	1520	1429
5. 商业 . 餐饮 . 物资	18178	18265
6. 其他事业	28266	29755
7. 城乡居民用电	55467	58505
其中：农村	29050	30418
城市	26417	28087
二、城镇全年供水总量（万吨）	3469	3931
其中：生产用水量	816	1058
生活用水量	1113	1227
年末自来水厂生产能力（万吨 / 日）	25	25
人均日生活用水量（升 / 日）	133	147
用水普及率（%）	100	100

（赵　峰）

（编辑　汤芬娣）

文件选录

中共常州市金坛区委
常州市金坛区人民政府
关于扎实抓好乡村振兴重点工作加快基本实现农业农村现代化步伐的意见

坛发〔2020〕1号

（2020年3月18日）

各镇党委和人民政府，各街道党工委和办事处，各园区党工委和管委会，区各部委办局，各区管国有公司、区直属单位：

为认真贯彻中央和省、常州市农村工作会议精神，优先发展农业农村，高质量推进乡村振兴，加快我区基本实现农业农村现代化步伐，现提出如下意见：

一、巩固脱贫攻坚成果，加快富民强村步伐

1. 巩固脱贫成果防止返贫。继续执行脱贫攻坚各项帮扶政策，工作重心由全面消除贫困户转向解决相对贫困，工作方式由集中作战调整为常态推进；突出落实“两不愁三保障”各项政策措施，深入开展“精神上扶志、生活上扶贫、能力上扶技、经济上扶业”，强化脱贫攻坚责任落实。聚焦农村建档立卡低收入一般农户，实施防贫保险政策。开展已脱贫人口全面排查，健全监测预警机制，加强对不稳定脱贫户、边缘户的动态监测，发现困难和问题及时解决。2020年底前，确保农村建档立卡低收入人口年人均可支配收入稳定达到1万元。

2. 多渠道促进农民增收。落实涉企减税降费等支持政策，加大援企稳岗工作力度，提高农民工技能提升补贴标准。推进农民就近就业创业、新型职业农民培育、土地适度规模经营，2020年全区培训新型职业农民1500人次。完善失地农民保险政策，稳步提高城乡居民基本养老和医疗保险水平，鼓励灵活就业农民参加企业职工社会保险，不断增加农民转移性收入。持续实施“龙城英才计划”农业优秀乡土人才选拔工程，抓好已选拔人才的培养工作。

3. 发展壮大村集体经济。实施村集体增收行动，巩固上一轮低收入村增收成果，培育一批乡村振兴示范村。引导支持农村集体经济组织积极开辟资产租赁、土地入股、企业参股、农业综合开发、生产性服务等途径，拓宽集体经济路径，壮大集体经济。深化“三资三化”提升行动，推进镇（街道）集体经济组织清产核资，全面推广和使用农村集体资产监管平台，完善村级财务管理会计核算“第三方代理”机制和农村产权交易市场体系。2020年，全区集体经济强村占比达40%。

二、加强基础设施建设，加快民生事业步伐

4. 加强农村基础设施建设。推动“四好农村路”示范创建提质扩面，年内改造提升农村公路15公里，农村公路三类及以上桥梁比例达到99%以上，所有镇（街道）实现镇村公交全覆盖。全面完成农村饮水安全巩固提升工程任务。开展农村河道轮浚工程，疏浚整治33个行政村河塘、22条村级河道。推进“光网乡村”工程，新建和改造5G机站800个，千兆光纤到户率68%以上。统筹推进农村文化设施、广播站、卫生室等配套设施建设。高度重视农村住房更新改造，引导村民依据规划有序实施旧房更新改造。

5. 加快农村社会事业发展。改善西岗小学等4所农村义务教育薄弱学校办学条件，实施乡村教师素质提升工程，全面推行“区管校聘”管理体制改革。实施农村医疗卫生服务保障水平提升行动，新增村医29名，家庭医生签约覆盖率超过35%，创建江苏省健康村5个。加强农村低保对象动态精准管理，实施特困人员供养服务设施提升改造工程，社区“夕阳红”居家养老服务中心行政村覆盖率达50%。

三、推进农业转型升级，加快产业兴旺步伐

6. 稳定农业生产供给。打好恢复生猪生产硬仗，推动用地、环评、信贷等政策落地，强化非洲猪瘟等重大动物疫病防控。稳定粮食播种面积，推进高标准良田建设，深入开展粮食绿色高质高效创建，保障农民种粮基本权益、保护农民种粮积极性。推进污染耕地安全利用和治理修复，全面完成轮作休耕目标任务。扎实推进国家水稻生产全程机械化标准化示范区建设，实施设施农业“机器换人”、绿色环保农机装备与技术示范应用工程。推进绿色水产和畜牧发展，支持奶业、禽类、牛羊、水产等生产，引导优化肉类消费结构。发挥省级蔬菜产业技术创新战略联盟和示范基地的辐射带动作用，培育提升一批绿色蔬菜新型经营主体。

7. 提升产品品牌质量。继续调整优化产业结构，加强绿色食品、有机农产品、地理标志农产品认证和管理，落实可食用农产品合格证推广使用。全面落实“长荡湖大闸蟹”全产业链提升方案，用好“新华99”新平台，实行品种、品质、品牌联动推广。加快金坛标米、金坛标糯区域公用品牌建设，完成“金坛雀舌”和“蘇牌大米”的品牌培育策划工作，提升农产品区域公用品牌知名度。

8. 发展农村富民产业。创建国家农业科技园区，省级现代农业产业示范园和薛埠镇中央农业强镇项目投入运营，争创省级农业高新区。启动黄金软米生态大农场核心区、金坛农产品交易集散中心建设，数字化渔场一期投产、二期开工，鱼米之乡研究院实体化运作。培育“上规模、能带动、高成长”农业企业3家，新增产业化联合体2个、市级以上农业龙头企业3家，全区农产品加工产值与农业总产值比超3.4 ∶ 1。

四、坚持乡村规划引领，加快美丽宜居步伐

9. 强化规划引领。开展国土空间总体规划编制工作，初步形成全区国土空间开发保护“一张图”，科学布局村庄、农业、生态等空间。加快推进镇村布局规划优化完善工作，统筹各类基础设施和公共服务设施配置，保护永久基本农田和生态红线，促进土地资源节约集约利用。着力推进“多规合一”实用性村庄规划编制，统筹乡村地区各项设施建设，保留村庄特有的民居风貌、农业景观、乡土文化。

10. 推进美丽乡村示范建设。着力抓好美丽乡村示范项目建设，到2020年底，柚山美丽乡村顺利挂牌开园，上阮美丽乡村完成核心区建设。统筹抓好特色田园乡村建设，加快试点培育，推动面上创建。坚持建管并重，推动已建项目的功能完善、运维和经营，确保建成项目持续发挥示范效应。加快发展“美丽经济”，不断增强美丽乡村吸引力、发展活力和整体竞争力。

11. 全面完成农村人居环境整治任务。大力推进农村人居环境整治行动，分类推进农村厕所革命，突出“三清一改”整治重点，组织16个被撤并乡镇集镇区专项整治，实施15个规划发展村的农村生活污水处理设施建设。深入开展农药化肥减量行动，大力推进畜禽粪污资源化利用，基本完成大规模养殖场粪污治理设施建设。2020年，完成6个精品村、22个宜居村整治提升工程。

五、注重统筹协调推进，加快乡村治理步伐

12. 充分发挥党组织领导作用。组织开展乡村治理试点示范，探索党建引领下的自治、德治、法治相结合的实现路径。推进村干部职业管理，着力构建以“5A制”抓实村党组织管理，全面推进村党组织书记通过法定程序担任村委会主任和村级集体经济组织负责人。严格村党组织书记监督管理，持续整顿软弱涣散村党组织，发挥党组织在农村各种组织中的领导作用，全面落实“四议两公开”。加大农村基层巡察工作力度。强化基层纪检监察组织与村务监督委员会的沟通协作、有效衔接，形成监督合力。

13. 健全乡村治理工作体系。深化网格化社会治理，实现网格党建全覆盖。推广新时代“枫桥经验”，构建非诉讼纠纷化解综合体系，实现城乡社区人民调解委员会规范化率达100%，镇（街道）公共法律服务中心规范化创建率达100%。深入开展扫黑除恶专项斗争，全面实施“雪亮工程”，优化防控力量布局，形成立体化、无死角、高智能的“大防控”格局。健全农村公共安全体系，深入排查和整治农村各类安全隐患，坚决防止重特大农业农村安全生产事故发生。

14. 深化农村精神文明建设。全面推进社会主义核心价值观进村入户，持续开展农村精神文明建设示范点创建和“星级文明户”评选，建成10个区级农村精神文明建设示范点，“星级文明户”评选农户参评率达到90%以上。升级打造6个常州市级新时代文明实践试点站，深化拓展全区新时代文明实践所、站建设。推进“道德讲堂”高质量发展，定期开展文化“三送”活动，推动基本公共文化服务向乡村延伸，扩大乡村文化惠民工程覆盖面。

六、抓实重点改革任务，加快机制创新步伐

15. 巩固和完善农村基本经营制度。推进土地承包经营权有序流转，年内新增流转土地1万亩以上。完善农村基本经营制度，探索第二轮土地承包到期后再延长30年延包办法。运用农村土地承包权确权登记成果，鼓励发展多种形式适度规模经营，健全面向小农户的农业社会化服务体系。推进全国农民合作社质量提升整县推进试点和常州市新型农业经营主体“双百”提质行动，年内新增各类示范社和优秀家庭农场30家以上。

16. *探索农村宅基地使用权自愿退出机制*。以探索宅基地所有权、资格权、使用权“三权分置”为重点，深化农村宅基地使用权确权登记颁证成果运用，完成全区农村宅基地权籍调查，进一步盘清家底、明晰权属。研究制定农村宅基地使用权自愿退出机制，形成管理规范、退出有序、权益稳定的政策体系，推动农村土地资源盘活、空间利用高效。

17. *统筹推进农村各项制度改革*。开展国家城乡融合发展试验区改革，探索建立城乡融合发展体制机制和政策体系，促进城乡要素自由流动和公共资源合理配置。推进率先基本实现农业农村现代化示范县建设试点，探索可复制可推广的典型经验和实践路径。全面完成农村集体产权制度改革，做好集体经济组织登记赋码工作。继续深化供销合作社综合改革，开展农业水价改革，持续提高为农服务能力。

七、切实加强组织领导，加快要素保障步伐

18. *加强组织领导*。认真落实《中国共产党农村工作条例》，坚持农业农村优先发展，发挥乡村振兴工作领导体系作用。制定年度乡村振兴工作任务分解表，严格时间节点和任务要求，明确责任主体与责任人，抓好日常督查、检查，推动各项任务和举措落到实处。各镇（街道）、各相关部门要树立“一盘棋”思想，敢担当、强举措、抓落实、作表率。

19. *加大政策激励*。加强涉农财政资金统筹整合，提高财政资金支持“三农”成效。落实农户小额贷款、税收优惠政策。合理设置农业担保贷款期限，使其与农业生产周期相匹配。完善农业保险机制，抓好农业保险保费补贴政策落实，督促保险机构及时足额理赔。用好用足设施农用地政策，落实“新编县乡级国土空间规划应安排不少于5%的建设用地指标，重点保障乡村产业发展用地”的要求。

20. *强化人才支撑*。完善懂农业、爱农村、爱农民“三农”工作干部队伍培养、配备、管理、使用机制，培养更多知农爱农、扎根乡村的人才，推动更多科技成果应用到田间地头。畅通各类人才下乡渠道，支持大学生、退役军人、企业家等到农村干事创业。落实区域内人才统筹培养使用制度。有组织地动员城市科研人员、工程师、规划师、建筑师、教师、医生下乡服务。

中共常州市金坛区委
常州市金坛区人民政府
关于规范产业项目引进和建设工作的若干意见

坛发〔2020〕2号

（2020年1月27日）

各镇党委和人民政府，各街道党工委和办事处，各园区党工委和管委会，区各部委办局，各区管国有公司、区直属单位：

抓发展必须抓项目，高质量项目助推高质量发展。为深入践行新发展理念，有效落实“实体为本、产业强区”战略，准确把握高质量产业项目引进和建设要求，确保项目的层次和效益不断提升，促进我区经济持续高质量发展和高速度增长。现就规范产业项目引进和建设工作提出如下意见：

一、把握项目引进要求，精准遴选优质项目

突出新能源汽车、新一代移动通信、生物技术和新医药、光伏新能源“三新一特”产业，大力引进处于创新链、价值链高端的优质项目，重点引进总部、先进制造业企业和新型研发机构，坚决杜绝高端产业链上的低端项目。

对独立供地项目，要严格把握投资规模和产出效益要求，签约落户开发区、华科园（华罗庚产业科技创新中心项目除外，下同）、金科园的，原则上固定资产投资额不低于10亿元或3000万美元，亩均工业开票销售收入不低于1200万元且亩均税收不低于25万元，或者亩均税收不低于40万元；签约落户薛埠、直溪、朱林、指前、儒林五个镇现代产业园的（科技创业园项目除外，下同），原则上固定资产投资额不低于5亿元或2000万美元，亩均工业开票销售收入不低于1000万元且亩均税收不低于20万元，或者亩均税收不低于30万元。

二、严格项目建设标准，实现土地高效利用

进一步推动产业集聚发展，产业园区外不新增工业用地，现有存量工业用地逐步退出。

固定资产投资额30亿元或1亿美元以下的独立供地项目，原则上一次性规划、一次性建设，不预留发展备用地。

独立供地项目的建筑密度不低于50%；原则上计容容积率不低于1.2，用地面积50亩及以上的计容容积率不低于1.5，建筑物承重要求不高的计容容积率不低于2.0。分期建设的，每期建筑密度和计容容积率均应达到上述标准，且确保后续土地使用的独立性。

严格土地用途管控，非住宅用地不得用于建设员工宿舍。严格按规建设废水、废气、废渣处理和安全防护设施。

三、创造综合竞争优势，推动重大项目突破

落实“高质量项目永远不缺地、质量不高项目永远都没地”的要求，统筹全区产业用地空间，确保符合独立供地要求的项目能够落地，确保固定资产投资额 30 亿元或 3 亿美元以上的项目快速供地。

坚持“大投入、大产出、大支持”，可根据项目的实际投入、税收贡献，自项目签约之日起一定时间内，给予项目公司一定比例的补贴或奖励；对固定资产投资额 30 亿元或 3 亿美元以上的重大高端引领性项目，可给予特别支持，实现引一个成一个、带一群。

强化“人才第一资源、创新第一动力”理念，在综合分析项目公司人才需求总量和层次的基础上，可根据人才购房、个人所得税缴纳等情况，在一定时间内给予人才或项目公司一定比例的补贴或奖励，与各类普惠性人才政策可同时享受，其子女入学给予优先安排。

坚持“重点项目、重点服务”，固定资产投资额 30 亿元或 3 亿美元以上的项目由区、园区（镇）两级党政主要负责同志直接挂钩联系、直接牵头协调推进，真心当好“店小二”，坚决落实“四到”服务，确保项目快速落地、快速建设、快速投产。

鼓励项目总部迁址金坛，在落实以上支持政策的同时，可根据贡献额再给予相应支持。

四、强化项目引进管理，促进项目质量攀升

坚持“专业研判、精准遴选、提升质量”，聘请知名专业机构对项目进行尽职调查，并将尽职调查报告作为项目研判的重要依据。

坚守政策支持底线，土地出让金不得返还；使用标准厂房、人才公寓的，原则上按市场价收取租金及相关费用，不得减免；项目公司及人才因获得各类政府补贴或奖励所涉税收，由项目公司及人才按规缴纳。

按照权责明确、对等的原则，精心拟定合作协议。要将本意见精神在合作协议中准确、全面体现。原则上均要设置对赌条款，并明确保证措施。要设置协议生效、失效（自行解除）条款，防止承担无限责任。

独立供地项目合作协议签约前，应将项目尽职调查报告、选址用地情况、合作协议拟签约文本等资料，提交区委、区政府集体研究。

五、本意见自 2020 年 1 月 1 日起施行，至 2025 年 12 月 31 日止。本意见所指项目，为 2020 年 1 月 1 日至 2025 年 12 月 31 日间新签约引进的项目。之前如有与本意见不一致的，以本意见为准。

区政府办公室关于印发《常州市金坛区城市精细化管理工作专项行动方案（2020—2022 年）》的通知

坛政办发〔2020〕109 号

（2020 年 11 月 3 日）

各镇人民政府、街道办事处、园区管委会，区各办局，各区管国有企业、区直属单位：

现将《常州市金坛区城市精细化管理工作专项行动方案（2020-2022 年）》印发给你们，请认真贯彻执行。

为进一步提升城市管理精细化水平，着力推动城市管理高质量发展，按照常州市委市政府总体工作部署和《市政府办公室关于印发〈城市精细化管理工作专项行动方案（2020—2022 年）〉的通知》要求，结合我区实际，制定本专项行动方案。

一、总体要求

（一）指导思想。以习近平新时代中国特色社会主义思想为指导，坚持创新、协调、绿色、开放、共享的发展理念，推动“五大明星城市”建设，以宜居美丽明星城市为指向，以城市长效综合管理为抓手，对标先进城市标杆，以绣花般的细心、耐心和卓越心，积极补短板、强弱项、提品质、抓长效，解决发展不平衡不充分的突出问题，实现城市环境更洁美、交通更畅通、治理更智慧，进一步提高人民群众的获得感、幸福感、安全感，努力实现接轨常州主城区，推动发展新跨越。

（二）工作目标。多策并举全面开展城市容貌综合治理，进一步健全城市管理长效机制，提升管理效能，在三个方面实现全面提升，一是补齐市容管理短板，建设精品示范街道，提升绿化景观水平和新城景观亮化品质，打造便民畅通交通，市容市貌全面提升。二是充分运用互联网、大数据等信息技术手段，建设城市管理行政执法平台，科学管理水平全面提升。三是坚持管理创新，强化制度建设，不断完善管理机制，落实管理责任，长效综合管理水平全面提升。

二、重点任务

（一）对标先进城市，提升市容环境品质

1. 建设精品示范街道。对标先进城市，对城区城市道路、公共区域和立面空间进行全面梳理，以城市主要道路及两侧区域、市民主要休闲服务功能区域和市民集中居住区域等为重点，依据城市容貌综合治理标准，围绕广告店招、景观照明、城市家具、道路设施、建筑立面、沿街绿化等内容，实施全要素规划建设管理，实现道路环境更加整洁、街容街貌更加美观、空间视觉更加靓丽。各镇（街道）每年按计划打造一批“一路一特色”的精品街道，充分发挥示范引领作用，以点带面持续促进全区市容环境品质整体性提升。

2. 提升绿化景观档次。推进国家生态园林城市创建工作，科学规划统筹落实职责分工，加大公园绿地、景观路、河岸、城市出入口、商业街区、交通枢纽等重要区域绿化建设和功能完善力度。按照“坚持标准、集中力量、分步实施、整体推进”的思路，开展退红线区域城市景观专项检查，街区绿化建设标准与街区市容要求协调，形成规划设计方案论证机制。老城区规划建绿、见缝插绿、绿树成荫，道路设置生态化植物隔离护栏，中分带及两侧宜树则树、宜藤则藤、宜透则透，绿植生态柔化点缀墙裙、围墙、橱窗，多措施增绿添彩，增加绿视率。

3. 优化景观照明建设。坚持精细照明、绿色照明、智慧照明、安全照明、人文照明，改造提升老城功能照明设施及线路，新增老旧小区、城中村功能照明；继续推广多功能灯杆应用，提升新城基础设施利用率；优化单灯控制系统，应用信息化手段营造绿色、安全、高效的夜景环境，提升百姓夜间出行环境。

（二）加强综合治理，补齐市容管理短板

1. 推进非机动车停放、建筑工地围挡（围墙）治理。进一步探索“疏堵结合”的管理方式，着力破解非机动车（含互联网租赁（电动）自行车）和亭棚管理难题。在城区主次干道和主要商业街区开展非机动车停放精细化管理专项整治行动，通过规范施划非机动车停车线、开展专项考评等措施，进一步提升科学管理水平。排摸全区建筑工地围挡（围墙）现状，对照综合治理标准，制定整治方案，启动建筑工地围挡（围墙）整治工作，新建建筑工地围挡（围墙）需按标准建设，巩固提升治理成果，落实常态长效管理工作。

2. 加强户外广告、店招标牌、道路标识标牌、乱张贴乱涂写等管理。一是持续推进市容环境专项整治，在全区范围内开展户外广告和店招标牌集中整治工作，通过“拆除一批、规范一批、提升一批”的方式，组织对城市长效综合管理考核区域范围内存在安全隐患、未经许可设置、不符合设置要求的户外广告和店招标牌进行全面整治。注重规划引领，规范设置管理，提升设施品质，提高户外广告精细化管理水平。二是在全区范围内开展道路标识标牌集中整治工作，按照标准对道路标识标牌等道路标志性设施进行清理、维护，对影响观瞻和不规范的标牌进行整改，对版面不清晰的标牌进行更换，对版面污垢的标牌进行清洗，维护基础设施。三是深入开展乱张贴乱涂写集中治理行动，根据《常州市治理乱张贴乱涂写工作实施方案》，以“清打结合，标本兼治”为原则，依据有关法律法规规章的规定，严厉打击乱张贴乱涂写的违法违规行为，创造良好的市容环境和人居环境。

3. 提高绿化管养水平。以示范段创建、行道树提升、诚信体系引导、专项考核监督、公园管理服务标准化建设为抓手，提升绿化管养工作标准，细化技术操作规程，加大智能科技应用，推动精细管养落地，着力打造宜居美丽的城市绿化环境。

4. 增强河道管理实效。以水利工程“强监管、补短板、提质效”为总基调，全面理顺河道管理体制机制，从体制机制、行政管理、安全管理、长效管理等方面加强河道管理，全面改善河道面貌。

（三）聚焦重点难点，提高环卫管理效率

1. 加快环卫基础设施建设。加快金坛区生活垃圾焚烧发电及飞灰库项目、建筑垃圾集中处置项目和城南大型生活垃圾转运站建设，着力推进垃圾密闭直运扩面工作，全力做好室外垃圾转运点及小型室内垃圾转运站的撤除工作。

2. 提高垃圾收运管理水平。以市政府常政发〔2016〕172 号文中明确的城市化管理区域、主要街道为重点，全面推进“撤桶”工作，实行定时定点上门收运，同时加强果壳箱的保洁。通过科学调度收集车辆和人员，规范车辆收集和转运文明作业，逐年更新全区环卫作业车辆等方式，并坚持“软引导”与“硬约束”相结合，进一步提高垃圾收运管理水平。

3. 增强道路保洁作业实效。积极推广精细化管理措施和责任落实机制，全面实施机械化标准化作业，提高道路机械化清扫率，建成区道路机扫率达到 95%，可机扫道路机扫率达到 100%，滨湖新城区域道路机扫率达到 100%。在符合作业气温条件下，全面实施道路机械化冲洗和洒水作业，增加重点道路的清扫保洁和洒水频次，最大限度减少道路扬尘污染；创新道板冲洗模式，以日常管理为主、专项整治为辅的模式全面提升城市环境作业水平。

4. 提升公厕管理服务水准。加大公厕服务提升力度，2020 年改造提升 10 座公厕，在功能上不断补充完善，在服务上增值延伸，一类公厕安装“刷脸取纸机”、增设“第三卫生间”，二类公厕增设“无障碍卫生间”，景区公厕引入“智慧公厕”概念，因地制宜安装装配式公厕，打造公厕管理服务亮点。统一公厕标志和引导指示牌，加强公厕设施维护，保洁作业“定人、定时、定岗、定责”，定时定期喷洒消毒液、添加空气清新剂、投入卫生球等确保公厕内无异味。

5. 推进生活垃圾分类工作。建立健全制度体系，持续推进垃圾分类扩面，有序推进示范试点创建，稳步拓展覆盖范围；加快大分流处理设施建设，逐步补齐细分类处理能力短板，不断增强处理能力；完善大分流体系，健全细分类链条，普及知识技能，落实示范带动，全力打通系统链条。2020 年，培育 6 个分类实效试点小区，创建 18 个省生活垃圾分类达标小区，继续在居民小区开展四分类试点，加大垃圾分类宣传、培训、考核力度。加快垃圾分类设施建设，城乡垃圾分类设施覆盖率达到 100%，公共机构实现垃圾分类全覆盖。

（四）关注民生热点，优化市民居住出行

1. 提高物业管理服务水平。完善物业服务市场监管机制、健全住宅小区协商共治机制，推进物业管理服务标准化、规范化建设。通过深化“党建引领物业管理”新模式，加强物业服务市场主体信用体系建设，促进业主自治和社区治理融合发展，推动物业管理改革再深入、创新再突破，引领物业服务行业转型升级，力争早日实现小区“物业全覆盖、党建全覆盖、政府职能全覆盖”的管理格局，推进和谐、美丽小区建设。

2. 推进背街小巷综合治理。针对背街小巷长年来缺乏系统专业的维护、各种基础设施落后、环境秩序混乱等问题，有计划、有重点、有步骤地开展背街小巷专项整治。将背街小巷整治与城市容貌综合治理统一起来，完善各类基础设施和配套功能，全面改善环境质量，规范环境秩序，让背街小巷成为群众身边清净、舒适的公共空间。注重历史文化传承，将改造与保护有机结合，因地制宜打造一批传承历史文脉、彰显地方魅力的背街小巷，成为城市文化新地标。

3. 优化提升公交站台品质。加大对公交站台提标改造力度，开展智慧公交站台建设、部分特色道路的特色候车亭设计等工作，逐步推进公交站台候车亭的安全性、美观性、智能性的有效提升。分级分层，全面落实候车亭保洁的巡查、抽查工作，确保公交站台、候车亭环境的干净整洁。

（五）实施畅通工程，创优城市交通环境

1. 优化路口交通组织。科学设置人行横道、信号灯、安全岛和驻足区，完善提示警示标志标线，引导车辆依法让行和文明礼让。合理设置非机动车隔离设施，采取左转“二次过街”“蓄水式”放行等方式，促进非机动车有序通行。合理设置渠化岛、导流线和停止线前移，因地制宜设置直右共用、可变导向、借道左转等车道，采取双待双行、交替通行等方式，提高机动车通过效率。

2. 改善路段交通组织。完善非机动车道和人行道建设、慢行交通与公交车辆的衔接，构建安全连续舒适的慢行交通系统。减少路段开口数量、控制车道合并汇入、引导车辆依法让行和文明礼让。合理设置非机动车隔离设施，提升路段运行速度。加强占道施工交通组织，保持施工道路通行能力和提高周边道路疏解能力。

3. 均衡区域交通组织。综合运用行政、法律、经济、科技、宣传等手段，科学制定路网流量均衡、系统最优的交通组织策略。按照“慢进快出”原则，控制进出中心城区车辆数量及流速。采用单行、单停、禁左等组织方式，打通老城区道路交通微循环。综合治理沿街学校、医院、商业区等堵点乱点，合理调控停车需求，优化停车资源配置，推进智慧停车建设，加强“三乱”（乱停车、乱越线、乱穿行）专项整治。

4. 完善交通智能控制。建设中心城区交通信号机联网联控平台，细化工作日、节假日和早晚高峰、平峰、夜间等时段交通信号配时方案，加强干线、区域协调控制，推广应用交通信号自适应。加大高清道路视频、多功能交通信息采集、高清人车卡口等智能交通科技设施建设，深化交通大数据应用，提升道路交通信息感知、智能控制和出行服务能力。

5. 规范提升交通设施。加强城区护栏、信号灯等交通安全设施标准化、一体化、规范化管理，主、次干道护栏、标志、标线等道路交通安全设施规范设置率达 100%，城区信号灯联网联控率≥ 95%，示范道路上多时段、多方案信号灯路口比例≥ 90%，有较为完善交通流检测设备的信号灯路口比例≥ 50%，通勤高峰拥堵指数、实际速度等监测指标保持全国同类城市前列。

（六）完善长效机制，提升管理服务效能

1. 突出规划源头引领。在强化日常管理的同时，建立城市规划建设发展新机制，进一步优化城市用地布局、功能业态、空间形态、景观形象的长期规划，统筹人居环境、经济发展、文化旅游等内容，综合考虑城市交通、市容环境、市民生活等因素，对城市道路、市政建设等进行系统性规划、前瞻性引导，提供科学、完整、精细的城市建设指南和发展规则。

2. 落实长效管理机制。进一步完善城市长效综合管理考核机制，厘清并明确各单位城市管理职责和主体责任清单，提高各属地政府及相关职能部门和责任单位城市管理运行效能；建立月度通报、季度现场督查制度，每月对督查整治项目推进进度情况进行通报，对推进滞后的项目进行跟踪督查，每季度将围绕街面秩序、市容环境、园林绿化等重点项目开展现场督查。进一步建立城市管理应急处置机制，对城市管理运行中的应急事项进行梳理、排查，制定并完善各类预案，增强应对因气象灾害等因素造成突发事件的联动处置能力；建立城市微修补机制，针对井盖破损、杆线倒伏、广告店招残缺等“城市家具微小破损”问题，建立简易、规范、高效的维修流程，提高处置效率。

3. 强化信息手段支撑。建设城市管理综合行政执法平台，全面整合城市管理、综合行政执法信息，推动城市管理智能响应、精准处置、精细管理。加快智能视频设备的推广应用，推进部分重难点道路和菜市场内部智能识别高清摄像点位建设，及时发现暴露垃圾、车辆乱停放、占道堆放等市容热点问题。逐步建立完善标准统一、分类清晰、内容完善的城市管理基础数据库，完善数据采集、更新和管理等机制，加强数据的分析和应用，为城市精细化管理决策提供大数据支撑。

三、保障措施

（一）加强组织领导。各属地政府、职能部门要高度重视城市精细化管理工作专项行动，将该项工作作为本单位重点工作予以推进，全面、科学地制定具体实施方案，明确工作标准和要求。充分发挥城市长效综合管理等平台的作用，细化工作任务，落实工作责任。各属地政府、职能部门要按照城市管理常态化、精细化要求，健全与设施规模、管理标准等相适应的建设和维护投入机制，确保各项经费落到实处。

（二）加强统筹协调。各属地政府、职能部门要加强工作协同，优化部门间工作流程，完善日常管理协调体系，切实形成工作合力。围绕阶段目标，突出重点项目，落实销项式管理，进一步明确各项工作的时间进度。各属地政府、职能部门要建立健全协调推进机制，全面参与到各项工作中，充分发挥属地的优势和资源，建立管理与执法联动机制，及时解决各类问题。

（三）加强监督考核。各属地政府、职能部门要制定细化的监督考核办法，充分发挥城市长效综合管理的监督优势，及时发现和处理各类问题，对工作开展的进度和质量进行常态化的监督检查，确保各项工作按照既定目标顺利推进。

（四）加强宣传引导。充分利用新闻媒体和互联网开展城市精细化管理宣传工作，教育和引导全社会全面了解、支持和参与到城市精细化管理工作中，广泛听取社会各界的意见和建议，形成良好的参与和互动氛围。

附件1：城市容貌综合治理标准

为进一步加大“宜居美丽明星城市”建设，紧紧围绕“精细化管理、品质化建设”目标，对照先进城市标杆，依据国家、省、市城市容貌相关规定，以“绣花”功夫推进城市精细化管理，以城市长效综合管理为抓手，进一步找差距、补短板、促提升，增进民生福祉，促进城市转型发展，特制定城市容貌综合治理标准：

一、街景和建筑物

（一）临街建（构）筑物外立面

1．新建、改建、扩建的建（构）筑物应当按照建筑规划管理有关规定进行立面设计和建造。未经批准，不得擅自改变建（构）筑物的结构和原设计风格、外立面色调。

2．临街建（构）筑物的所有权人、管理人和使用人应当按照各自的权利和义务保持建（构）筑物外立面及其附属设施外形完好、整洁、美观，不得擅自开设门窗、变更门窗形式或位置。

3．临街建（构）筑物外立面和其他附属设施应定期清洗、出新。

4．临街建（构）筑物的外立面、屋顶、门窗不得设置、张挂、张贴、书写宣传标语和广告性标牌、店招标牌、标志、标贴。主要街道两侧和重点地区临街建（构）筑物透明玻璃幕墙及门窗内外不得擅自张贴、书写宣传标语和广告性标牌、标志、标贴或者设置对外电子显示屏。

（二）沿街空调室外机外挂

1．空调室外机等设施应统一确定位置进行安装，不得破坏建筑物立面；空调室外机支架应采用防腐蚀材料并作防锈处理，保证牢固安全。

2．悬挂式空调室外机支架离地高度不低于2米；置于地面的大型空调室外机应加罩包装美化，不得妨碍行人安全。

3．主要街道两侧和重点地区新建建筑立面设计方案应预留空调室外机位置，应按街景要求统一设置空调室外机外罩或挡板，保持其外观整洁、安全；空调冷凝水应接入排水管道，不得随意排放。

（三）沿街建筑物其他附属设施

1．临街建筑物的门窗防护（盗）栏安装应规范统一、整洁完好，并与建筑景观相协调，锈蚀、陈旧、破损的要及时油漆或维修。主要街道和重点地区的门窗防护（盗）栏设置不应超出墙体立面，其形式不得影响建筑景观；鼓励内置式安装或设置铝合金格栅。

2．主要街道两侧和重点地区临街建筑物一层不得设置遮阳（雨）篷。二层以上确需设置遮阳（雨）蓬的，应基本保持在同一水平线上，并按路段统一式样、规格和安装位置，外挑长度不得超过1.8米，外端不得越出人行道；陈旧破损的要及时维修更换或拆除。

3．主要街道两侧不得晾晒、悬挂衣物。

（四）报刊亭（栏）、电话亭、警用岗亭、自动售货亭、便民服务车、配电柜等附属设施

1．按照“减量、美化”原则，积极引导各类亭（棚）入场入室经营。

2．各类摊亭（棚）的样式、材料、色彩等，应根据城市区域建筑特点统一设计、合理布局，宜组合多功能适用和外形美观，要定期保洁，不得乱吊乱挂、乱涂乱贴，实现亭容亭貌整洁美观。

3．各类亭（棚）的物品应规范、有序放置，不得超过亭体外沿范围。

4.各类杆、箱体和视频监控设施等应进行集约化设计，做到“多杆合一、多箱合一和多头合一”。

5．各类箱体表面应采用“防涂鸦抗粘贴”材质进行

装饰美化，有效防范乱张贴、乱涂写，并根据需要统一设计图案，积极配合城市文明、文化宣传。

（五）建筑工地围挡、围墙

1. 所有室外建筑施工工地必须在批准占用区域内对施工现场设置围挡、围墙等封闭措施。

2. 建筑施工工地围挡、围墙设施不得超出规划用地红线。

3. 各类工地围挡、围墙设置应遵循下列要求：

（1）建筑工地周边应设置不低于2.5米的实体围墙。

（2）拆迁施工工地应设置不低于2.5米的实体围墙等刚性封闭围挡和警示标识。

（3）待建地块应设置不低于2米的实体围墙。

（4）市政设施、道路挖掘等施工工地刚性围挡、围墙高度不得低于1.8米；不具备设置刚性围挡、围墙条件时可设置临时性围挡，临时围挡由锥形交通路标和可移动护栏组成。

4. 重点区域建筑工地围挡、围墙应结合周边环境，宜选用园林造型、墙面绘画、绿色植物等点缀措施进行美化。

5. 依托围墙墙体设置的户外广告设施高度不得超过3米，依托钢结构设置的户外广告设施高度不得超过6米，与地面连接部分不得透空。

6. 建筑工地设置围挡、围墙的，施工单位应当在围挡、围墙上发布公益广告。属于公共事业设施建设项目的，应当全部用于发布公益广告；属于商业设施建设项目的，公益广告展示面积不少于围挡、围墙设施总面积的30%。

7. 施工单位在批准设置期限内应加强保洁清扫质量，确保建筑工地围挡、围墙、广告画面及周边环境整洁美观；加大巡查力度，发现破损等影响市容观瞻问题，及时修复、整改、出新。

（六）背街小巷

1. 街巷道路应保持路面平整、路沿石整齐、排水通畅，人行道需平整牢固便于通行，照明设施保持完好。

2. 对有条件的街巷栽植行道树，规格、品种、树穴要统一，无缺株，无死树枯枝，树穴无黄土裸露。

3. 卫生质量达到“四不两净”（即不见垃圾、不见杂物、不见油污积水、不焚烧弃物，地面净、花坛净）。

4. 各类环卫设施应规范设置、排列有序，并保持设施的整洁、美观和完好；沿街巷架设的各类供电、通讯、广播电视线路，有条件的要整改入地，暂时不能入地的各种线路要做到整齐有序。

5. 店招标牌应当与建筑风格相协调，注重历史文化传承，彰显地方魅力。

二、城市道路

（一）路名牌

1. 路名牌要统一规划，简洁庄重，共牌共享，严禁多牌设置，重复设置。

2. 路名牌的设置应根据周边环境，结合道路结构、交通状况、周边绿化及设施等，设置在行人、车辆最易看见的位置，牌头应不被遮挡。

3. 路名牌应设置牢固，构件完好无缺损。

4. 路名牌牌底距离地面净高主干道应不小于2.5米，次干道及以下道路应不小于2米，立杆安装垂直度应不大于4毫米/米。

5. 路名牌上部路名、方向汉字东西向为蓝底白字，南北向为绿底白字，字体为黑体，门牌号数字为蓝底白字，字体为Arial体。路名牌下部路名、方向字母为白底黑字，字体为Arial体。

6. 路名牌牌面的材料应平整，平整度应不大于3毫米/米。牌面应具备足够的抗冲击性，10千克/平方厘米冲击强度下不破损。牌面必须能粘贴二级反光膜，反光膜的附着力应符合公路交通标志反光膜的标准。

（二）道路日常维修

1. 道路、桥梁路面应保持平整，无坑凹、碎裂、隆起、塌陷、积水等现象；人行道应设置无障碍设施，路缘石应保持完好；道路隔离栏、人行道板无破损。

2. 道路日常维修时应采用临时围挡，并设置安全警示标志。

3. 机动车道维修的临时围挡应设置警示区、作业区。

4. 建立巡查应急联动机制，确保破损的人行道板（侧石）等及时维修。

5. 非机动车道和人行道养护维修由临时围挡组成警示区域，保障非机动车和行人安全通行。

6. 夜间施工，需在临时围挡外侧设置警示灯。

7. 现场施工人员穿戴具有反光功能的安全标志服和防护帽。

（三）非机动车停放（含：互联网租赁（电动）自行车）

1. 非机动车公共停放场所（点）应当设置停车标识、停车方向标线，保持清晰、醒目、准确、完好，并进行统一编号。

2. 非机动车公共停放场所（点）的设置不得影响车辆、人员的正常通行。人行道停放场所放置车辆后的人行道宽度不宜少于2米。条件受限的区域确需停放的，应考虑采取斜向停放的方式。非机动车公共停放场所（点）的设置不得占用盲道、绿地。

3. 非机动车公共停放场所（点）应当对公众开放，任何单位和个人不得擅自侵占、或者挪作他用。鼓励单位内部非机动车停放场所向社会公众开放。

4. 非机动车停放人应当将车辆停放在非机动车停放场所（点）内，按照停车方向标线有序停放。

5．互联网租赁（电动）自行车停车场或停车设施的设置，需征得自然资源和规划、城市管理、公安机关交通管理、住房和城乡建设、交通运输等部门的同意。严禁擅自占用道路设置停放场所（点）。

6．互联网租赁（电动）自行车经营单位应做好互联网租赁（电动）自行车及相关设施的维护，及时清理车身小广告、乱张贴，保持车身清洁；提升车辆停放秩序管理水平，不得超量超范围停放，不得影响市容；互联网租赁（电动）自行车停放人应当将车辆停放在公共自行车停车桩内。

（四）机动车停车

1．停车管理目标。

中心城区道路双向违停机动车数≤ 0.4 辆 / 公里。

2．道路停车泊位设置。

（1）道路停车泊位设置要求。①车行道停车泊位。机动车双向通行道路车行道路面宽度＞ 12 米可双向设置、≥ 8 米可单向设置，机动车单向通行道路车行道路面宽度＞ 9 米可双向设置、≥ 6 米可单向设置。②人行道（含临街建筑退红线区域）。去除人行通行空间后宽度≥ 5.8 米可设置。③道路停车泊位不得占用消防通道、盲道、人行横道，不得设置在建筑物出入口处。④道路停车泊位内标示停车方向，安装智能停车设施、编号牌，停车信息接入市智慧停车综合管理服务平台，实施智能化管理，提供停车信息查询、泊位诱导、电子支付等服务。

（2）其他特殊类型道路停车泊位。①限时停车泊位。停车供需矛盾突出的机关、公共服务的企事业单位、居住区，周边道路具备条件的，可申请设置白天或夜间限时停车泊位。②临时停车泊位。设置在医院、学校、商业区、居住区等人流密集区域路侧，供巡游出租汽车、网络预约出租汽车临时停靠上下客。③公共汽车停车泊位。设置在公共汽车站点，供公共汽车停靠上下客。

3．道路停车管理配套设施。道路建设和管养部门应当完善道路停车管理配套设施，在禁止停车道路两侧侧石（无侧石或侧石为花岗岩材料的，在两侧路面）漆划黄色禁停标漆，在交通流量较大道路沿线安装违停自动抓拍设备，并在道路两端安装禁止停车标志，在路段间隔 300—500 米安装“禁停提醒标志”，在无障碍坡道安装阻车石、人行道外沿安装单横杆阻车护栏、人行道内沿安装双横杆阻车护栏。

4．加强停车管理。加强车行道、人行道内（含临街建筑退红线区域）停车管理和违反规定停放机动车行为的查处，督促物业服务企业做好住宅小区内停车管理。

三、户外广告、店招标牌与城市照明

（一）店招标牌

1．店招标牌应符合城市街景规划（设计）要求，应当与建筑风格相协调；新建建筑立面设计方案应预留店招设置位置。

2．店招标牌不得遮挡建筑物玻璃幕墙和窗户，不得影响建筑物的采光通风以及消防安全。

3．店招标牌应当做到安全、美观，并定期维修、保养。

4．店招标牌不应破坏建筑物外立面形象，不得“多层多招”设置，不得“一店多招”设置，不得设置楼顶字，不得设置字幕式电子显示屏。

5．沿街建筑物底层商铺，一个商铺原则上只应设置一块店招；当同一商铺有两个不同朝向的店面时，可在不同朝向的店面各设置一块店招。

6．沿街二层及以上单位不得在建筑物外立面单独、零散设置标牌，可在建筑物底层大厅内设置标牌，有广场的可设置落地式指示标牌，也可在建筑物外立面统一、集中设置单位标牌，并加强管理和维护。

7．店招标牌设施的设置除了应符合上述要求外，还应符合《江苏省城镇户外广告和店招标牌设施设置技术规范》相关要求。

（二）户外广告（含落地式标示标牌）

1．户外广告应当统一规划，按照城市户外广告设施详细规划规定的要求和期限设置，与周边环境相适应。户外广告设施应当保持安全、整洁、完好；严禁违法设置户外广告设施。

2．户外广告设施的设置不得妨碍生产生活，损害市容市貌，不得损毁绿化。

3．建（构）筑物同一立面上的户外广告设施总面积不宜大于该立面面积的 30%。

4．除商场、超市等商业建筑外，其他建筑不得设置墙体广告设施。

5．城市建成区内不宜设置大型高立柱户外广告设施，城市中心区严禁设置大型高立柱户外广告设施。

6．户外广告设施的设置除了应符合上述要求外，还应符合《江苏省城镇户外广告和店招标牌设施设置技术规范》相关要求。

7．落地式标示标牌应当符合市自然资源和规划局、市城市管理局《关于明确落地式标示标牌行政许可的标准的通知》（常城管〔2016〕9 号）的要求。

（三）公交站台广告

1．加强公交站台的亮化提升、卫生保洁、维修保养，确保站台及其设施的整洁美观、安全运行。

2．有序推进智慧公交站台建设，拓展公共服务功能，提升智能服务水平。

3．公交站台广告应总体规划、统筹布局、优化设计，严格按照市委宣传部及市文明办要求，有效划分好公益广告位和商业广告位，公益广告展示面积不少于候车亭灯箱总面积的 30%。

（四）城市照明

1. 功能照明：功能照明设施完好无缺失、倾斜、破损、锈蚀、涂污。

2. 景观照明：景观照明设施完好无缺失、破损、锈蚀、松动、脱落。

3. 相关配套设施：配电箱门无敞开；井盖无缺失、破损。

四、环境卫生

（一）道路保洁

1. 清扫作业每日组织。应避开上下班交通高峰，一、二级道路第一遍清扫作业应于每日 8:00 前结束，人行道、路面、边沟、下水口、树穴等应整洁。

2. 路面冲洗在 22:00—6:00 之间进行；冲洗后路面应见本色，下水口不应堵塞。结冰期不宜冲洗。在雾霾天气预警时宜增加道路冲洒水次数和洒水量。

3. 机械化作业时应鸣报警示信号，夜间作业应调整为开启警示灯模式。

4. 一级道路每天巡回保洁应不少于 16 小时；每日冲洗 1 次；气温≥ 25℃时，洒水 3 次。

5. 二级道路每天巡回保洁应不少于 12 小时；每日冲洗 1 次；气温≥ 25℃时，洒水 2 次。

6. 三级道路每天巡回保洁应不少于 8 小时；每日冲洗 1 次；气温≥ 25℃时，洒水 2 次。

7. 城市道路人行道板根据道路等级同步巡回保洁，应结合人工清扫、小型冲洗车辆灵活作业，确保清洁见本色，无漂浮垃圾、油渍及尘土等。

（二）生活垃圾收集

1. 根据《关于全面撤除沿街垃圾桶的告知书》要求，率先在“省级示范路”、“省级达标路”、“市级示范路”、“市级达标路”等城区主要道路组织实施。在撤除垃圾桶后，有针对性地配置收集车辆和人员，确保各单位、店铺投送垃圾不受影响。

2. 果壳箱应保持美观、适用，与周围环境协调；周围地面应无抛撒、存留垃圾；箱体每日至少清洗一次，及时更新陈旧、破损箱体；逐步减少临街果壳箱的设置。

3. 道路隔离设施底部应无散落垃圾和明显尘土。

4. 生活垃圾分类收集容器 / 设施应无残缺、破损，封闭性好，外体干净，定时消杀。

（三）生活垃圾转运

1. 转运站内外场地应整洁，无撒落垃圾和堆积杂物，无积留污水。

2. 进入站内的垃圾应当日转运、有贮存设施的，应加盖封闭，定时转运；每日转运站过夜积存垃圾不超过一车。

3. 蚊蝇孳生季节应定时喷药灭蚊蝇，加强消杀工作，无恶臭。

4. 转运车辆车容整洁，标志清晰，车体外部无污物、灰垢。加快推进城市建成区环卫清洁能源运输车辆的投入运行，加快淘汰国三及以下排放标准的柴油运输车辆。

5. 运输垃圾应密闭，在运输过程中无垃圾扬、撒、拖挂和污水滴漏。垃圾运输车宜配置渗沥液收集箱，在出转运站及垃圾处理厂（场）前，应将收集箱中渗沥液排空。加快具备条件的转运站内污水处理实现纳管排放。

6. 垃圾装运量应以车辆的额定荷载和有效容积为限，不得超重、超高运输。

（四）公厕保洁

1. 公厕内地面应保持整洁，粪槽、便槽（斗）和管道应无破损，内外墙粉刷应无剥落。

2. 一、二类公厕随用随保洁；三类公厕每天保洁次数应不少于 2 次。蝇蚊滋生季节，应定时喷洒灭蚊蝇药物，有效控制蝇蛆孳生。

3. 公厕内地面应光洁，无积水；坐便器、蹲位应整洁，大便槽两侧应无粪便污物，槽内无积粪；小便槽（斗）应无水锈、尿垢、垃圾，基本无臭味；沟眼、管道保持畅通。

4. 公厕外环境应整洁，无乱堆杂物，保洁工具应放置整齐。公厕四周 3—5 米范围内，应无垃圾、粪便、污水等污物。

5. 公厕周围应设置散水和硬化门前通道，有条件的增加绿化。

6. 公厕化粪池与出粪口应有盖板，无破损凸陷。

7. 公厕标志标识及导厕牌，应按公厕类别统一、规范设置，保持清洁、完好。

（五）物业住宅小区管理

1. 房屋共用部位

（1）主出入口设有小区平面示意图。

（2）管理区域内交通标志引导指示牌规范清晰。

（3）小区组团、栋、单元（门）、户门以及配套公建标识规范清晰。

（4）无违章搭建、破墙（窗）开门；无擅自改变用途现象；门窗无破损、楼梯、通道以及屋面无乱堆乱放乱拉私接电源现象。

（5）房屋外观完好、整洁、无破损、脱落、渗水、污迹、乱贴、乱涂、乱画和乱挂现象。

（6）空调、户外防盗网、晾晒架等安装牢固，管线整齐，美观大方，无安全隐患。

2. 共用设施设备

（1）室外共用管线统一入地或入公共管道，整齐有序，无架空管线。

（2）排水排污管道通畅；雨水井、化粪池无堵塞、外溢现象；道路通畅，路面整洁平整，路面井盖无缺损、无丢失，井盖表面标志清晰。

（3）电梯轿厢、井道内保持清洁，轿厢广告设置有序，无乱贴、乱画；电梯运行平稳，维修、保养、检修记录完整。

（4）消防设施设置平面图、火警疏散示意图按幛设置在楼层明显位置；安全疏散通道畅通，疏散标志和示意图设置合理、醒目；区域消防通道畅通，无杂物堆放，无违章占用。

（5）消火栓柜、防火卷帘、防火门、灭火器、疏散指示灯、应急灯及应急工具等消防设施设备完好，并定期组织检验、保养。

3．小区公共秩序

（1）小区安全标志设置合理，对可能危及人身安全的地点和设施设备，有明显警示标志和防范措施。

（2）公示停车场管理规定和停车收费标准和紧急联系电话；停车场、停车位标志规范、清晰，车辆行驶路线设置合理、路线清晰。

（3）机动、非机动车辆停放有序、无乱停乱放现象，设有集中充电设施；发现交通堵塞及时疏导，发生交通事故及时报告有关部门。

4．小区现场环境

（1）小区垃圾实行分类管理，日产日清，确保垃圾分类设施干净、整洁、有序；管理区域内道路、绿地、停车场、文体活动区域等共用场地无纸屑、烟头、塑料袋等废弃物。

（2）房屋共用部位及共用设施设备保持清洁；及时清理公共场地、道路的积雪、积水。

（3）对公共区域宠物活动实施有效管理；

（4）小区醒目处设置爱护绿化提示标志，重点树木品种实行标牌管理；绿化作业安全防护措施得当；

（5）各类乔、灌、草等植物长势良好，修剪整齐美观，无折损，无病虫害、斑秃现象；

（6）绿地无破坏、践踏、占用现象，树木无悬挂物及晾晒物品。

五、城市绿化与公共水域

（一）绿化建设

1．行道树。新建道路严格控制香樟、栾树比例，两类树木累加不得超过85%；现有道路补植符合林荫路标准。

2．道路街景设计。

（1）绿化地被和小灌木植物配置多样，地被色块模纹形式多样，收边精细，独株种植和板块交相辉映。

（2）以乔木为骨干多层次配置绿地，适地适树，密度适宜，统筹观花赏叶植物“特、新、艳”和“数量、投入”，鼓励应用市花等适宜品种，鼓励设置“一米花园”。同层次植物中，草坪面积不超过50%；地栽花卉种植面积不低于30%，落叶乔木不少于30%，花灌木不少于30%。

（3）大树种植量不高于10%，重要视觉点设置标志性植物景观。

（4）增加绿视率。平面绿化结合立体绿化、空间绿化。藤本植物、立体绿化等应用面积不低于1%。

3．社会单位见缝插绿、立体增绿、拆墙透绿，临街出入口见绿见花见景，按不低于建筑物临街墙体（橱窗）延长米10%增加柔性边界，鼓励围墙和绿化一体化设计。

4．绿化用土应符合《绿化种植土壤CJ / T340-2016》要求。

5．绿化小品设施应确保安全牢固耐久，采用不易锈蚀的材料。

6．超过半年不能出让或者不能开工建设的建设用地具备绿化条件的，土地使用权人或者建设单位应当按照城市绿化主管部门的规定，进行临时绿化，防止地面裸露。

（二）绿化养护

1．城市绿化应布局合理，兼顾功能性和观赏性，各类城市绿化植物应依相关技术标准进行定期养护，保持整洁、美观、生长良好。

2．道路绿地应乔木、灌木、草花合理搭配，修剪整齐，无明显缺株现象，补种植物应与原品种一致。且不得影响行车视线及公共设施。

3．城市绿化植物品种选择应兼顾对环境、安全、养护和生态多样性的影响，优先选择乡土植物、开花植物及色叶植物，丰富城市景观的层次感和色彩；行道树宜选择冠大荫浓的落叶乔木。

4．新栽植树木和扶正树木应进行支柱支撑。采取扁担支撑、三角支撑和四角支撑等方式，支柱材料应统一，支撑方向和高度要统一整齐；着力点与树干接触处应铺垫软质材料。定期检查，破损或绑扎过紧应及时修复和重绑。

5．城区内道路绿地、街旁绿地等公共绿地不得出现泥土裸露，行道树树穴应采用绿化或覆盖物遮盖，无泥土裸露现象。

6．严禁违章侵占绿地，不得擅自在城市树木花草和绿化设施上悬挂或摆放与绿化无关的物品；临时性占用绿地需及时恢复原环境。

7．园林设施、树穴盖板及侧石等应保持完好、整洁，古树、名木应设有明显保护标识，且应统一管理，分类养护。

8．城市绿化及公共水域应保持清洁无杂物。

（三）公园管理

1．公园植物长势良好，修剪养护及时规范，无明显枯死株空秃现象，景观效果良好。

2．园容卫生整体良好，场地垃圾及时清理，墙面积尘定时清除，水质良好无浮物，厕所整洁无异味。

3．设施设备布置合理，功能运行确保正常，维修保养及时到位，各类设施完好无损。

4．公园游园井然有序，车辆停放规范有序，游园道路畅通无阻，不文明行为及时劝阻，游乐设施安全运行，各类应急预案及时到位。

5. 配套服务便民有效，服务项目布局合理，合法经营证照齐全，明码标价合理定价，经营规范不占道，仪表规范文明服务。

（四）城区河道管理

1. 公共水面应保持清洁，无杂物漂浮。

2. 河、湖等公共水域岸坡应整洁完好、无缺损、占绿、毁绿、种菜现象，不得堆积废弃物、违章搭建。

3. 河道管理范围内的绿化环卫设施、护栏、杆线、救生设施、宣传牌及界桩等附属设施应当保持安全、整洁、完好，无缺失、破损、变形、倾斜、乱张贴涂写、违章（规）晾晒、悬（披）挂等现象。

六、交通秩序

（一）交通标志

1. 同一地点同一类型交通标志尺寸、版面样式、设置高度等应保持一致；同一条道路上的标志版面样式应保持一致。

2. 主次干道交通标志尺寸应满足警告标志的最小边长不应小于 1 米；圆形禁令标志的最小直径不应小于 1 米，三角形禁令标志的最小边长不应小于 0.9 米，八边形禁令标志对角线最小长度不应小于 0.8 米；指示标志的最小直径（或短边边长）不应小于 0.8 米。设置在狭窄道路、隔离护栏前端等处的警告、指示、禁令等标志，应采用柱式安装，其尺寸可适当缩小。

3. 标志版面布置应确保信息明确、无歧义、简洁美观。禁止出现如广告等，与道路交通无关的信息。

4. 标志中对时间段进行限制时，时间段采用 24 小时制。

5. 指路标志应采用道路名、标志性建筑相结合指示的模式。

6. 当设置新标志时，原老旧标志，以及与新标志含义冲突的标志应进行及时拆除。

（二）交通标线

1. 城市道路均应采用反光标线，确保具有良好能见度。对于易积水路段，宜采用水下反光标线材料或是附加突起路标；对长时间临时管制路段或是施工作业控制区，宜采用冷漆，便于事后清除。

2. 标线设计和施划时，交叉口与路段的标线应衔接顺畅，符合车辆、行人行驶轨迹。

3. 地面文字信息的顺序，应按照沿行车方向按照从近到远的顺序排列。

4. 斑马线的施划应当结合交叉口渠化，尽量缩短斑马线长度，确保行人快速过街。设置在学校周边，主要用于学生通行的，须施划立体斑马线。对路面宽度大于 30 米，或路段、路口进出口机动车道 6 条以上（含），应设置行人过街安全岛及相关安全防护设施。

5. 在易发生临时停车造成堵塞的交叉路口、出入口及其他需要设置的位置可以施划黄色网状线。

6. 地面文字标记中对时间段进行限制时，采用 24 小时制时间格式。

7. 交通标线应根据损耗情况及时进行维护更新，最长维护间隔不得大于 2 年。

（三）交通隔离栏

1. 应采取样式新颖交通隔离栏，统一格式和色彩，及时清洗维护，确保整洁美观。

2. 双向 6 车道及以上主干路中间无绿化隔离等中央分隔带的，应当设置中央隔离栏，并尽可能不留缺口，保证中央隔离栏设置的连续性。

3. 在城市道路沿线小区、商业、单位等密集，且过往机动车通行量较大的路段，可以设置中央隔离栏，禁止左转或掉头；对确有通行需求的，可以设置移动式中央隔离栏。

4. 在设有中间绿化隔离带的道路，当行人横穿机动车道现象严重时，应当在中间绿化隔离带上设置中央隔离栏。

5. 中央隔离栏安装净高不低于 1.1 米，下边缘距地面高度不超过 0.25 米。遇到平面交叉口、人行横道线、车辆左转或者掉头开口处，应当以斜式渐变的方式逐渐降低中央隔离栏净高，端部的隔离栏高度不超过 0.7 米，端部长度不小于 10 米，渐变段长度不小于 15 米。

6. 中央隔离栏每隔 200 米设置文明交通劝导和警示标语。

7. 双向 4 车道及以上次干路可以设置中央隔离栏和机非隔离栏。双向 2 车道的城市道路不宜设置中央隔离栏。

（四）交通信号灯和交通科技设施

1. 交通信号灯应与道路交通标志、标线、隔离设施、交通科技设施、各类市政设施等统一设置、互相一致，不得相互遮挡，不得使道路使用者产生歧义，并应与城市景观和风貌相协调。

2. 交通信号灯杆和交通科技设施杆件统一与路灯灯杆采用“多杆合一”设置，减少路面杆件数量；高架道路建设的交通科技设施综合采用龙门架、与路灯灯杆“多杆合一”等方式合理设置。

3. 机动车信号灯灯盘直径为 φ400 毫米，如带倒计时功能红绿双色个位数倒计时器整合在黄色单元中；非机动车信号灯；灯盘直径为 φ400 毫米，红色、黄色、绿色圆形三分立单元组合；人行信号灯，灯盘直径为 φ300 毫米，设置为红灯、绿灯、倒计时三个灯组。

4. 信号灯超过使用寿命或出现亮度不足、颜色失真和 LED 点阵缺失等现象影响使用时，应及时更换。

5．交通科技设施所包含的电子警察、道路视频、诱导屏、卡口监控、流量采集、信号控制机、语音广播、治安监控、信息采集等应在高速公路、国道、省道、县道、乡道、快速路、主干路、次干路、支路及道路交叉口规划建设。

6．交通科技设施实施应当符合国家及行业标准规范，确保安全、可靠、美观。

（五）城市快速路交通管理

1．城市快速路是指城市中与一般道路分开，使汽车能以较高的速度安全畅通地行驶的道路。如高架道路、金武快速路。

2．城市快速路的标志。（1）标志版面应简洁明了，避免出现歧义，同一类型的标志应放置在同一版面上、同一方向的指路信息应尽可能放置在同一版面上、标志指示方向应与实际通行方向保持一致。（2）快速路交通信息排序按照由近到远的顺序从左至右，或从上至下排列。（3）出口预告标志实行4级预告，即在距离出口匝道渐变段起点处的2千米、1千米、500米和渐变段起点处设置相应的预告标志。出口间距不足2千米时，降低为3级预告。（4）快速路使用定向车道、交替通行措施时，应提前设置预告标志。（5）快速路交通标志尺寸应尽可能保持统一，应尽可能结合龙门架设置。

3．城市快速路的标线。（1）快速路交通标线应确保良好能见度，在快速路出入口和通行方向、车道数发生变化时应合理使用导流线引导车辆通行。（2）在通行方向选择大于3个时，应增加地面文字信息提示，快速路的汉字沿行车方向按照从近到远的顺序排列。（3）在快速路转向角度较大或坡度较大时，可以施划减速标线，提示车辆谨慎通行。

镇区主要道路容貌综合治理标准

为进一步加大“宜居美丽明星城市”建设，紧紧围绕“精细化管理、品质化建设”目标，对照先进城市标杆，持续推进镇区容貌提升，积极打造整洁、优美、文明、有序的乡镇新面貌，特制定镇区主要道路（含主镇区范围内国道、省道）容貌综合治理标准：

一、基础设施维护

1．道路设施。道路按标准建设，路面平整、无破损。人行道砌块无松动、残缺，缘石、踏步稳定牢固；盲道完好、通畅；树池装饰美观、无凸起、残缺。道路按规范进行养护，无反复开挖现象。

2．管线杆线设施。坚持“先地下、后地上”原则，与道路出新改造同步完善水、气、电、通信等管线杆线入地。各类检查井、井盖、雨水口等设施完好。临街杆线无废弃、倾斜现象，供电、通讯、配电等箱体装饰美化。对车辆和行人安全造成影响的，养护和看护措施及时。

3．交通管理设施。分隔带护栏、隔离桩、交通信号灯和指示牌等交通管理设施和公交站台、的士车辆停靠设施与道路景观协调，保持整洁、无破损、无锈蚀、无松动或倾斜等现象，功能完好。

4．环卫设施。垃圾箱（垃圾分类收集亭、果壳箱）、垃圾转运站、公厕等临街环卫设施布局合理，满足需要，公厕达到二类以上标准，且与周围环境协调；设施干净整洁、无破损、安装牢固。

5．停车设施。按照标准，科学制定设置方案，配建公共停车场，合理施划路内停车泊位；三幅路或四幅路以上，鼓励设置港湾式公交停靠站台。

二、市容秩序管理

1．占道经营。无乱设摊点、占道经营和店外经营；废旧物品收购、机动车维修和铝合金、石材、木器加工等经营有效控制，逐步疏导；修理点、书报亭、早餐点等便民服务疏导点布局合理、设置统一、管理规范，无超范围经营。

2．户外广告。户外广告设施设置符合《江苏省城镇户外广告店招标牌设施设置技术规范》，与道路容貌相协调；无楼顶字，无多层多招、一店多招；店招标牌无破损，美观靓丽，无安全隐患。

3．车辆停放。机动车辆有专人管理，停放整齐，无违规占道、逆向停车、占用盲道等现象；非机动车分类划定停放区域，管理有序，保持人行道通行顺畅。

4．工地管理。规范设置刚性封闭围挡，无扬尘污染；硬化出入口道路，出入口配备使用车辆高压冲洗设施，渣土运输处置规范。

三、建筑立面管理

1．建筑外墙。沿街及支路（巷）接口处建（构）筑物外墙、玻璃幕墙等保持整洁，无脱落破损，无积尘和油烟污染，无乱涂写、乱张贴，采取同色覆盖方式清理乱涂写。

2．门窗护栏。无擅自破墙开门（窗）现象，门面装修、装饰应当符合有关规定并与周边环境相协调；门窗及防护（盗）栏设置不超出墙面，其形式不得影响建筑景观；卷帘门色彩统一，保持完好无锈蚀；玻璃橱窗无破损，内外及立柱整洁，无悬挂、书写、张贴。

3．附着物件。临街空调外机统一规范，整齐美观，牢固安全，无破损残缺，保持清洁；外排抽油烟机设置规范，无安全隐患；附着墙面的各类管线设置整齐作美化处理；遮阳（雨）篷式样统一、安装规范，保持整洁无破损。

4．建筑屋顶。屋顶无破损残旧、无垃圾杂物、无乱搭乱建、乱披乱挂。

5．绿化景观。行道树、隔离带、环岛、林荫等绿化的构成，形成体系，体现特色，绿化保持生物多样性，并定期开展补绿、修绿工作，无缺株少株、毁坏绿地、黄土裸露等情况。

四、日常长效管理

1．环卫管理。道路、绿带、绿岛等公共区域实现一体化保洁，保持长净久洁；实施机械化清扫保洁作业，建立巡回保洁制度；开展垃圾分类，按要求进行垃圾分类处置；市容环卫责任书签约率、履约率均达到100%。

2．执法管理。落实岗位责任制，实施网格化巡查执法，依法行政，文明执法；对公路两侧100米范围内鸡棚鸭舍、乱搭建、乱堆放等得到有效整治，巡查执法制度建立并落实，定期开展自查与复查工作，措施扎实有效。

3．监督考核。面向社会公示投诉电话和监督电话，接受群众监督；强化考核，夯实基层基础，从根本上提高日常长效管理工作水平。

附件2：

常州市金坛区城市精细化管理工作专项行动年度目标分解表

附表1

序号	重点任务	实施内容		年度工作目标		
				2020年	2021年	2022年
1	对标先进城市，提升市容环境品质	精品街道	金坛区	金坛大道（金湖路—小坵桥） 金山路（鑫城大道—金坛大道）	待定	待定
			金城镇	西门大街延伸段	后阳北大街	白塔路（集镇段）
			薛埠镇	东环一路（茅山旅游大道—薛东桥）	百花东路	百花西路
			直溪镇	通济路（北溪城东路—亚细路）	亚细路	北溪城东路
			朱林镇	晨风路	华林路	文化路
			指前镇	湖滨路	学府路	指前新街
			儒林镇	儒香路	儒林北街	儒林东街
			东城街道	丰田路	南环一路（东环二路—华阳南路）	南环一路（华阳南路—职高桥）
			尧塘街道	府北路	亿晶大街（金武路—府北路）	尧汤路（育才路—钱资湖大道）
			西城街道	虹翠路	河滨东路	环园路
		绿化景观		完成江南游园、春风公园绿化提升；完成部分道路绿化拾遗补缺工作	完成青年广场、八角井游园、九九广场、金沙广场游园绿化提升；完成华城路、丹阳门北路、北环西路、沿河西路、西一环道路绿化提升	推进林下空秃、城区拾遗补缺等改造提升
		城市照明		摸排东园小区、古石林、东焦园、松庄村、朱寺巷、毛家场等老小区及城中村现状，依据现状初步制定新增方案	(1) 东园小区、古石林、东焦园、松庄村、朱寺巷、毛家场等老小区及城中村新增功能照明 (2) 金山路（金坛大道—环湖路）、红山路（西城路—怒江路）、盐港路西段（华阳北路—S241）、华阳南路（金坛大道—环湖路）、华阳北路（电厂桥—环园路）、环园路、建材路路灯线缆改造 (3) 完善单灯覆盖率，提升全区功能照明设施的运行维护效率，建立科学合理的集中控制管理模式	(1) 水厂路（东一环—松庄村）、松庄路（南二环—水厂路往北）、育才路西段（东二环）、华苑北路南段、供电路东延、东园小区停车场、翠北路、沿河东路、沿河西路、北门大街、北戴路及北戴小区门口三叉路、相府前（中山巷—东门大街）路灯改造提升 (2) 东门大街（沿河东路—东环二路）景观照明提升 (3) 巩固提升，优化单灯控制系统，提高设施管理能力水平

续附表 1

序号	重点任务	实施内容		年度工作目标		
				2020 年	2021 年	2022 年
2	加强综合治理，补齐市容管理短板	非机动车停放（含互联网租赁（电动）自行车）、建筑工地围挡（围墙）	非机动车停放	在城区主次干道和主要商业街区开展非机动车停放精细化管理专项整治行动	全面推进非机动车停放秩序治理工作	巩固提升治理成果
			建筑工地围挡（围墙）	对全区建筑工地围挡（围墙）启动整治工作	全面推进建筑工地围挡（围墙）整治工作，新建建筑工地围挡（围墙）需按标准建设	巩固提升整治成果，落实常态长效管理工作
		广告店招	店招广告	对一店多招、多层多招、楼顶字进行整治	全面推进并基本完成违规店招标牌整治工作	巩固提升整治成果，落实常态长效管理工作
			乱张贴乱涂写	根据《常州市治理乱张贴乱涂写工作实施方案》，开展乱张贴乱涂写集中治理行动	开展总结评估，建立执法部门与通信部门长期合作机制，形成“属地管理、部门履责、联动执法”的工作格局	注重源头管控，加强日常巡查，一经发现立即取证、审核、停机，切实落实长效管理
		绿化管养		加强金坛大道已建配套绿化管养工作；对30多处共计2000多平米的退红线公共区域加强移交对接，落实整治养护工作	打造金坛区钱资湖公园园林文化融合示范区	金坛区下塘河四期四季景观提升
3	聚焦重点难点，提高环卫管理效率	环卫基础设施建设		金坛区生活垃圾焚烧发电及飞灰库项目开工建设，推进建筑垃圾集中处置项目前期工作	持续推进金坛区生活垃圾焚烧发电及飞灰库项目、建筑垃圾集中处置项目建设；完成城南大型生活垃圾转运站建设前期工作，预期年内开工建设；逐步撤除城区室内外垃圾转运站	金坛区生活垃圾焚烧发电及飞灰库、建筑垃圾集中处置项目和城南大型生活垃圾转运站全面投入使用
		垃圾收运		撤除全区城市化管理区域范围内所有城市道路临街摆放的垃圾桶，做好垃圾密闭收运前期工作的宣传发动	进一步加强文明作业督查，确保车辆收集、转运确保车辆密闭，作业途中无垃圾扬、撒、拖挂和污水滴漏	持续提升车辆容貌和文明作业的长效水平
		垃圾分类		培育6个分类实效试点小区，创建18个省生活垃圾分类达标小区，继续在居民小区开展四分类试点，加大垃圾分类宣传、培训、考核力度。加快垃圾分类设施建设，城乡垃圾分类设施覆盖率达到100%，公共机构实现垃圾分类全覆盖，直溪镇完成全域农村垃圾分类收运体系建设工作	继续培育分类实效试点小区，持续推进省生活垃圾分类达标小区创建工作，以典型带动，加大垃圾分类宣传、培训、考核力度，致力于培养居民分类习惯的养成	总结经验，巩固建设成果，形成系统化的常态长效建设管理机制
4	关注民生热点，优化市民居住出行	物业管理		实施金沙花园、华城二村改造民生实事项目，改善小区宜居环境，实行专业化物业管理。 全面推进“党建引领，红色物业”工作，协助成立金坛区物业服务行业委员会；开展全区先行30个党建引领物业管理示范小区。 完善我区维修资金的交存和使用流程，强化维修资金的申请使用过程监管	改造文化一村一期、河滨（北戴）小区。 升级维修资金服务系统，逐步实现维修资金网上申请和查询	持续开展老旧小区改造工作。 推进物业管理电子政务建设，为居民提供维修资金服务、物业服务信息查询的综合服务平台

续附表 1

序号	重点任务	实施内容		年度工作目标		
				2020 年	2021 年	2022 年
4	关注民生热点，优化市民居住出行	背街小巷		结合市容环境综合整治，开展背街小巷的整治	各属地政府制定整治计划，以点带面，逐步推进背街小巷专项整治工作	总结经验，巩固建设成果，形成系统化的常态长效建设管理机制
		公交站台	候车亭补建及改造（智慧候车亭建设）	拆除南新桥站、少年宫站、金城商业广场站、第二中学站、第三人民医院 5 对站亭，更换为公交智能站亭	拆除五角场、中信银行、劳动大厦、中国人寿保险公司、八佰伴、开发区管委会、税务局、第一中学、移动公司、农耕园、广电中心、华城柴油机厂、中医院 13 对站亭，更换为公交智能站亭	拆除下坵路站亭，更换为不锈钢站牌；拆除金源福地、供电局、丹阳门建材市场、客运北站北门、运管处、社场头、公安分局、吾悦广场东门、左邻右里、名仕家园、客运北站东门、白凉亭新村 12 对站亭，更换为公交智能站亭
5	实施畅通工程，创优城市交通环境	实施交通畅通工程		对市民中心片区、五中左邻右里片区、吾悦广场片区、新天地片区交通组织进行优化提升，对丹阳门中路、横街东路、东门大街整体交通环境和道路交通设施进行优化提升；丹阳门中路、横街东路、东门大街、华城路、南环一路等主、次干路，实现交通管理设施规范设置率 ≥ 90%，信号灯联网联控率 ≥ 90%，多时段、多方案信号灯路口比例 ≥ 80%，有交通流检测设备的信号灯路口比例 ≥ 35%，路口非机动车和行人守法率 ≥ 90%，机动车礼让行人率 ≥ 90%，路段双向违停率 ≤ 2 辆 / 千米，城市文明交通指数测评保持全省第一方阵	建立城市道路示范模板标准，完善道路交通管理设施设备，持续开展道路交通专项整治，提升城市道路交通管理精细化水平	巩固形成系统化常态化的城市道路交通精细化管理长效机制，城市交通畅通主要指标保持全国同类城市最好水平
6	强化信息化手段支撑	智慧城管		建设城市管理综合行政执法平台，完成区数字化城市管理系统平台监控的维护和系统更新工作	完善公众参与随手拍程序运行，建立受理、转派、处置、反馈、数据分析工作机制；完成部分重难点道路和菜市场内部智能识别高清摄像点位建设，并全面运行	进一步完善平台功能，提升市容环卫管理精细化、智能化水平

重要文件目录

中共金坛区委

坛发〔2020〕1号　区委区政府关于扎实抓好乡村振兴重点工作加快基本实现农业农村现代化步伐的意见

坛发〔2020〕2号　区委区政府关于规范产业项目引进和建设工作的若干意见

坛发〔2020〕3号　区委区政府关于表彰2019年度全区“两个加快”创新提升工作先进集体和先进个人的决定

坛发〔2020〕4号　区委关于成立区委应对新型冠状病毒感染肺炎疫情工作领导小组的通知

坛发〔2020〕12号　区委区政府关于印发《常州市金坛区生态环境保护工作责任规定（试行）》的通知

坛发〔2020〕13号　区委关于新时代加强和改进人民政协工作的实施意见

坛发〔2020〕16号　区委关于表彰优秀共产党员的决定

坛发〔2020〕17号　区委区政府关于开展全区第六轮结对帮扶工作的实施意见

坛发〔2020〕18号　区委区政府关于成立金坛区“十四五”规划编制工作领导小组的通知

坛发〔2020〕22号　区委关于建立区政府向区人大常委会报告国有资产管理情况制度的实施意见

坛发〔2020〕24号　区委区政府关于全面深化预算绩效管理的实施意见

坛发〔2020〕25号　区委区政府关于在全区全面推行林长制的实施意见

坛发〔2020〕26号　区委区政府关于成立金坛区林长制工作领导小组的通知

坛发〔2020〕27号　区委关于加强新时代人大工作和建设的实施意见

中共金坛区委办公室

坛办发〔2020〕3号　区委办公室区政府办公室关于2020年度全区“两个加快”全面决战工作目标管理考核的实施意见

坛办发〔2020〕5号　区委办公室区政府办公室关于全面开展安全生产派驻督导工作的通知

坛办发〔2020〕6号　区委办公室区政府办公室关于2019年度全区“两个加快”创新提升工作目标管理考核的情况通报

坛办发〔2020〕9号　区委办公室区政府办公室关于印发《2020年乡村振兴工作任务分解表》的通知

坛办发〔2020〕14号　区委办公室区政府办公室关于定期评价板块重点工作绩效并实行“红蓝黄榜”制度的通知

坛办发〔2020〕16号　区委办公室关于印发《中共常州市金坛区委党的建设工作领导小组2020年工作要点》的通知

坛办发〔2020〕17号　区委办公室区政府办公室关于印发《区委常委会成员、区政府领导班子成员2020年安全生产重点工作清单》的通知

坛办发〔2020〕18号　区委办公室区政府办公室关于印发《各镇党委政府、街道党工委办事处、园区党工委管委会和区安委会成员单位履行安全生产工作责任考核评价指标》的通知

坛办发〔2020〕19号　区委办公室 区政府办公室 区政协办公室关于印发《政协金坛区委员会2020年协商计划》的通知

坛办发〔2020〕26号　区委办公室区政府办公室关于印发《常州市金坛区违法违规“小化工”百日专项整治行动实施方案》的通知

坛办发〔2020〕29号　区委办公室关于印发《2020年度金坛区全面从严治党责任清单》的通知

坛办发〔2020〕30号　区委办公室区政府办公室关于印发《2020年常州市金坛区作风建设提升行动方案》的通知

坛办发〔2020〕34号　区委办公室关于转发《中共常州市委办公室印发关于推进全市政协系统“有事好商量”协商议事平台建设工作的实施意见的通知》的通知

坛办发〔2020〕40号　区委办公室区政府办公室关于印发《常州市金坛区2020年打造一流营商环境重点任务清单责任分解表》的通知

坛办发〔2020〕49号　区委办公室印发《关于人大预算审查监督重点向支出预算和政策拓展的实施意见》的通知

坛办发〔2020〕53号　区委办公室区政府办公室关于印发《纪念华罗庚110周年诞辰活动方案》的通知

坛办发〔2020〕54号　区委办公室区政府办公室关于印发《常州市金坛区创建省级全域旅游示范区工作方案》的通知

坛办发〔2020〕56号　区委办公室区政府办公室关于做好全区村（社区）“两委”换届工作的实施方案

坛办发〔2020〕58号　区委办公室 区政府办公室关

于建立新时代常州市金坛区产业工人队伍建设改革联席会议制度的通知

坛办发〔2020〕60号　区委办公室区政府办公室关于开展2020年度综合考核的实施意见

坛办发〔2020〕62号　区委办公室区政府办公室关于深入解决形式主义突出问题持续为基层减负的通知

金坛区人民政府

坛政发〔2020〕2号　关于区政府领导部分成员分工调整的通知

坛政发〔2020〕3号　区政府关于金坛高铁综合客运枢纽规划建设指挥部更名的通知

坛政发〔2020〕4号　2020年兵役登记公告

坛政发〔2020〕6号　常州市金坛区关于处置已批未用土地的报告

坛政发〔2020〕7号　常州市金坛区人民政府关于2019年度实行最严格水资源管理制度的考核自查报告

坛政发〔2020〕8号　常州市金坛区人民政府关于印发2020年度金坛区经济发展主要目标任务清单（一）的通知

坛政发〔2020〕12号　常州市金坛区人民政府关于金坛区人民医院疫情防控有关情况报告

坛政发〔2020〕14号　关于常州市金坛区人民医院新冠肺炎疫情处置情况的报告

坛政发〔2020〕15号　常州市金坛区人民政府关于修订印发常州市金坛区农业融资担保基金管理暂行办法的通知

坛政发〔2020〕16号　区政府关于做好我区第七次全国人口普查工作的通知

坛政发〔2020〕19号　常州市金坛区人民政府关于表彰2019年金坛区区长质量奖和金坛区质量管理先进单位的决定

坛政发〔2020〕22号　“关于将常州市金坛区人民政府与上海市第一人民医院合作共建项目列入省长三角一体化合作项目的报告”

坛政发〔2020〕24号　常州市金坛区人民政府关于公布第五批区级物质文化遗产名录及代表传承人的通知

坛政发〔2020〕25号　常州市金坛区人民政府关于印发2020年金坛区打好污染防治攻坚战工作方案的通知

坛政发〔2020〕26号　常州市金坛区人民政府关于印发2020年度金坛区重点产业项目实施计划清单的通知

坛政发〔2020〕28号　常州市金坛区人民政府关于印发《常州市金坛区2020年“生态绿城“建设目标任务书》的通知

坛政发〔2020〕29号　关于进一步完善常州市金坛区城市长效综合管理考核工作的实施意见

坛政发〔2020〕30号　常州市金坛区人民政府关于印发2020年度金坛区重点规划编制及策划项目计划清单的通知

坛政发〔2020〕31号　常州市金坛区人民政府关于申报第四批国家生态文明建设示范区的报告

坛政发〔2020〕33号　关于印发《常州市金坛区锂电池行业安全生产整改方案》的通知

坛政发〔2020〕41号　常州市金坛区人民政府关于印发常州市金坛区2020年度土地收储出让计划的通知

坛政发〔2020〕43号　常州市金坛区人民政府关于下达2020年度全区土地整治复垦任务的通知

坛政发〔2020〕47号　应急演练公告

坛政发〔2020〕53号　关于发布金坛区丹金溧漕河等7条河道和25座水库管理范围划定的通告

坛政发〔2020〕55号　常州市金坛区人民政府关于贯彻实施《突发事件应对法》情况审议意见的报告

坛政发〔2020〕56号　常州市金坛区人民政府关于落实生活垃圾分类工作审议意见的报告

坛政发〔2020〕57号　常州市金坛区人民政府关于公布第五批区级非物质文化遗产增补名录的通知

坛政发〔2020〕61号　常州市金坛区人民政府关于授权和委托江苏金坛长荡湖旅游度假区管委会与河海大学对接开展工作的决定

坛政发〔2020〕64号　常州市金坛区人民政府关于下达2020年度全区人力资源和社会保障工作重点目标任务的通知

坛政发〔2020〕65号　常州市金坛区人民政府关于落实《传染病防治法》贯彻实施审议意见的报告

坛政发〔2020〕69号　“常州市金坛区人民政府关于对张田等73名同志分别记三等功的决定”

坛政发〔2020〕82号　常州市金坛区人民政府印发关于全面推进我区长江流域禁捕退捕工作实施方案的通知

坛政发〔2020〕83号　常州市金坛区人民政府关于修订印发金坛区长质量奖评定管理办法的通知

坛政发〔2020〕86号　常州市金坛区人民政府关于表彰金坛区第九届十佳青年教师和金坛区优秀教育工作者的决定

坛政发〔2020〕90号　关于印发2020年度金坛区经济发展主要目标任务清单（二）的通知

坛政发〔2020〕95号　常州市金坛区人民政府关于区政府领导同志工作分工的通知

坛政发〔2020〕98号　关于金坛区高尔夫球场清理整治“回头看“的情况报告

坛政发〔2020〕99号 常州市金坛区人民政府关于落实区人大常委会对2019年度环境状况和环境保护目标完成情况审议意见的报告

坛政发〔2020〕101号 常州市金坛区人民政府印发关于全面推进我区长江流域禁捕退捕工作实施方案的通知

坛政发〔2020〕102号 常州市金坛区人民政府关于公布第六批区级非物质文化遗产名录的通知

坛政发〔2020〕104号 常州市金坛区人民政府关于水污染防治审计中发现问题整改结果的报告

坛政发〔2020〕105号 区政府关于印发《常州市金坛区突发事件总体应急预案》的通知

坛政发〔2020〕113号 常州市金坛区人民政府关于上报地上附着物和青苗等补偿标准备案的报告

坛政发〔2020〕116号 常州市金坛区人民政府关于印发《金坛区空气国（省）控站点提升方案》的通知

坛政发〔2020〕117号 常州市金坛区政府关于耕地保护责任目标履行情况的自查报告

坛政发〔2020〕120号 常州市金坛区人民政府印发《关于加快推进企业股改上市的实施意见》的通知

坛政发〔2020〕123号 区政府关于落实区人大常委会对全区国有自然资源资产管理情况审议意见的报告

坛政发〔2020〕124号 常州市金坛区人民政府关于落实区人大常委会对区政府2020年上半年工作情况和下半年工作打算的审议意见的报告

坛政发〔2020〕125号 关于明确金坛经济开发区、华罗庚科技产业园管理区域的通知

坛政发〔2020〕128号 关于印发《常州市金坛区企业人才参加企业年金集合计划试行办法》的通知

坛政发〔2020〕132号 常州市金坛区人民政府关于公布征地区片综合地价执行标准的通知

坛政发〔2020〕136号 常州市金坛区人民政府关于申报第三批江苏省生态文明建设示范区的报告

坛政发〔2020〕142号 “常州市金坛区人民政府关于农民合作社质量提升整县推进试点的中期自评报告”

坛政发〔2020〕171号 “常州市金坛区人民政关于表彰见义勇为先进个人的决定”

坛政发〔2020〕173号 常州市金坛区现代农业产业示范园创建综合自评报告

坛政发〔2020〕174号 常州市金坛区人民政府关于人大对“十三五”规划执行和“十四五”规划编制情况审议意见办理情况的报告

坛政发〔2020〕175号 常州市金坛区人民政府关于贯彻实施《安全生产法》工作专题询问意见的报告

坛政发〔2020〕176号 关于大乘汽车综合处置的情况报告

坛政发〔2020〕180号 关于废止《常州市金坛区区级储备粮管理办法》的通知

金坛区人民政府办公室

坛政办发〔2020〕4号 区政府办公室关于印发《全区群租房安全隐患集中整治工作方案》的通知

坛政办发〔2020〕8号 区政府办公室关于印发《常州市金坛区扫雪除冰应急预案》的通知

坛政办发〔2020〕9号 区政府办公室关于印发《常州市金坛区危险化学品安全综合治理实施方案》的通知

坛政办发〔2020〕10号 区政府办公室关于成立常州市金坛区新型冠状病毒疫情防控工作领导小组的通知

坛政办发〔2020〕12号 关于区政府领导加强对相关地区和分管领域疫情防控工作督促检查的通知

坛政办发〔2020〕15号 区政府办2020年部门预决算信息公开工作方案

坛政办发〔2020〕16号 区政府办公室关于公布区级农业产业化经营龙头企业（合作社）的通知

坛政办发〔2020〕17号 区政府办公室关于印发《金坛区畜禽养殖禁养区划定调整方案》的通知

坛政办发〔2020〕18号 区政府办公室关于印发《常州市金坛区农村建档立卡低收入一般农户防贫保险实施办法》的通知

坛政办发〔2020〕22号 区政府办公室关于印发常州市金坛区农业保险工作实施方案（2020—2021）的通知

坛政办发〔2020〕25号 区政府办公室关于印发常州市金坛区电子商务发展三年行动计划（2020—2022）的通知

坛政办发〔2020〕26号 区政府办公室关于成立涉外联防联控指挥部的通知

坛政办发〔2020〕27号 区政府办公室关于印发《常州市金坛区农民合作社质量提升整县推进试点实施方案》的通知

坛政办发〔2020〕29号 区政府办公室关于印发《常州市金坛区重污染天气应急预案》的通知

坛政办发〔2020〕30号 区政府办公室关于推进全区数字应急广播系统建设的实施意见

坛政办发〔2020〕35号 区政府办公室关于印发《常州市金坛区稳定生猪生产保障市场供应实施方案》的通知

坛政办发〔2020〕37号 区政府办公室关于对朱林镇农贸市场等重大火灾隐患单位实行挂牌督办整改的通知

坛政办发〔2020〕39号 区政府办公室关于印发《长荡湖水环境综合治理三年行动计划（2020—2022年）》的通知

坛政办发〔2020〕40号　区政府办公室关于印发《常州市金坛区“交房即发证”不动产登记实施方案》的通知

坛政办发〔2020〕42号　区政府办公室关于印发《全区养老服务机构（场所）安全专项整治工作方案》的通知

坛政办发〔2020〕43号　区政府办公室关于印发《全面推广城乡居民基本医疗保险社会保障卡扣缴工作实施方案》的通知

坛政办发〔2020〕44号　区政府办公室关于进一步落实粮食安全责任制确保粮食稳产增效的通知

坛政办发〔2020〕45号　区政府办公室关于印发全区安全生产突出问题专项整治责任分解方案的通知

坛政办发〔2020〕46号　区政府办公室印发《关于实施商住用地“实质性出让、储备型开发”项目的若干意见》的通知

坛政办发〔2020〕47号　区政府办公室关于印发《全区国有单位闲置资金集中调剂使用的指导意见》的通知

坛政办发〔2020〕48号　区政府办公室关于规范全区排水设施建设管理的指导意见

坛政办发〔2020〕49号　区政府办公室关于进一步加强区人防工程规划建设审批管理工作的通知

坛政办发〔2020〕50号　区政府办公室关于调整完善城镇生活污水处理统一运行管理的通知

坛政办发〔2020〕51号　区政府办公室关于调整完善农村生活污水处理设施建设和运营的通知

坛政办发〔2020〕52号　区政府办公室关于印发常州市金坛区自然资源统一确权登记总体工作方案的通知

坛政办发〔2020〕53号　区政府办公室关于印发《常州市金坛区建筑施工安全生产百日攻坚行动方案》的通知

坛政办发〔2020〕54号　区政府办公室关于印发《常州市金坛区2020年度地质灾害防治方案》的通知

坛政办发〔2020〕56号　区政府办公室关于印发常州市金坛区全面落实“六保”任务责任分解方案的通知

坛政办发〔2020〕57号　区政府办公室关于印发《常州市金坛区瓶装燃气安全生产专项整治百日攻坚行动方案》的通知

坛政办发〔2020〕59号　区政府办公室关于印发《金坛区消防安全专项整治工作方案》的通知

坛政办发〔2020〕61号　区政府办公室关于规范全区规模以下建设工程质量安全管理工作的指导意见

坛政办发〔2020〕62号　区政府办公室关于加强全区农民自建房建设质量安全管理工作的指导意见

坛政办发〔2020〕66号　区政府办公室关于调整城乡居民最低生活保障、农村和城市特困人员供养以及孤儿养育标准的通知

坛政办发〔2020〕67号　区政府办公室关于印发《常州市金坛区危险化学品安全生产突出问题专项整治方案》的通知

坛政办发〔2020〕68号　区政府办公室关于印发《常州市金坛区工业用地擅自改变商业用途安全专项整治工作方案》的通知

坛政办发〔2020〕69号　区政府办公室关于印发《常州市金坛区社会心理服务体系建设实施意见》的通知

坛政办发〔2020〕70号　关于进一步完善常州市金坛区老年人健康体检服务政策的实施意见

坛政办发〔2020〕71号　关于印发《国务院专项督导组交办问题整改工作方案》的通知

坛政办发〔2020〕73号　区政府办公室关于印发《金坛区2020年有序用电方案和电力供应应急预案》的通知

坛政办发〔2020〕74号　区政府办公室关于印发《2020年项目招引百日攻坚行动实施方案》的通知

坛政办发〔2020〕76号　区政府办公室关于印发《常州市金坛区清理整治不规范地名工作方案》的通知

坛政办发〔2020〕79号　区政府办公室关于印发《培丰化工集中区化工企业安全关闭工作方案》的通知

坛政办发〔2020〕80号　区政府办公室关于印发《常州市金坛区辐射事故应急预案》的通知

坛政办发〔2020〕83号　区政府办公室关于印发《常州市金坛区生产安全事故应急预案》的通知

坛政办发〔2020〕84号　区政府办公室关于印发《常州市金坛区交通干线沿线环境综合整治专项行动方案》的通知

坛政办发〔2020〕85号　关于进一步深化预算管理改革的实施意见

坛政办发〔2020〕86号　关于进一步加强市级政府专项资金管理和改革的实施意见

坛政办发〔2020〕90号　区政府办公室关于转发常州市金坛区长江流域禁捕退捕四个专项行动方案的通知

坛政办发〔2020〕92号　区政府办公室关于印发《常州市金坛区自然灾害救助应急预案》的通知

坛政办发〔2020〕94号　区政府办公室关于印发国务院第七次大督查协调保障工作分工方案的通知

坛政办发〔2020〕99号　区政府办公室关于做好2020年政府安排工作退役士兵接收安置工作的通知

坛政办发〔2020〕100号　区政府办公室印发《关于推进镇、街道集中审批服务工作的实施办法》的通知

坛政办发〔2020〕101号　区政府办公室关于印发《关于推进镇、街道综合行政执法工作的实施办法》的通知

坛政办发〔2020〕102号　区政府办公室关于印发《常州市金坛区镇域综合行政执法管理规定（试行）》的通知

坛政办发〔2020〕103号　区政府办公室关于印发《常

州市金坛区地震应急预案》的通知

坛政办发〔2020〕104 号　区政府办公室关于印发《常州市金坛区防御台风应急预案》的通知

坛政办发〔2020〕105 号　区政府办公室关于印发《常州市金坛区防汛防旱应急预案》的通知

坛政办发〔2020〕106 号　区政府办公室关于印发《常州市金坛区突发环境事件应急预案》的通知

坛政办发〔2020〕107 号　红十字会改革方案

坛政办发〔2020〕108 号　区政府办公室关于 2019 年度实行最严格水资源管理制度考核整改落实情况的报告

坛政办发〔2020〕109 号　区政府办公室关于印发《常州市金坛区城市精细化管理工作专项行动方案（2020-2022 年）》的通知

坛政办发〔2020〕110 号　常州市金坛区人民政府办公室关于印发《长荡湖水街安全生产和生态环境专项整治工作方案》的通知

坛政办发〔2020〕111 号　区政府办公室关于印发《常州市金坛区 2020 年城市环境综合整治行动实施方案》

坛政办发〔2020〕112 号　区政府办公室关于印发《常州市金坛区 LNG 等燃气设施安全专项整治行动实施方案》的通知

坛政办发〔2020〕113 号　区政府办公室关于印发《常州市金坛区处置森林火灾应急预案》的通知

坛政办发〔2020〕114 号　区政府办公室关于印发《常州市金坛区价格异动应急预案》的通知

坛政办发〔2020〕115 号　区政府办公室关于印发《常州市金坛区救灾物资应急供给预案》的通知

坛政办发〔2020〕116 号　区政府办公室关于印发《常州市金坛区突发地质灾害应急预案》的通知

坛政办发〔2020〕117 号　区政府办公室关于印发《常州市金坛区危险化学品事故应急预案》的通知

坛政办发〔2020〕118 号　区政府办公室关于印发《常州市金坛区粮食应急预案》的通知

坛政办发〔2020〕119 号　区政府办公室关于印发 2021 年度松材线虫病防治方案的通知

坛政办发〔2020〕120 号　区政府办公室关于印发《常州市金坛区气象灾害应急预案》的通知

坛政办发〔2020〕122 号　区政府办公室关于印发《常州市金坛区突发重大动物疫情应急预案》的通知

坛政办发〔2020〕123 号　区政府办公室关于印发《常州市金坛区教育系统突发公共事件应急预案》的通知

坛政办发〔2020〕124 号　区政府办公室关于建立破产企业处置协调联动机制的意见

坛政办发〔2020〕125 号　区政府办公室关于开展我区农村公共基础设施管护情况摸查工作的通知

坛政办发〔2020〕127 号　区政府办公室关于做好 2021 年度粮食安全责任制确保粮食稳产增效的通知

坛政办发〔2020〕128 号　区政府办公室关于印发《金坛区太湖流域入河（湖）排污口排查整治专项行动工作方案》的通知

坛政办发〔2020〕129 号　区政府办公室关于印发《常州市金坛区特种设备安全事故应急预案》的通知

坛政办发〔2020〕130 号　区政府办公室关于印发《常州市金坛区食品安全事故应急预案》的通知

坛政办发〔2020〕131 号　区政府办公室关于印发《常州市金坛区危险化学品使用安全专项治理行动工作方案》的通知

坛政办发〔2020〕132 号　区政府办公室印发《常州市金坛区提升长江禁捕退捕宣传氛围工作方案》的通知

坛政办发〔2020〕133 号　区政府办公室关于印发《常州市金坛区突发事件医疗救援应急预案》的通知

坛政办发〔2020〕134 号　区政府办公室关于印发《常州市金坛区突发公共卫生事件应急预案》的通知

（编辑　储　劼）

说 明

一、本索引采用主题分析法编制，按标引词的第一个字的汉语拼音字母（同音字按声调）顺序排列；同音同调的，按第二个字的音序排列，以此类推。

二、标引词后的阿拉伯数字表示内容所在页码，数字后的拉丁字母 a、b、c 分别表示该页的左、中、右栏。标引词后的第二个页码起，表示参见内容所在位置。

三、年鉴的特载、大事记、荣誉栏、文件选编、统计资料、彩页等均未作索引。

四、为方便读者检索，在金坛的企事业单位以及在金坛发生的事件名称前的“金坛”“金坛区”，除易产生歧义者外，均予省略。

条目索引

A

B

C

D

F

G

H

J

K

L

R

S

T

Z

表格索引

（编辑　方　骊　李华琴）

湖北准易

2021

湖北省普通高校招收
中职毕业生技能高考模拟试

文化综